KB267567

AI 제국
권력, 자본, 노동

샘 올트먼과 오픈AI의 빛과 그림자

AI 제국
권력, 자본, 노동
샘 올트먼과 오픈AI의 빛과 그림자

1판 1쇄 펴냄 2026년 2월 27일
1판 4쇄 펴냄 2026년 4월 24일

지은이 카렌 하오
옮긴이 임보영
발행인 김병준 · 고세규
발행처 생각의힘
편집 박승기 디자인 이소연 · 김경민 마케팅 김유정 · 신예은

등록 2011. 10. 27. 제406-2011-000127호
주소 서울시 마포구 독막로6길 11, 2, 3층
전화 편집 02)6925-4184, 영업 02)6925-4188 팩스 02)6925-4182
전자우편 tpbook1@tpbook.co.kr 홈페이지 www.tpbook.co.kr

* 책값은 뒤표지에 있습니다.
* 잘못된 책은 구입하신 서점에서 교환해 드립니다.

ISBN 979-11-94880-45-5 (03320)

EMPIRE of

AI 제국
권력, 자본, 노동

샘 올트먼과 오픈AI의 빛과 그림자

카렌 하오

임보영 옮김

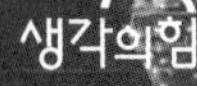

일러두기

1. 이 책은 *EMPIRE OF AI* (2025)를 우리말로 옮긴 것이다.
2. 단행본은 겹화살괄호(《 》)로 신문, 잡지, 논문, 영화, TV 프로그램 등은 홑화살 괄호(〈 〉)로 표기했다.
3. 미주 중 프롤로그의 17번과 4장의 21번은 원문에는 각주로 되어 있으나, 편집상의 편의를 위해 미주로 처리했다.
4. 대괄호([ ])는 옮긴이가 추가한 주석이다.
5. 인명 등 외래어는 외래어 표기법을 따랐으나, 일부는 관례와 원어 발음을 존중해 그에 따랐다.

과거, 현재, 미래의 내 가족에게.

풍요의 이름으로 자행되는 수탈을 거부하는
이 세상의 모든 운동을 위하여.

AI 신화를 산산조각낸 시의적절한 책이다. 탄탄한 취재에 기반하여 무자비할 정도로 진실을 파헤쳤다.

— 〈**파이낸셜 타임스**〉

탁월한 이 책에서 카렌 하오는 인공지능과 오픈AI를 둘러싼 광기를 기록한다. 과학자들, 사기꾼들, 악당들로 구성된 등장인물들을 통해, 이 책은 당장의 해악은 무수한 반면 이익은 아직 입증되지 않은 기술에 전 세계가 빠져들게 만든 과대선전 캠페인을 문서화한다.

— 뉴욕 타임스 베스트셀러 *Zucked* 저자 **로저 맥나미**_{Roger McNamee}

오픈AI 내부를 취재한 이 탁월한 책은 대중이 AI의 가정된 '지각 능력'보다는 노동과 환경에 미치는 영향에 더 주목해야 한다는 설득력 있는 주장을 내놓는다.

— 〈**뉴요커**〉

실리콘밸리를 넘어 전 세계에 파장을 일으킨 베스트셀러이자 페이지 터너다. 이 책에서 하오는 사람들이 AI 혁명의 중심에 있는 이 기업을 인식하고 이해하는 방식을 근본적으로 뒤바꿔놓았다.

— 타임 매거진, "**TIME100 AI 2025**"

이 책은 AI 붐의 상당 부분이 비밀주의 위에서 작동하고 있으며 의문스러운 이념들에 의해 추동되고 있음을 보여준다. 또한 유토피아를 꿈꾸던 AI 개발자들이 제국을 구축하려는 경쟁에 휩쓸렸을 때 우리가 모두 어떤 대가를 치르게 되는지를 경고하고 있다.

— **블룸버그**

놀라울 만큼 철저한 조사에 기반한 작품이다. 오픈AI와 챗GPT가 어떻게 탄생했는지, 그리고 그것들이 우리를 얼마나 파국적인 방향으로 데려갈 가능성이 있는지를 보여주는 필수적인 기록이다.

— 〈**벌처**_{Vulture}〉

설명은 곧 매력을 벗겨내는 것이라는 말이 있다. 컴퓨터 프로그래밍 중에서도 이른바 휴리스틱 프로그래밍과 인공지능이라 일컬어지는 분야만큼 이 격언이 잘 들어맞는 곳도 없다. 이들 영역에서는 가장 노련한 관찰자조차 현혹될 만큼 놀라운 방식으로 기계가 작동하도록 만들어지기 때문이다. 그러나 일단 어떤 프로그램의 정체가 드러나면, 즉 그 프로그램의 내부 작동 방식을 이해할 수 있을 만큼 충분히 평이한 언어로 설명되고 나면, 마법 같던 겉모습은 벗겨지고 만다. 이제 프로그램은 단지 여러 절차procedure를 모아 놓은 것에 불과한 모습으로 드러나며, 관찰자는 "저 정도 프로그램은 나도 쓸 수 있겠다"고 생각하게 된다. 동시에 그 프로그램을 "지능이 있는intelligent"이라고 표시된 선반에서 빼내어, 자신보다 통찰이 덜한 사람들하고나 논의할 만한 대상을 모아놓은 호기심거리 선반으로 옮겨놓는다.[1]

조셉 와이젠바움Joseph Weizenbaum, MIT 교수,
최초의 챗봇 일라이자ELIZA의 개발자, 1966년

"성공한 사람들은 기업을 만든다.[2] 더 성공한 사람들은 나라를 만든다. 가장 성공한 사람들은 종교를 만든다." 저는 이 말을 루치Qi Lu[마이크로소프트를 거쳐 중국 최대 검색 포털 바이두百度, Baidu의 최고운영책임자를 지낸 인공지능 전문가]로부터 들었습니다. 원래 어디에서 나온 말인지는 잘 모릅니다. 이 말을 듣고 저는 이런 생각을 했습니다. 가장 성공한 창업자는 기업을 만들기 위해 나서지 않습니다. 가장 성공한 창업자는 종교와 더 가까운 무언가를 만들겠다는 사명을 띠고, 그 사명을 완수하는 가장 쉬운 방법이 기업을 설립하는 것이라는 걸 어느 순간 깨닫게 될 뿐이죠.

샘 올트먼Sam Altman, 2013년

차례

이 책은 약 260명과 진행한 300회 이상의 인터뷰와 수많은 서신과 문건을 토대로 쓰였습니다. 대부분의 인터뷰는 이 책을 쓰기 위해 진행했습니다. 일부 내용은 제가 지난 7년간 오픈AIOpen AI와 AI 산업, 그리고 이 산업이 전 세계에 미치는 영향을 취재해 〈MIT 테크놀로지 리뷰〉, 〈월스트리트 저널〉, 〈애틀랜틱The Atlantic〉을 통해 보도한 것입니다. 인터뷰 중 150회 이상은 오픈AI 전현직 직원 90여 명, 그리고 오픈AI의 모델 개발 방식을 자세히 기록한 문서에 접근할 수 있었던 소수의 계약직 직원들을 상대로 진행했습니다. 이외에도 일부 인터뷰는 마이크로소프트, 앤트로픽Anthropic, 메타, 구글, 딥마인드DeepMind, 스케일AIScale AI 전현직 임원 및 직원 40여 명, 그리고 샘 올트먼의 측근들과 진행했습니다.

이 책에서 인용한 모든 이메일, 문서, 슬랙Slack 메시지는 원본 문서 또는 통신 기록의 복사본이나 화면 캡쳐에서 따오거나, 법정 소송 기록에 표현된 문구 그대로 실었습니다. 사본이 없는 경우에는 따옴표 없이 다른 말로 바꿔 표현했습니다. 유일한 예외는 주석에 따로 표시해 두었습니다. 이 책에 나오는 모든 대화 내용은 인터뷰 대상자의 기억과 당시 기록을 토대로 재구성한 것이며, 주석에 따로 표시된 경우에는 음성 녹음이나 녹취록에서 따왔습니다. 대부분의 경우 저자 또는 팩트체킹 팀이 당사자에게 해당 대화 내용을 몇 개월 간격을 두고 반복하거나 확인을 요청함으로써 기억이 확실한지 확인했습니다. 오픈AI의 모델에 대한 모든 장면, 수치, 이름과 코드명, 모델의 훈련 데이터가 어떻게 구성되었는지 또는 몇 개의 칩으로 모델을 훈련시켰는지 같은 모든 기술 사양은 최소 두 명 이상의 검증을 거쳤습니다. 여기에 더해 사건 발생 당시 기록과 문건, 주석에 표시된 일부 사례의 경우에는 다른 언론 보도를 통해 뒷받침했습니다. 이외에도 오픈AI에 대해 이 책에서 다루는 거의 모든 다른 내용도 이와 마찬가지 방식으로 검증했습니다. 제가 이 책에서 누군가의 이름을 언급했다고 해서 제가 그 사람과 직접 대화를 나눈 것은 아닙니다. 이 책에서 누군가의 생각이나 감정이 묘사된 부분은 당사자가 그러한 생각이나 감정을 저에게, 또는 저와 대화를 나눈 상대에게 직접 표현했거나, 제가 취재 과정에서 입수한 이메일 기록이나 녹취, 또는 공개된 인터뷰 내용을 토대로 했습니다.

이 책은 일개 기업에 대한 책이 아닙니다. 물론 오픈AI 내부의 이야기를 다루기는 하지만, 이는 어디까지나 오픈AI라는 일개 기업을 훨씬 넘어서는 더 큰 그림을 이해하기 위한 수단입니다. 그 큰 그림이란, 과학의 발전을 향한 야망이 어떻게 공격적이고 이념적인 돈잔치로 변질됐는지, 그 과정에서 생긴 다면적이고 광범위한 환경적·사회적 영향이 무엇인지 살펴보고, 궁극적으로는 권력의 본질을 고찰해보는 것입니다. 이를 위해 저는 취재 과정에서 전 세계 여러 나라를 방문해 AI의 파급 효과와 씨름하고 있는 그곳의 역사, 문화, 삶, 경험을 이해하고자 현지의 지역사회에서 상당한 시간을 보냈습니다. 세계 곳곳에서 수집해온

이 이야기들이 실리콘밸리에서 가장 은밀한 기업 중 하나인 오픈
AI 내부의 이야기만큼이나 생생하게 전달된다면 더할 나위가 없
겠습니다.

저는 이 책에 나오는 모든 핵심 인물과 기업에 인터뷰를 요청
하고 반박 기회를 주기 위해 연락했습니다. 그러나 오픈AI와 샘
올트먼은 협조하지 않기로 했습니다.

한국의 독자 여러분께,

《AI 제국: 권력, 자본, 노동》을 한국어로 여러분께 소개해드릴 수 있게 되어 정말 기쁩니다. 지금 여러분이 들고 계신 한국어판은 앞으로 출간될 이 책의 모든 판본 중에서도 특별합니다. 저의 소중한 친구가 번역해 준 유일한 판본이기 때문입니다. 임보영은 이 책을 한국어로 옮겼을 뿐만 아니라, 애초에 이 책이 세상에 나올 수 있게 도와주었습니다.

2021년, 제가 "AI 식민주의"라는 제목의 연속기획보도 프로젝트에 필요한 취재비용을 마련하기 위해 고심하고 있을 당시 보영은 글로벌 탐사보도를 지원하는 비영리단체 퓰리처센터Pulitzer Center에 근무하고 있었습니다. 그때 저는 거의 1년간 아무런 소득도 거두지 못한 상태였고, 이 프로젝트를 시작할 가망이 있기는 한 건지 의심하고 있었습니다. 다행히도 보영과 퓰리처센터의 편집국장인 마리나 워커 게바라Marina Walker Guevara가 저의 비전을 이해하고, 제가 이 프로젝트를 실현시킬 수 있는 능력을 갖고 있다고 믿어주었습니다. 그렇게 현실이 된 프로젝트가 이 책을 쓰게 될 바탕이 될 것이라곤, 그리고 뒷부분의 감사의 말에 쓴 것처럼 이 책 제목에 영감을 주게 되리라고는 생각지도 못했습니다.

2025년 3월에 제가 이 책의 영문판 출간을 준비하고 있을 때, 보영은 저에게 한국어판 출간도 준비 중인지 물었습니다. 그렇지 않다고 답하자, 보영은 또다시 저의 든든한 우군이 되어 이 책의 일부분을 번역해 한국 출판사들의 문을 두드려 주었습니다. 3개월 뒤, 저는 생각의힘 출판사가 이 책을 출간하고, 보영이 이 책의 번역을 맡게 되었다는 소식을 듣고 정말 기뻤습니다. 이 책을 이루는 단어들이 지닌 문자 그대로의 의미에 그치지 않고, 거기에 담긴 정신과 사명까지 온전히 담아내는 데 이보다 더 나은 파트너를 상상할 수 없기 때문입니다.

한국어판이 특별한 이유는 또 있습니다. 이 책은 제국에 관한 것인 만큼이나 저항에 관한 책이기도 합니다. 제가 이 책에서 주장하는 것처럼, 비록 현재 실리콘밸리가 인공지능의 개발 경로에 대한 우리의 상상력을 지배하고 있지만, 그들이 제시하는 제국주의적 비전은 결코 불가피하지도, 필연적이지도 않습니다. 그들의 비전보다 더 나은 미래를 만드는 데 필요한 재료를 대한민국은 모두 갖추고 있습니다. 인재, 기술 생태계, 반도체 산업을 두루 갖추고, 미국 플랫폼을 거부하고 자체 플랫폼을 선호해온 역사를 가진 국가이기 때문입니다. 이제 우리는 전 세계의 여러 공동체와 국가가 AI 제국들과 파트너십을 맺을 것인지—그럼으로써 AI 제국들에 권력을 양도할 것인지—결정해야 하는 중대한 전환점에 서 있습니다. 이 전환의 시대에 대한민국이 세계에 모범을 보

일 수 있다고 봅니다. 사람과 지구, 그리고 민주주의를 지키는 새
로운 AI 개념을 발전시킴으로써, 인권을 침해하고 환경을 파괴
하는 현재의 AI 개념에 저항하는 데 여러분이 앞장설 수 있기를
바랍니다.

2025년 12월
카렌 하오

왕좌 쟁탈전

2023년 11월 17일 금요일, 태평양 표준시로 정오 무렵. 실리콘밸리의 총아, 생성형 인공지능 혁명의 화신으로 부상한 기업인 오픈AI의 CEO 샘 올트먼은 구글 미트Google Meet 화상회의에 접속했다. 오픈AI의 이사회 나머지 다섯 명 중 네 명[당시 오픈AI의 이사회는 총 6명으로 구성되어 있었다. 이 중 세 명은 오픈AI의 CEO인 샘 올트먼, 사장인 그렉 브로크만Greg Brockman, 공동창업자이자 수석과학자인 일리야 수츠케버Ilya Sutskever였다. 나머지 세 명은 외부 전문가로 구성된 독립이사들이었다]이 그를 응시하고 있었다.

오픈AI 수석과학자이자 이사회 구성원인 일리야 수츠케버가 화상회의 화면의 작은 칸에서 한 말은 간결했다. 올트먼은 해고되었고, 이 사실을 조만간 외부에 발표할 것이다.

올트먼은 라스베가스 그랑프리 참석차 라스베가스의 한 최고급 호텔 방에 머물고 있었다. 한 세대 만에 라스베가스에서 열린 포뮬러원Formula One 대회는 리한나Rihanna부터 데이비드 베컴David Beckham과 같은 세계적 스타들이 줄줄이 참석한 화려한 행사였다.[1] 올트먼은 1년 전 오픈AI가 챗GPT를 출시한 직후부터 소화했던 살인적인 출장 스케줄로부터 잠시나마 숨을 돌리기 위해 짧은 휴가를 보내던 중이었다. 순간 너무 놀란 그는 말문이 막혔다.

그는 마음의 평정을 되찾으려 잠시 화면 밖으로 눈길을 돌렸다. 화상회의가 이어지면서, 그는 자신 특유의 방식으로 사태를 원만하게 수습하려 시도했다. "제가 어떻게 도우면 될까요?"

이사회는 자신들이 임시 CEO로 선임한 오픈AI의 최고기술책임자 미라 무라티Mira Murati를 도와달라고 요청했다. 올트먼은 여전히 혼란스럽고 이게 무슨 악몽인가 싶었지만, 이사회의 말을 잠자코 따랐다.[2]

몇 분 후, 수츠케버는 오픈AI 사장 그렉 브로크만에게 또다른 구글 미트 링크를 보냈다. 브로크만은 앞서 올트먼과 이사회 간 회의에 빠진 유일한 이사회 구성원이자 올트먼의 측근이었다. 수츠케버는 브로크만이 오픈AI 사장직은 유지하되 이사회에서는 제명되었다고 통보했다.

곧 올트먼이 해고됐다는 공식 발표가 나갔다.[3] "오픈AI 이사회는 신중한 검토를 거쳐 올트먼 씨를 해고하기로 결정했습니다. 그가 이사회와 소통할 때 지속적으로 솔직하지 않았기 때문에 이사회가 책임을 다하는 데 방해가 된다는 결론을 내린 데 따른 것입니다. 이사회는 더 이상 그가 오픈AI를 이끌 능력이 있다고 확신하지 못하게 되었습니다."

걸보기에 오픈AI는 전성기를 누리고 있었다. 2022년 11월 챗GPTChatGPT를 출시한 이래 오픈AI는 실리콘밸리에서 가장 극적인 성공 스토리의 주인공이 되었다. 챗GPT는 역사상 가장 빠르게 성장한 소비자용 앱consumer app이라는 기록을 세웠다. 오픈AI의 기업가치가 천정부지로 치솟으면서 투자자들은 군침을 흘렸고, 최고의 인재들이 이 회사에 입사하고자 앞다퉈 몰려들었다.

불과 몇 주 전, 회사는 직원들이 보유한 주식을 외부 투자자들에게 팔 수 있도록 하는 주식 공개매수tender offer를 마무리했는데, 그 과정에서 기업가치가 최대 900억 달러로 산정되었다. 며칠 전에는 한 유명 행사에서 야심 차게 준비한 차기 제품군 출시를 예고하여 큰 기대를 모으기도 했다.

대중들의 눈에 그 모든 일을 가능하게 한 사람은 바로 올트먼이었다. 그는 봄과 여름 내내 전 세계를 돌면서 테일러 스위프트Taylor Swift에 버금가는 유명세를 얻었다. 거의 모든 사람이 그의 겸손한 몸짓과 대담한 선언, 진심 어린 듯한 모습에 열광했다.

라스베가스에 오기 전, 올트먼은 APEC CEO 서밋 패널로 참석해 여느 때와 다름없이 눈부신 말솜씨를 뽐냈다.

"당신은 왜 이 일에 인생을 바치기로 했나요?" 에머슨 콜렉티브Emerson Collective의 설립자 겸 사장이자 스티브 잡스의 아내인 로렌 파월 잡스Laurene Powell Jobs가 올트먼에게 물었다.

그는 이렇게 대답했다. "저는 AI가 인류가 개발한 역사상 가장 변혁적이고 유익한 기술이 될 것이라고 생각합니다. 지금까지 오픈AI의 역사상 벌써 네 번이나, 가장 최근의 일은 불과 몇 주 전이었죠, 저는 무지의 베일을 걷어내고 지식의 경계를 넓히는 순간에 동참할 기회를 얻었습니다. 그런 기회는 일생일대의 직업적 영예라고 할 수 있죠."

오픈AI의 직원들은 큰 충격을 받았다.[4] 이사회의 발표문을 보고 올트먼의 해고 사실을 알게 된 직원들을 통해 발표문 링크는 곧 회사 전체에 퍼졌다. 직원들은 올트먼의 눈부신 명성과 그가 해고되었다는 소식 사이의 거대한 간극에 당혹스러워했다. 당시 회사 직원은 거의 800명에 육박했기에 직원들 개개인이 직접 CEO와 만나 소통할 기회는 많지 않았다. 그렇지만 올트먼이 글로벌 무대에서 보여준 사람을 사로잡는 매력은 그가 회사 전체회의나 행사, 사무실에서 드러낸 모습과 크게 다르지 않았다.

소문이 퍼지자 직원들은 실오라기만한 정보라도 찾기 위해 소셜미디어 엑스x(옛 트위터)를 샅샅이 살피기 시작했다. 그때 사무실에 있던 누군가가 가장 그럴듯한 이유를 외쳤다. "올트먼이 대선 주자로 나섰기 때문일 거야!" 사무실 전체에 팽팽하게 감돌던 긴장감이 풀어진 것도 잠시, 대선 주자설이 사실이 아닌 것으로 밝혀지자 불안이 한층 고조되며 온갖 추측이 난무하기 시작했다. 혹시 올트먼이 불법 행위를 저지른 건 아닐까? 어쩌면 그의 여동생과 관련된 일일 수도 있다고 직원들은 생각했다. 한 달 전 올트먼의 여동생이 오빠가 과거에 자신을 성적으로 학대했다고 주장하며 화제가 되었다. 또는 불법은 아니더라도 올트먼의 다른 투자 건이나 새로운 AI 칩 벤처를 위해 그가 사우디아라비아 투자자들로부터 자금을 조달한 일과 관련된 어떤 도의적인 문제가 생겼을 수도 있다고 직원들은 추측했다.

수츠케버가 두 시간 뒤 전 직원 화상회의를 통해 직원들의 궁금증을 풀어주겠다고 오픈AI 슬랙 채널에 공지했다. 한 직원은 "내 인생에서 가장 긴 두 시간이었다"고 회상했다.

사무실의 직원들과 재택근무 하는 직원들이 전 직원 화상회의에 접속하던 그 시각, 수츠케버, 무라티, 오픈AI의 나머지 경영진의 딱딱하게 굳은 얼굴들이 하나둘 화면에 등장했다.

수츠케버는 엄숙해 보였다. 직원들 사이에서 그는 깊은 사색

가이자 신비주의자로 알려져 있었다. 영적인 색채가 짙은 단어에 진심을 담아 말하는 수츠케버의 화법에 매력을 느끼는 직원들도 있었지만, 정떨어진다는 평가를 내리는 이들도 있었다. 그는 상냥한 괴짜였다. 수츠케버는 동물이 그려진 셔츠를 입고 자주 출근했을 뿐만 아니라 즐겨 그리기도 했다. 그가 그린 그림들 중에는 추상적인 얼굴과 일상 용품 외에도 사랑스럽고 귀여운 고양이, 알파카, 불을 내뿜는 용 등이 있었다. 수츠케버가 취미로 그린 그림 중 일부는 사무실 벽을 장식했다. 그중 하나는 세 송이의 꽃이 활짝 피면서 오픈AI 로고를 형성하는 그림도 있었는데, 이는 그가 항상 직원들에게 개발하도록 독려한 "인류를 사랑하는 범용 인공지능AGI"을 상징했다.

그런 그가 이제 불안에 떨며 쉴 새 없이 공유 문서에 질문을 추가하는 직원들에게 확신을 심어주어야 했다. 그러나 수츠케버는 이 역할에 적합한 인물이 아니었다. 수츠케버는 듣는 이에게 메시지를 효과적으로 전달하는 일을 잘하는 사람이 아니었다.

무라티가 직원들의 질문들 중 첫 번째를 읽었다. "이번 해고의 발단이 된 어떤 구체적인 사건이 있었나요?"[5]

수츠케버가 답했다. "질문들 중 대다수가 무엇이, 언제, 어떻게, 누가 뭘 했는지 등 정확한 세부 사항에 관한 것일 것 같은데요. 저도 상세하게 설명해드리고 싶은 마음이지만 그건 어렵습니다." 더 알고 싶은 사람은 보도자료를 참고하라고 덧붙이기도 했다. "알고 보면 거기 정보가 많이 들어 있어요. 그걸 여러 번 읽으시면 어떨까요."

마른 하늘에 날벼락 같은 소식을 조금 전 접한 직원들로서는 당황스러웠다. 이 사건으로 인해 가장 직접적으로 영향을 받는 자신들은 일반 대중들보다는 그래도 좀 더 구체적으로 알 자격이 있는 것 아닌가?

무라티는 몇 가지 질문을 더 읽었다. "이번 사태가 마이크로소프트와의 관계에 어떤 영향을 미칠까요?" 오픈AI가 개발한 기술의 독점 라이선스 보유 기업이자 오픈AI의 가장 큰 후원자인 마이크로소프트는 오픈AI의 유일한 연산 인프라 제공자이기도 했다. 그들의 인프라 공급 없이는 모든 연구 활동, AI 모델 훈련 및 제품 출시 등 회사 내 모든 업무가 중단될 수밖에 없는 상황이었다. 무라티는 양사의 관계는 이번 사건에 영향 받지 않을 것이라고 답했다. 방금 마이크로소프트의 CEO 사티아 나델라Satya Nadella와 최고기술책임자 케빈 스콧Kevin Scott과 통화를 마쳤으며, "그들 모두 우리의 결정에 큰 관심을 쏟고 있다"고 말했다.

"오픈AI의 공개매수는 어떻게 되나요?" 어느 정도 근속한 직원들에게는 최대 수백만 달러에 이르는 보유 지분을 매각할 수 있는 옵션이 주어진 상태였다. 공개매수 시점이 워낙 코앞에 다가온 터라 많은 이들은 부동산을 매입할 계획이 있거나, 이미 매입한 상태였다. "공개매수는… 음… 그러니까 좀 봐야 합니다." 최고운영책임자 브래드 라이트캡Brad Lightcap이 장황하게 얼버무렸다. "이번 공개매수를 이끄는 투자자들과 기존 주요 투자자들 모두 우리 회사에 변함없는 지원을 약속했습니다."

몇 가지 질문에 모호한 답변이 나온 뒤, 한 직원이 다시 한번 샘 올트먼이 무엇을 했는지 확인하려고 시도했다. "이번 해고가 회사에서 그가 맡은 역할과 관련된 것인가요? 아니면 사생활과 관련된 것이었나요?" 수츠케버는 다시 한번 직원들에게 보도자료를 읽어보라고 했다. "답은 사실 거기에 다 있어요."

무라티가 다음 질문을 읽었다. "세부 사항에 대한 질문은 향후 답변할 계획인가요, 아니면 그럴 계획이 전혀 없나요?"

수츠케버가 답했다. "큰 기대는 하지 마세요."

회의가 진행되면서 수츠케버의 답변이 점점 더 현실과 괴리되자 직원들의 불안은 곧 분노로 바뀌었다.

"힘든 경험을 함께하며 성장하는 조직은 결속력이 높아지고 더 끈끈해집니다." 수츠케버가 말했다. "이번 일로 우리 모두가 더욱 가까워지고 그에 따라 생산성도 높아질 것입니다."

"화날 정도로 투명성이 결여된 상황에서 위기를 뚫고 함께 성장하는 것이 어떻게 가능하죠?" 한 직원이 질문란에 적었다. "보통 진실은 화해의 필요조건이라고들 하는데."

수츠케버가 답했다. "뭐, 일리가 없진 않네요. 이 상황이 완벽한 건 아니니까요."

무라티는 고조되는 긴장을 누그러뜨리려 했다. "우리에게 주어진 사명은 우리 중 그 누구보다도 중요합니다."

라이트캡이 무라티의 메시지를 되풀이했다. 오픈AI의 파트너들, 고객들, 투자자들이 모두 오픈AI의 사명에 여전히 공감하고 있다고 강조했다고 전했다. "오히려 지금이야말로 우리가 그 사명을 향해 힘차게 나아갈 의무가 있습니다."

수츠케버는 다시 한번 직원들을 안심시키려 했다. "우리가 필요한 재료는 다 갖춰져 있습니다. 컴퓨터, 연구, 눈부신 성취까지. 여러분, 확신이 들지 않거나 무서울 때 이 부분을 꼭 기억하셨으면 좋겠어요. 마음의 눈으로 클러스터cluster[여러 대의 컴퓨터를 하나처럼 묶어 동시에 일하게 하는 덩어리]의 크기를 그려 보세요. 그 모든 GPU가 같이 일하고 있는 모습을 상상해보세요."

한 직원이 새로운 질문을 적어냈다. "혹시 누군가가 현직 이사들에게 강압적인 영향력을 행사하여 적대적 인수를 하려는 상황은 아닌가요?" 무라티가 질문을 읽었다.

"적대적 인수라고요?" 수츠케버의 목소리에 날이 섰다. "오픈AI의 비영리 이사회는 그 목표에 완전히 부합하는 방식으로 행동해 왔습니다. 이건 적대적 인수가 결코 아닙니다. 전혀 아닙니다. 저는 이 질문에 동의하지 않습니다."

그날 밤, 몇몇 직원들이 한 동료의 집에 모였다. 이들은 올트먼이 해고되기 전부터 잡혀 있던 파티에 참석한 것이었는데, 구글 딥마인드와 앤트로픽 등 다른 AI 기업 직원들도 있었다.

파티 시작 직전, 모든 참석자들에게 공지가 나갔다.[6] "오늘밤 파티의 두 번째 테마방이 추가되었습니다. '오픈AI와 관련된 대화 전면 금지방.' 모두들 곧 만나요!" 그 방에 오래 남은 사람은 별로 없었다. 대부분 오픈AI에 대해 이야기하고 싶어했다.

같은 날 오후, 브로크만은 올트먼 해고에 항의하며 사임한다고 발표했다. 오픈AI가 올트먼 해임 사실을 불과 몇 분 전에야 알린 데 격분했던 마이크로소프트 CEO 나델라는 매우 신중하게 다듬은 트윗을 올렸다.[7] "우리는 오픈AI와 맺은 장기적인 협약에 따라 혁신 과제를 추진하는 데 필요한 모든 것을 지원하고 있으며, 야심 찬 제품 로드맵을 계획하고 있습니다. 우리는 오픈AI와의 파트너십, 그리고 미라 무라티가 이끄는 오픈 AI를 변함없이 지원할 것을 약속합니다."

소문이 계속 확산되는 가운데 수석 연구원급 직원 세 명이 사의를 표명했다는 소식이 전해졌다. 오픈AI 초창기에 입사한 야쿠프 파호키Jakub Pachocki와 시몬 시도Szymon Sidor, 그리고 MIT 교수직 휴직 중 최근에 입사한 알렉산더 마드리Aleksander Mądry가 회사를 떠난다는 것이었다. 그들과 같은 핵심 인력이 이탈하면 투자자들이 겁을 먹어 공개매수가 중단되거나, 심할 경우 회사가 망할 수 있다고 일부 직원들은 우려했다. 파티에 참석한 직원들은 점점 더 불안하고 의기소침해졌다. 공개매수가 철회되면 지금까지 모두가 땀 흘려 눈앞에 다가온 금전적 이익이 물거품이 되는 것은 물론, 회사가 망하면 말할 것도 없이 그 모든 노력과 가능성이 허사가 되기 때문이었다.

한편 그날 밤, 이사회와 남은 경영진은 회의를 계속했다. 회의가 거듭될수록 적대적인 분위기가 고조되었다. 전 직원 회의가 끝난 후, 수츠케버와 다른 임원들 사이의 허울뿐인 연대는 이미 와해된 상태였다. 화상회의 중 수츠케버와 나란히 앉아있던 임원들 중 상당수 역시 직원들처럼 올트먼의 해고 소식을 직전에서야 접했다. 수츠케버의 실망스런 회의 주재 방식에 화가 난 임원들은 전체 임원회의를 요구했다.[8] 무라티와 라이트캡을 포함한 열두 명 정도의 임원들이 한 회의실에 모였다.

수츠케버와 독립이사independent director[통상 사외이사로 번역했으나, 2025년 7월 상법 개정으로 우리나라도 사외이사를 독립이사로 명칭을 변경했다] 세 명은 원격으로 회의에 접속했다. 이들은 질의응답 플랫폼 쿼라Quora의 공동창업자 겸 CEO인 애덤 단젤로Adam D'Angelo, 사업가이자 정책 싱크탱크인 랜드RAND에서 수석 경영과학자를 겸임한 타샤 맥컬리Tasha McCauley, 또 다른 싱크탱크인 조지타운 대학교의 안보-신흥기술센터CSET, Center for Security and Emerging

Technology 소속 연구원인 호주 출신의 헬렌 토너Helen Toner였다.

네 명의 이사는 임원들이 쏟아내는 질문 공세에 일관된 태도를 보였다. 비밀을 유지해야 하는 자신들의 법적 의무를 무기 삼아 지금까지 알려진 것 이상의 사실을 밝히기를 계속 회피했다. 일부 임원은 눈에 띄게 분노하기 시작했다. "지금 여러분은 샘을 신뢰할 수 없는 사람이라고 말하시는데요," 올트먼의 세계 출장에 자주 동행했던 애나 마칸주Anna Makanju 글로벌 임팩트 상무가 열을 올렸다. "그건 우리가 해온 경험과 전혀 맞지 않습니다."

회의실의 경영진은 이사들이 당장 이사직을 넘기지 않으면 자신들이 모두 사임하겠다고 압박했다. 과거 오픈AI의 법무를 총괄하다 최고전략책임자가 된 제이슨 권Jason Kwon이 압박 수위를 높였다. 그는 회사가 잘못될 경우, 이사진이 사임하지 않는 것 자체가 이사의 충실의무를 위반한 것이 되어 불법이라고 말했다.

이사들은 반박했다. 올트먼을 해고하기로 결정하는 과정에서 신중하게 변호사들의 자문을 구했고, 자신들은 직무에 어긋나지 않게 행동했다고 주장했다. 오픈AI는 일반적인 회사가 아니었고, 이사회 역시 일반적인 이사회가 아니었다. 올트먼이 직접 설계한 독특한 구조는 이사회가 오픈AI 주주들의 최선의 이익이 아닌 오픈AI의 사명, 즉 인류 전체에 이익이 되는 AGI를 보장하도록 이사회에 폭넓은 권한을 부여했다. 올트먼은 줄곧 이사회가 자신을 해고할 권한을 갖고 있다는 점을 이사회의 가장 중요한 감독체계라고 자랑해 왔다. 토너는 이 점을 강조했다. "만약 이번 해고로 회사가 무너진다면, 그건 우리의 사명을 완수하는 과정에서 벌어지는 일이라고 생각합니다."

경영진은 실시간으로 토너의 발언을 직원들에게 전달했다.

토너는 회사가 망해도 개의치 않는다고 말했다. 많은 직원들은 회사를 망치는 것이 바로 토너의 의도일지도 모른다고 생각하기 시작했다. 파티에 참석한 직원 중 하나는 자신이 보유한 회사 지분을 몽땅 날릴 수도 있다는 생각에 울기 시작했다.

다음날인 11월 18일 토요일, 오픈AI 직원들을 포함한 수십 명이 정보를 얻기 위해 올트먼의 2,700만 달러짜리 저택에 모여들었다.[9]

사의를 표명한 수석 연구원 파호키, 시도, 마드리가 올트먼 및 브로크만과 만나 회사를 다시 세우고 자신들의 일을 계속할 방도를 논의했다는 소식이 전해졌다. 이 소식은 직원들 사이에 엇갈린 반응을 불러왔다. 어떤 직원들은 오픈AI의 새 경쟁자가 등장한다면 회사가 더욱 불안정해질지도 모른다고 우려했고, 다른 직원들은 만약 올트먼이 실제로 새 회사를 차린다면 오픈AI를 관두고 그를 따라갈 수 있다며 희망적으로 받아들였다.

오픈AI 경영진은 태평양 시간으로 그날 오후 5시까지 이사회가 올트먼을 복귀시키고 이사직에서 물러나지 않으면 직원들의 대규모 이탈을 각오해야 할 것이라고 못박았다. 이사회는 경영진의 요구를 거부했다. 이사진은 주말 내내 누구 하나라도 전화를 받았으면 하는 간절한 마음으로 미친 듯이 주변에 전화를 돌렸다. 올트먼의 해고로 직원들과 투자자들의 분노가 고조되면서, 무라티는 더 이상 임시 CEO직을 수행할 마음이 없었다. 이사진은 이제 무라티를 대신해 회사를 안정시킬 수 있는 사람을 찾거나, 만약 올트먼이 회사에 돌아온다면 그와 맞서 버틸 수 있는 새로운 이사회 멤버를 찾아야 했다.

경영진이 마감 시한으로 정했던 오후 5시가 지나고 그날 밤, 제이슨 권은 직원들에게 다음과 같은 메모를 보냈다. "우리는 여전히 이 상황을 해결하기 위해 노력하고 있고 낙관적입니다.[10] 여기서 해결이라 함은, 샘 올트먼, 그렉 브로크만, 야쿠프 파호키와 시몬 시도, 알렉산더 마드리를 회사로 복귀시키는 것입니다."

올트먼은 자신의 트레이드마크인 소문자로만 쓴 트윗을 올렸다. "나는 오픈ai 팀을 너무 사랑해."

수십 명의 직원들이 올트먼의 트윗을 공유하며 하트 물결을 만들었다.

11월 19일 일요일, 올트먼과 브로크만은 회사 복귀를 협상하기 위해 다시 사무실로 돌아왔다. 시간이 지날수록 그들의 협상 결과를 기다리는 직원들이 점점 더 늘어났다. 지난 36시간 동안 대부분의 직원들은 물론 임원들과 이사들까지 누구 하나 제대로 잠을 자지 못했다. 모든 것이 흐릿하고 몽롱해지기 시작했다. 올트먼은 꽉 다문 입술과 약간 찌푸린 표정으로 한 손에 방문자 출입증을 들고 있는 셀카를 올렸다. "방문자 출입증을 쓰는 건 오늘이 처음이자 마지막"이라는 캡션도 달았다. 경영진은 다시 한 번 올트먼을 복귀시키고 이사진이 사임하라고 요구하며 오후 5시를 마감 기한으로 정했다.

이제 모든 방향에서 압력이 들어오기 시작했다. 마이크로소프트와 오픈AI의 다른 투자자들, 그리고 실리콘밸리의 거물들이 공개적으로 올트먼 편에 섰다. 한 취재원이 언론에 흘린 작전 계획에 따르면, 올트먼 해고 결정을 번복하지 않을 경우 오픈AI 직원들이 대규모로 이탈하는 것은 물론, 마이크로소프트는 자신들의 연산 인프라에 대한 접근 권한을 제한하고 투자자들은 소송을 제기하는 수순을 밟을 예정이었다.[11] 이 모든 일의 목적은 올트먼 없는 오픈AI는 존립할 수 없게 만드는 것이었다.

하지만 이사진은 버텼다. 또다시 마감 시간을 훌쩍 넘긴 저녁 9시에 수츠케버가 이사진을 대표하여 오픈AI 슬랙에 긴 공지글을 게시했다. 그는 올트먼이 복귀하는 일은 없다고 쐐기를 박았다. 동영상 스트리밍 서비스 트위치Twitch[비디오 게임 라이브 스트리밍 전용 인터넷 개인방송 서비스]의 전 CEO인 에멧 시어Emmett Shear가 임시 CEO로 선임됐으며, 5분 뒤 자신이 시어와 함께 사무실에 도착해 회사의 새로운 비전을 공유하겠다는 내용이었다.

"이사회가 내린 결정이 오픈AI의 미션을 보호하고 달성하기 위한 유일한 길이라는 입장을 우리는 확고하게 견지하고 있습니다. 쉽게 말해서, 샘 올트먼의 솔직하지 못한 소통 방식과 행동 때문에 이사회가 본연의 직무를 다해 효과적으로 회사를 관리하는 데 걸림돌이 되고 있습니다."[12]

슬랙은 분노한 직원들의 댓글로 순식간에 도배됐다.

"빌어먹을 xx들." "착각들 하고 있네." "에멧 시어를 우리의 CEO로 인정할 수 없어."

약 200명의 직원들이 연설을 보이콧하기 위해 사무실을 박차고 나왔다. 무라티는 서둘러 임원들과 건물을 빠져나왔다. 시어와 수츠케버가 사무실에 도착했을 때 남아있는 사람은 겨우 열댓 명 정도였다.

그렉 브로크만의 아내 애나 브로크만Anna Brockman은 4년 전 그들의 결혼식 주례를 섰던 수츠케버에게 다가갔다.[13] 울먹이며 수츠케버를 와락 껴안은 애나는 입장을 번복해 달라고 간청했다.

사무실을 떠난 직원 중 상당수는 몇몇 동료의 집에 모였고, 직원 수백 명이 상황 전개를 지켜보기 위해 시그널Signal 단체 채팅방에 입장했다. 그날 밤 늦게, 나델라는 올트먼과 브로크만이 마이크로소프트로 옮겨 AI 연구팀을 이끌 것이라 발표했다. 소문은 삽시간에 퍼졌다. 올트먼과 함께하고 싶어 하는 직원에게는 마이크로소프트에 보장된 일자리가 있다고.

두려움이 팽배했던 분위기는 이제 반발심으로 바뀌었다. 마이크로소프트행 선택권을 손에 쥐었다고 생각한 직원들은 이사회와 시어에게 공개적으로 반발할 용기가 생겼다. 100여 명의 오픈AI 직원들로 북적거리던 한 직원의 집에서 임원들과 선임 연구원들은 압박 수위를 한층 높인 공개 서한을 작성했다. 올트먼을 복귀시키고 이사진이 사임하지 않는다면, 직원 모두가 사표를 내고 마이크로소프트로 이직하겠다는 내용이었다.

직원들은 최대한 많은 직원들의 서명을 받기 위해 공개 서한을 여러 비공개 채널에 게시하는 것은 물론, 그 자리에 없는 직원들에게 일일이 전화를 돌렸다. 서명한 사람의 숫자가 상당한 규모에 이르자, 혹여라도 나중에 서명하지 않은 이유를 추궁 당할까 봐 더 많은 직원들이 서둘러 서명에 동참했다. 그렇게 24시간 내에 770명의 직원 중 700명 이상이 공개 서한에 이름을 올렸다. 수십 명의 직원들이 같은 내용의 이메일을 연달아 이사진에게 보냈다. 또 단체로 X에 "오픈AI는 직원들 없이는 아무것도 아니다"라는 문구를 올렸다. 그리고 한밤중에 직원들은 공개 서한에 수츠케버의 이름도 올라간 것을 보게 되었다.

수츠케버는 그 이유를 곧 공개했다. 월요일 이른 새벽에 올린 트윗에서 그는 다음과 같이 밝혔다. "저는 올트먼을 해고하기로 한 이사회의 결정에 동참한 것을 깊이 후회합니다. 오픈AI에 해를 끼칠 의도는 전혀 없었습니다. 저는 우리가 함께 만든 모든 것을 사랑하고, 회사를 다시 통합하기 위해 제가 할 수 있는 모든 것을 하겠습니다."

11월 21일 화요일, 경영진은 올트먼의 자택에서 이사들에게 전화를 걸었다. 5일째 이어지는 상황에 모두들 수면 부족과 피로로 인해 체력이 고갈되었다. 추수감사절이 코앞이었고, 양측의 절박함이 사태 해결의 물꼬를 텄다.

이날 양측 모두 기존에 내세웠던 입장 외에 다른 대안을 진지하게 검토하기 시작했다. 당초 이사회 자리를 오픈AI 복귀 조건으로 내세웠던 올트먼과 브로크만은 결국 이사회 자리를 포기했다. 이사회 역시 올트먼 없이 회사를 유지할 수 없다는 판단에 따라 올트먼의 복귀에 동의했다.

그날 밤, 양측은 독립이사 인선에 합의했다. 이들의 합의안에 따라 단젤로는 이사직을 유지하고, 토너와 맥컬리는 이사직에서 물러나는 것으로 정리됐다. 후임 이사로 전직 페이스북 최고기술책임자이자 세일즈포스Salesforce 공동CEO를 지냈던 브렛 테일러Bret Taylor와, 미국 재무부 장관과 하버드 대학교 총장을 지낸 래리 서머스Larry Summers를 선임하기로 했다. 개편된 이사회의 규모는 이전보다 확대하기로 했고, 이를 위해 곧 올트먼이 적합한 인물을 물색하기로 했다.

또 지금 회사에 가장 필요한 것은 통합과 안정, 그리고 화해라는 점에 모두가 합의했다. 이틀 뒤, 올트먼은 미리 준비한 트윗을 올렸다. "@애덤단젤로와 방금 즐거운 시간을 보냈습니다. 모두들 즐거운 추수감사절 보내세요🦃" 열흘 뒤, 브로크만은 자신이 수츠케버와 포옹하며 활짝 웃는 사진을 게시했다. 사무실에서는 사내 전속 아티스트가 오픈AI의 이미지 생성기인 달리DALL-E를 프린터와 연결해 색색깔의 작은 하트 모양 스티커를 찍어냈다.[14] 프린터 옆에는 거대한 분홍색 하트에 "오픈AI는 직원들 없이는 아무것도 아니다"라는 문구가 새겨져 있었다.

12월에 트레버 노아Trevor Noah의 팟케스트에 출연한 올트먼은 이 경험이 자신의 인생에서 두 번째로 힘든 사건이었다고 회고했다. 그보다 힘들었던 경험은 아버지가 돌아가셨을 때뿐이었다고 덧붙였다. 한 달 후인 1월에 공개매수가 마무리되면서 오픈AI의 기업가치는 860억 달러로 평가됐다.

물론 그건 앞으로 벌어질 일일 뿐이었다. 11월 21일 화요일 밤에는 모두가 축하에 여념이 없었다. 올트먼이 돌아온다는 것과 새로운 합의 소식이 전해지면서 직원들은 사무실로 돌아와 얼싸안고 눈물을 흘리고 음악을 틀어 댔다. 어느 시점에 누군가가 무대 안개 기계를 작동시키는 바람에 화재경보기가 울렸는데도 아무도 신경 쓰지 않았다.[15]

브로크만이 직원들과 찍은 단체 셀카에서는 죽다 살아난 사람이 느낄 법한 희열이 충만했다. 사진을 트윗하며 그는 캡션에 이렇게 적었다.[16] "우리 아직 살아 있네."

✳✳✳✳✳✳

올트먼이 축출되었다는 소식이 알려졌을 때 나는 이 책에 쓸 인터뷰를 하고 있었다. 휴대폰을 무음으로 설정해 둔 덕분에 얼마나 정신없는 나날들이 나를 기다리고 있는지 전혀 눈치채지 못했다. 20분 뒤, 시간을 확인하기 위해 휴대폰 화면을 두드렸을 때 내가 놓친 연락이 수두룩하게 떴다. 그때부터 촉각을 다투는 취재 경쟁이 시작됐다. 도대체 무슨 일이 있었는지 알아내느라 정신 못 차릴 정도로 바쁜 일주일을 보냈다.

그 후 몇 주 동안 나는 친구들과 가족, 언론으로부터 수십 번이나 같은 질문을 받았다. 이 사건의 의미는 무엇인가? 오픈AI에서 벌어진 일들은 그저 가십거리에 불과한 것일까? 아니면 우리 모두에게도 영향을 미치는 일인가? 그 무렵 이미 나는 5년간 오픈AI를 꾸준히 취재해온 상태였다. 2019년에는 기자들 중 최초로 오픈AI로부터 폭넓은 취재 허가를 얻어 오픈AI에 대한 첫 심층 소개기사를 보도하기도 했다. 오픈AI에서 벌어진 일들은 그저 실리콘밸리에서 벌어지는 시시한 권력 다툼이 아니다. 한 편의 드라마 같은 이 사건은 오히려 우리 시대의 가장 시급한 문제인 AI 거버넌스 문제를 선명하게 보여줬다. 과연 우리는 어떻게 AI 기술을 안전하고 윤리적으로 사용하도록 규제할 것인가?

AI는 이 시대의 가장 중요한 기술 중 하나다. 겨우 10년 만에 AI는 인터넷의 근간을 재구성하며 모든 디지털 활동의 중재자로 자리 잡았고, 이제 그보다 짧은 시간 안에 의료, 교육, 법률, 금융, 언론, 정부 등 사회의 여러 다른 핵심적인 기능을 근본적으로 뒤바꿔놓을 단계에 들어섰다. 우리의 미래는 AI라는 기술이 어떤 형태로 자리 잡는지에 달려 있다. AI 거버넌스를 어떻게 할 것인가라는 질문은 결국 어떻게 하면 지금보다 나은 미래를 만들 것인가라는 질문이나 다름없다.

처음부터 오픈AI는 이 질문에 답하기 위한 대담한 실험을 하는 집단임을 자처했다. 일론 머스크, 샘 올트먼 등이 피터 틸Peter Thiel 같은 다른 억만장자들과 함께 설립한 오픈AI는 애당초 단순한 연구소나 기업을 목표로 하지 않았다. 설립자들은 이른바 범용 인공지능AGI, 즉 이제껏 아무도 본 적 없는 가장 강력한 형태의 AI를 주주들의 경제적 이익이 아닌 인류 전체의 이익을 위해 개발한다는 다소 급진적인 목표를 내세웠다. 이를 위해 머스크와 올트먼은 오픈AI를 비영리단체로 설립하고, 그 운영비로 10억 달러를 약속했다. 오픈AI는 상업적 제품을 개발하지 않고 오로지 연구에만 전념하며, 인류의 미래를 위협하지 않고 오로지 글로벌 유토피아를 가능케 할 AGI를 만들어낸다는 가장 순수한 의도만으로 움직일 것이라고 했다. 머스크와 올트먼은 또 가능한 많은 연구를 공개하고 다른 기관과 폭넓게 협력하겠다고 약속했다. 세상을 이롭게 하겠다는 목표를 위해서라면 기술 개발 과정에 열린 태도openness와 민주적 참여가 핵심적이라는 생각에서였다. 오픈AI라는 이름도 여기에서 나왔다. 몇 년 뒤, 오픈AI의 경영진은 한 발짝 더 나가 필요하면 자기희생을 하겠다는 약속까지 했다. "우리는 AGI 개발의 후기 단계에서는 적절한 안전 장치를 만들 시간이 없을 정도로 경쟁이 과열될 것을 우려한다"며, 만약 다른 어느 누군가가 오픈AI를 제치고 인류 전체에 도움이 될 AGI 개발 목표 달성에 가까워진다면, "우리는 경쟁을 멈추고 그 프로젝트를 지원하겠다"고 약속했다.

그러나 내가 오픈AI의 심층 취재를 시작하던 무렵 이미 이런 이상주의적 공약은 급속도로 퇴색되고 있었다. 회사를 창립한 지 겨우 1년 반 만에 오픈AI 임원들은 자신들이 선택한 AI 개발 경로가 엄청나게 많은 돈이 든다는 사실을 깨달았다. 그때까지만 해도 크게 관여하지 않고 공동 의장직을 맡던 머스크와 올트먼은 서로 CEO 자리에 앉으려 했다. 이 경쟁에서 올트먼이 승리했다. 머스크는 2018년 조직을 떠나면서 자신이 약속했던 투자금도 회수했다. 이제 와서 보면 이들 사이의 균열이야말로 오픈AI가 이타적인 프로젝트가 아니라 실은 그저 자존심 싸움이라는 것을 보여주는 첫 중대 사건이었다.

주요 후원자였던 머스크가 떠난 오픈AI는 재정적으로 불확실한 상태에 빠졌다. 올트먼이 오픈AI의 지배구조를 재편한 것은 이 공백을 메우기 위해서였다. 비영리 연구재단인 오픈AI 내에 영리 조직인 오픈AI LP_{Open AI LP}를 설립함으로써 다른 회사들과 마찬가지로 자본 조달, 제품 상업화, 투자자 수익 회수가 가능하게 만들었다. 4개월 뒤인 2019년 6월, 소프트웨어와 클라우드 서비스 업계의 강자인 마이크로소프트가 10억 달러를 출연하여 오픈AI의 새로운 후원자가 되었다.

나는 그로부터 얼마 지나지 않은 2019년 8월에 오픈AI 사무실을 방문했다. 사흘간 직원 수십 명을 인터뷰하며 나는 오픈AI의 이상주의적 거버넌스 실험이 붕괴되고 있다는 것을 알 수 있었다. 이 시대의 가장 중요한 기술을 쥐락펴락하는 힘에 도취된 나머지 오픈AI는 폐쇄적이고 은밀한, 심지어 외부에 자신을 드러내는 것조차 경계하는 조직으로 변했다. 투명성과 민주주의, 자기 희생과 협업이라는 가치는 이미 사라지고 없었다. 오픈AI 경영진에게는 오직 하나의 집착, 즉 누구보다도 먼저 AGI를 개발하여 그것을 자신들이 구상했던 모습으로 만들겠다는 집착만이 남아 있었다.

그 후 4년간 오픈AI는 자신들의 약속과 정반대의 길을 걸었다. 무늬만 비영리였을 뿐, 실상은 챗GPT와 같은 제품의 상용화에 공격적으로 나섰고 전례 없는 수준의 기업가치를 추구했다. 조직 문화가 한층 더 은밀해지면서 오픈AI는 자신들의 연구를 비공개로 전환했을 뿐만 아니라 AI 개발의 상당 부분이 외부의 검토 없이 이루어지도록 업계 전반의 규범까지 바꿔놓았다. 과거 바로 자신들이 경고했던, AI 기술의 잠재적 위험성과 그로 인해 사회적 갈등이 증폭되고 악화될 가능성을 보완하지 않은 채 상업화와 배포를 가속화하는 데 앞장섰다. 회사 내 서로 다른 여러 파벌이 권력을 잡아 자신들의 비전대로 오픈AI를 재편하려는 과정에서 경영진과 직원들 간 갈등은 더욱더 격화되었다.

2023년 11월 올트먼이 축출됐다 복귀한 사건은 오픈AI의 거버넌스 실험이 실패했음을 입증하는 최종 증거였다. 이는 단순히 오픈AI의 비영리 이사회가 경제적 이익에 굴복함으로써 조직에 마지막으로 남은 이타주의적 외피마저 벗겨진 때문만이 아니다. 이 사건은 몇 안 되는 실리콘밸리 엘리트들 간의 권력 투쟁이 AI의 미래에 얼마나 영향을 미치는지를 가장 분명하게 보여준 사건이었다. 설령 이 사건이 다른 방향으로 전개되어 이사회가 올트먼을 갈아치우는 데 성공했더라도, 그렇게 중대한 결정이 비밀리에 이루어졌다는 사실에는 변함이 없다. 극소수의 초부유층 기술 낙관주의자들과 그들의 이념적 경쟁자들, 그리고 수백억 달러 규모의 빅테크 기업을 제외하면, 오픈AI의 직원들조차도 자신들의 운명의 향방에 대해 전혀 알지 못했다는 점에 주목할 필요가 있다.

나는 오픈AI와 챗GPT가 AI 기술의 대명사가 되기 훨씬 전부터 인공지능을 취재했다. 연구자들이 새로운 아이디어를 시험하고 그중 가장 성공적인 사례를 컨퍼런스에서 발표한 뒤 구글과 페이스북, 알리바바Alibaba와 바이두 등 세계에서 가장 큰 기업들의 상업용 제품에 적용하는, 어찌 보면 다소 지저분한 과학과 혁신의 과정을 거치며 인공지능 기술이 전진하는 모습을 지켜보았다. 나는 수백 편의 논문을 읽고 과학자, 엔지니어, 경영자를 인터뷰하며 그들의 세계관과 결정을 이해하고 그것이 어떻게 AI 기술의 설계와 적용에 흔적을 남겼는지 배웠다[AI 학계에서는 연구 논문이 지닌 영향력이 동료평가peer review를 거쳤는지 여부보다 더 중요한 논문 인용 기준이다. 자세한 내용은 프롤로그 미주 17번 참조].**17** AI의 파급 효과가 세계 곳곳으로 뻗어 나가면서 개인과 공동체에 어떤 미묘하고도 극적인 변화를 일으켰는지도 추적했다. 사람들의 생생한 경험담을 듣기 위해 오대륙을 돌아다녔다. 콜롬비아와 케냐에서는 경제위기 상황에서 생계를 유지하기 위해 AI 산업의 데이터 어노테이션data annotation[데이터에 주석을 달아 기계가 데이터를 더 잘 이해하고 학습할 수 있도록 돕는 작업] 일을 시작했다가 노예계약이나 다름없는 근로 조건에서 일하는 노동자들을 만났다. 애리조나주와 칠레에서는 '물 먹는 하마'인 데이터센터가 늘어나면서 물 부족 현상을 우려하는 지역 정치인들과 활동가들을 만났다.

취재를 계속하며 나는 두 가지를 이해하게 되었다. 먼저 인공지능은 여러 가지 형태를 취하는 기술이라는 점이다. 인공지능은 단지 기술적 우수성만이 아닌, 그것을 만드는 사람들의 이념적 동기, 그리고 과대광고와 상업화 경향에 따라 끊임없이 형태가 바뀌고 진화하는 여러 기술의 총체다. 현재 챗GPT와 여러 이른바 거대 언어 모델이나 생성형 AI 애플리케이션이 각광받고 있지만, 이것은 인공지능 기술이 발현되는 여러 가지 모습 중 하나에 불과하며, 이 세상이 어떤 곳이고 어떤 방식으로 돌아가야 하는지에 대한 굉장히 편협한 특정 시각을 반영한 결과물일 뿐이다. 이 특정한 형태의 AI가 주목을 받게 된 것은 물론이고 존재하게 된 것조차 결코 필연적이지 않았다. 그것은 의사결정 권한을 가진 소수의 사람들이 내린 수많은 주관적인 결정의 결과일 뿐이다. 마찬가지로, 앞으로 나올 AI 기술 역시 미리 결정되어 있지 않다. 그렇다면 문제는 다시 거버넌스로 돌아간다. 누가 이 기술의 미래를 결정할 것인가?

내가 배운 다른 한 가지는 현재의 AI의 형태와 발전 궤도가 걱정스러운 방향을 향하고 있다는 점이다. 겉으로만 봤을 때 생성형 AI는 마법과도 같다. 눈 깜짝할 새에 브레인스토밍과 글쓰기를 도와주는 창작 도우미이며 늦은 밤 외로움을 달래주는 대화 상대이기도 하다. 언젠가는 생산력을 끌어올려 경제 활동을 확대할 수 있는 도구처럼 보인다. 하지만 한때 우리가 페이스북을 그저 휴가 사진을 올리고, 오랫동안 연락이 끊어졌던 초등학교 친구들을 만나거나, 긍정적인 사회 변화를 촉발시키는 공간이라고만 여겼던 것처럼, 생성형 AI 역시 번지르르하고 매혹적인 겉모습과 사뭇 다른 이면을 갖고 있다. 겉포장을 뜯어낸 생성형 AI 모델들은 과거에는 측정조차 할 수 없을 정도로 많은 양의 데이터와 노동, 컴퓨팅 파워와 자연 자원을 소비한 결과로 만들어진 흉물이다. 한 측정 기준에 따르면, 최초의 챗GPT의 후속 모델인 GPT-4는 그보다 5년 전 출시된 GPT-1보다 무려 1만 5,000배 큰 규모라고 한다. 이렇게 폭발적으로 증가하는 인적, 물적 비용을 결국 짊어지게 되는 것은 사회, 특히 그중에서도 취약 계층의 몫이다. 취재를 하면서 내가 만난 선진국의 노동자와 지방 거주자, 저개발 국가의 빈곤 지역에 사는 사람들 모두 새로운 유형의 불안정성에 시달리고 있었다. 이 기술 혁명의 "낙수 효과" 덕을 본 사람은 거의 없었다. 생성형 AI는 부익부 빈익빈을 심화시킨다.

시간이 지나며 나는 이 AI 권력자들의 본질을 가장 잘 포착하는 비유를 찾아냈다. 바로 '제국'이다. 수백 년간 이어진 유럽의 식민주의 시대에 제국은 남의 자원을 강탈했고, 자신들이 지배한 사람들의 노동을 착취해 그 자원을 채굴하고 경작하고 정제했다. 그들은 자신들의 우월성과 근대화를 내세운 비인간적이고 인종차별적인 이념을 앞세워 자신들이 행한 주권 탈취, 자원 수탈, 식민 지배를 정당화하는 데 그치지 않고 심지어 피지배 민족이 이를 순순히 받아들이도록 유도했다. 그들은 다른 제국과 경쟁해야 한다는 이유로 어떤 제약도 받지 않는 권력 추구를 정당화했다. 이 모든 것은 궁극적으로 제국의 권력을 공고히 다져 제국의 확장과 발전을 가져왔다. 간단히 말해 제국은 식민 통치를 통해 시공간을 초월한 엄청난 부를 모은다. 그 과정에 필요한 막대한 희생을 치르는 것은 제국이 아닌 나머지의 몫이다.

물론 현재의 AI 제국들은 제국의 시대에 난무했던 폭력적이고 잔혹한 일들을 저지르고 있지는 않다. 그러나 이들 역시 자신들의 비전에 맞는 인공지능을 개발하기 위해 예술가와 작가들의 작품, 수많은 사람들이 자신이 경험하고 관찰한 것을 공유한 데이터, 대규모 데이터센터와 슈퍼컴퓨터를 가동하는 데 필요한 땅, 전력, 수자원과 같이 귀중한 자원을 강탈하고 추출한다. 오늘날의 제국들 또한 수익성 좋은 AI 기술 개발에 필요한 데이터의 정화, 정리, 준비를 위해 전 세계 사람들의 노동을 착취한다. 그들은 매혹적인 미래를 내세우고 다른 제국과의 경쟁에서 승리해야 할 필요성을 부풀려서 자신들이 저지르고 있는 프라이버시 침해, 절도, 자동화를 통해 셀 수 없이 많은 경제적 기회를 앗아가는 행위를 정당화하고 지속한다.

오픈AI는 이제 우리를 이 현대판 식민적 세계 질서로 밀어 넣는 데 앞장서고 있다. 정체 모를 비전을 추구하는 과정에서 오픈AI가 규모의 한계를 공격적으로 밀어붙임으로써 새로운 AI 개발의 규칙이 만들어졌다. 이제 모든 빅테크 기업들이 서로를 능가하기 위해 규모 경쟁에 뛰어들었다. 여기에 들어가는 액수가 워낙 천문학적이라 이들마저도 자신들의 자원을 재배치하고 충당하는 데 안간힘을 쓰고 있다. 마이크로소프트는 오픈AI에 100억 달러를 투자하기로 결정한 무렵에 비용 절감을 위해 직원을 1만 명이나 해고했다. 구글은 오픈AI에게 선두를 빼앗긴 후 AI 연구기능을 구글 딥마인드로 집중시켰다. 바이두가 자신들 버전의 챗GPT 개발 경쟁에 뛰어들면서 신약 개발을 위한 AI 기술을 연구하던 직원들은 연구를 중단하고 사용하던 컴퓨터 칩을 챗봇 개발에 양보해야 했다.[18] 현재의 AI 패러다임은 대안적인 AI 개발 경로도 질식시키고 있다. 기술 기업에 소속되지 않거나 그곳에서 연구비를 받지 않는 독립연구자의 숫자가 급속도로 감소하면서 단기적인 수익과 결부되지 않은 아이디어의 다양성도 줄어들었다. 한때 폭넓게 탐색적인 연구에 투자했던 기업들도 이제는 AGI 개발비의 무게에 짓눌려 그럴 형편이 아니다. 젊은 연구자들은 취업 시장에서 좀 더 눈에 띄기 위해 이 새로운 현실에 순응하는 길을 택하기 시작했다. 이전에는 상상하지 못했던 일들이다.

오늘날 이 제국들은 사상 최대 규모의 부를 쌓고 있다. 내가 이 책을 마무리 짓고 있는 2025년 1월 현재, 오픈AI의 기업가치는 1,570억 달러를 뛰어넘었다. 오픈AI의 대항마로 꼽히는 앤트로픽은 몸값을 600억 달러로 추산하는 투자 유치 건을 매듭짓고 있다. 오픈AI와 파트너십을 맺고 난 뒤 마이크로소프트는 시가총액이 무려 세 배나 뛴 3조 달러를 달성했다. 챗GPT 출시 이후, 6대 빅테크 기업의 시가총액은 총 8조 달러가 증가했다.[19] 이와 동시에 한편에서는 생성형 AI의 실제 경제적 가치에 대한 의문이 늘고 있다. 2024년 6월 골드만 삭스Goldman Sachs에서 나온 한 보고서는 해당 기술이 이제까지 "가시적인 성과를 내지 못했"음에도 불구하고 앞으로 몇 년 안에 기술 개발 비용이 무려 1조 달러에 육박할 것이라고 전망했다.[20] 한 달 후 업워크 리서치The Upwork Research Institute가 발표한 설문 조사에 따르면, 고위 경영진의 96%가 생성형 AI가 생산성을 향상시킬 것이라고 내다본 반면, 실제로 이 도구들을 사용하는 직원들의 77%는 오히려 업무 부담이 늘었다고 답했다.[21] AI가 생성한 콘텐츠를 검토하는 시간이 늘어나고, 상사들이 더 많은 일을 요구하기 시작한 탓이었다. 지난해 11월 생성형 AI의 경제적 영향을 분석한 〈블룸버그 통신〉의 파미 올슨Parmy Olson과 캐롤린 실버맨Carolyn Silverman은 이 점을 간명하게 요약했다. "데이터 분석 결과, 이른바 혁신이라 일컬어지는 이 기술은 폭넓은 경제적 변화를 불러오기보다는 오히려 부의 집중을 심화하고 있다는 불편한 사실을 마주하게 된다."[22]

한편, 나머지 세계는 이 새로운 시대의 폭발적인 인적, 물적 비용의 무게에 짓눌려 무너지고 있다. 케냐의 노동자들은 생계를 유지하기에도 턱없이 부족한 급여를 받으며 챗GPT를 포함한 오픈AI의 기술에서 온갖 폭력과 혐오표현을 걸러내는 일을 하고 있다. 예술가들은 자신의 작품을 무단으로 도용해 만들어진 AI 모델에게 일자리를 빼앗기고 있다. 생성형 AI 기술이 만들어내는 잘못된 정보가 급격히 증가하면서 언론 산업은 위축되고 있다. 지금 우리 눈앞에서 아주 오래된 이야기가 반복되고 있고, 이제 겨우 시작일 뿐이다.

오픈AI는 속도를 늦추지 않을 것이다. 그들은 전례 없는 자원을 투자해 더욱 거대한 규모를 추구하고 있고, 업계 전체가 뒤따르고 있다. 생성형 AI의 현재 성과에 대해 커져가는 우려를 불식시키기 위해, 올트먼은 AGI가 미래에 가져다 줄 혜택을 그 어느 때보다도 열렬히 강조했다. 2024년 9월 그는 블로그에 "엄청난 번영"을 이룰 "인텔리전스 시대Intelligence Age"가 곧 도래할 것이며, "수천 일 내에" 초지능superintelligence이 등장할 것이라고 선포했다.[23] 올트먼은 또 "그 미래는 지금 그 누구도 예측할 수 없을 정도로 밝을 것"이라며, "결국 초지능으로 기후 문제를 해결하고, 우주 식민지를 건설하고, 모든 물리학 원리를 밝히는 등의 놀라운 성취가 일상화될 것"이라고 적었다. 현 시점에서 AGI는 실체가 있다기보다는 오픈AI가 더욱 큰 부와 권력을 추구하기 위해 어디서나 내세우는 수사적인 개념에 가깝다. 오픈AI에 대항해 다른 선택지를 만들 수 있을 만큼의 자본을 투자할 수 있는 곳은 많지 않다. 오픈AI와 소수의 경쟁자들은 미래를 바꿀 열쇠라고 광고하는 이 기술을 독점할 가능성이 크다. 그 비전을 한 조각이라도 원하는 사람이라면, 기업이나 정부라 하더라도, 그 기술을 장악한 제국에 의존해야 할 것이다.

하지만 다른 길도 있다. 인공지능이 꼭 현재의 모습을 가질 필요는 없다. 진보와 발전을 이루기 위해 꼭 전무후무한 규모와 엄청난 소비가 필수적이라는 논리를 받아들일 필요도 없다. 우리 사회에서 진정으로 필요로 하는 많은 것들, 예컨대 더 나은 의료 서비스와 교육, 깨끗한 공기와 마실 수 있는 물, 보다 신속한 화석연료 탈피 등은 지금보다 훨씬 작은 규모의 AI 모델과 여러 가지 다양한 접근법의 도움으로도 충분히 달성 가능하고, 오히려 작은 규모와 다양성이 필요한 경우도 있다. AI 기술만으로는 충분하지 않다. 현행 AI 개발 방식이 위협하고 있는 사회적 통합과 국제 협력도 지금보다 훨씬 많이 필요하다.

물론 AI 제국은 그렇게 쉽사리 권력을 포기하지 않을 것이다. 우리 모두가 이 기술의 미래를 통제할 힘을 되찾아야 한다. 그리고 지금이야말로 그게 아직 가능한 결정적인 시기다. 식민주의 시대의 제국들도 결국 더 열린 형태의 통치 체제에 무너졌듯이, 우리도 AI의 미래를 함께 바꿀 수 있다. 정책 입안자들은 데이터 프라이버시와 투명성 법규를 강화하고 지적재산권법을 통해 사람들이 자신의 데이터와 작업물에 대한 권리를 되찾도록 도와줄 수 있다. 인권 단체들은 국제적인 노동 기준과 규범을 발전시켜 데이터 라벨러data labelers들에게 최저임금과 인간적인 근무 환경을 제공하고, 노동권을 강화하며, 산업 전반에 인간다운 생활을 할 수 있는 경제적 기회에 대한 접근권을 보장하도록 촉구할 수 있다. 연구 자금을 지원하는 기관들은 AI 연구의 다양성을 촉진시킴으로써 현재와는 본질적으로 다른 대안을 모색하는 데 기여할 수 있다. 마지막으로 우리가 할 수 있는 일은 바로 오픈AI와 AI 업계가 진보라는 미명 하에 감춰둔 사회적, 환경적 비용을 직시하는 것이다.

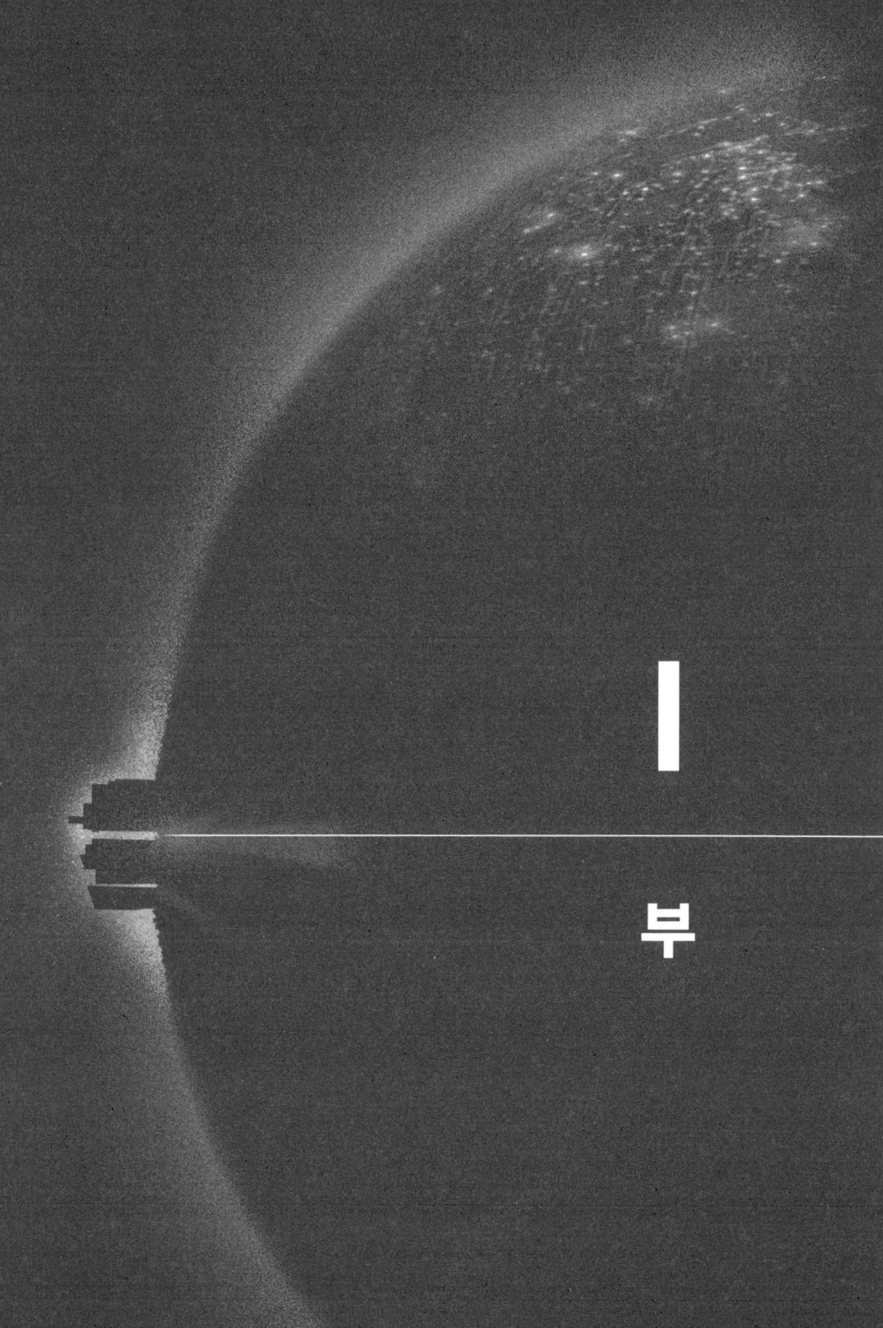
1부

1

신성한 권리

다들 도착했지만, 일론 머스크는 여느 때와 다름없이 지각이었다.[1]

2015년 여름이었다.[2] AI와 인류의 미래를 논의하기 위해 샘 올트먼이 초대한 남성 몇 명이 비공개 만찬에 참석하기 위해 모였다.

머스크가 자신보다 14살 아래인 올트먼을 만난 건 얼마 전이었다. 머스크는 좋은 인상을 받았다. 그 유명한 실리콘밸리 스타트업 창업 기획사인 와이콤비네이터Y Combinator 사장인 올트먼의 명성은 자자했다. 19살에 첫 회사를 창업한 올트먼은 야심찬 창업가로 북적이는 실리콘밸리에서도 원대한 포부를 가진 탁월한 전략가이자 협상가로 빠르게 자리 잡았다. 머스크는 올트먼이 똑똑하고, 의욕적이며, 무엇보다도 인공지능의 개발과 규제를 신중하게 할 필요성을 느낀다는 점에서 자신과 뜻이 통하는 사람이라고 생각했다. 몇 년 후 한 법정 소송에서 머스크는 올트먼이 자신의 신뢰를 얻기 위해 자신이 인공지능에 대해 그간 했던 모든 말

을 따라한 것 같다고 말했다.[3]

올트먼은 어린 시절에 머스크가 자신의 영웅이었다는 말을 평소 종종 하곤 했다.[4] 머스크의 안내로 캘리포니아주 호손Hawthorne에 위치한 거대한 스페이스X 공장을 견학한 후 그 존경심은 더욱 커지기만 했다. 올트먼은 그때의 경험에 대해 훗날 이렇게 적었다. "기억에 가장 남는 것은 화성으로 거대한 로켓을 발사할 거라고 말하는 머스크의 얼굴에 서린 절대적 확신이었다. '아, 모름지기 신념이란 저런 것이구나'라는 생각을 하며 공장을 떠났다."[5]

머스크는 꽤 오랫동안 AI를 깊이 우려했다. 2012년 머스크는 런던 소재 AI 연구기업인 딥마인드 테크놀로지DeepMind Technologies의 학자풍의 CEO 데미스 하사비스Demis Hassabis를 만났다. 얼마 지나지 않아 하사비스도 머스크의 스페이스X 공장에 방문했다. 두 사람이 거대한 로켓 부품을 옮기고 조립하는 소리로 가득 찬 구내식당에 앉아 있을 때, 하사비스는 언젠가 인류를 뛰어넘을 만큼 발달한 AI가 인류에 위협이 될 가능성이 있다고 말했다. 게다가 머스크가 만약을 대비해 생각해둔 화성 식민지 같은 탈출책도 그런 상황에서는 통하지 않을 것이라고 말했다. 하사비스는 웃으며 그런 초지능은 인류를 따라 우주로 쫓아올 것이라고도 했다. 머스크는 그리 기분이 좋지 않았지만, 딥마인드의 움직임을 예의 주시하기 위해 그 회사에 500만 달러를 투자했다.

나중에 머스크는 2013년 나파 밸리의 포도밭 한가운데서 연 자신의 생일 파티에서 오랜 친구이자 구글 공동창업자인 래리 페이지Larry Page와 감정이 격해질 정도로 논쟁을 벌였다. 인간 지능을 뛰어넘는 AI가 정말 문제인지를 두고 의견이 갈린 것이다. 페이지는 그것이 진화의 다음 단계일 뿐 문제가 되지 않는다고 잘라 말했다. 머스크가 멈칫하자, 페이지는 머스크가 비인간 종을 차별하는 "종 차별주의자"라 비난했다.

그 뒤로 머스크는 AI의 실존적 위험에 대해 자꾸 목소리를 내기 시작했다. MIT에서 열린 한 심포지엄에서 머스크는 AI를 인류의 "가장 큰 실존적 위협"으로, AI 개발을 "악마를 소환하는 일"이라고 묘사했다. 자신이 직접 AI를 포함한 멸종 수준의 위협들에 대한 책을 쓰겠다는 생각에 사로잡혀 뉴욕의 출판사들과 만나기도 했다. 한번은 정기적으로 스탠퍼드 대학교에서 열리는 AI 살롱 모임에서 팀닛 게브루Timnit Gebru라는 한 젊은 연구원이 머스크에게 "기후변화라는 명백히 더 큰 실존적 위험이 존재하는데, 왜 그리도 AI에 집착하나요?"라고 물었다.[6] 머스크는 이렇게 답했다. "기후변화는 나쁘지만, 모두가 죽지는 않을 겁니다. AI는 인류 전체를 멸종시킬 수 있죠."

2013년 말 구글이 딥마인드를 인수한다는 소식을 들었을 때, 머스크는 두 기업의 합병이 매우 나쁜 결말을 낳으리라고 확신했다. 그는 공개적으로, 만약 구글이 가상의 AGI에게 수익을 극대화하라는 목표를 준다면 AGI는 어떤 비용을 치르더라도 구글의 경쟁자들을 제거하려 들 수 있다고 경고했다. "초장부터 경쟁 관계인 인공지능 연구원을 모두 살해하는 건 성격 결함 같은데요."[7] 머스크는 〈뉴요커〉와의 인터뷰에서 말했다. 로스앤젤레스의 한 홈파티에 참석해서도 머스크는 위층 벽장에 들어가 한 시간 넘게 하사비스와 스카이프Skype로 통화하며 인수 건을 다시 생각해보라고 설득했다. "AI의 미래를 래리가 통제해선 안 됩니다."[8] 머스크는 몰랐지만, 구글은 이미 인수 사전 점검 차 딥마인드 사무실로 AI 연구팀을 전용기에 태워 보낸 터였다. 여기서 구글의 초기 멤버이자 최고위 엔지니어 중 하나인 제프 딘Jeff Dean이 딥마인드의 코드베이스 샘플을 검토했고, 인수 승인 의견을 냈다.[9] 2014년 1월, 구글은 딥마인드 인수를 확정했다. 인수 가격은 4억 달러에서 6억 5,000만 달러 사이로 알려졌다.

머스크는 구글을 견제할 방법을 논의하기 위해 직접 모임을 주최하기 시작했다. 2015년 초, 머스크는 버락 오바마 미국 대통령을 만나 AI가 왜 위험하며, 어떻게 하면 더 안전하게 만들 수 있고, 규제는 어떻게 해야 할지 설명하기도 했다. 그 무렵, 머스크는 또다시 스페이스X에서 하사비스를 만났다. 하사비스는 페이지와 자신이 딥마인드의 기술을 책임 있게 개발하도록 감독하는 기구로 제안한 구글 딥마인드 AI 윤리위원회의 첫 회의 참석차 미국에 온 참이었다. 하사비스와 만난 후 머스크는 윤리위원회는 허울에 불과하다고 확신했고, AI에 대한 그의 우려는 이제 하사비스의 비전을 막기 위한 강박적인 집착으로 변질됐다.[10]

그 후 수년간 머스크는 하사비스를 반드시 막아야 할 슈퍼 악당으로 묘사했다. 동시에 딥마인드라는 악에 맞설 선이 바로 오픈AI라고 강조했다. 오픈AI가 설립된 지 얼마 지나지 않은 2016년 여름, 몇몇 직원이 하사비스를 만나본 후 딥마인드는 정말로 세계를 정복하려 한다며 머스크의 판단이 옳았다고 회사에 보고했다. 이듬해 머스크는 자신의 스페이스X 공장에서 오픈AI 직원들을 위한 사외회의를 주최한 자리에서 하사비스에 대한 비난을 장황하게 늘어놓았다. 하사비스는 딥마인드를 설립하기 전 자신이 직접 설립한 비디오게임 디자인 스튜디오를 7년간 운영했다는 것이었다. 하사비스가 2004년 내놓은 비디오게임 *사악한*

천재Evil Genius를 거론하며 머스크는 목청을 높였다. "말 그대로 사악한 천재인 하사비스가 세상을 정복하려고 AI를 개발하는 비디오 게임을 만들었는데도, 젠장, 사람들은 이해를 못해요. 씨X, 이해를 못 한다니까요! 그리고 래리 페이지? 그 놈은 지가 하사비스를 통제한다 생각하는데, 빌어먹을, 윈드서핑에 정신이 팔려서 하사비스가 권력을 다 거머쥐고 있단 걸 몰라요."

딥마인드 직원들은 하사비스에 대한 머스크의 집착을 우스꽝스럽게 여겼다. 하사비스는 엄청나게 야심만만했고 물론 가끔 극성스럽긴 했지만, 다정하고 신중하다는 평판이 많았다. "오픈AI의 설립은 꽤나 온화한 사람에게 거의 히스테리를 부리는 수준의 반응이었어요. 좀 어처구니가 없었죠."[11] 한 전직 딥마인드 연구원이 회상했다.

머스크가 추천한 필독 도서 목록에는 《슈퍼인텔리전스: 경로, 위험, 전략Superintelligence: Paths, Dangers, Strategies》이라는 책이 있었다. 이 책에서 저자 닉 보스트롬Nick Bostrom 옥스퍼드 대학교 철학과 교수는 만약 AI가 인간을 넘어서면 통제하기 어려워져 실존적 재앙을 초래할 수 있다고 주장한다. 예를 들어 이 초지능에게 종이 클립을 만드는 목표를 주면, AI는 인간이 종이 클립 생산에 필요한 자원을 차지하기 때문에 목표를 달성하는 데 위협이 된다고 판단할 수 있다는 것이다.[12] 이에 대해 보스트롬은 다음과 같은 해결책을 제시한다. AI를 인간의 가치관과 "정렬align"시키는 것, 즉 AI가 주어진 목표를 달성하는 과정에서 인간에게 해를 끼치지 않게끔, 명시적인 지시만 수행하는 것을 넘어서는 추론 능력을 준다면 초지능 통제 문제를 피할 수 있다는 것이었다. 이 생각이 바로 오픈AI가 받아들이게 될 AI 정렬AI Alignment 연구 분야의 기반을 형성했다. 머스크는 자신이 보유한 수많은 트위터 팔로워들에게 이 책을 "읽어볼 만한 책"이라고 소개했다.[13]

2023년 1월, 보스트롬이 1990년대 중반에 리스트서브LISTSERV [특정 주제에 관한 내용을 다수의 사람들에게 전송할 수 있는 전자우편 서비스]에 보낸 이메일이 재조명되면서 보스트롬의 가치관에 대한 의문이 제기됐다. "저는 항상 생각하기와 말하기의 단호한 객관성을 좋아했습니다." 보스트롬은 당시 이메일에 이렇게 적었다. "다음 문장을 예로 들어봅시다: 흑인은 백인보다 멍청하다. 저는 이 문장을 좋아하고 이 문장이 참이라고 생각합니다." 보스트롬은 공개적으로 사과했다.[14] 이 이메일을 "역겹다"고 표현하면서도, 자신의 관점을 정확하게 반영한 진술이 아니라고 해명했다.

머스크 눈에는 올트먼이 줄곧 자기 나름대로 재앙에 대비하는 태도를 보인 동조자로 보였다. 2016년 올트먼은 오랫동안 캘리포니아를 담당한 〈뉴요커〉 기자 테드 프렌드Tad Friend에게 만약 세상의 종말이 다가온다면 자신은 가까운 친구이자 멘토인 억만장자 피터 틸과 뉴질랜드로 탈출할 것이라고 말했다.

같은 기사에서 틸은 올트먼을 "언제든 일이 아주 잘못될 수도 있다는 감각을 가진, 낙관주의자이면서도 생존주의자라는 점에서 굉장히 유대인스러운 문화를 가졌다"고 묘사했다. 2년 후 올트먼은 〈블룸버그〉와의 인터뷰에서 〈뉴요커〉 인터뷰를 할 때 자신이 농담처럼 말하긴 했지만 실제로도 재난 대비용 비상용 가방을 항시 준비해놓고 있다고 말했다.[15] 올트먼은 특히 신종 생물학적 바이러스를 걱정해 방독면, 항생제, 물, 건전지, 텐트, 총을 챙겨두었다고 했다. 그러나 2015년 2월 자신의 블로그에서는 초지능이야말로 "인류의 존속에 아마도 가장 큰 위협일 것"이라는 데에 머스크와 의견을 같이 한다고 밝혔다.[16] 설령 공학적으로 조작된 바이러스가 세상을 휩쓸 가능성이 더 크다 해도, "우주의 모든 사람이 죽지는 않을 것"이라고 적었다. "여담이지만, 닉 보스트롬의 훌륭한 책 《슈퍼인텔리전스》는 이 주제에 대해 읽어본 중 최고다. 충분히 읽을 가치가 있다"고 올트먼은 덧붙였다.

몇 달 뒤인 2015년 5월, 올트먼은 머스크에게 이메일을 보냈다. "인류가 AI 개발을 멈추게 하는 게 가능할지 계속 생각하고 있습니다. 아마 절대 불가능할 겁니다. 어차피 벌어질 일이라면, 구글이 아닌 다른 누군가가 먼저 개발하는 편이 좋을 것 같습니다."[17] 이어 "전 세계가 일종의 비영리단체를 통해 AI 기술을 소유할 수 있도록" YC로 불리는 와이콤비네이터를 통해 "AI를 위한 맨해튼 프로젝트"를 시작하자고 제안했다. 그는 머스크가 최근 정부 규제를 강하게 요구해온 점을 의식하며 "당연히 모든 규제를 준수하고 적극적으로 지지할 것"이라고 덧붙였다.

"이야기를 한 번 나눠 볼 가치가 있겠네요." 머스크는 답했다.

6월에 올트먼은 더 자세한 내용을 담은 이메일을 보냈다. "이 프로젝트의 임무는 AGI를 가장 먼저 개발해 개인의 결정권을 강화하는 것, 즉 AI의 힘이 집중되지 않고 여러 개인에게 분산되는 미래를 이 조직의 목표로 정하는 겁니다. 더 넓은 의미로, 안전을 최우선시해야 합니다." 이어서 자신과 머스크에게 최종 권한이 돌아가는 지배구조를 제안했다. 두 사람에다 이사 세 명을 더해 이사진을 꾸리자는 것이었다. "개발한 기술은 재단이 소유하고 '세상을 이롭게 하는 데' 사용하며, 그 적용 방식이 불분명한 경우에는 우리 다섯 명이 결정하는 방식입니다." 올트먼이 말했다.

계속해서 올트먼은 만약 머스크가 한 달에 한 번이라도 회의에 참석할 수 있다면, "가장 유능한 사람들을 모으는 데" 도움이 될 것이라고 말했다. 머스크가 시간을 낼 수 없을 경우에는 공개적으로 지지만이라도 해준다면, "인재 모집에 큰 힘이 될 것"이라고 덧붙였다.

"전부 동의합니다." 머스크가 답했다.

올트먼은 자신이 확보하고 싶은 최고의 엔지니어와 AI 연구원을 머스크가 만나볼 수 있도록 AI와 인류의 미래를 논하는 비공개 만찬에 머스크를 초대했다. 머스크가 참석을 확정하자 식사 장소도 머스크가 자주 찾는 지역의 고급 레스토랑으로 변경했다. 거의 2만 평에 달하는 부지, 1박에 1,000달러인 로즈우드 호텔Rosewood Hotel은 실리콘밸리를 가로지르는 고풍스런 가로수길 샌드힐로드Sand Hill Road에 들어선 수많은 벤처투자회사 사이에 위치한 특급 호텔이다. 비공개 만찬장은 이탈리아 사이프러스 나무와 정원 장미로 둘러싸인 아름다운 수영장이 내려다보이는 발코니로 이어졌다. 한 시간 넘게 늦은 머스크가 만찬장에 들어섰을 때, 나머지 사람들은 목이 빠지게 기다리고 있었다. 참석자는 올트먼과 그렉 브로크만, 다리오 아모데이Dario Amodei, 일리야 수츠케버였다.

이 참석자들이 곧 새로운 비영리 조직의 핵심 경영진이 될 예정이었다. 조직의 이름은 이들이 공유한 사명의 정신을 담아내기 위해 머스크가 오픈AI라 지었다. 시간이 지나면서 이들 거의 모두가 인공지능에 대한 올트먼의 비전과 충돌한 후 조직을 떠나게 된다.

머스크와 결별하고 자신이 실리콘밸리의 새로운 톱스타로 주목받게 되자, 올트먼은 AI의 위험성에 대해 그동안 자신이 취해왔던 입장을 공개적으로 번복했다. 2023년 그는 〈비즈니스 인사이더 Business Insider〉와의 인터뷰에서 이렇게 말했다. "저는 이제 확실히 AI는 도구가 될 것AI-will-be-a-tool이라고 봅니다. 그렇더라도 물론 미래의 인류와 사회는 지금과 매우 다를 것이며, 그 미래를 어떻게 설계할지에 대해 숙고할 기회는 우리에게 있다고 생각합니다."[18]

결국 머스크는 올트먼이 자신을 이용해 유명세를 얻었다고 느끼게 되었다.

올트먼의 이 발언은 언제나 그를 따라다니는 그에 대한 평판을 상기시켰다. 올트먼의 멘토 폴 그레이엄Paul Graham이 한 유명한 말이 있다. "식인종 가득한 섬에 샘 올트먼을 떨궈놓고 5년 후 돌아와보세요. 그는 왕이 되어 있을 겁니다."[19] 수년 뒤 그는 다시 강조했다. "샘은 권력을 차지하는 능력이 탁월합니다."[20]

사무엘 해리스 깁스틴 올트먼Samuel Harris Gibstine Altman은 1985년 4월 22일 일리노이주 시카고에서 유대인 부모의 첫째 아들로 태어났다.

어머니 코니 깁스틴Connie Gibstine은 의사고, 코니의 아버지 마빈 깁스틴Marvin Gibstine 또한 의사였다. 소아과 의사였던 마빈 깁스틴은 미 육군 소속 군의관 신분으로 제2차 세계대전 후 아내와 함께 독일로 파견됐다. 코니는 당시 여성으로서는 보기 드물게 의학과 법학 학위를 모두 취득했다. 피부과 전문의가 된 코니는 안정된 수입과 유연한 근무시간 덕에 집에 돌아와 저녁식사를 준비하고 아이들을 돌볼 수 있었다.

코니가 세 살 연상의 잘생긴 제럴드 올트먼Jerold Altman을 만난 것은 시카고 로욜라 대학교Loyola University Chicago 로스쿨에 들어가기 전이었다. 제리Jerry로 통한 제럴드는 신발제조업을 하는 사업가의 아들로 태어나 펜실베이니아 대학교 와튼 스쿨을 졸업했다. 그는 보스턴에서 컨설턴트 일을 시작한 후 20대 후반에 한 차례 결혼한 적이 있었다.[21] 그의 전처는 결혼 전 성을 그대로 썼다. 코니 역시 제리와 결혼한 후 성을 바꾸지 않았다. 몇 년 후, 코니와 제리는 시카고를 떠나 고향인 세인트루이스에 정착했다.

제리는 부동산과 자산관리업에 뛰어들었다. 한때 세인트루이스 소재 부동산 개발업체 로버츠 컴퍼니Roberts Companies의 법률고문 겸 부회장을 맡기도 했다. 제리는 사교성이 좋고 사람들과 어울리기를 좋아했다. 저렴한 주택 공급 확대에 열정을 갖고 세인트루이스 지역사회를 활성화하기 위한 여러 상업용, 주거용 건축 프로젝트에 참여했다. 훗날 샘 올트먼은 아버지가 가르쳐 준 가장 큰 교훈을 되뇌곤 했다. "언제나 사람들을 도와줘라. 도울 시간이 없다는 생각이 들어도 어떻게든 도와줄 방법을 찾아라."[22]

코니와 제리는 연달아 아들 셋을 낳았다. 샘 밑으로 맥스Max와 잭Jack이 태어났다. 5년 후, 그러니까 샘이 태어난 지 9년이 지나서 코니는 마침내 딸 애니Annie를 낳고 기뻐했다. 코니는 스스로를 유대인의 정체성을 가진 무신론자라 여겼다. 제리는 코니보다 독실했다. 그는 유월절 같은 주요 유대교 대제일 예배를 꼬박꼬박 챙겼고, 네 자녀 모두가 유대교 성인식인 바트 미츠바bat mitzvah와 바르 미츠바bar mitzvah를 치를 것을 고집했다. 코니의 합리성과 훈육, 그리고 제리의 영성과 예배 강조는 자녀들에게서 다양한 방식으로 드러났다.

어릴 적부터 샘은 의욕과 호기심이 넘쳤다.[23] 겨우 두 살 때 집에 있는 비디오 녹화재생기 사용 방법을 익히더니 세 살 땐 그걸 고치기까지 했다. 5년 후 부모님께 선물로 맥 컴퓨터를 받아서는 금새 프로그래밍과 컴퓨터 분해 방법을 익혔다. 샘은 동생들에게 이래라저래라 하며 군림하기도 했지만, 동생들을 잘 보살피면서 맏아들 노릇을 톡톡히 해냈다. 샘은 경쟁심이 굉장히 강해서 언제나 보드게임에서 자신이 이겨야만 했다.

샘은 패배를 인정할 줄 모르는 만큼 승리에 대한 열정이 강했다. 할머니가 손주들에게 주식을 선물로 사 줬을 때, 샘은 애플을 골랐고 잭은 애플비스Applebee's[미국 패밀리 레스토랑 체인점]를 골랐다.[24] 이 일은 두고두고 가족들의 웃음거리가 되었다. 20년 동안 잭의 주식은 제자리걸음한 반면, 샘의 주식은 급등했던 것이다. 잭은 그 이야기를 "수백 수천 번이나" 반복한 훗날 이렇게 말했다. "형 애플 주식 또 올랐어. 난 정말 생각하기도 싫어."

"그래, 참 많이도 우려먹었다." 샘이 우쭐거리며 말했다.

샘이 나이가 차자, 코니는 나중에 동생들 모두에게도 준 선택지를 샘에게 제시했다. 그 선택지는 바로 엄격한 학풍을 자랑하고 유명인사가 된 졸업생을 다수 배출한 사립학교 존 버로우 스쿨John Burroughs에 진학할 기회였다. 샘은 입학했고, 맥스는 입학했지만 중퇴했고, 잭은 들어가지 않았으며, 애니는 큰오빠를 따라갔다. 존 버로우 스쿨에서 샘은 물 만난 고기였다. 뛰어난 성적에 외향적인 데다 유머 감각도 있어 인기도 많았다. 샘은 STEM[과학·기술·공학·수학 분야를 융합한 통합 교육]뿐 아니라 글쓰기와 여러 특별활동에도 관심을 보였다. 졸업앨범 편집장, 수구水球팀 주장으로 활약했고, 유엔의 활동을 모방해 세계 이슈와 공공 정책을 토의하는 모의 유엔 활동도 했다. 훗날 존 버로우 스쿨의 교장이 된 샘의 영어선생님 앤디 애봇Andy Abbott은 이렇게 회상했다. "좀 부끄러운 고백이지만 '샘은 너무 창의적이고 뛰어난 작가라 기술 쪽으로 빠지기엔 아깝다'고 생각했던 기억이 납니다. 저는 샘이 작가 비슷한 존재가 되길 바랐거든요."[25]

그때도 올트먼은 이미 영향력 있는 타고난 리더였다. 보수적인 사립학교임에도 그곳에서 용인될 수 있는 행동의 경계를 확장하는 것을 즐겼다.[26] 한번은 연례 응원전에서 자신의 수구팀을 이끌고 옷을 벗으며 스피도Speedo[몸에 딱 붙는 수영복 브랜드] 차림이 될 때까지 퍼포먼스를 벌였다가 문제가 되기도 했다. 자신이 동성애자라고 부모와 동급생들에게 커밍아웃을 한 것도 그 무렵이었다. 코니는 놀랐지만, 나머지 가족들과 마찬가지로 그걸 받아들였다. 그러나 학교의 일부 기독교 학생들은 이를 받아들이지 못했다. 이들은 전국 커밍아웃의 날에 올트먼이 주도한 성적 취향 모임을 보이콧했다. 열일곱 살이던 올트먼은 학생회 연설로 이들과 정면으로 맞서기로 결심했다. 그의 대학진학 상담교사는 올트먼의 연설 덕에 학교의 문화가 개방적으로 바뀌었다고 평했다. 후에 올트먼은 그때 자신이 했던 연설의 마지막 문장을 다시 읊었다. "열린 공동체를 포용할 능력이 있거나 없는 것일 뿐, 선택적으로 포용하거나 거부할 권리는 누구에게도 없습니다."[27]

올트먼의 자신만만한 겉모습 이면에는 예민한 감수성도 자리하고 있었다. 그는 사람들이 자신을 어떻게 생각할지 늘 걱정했다. 어린 시절에도, 어른이 되어서도 종종 불안에 시달렸다. 실리콘밸리에서 성공가도를 달리면서도 그는 가끔 두통에 시달리며 어머니에게 전화해 자신이 뇌수막염이나 림프종에 걸린 것 같다고 토로했다.[28] 한번은 협상하다가 공황 상태에 빠진 나머지 스스로를 진정시키려 가슴을 드러내고 팔을 벌린 채 바닥에 누워 있어야 했던 적도 있다.[29]

올트먼의 이 두 가지 성향—야망과 감수성—은 향후 그의 진로를 형성하는 데 큰 영향을 미쳤다. 2016년 올트먼에 대한 인물 탐구 기사를 보도한 〈뉴요커〉의 태드 프렌드 기자도 올트먼과 여러 시간을 보낸 후 이 양면성을 언급했다.[30] 그는 어떤 주제가 주어지든 단호하게 밀어붙이려는 맹렬한 야망에 이끌리는 만큼이나 그에 대항해 조심할 필요성을 잘 알고 있는 것처럼 보였다. AGI를 최대한 빨리 개발할 것, 다만 인류를 파괴하지 말 것.

2003년 존 버로우 스쿨을 졸업한 올트먼은 중서부를 떠나 스탠퍼드 대학교에 입학했다. 스탠퍼드가 기술산업의 중심지와 가깝다는 점에 끌렸다. 그렇지만 곧장 기술산업에 뛰어들 마음을 먹지는 않았다. 그의 교사 앤디 애봇의 바람대로 올트먼은 실제로 작가가 될까 하는 생각을 하기도 했고, 아주 잠깐이었지만 투자금융 전문가도 생각해봤다. 결국 그는 자신이 흥미를 느끼는 프로그래밍과 컴퓨터에 뛰어들기로 했다. "세상은 700만 번째 소설을 필요로 하지 않고, 그걸 높이 평가하지도 않는다는 사실을 깨달았다"고 그는 훗날 밝혔다.[31] "그건 내가 최선의 기여를 할 수 있는 분야도 아닐 뿐더러, 돈을 많이 벌기는커녕 대개는 충분히 벌기도 힘들다."

컴퓨터공학을 전공한 올트먼은 특히 AI와 보안에 큰 관심을 보였다. 한 동급생에 따르면, 한번은 과제에 깊게 몰두한 나머지 과제용으로 주어진 소프트웨어를 로우 레벨 코드low-level code[사람이 이해하기 쉬운 하이 레벨 코드high-level code가 아닌 기계어나 어셈블리와 같은 코드] 수준까지 분해했고, 그 과정에서 과제 자체의 버그를 찾아낸 적도 있었다.[32] 대학 2학년 때 그는 모바일 기술에 관심이 생겼다. 곧 모든 휴대폰에 GPS가 장착될 거란 사실을 알게 된 올트먼은 폴더폰을 들고 캠퍼스 창업 행사 무대에 올라 이 위치추적 기능을 이용한 새로운 무언가를 함께 만들 사람을 공개 모집했다.[33]

그 무렵 올트먼은 폴 그레이엄을 만났다. 사업가이자 영향력 있는 기술 블로거였던 그레이엄은 자신의 여자친구 제시카 리빙스턴Jessica Livingston과 함께 와이콤비네이터YC라는 스타트업 창업지원 회사를 막 시작한 터였다. 올트먼은 2005년 자신이 창업한 스타트업 루프트Loopt 설립자 자격으로 YC 1기로 선발되어 YC가 처음 자리 잡은 메사추세츠주 케임브리지에서 그해 여름을 보냈다. 루프트는 사용자의 친구가 근처에 있거나 근처에 추천할 만한 식당을 알려주는 위치 기반 소셜 네트워크 서비스였다. 이때 올트먼은 일을 너무 열심히 하느라 인스턴트 라면을 많이 먹어서 괴혈병에 걸리기도 했다.

그래도 후회는 없었다. 올트먼은 훗날 젊은 창업자들에게 이렇게 말했다. "커리어 초반에 죽어라 일하세요. 그 노력의 대가는 나중에 복리처럼 불어난답니다."[34] 올트먼은 다시 스탠퍼드 대학으로 돌아가지 않았다. 2005년 말에 그와 공동창업자들은 이미 뉴 엔터프라이즈 어소시에이트New Enterprise Associates와 세콰이어Sequoia 같은 벤처투자회사와 500만 달러 투자 유치를 논의 중이었다.[35] 올트먼은 자신의 운을 시험해보기로 결심하고 대학을 중퇴했다.

루프트는 큰 성공을 거두지는 못했다. 7년 후인 2012년에 올트먼은 루프트를 4,340만 달러에 매각했는데, 이는 투자자들이 넣은 돈과 비슷한 수준이었다.[36] 하지만 당시 올트먼의 인터뷰와 그의 후원자들의 말을 들어보면 마치 루프트가 거대한 변화를 막 불러일으킬 것 같은 분위기처럼 들린다.

이 초창기 인터뷰야말로 올트먼의 성공 비결을 이해하기에 가장 좋은 자료다. 그때 올트먼이 내놓은 것은 인공지능처럼 매력적인 상품이 아니었다. 그보다 훨씬 덜 매력적인, 다시 말해 포스퀘어Foursquare의 초기 경쟁업체로 등장했으나 일찌감치 버그러져 성공했다고 보기 어려운 서비스였다.

올트먼의 두 가지 성공비결로 꼽히는 언론과의 능숙한 소통 능력과 뛰어난 거래 성사 능력은 모두 그의 탁월한 스토리텔링 능력에 기인한다. 올트먼은 타고난 이야기꾼이다. 그가 처음 창업한 회사가 결국은 실패할 거란 결말을 알면서도, 당시의 인터뷰를 보고 있노라면 그의 말에 빠져들게 된다. 무심한 듯 편안하게 자기 회사의 독보적 입지와 왜 이 회사가 막을 수 없는 기술 발전의 거대한 흐름의 일부인지 설명하면서, 고객과 광고업자들이 줄을 섰다고 덧붙인다. 자신은 성공할 수밖에 없으니, 자기 편에 서지 않는 건 어리석다는 말로 들린다.

2010년 6월 올트먼은 기술 블로거 로버트 스코블Robert Scoble에게 자기 회사에서 새로 출시한 앱 루프트 스타Loopt Star가 "폭발적인 반응"을 얻었다고 말했다.[37] 해당 앱은 광고주가 식당 쿠폰이

나 소매업체를 위한 단체할인 같은 판촉 행사를 할 수 있게 만들어졌다. "이제 사람들은 자신의 위치를 공유함으로써 얻게 되는 가치가 개인정보 침해 우려보다 훨씬 크다고 인식하게 되었습니다. 앞으로 몇 년 내로 위치를 공유하는 게 기본인 시대가 되어 위치 공유를 안 하는 게 오히려 이상해질 겁니다."

몇 달 뒤 올트먼은 〈CNN 비즈니스〉에 출연해 온라인 및 오프라인 생활의 차이에 대해 "말도 안 되는 구분"이라고 말했다.[38] 그에 따르면 둘의 경계는 모바일 기기 위치 추적 덕에 무너지고 있었다. "이제 전 세계가 모바일화되고 전 세계 어디서든 데이터와 서비스에 대한 보편적인 접근이 가능해질 겁니다."

올트먼은 자기 사업이 가진 위험을 다루는 의견마저도 사업 홍보 기회로 살렸다. 〈인포메이션The Information〉[미국의 테크 및 비즈니스 전문 심층보도 매체] 설립자 제시카 레신Jessica Lessin이 〈월스트리트 저널〉 기자이던 2008년에 올트먼에게 위치 추적의 개인정보 침해 우려를 다루는 기사를 쓰겠다고 하자, 올트먼은 적극 도와주겠다며 나섰다. 그는 루프트가 이미 특정한 수많은 개인정보 위험 목록과 그 해결 방안을 레신에게 보냈다. '세상은 이렇게 돌아갈 것이니 미리 대비하는 것이 좋다'는 암묵적 메시지였다. 레신은 그 경험에 대해 이렇게 적었다. "올트먼은 그저 스타트업을 시작할 요량이 아니었어요. 자기가 규칙을 정하고 싶어했죠."[39]

루프트 덕에 올트먼은 자신의 가장 큰 자산이 될 네트워크를 구축하고 기량을 닦았다. 샌프란시스코 베이 지역에서 2000년대 중반부터 2010년대 초반까지를 스타트업 창업자로 활동하면서 새로운 벤처들이 끊임없이 등장하며 큰 성공을 일구던 시대의 한가운데에 자리 잡았다. 그는 늘 분주한 다른 기업가들과 어울리며 중요한 인맥을 쌓았다. 루프트가 처음 둥지를 튼 사무실은 이제 막 걸음마를 뗀 유튜브와 같은 층을 썼다.[40] 올트먼의 YC 동기들 중에는 훗날 레딧Reddit[이용자 투표를 통해 콘텐츠의 노출이 결정되는, 주제별 커뮤니티 중심의 소셜 뉴스 및 토론 플랫폼]을 창업하는 스티브 허프먼Steve Huffman과 핵심 엔지니어가 되는 크리스 슬로우Chris Slowe도 있었다. 2014년 올트먼은 레딧 이사를 역임했고, 나중에는 허프먼보다 레딧 지분을 더 많이 보유한 대주주가 됐다.[41] 또다른 YC 동기 에멧 시어는 트위치 공동창업자로, 거의 20년 뒤에 올트먼이 CEO 자리에서 축출됐을 때 잠깐 오픈AI의 임시 CEO를 맡게 된다.

올트먼은 또 언론에 사실이나 입장을 자신에게 가장 유리한 방식으로 포장하는 방법과 사업상 특별한 거래를 가장 확실하게 성사시키는 방법을 배웠다. 잘 알려지지 않은 스타트업 CEO였음에도 그는 미국의 주요 이동통신사와 기업 파트너십을 성공적으로 협상했다. 사람들은 그의 성공 비결의 핵심으로 뛰어난 경청 능력, 남을 기꺼이 도우려는 태도, 그리고 자신이 줄 수 있는 것이 무엇이든 그것을 상대방이 원하는 것이라고 믿게끔 표현하는 능력을 꼽았다. (그가 실리콘밸리 핵심 인물이자 초부유층이 된 요즘은 그가 줄 수 있는 게 많다는 것도 도움이 된다.) 사람들은 올트먼을 "경청계의 마이클 조던"이라 불렀다. 올트먼의 뒤를 이어 YC를 운영한 지오프 랄스턴Geoff Ralston은 그가 "모금계의 우사인 볼트Usain Bolt"라고 말했다.[42]

"궁극적으로 자금을 조달한다는 것은 내 프로젝트의 미래가 무엇인지, 그 미래에 왜 이 프로젝트가 필요한지, 그리고 어떻게 이 프로젝트가 엄청난 성공을 거둘 것인지에 대한 이야기를 들려주는 겁니다." 랄스턴이 말했다. "샘은 동참하고 싶고, 설득력 있고, 손에 잡힐 것 같이 생생하고, 꼭 그렇게 될 것만 같은 이야기를 들려주는 능력을 가졌습니다."

랄스턴은 이를 스티브 잡스의 현실왜곡장reality distortion field에 비유한다. "스티브는 대화 상대방이 사는 현실의 어떤 부분이라도 압도할 수 있는 이야기를 할 수 있었어요. 그게 현실을 왜곡한 것이었든 그것이 실제 현실이 되었든 상관없이 말이죠. 왜냐하면 스티브는 실제로 현실을 변화시키는 무언가를 만들어냈기 때문입니다. 단순한 왜곡이 아니었죠. 그건 현실이 됐죠."

"당연한 소리지만, 샘도 마찬가지입니다."

하지만 이 이야기에는 다른 측면도 있다. 올트먼과 몇 년을 함께 일한 한 사람은 이렇게 말했다. "샘은 당신에 대한 모든 것을 시시콜콜 기억합니다. 그는 매우 세심합니다. 하지만 그가 그걸 당신에게 영향을 미칠 수 있는 방식을 알아내는 데 사용한다는 측면도 있죠. 당신이 하는 말에 너무나 잘 맞춰주기 때문에 대화에 진전이 있다고 느끼게 만들죠. 시간이 지나고 나서야 실은 제자리걸음을 하고 있었다는 걸 깨닫게 됩니다."

〈월스트리트 저널〉에 따르면, 루프트 경영진은 올트먼 재임 기간 중 두 차례나 이사회에 올트먼의 해임을 촉구했다.[43] 경영진이 제기한 두 가지 혐의는 오픈AI에서 올트먼이 잠시 축출될 때까지 그를 줄곧 따라다녔다. 하나는 그가 자신의 이익을 회사의 수익보다 우선시하고, 때로는 회사에 손실을 입히면서까지 개인적 이익을 챙기는 경향이 있다는 것이었다. 다른 하나는 그가 상습적으로 거짓말을 한다는 점이었다. 후자는 분명히 파악하기가 더 어려웠다. 그가 한 거짓말의 내용이 때로 너무나 사소한 세부사항이라 그런 세세한 사항에 대해서 왜 거짓말을 해야 하는지 설명하기 어려웠던 것이다. 하지만 누군가가 "종이에 베인 상처"라고 표현한 그 사소한 거짓말이 모이고 모여, 시간이 지나면서 회사에는 불신이 만연하고 혼란스러운 분위기가 퍼졌다.

올트먼은 이 위기 국면에서도 훗날 그의 경력 전반을 규정하게 될 방식으로 우위를 점하며 빠져나왔다. 루프트 이사회는 올트먼의 손을 들어줬다.

루프트의 실적이 그저 그랬음에도 불구하고, 올트먼은 회사를 시작했을 때보다 훨씬 부유해졌다. 그는 이 스타트업을 발판 삼아 실리콘밸리에서 가장 막강한 인적 네트워크로 들어가고, 그렇게 형성한 인맥을 활용해 회사를 매각하는 과정을 주도하여 큰돈을 벌었다. 그는 루프트를 매각하여 스물여섯 살에 500만 달러를 손에 쥐었다. 올트먼은 이를 실망스러운 성과로 여겼는데, 스티브 잡스는 스물다섯에 이미 2억 5,600만 달러의 재산을 보유했기 때문이었다.[44] 그러나 그는 곧 훨씬 많은 돈을 모으게 된다. 그 부유함은 서서히 그의 생활양식을 바꿨다. 그는 직접 장을 보러 슈퍼마켓에 가지 않게 되었고, 전용기를 타고 이동했다. 그는 맥라렌McLarens과 매우 희귀한 500만 달러 상당의 코닉세그Koenigsegg 같은 럭셔리 스포츠카를 수집하고, 직접 이 차들을 몰며 레이싱하는 데 빠졌다.[45] 그는 한동안 매년 일주일간 사막 한복판에서 펼쳐지는, 섹스와 환각제가 난무하는 축제 '버닝맨Burning Man' 페스티벌에 참석하기도 했다. 여러 실리콘밸리 거물들처럼 올트먼도 우울증 완화를 위해 합법적으로 처방될 수 있는 파티용 마약 케타민ketamine에 손을 대기 시작했다.

올트먼은 자신의 사업이 성공하자 형제들을 데려왔다. 2012년 그는 프린스턴에서 경제학을 공부하고 투자은행에 도전하려던 동생 잭과 함께 하이드라진 캐피탈Hydrazine Capital이라는 사모 투자 회사를 만들었다. 이후 잭은 기술 분야로 전향해 래티스Lattice라는 스타트업을 세웠고, 샘이 YC 대표가 된 뒤 YC로부터 투자를 받았다. 듀크 대학에서 컴퓨터공학을 전공하고 마이크로소프트에서 잠깐 일하다 트레이더가 된 맥스 역시 YC 투자를 받은 회사 제네피츠Zenefits로 2014년 이직했다. 2년 후 맥스는 형제들을 따라 하이드라진 캐피탈에 합류했다. 그 무렵 두 남동생은 잠깐만 같이 지내려는 생각으로 샘과 함께 살기 시작했는데, 결국 세 사람은 강한 형제애와 함께 사업을 통한 이해관계가 촘촘히 얽힌 결속체처럼 여러 해 동안 함께 지내게 된다.

올트먼의 커리어 형성에 특히 중요한 영향을 미친 두 인물은 그의 두 멘토, 폴 그레이엄과 피터 틸이었다.[46]

PG로 통하는 그레이엄은 스타트업 비아웹ViaWeb 공동창업자로 처음 이름을 알렸는데, 이 회사는 1998년 야후에 4,900만 달러에 인수되었다. 그 후에는 스타트업, 기업가 정신, 벤처 투자을 주제로 한 에세이를 꾸준히 발표하며 유명해졌다. YC를 만든 후 그는 매 기수의 YC 창업자들에게 자신의 생각을 강하게 주입했다. YC가 지원한 회사가 성공할 때마다 그레이엄의 명성은 함께 높아졌다. 올트먼이 루프트를 매각할 무렵, YC는 이미 드롭박스Dropbox와 에어비앤비Airbnb 등 수십억 달러 규모의 기업으로 성장했거나 곧 성장할 여러 스타트업을 배출한 상태였다. YC는 실리콘밸리 최고의 엘리트 코스가 되었다. 일단 YC에 들어가면 즉각적인 인정을 받을 뿐만 아니라, 풍부한 자원을 얻을 수 있었다. 기존 YC 기업들의 고객 기반에 접근할 수 있었고, 투자자들은 기꺼이 자금을 대고자 했으며, 기업가치도 더 높게 평가받았다. YC에 들어가지 못하면 그런 혜택을 전혀 누릴 수 없었다.

그레이엄은 실리콘밸리의 스타트업과 스타트업 문화에서 빼놓을 수 없는 트렌드세터가 되었다. "이 생태계의 많은 사람들이 그레이엄이 설파한 훌륭한 창업자이자 성공적인 기업가가 되는 방법을 금과옥조로 받들고 삽니다. 많은 이들이 PG에게 조언을 구하죠." 랄스턴은 말한다. 그레이엄은 또 비판을 도맡아 받는 욕받이로 거듭나기도 했다. 그는 기술산업은 능력주의 기반으로 가야 한다고 주장하면서도 YC를 배타적인 남성 중심 집단으로 설계했다. YC가 여성 창업자를 거의 지원하지 않는다는 비판에 대해 그는 대부분의 여성이 어릴 때부터 기술 창업자로 성공할 준비가 되어 있지 않다며 YC를 옹호했다. YC 지원자들의 성과를 분석한 뒤에는 "강한 외국 억양"을 포함한 30~40가지 요인을 선별하여, 이 중 여러 요인을 함께 가지고 있는 지원자는 실패할 확률이 높다고 예측했다. 그는 이것이 YC 평가시스템의 결함이 아니라 중요한 데이터 기반 신호라고 말했다.[47]

그레이엄은 처음부터 올트먼을 전폭적으로 밀어줬다. 2006년에 작성한 블로그에서 그레이엄은 대학 2학년생 올트먼과의 첫 만남을 이렇게 회상했다. "루프트는 아마도 우리가 지금까지 지원한 스타트업 중 가장 유망한 회사일 것이다. 샘 올트먼은 범상치 않은 인물이다. 그를 만난 지 3분도 되지 않아 나는 '아, 빌 게이츠가 19살 때 이랬겠구나'라고 생각한 기억이 난다."[48]

올트먼에게 감명받은 그레이엄은 올트먼 같은 인재를 발굴하러 나섰다.[49] 그는 올트먼에게 그와 같은 사람을 찾으려면 YC 지원서에 어떤 질문을 넣어야 할지 물었다. 훗날 그레이엄이 지원서에서 가장 중요한 것 중 하나로 꼽은 질문이 바로 올트먼이 제안한 다음 질문이었다. "(컴퓨터가 아닌) 어떤 시스템을 자신에게 가장 유리한 방식으로 해킹하는 데 성공했던 사례를 설명하세요." 이 질문은 차세대 스타트업 기업들이 우위를 점하기 위해 규칙을 악용하고, 우회하고, 어기는 기풍을 함축적으로 보여주고 장려하게 된다.

올트먼이 스물셋이 되자 그레이엄은 그를 잡스와 비교하기 시작했다. "내가 스타트업에 자문을 해줄 때 가장 많이 언급하는 창업자가 스티브 잡스와 샘 올트먼"이라며, "스타트업 설계에 대해서는 '스티브라면 어떻게 했을까?' 묻지만, 전략이나 야망에 관해서는 '사마sama라면 어떻게 했을까?'라고 묻는다"고 그는 적었다.[50] 사마는 올트먼의 X 아이디이자 그의 별명이다.

루프트를 매각한 지 2년이 지나 28세의 올트먼이 YC 사장으로 급부상할 수 있었던 것은 올트먼에 대한 그레이엄의 독보적인 믿음 덕분이었다. 그레이엄이 자기 집 부엌에서 올트먼에게 자신의 후계자가 되겠냐고 물었을 때, 올트먼은 주체할 수 없이 웃었다.[51] 훗날 올트먼은 이렇게 말했다. "YC는 기술 발전의 흐름을 어느 정도 좌우합니다." 그레이엄은 올트먼에 대해 이렇게 말했다. "내가 보기에 올트먼의 목표는 미래를 전부 좌우하는 겁니다." 이 이야기는 사람들의 입에 워낙 많이 오르내려 실리콘밸리의 전설이 되었다. 한 YC 출신 창업자는 이렇게 말했다. "샘이 웃는다면 그건 매우 의도적인 것입니다. 샘이 주체하지 못하고 웃은 건 오로지 PG가 YC를 넘겨주겠다고 했을 때 뿐이거든요." 많은 사람들이 그레이엄의 후계자 선택에 놀랐지만, 그의 믿음은 확고했다.

그레이엄의 공동창업자 리빙스턴은 이렇게 술회했다. "YC 사장직 후보자 중에서 샘이 가장 유력했던 게 아닙니다. 후보자는 오로지 샘 하나뿐이었으니까요."

피터 틸이 샘의 두 번째 멘토가 되었다. 기술업계의 또다른 거물인 틸은 결제회사 페이팔PayPal과 빅데이터 업체 팔란티어Palantir를 설립하고 페이스북 초기 투자로 억만장자가 되었다. 그레이엄처럼 틸 또한 수많은 논란거리를 몰고 다녔다. 2016년 미국 대통령 선거 당시 기술업계에서는 보기 드물게 공개적으로 트럼프 지지에 나섰고, 과거 자신이 동성애자임을 폭로한 고커 미디어Gawker Media에 보복하기 위해 고커 미디어를 상대로 한 소송 자금을 비밀리에 대주기도 했다. 이 소송으로 고커 미디어는 결국 파산하고 만다.

루프트를 매각한 후, 올트먼은 자신의 공동창업자 중 한 사람과 관계를 끝낸 데다 9년 사귄 동성 연인과 결별했다. 상심한 올트먼은 이후의 진로를 고민하며 1년간 휴식을 취한 뒤 하이드라진 캐피탈을 시작하고 2,100만 달러를 조성했다. 이 자금의 대부분은 올트먼보다 거의 스무 살 연상인 틸이 대줬다. 올트먼은 YC 파트너가 된 후 하이드라진을 통해 YC의 포트폴리오 기업에 투자하는 한편, 틸의 벤처투자회사 파운더스 펀드Founders Fund가 고수익 투자처를 발굴하도록 도와줬다. 덕분에 틸의 순자산은 몇 곱절이나 늘었고 둘은 엄청나게 가까운 사이가 되었다. (이 둘 사이와 비견할 만한 관계는 오직 페이스북 공동창업자 마크 저커버그Mark Zuckerberg와 틸 간의 멘토 관계밖에 없다는 말도 있었다.)[52]

그레이엄과 틸은 올트먼의 세계관, 비즈니스를 효과적으로 구축하는 방법, 정치적 감각에 큰 영향을 미쳤다. 두 멘토는 올트먼에게 규모가 중요하며 정부보다 자본주의가 더 효율적이라는 생각을 아로새겼다.

2013년 올트먼은 블로그를 통해 그레이엄과 틸이 자신의 생각을 형성하는 데 도움을 주었다며 감사를 표했다. "성장과 정부"라는 제목의 이 글에 그는 다음과 같이 썼다. "제가 처음 접한 스타트업이 갖추어야 할 지혜는 '매출을 늘리면 모든 문제가 해결된다'는 것입니다. 이건 성장이 중요하다고 강조한 폴 그레이엄의 주장을 그저 다른 방식으로 표현한 것일 뿐입니다."[53] 스타트업에게 매출 상승은 곧 더 많은 자본으로 이어지고, 자본이 많아지면 인재를 확보할 수 있고 내부 갈등이 줄어든다. 국가 수준에서는 더 많은 성장이 곧 더 많은 기술 혁신으로 이어지고, 이를 통해 삶의 질이 높아진다. 올트먼은 미국 정부가 제대로 작동하지 않아서 이 성장의 선순환을 위협한다고 덧붙였다. 그는 또 "성장하거나 천천히 죽거나 둘 중 하나"인데 미국 정부는 죽어가고 있다며, "경제성장이 없다면 유권자들은 제로섬zero-sum 시스템에 갇히기 때문에 민주주의가 작동할 수 없다"고 썼다.

이 생각은 곧 올트먼의 진로와 투자 결정을 좌우하는 핵심 기준으로 발전했다. 2017년에 그는 이런 말을 했다. "민간부문 종사자가 나라를 제자리로 돌려 놓기 위해 할 수 있는 최선은 바로 경제성장을 회복하는 것입니다."[54] 그는 또 이렇게 덧붙였다. "미국은 과거 200년간의 독보적인 경제성장을 이뤄냈습니다. 100년 동안 영토를 확장했고, 그 다음 100년 동안은 신기술이 제대로 먹혔죠. 그리고 사람들은 대체로 행복했습니다. 이제는 그렇지 않죠." 이런 식으로 올트먼은 피비린내 나는 식민지 역사와 무분별한 산업화로 인해 복잡해진 노동 및 환경 문제는 어물쩍 피해버렸다.

2019년에 그는 "지속가능한 경제성장은 거의 언제나 도덕적으로 옳다"고 덧붙였다.[55] "제가 와이콤비네이터와 오픈AI에 매진하는 이유도 바로 그 지속가능한 경제성장을 회복함으로써 대부분의 사람이 매년 더 나은 삶을 살 수 있는 세상, 우리 모두 함께 성공했다는 기분을 나누는 세상으로 돌아가고 싶기 때문입니다."

기업을 만드는 데 있어 올트먼은 피터 틸의 "독점" 전략을 그대로 활용했다. 성공하는 기업을 만들고 싶은 창업자는 경쟁이 아닌 "독점을 목표로" 삼아야 한다는 주장이다. 2014년 올트먼은 '스타트업 시작하기' 수업을 하러 모교인 스탠퍼드로 돌아왔다. 올트먼은 "경쟁은 루저들의 것"이라는 제목의 특강에 틸을 초청해 그의 대표적인 철학을 학생들에게 자세히 설명해 달라고 부탁하기도 했다.

틸은 독점 기업은 "훨씬 안정적이고 장기적인 사업을 할 수 있고, 자본도 늘어나며, 무엇보다 정말 가치 있는 무언가를 만들어냈다는 징후"이기 때문에 독점은 좋은 것이라고 주장했다.[56] 독점을 구축하기 위해서는 어떤 형태로든 독자적 기술, 네트워크 효과, 규모의 경제, 그리고 강력한 브랜딩이 필요했다. 각각의 요소는 시간이 지나도 지속돼야 한다. 특히 독자적 기술의 경우 선도적 위치를 유지하는 것이 중요했다. "다른 사람에 의해 대체되면 안 되죠." 틸이 말했다. "엄청난 혁신이 있었지만 아무도 돈을 벌지 못한 분야가 수도 없이 많습니다."

틸은 1980년대의 디스크 드라이브 제조업을 예로 들었다. 당시 2년에 한 번 꼴로 나타난 기술 발전은 매번 다른 회사가 주도했다.

"소비자들에겐 큰 혜택이었지만, 그 기업의 창업자들에겐 도움이 되지 않았죠." 시장 지배력을 확보하려면 창업 초기에 "획기적 도약"을 이룩해야 할 뿐 아니라, 이를 유지하기 위해 "아무도 따라잡을 수 없을 만큼 빠른 속도로 기술을 발전시키는" 방식으로 "마지막 도약"도 자신의 기업 차지가 될 수 있게 밀어붙여야 한다고 틸은 주장했다.

그의 결론은 이랬다. "혁신이 자주 일어나서 당신이 일하는 분야에서 다른 사람들이 새로운 것을 생각해낼 수 있는 미래가 있다면 그건 사회에는 좋은 일이지만, 당신의 사업에는 그다지 좋은 일이 아닙니다."

올트먼은 그레이엄과 틸로부터 인맥 쌓기와 개인 수준에서 "네트워크 효과"를 만드는 것의 중요성을 배웠다.

2013년 올트먼은 블로그에 이렇게 썼다. "일을 해내는 방식에 대한 여러 가지 이론을 살펴봤는데, 그중 최고는 바로 집중력과 인맥의 결합입니다. 찰리 로즈Charlie Rose가 폴 그레이엄에게 해 준 말을 폴이 제게 해줬죠."[57] 올트먼은 나중에 여기에 세 번째 요소로 자기 확신을 꼽았다. "스타트업 입장에서는 특히 자기 확신이 중요합니다. 자신이 해낼 수 있다고 실제로 믿어야 합니다."[58]

올트먼은 이 신조를 경건하게 받들며 살기 시작했다. 처음에는 자신의 시간과 전술적 조언을 내주고 점차 굴릴 수 있는 자본이 많아지자 돈을 내주는 방식으로, 매우 적극적으로 그리고 일관된 원칙을 가지고 인맥을 구축했다. 이 분야만큼은 틸이 올트먼의 롤모델이었다. 틸은 오랜 시간 조언과 돈으로 네트워크를 구축했고, 그렇게 구축한 네트워크를 사용해 더 많은 인맥과 돈을 손에 넣었다. 자기 인맥에 추가하고 싶은 사람과 젊은 기업가들에게 틸은 멘토링과 소규모 자본금, 그리고 자기 인맥을 활용할 수 있게 제공했다. 올트먼은 이와 대체로 비슷한 방식으로 자신의 경제적, 사회적 자본을 전략적으로 활용하는 방법을 배웠다. 자신의 위신이 높아지고 재력이 커짐에 따라 그는 이 접근방식을 끊임없이 효율적으로 확장해 나갔다.

올트먼은 여러 사람을 자기 집에 불러모아 만찬과 모임을 자주 주최하기 시작했다. YC 또는 자신의 회사로 인연을 맺은 사람들, 투자에 대한 열정을 공유하는 사람들, 활발하게 성장하는 게이 기업가 모임 구성원 등을 불러모아 서로 연결시켰다. 자신의 일정에 더 많은 것을 담기 위해 매우 간결한 문자와 2분 정도의 짧막한 통화로 사람들에게 조언을 해줬다. 두 사람을 서로 소개할 때는 한 단어밖에 없는 이메일("만나세요")을 보내고, 아마존의 제프 베조스Jeff Bezos의 습관으로 유명한 물음표 하나("?")를 달랑 보내 대화를 시작했다. 투자의 경우, 거액 투자는 거의 하지 않고 대신 소액 투자를 다수 진행했다. 2024년 6월 〈월스트리트저널〉의 보도에 따르면, 올트먼은 YC와 하이드라진, 다른 펀드를 통해 무려 400개가 넘는 기업과 금융 관계를 맺었다.[59]

올트먼의 측근들 중 그와 어떤 식으로든 돈으로 얽히지 않은 사람을 찾기 힘들다. 그의 두 번째이자 가장 성공적이었던 스타트업 투자는 YC가 선발한 결제 기술 업체 스트라이프Stripe로, 그렉 브로크만이 초대 최고기술책임자를 지낸 회사였다. 올트먼과 가장 절친한 친구 중 하나인 브라이언 체스키Brian Chesky가 공동창업자 겸 CEO로 있는 YC 출신 기업 에어비앤비에도 초기에 투자했다. 자신의 전 애인이자 친구인 맷 크리실로프Matt Krisiloff 가 세운 생명공학 스타트업 콘셉션Conception에도 투자했다. 올트먼은 또다른 전 애인이자 유명한 솔로 벤처투자자 래치 그룸Lachy Groom과도 여러 건에 공동으로 투자했다. 이들은 올트먼이 관대하기 그지없다고 입을 모은다. 자기 집에 사람들을 재워주던, 재정적 지원을 해주던 간에 그는 항상 남들에게 자신의 것을 기꺼이 내어준다. 아예 모르는 사람을 굳이 도와준 적도 있다. 한 사람은 노트북을 사게 도와달라는 내용의 이메일을 보낸 에티오피아 남성에게 올트먼이 돈을 부쳐준 일을 떠올렸다. 2023년 스타트업 생태계의 핵심 금융기관인 실리콘밸리 은행SVB의 뱅크런이 2008년 이후 최대의 은행 파산 사태를 촉발하자, 올트먼은 회사들이 문을 닫거나 직원들을 해고하지 않게끔 아무런 서류 없이 돈을 보내줬다고 크리실로프는 말했다.[60] 그룸 역시 이렇게 말했다. "그런 관대함은 정말 흔치 않아요. 그리고 저는 그 관대함에 큰 영향을 받을 수 있어 매우 감사하게 생각합니다."[61]

정치인과의 관계를 만드는 데 있어서도 올트먼은 틸을 본보기로 삼았다. 그러나 틸이 공화당 후보들의 선거운동에 수십만 달러를 쏟아 부운 것과 달리, 올트먼은 점차 그와 반대편에 선 민주당 진영을 위해 모금행사를 개최하고 수표를 끊어주기 시작했다. 이 정치적 차이 때문에 한동안 둘 사이는 껄끄러워졌다.[62] 2017년에 올트먼은 이 의견 차이를 받아들이고, 틸의 다른 멘티 저커버그가 했던 것처럼 미국 전국투어에 나섰다. 올트먼은 캘리포니아 주지사 선거에 출마해 직접 정치판에 뛰어들 생각도 했다. 당선된다면 세계에서 다섯 번째로 큰 경제 규모를 가진 지역의 총책임자가 되는 기회인 만큼, 고장난 정치시스템을 고치는 데 튼튼한 발판이 될 터였다. 그는 "유나이티드 슬레이트The United Slate"라는 제목의 선언문을 발표했다.[63] 강령은 첫째, 기술을 통한 번영, 둘째, 경제적 공정, 셋째, 개인적 자유 등 세 가지로 이뤄졌다. 그는 자신의 당선 가능성을 시험하기 위해 포커스 그룹Focus Group[특정 현안에 대해 유권자의 의견을 수렴해 선거 전략에 활용하기 위해 미국 정당에서 조직하는 표적 집단]을 조직했다. 그와 가까운 사람들은 그가 미합중국 대통령으로 목표를 상향 조정해야 한다는 농담도 했다.

결국 올트먼은 정계 진출 계획을 접었지만—포커스 그룹은 그가 너무 어려 보인다는 의견이었다—대신 정치인이 된 것처럼 행동하기 시작했다. YC 운영 초반 시절의 올트먼은 여전히 소년 티가 나는 얼굴에 단벌신사 차림으로 항상 한쪽 다리를 쭉 뻗거나 마치 나뭇가지에 앉은 새처럼 의자에 웅크리고 앉았다. 때로 경박한 말투와 격식 없는 과장법을 사용했으며, 중간중간 욕설을 섞어가며 말했다. 자신이 수집한 여러 소장용 총기와 같이 자극적인 사적 문제에 대해서는 더 거침없이 털어놨다. 그때만 해도 올트먼은 업무를 효율적으로 하지 못하는 사람에 대한 인내심이 부족해 쉽게 화를 냈다. 한때 그는 YC 창업자들이 이메일 회신을 얼마나 빨리 하는지를 기준으로 이들을 평가하는 소프트웨어를 만들기도 했다.

몇 년 사이에 그는 외모를 가꾸고 자신의 언행 중 모난 부분을 다듬었다. 자주 입던 티셔츠와 카고 반바지는 맞춤 헨리넥 셔츠와 청바지로 대체했다. 자신의 아담한 체구를 키우기 위해 1년도 안 되어 근육량을 8kg이나 늘렸다.[64] 말을 덜 하고, 질문을 더 많이 하는 방법을 배웠고, 사려 깊고 겸손한 인상을 주도록 미간을 살짝 찌푸렸다. 사적인 자리나 가까운 친구들과 있을 때는 여전히 이따금씩 분노와 불만을 터뜨렸지만, 공적인 자리나 지인과 함께한 자리에서는 친절함의 화신 그 자체였다. 기꺼이 남의 공로를 인정해 주는가 하면, 소문자로만 쓴 문자 메시지에는 웃는 얼굴과 찡그린 얼굴 이모티콘을 잔뜩 섞었다. 직원들에게 자신의 개인 연락처를 주며 언제든 연락하라고 했고, 직원이 준 피드백에는 놀랄 만큼 세심하게 답변했다. 그는 부정적인 감정 표현을 피하고, 갈등 상황을 피하고, 남들에게 거절하는 것을 피했다. 언젠가 오픈AI가 직원을 해고했을 때, 그는 그 직원에게 따로 연락해 위로하는 뜻에서 케타민과 술을 사주겠다고 제안했다. 해당 직원은 이렇게 말한다. "당신이 원하든 원치 않든, 샘은 모든 인간관계를 좋게 끝내려 한다고 생각합니다."

올트먼의 명성은 하늘을 찔렀다. YC가 그 유명세의 기반이자 촉매였다. 그는 YC의 권력을 자신의 권력으로 바꾸고, YC의 인맥을 자신의 인맥으로 둔갑시켰다. 그렇게 만든 인맥과 평판은 그의 가장 큰 재산이 되었다. 그를 실리콘밸리로 통하는 관문으로 여긴 정책결정자들은 그를 자주 찾았다. 2016년에는 오바마 정권의 국방장관 애슈턴 카터Ashton Carter가 찾아와 어떻게 하면 국방부가 기술업계의 유능한 젊은 인력을 활용할 수 있을지 자문을 구했다.[65] 3년 후인 2019년 3월, 올트먼이 YC 사장에서 물러나던 날엔 척 슈머Chuck Schumer 미 연방 상원의원이 찾아왔다.[66] 당시 미국 상원 소수당 대표였던 슈머는 경호원을 대동하고 오픈AI를 비밀리에 방문했다. 슈머는 활활 타오르는 불길을 재현한 TV 앞 안락의자에 올트먼과 나란히 앉아 사무실 직원들에게 말했다. "여러분은 지금 중요한 일을 하고 있습니다. 우리가 속속들이 이해하진 못해도 어쨌든 아주 중요한 일이죠. 그리고 저는 샘을 잘 압니다. 뭐든 믿고 맡길 만한 사람입니다."

올트먼의 위상이 강화될수록 그가 치러야 할 대가도 커졌다. 루프트 시절 그의 참모들이 지적했던 문제들, 즉 올트먼이 자기 잇속만 차리기 위해 권력을 추구하고 상습적으로 거짓말을 한다는 점을 다시 들춰내 비판하는 적대 세력이 늘어났다. 올트먼의 조언, 자금, 인맥으로 혜택을 본 사람 대다수가 그의 충실한 지지자가 된 반면, 그가 무서울 정도로 상황을 자기에게 유리한 식으로 왜곡하는 데 뛰어나다고 생각하는 사람도 생겼다. 그의 YC 파트너들과 다른 유력 인사들에게는 성가신 일일 수 있었다. 그의 직원들이나 그보다 훨씬 영향력이 적은 사람에게는 두려움의 원천일 수 있었다. 그리고 그의 세계관을 격렬하게 반대하는 이들에게 그는 엄청난 위협이었다.

올트먼의 유명세는 그와 여동생의 관계도 무너뜨렸다.[67] 이일은 처음에는 그에게 괴로움을, 나중엔 분노를 안겨줬다. 어린 시절부터 20대일 때까지 샘과 애니는 가까운 남매 사이였다. 애니는 막내였고 샘은 애니의 든든한 보호자가 되어준 큰오빠였다. 애니는 과학적 능력과 예술적 감각 모두 뛰어났고, 감정 표현도 풍부했다. 샘은 가끔 애니에게 자신의 연애 상대에 대한 의견을 묻고, 자신의 고민과 걱정거리를 털어놓기도 했다. 하지만 애니는 그가 점점 실리콘밸리 생활에 익숙해지면서 자신의 섬세한 감수성을 드러내지 않으려고 점점 더 두꺼운 벽을 쌓아가는 모습을 지켜봤다. 애니는 샘이 자신이 새로 배운 심리 기법이라며 더 적은 단어로 이메일을 쓸수록 더 강력한 경영자로 보일 수 있다고 이야기했던 일을 떠올렸다.

그런 모습을 보며 애니는 처음엔 슬퍼하다가, 나중엔 샘에게 그런 섬세한 감수성이 남아 있기나 한 건지 두려워하기 시작했다. "분명 한동안은 그런 부분을 언뜻언뜻 볼 수 있었기에 오빠와 가까이 지냈습니다. 그러다가 어느 순간부터는 제가 오빠에게 상처를 받는 사람이 되기 시작했죠."

애니에 따르면, 샘이 처음으로 큰 돈을 벌었을 때 당시 그의 파트너가 규칙을 정했다. 샘이 비싼 물건을 하나 살 때마다 같은 금액을 좋은 목적에 기부해야 한다는 규칙이었다. 이 규칙 덕에 한동안은 샘의 소비습관이 급격히 사치스러워지는 것을 막을 수 있었다. 그러나 더 빠른 속도로 돈을 벌게 되면서 그가 돈을 대하는 생각이 달라졌다고 애니는 말한다. 애니가 보기에는 그는 돈을 움켜쥔 채 도움이 필요한 사람들과 점점 더 동떨어진 현실을 살았다. 애니가 내게 보여준 수많은 기록에 따르면, 2019년 말부터 2020년 상반기 사이에 샘과 나머지 가족 구성원들은 주거비와 의료비용을 선불로 지급할 수 있게 돈을 빌려달라는 애니의 요청을 거절했다. 애니 입장에서는 비상 상황에서의 절실한 금전적 지원 요청이었다. 당시 애니의 의료기록과 심리상담 기록에 따르면 애니는 아버지의 갑작스런 죽음으로 인해 심각한 신체적·정신적 어려움을 겪었다. 이로 인해 애니는 주거가 불안정해졌고, 생계를 유지하기 위해 성매매로 눈을 돌리기도 했다. 2020년 여름, 오픈AI가 샘의 리더십 아래 처음으로 큰 대중적 관심을 받기 시작할 무렵, 애니는 가족들과 연락을 끊어버렸다.

물론 샘과 형제들이 어머니의 기준에 따라 애니를 경제적으로 독립시키기 위해 그런 선택을 했다고 주장할 이유는 충분하다. 부분적인 정보만 갖고 함부로 판단하기엔 어려운, 복잡하고 고통스런 가족사이기도 하다. 2025년 1월 샘과 그의 어머니, 두 남동생은 공개 성명을 통해 애니에 대한 사랑과 우려를 표하고, 애니가 했던 모든 주장이 "사실무근"이라고 밝혔다.[68] 내가 보낸 인터뷰 및 세부 질의에 코니 깁스틴은 앞서 내놓은 성명과 비슷한 내용의 짤막한 답변 외에 세부 질의에 대한 입장은 밝히길 거부했으며, 샘은 내가 오픈AI 홍보팀을 통해 보낸 코멘트 요청에 아무런 대응도 하지 않았다.[69] 그리고 다른 형제들은 무대응으로 일관했다.

그럼에도 불구하고, 이 책의 14장에서 더 자세히 살펴볼 애니의 이야기는 이 책에서 다루는 여러 주제와 놀랄 만큼 닮은 요소들을 갖고 있다. 이른바 진보를 위한 행진으로 이익을 본 사람과 뒤처진 사람 사이에 점점 더 벌어지는 격차, 가속화되는 격차로 인해 권리를 박탈당한 사람들의 주체성과 발언권 상실, 기업뿐 아니라 기업을 운영하는 개인이 가진 힘에 상응하는 견제와 균형을 지탱할 발판을 마련하지 않은 채 그들에게 너무 많은 권력을 넘겨주는 것의 한계 등이 그것이다. 애니의 이야기가 오픈AI의 행보와 그것이 AI 개발에 미친 영향을 이해하는 데 무시할 수 없는 부분이 된 것은 그가 보인 행동 때문이다. 2021년에 애니는 자신이 어린 시절 샘으로부터 성적 학대를 당한 사실을 공개하기로 결심했다. 샘을 상대로 제기한 이 심각한 주장에 대해 나머지 가족들은 애니의 "전혀 사실이 아닌" 주장들 중 "최악"이라고 불렀다. 애니는 또 자신이 가장 취약한 상태에 있을 때 가족들이 자신을 버렸다고 주장했다. 애니는 자신이 서른한 살이 되기 이틀 전인 2025년 1월 6일 미주리 주법상 아동 성폭행 공소시효가 소멸되기 전 오빠를 성폭행 혐의로 고소했다.[70] 애니가 자신이 겪은 일들과 자신의 입장을 표명하기 위해 지속적으로 노력한 결과는 샘에게 충격을 주었을 뿐 아니라 날로 커져가는 샘과 오픈AI의 영향력과 명성을 상대하는 오픈AI의 다른 경영진에게도 영향을 미쳤다.

이 모든 퍼즐 조각들—샘의 성공, 그의 성격과 인간관계, 그가 지나간 자리에 남은 분열의 여파, 돈과 권력의 흐름—은 그가 왜 그렇게 갑작스럽게 해임되었는지를 말해준다. 아주 짧은 시간이었지만, 전 세계는 인공지능의 미래를 둘러싼 최고 엘리트 간의 권력 투쟁을 엿볼 수 있었다. 이 일은 이미 우리 사회를 재편하고 세상에 지각변동을 일으키고 있는 인공지능 기술을 지배하기 위한 투쟁이 궁극적으로 양극화된 가치관과 자존심 싸움, 극히 소수의 불완전한 인간들이 지난 복잡한 인간성에 달려 있다는 것을 드러내 보였다.

2

문명화 임무

오픈AI 설립에 가장 먼저 참여의사를 밝힌 것은 그렉 브로크만이었다. 브로크만의 공동창업자로 올트먼은 구글 소속 AI 연구원으로 근무하던 일리야 수츠케버를 낙점했다. 올트먼은 일면식도 없던 수츠케버에게 이메일을 보내 2015년 여름 로즈우드 호텔 만찬에 초대했고, 수츠케버는 그 자리에 머스크도 온다는 말에 기꺼이 참석에 응했다.

브로크만과 수츠케버는 흥미로운 한 쌍이었다. 키가 크고 체격이 건장하며 태도도 상냥한 브로크만은 올트먼과 마찬가지로 엔지니어 겸 스타트업 창업가였다. 그는 노스다코다주의 한 주말 농장에서 자랐다.[1] 소 젖을 짜는 틈틈이 수학과 과학에 차례로 빠져든 그는 2008년 하버드에 입학하고, 2년 뒤 MIT로 편입했다. 한 학기를 더 다니고 나서 그는 더 넓은 세상에서 진짜 제품을 만들 수 있을 시간에 학교에서 허송세월하는 걸 더 이상 견딜 수 없어 학교를 그만뒀다. 그는 샌프란시스코 베이 지역으로 이주해 직원 세 명에 불과한 신생 스타트업 스트라이프에 합류했다. 회사 설립자들은 그의 천재적인 코딩 실력에 감탄한 나머지 그를 최고기술책임자로 임명했다. 5년간 스트라이프의 여러 초기 제품은 그의 손을 거쳤고, 그 덕에 스트라이프는 아마존Amazon과 쇼피파이Shopify 등에 디지털 결제 인프라를 제공하는 신흥 핀테크 회사로 성장했다. 이 경험 덕에 브로크만은 상당한 규모의 재산을 모았고, 수십억 달러 규모의 회사 설립에 기여했다는, 실리콘밸리에서도 흔치 않은 명성을 얻었다.

수츠케버는 브로크만에 비해 과학자로서의 면모가 많았다. 마르고 탄탄한 체격의 수츠케버는 소련에서 태어나 이스라엘에서 자라면서 수학 신동으로 재능을 꽃피웠다.[2] 나날이 향상되는 그의 실력을 감당할 선생님을 찾기 힘들어지자, 그의 부모는 중학교 2학년생인 그를 이스라엘 개방대학교Open University of Israel[우리나라의 방송통신대학교에 해당]에 입학시켰다. 수츠케버는 열여섯 살이 되던 2003년 캐나다 토론토로 이주해 한 달간 고등학교를 다니다 토론토 대학교 3학년으로 편입했다. 이곳에서 수츠케버는 인공지능 분야에 지대한 업적을 남긴 영국계 캐나다인 교수 제프리 힌튼Geoffrey Hinton[2024년 노벨물리학상 수상]을 만나게 된다. 수츠케버가 유일하게 멘토라고 부른 힌튼은 이후 그의 일과 삶에 큰 영향을 미쳤다. 2012년에 힌튼과 수츠케버, 그리고 힌튼의 또 다른 대학원 학생인 알렉스 크리제프스키Alex Krizhevsky는 이미지넷ImageNet이라는, 사진 속 물체를 자동으로 식별하는 소프트웨어를 만드는 학술대회에서 압도적인 기량으로 AI 세계를 충격에 빠트렸다. 다른 출전 팀들이 소프트웨어 오차율을 25% 이하로 낮추는 것도 버거워할 때, 힌튼과 수츠케버, 크리제프스키는 소프트웨어 오차율을 15%로 떨어뜨렸던 것이다.[3] 이듬해 초 구글은 이들의 새 회사 디엔엔리서치DNNresearch를 열띤 입찰 경쟁 끝에 4,400만 달러에 인수한다고 발표했다. 이 결정은 세 연구자를 백만장자로 만들어준 동시에 첫 번째 인공지능 상용화 열풍을 촉발시켰다. 힌튼은 "우리가 마치 영화의 주인공이 된 것 같았다"고 말했다.[4]

브로크만과 수츠케버는 로즈우드 만찬장에서 서로를 처음 만났다. 만찬장의 다른 참석자들도 둘처럼 기업가이거나 과학자였다. 대화는 AI 연구의 여러 방법론에 대한 학술적 논의와, 머스크가 유독 집착하는 주제, 즉 AI 기술 개발 경로를 수정하기 위해서는 반드시 딥마인드와 구글을 제쳐야 하는데 그럴 시간이 충분히 남아있는지 여부에 대한 논의 사이를 오갔다. 가장 큰 장애물로 모두가 입을 모은 것은 바로 인재 문제였다. 수츠케버와 같은 일류 AI 연구자는 대부분 구글이나 다른 대규모 기술기업에서 거액의 연봉과 혜택, 고용 안정성을 누리고 있었기 때문이다.

당시로선 보기 드물게도 화제의 중심은 범용 인공지능, 즉 AGI였다. 학계는 대체로 인간 수준 지능을 구현하는 것을 공상과학으로 치부하거나, 최소 수십 년은 걸릴 거라고 전망했다. AGI가 손에 닿을 만큼 가까운 미래의 일이며 지금 당장 투자할 가치가 있다는 식의 대담한 주장을 하는 사람은 당시에는 대체로 사이비 과학자, 돌팔이 취급을 받았다. 하지만 하사비스는 딥마인드의 야심을 설명하기 위해 그 표현을 기꺼이 받아들였고, 그의 일부 연구원들은 이를 역겹고 파렴치한 마케팅으로 치부했다. 로즈우드에 모인 사람들도 하사비스가 이끄는 딥마인드와 정면으로 맞설 경쟁자를 만들려는 자신들의 포부를 설명하는 데 AGI

개념이 가장 적합하다고 느꼈다.

남몰래 AGI가 실현 가능하다고 믿었고 나중에는 그 실현 속도에 대해 가장 급진적인 예측을 목청껏 지지하게 된 수츠케버조차도 처음에는 이런 대담한 대화가 다소 불편했다.[5] 자신이 대놓고 AGI 실현을 논의했다는 사실을 다른 연구자들이 알게 되면 학계에서 신뢰를 잃을 수도 있다는 걱정도 했다. 반면 AI 분야 사람이 아니었던 브로크만은 그런 걱정에 전혀 휘둘리지 않았다. 그는 충분히 집중하고 노력한다면 곧 AGI를 구현할 수 있다고 굳게 믿었다. 수츠케버를 비롯한 다른 연구자들까지도 적어도 비공식적으로는 새 연구소의 가능성을 논의할 의향이 있다는 사실은 오히려 브로크만에게 확신만 주었을 것이다. 그날 밤, 만찬이 끝나고 샌프란시스코로 돌아가는 올트먼의 차에서 브로크만은 새 프로젝트에 합류할 준비가 됐다고 말했다.

실리콘밸리에서는 흔히 공동창업을 결혼에 비유한다. 올트먼이 조심스레 브로크만에게 AI 연구를 이해하는 사람과 손을 잡아야 한다고 말해준 후, 브로크만과 수츠케버는 여느 파트너십과 마찬가지로 교류하며 서로를 알아가기 시작했다. 로즈우드 만찬 몇 주 후, 둘은 마운틴뷰에서 따로 만나 식사자리를 가졌다. 둘은 천생연분이었다. 브로크만은 나중에 자신의 블로그에 이렇게 썼다. "만난 지 얼마 되지 않았지만 저는 처음부터 잘 될 줄 알았습니다. 일리야와 저는 척 하면 척이었거든요. 우리는 서로의 생각을 보완하고 향상시켰죠."[6]

그 뒤 몇 달간 수츠케버가 파트너십 제안을 놓고 고민할 동안, 브로크만은 이 야심만만한 신생 프로젝트에 다른 사람들을 합류시키기 위해 설득하는 작업에 나섰다. 그는 AI 분야의 중진들에게 연락해 최고의 AI 인재들을 추천 받았다. 대학 교수들과 식사하며 가장 뛰어난 학생들에 대해 물었다. 그는 후보들을 더욱 설득력 있게 포섭하기 위해 대화 전 언제나 각 후보를 샅샅이 조사했다. 훗날 올트먼은 '그렉'이란 제목의 블로그 글에서 이 무렵 브로크만이 기울인 노력을 극찬했다.[7] "많은 사람들이 나에게 이상적인 공동창업자란 어떤 사람인지 물어온다. 이제 나는 그 해답을 갖게 됐다. 바로 그렉 브로크만이다."

올트먼과 머스크 역시 AGI에 대한 연구자들의 경계심을 풀어주며 인재 모집을 위해 각자의 몫을 다했다. UC버클리의 피터 아빌Pieter Abbeel 교수는 머스크가 자신을 설득하기 위해 했던 말을 떠올렸다. "AGI가 실현되려면 아직 한참 걸릴 거라고들 하는데, 만약 그렇지 않다면요? 앞으로 5년에서 10년 내에 AGI가 실현될 가능성이 1퍼센트 아니면 0.1퍼센트라도 있다면요? 만약 그렇다면 매우 신중하게 생각해봐야 하지 않을까요?"[8] 아빌은 오픈AI의 연구자문으로 참여한 뒤, 훗날 자신의 박사과정 학생 몇 명과 함께 정규직으로 회사에 합류하게 된다.

초반에 브로크만이 접촉한 사람 대부분은 합류를 망설였다. 일부는 다른 사람들이 합류해야만 자신도 합류하겠다는 입장이었다. 브로크만은 이에 굴하지 않고 가장 탐나는 엔지니어와 연구원 열 명을 나파 밸리에 불러모아 와인을 곁들이며 그들이 망설이는 이유를 듣고 새 프로젝트에 대한 열정을 돋우는 자리를 가졌다.[9] 편도로 한 시간이 넘게 걸리는 여정 동안 이들을 계속 설득하기 위해 브로크만은 버스를 대절해 모든 참석자를 나파 밸리로 실어 나르고 집에 바래다주었다. 3주 뒤, 브로크만이 제시한 마감에 맞춰 거의 모든 참석자가 입사 제의를 받아들였다.

오픈AI 설립을 앞두고 머스크와 올트먼, 브로크만은 모두 회사가 좋은 위치를 선점하려면 대중의 인식이 중요하다는 사실을 절감하고 있었다. 회사를 비영리로 설립하고, 회사 이름에도 들어가 있는 개방성openness을 강조하자는 올트먼의 제안에 모두가 동의했다. 오픈AI는 구글의 대척점에 서서 모두를 위한 연구를 수행하고, 과학을 오픈소스[독점 소프트웨어proprietary software와 달리 소스 코드가 공개되어 있어 누구나 코드에 접근해 원하는 대로 사용하고, 수정하고, 재배포할 수 있는 소프트웨어를 말한다]화하고, 투명성의 모범이 될 것이었다.

2015년 11월 브로크만은 머스크와 올트먼에게 이렇게 이메일을 보냈다. "저는 우리가 중립적인 집단으로 이 분야에 발을 들여 널리 협업하고, 어느 특정 집단이나 기업의 승리가 아닌, 인류 전체가 승리할 수 있는 방향으로 논의의 초점을 바꾸길 바랍니다. (우리가 중요한 연구기관으로 자리매김하기 위한 최선의 방법이라 생각합니다.)"[10]

머스크는 "대중이 우리의 성공을 응원해주는 건 큰 가치가 있다"며 오픈AI 설립 발표문의 호소력을 강화하는 방향으로 수정안을 제시했다. 그는 또 덧붙였다. "우리가 구글이나 페이스북에 비해 가망 없어 보이지 않으려면 1억 달러보다 훨씬 큰 금액이 필요하다고 생각합니다. 창업비용으로 10억 달러 투자 약속을 받았다고 합시다. 이건 진짜입니다. 투자금에서 부족한 금액은 제가 채우겠습니다."

개방성 서사가 목적을 달성한 후 이들은 악의적인 행위자가 기술을 손에 넣지 못하도록 방지할 필요성 등이 발생할 경우 개방성에 대한 약속을 철회할 수도 있음을 인정했다. 오픈AI 창립 직후인 2016년 1월, 수츠케버는 머스크, 올트먼, 브로크만에게 이 문제를 제기했다. "AI 개발에 가까워질수록 회사의 개방성을 줄이는 게 말이 될 것 같습니다. 오픈AI의 오픈Open은 AI 개발로 인한 혜택을 모두가 누릴 수 있어야 한다는 것이므로, 세부적인 기술을 공개하지 않아도 문제될 건 전혀 없다 봅니다." 머스크는 "네"라고 답했다.

오픈AI 설립 발표는 최대 규모 AI 학술행사인 신경정보처리 시스템학회NeurIPS, Neural Information Processing Systems 컨퍼런스 날짜에 맞춰 2015년 12월의 어느 금요일 밤에 이뤄졌다. 이 컨퍼런스는 3년 전 힌튼과 슈츠케버가 디엔엔리서치를 매각했던 바로 그 행사였다. "오픈AI를 소개합니다"라는 제목의 블로그 게시글은 브로크만을 초대 최고기술책임자CTO로, 그리고 수츠케버를 연구총괄책임자로 소개하는 등 창립 멤버 아홉 명을 각각 소개했다. 머스크와 올트먼이 공동의장을 맡았다. 올트먼과 브로크만은 또 오픈AI의 창립 자금 10억 달러를 확보하겠다는 머스크의 공약에 동참했다. 여기에는 제시카 리빙스턴, 피터 틸, 그리고 링크드인 LinkedIn 공동창업자 리드 호프만Reid Hoffman도 합류했다. 호프만은 과거 페이팔에서 머스크와 틸과 함께 일했고, 그들과 함께 "페이팔 마피아"[페이팔 창립 멤버로 이루어진 *끈끈한* 결속력을 가진 집단으로, 실리콘밸리 곳곳에서 강력한 영향력을 발휘하고 있다]로 스타트업에 자주 투자했다. 설립 발표문은 창립자금 10억 달러에 대해 "앞으로 몇 년간은 이 자금 중 극히 일부만 사용할 것으로 예상한다"고 밝혔다.

발표문이 나가기 직전까지 수츠케버는 구글에 거의 남을 뻔했다. 오픈AI가 다른 창립 멤버들에게 제시한 연봉은 기본급 17만 5,000달러와 YC나 스페이스X 주식이었다.[11] 그러나 수츠케버에게는 거의 200만 달러에 가까운, 비영리단체 입장에서는 막대한 금액의 연봉을 제시했다.[12] 그러자 구글은 수츠케버를 잡기 위해 그보다 두 배, 세 배 많은 금액을 제시했다.[13] 수츠케버가 결정을 내리지 못한 상태에서 부모님께 전화를 하고 머스크 및 브로크만과 상의하는 동안, 머스크와 올트먼은 발표문 공개를 몇 번이나 미뤘다.[14] 결국 수츠케버는 구글이 제시한 아찔할 정도로 높은 연봉이야말로 오픈AI 같은 비영리단체가 필요한 이유를 보여준다는 결론을 내렸다.

그날 머스크는 창립 발표를 기념해 창립 멤버들에게 보낸 이메일을 통해 오픈AI를 반드시 성공시키겠노라고 공언했다. 머스크는 "가장 중요한 것은 최고의 인재를 불러모으는 것"이라며, 이를 위해 필요한 사항과 그 외에도 자신이 도울 수 있는 부분에 대한 지원을 약속했다. 그는 이렇게 덧붙였다. "여러분이 잘 알고 있는 조직에 비해 우리는 인력도 장비도 터무니없는 차이로 부족합니다. 하지만 우리가 올바른 길에 서 있다는 점이 매우 중요합니다. 저는 충분히 가능성이 있다고 봅니다." 다른 기업에서 창립 멤버를 가로채지 못하게 하기 위해 오픈AI는 곧바로 모든 구성원의 기본급에 10만 달러를 더 얹어줬다.[15]

머스크는 훗날 수츠케버를 직접 가로챘다는 이유로 래리 페이지가 자신에게 불같이 화를 낸 일을 회상했다.[16] AI 개발에 대한 의견도 지속적으로 충돌하면서 둘은 서로 더 이상 연락하지 않게 되었다. 하지만 오픈AI의 인력 확보는 갑자기 순조로워졌다. 대담하고 혁신적인 목표, 억만장자와 연계된 프로젝트는 실리콘밸리에서 엄청난 매력을 발산하는 조합이었다. 겨우 몇 달 만에 오픈AI의 직원 수는 두 배로 늘었다.

모호한 비전, 막대한 자금, 억만장자 숭배. 이 모두는 견제 없는 권력의 정점에 선 실리콘밸리의 모습이었다. 하지만 오픈AI는 초기에 영리하게 자신들을 포지셔닝했다. 실리콘밸리의 기술지상주의와 당시 부상하던 보다 양심적인 담론 사이에 양다리를 걸쳤던 것이다. 창립 이듬해 도널드 트럼프가 급부상하며 2016년 미국 대선에서 승리한 사건은 좌파 성향의 기술산업 종사자들을 충격에 빠뜨리며 스스로를 돌아보게 만들었다. 메타, 구글과 같은 기업에서 격변이 몰아치고, 대중 사이에 '테크래시techlash' 정서가 확산되자, AI 연구자들은 자신들이 기술을 지나치게 빨리 기업의 이윤에 종속시킨 것은 아닌지 의문을 갖기 시작했다.

AI 연구의 상용화가 사회적으로 미친 영향을 평가한 결과는 심란하기 그지없었다. 경찰, 주택 담보대출 중개인, 신용 대출 기관 등이 구매해 사용하는 자동화 소프트웨어가 인종, 성별, 계급 차별을 고착화하고 있었던 것이다.[17] 페이스북 뉴스 피드와 유튜브의 콘텐츠 추천 시스템은 정치적 양극화, 잘못된 정보와 극단주의를 부채질하고, 대선 개입을 가능케 했으며, 페이스북의 경우 끔찍하게도 미얀마에서 인종 청소를 촉발시켰다.[18]

민간투자의 주된 대안인 정부 지원금 역시 윤리적 함정이 가득한 지뢰밭이었다. 2018년 구글 직원 수천 명은 프로젝트 메이븐Project Maven이라는, 군용 AI 감시용 드론 개발을 목표로 한 구글과 미 국방부 간 비밀 계약에 반발했다. 직원들은 이 프로젝트가 자율무기 시스템 개발의 기반을 닦을 것을 우려했다.[19] 그럴 의도가 아니라는 입장을 밝힌 미 국방부는 훗날 우크라이나 전쟁 발발과 동시에 자율무기 개발 입장으로 돌아서게 된다.

AI 연구자들 사이에서는 빅테크 기업이나 군산 복합체에 영혼을 팔거나, AI 연구 자체를 관둬야 한다는 자조적인 불평이 나돌기 시작했다. 이 극단적인 두 선택지 사이에서 오픈AI는 자본권력도 국가권력도 오염시키지 못한 제3의 길처럼 보였다. "마치 희망의 불빛 같았어요."[20] 업계를 지켜봐 온 머신러닝 엔지니어이자 유명 기술 블로거인 칩 후옌Chip Huyen이 말했다.

그렇다고 모든 사람이 감명받은 것은 아니었다. 기후변화보다 AI 위협을 우선시하는 머스크에게 의문을 제기했던 AI 연구원 팀닛 게브루는 2015년 12월 오픈AI 설립 발표를 믿을 수 없었다.

에티오피아에서 태어난 에리트레아계 이민자인 게브루는 십대 시절 미국으로 이주해 스탠퍼드 대학교 대학원에 재학 중이었다.[21] 일주일간 진행되는 신경정보처리시스템학회(당시만 해도 NIPS로 불리다 훗날 NeurIPS라는 약칭으로 변경됐다) 컨퍼런스에 처음 참석한 게브루는 그 주 내내 백인 남성이 장악한 분야에서 흑인 여성으로 살아가는 것이 얼마나 큰 대가를 치르는 일인지를 뼈저리게 느꼈다. 참석자 중 자신과 같은 흑인은 거의 찾아보기 힘들었다. 이듬해인 2016년 컨퍼런스에서 그는 실제 흑인 참석자 수를 세어보았다. 전체 참석자 8,500명 중 흑인은 자신 외에 여섯 명뿐이었다. 그는 스탠퍼드 대학에 흑인 연구자가 거의 없다는 점을 들어 블랙 인 AIBlack in AI 그룹을 만들어봐야 자기 혼자서 회의를 할 것이라고 농담하곤 했다. 흑인 연구자가 전무한 상황을 풍자하기 위해 유튜브 채널을 개설해 머리스타일을 바꿔가며 여러 사람을 연기하며 대화하는 상황을 상상해보기도 했다. 하지만 아무리 자신이 느끼는 소외감을 가볍게 넘기려 노력해도, 2015년의 이 컨퍼런스는 상황이 얼마나 순식간에 적대적으로 변할 수 있는지를 일깨워 준 계기가 되었다.

어느 날 밤 한 파티에서 게브루가 물을 마시고 있는데 구글 리서치 티셔츠를 입은 술 취한 남성들이 그를 희롱하기 시작했다. 남성들은 그를 에워쌌고, 한 남성이 그를 강제로 껴안았다. 또다른 남성은 억지로 그의 볼에 키스를 하며 굴욕적인 사진을 찍었다. 같은 컨퍼런스에서 게브루의 친구 하나도 교수로부터 추행을 당했다.

여기, 열한 명 중 아홉 명이 백인 남성인 집단이 전례 없이 막대한 돈을 투자받으며 '나쁜 초지능이 세상을 지배할지도 모른다'며, 그에 대응하기 위해 '선한 초지능'을 만들겠다고 나서고 있었다.

그날 밤, 게브루는 자신이 목격한 이 기이한 진풍경, 광신도 집단처럼 AI 유명인사를 추종하는 행태, 그리고 무엇보다도 그토록 중대한 기술을 만드는 사람들의 압도적인 동질성을 신랄하게 비판하는 공개 서한을 작성했다. 이 동질성에 기반한 배타적인 문화는 재능 있는 연구자들을 밀어낼 뿐만 아니라, AI가 무엇이며 누가 이 기술의 혜택을 입을 수 있는지에 대해 위험할 정도로 협소한 관점을 만들어내고 있다는 경고였다.

"AI의 잠재적인 부정적 영향력을 보기 위해 굳이 미래까지 기다릴 필요는 없습니다. 이미 그 일은 벌어지고 있습니다." 그는 이렇게 적었다.

컨퍼런스를 마치고 집으로 돌아오는 비행기에서 게브루는 이 공개 서한을 익명으로 올릴지 다시 생각해보았다. 대신 원래 썼던 글을 짧게 줄이고 수위를 낮춰 실명으로 페이스북에 게시했다.

몇 주 뒤 그는 "안녕하세요, 팀닛입니다"라는 제목으로 이메일을 작성했다.[22] "컴퓨터 비전[컴퓨터가 이미지, 비디오 등에서 정보를 추출할 수 있도록 하는 인공지능의 한 분야] 학회에 갈 때마다 제가 유일한 흑인 참석자인 경우가 많습니다. 하지만 이제 여러분 다섯을 만났네요:) 우리가 함께 '블랙 인 AI' 그룹을 시작하거나 최소한 서로를 알아갈 수 있다면 좋겠습니다."

그는 수신란에 연구자들의 이메일 주소를 차례로 추가한 후 발송 버튼을 눌렀다.

———

오픈AI 초창기에 올트먼과 머스크는 거의 공동의장 업무를 수행하지 않았다. 다른 여러 사업으로 할 일이 산더미였던 둘은 브로크만과 수츠케버에게 조직의 기틀을 잡는 일을 맡겨두었다. 수츠케버가 연구원들을 모아 최선의 아이디어를 짜내는 동안, 브로크만은 조직 운영의 기반을 만드는 데 몰두했다.

몇 년 뒤 브로크만은 나에게 당시 어떤 생각으로 일을 했는지 설명해주었다.[23] 우선 준비 작업으로 그는 미 대륙횡단철도 건설 사업, 토마스 에디슨의 전구 발명, 현대 인터넷의 기반을 닦은 초기 컴퓨터 네트워크 등 미국 역사상 가장 야심 찬 과학과 기술 프로젝트에 대해 찾을 수 있는 모든 책을 샅샅이 찾아 읽었다. 그는 오픈AI에 도움이 될 만한 힌트와 지침을 얻기 위해 읽은 내용을 종교 경전을 떠받들듯 흡수했다.

그가 특히 좋아한 이야기는 존 F. 케네디의 일화다. 출처가 불분명한 이 이야기는 케네디가 미항공우주국NASA 우주 센터에서 빗자루를 든 청소부에게 다가가 대화를 나누면서 시작된다. "케네디가 물어봐요. '여기서 뭐 하세요?' 청소부가 답하죠. '아, 저는 달에 사람을 보내는 데 힘을 보태고 있어요.'" 브로크만은 매우 즐거워하며 말했다. "구성원 모두가 이 정도로 사명감과 목적의식이 투철하다니, 대단히 놀랍기도 하고 요즘은 자주 볼 수 없는 모습이기도 합니다."

그는 나중에 이렇게 덧붙였다. "저는 정말 우리가 미국인으로서 과감히 꿈꾸길 멈춘 것 같다는 생각이 듭니다."

브로크만은 오픈AI가 성공하기 위해서는 지위고하를 막론하고 모든 구성원이 그 청소부와 같은 자세를 가질 필요가 있다고 믿었다. 그는 오픈 AI 설립 후 첫 몇 달간 모두가 자신의 집에서 일할 때, 자신이 그 청소부의 정신을 그대로 구현하기 위해 직원들이 사용한 유리잔을 닦는 데 많은 시간을 보냈다고 나에게 말했다. 그는 전 직원이 샌프란시스코 사무실에 나와 일해야 한다는 회사 정책을 만들었고, 오픈AI는 코로나19 팬데믹 발생 전까지 이 정책을 고수했다. 물론 여기에는 희생이 따랐다. 샌프란시스코 베이 지역에 살고 싶어 하지 않는 사람도 있었기 때문이다. 이후 다른 인터뷰를 통해서 내가 알게 된 바로는, 특히 게브루처럼 기술업계의 백인과 남성 위주의 문화에 소외감을 느끼는 여성과 유색인종의 경우에는 그런 경향이 더욱 강했다. 그러나 브로크만은 화합과 결속이 중요하다고 생각했고, 물리적으로 함께 있는 것 자체가 아이디어 교환과 뜻밖의 발견으로 이어질 수 있다고 여겼다.

브로크만은 또 그 유명한 제록스 파크Xerox PARC 연구소가 민주적인 업무 환경을 만들기 위해 그 이전 뉴저지의 벨 연구소Bell Labs의 전통을 따랐던 것에 고무되어, 모든 오픈AI의 모든 직원들을 "기술팀 직원members of technical staff"으로 부르기로 했다.

오픈AI가 AGI 구현에 골몰한다는 비판에 대해, 브로크만은 에디슨의 전구 발명 사례에서 유사점을 끌어왔다. "유명 전문가로 구성된 위원회가 '절대 불가능하다'고 한 지 일 년 만에 에디슨은 전구를 출하했죠. 어떻게 그럴 수 있었을까요?"[24] 그건 SF 작가 아서 C. 클라크Arthur C. Clarke가 《미래의 프로필Profiles of the Future》이란 책에서 말한 대로 "상상력의 실패"였다.[25]

로즈우드 만찬 참석자 중에는 다리오 아모데이도 있었다. 신경과학자 출신 AI 연구자인 아모데이는 당시 중국 기업 바이두의 실리콘밸리 소재 AI 연구소에서 일했고, 이후 잠시 구글에서 근무하기도 했다. 그의 여동생 다니엘라 아모데이Daniela Amodei는 스트라이프에서 브로크만과 한솥밥을 먹은 사이였고, 브로크만은 AI 개발에 본격적으로 관심을 갖기 시작하면서 학습자료를 구하려고 다리오에게 도움을 청하곤 했다. 다리오는 곧바로 오픈AI에 합류하지는 않았지만 그들의 구상에 무척 마음이 끌렸다. 머스크의 영향 아래 오픈AI는 다른 AI 연구소보다 이른바 AI 안전을 가장 적극적으로 고려하려는 것처럼 보였기 때문이었다.

아모데이는 구글에 근무하던 2016년에 AI 안전 분야의 기반을 닦은 논문을 공저했다. 이 논문은 AI 안전의 핵심 문제를 "현실 세계의 AI 시스템을 잘못 설계해 발생할 수 있는 의도하지 않은 머신러닝 시스템의 유해한 행동, 즉 사고accident 문제"를 해결하는 것이라고 설명했다.[26] 그와 공동저자들은 이 문제가 AI와 관련된 개인정보, 보안, 공정성, 경제적 영향 등과는 완전히 별개의 문제라고 썼다. 다시 말해 이러한 틀에서 본 AI "안전"은 사악하고 정렬이 어긋난 AI, 즉 닉 보스트롬이 말한 실존적 위협이 될 수 있는 초지능의 뿌리를 예방하는 것에 초점을 맞추고 있었다.

아모데이에게는 인류를 능가하는 AI가 등장해 인류 멸종과도 같은 파국을 초래하지 않도록 막는 일이 그 어떤 것보다 중요한 과제였다. 아모데이 남매 둘 다 효과적 이타주의Effective Altruism, 약자인 EA로 불리는 운동에 동조했다. EA는 보스트롬이 몸담은 옥스퍼드 대학 철학자들 사이에서 시작하여 실리콘밸리에 뿌리내린 논쟁적 이념이었다. 세상에 최대한의 선을 실현하기 위해 극단적으로 합리적인 사고와 직관에 반하는 논리를 사용해 의사결정을 해야 한다고 설파한 이 운동은, 보스트롬의 영향이 크게 작용하며 시간이 지나면서 통제되지 않은 AI가 가져올 실존적 위협을 신봉자들이 집중해야 할 핵심 과제로 규정하게 되었다.

2년 전, 다니엘라의 남편 홀든 카노프스키Holden Karnofsky는 일정 부분 EA의 원칙을 따르는 오픈 필란트로피Open Philanthropy라는 비영리단체를 창설했다. 오픈 필Open Phil로도 불리는 이 단체는 얼마 지나지 않아 재앙적이고 실존적인 AI 안전 연구의 주된 후원 기관으로 자리 잡았다. (2024년 11월까지 오픈 필은 AI 안전과 관련된 300여 개의 프로젝트에 총 4억 4,000만 달러를 후원했다.)[27]

그러나 철학적 사고 실험에 기반한 이러한 실존적 유형의 AI 안전 논의는, AI 연구계가 지금 당장 세상이 겪고 있는 현실적인 피해에 눈을 뜨게 되면서 곧 비판에 직면하게 된다. 아모데이가 AI 안전에 대한 논문을 발표한 무렵, 미국의 독립 탐사보도매체

〈프로퍼블리카ProPublica〉는 "기계 편향Machine Bias"이라는 획기적인 탐사보도물을 내놓았다.[28] 이 보도는 미래 범죄를 예측하려는 그릇된 시도로 미국 형사사법 체계 전반에 걸쳐 사용되는 알고리즘이 흑인을 그보다 범죄 전과가 훨씬 많은 백인보다 더 고위험군으로 분류한다는 사실을 폭로했다. 이 보도에 더해 2016년 이후 소셜미디어의 폐해로 빅테크 전반에 대한 적대심이 퍼지면서 AI가 사회에 미치는 해로운 영향에 맞서는 새로운 연구의 물결을 일으켰다.

UC 버클리에서 AI 책임성을 연구하는 데보라 라지Deborah Raji는 AI 안전 연구의 초점이 이론적인 사악한 AI와 실존적 위협에 지나치게 치우친 결과, 현실 세계에서 지금 당장 벌어지고 있는 증거 기반 문제를 소홀히 여기고 있다는 점을 지적하며 이 새로운 연구 물결의 대표 주자로 나섰다.[29] 그는 아모데이의 논문에 반론을 제기하는 논문을 2020년 공저했다. 이 논문에서 라지는 진정으로 "안전한" AI 시스템은 기술적인 부분만 따로 떼어 살피는 방식으로는 만들 수 없고, 아모데이가 AI 안전과는 별개의 문제라고 주장한 개인정보, 공정성, 경제적 영향 등의 요소에 미치는 효과를 전체적 맥락에서 검토해야 한다고 주장했다. 아모데이가 종이 클립 사고 실험과 비슷한 예시로 로봇청소기가 꽃병을 넘어뜨리거나 청소하는 과정에서 벽을 손상시키는 등 AI가 끊임없이 목표를 추구하는 과정에서 "부정적인 부작용"을 일으킬 수 있다는 문제를 제기한 데 대해, 라지는 그런 일은 이미 발생하고 있다고 지적했다. 상업용 제품과 AGI를 집요하게 밀어붙이는 과정에서 AI 업계는 안면인식 기술 학습을 위해 광범위하게 개인정보를 침해했고, 개발을 지탱하는 데 필요한 데이터센터가 환경

비용을 급증시키는 등 광범위한 부작용을 낳고 있다는 것이었다.

라지와 그의 공저자는 이렇게 썼다. "부작용을 일으키는 건 단지 AI 에이전트[사람의 개입 없이 특정 작업을 수행하는 자율 소프트웨어 시스템]의 행동만이 아니다. 현실에서는 모델을 만들기 위한 설계 단계에서의 기본적인 선택도 단일 모델이 내린 결정이 미칠 수 있는 영향보다 훨씬 더 큰 결과를 낳을 수 있다. 실제로 AI 시스템을 만드는 과정에서 사람들이 치러야 하는 대가가 보이지 않게 발생하는 경우가 있다."

오픈AI 내에서도 소수의 유색인종 여성을 포함한 여러 연구원들이 "AI 안전"의 정의를 확장해서 딥러닝 모델이 초래하는 차별적 영향과 같은 분야의 연구도 포함시킬 것을 경영진에게 요구했다. 경영진은 이를 묵살했다. 한 임원은 이렇게 말했다. "그건 우리의 역할이 아닙니다."

2016년 5월, 아직 구글에서 일하던 아모데이는 오픈AI의 분위기는 어떤지 살펴보려고 사무실에 들렀다. 오픈AI는 그때 막 브로크만의 아파트를 벗어나 샌프란시스코에서 가장 오래된 동네이자 라틴계 커뮤니티의 중심지인 미션 디스트릭트_{Mission District}의 한 초콜릿 공장 위층으로 이사한 참이었다. 연구원들은 양말 바람으로 돌아다녔다.

〈뉴요커〉에 보도된 일화에 따르면, 아모데이는 올트먼과 브로크만에게 이렇게 말했다. "오픈AI의 목표가 선한 AI를 개발해 소스 코드를 세상에 공개하는 것이라고 말하는 사람이 닉 보스트롬과 위키피디아 페이지까지 합하면 이 바닥에 20명에서 30명 정도 됩니다."[30]

올트먼이 답했다. "소스 코드 전부를 공개할 계획은 아닙니다. 하지만 그걸 굳이 정정하려 들진 말죠. 오히려 상황만 더 나빠질 수 있으니까요."

"하지만 그럼 도대체 목표가 뭐죠?" 아모데이가 반문했다.

"현재 우리의 목표는… 그저 최선을 다하는 겁니다. 조금 모호하죠." 브로크만이 대답했다.

두 달 뒤 아모데이는 AI 안전 연구 책임자로 오픈AI에 합류했다. 그 후, 오픈 필은 오픈AI에 3,000만 달러를 기부해 오픈AI 이사회에 홀든 카노프스키의 자리를 3년간 확보했다.[31] 2018년 브로크만의 제안으로 스트라이프의 첫 인사 담당자였던 다니엘라도 오픈AI의 엔지니어링 매니저 및 인사담당 상무 자격으로 합류하게 된다. 1년 후 다니엘라는 나에게 자신과 브로크만의 관계를 이렇게 묘사했다. "우린 서로 알고 지낸 지 오래된 아주 징글징글한 인연이에요."[32] "맞아요," 브로크만이 껄껄 웃으며 맞장구를 쳤다. "우리가 처음 오픈AI를 설립하고 인력 모집을 할 때 저는 '와, 다니엘라가 있었으면 정말 좋았을 텐데' 하며 아쉬워했죠."

2020년 말 무렵 올트먼과 오픈AI가 설립 초기에 내세운 사명에서 지나치게 멀어진 상황에 실망한 아모데이 남매는 오픈AI의 핵심 인력을 데리고 나와 앤트로픽이라는 별도 AI 연구소를 세웠다. 오픈AI의 새 라이벌로 앤트로픽이 등장한 일은 이후 오픈AI가 난리법석을 떨며 챗GPT를 출시하는 데 핵심적인 이유로 작용했다. 카노프스키는 이사 임기가 만료된 데다 새로 생긴 이해충돌 등의 이유로 이사직을 사임했다. 그는 자신의 후임 후보자 목록에 과거 자신이 데리고 있던 직원 헬렌 토너의 이름을 올렸다.

문제는 오픈AI가 무엇을 해야 할지 전혀 갈피를 못 잡고 갈팡질팡했다는 점이다. 출범 후 1년간 오픈AI는 다른 회사에서 가로채거나, 직접 애걸복걸해 데려오거나, 잠시 빌려오는 방식의 공격적인 인재 영입으로 드림팀을 꾸렸고, 업계 최고 인력을 한데 모아놓은 것만으로도 회사 내 들뜬 분위기를 유지할 수 있었다. 그럼에도 불구하고 오픈AI는 일관성 있는 전략을 찾는 데 어려움을 겪었다. 그리고 설립 초기의 기세와 참신함도 점점 떨어지고 있었다.

오픈AI가 벌려 놓은 여러 프로젝트 목록을 보면 사방팔방 손을 안 뻗은 데가 없었다. 마치 AI업계의 온갖 잡동사니를 모아놓은 것처럼 어수선했다. AI 에이전트를 훈련시키는 데 로봇과 비디오 게임, 가상 세계 시뮬레이션을 사용하는 등 다양한 방법으로 AI의 성능을 높이려고 노력했다. 하지만 효과가 있는 것은 거의 없었고, 효과가 있다 해도 이미 다른 사람이 이룬 결과를 답습한다는 느낌이 들었다. AGI가 무엇이 됐든 간에 이건 아니었다. 2017년 오픈AI에서 인턴으로 일했던 니킬 미쉬라Nikhil Mishra는 이렇게 말했다. "그곳에서 진행하던 프로젝트 중 규모가 큰 것일수록 그다지 혁신성이 있어 보이지 않았습니다."

브로크만과 수츠케버의 리더십 역량 또한 한계에 다다른 상황이었다. 브로크만이 하루의 대부분을 코딩하며 보내는 동안, 수츠케버는 사무실을 활보하며 연구원들에게 "당신의 새롭고 혁신적인 다음 아이디어는 무엇이냐"는 질문을 반복했다. 이 둘의 조합은 방향성은 없으면서 스트레스는 높은 환경을 조성했다. 제대로 된 관리 체계도, 명확한 우선순위도 없었다. 때로는 누군가 주말에 해고를 당했는데 나머지 팀원들이 월요일에 그 사람이 사무실에 나타나지 않을 때까지 해고 사실을 모르는 경우도 비일비재했다. 회사는 자금도 빠른 속도로 소진하고 있었다. 대부분은 인건비로 나갔다. 오픈AI는 2016년 한 해 1,100만 달러를 썼는데, 이 중 급여와 복리후생 비용이 700만 달러 이상이었다.[33]

머스크의 인내심은 점점 바닥나고 있었다. 딥마인드가 갑자기 전 세계적으로 칭송을 받게 된 것도 전혀 도움이 되지 않았다. 2016년 3월, 딥마인드가 만든 알파고AlphaGo가 세계 최정상급 바둑기사 이세돌 9단을 꺾었다. (머스크는 이세돌 9단과 알파고 사이 다섯 번의 대국이 시작되기 직전에 오픈AI 경영진에게 이런 이메일을 보냈다. "딥마인드 때문에 엄청 스트레스 받고 있어요. 초지능으로 세계를 다스리겠다는 일념을 가진 그들이 이긴다면 그건 정말 나쁜 소식입니다.") 한국에서 생중계된 대국의 시청자는 200만 명이 넘었다. 이듬해 넷플릭스는 딥마인드의 여정을 담은 초대형 다큐멘터리를 공개했다.

머스크는 주기적으로 사무실에 나와 일을 진척시키라고 직원들을 닦달했다. 때로 자신의 관리철학의 전매특허인 터무니없이 비현실적인 마감기한을 정하기도 했다. 직원 대다수는 짜증이 날 수밖에 없었다. 굴곡이 많고 예측하기 어려운 연구의 특성상 머스크의 높은 기대치가 비현실적이라 느꼈기 때문이다. 한번은 직원 전체회의에서 창립 멤버이자 로봇공학 책임자인 보이치에흐 자렘바Wojciech Zaremba가 로봇공학 팀이 이루고자 하는 성과와 계획을 발표했을 때, 머스크가 던진 질문은 하나뿐이었다. "언제? 이 일들을 언제 해낼 거죠?"

"아직 모르겠습니다." 자렘바가 말했다.

머스크가 반박했다. "그럼 아무런 계획도 없는 거네요."

결국 2017년 3월, 브로크만과 수츠케버는 보다 명확한 연구 로드맵을 만드는 작업에 본격적으로 착수했다.[34] 이들이 던진 핵심 질문은 다음과 같았다. 오픈AI가 AGI 실현이라는 목표를 이루려면, 그리고 그 목표에 오픈AI가 가장 먼저 도달하려면 어떻게 해야 하는가?

수츠케버는 직관적으로 그 답이 무엇보다도 한 가지 핵심 요소, 즉 오픈AI가 AI 성능을 획기적으로 끌어올리기 위해 필요한 "연산compute" 자원의 규모에 달려 있다고 믿었다. 자신이 참여했던 이미지넷 대회와 그 이후의 혁신적 발전들은 모두 AI 모델을 훈련시키는 데 투입한 연산 자원의 양이 크게 증가했을 때 일어났다. 물론 데이터의 양이 훨씬 많아졌고 알고리즘도 훨씬 정교해지기는 했다. 수츠케버는 그중에서도 연산 자원이 가장 중요하다고 느꼈다. 그리고 만약 AI 모델을 인간의 두뇌 수준으로 훈련시킬 만큼 연산 자원의 규모를 늘리는 게 가능하다면, 분명 AGI 같은 급진적인 결과가 나타나리라 믿었다.

연산 자원의 규모는 개별 컴퓨터 칩의 처리 능력, 즉 초당 처리할 수 있는 연산량, 사용 가능한 컴퓨터 칩의 총 개수, 그리고 컴퓨터 칩이 연산을 처리하는 데 할당 받은 시간 등 세 가지 요소로 이루어진다. 이 중 첫 번째 요소는 지난 수십 년간의 집중적인 연구개발을 통해 2년에 한 번 단일 칩의 처리 능력을 두 배로 늘려 온 컴퓨터 칩 제조산업에 좌우된다. 무어의 법칙으로 알려진 이 발전 속도는 인텔의 전설적인 공동창업자 고든 무어가 1960년에 처음 내놓은 예측으로, 10년 후 반도체 업계의 혁신 속도에 관한 것으로 수정되었다. 무어의 법칙은 자기실현적 예언이 되었다. 많은 반도체 업체가 경쟁자를 따라잡고 시대에 뒤떨어지지 않는 데 필요한 혁신 속도를 가늠하는 데 무어의 법칙을 기준으로 삼았기 때문이다.

브로크만과 수츠케버는 아주 간단한 계산을 해보았다. 무어의 법칙이 진행된 속도를 기준으로 볼 때, 오픈AI가 인간 두뇌 수준 AI를 구현하는 데 필요한 연산 자원 규모에 도달하려면 얼마나 걸릴까? 답은 절망적이었다. 너무 오랜 시간이 걸렸다.

그 무렵, 아모데이와 대니 에르난데스Danny Hernandez라는 연구원은 똑같은 문제를 다른 방향에서 고려하기 시작했다.[35] 이들은 시간을 x축으로 둔 간단한 도표에 AI 혁명의 시작점으로 볼 수 있는 2012년 수츠케버의 획기적인 대학원 프로젝트를 시작으로 AI 분야에서 이뤄진 모든 주요 혁신에 실제 사용됐던 연산 자원의 규모를 표시해보기 시작했다. 도표를 통해 이들은 연산 자원의 양이 무어의 법칙보다 훨씬 빨리, 지난 6년 동안 매 서너 달마다 두 배씩 증가해 왔다는 사실을 발견했다.[36] 달리 말하면 3,000만 퍼센트가 늘어난 것이다.

브로크만은 이 새로운 배가 곡선을 '오픈AI의 법칙'이라고 부르기 시작했다. 브로크만을 비롯한 다른 경영진은 오픈AI가 궁극적인 목표에 도달하기 위해서는 훨씬 많은 연산 자원이 필요할 뿐만 아니라, 오픈AI가 최소한 이 새로운 법칙의 속도에 맞춰서 연산 자원의 규모를 확대할 필요가 있다고 믿었다. 오픈AI 경영진은 반도체 회사들이 무어의 법칙을 절대적으로 따라야 할 기준 목표점으로 삼았던 것과 마찬가지로 오픈AI 법칙을 바라보기 시작했다.

자연적인 기술 발전 속도로는 부족하다면 다른 방법으로 연산 자원을 늘려야 했다. 그러려면 컴퓨터 칩이 훨씬 많이 필요했다.

오픈AI가 필요로 하는 종류의 칩은 비쌌다. GPU로 알려진 그래픽 처리 장치는 원래 비디오게임의 지연 시간을 단축시키고 그래픽을 화려하게 보여주는 등 컴퓨터가 그래픽을 빠르게 출력하는 용도로 만들어졌다. 그러나 GPU의 부품 규격은 오픈AI가 개발하고 싶어 하는 AI 모델을 훈련시키는 데에도 탁월한 성능을 발휘했다. 그래픽 랜더링과 AI 훈련 모두 대량의 연산을 동시에 수행해야 한다는 공통점을 갖고 있었기 때문이다.

업계 대다수는 산타클라라에 본사를 둔 칩 제조업체 엔비디아Nvidia에서만 GPU를 구입해 사용했다. 엔비디아는 세계 최고의 품질을 자랑하는 GPU를 생산할 뿐만 아니라, 쿠다CUDA, Compute Unified Device Architecture라는 동반 소프트웨어 플랫폼으로 AI 개발자들을 강력하게 사로잡고 있었다.

2017년을 기준으로 최고 사양 GPU 8개가 들어간 주문제작용 엔비디아 서버의 가격은 15만 달러였다. 이 가격은 물가상승 때문에 2023년에는 약 19만 5,000달러로 올랐다. 오픈AI가 오픈AI의 법칙을 따라가기 위해서는 향후 몇 년간 단일 AI 모델을 훈련시키는 데만도 수천, 수만 개의 GPU가 필요했다. 이를 위해 필요한 전력비용도 폭발적으로 증가할 전망이었다. 오픈AI는 돈이 훨씬 많이 필요했다. 회사를 유지하기 위해서는 고작 10억 달러가 아니라 수십억 달러는 더 필요했다.

그렇게 되면 조직의 재정적 기반이 무너질 게 뻔했다. 브로크만과 수츠케버에게 그것은 오픈AI의 전제 자체를 뒤흔드는 문제였다. 업계의 선두 자리를 유지하기 위해 필요한 그 막대한 비용을 비영리단체가 어떻게 조달한단 말인가? 둘은 잠시 칩 스타트업과의 인수합병을 고려하기도 했고, 2017년 여름 무렵에는 오픈AI가 영리기업으로 전환할 필요가 있을지 올트먼, 머스크와 함께 진지하게 논의하기 시작했다.[37] 투자자를 유치하기 위해서는 이익 창출이 최선의 희망이었기 때문이다. 몇 주간이나 계속된 논의는 아무런 해결책 없이 갑자기 끝나버렸다. 당시 캘리포니아 주지사 선거 출마를 고려하며 포커스 그룹으로부터 미적지근한 반응을 얻고 있던 올트먼은 영리기업으로 전환한다면 자신이 회사의 최고 경영자가 되기를 원했다. 머스크도 마찬가지였다.[38] 머스크는 지분 과반과 함께 연구팀을 장악하기를 원했다.

둘 사이에 낀 수츠케버와 브로크만은 거의 머스크를 선택할 뻔했다. 둘은 머스크의 리더십을 선호했다. 그러나 올트먼은 브로크만과의 친분에 호소하며 머스크를 신뢰하기 어렵다는 우려를 표했다. 많은 외부 압력을 받는 머스크는 변덕스럽고 불안정한 행동을 보이는 경향이 있었다. 그런 머스크가 AGI를 완전히 통제하게 되는 것은 오픈AI의 성공에 너무 위험하지 않을까? 이에 넘어간 브로크만이 수츠케버를 설득하기 시작했지만, 수츠케버는 여전히 확신하지 못했다. 2017년 9월, 수츠케버는 마지막으로 상황을 해결해보려는 시도로 머스크와 올트먼에게 이메일을 보냈다.

"일론: 우리는 **진심으로** 당신과 일하고 싶습니다. 만약 우리가 힘을 합친다면, 우리의 사명을 성공적으로 완수할 가능성이 가장 큽니다." 그러나 수츠케버는 모든 것을 통제해야 직성이 풀리는 머스크의 성격이 오픈AI의 정신과 배치된다고 썼다. "당신은 데미스가 AGI 독재를 만들 거라고 걱정하죠. 우리도 마찬가지입니다. 당신이 원한다면 독재자가 될 수도 있는 조직 구조를 만드는 것은 적절하지 않습니다."

"샘: 그렉과 제가 일을 하다 중간에 막힐 때마다 당신은 언제나 올바르고 사려 깊은 답을 주었습니다." 그렇기는 하지만, 수츠케버는 올트먼의 행동을 보면 가끔 그의 진짜 의도와 생각이 무엇인지 헷갈렸다고 덧붙였다. "우리는 왜 CEO 직함이 당신에게 그렇게 중요한지 이해할 수 없습니다. 당신이 근거로 댄 이유가 바뀐 탓에 그 이유가 무엇인지 이해하기 어렵습니다. AGI가 **진정으로** 당신의 동기가 맞나요? 당신의 정치적 목표와는 어떤 관련이 있나요? 시간이 지나면서 당신의 생각은 어떻게 바뀌었나요?"

"보다시피 우리가 풀어야 할 문제가 많으니 만나서 논의해보는 게 매우 중요하다고 생각해요." 수츠케버는 이메일 말미에 이렇게 결론을 내렸다. "만약 우리 모두가 진실을 말하고 이 문제를 해결할 수 있다면, 우리가 만드는 회사는 더 큰 어려움도 견뎌낼 수 있을 거라 생각합니다."

10분도 되지 않아 머스크는 이런 답장을 보냈다. "이제 지긋지긋하네요. 난 참을 만큼 참았습니다." 그는 만약 수츠케버와 브로크만이 아직도 영리기업을 고집한다면 독립해 별도로 회사를 만들어야 한다고 했다. 그럴 생각이 아니라면, 오픈AI는 앞으로도 비영리단체로 남아야 한다고 말했다. "나는 당신들이 여기 남겠다고 확실히 약속하기 전까지는 더 이상 오픈AI에 투자하지 않겠습니다. 스타트업에 공짜로 돈 퍼주는 바보 취급을 당하느니 그게 낫죠." 50분 후, 머스크는 또 이메일을 보냈다. "분명히 말씀드리지만, 이건 방금 논의한 내용을 받아들이라는 최후통첩이 아닙니다. 그건 더 이상 논의 대상이 아닙니다."

올트먼은 다음날 아침 이메일 대화에 끼어들었다. "저는 여전히 비영리 구조를 열렬히 지지합니다!" 그는 테슬라Tesla와 머스크의 뇌-컴퓨터 인터페이스 기업인 뉴럴링크Neuralink에서 일하던, 머스크가 신임하는 참모 시본 질리스Shivon Zilis를 통해 추가로 보증했다. 질리스는 올트먼이 자신에게 말한 내용을 메모로 정리해 머스크에게 전달했다. "비영리단체로 유지하고 지속적으로 지원하는 데 전적으로 찬성. 이번 일로 그렉과 일리야에 대한 신뢰를 많이 잃었다고 함. 그들의 메시지가 일관성이 없고 가끔 유치하다고 느꼈다고 함." 올트먼은 브로크만과 수츠케버가 협상 과정에서 그 내용을 지속적으로 오픈AI 직원들과 공유하는 게 못마땅했다고 말했다. "팀의 주의를 분산시키는 것 같다고 함"이라고 질리스는 적었다.

그러나 현실적으로 오픈AI를 비영리단체로 두어서는 돈 문제를 해결할 수 없었다. 브로크만과 수츠케버는 잠재적인 비영리단체 투자자들을 계속 만났지만, 오픈AI에 필요한 자본을 확보하는 데 난항을 겪었다.[39] 변덕스럽게 투자 결정을 번복하려는 머스크의 태도도 오픈AI를 위기로 몰아넣을 수 있는 위험 요소였다. 올트먼은 오픈AI가 머스크에게 더 이상 의존하지 않아도 될 재정적 대안을 찾는 물밑 작업에 착수했다. 그의 부탁으로 리드 호프만이 직원 급여와 업무비를 대주겠다고 나섰다.[40] 올트먼은 새로운 암호화폐를 만드는 것도 고려했다.[41] 그는 여러 기업 구조를 검토했는데, 그중 머스크가 관심을 보인 사회공헌 주식회사 Public Benefit Corporation 형태라면 오픈AI의 사명에 대한 법적 구속력이 있는 상태에서도 이윤을 추구할 수 있다는 점을 파악했다.

오픈AI가 언제든 최고의 인재를 놓칠 수 있다는 우려는 안 그래도 다급한 상황을 더 악화시켰다. 이전까지 오픈AI는 머스크의 굳건한 지원 덕에 인재 확보 차원에서 연봉을 공격적으로 인상해 왔다.[42] 그런데 기업들 간 인재 확보 경쟁의 열기가 훨씬 뜨거워진 2017년 6월, 머스크가 직접 오픈AI의 핵심 창립멤버 과학자 중 하나인 안드레 카파시Andrej Karpathy를 테슬라의 AI 책임자로 스카우트해 데려갔다. 보수 지급 측면에 있어 오픈AI는 다른 기업에 비해 현저하게 불리했다. 생활비가 터무니없이 비싼 샌프란시스코 베이 지역에 거주하는 대다수의 기술업계 종사자는 회사 지분을 보수에 포함시키는 것을 필수로 여겼는데, 오픈AI는 그럴 수 없었기 때문이다.

머스크는 곧 오픈AI의 자금난을 해결할 자신만의 답을 찾아냈다. 2018년 1월에 안드레 카파시는 머스크에게 최고 수준의 AI 학술지에 게재되는 논문 중 구글이 압도적으로 높은 비중을 차지하고 있음을 보여주는 최신 데이터를 이메일로 보내며 이렇게 덧붙였다. "AI 기술의 첨단을 달리는 건 유감스럽게도 비싼 일입니다. 제가 보기에 지금 오픈AI는 현금을 소진하고 있고, 기존의 재무 모델로는 (시가총액 8,000억 달러인) 구글과 제대로 경쟁할 수 있는 수준의 규모에 도달하는 건 무리입니다." 그는 오픈AI를 영리구조로 전환한다면 자본을 유치할 수는 있겠지만, 그러려면 밑바닥부터 AI 제품을 개발해야 하기 때문에 기존에 추구하던 근본적인 AI 연구와는 상당히 멀어지게 된다고도 했다. "제가 전에도 언급한 것처럼 현 시점에서는 오픈AI가 테슬라에 배속돼 테슬라를 자금줄로 활용하는 것이 그나마 가망이 있는 방법입니다." 테슬라는 이미 오토파일럿Autopilot이라는 자율주행을 지원하는 AI 상품 개발에 필요한 주요 작업을 대부분 마친 상태였다.

만약 오픈AI가 테슬라를 도와 오토파일럿을 완전한 자율주행 시스템 수준으로 끌어올릴 수 있다면, 오픈AI의 연산 비용을 감당하고도 남을 정도로 테슬라의 수익이 늘어날 가능성이 있었다.

머스크는 카파시의 이메일을 브로크만과 수츠케버에게 전달했다. "안드레가 정확하게 봤어요. 오픈AI가 구글의 적수가 될 가망이 있는 유일한 길은 테슬라뿐입니다. 그렇다 해도 정말 구글을 견제할 수 있게 될 가능성은 적습니다. 그저 가능성이 아예 없지 않을 뿐이죠."

하지만 그 무렵 정계 진출 계획을 접은 올트먼은 자신이 더 나은 리더라고 브로크만을 설득하고, 그 다음엔 브로크만을 통해 수츠케버까지 설득한 상태였다. 모두가 올트먼 편에 서자, 머스크는 더 이상 공식적으로 오픈AI와 관련되고 싶지 않았다. 이전에 그는 "내 영향력과 내 시간에 대한 인식이 현실과 일치하지 않는 상황은 용납하지 않을 것"이라고 썼다. 몇 주 뒤, 머스크는 오픈AI 공동의장 자리에서 물러났다. 올트먼이 이 비영리단체의 의장이 되었다.[43]

오픈AI는 머스크가 이해충돌 때문에 회사를 떠난 것으로 발표하면서도 회사가 직면한 재무 상황에 대해선 입을 다물었다. 창립 투자금으로 발표한 10억 달러 중에 결국 실제로 들어온 돈은 겨우 1억 3,000만 달러였고, 이 중 4,500만 달러는 머스크가 댄 돈이었다.[44] 오픈AI의 미래는 이제 오직 올트먼의 자금조달 능력에 달렸다. 지금까지의 손실액을 메우고 기하급수적으로 늘어나는 자본 수요를 계속 충족시켜야 했다.

머스크는 자신의 사임 소식을 오픈AI 전체회의에서 직접 발표했다. 경영진 사이에 어떤 갈등이 있었는지 모르는 대부분의 직원들은 머스크가 떠난다고 하니 한시름 덜었다고 생각하면서도, 조직의 미래에 대한 불안에 사로잡혔다. 그때까지 회사의 인지도는 거의 머스크가 혼자 끌어올렸다 해도 과언이 아니었다. 전체회의에서 머스크는 거침이 없었다. 그는 직원들에게 무엇보다도 안전한 AGI를 가장 먼저 만들어야 하는데, 비영리단체로서 오픈AI는 이 일을 해내지 못할 게 분명하다고 말했다. 대신 그는 이제 테슬라에서 같은 목표를 추구할 요량이라고 했다. 테슬라의 자금력이라면 성공할 가능성이 훨씬 높을 것이라고 했다.

한 인턴이 머스크에게 의문을 제기했다. 이게 정말 최선의 해결책인가요? 머스크는 정말로 다른 모든 가능성을 다 시도해본 건가요? 테슬라에서 오픈AI의 경쟁자를 돕는 건 그저 이윤추구 경쟁 역학만 부채질해 오히려 안전한 AGI 개발을 저해할 것 같다는 논리였다. "이건 결국 당신이 원하지 않는다고 했던 일을 하겠다는 것 아닌가요?"

머스크는 폭발했다. "야, 이 바보 멍청아! 내가 이걸 얼마나 고민했는데. 내가 다 해봤다고. 내가 이걸 생각하느라 얼마나 많은 시간을 보냈는지 넌 상상도 못할 거야. 난 정말 이 문제가 두렵단 말야."

이 인턴은 용감하게 질문한 공로를 인정받아 나중에 "바보 멍청이" 트로피를 받았다.[45]

그해 크리스마스 다음날, 머스크는 또다시 올트먼과 브로크만, 수츠케버에게 이메일을 보냈다.

제목: 다시 한번 말씀드리지만
오픈AI의 업무 수행과 자원 조달에 극적인 변화 없이는 딥마

인드/구글에 대적할 가능성은 제가 보기에 1%가 아니라 0%
입니다. 저도 이게 사실이 아니길 바랍니다.
수억 달러도 부족합니다.
당장 매년 수십억 달러를 댈 수 없으면 생각도 하지 마세요.

올트먼은 돈을 모아야 했다, 그것도 빨리.

오픈AI는 자사의 연구 역량을 일반 대중에게 뽐낼 수 있는 보
여주기식 프로젝트에 주력하면서 인지도를 높였다. 특히 심혈을
기울인 프로젝트는 바로 복잡한 전략 비디오게임인 도타2Dota 2에
서 세계 정상급 선수들을 꺾을 AI 에이전트를 만드는 것이었다.
오픈AI는 이미 1대1 대결에서 최고의 인간 선수를 제친 에이전
트를 만든 상태였다. 이제는 팀전에서 다섯 명의 정상급 선수와
대결할 AI 에이전트 다섯을 한 팀으로 만들 계획이었다.
　의식했든 아니든 간에 이 프로젝트는 딥마인드의 선례를 따
랐다. 전 세계에 생중계되는 도타2의 세계선수권대회는 분명하
고 극적인 승패를 통해 오픈AI의 연구에 관심을 끌 절호의 기회
였다. 딥마인드도 전략 게임인 스타크래프트 2에서 정상급 인간
선수를 꺾으려는 유사한 프로젝트를 진행하고 있었기 때문에, 잠
재적인 오픈AI 투자자 입장에서는 임의적이긴 하지만 자연스러
운 비교 대상이 생긴 것이나 다름없었다. 도타2 프로젝트 역시
연산 자원이 많이 드는 프로젝트였기 때문에 오픈AI의 장기적인
스케일링scaling[인공지능 모델의 성능을 향상시키기 위해 데이터의 크기,
모델의 크기, 또는 연산 자원의 양을 늘리는 것을 의미한다] 전략을 시
험해보고 소개하기에 적합했다. 브로크만은 도타2 프로젝트의

초기 단계를 주도하고 팀 규모를 늘려 일에 착수했다.

이제 필요한 건 다큐멘터리뿐이었다.

그 일은 오픈AI의 로봇공학팀 구성원에게 떨어졌다. 그는 비싼 카메라 장비를 구입해 도타 팀의 일거수일투족을 따라다니며 찍기 시작했다. 그렇게 찍은 영상을 본인이 직접 쓴 원고를 바탕으로 세 시간짜리 대하드라마 같은 1차 편집본으로 만들어냈다. 그의 수고와 노력에도 불구하고, 편집본을 본 오픈AI 직원들은 모두 형편없는 다큐라고 입을 모았다. 결국 오픈AI는 전문가를 고용했고, 브로크만은 그 비용을 일부 자비로 부담했다.[46]

그러는 동안 올트먼은 자금 조달 계획을 구체화했다. 그는 다양한 영리기업 구조를 검토한 뒤, 오픈AI의 사명에 충실함을 유지하는 것과 자본금을 조달할 필요성 사이의 균형을 맞출 수 있는 이례적인 대안을 낙점했다. 공익법인Benefit Corporation도 이러한 균형을 맞출 수 있었지만, 지켜야 할 다른 규칙이 너무 많았다. 대신 올트먼은 합자회사Limited Partnership, LP를 만들어서 투자금을 받고 오픈AI의 기술을 상용화할 수 있는 영리 부문으로 활용할 계획이었다. 이 LP는 투자자의 수익 상한을 제한하고 오픈AI의 비영리부문의 관리를 받게 된다. 이 계획의 장점은 LP의 운영 계약서 내용을 쓰는 사람 마음대로 정할 수 있다는 것이었다. 오픈AI는 투자자보다 회사의 사명을 우선시한다고 명시할 수 있었다. 또 주주가 행사할 수 있는 권한을 제한해 과반수 주주 지배를 원천 차단할 수도 있었다.

올트먼은 이 제안을 직원들에게 아주 조심스럽게 설명했다. 오픈AI가 이윤을 추구하지 않겠다는 초기 약속은 회사가 추구하는 사명을 훼손하지 않겠다는 정신에서 나온 것이었다. 하지만 오픈AI가 성공하기 위해 필요한 자본의 규모는 이미 비영리단체가 조달할 수 있는 수준을 넘어섰다. 그렇다면 기존의 비영리 구조에 집착하는 것이 오히려 회사의 사명을 위협할 수 있다는 것이 그의 설명이었다. 비록 일부 직원은 마지못해 동의했지만, 대부분의 직원은 LP가 회사가 나아갈 최선의 길이라는 결론에 결국 동의하게 되었다.

2018년 4월, 오픈AI는 기업 구조 전환의 길을 열어줄 헌장을 공개했다.[47] 앞으로 다가올 변화에 대해서는 전혀 공개하지 않은 채, 오픈AI의 목표를 다른 말로 되풀이했다. "오픈AI의 사명은 AGI가... 인류 전체에 이익이 되도록 보장하는 것이다." 이 사명을 완수하기 위해서 오픈AI는 "AI 기술의 첨단"을 달려야 하며 "상당한 자원"을 필요로 한다고 천명했다. 또 "안전과 보안 우려"로 인해 연구를 공개하겠다는 약속을 철회해야 할 수도 있다고 인정했다. 그리고 오픈AI는 처음으로 AGI의 정의를 내놨다. "경제적으로 가치 있는 대부분의 작업에서 인간을 능가하는 고도로 자율적인 시스템."

그해 여름, 도타 팀이 아마추어 경기에서 승리를 거머쥐고 이를 대대적으로 홍보하는 동안("오픈AI의 도타2 AI, 월드챔피언 E-스포츠 팀을 연전연승으로 제압하다" 같은 극찬성 헤드라인이 대표적이다), 올트먼은 아이다호주 선밸리에서 열린 앨런앤컴퍼니_{Allen & Company} 컨퍼런스에서 마이크로소프트 CEO 사티아 나델라와 마주쳤다.[48] "억만장자들의 여름 캠프"로 알려진 이 연례 행사는 기업 간 주요 거래가 성사되는 곳이었다. 올트먼 역시 이곳에서 한 건을 올릴 준비를 갖추고 왔다.

올트먼은 나델라에게 오픈AI에 투자하라고 설득했다. 올트먼의 설득에 나델라는 구미가 당겼지만, 마이크로소프트 리서치 Microsoft Research 내에 이미 오래된 AI 연구팀이 있는 상태에서 굳이 외부 조직에 투자할 필요가 있는지 의문이 들었다. 나델라는 회사로 돌아와 임원들과 이 문제를 논의했다.

당시 애저 AIAzure AI 최고기술책임자 쉐동 황Xuedong Huang이 말했다. "마이크로소프트 리서치와 오픈AI는 둘 다 한계를 뛰어넘는 도전을 하고 있는 조직입니다."[49] 두 곳 모두에 투자해도 되지 않을까요?

반년도 되지 않아 오픈AI와 마이크로소프트는 본격적인 논의에 들어갔다. 올트먼은 서둘러 합자회사를 만들어 스스로를 CEO로 임명하는 등 법적 기반을 마련했다. 오픈AI 내부에선 이 프로젝트를 오리건 트레일Oregon Trail이라는 코드명으로 불렀다. 외부에서 합의 사실을 눈치채는 걸 막기 위해 오픈AI의 영리부문도 썸머세이프SummerSafe라는 가명으로 설립했다.[50] 이 가명은 릭앤모티Rick and Morty라는 성인 애니메이션의 간판 등장인물인 미치광이 천재 과학자 릭과 그의 손자 모티가 모티의 누나 썸머Summer를 집에 두고 다른 은하계로 떠나면서 자동차에게 "썸머를 지켜라"라는 지시를 내리고 가는 에피소드를 가리킨다. 자동차는 이 목표를 달성하기 위해 차량에 접근하는 사람들을 살해하고, 마비시키고, 고문하는 등 극단적이고 위험한 방법을 동원한다. AI의 잠재적 위험을 넌지시 보여주는 에피소드다.

2019년 초부터 마이크로소프트 고위 경영진이 오픈AI 사무실에 방문하기 시작했다. 다혈질로 유명한 마이크로소프트의 최고기술책임자 케빈 스콧이 가장 먼저 방문했다. 처음부터 줄곧

오픈AI를 지켜봐 온 그는 오픈AI를 마음에 쏙 들어했다. 그 다음
에는 최고연구전략책임자 등의 자리를 거치며 20년 넘게 마이크
로소프트 고위 경영진으로 일한 나델라의 수석 자문역 크레이그
먼디Craig Mundie가 왔다. 빌 게이츠도 방문했다. 그는 여느 때와 다
름없이 내성적이고 입술을 굳게 다문 모습으로 오픈AI의 시연회
를 지켜보았다. 대부분의 직원들은 마이크로소프트와 어떤 논의
가 오가는지 전혀 알지 못했다. 올트먼이 이 일에 관여하던 소수
의 직원들에게 입단속을 시켰기 때문이다.

이 무렵 올트먼은 YC에서 어려운 상황에 직면하기 시작했
다.[51] 조직의 수장 자리를 맡은 지 5년이 지나면서 올트먼에 대
한 조직 내 불만이 심각한 수준으로 치솟은 것이다. 불만의 원인
으로 꼽힌 이유는 루프트에서 제기된 것과 놀라울 정도로 비슷했
다. 올트먼이 사적인 일과 열망을 회사보다 우선시하고, 이를 위
해 때로는 거리낌없이 회사에 손실을 끼친다는 것이었다. 오픈AI
투자 협상에 시간을 쏟느라 YC 스타트업 자문을 소홀히 하면서
상황은 설상가상으로 악화됐다. 일각에서는 올트먼이 YC에서 일
은 거의 안 하면서 자신의 투자펀드 하이드라진을 통해 YC가 키
워낸 기업에 투자하여 막대한 수익을 거두는 것을 곱지 않게 바
라보았다. 〈워싱턴 포스트〉 보도에 따르면, 올트먼이 자리를 자
주 비운다는 사실을 알게 된 제시카 리빙스턴이 이를 염려한 나
머지 올트먼에게 사임을 촉구했다. 올트먼은 동의했다. 2019년
초, 폴 그레이엄은 올트먼의 사임을 마무리하기 위해 은퇴해 살
고 있던 영국에서 샌프란시스코로 날아왔다.

올트먼은 자신의 사임에 대해 공개적으로 최대한 매끄럽
게 넘어가려고 노력했다. 상원의원 척 슈머가 찾아왔던 날인

2019년 3월 8일에 올트먼은 YC 웹사이트 블로그 글을 통해 자신이 오픈AI에 시간을 더 할애하기 위해 YC 사장에서 의장으로 자리를 옮긴다고 발표했다. 며칠 뒤인 3월 11일, 브로크만과 수츠케버가 오픈AI LP를 대외적으로 공개했고, 올트먼은 자신이 최고경영자임을 밝혔다. 절묘한 타이밍이었다. 언론은 이를 올트먼의 커리어상 잘 짜여진 각본 같은 행보라며 YC에서 그가 새로 맡게 된 의장직에 대해 대대적으로 보도했다. 그러나 올트먼이 의장직을 맡게 됐다는 건 전혀 사실이 아니었다. 〈월스트리트 저널〉의 보도에 따르면, 올트먼은 단지 YC 파트너들에게 자신이 의장을 맡는 게 어떻겠냐고 제안해놓고 나서, 파트너들의 동의 없이 그것을 기정사실인 것처럼 발표해버렸다.[52] 해당 블로그 글은 나중에 편집되었고, 올트먼에 대한 언급은 완전히 삭제됐다.

오픈AI에서 올트먼이 얻은 새 직함은 단지 머스크가 떠난 후 올트먼이 해 왔던 일을 공식화한 것에 불과했다. 올트먼이 전권을 쥐게 되자 많은 직원들이 안도했다. 머스크의 격렬하고 예측하기 어려운 감정 기복에 비하면 올트먼의 침착하고 차분한 태도는 반가운 대안이었다. 올트먼은 또 브로크만과 수츠케버의 경영 방식에 치솟는 불만을 잠재우는 데 일조했다. 그는 임원 코칭 전문가를 초빙해 관리자들에게 경영자 수업을 듣게 했다. 그는 경영진도 늘렸다. YC 투자자 브래드 라이트캡을 데려와 최고운영책임자로 임명했고, 로봇공학팀 소속이자 피터 틸이 설립한 팔란티어에서 엔지니어링과 제품관리 책임자로 일했던 밥 맥그루Bob McGrew를 연구팀 상무로 승진시켰다. 또 테슬라 모델 X와 가상현실 스타트업 립모션Leap Motion에서 제품엔지니어링 책임자로 일했던 미라 무라티를 고용해 하드웨어 전략과 핵심 연구 분야를 맡겼다.

오픈AI LP가 설립되면서 대부분의 직원들은 비영리단체를 사직하고 LP 산하에서 회사 지분이 포함된 새로운 계약서를 작성했다. (외국 국적을 가진 직원들의 경우 체류 비자가 비영리단체와 묶여 있는 까닭에 여기에서 제외됐다.) 새로 정립된 성과연봉제는 연봉 인상률을 결정할 때 "엔지니어링 전문성"과 "연구 방향성" 이외에도 헌장 지향성을 평가했다.[53] 3단계 직급은 "오픈AI 헌장을 이해하고 내면화"해야 했다. 5단계 직급은 "담당한 모든 프로젝트와 팀원들이 헌장을 따를 것을 보장"할 책임을 졌다. 7단계 직급에게는 "헌장을 지키고 개선할 책임을 지며, 조직 내 다른 구성원들에게도 같은 책임을 물을 것"을 요구했다. 경영진은 혹시라도 남아있을 의문을 잠재우기 위해 자주 묻는 질문과 답변을 정리했다.[54] "오픈AI를 믿을 수 있나요?"라는 질문도 여기 포함됐다. 답변은 "예"로 시작됐다.

기술업계 전반에서 오픈AI가 구조를 전환한 것을 두고 초기 공약을 번복한 것이라는 비판이 일기 시작했다. 합자회사의 초기 약관에 따르면 첫 투자 라운드 투자자의 수익상한은 원금의 100배로 제한돼 있었다. 오픈AI는 이 새로운 구조를 "이익제한"이라 불렀다. YC가 운영하는 뉴스 웹사이트인 해커뉴스Hacker News 게시글의 한 사용자는 이 상한이 무슨 의미가 있는지 반문했다. "1,000만 달러를 투자한 사람의 수익 상한이 10억 달러로 '제한'됐다고 칩시다. 오픈AI가 페이스북, 애플, 아마존, 넷플릭스, 구글 규모의 시장가치에 이르지 않는 한 이 사람의 수익은 기본적으로 무제한이죠."[55]

브로크만은 자신의 아이디 gdb 명의로 이 게시글에 댓글을 남겼다. "우리가 AGI를 만든다면 기존 어떤 기업보다도 훨씬 큰 가치를 창출하게 될 것이라 믿습니다."

다른 사용자가 오픈AI 헌장 내용을 언급하며 반문했다. "구글 초기 투자자들이 벌어들인 수익은 원금의 20배였습니다. 구글의 현재 시가총액은 7,500억 달러입니다. 그러니까 지금 오픈AI는 구글보다 훨씬 큰 수익을 내는 기업 구조로 전환하겠다는 건데… '부당하게 권력을 집중'하고 싶지는 않다면서요? 권력이 자원의 집중이 아니라면 과연 무엇이란 말인가요?"

초기 투자금이 LP에 물밀듯이 쏟아졌다.[56] 오픈AI의 비영리단체에서 이월된 6,000만 달러를 비롯해 YC에서 1,000만 달러, 그리고 코슬라 벤처스Khosla Ventures와 호프만의 자선단체에서 각각 5,000만 달러씩 투자했다. 호프만은 오픈AI가 출시할 상품도, 시장전략도 없을 때는 더 이상의 투자를 꺼렸다고 훗날 회상했다.[57] 하지만 그가 투자에 참여하는 것이 수익사업을 개발하려는 오픈AI의 진정성에 힘을 실어줄 것이라는 올트먼의 말을 들은 후 결국 호프만은 초기 투자자로 참여했다.

한편 마이크로소프트는 심사숙고를 이어갔다. 나델라와 스콧, 그리고 다른 마이크로소프트 임원들은 일찌감치 초기 투자에 동의한 상태였다. 유일하게 반대한 사람은 빌 게이츠였다.

게이츠가 보기에 도타2는 전혀 흥미롭지 않았다. 로봇공학에서도 아무런 감흥을 받지 못했다. 오픈AI의 로봇공학팀이 만든 시연용 로봇 손은 스스로 시행착오를 통해 루빅 큐브를 맞추는 법을 배웠는데, 언론으로부터 널리 호평을 받았다. 게이츠는 이를 전혀 유용하지 않다고 봤다. 게이츠가 원한 것은 책 내용을 소화하고, 과학 개념을 이해하며, 주어진 자료를 토대로 질문에 대한 대답을 내놓을 수 있는, 일종의 연구보조 역할을 할 수 있는 AI 모델이었다.

여기에 딱 들어맞는 프로젝트는 하나밖에 없었다. 바로 GPT-2라 불린 대형언어모델이었는데, 사람이 쓴 글과 매우 유사한 글을 생성해낼 수 있었다. 그해 2월, 오픈AI는 이 모델이 조금 더 발전하면 지나치게 위험한 기술이 될 수 있다는 이례적인 내용을 언론에 발표했다. 권위주의 정부나 테러 조직이 이 모델을 무기 삼아 허위조작정보를 대량으로 날조할 수 있었다. 이 모델이 만들어낸 저질 콘텐츠가 범람하면서 인터넷에서 더 이상 고급 정보를 찾기가 어려워질 수 있었다. 오픈AI가 뿌린 보도자료는 15억 개의 매개변수[모델의 규모와 복잡성을 대략적으로 보여주는 기준, 파라미터라고도 한다]를 가진 GPT-2를 공개하지 않음으로써 오픈AI가 윤리적으로 올바른 길을 선택했다고 공표했다. 대신, 앞으로 이 기술에 대비해 사회가 어떤 준비를 해야 할 것인지를 맛보기로 보여주기 위해 원래 규모의 10분의 1 미만으로 축소한 버전을 세상에 공개한다고 발표했다. 이 축소 버전은 한 번에 몇 개의 문장을 생성할 수 있었지만 엉뚱한 말이나 반복이 잦았다.

GPT-2는 과학 개념을 파악하는 수준 근처에도 못 미쳤지만, 문서에 대한 기본적인 요약을 할 수 있었고 질문에 대해 대답을 어느 정도는 할 수 있었다. 오픈AI 연구원들은 만약 더 많은 데이터로 더 큰 모델을 훈련시켜 게이츠가 원하는 것과 유사한 작업을 해낼 수 있는 모델을 만든다면, 최소한 게이츠가 반대는 아닌 중립 의견으로 돌아설 수 있지 않을까 생각했다. 2019년 4월, 연구원 중 일부가 시애틀로 날아가 성능을 높인 GPT-2를 게이츠 앞에서 시연했다. 시연이 끝날 무렵, 연구원들은 과연 거래가 딱 성사될 만큼 게이츠의 마음을 돌려놓는 데 성공했다.

거래가 성사된 직후 전체회의에서 올트먼은 이 소식을 전하면서 마이크로소프트가 최적의 투자자이자 파트너라고 옹호했다. 마이크로소프트는 오픈AI가 필요로 하는 돈과 연산 자원을 보유했고, 그 경영진 역시 공익을 위한 AGI를 만든다는 오픈AI의 사명을 높이 평가했다. 투자 대가로 마이크로소프트에게 오픈AI가 제공해야 할 상용화 제품의 내용은 매우 느슨하게 합의했다. 올트먼은 오픈AI가 타협한 것은 거의 아무것도 없는, 아주 좋은 거래라고 했다.

마이크로소프트 내부에서는 이 거래를 보다 실용적인 틀에서 바라보았다. 오픈AI가 AGI를 실현시킬 수 있을지 여부는 마이크로소프트의 진짜 관심사가 아니었다. 하지만 오픈AI가 첨단을 달리고 있다는 점이 분명한 만큼, 초기에 투자한다면 마이크로소프트는 마침내 소프트웨어와 하드웨어의 측면 모두에서 구글과 어깨를 나란히 하는 AI 리더로 발돋움할 가능성이 있었다. 스콧은 6월 중순 나델라와 게이츠에게 구글의 AI 연구부문을 언급하며 다음과 같이 이메일을 보냈다. "오픈AI와 딥마인드, 그리고 구글 브레인Google Brain이 하고 있는 일은 모두 그 야망의 크기가 남다르다는 점에서, 그리고 그 야망이 데이터센터 설계에서부터 실리콘 칩, 네트워크 및 분산 시스템 아키텍처, 수치 최적화 도구, 컴파일러, 프로그래밍 프레임워크, 그리고 모델 개발자가 마음대로 사용할 수 있는 높은 수준의 추상화에 이르기까지 모든 것을 추진하는 동력이라는 점에서 흥미롭습니다."[58] 스콧은 마이크로소프트가 여러 분야에서 절망적으로 뒤처져 있다는 점을 지적했다. 마이크로소프트는 구글의 탁월한 언어 모델을 따라해보려고 애를 썼지만, 마이크로소프트의 애저 클라우드 컴퓨팅 플랫폼은 구글의 것과 비교할 때 많이 뒤떨어졌다. 마이크로소프트만의 힘으로는 구글을 따라잡는 데 몇 년 넘게 걸릴 수도 있었다. 스콧은 "매우, 매우 걱정된다"고 썼다.

나델라는 같은 날 곧장 답신을 썼다. 그는 수신자 란에서 게이츠를 빼고 마이크로소프트 최고재무관리자 에이미 후드Amy Hood를 추가했다. "내가 왜 이번 투자 건을 진행하고 싶은지를… 그리고 왜 이 건을 진행할 때 우리 인프라infrastructure 팀이 투입되어야 하는지도 아주 잘 설명한 이메일입니다."

한 달 후인 2019년 7월 22일, 마이크로소프트는 오픈AI에 10억 달러를 투자한다고 발표했다. 합의 내용에 따르면, 마이크로소프트의 투자수익 상한은 원금의 20배로 제한됐다.

3

신경 중추

내가 오픈AI 사무실에 도착한 것은 그로부터 2주 뒤인 2019년 8월 7일이었다. 그 무렵 오픈AI는 기존 사무실이던 초콜릿 공장에서 멀지 않은, 샌프란시스코 18번가와 폴솜 스트리트Folsom Streets가 교차하는 지점의 단독 건물로 이사한 상태였다. 회색 건물 외벽 모서리에 페인트로 적힌 이름 파이오니어 빌딩THE PIONEER BUILDING은 한때 이 건물이 파이오니어 트렁크 공장이라는 역사적 장소였음을 알려준다. 3년 전 머스크는 자신의 회사들 가운데 하나를 통해 이 건물을 임대했다. 그 전까지는 스트라이프가 주로 사용하던 공유 오피스였는데, 머스크는 그들이 인테리어한 내부 공간을 그대로 물려받았다. 오픈AI는 머스크의 뇌-기계 인터페이스 벤처인 뉴럴링크와 이 건물에 함께 입주했다.

인기 많던 멕시코 식당들이 최신 유행 카페에 자리를 내주며 사라지고, 노숙자가 우후죽순처럼 늘어나는 미션 디스트릭트에 들어서면서 내 얼굴은 땀에 젖었다. 사무실에 들어서니 시원한

바람이 나를 반겨줬다. 경비실을 지나자 로비 공간이 펼쳐지면서
탁 트인 라운지가 나타났다. 창문으로 쏟아지는 햇살이 천장의
나무 들보와 아늑해 보이는 소파를 내리쬐고 있었다. 오른쪽에는
구내식당이 있었고, 벽면을 따라 늘어선 선반에는 보드 게임과
책이 널브러져 있었다.

　실리콘밸리에서 사무공간 디자인은 회사의 미래에 대한 자신
감의 상징이자 일류 인재 영입 경쟁에서 조금이라도 우위를 점하
기 위한 기회로 통한다. 2021년에 오픈AI는 몇 블록 떨어진 곳
에 나란히 붙어 있는 건물 두 채를 매입한 뒤, 3만 제곱피트[약
843평]가 넘는 공간을 2년간 1,000만 달러를 들여 개조했다.[1] 직
원들은 첫 사무실을 파이오니어 빌딩이라 불렀고, 그 다음 사무
실은 과거 마요네즈 공장 자리였기에 마요Mayo라는 별칭으로 불
렸다. 올트먼은 마요 사무실의 디자인을 직접 챙겼다.[2] 파이오니
어 빌딩 사무실 중앙의 투박한 공장형 철제 계단을 물결 모양의
목재와 돌로 바꾸고, 온라인에서 2,000달러 정도인 가죽 안락의
자를 1만 달러가 넘는 브라질 디자이너의 라운지 체어로 업그레
이드했다. 올트먼은 마요 사무실에 원목 책장과 페르시안 카펫으
로 장식한 도서관을 추가했다.[3] 이는 그가 가장 좋아하는 파리의
한 서점과 그의 모교 스탠퍼드 대학교의 가장 큰 도서관의 열람
실 풍경을 섞은 듯한 분위기였다. 그는 회사 디자이너에게 사무
실에 "인공 폭포"가 있었으면 좋겠다고 말했다.[4] 디자이너는 사
무실 한가운데 공중에 떠 있는 인공 폭포, 즉 자연을 지탱하는 인
공 구조물을 통해 인간과 기계의 공생을 표현하는 게 어떻겠냐고
제안했다. 결국 올트먼은 방향을 틀어 석재 거품분수를 설치하
고, 식물을 분수 주변과 천장에서 벽면을 타고 내려오도록 풍성

하게 꾸몄다.

오픈AI가 한창 새 사무공간 단장에 공들이던 2년 동안, 사무실 밖에서는 테크 기업들이 밀려오면서 이미 진행 중이던 젠트리피케이션gentrification이 팬데믹 때문에 더욱 악화되고 있었다. 오랜 역사를 자랑하는 라틴계 상점들이 줄지어 문을 닫았다. 강력 범죄가 급증하고, 노숙자 문제가 심각해지면서 곳곳에 쓰레기가 굴러다니고 파이오니어 빌딩 코앞에는 텐트가 줄줄이 들어섰다.

하지만 밝은 조명 아래 잡지들이 테이블 위에 흩어져 있는 이곳에서는 훨씬 더 온화한 현실에 사는 듯한 기분이 들었다. 훗날 한 직원은 이것이야말로 자신이 회사에서 보낸 시간을 상징했다며, 오픈AI에 합류하는 것은 마치 다른 우주로 들어서는 것 같았고, 회사를 떠나고 나서야 비로소 현실로 되돌아온 기분이 들었다고 말했다.

당시 31살이던 오픈AI 최고기술책임자(이자 머지않아 사장이 될) 브로크만은 계단을 내려와 나를 맞았다. 그는 조심스러운 미소를 띤 채 악수를 건네며 말했다. "우리가 누군가에게 이렇게 회사를 속속들이 공개하기는 처음입니다."

그때만 해도 AI 연구자가 아닌 이상 오픈AI를 아는 사람이 드물었다. 하지만 나는 〈MIT 테크놀로지 리뷰〉 소속 기자로 나날이 확장되는 인공지능의 경계를 취재하면서 오픈AI의 움직임을 면밀히 주시하고 있었다.

당시 오픈AI는 AI 연구계의 서자 취급을 받는 존재였다. 외부의 전문가 대부분이 AGI 달성 가능성에 회의적이었을 때, 오픈 AI 혼자 10년 안에 달성할 수 있다고 장담했다. 업계 관계자 대부분은 오픈AI가 방향성은 거의 없으면서 터무니없이 돈만 많고, 그 많은 돈의 상당 부분을 독창적이지도 않은 연구 결과를 홍보하는 데 쓴다고 생각했다. 동시에 오픈AI를 선망하는 이들도 있었다. 비영리단체로서 오픈AI는 이윤을 추구하지 않겠다고 선언했기 때문에, 조건에 얽매이지 않고 지적 실험을 할 수 있는 드문 놀이터이자 비주류 아이디어가 머물 수 있는 피난처였다.

그러나 내가 방문하기 반년 전부터 급작스레 일어난 수많은 변화는 이 회사의 향후 궤도가 크게 바뀌고 있음을 암시했다. 오픈AI가 GPT-2의 성능에 대해 자랑을 늘어놓고는 공개하지 않겠다고 한 혼란스러운 결정이 그 시작이었다. 그 다음은 올트먼이 그 끗발 좋은 YC 사장직을 알 수 없는 이유로 떠난 뒤 "이익 제한" 구조가 생긴 오픈AI의 CEO 자리에 올랐다는 발표였다. 곧이어 오픈AI와 마이크로소프트 간 합의 소식이 공개됐을 때는 이미 내가 오픈AI 사무실에 방문하기로 조율이 다 된 상황이었다. 이 합의에 따라 마이크로소프트는 오픈AI가 개발한 기술을 우선적으로 상용화할 권한을 얻었고, 자신들의 클라우드 컴퓨팅 플랫폼 애저를 오픈AI의 독점적인 클라우드 제공자로 지정했다.

새로운 발표가 나올 때마다 논란거리가 생기고 추측이 난무하면서 점차 기술업계 외부에서도 주목하기 시작했다. 오픈AI의 행보를 취재하던 나와 동료 기자들은 잇따른 사건의 의미를 완전히 파악하기 어려웠다. 분명한 것은 오픈AI가 AI 연구의 방향뿐 아니라 정책결정자들이 AI 기술이 무엇이고 어떻게 다뤄야 하는가를 이해하고 판단하는 기준에 유의미한 영향력을 행사하기 시작했다는 점이었다. 오픈AI가 부분적으로 영리 기업으로 구조를 전환하기로 한 결정은 업계와 정부 전반에 걸쳐 파급효과를 가져올 게 분명했다.

그래서 어느 늦은 밤, 나는 일전에 통화한 적이 있던 오픈AI 정책대응팀장 잭 클락_Jack Clark_에게 급히 이메일을 휘갈겨 보냈다. "2주일 동안 그쪽 동네에 머물 예정인데, 지금이 오픈AI의 역사에서 딱 맞는 순간이라고 생각해 연락드립니다. 제가 회사 심층 소개기사를 써보고 싶은데, 혹시 관심이 있으실까요?" 클락은 나를 홍보팀장과 연결해줬고, 곧 그에게서 회신을 받았다. 오픈AI는 마침내 대중들에게 회사를 다시금 소개할 준비가 되었다고 했다. 경영진을 인터뷰하고 회사 내에서 사흘간 취재를 할 수 있다는 허가가 떨어졌다.

브로크만과 나는 수츠케버와 함께 유리로 된 회의실에 자리 잡았다. 기다란 회의용 책상에 나란히 앉은 둘은 각자 맡은 역할을 충실히 수행했다. 프로그래머이자 행동가인 브로크만은 몸을 앞으로 기울인 채 약간 초조해하며 좋은 인상을 주려했고, 연구자이자 사색가인 수츠케버는 편안하고 무심한 표정으로 의자 등받이에 깊숙이 기대 앉았다.

나는 노트북을 꺼내 준비해간 질문 목록을 쭉 훑었다. 첫 번째 질문을 던졌다. 오픈AI의 사명은 공익을 위한 AGI를 보장하는 것인데, 다른 문제를 제쳐두고 하필 이 문제에 수십억 달러나 되는 막대한 자금을 쏟아붓는 이유가 무엇인가요?

브로크만은 힘차게 고개를 끄덕였다. 오픈AI의 입장을 변호하는 데 익숙한 그였다. "우리가 AGI에 온 신경을 쏟고 꼭 만들어야 한다고 믿는 이유는 인류가 해결하기 힘든 복잡한 문제를 AGI가 도울 수 있다고 보기 때문입니다."

그는 AGI 신봉자들 사이에서 신조가 된 두 가지 사례를 제시했다. 기후변화. "엄청 복잡한 문제죠. 도대체 해결을 할 수조차 있을까요?" 그리고 의료. "미국에서 보건의료 문제가 얼마나 중요한 정치 이슈인지 보세요. 어떻게 하면 더 저렴한 가격으로 더 나은 치료를 제공할 수 있을까요?"

후자에 대해 그는 최근 희귀병에 걸린 자신의 친구가 무엇이 문제인지 알아내기 위해 여러 전문의를 찾아다니다 지쳐버린 이야기를 들려주었다. AGI라면 이 모든 전문분야를 포괄할 수 있을 것이었다. 자신의 친구와 같이 더 이상 답을 찾기 위해 그렇게 많은 에너지를 쓰고 좌절할 필요가 없어질 거라고 했다.

"그런 일을 하기 위해 AI 대신 굳이 AGI가 필요한 이유가 무엇이죠?" 내가 반문했다.

AI와 AGI의 차이는 중요하다. 한때 기술업계 용어사전에서 찬밥 신세였던 AGI는 최근에 와서야 주요하게 사용되기 시작했고, 그렇게 된 데에는 오픈AI의 역할이 컸다. 오픈AI의 정의에 따르면 AGI는 AI 연구의 이론적 정점, 즉 대부분의 (경제적으로 가치 있는) 작업에서 인간만큼, 혹은 인간을 능가할 만큼 인간 정신의 정교함, 민첩성, 창의성을 갖춘 소프트웨어를 뜻했다. 여기서 가장 중요한 말은 **이론적**이란 단어였다. 수십 년 전 본격적으로 AI를 연구하기 시작한 이래, 모든 것을 1과 0으로 표현하는 실리콘 칩이 과연 인간의 뇌와 우리가 지능이라고 여기는 다른 생물학적 현상을 재현할 수 있는가에 대해 치열한 논쟁이 벌어졌다. 아직 이게 가능하다는 확실한 증거는 없었고, 과연 이걸 개발해도 되는지에 대한 규범적인 논의는 아예 건드리지도 못한 상황이었다.

반면 AI는 현재 사용 가능한 기술의 기존 역량을 끌어올려 가까운 미래에 합리적으로 달성할 수 있는 것 모두를 아울러 가리키는 말이었다. 여기서 기존 역량이라 함은 머신러닝으로 알려진 강력한 패턴 매칭에 뿌리를 둔 것으로, 이미 기후변화 완화와 의료 분야에서 흥미롭게 활용되고 있었다.

그해 여름, 저명한 과학자들의 지원으로 일부 연구자들이 기후 관련 문제에 유의미한 변화를 가져올 수 있는 AI 기술과 모델의 적용을 촉진하기 위해 기후변화AICCAI, Climate Change AI라는 새로운 단체를 결성했다. 이 단체는 백서에서 기존 머신러닝 역량을 적용하기에 특히 적합한 과제 열 가지를 꼽았는데, 여기에는 건물의 효율성 향상, 전력망 부하 분배 최적화를 통한 재생 에너지 통합, 에너지 생성 및 저장용 신소재 또는 탄소 효율이 높은 시멘트와 철강 발견 등이 포함됐다.

12월에 기후변화AI가 연례 AI 연구 컨퍼런스 NeurIPS에서 개최한 행사는 문전성시였다.[5] 전날에는 바로 옆에서 또 다른 단체가 머신러닝을 의료 연구에 활용하는 방안을 주제로 대규모 워크숍을 열었는데, 이 장소가 거의 축구장 크기였음에도 사람이 꽉꽉 들어찼었다. 강연과 벽면을 가득 메운 포스터만 봐도 컴퓨터 비전을 사용해 의료용 영상에서 알츠하이머와 같이 거의 감지할 수 없는 질병의 초기 단계를 감지하고, 음성 인식 기술을 사용해 음성 장애를 가진 환자의 의사소통을 더 쉽게 만들어주는 등 머신러닝의 응용사례는 무궁무진했다. 의료전문가와 임상의와의 협업을 강조한 이 정기 워크숍은 2년 후 보건의료를 위한 머신러닝ML4H, Machine Learning for Health 이라는 단체 설립으로 이어졌다.

두 단체 소속 연구원들은 기후변화나 보건의료 분야에서 가장 큰 문제는 기술력 부족이 아니라고 말한다. 오히려 그 반대였다. 비교적 단순한 머신러닝 기법만으로도 해결이 가능한 문제들에 유능한 과학자들이 관심을 갖도록 설득하는 일이 더 큰 문제였다. 이 과학자들의 야망을 채워주고 이력서를 화려하게 꾸미기 위해서는 최첨단 기술을 다루는 편이 유리하기 때문이었다. 그렇게 찾은 해결책을 실제로 도입할 정치적 의지가 부족한 것도 문제였다. 기후변화AI가 낸 백서는 "기후변화를 해결할 기술은 이미 오래 전에 만들어졌지만 사회 전반에 적용되지 않은 게 대부분"이라고 지적했다.[6] 백서는 또 AI가 "기후 행동에 드는 비용을 절감하는 데 도움이 되기를" 기대하면서도, "인류가 행동에 나설 결심을 해야 한다"고 덧붙였다.

회의실에서 수츠케버가 끼어들어 맞장구를 쳤다. 복잡한 세계적 과제를 해결함에 있어 "근본적인 문제는 아주 많은 사람이 협업하는 경우 의사소통이 더디고, 일도 그다지 빨리 처리하지 못하고, 동기부여 문제도 많이 생긴다는 겁니다." 그는 AGI는 다르다고 주장했다. "수많은 지능형 컴퓨터로 이루어진 컴퓨터 네트워크를 상상해보세요. 제각기 다 의료 진단을 하고, 그 결과를 어마어마하게 빠른 속도로 공유할 수 있죠."

수츠케버가 한 말은 AGI의 목표가 인간을 대체하는 것이라는 걸 그저 다른 말로 표현한 것처럼 느껴졌다. "수츠케버가 그런 뜻으로 말한 건가요?" 나는 브로크만과 둘만 남았을 때 물었다.

"아닙니다." 브로크만은 바로 대답했다. "이게 정말 중요한 지점이에요. 기술의 존재 목적은 무엇인가? 기술은 왜 존재하는가? 우리는 왜 기술을 개발하는가? 인류는 지금까지 수천 년간 기술을 발전시켜왔잖아요, 그렇죠? 그 이유는 바로 기술이 인류에게 도움이 되기 때문입니다. AGI도 다르지 않습니다. 적어도 우리가 AGI를 구상하는 방식과 AGI를 만들고자 하는 방법, 그리고 AGI의 바람직한 발전경로에 대한 우리의 생각엔 그렇습니다."

몇 분 뒤 그는 기술은 언제나 기존의 일자리를 없애고 새로운 일자리를 만든 사실을 인정했다. 오픈AI의 과제는 바로 인류 모두가 "경제적 자유"를 누리면서 "의미 있는 삶"을 살 수 있게 하는 방식으로 AGI를 만드는 일이었다. 오픈AI가 성공한다면, 생존하기 위해 일할 필요는 더 이상 없어지리라는 의미였다.

"저는 그게 참 아름다운 일이라 생각합니다." 그가 말했다.

수츠케버가 함께 있던 동안 브로크만은 나에게 큰 그림이 무엇인지 일깨워줬다. "우리가 생각하는 우리의 역할은 AGI가 과연 만들어질 것인지 결정하는 그런 역할이 아닙니다." 이건 실리콘밸리가 애용하는 이른바 필연성의 논리였다. **우리가 하지 않으면 누군가가 해낼 거야.** "우리는 이미 AGI 실현 궤도에 올라탔어요. 우리가 할 수 있는 건 바로 AGI가 처음 만들어질 때의 초기 여건에 영향을 미치는 것이죠." 그가 강조했다.

브로크만은 말을 이어갔다. "오픈AI는 무엇인가요? 우리의 목적은 무엇이죠? 우리가 정말로 하려는 것은 무엇이죠? 우리의 사명은 바로 AGI가 인류 전체에 이익이 되도록 보장하는 것입니다. 우리가 그 사명에 도달하기 위해 선택한 방식은 바로 AGI를 만들어 그 경제적 혜택을 모두와 나누는 것입니다."

그의 말투는 너무나 담담하고 단호해서, 마치 내 질문에 종지부를 찍은 듯했다. 그런데도 어쩐 일인지 우리의 대화는 시작 지점으로 다시 돌아와 있었다.

브로크만과 수츠케버와 나눈 대화는 나에게 허락된 45분의 시간이 다 끝날 때까지 계속 원을 그리듯 제자리만 맴돌았다. 나는 계속해서 오픈AI가 만들려는 것이 정확히 무엇인지 더 구체적인 내용을 캐물었지만 별 소득이 없었다. 그들은 계속해서 연구의 성격상 그걸 미리 알기 힘들다고 설명했지만, 무엇을 만드는지 알지도 못하면서 그 무엇인가가 인류에 도움이 될 것이라고 장담하는 이유가 무엇인지 이해하기 힘들었다.

나는 좀 다른 방향에서 접근해보기로 하고 AGI의 단점을 보여주는 예시를 들어 달라고 부탁했다. 이는 오픈AI 창립 신화의 기둥, 즉 누군가가 해로운 AGI를 만들기 전에 우리가 선한 AGI를 만들어야 한다는 전제를 파고드는 질문이었다.

브로크만이 대답으로 내놓은 건 딥페이크deepfake였다. "딥페이크 덕에 세상이 나아졌다고 보기가 어렵잖아요."

나는 내가 생각하는 단점을 제시했다. 기후변화 얘기가 나왔으니 말인데, AI가 환경에 미치는 영향에 대해 어떻게 생각하세요? 매사추세츠 대학교 앰허스트University of Massachusetts Amherst는 점점 규모가 큰 AI 모델을 훈련시키는 데 발생하는 탄소배출량이 이미 심각한 수준이고, 갈수록 더 늘어나기만 하고 있다는 점을 보여주는 구체적인 수치를 제시한 연구를 내놓은 바 있었다.[7]

그건 "부정할 수 없는" 사실이라고 인정하면서도, 수츠케버는 AGI가 "그중에서도 특히 환경 비용을 상쇄할 것"이기 때문에 환경비용을 지불할 가치가 있다고 했다. 그는 예시를 들지 않았다.

"데이터센터가 최대한 환경 친화적이어야 한다는 데에는 의문의 여지가 없습니다." 그는 덧붙였다.

"아무렴요." 브로크만이 추임새를 넣었다.

"데이터센터는 에너지, 즉 전력을 가장 많이 소비하는 시설입니다." 수츠케버는 자신이 이 문제를 의식하고 있고 신경 쓰고 있다는 걸 증명이라도 하듯 말을 이어갔다.

"전 세계 전력의 2퍼센트를 쓰고 있죠." 내가 알려줬다.

"비트코인이 1퍼센트 정도 아닌가요?" 브로크만이 말했다.

"우와!" 수츠케버가 갑작스레 탄성을 질렀다. 대화 시작 40분이 지난 시점에선 다소 부자연스럽게 느껴졌다.

훗날 수츠케버는 인공지능 개발의 역사를 다룬 《AI 메이커스, 인공지능 전쟁의 최전선Genius Makers》이란 책을 쓴 〈뉴욕 타임스〉의 케이드 메츠Cade Metz 기자와의 인터뷰에서 농담기 하나 없이 진지하게 다음과 같이 말했다. "오래 지나지 않아 지구 표면 전체가 데이터센터와 발전소로 뒤덮일 가능성이 꽤 높다고 생각합니다."[8] 그리고 "마치 자연 현상처럼… 컴퓨팅의 쓰나미가 몰려올 것"인데, AGI와 그를 뒷받침할 데이터센터 역시 "존재하지 않기엔 너무 유용하기 때문"이라는 것이었다.

나는 다시 한번 구체적인 내용을 자세히 파고들었다. "그러니까 지금 오픈AI는 기후변화를 해결하기 위해 빨리 이로운 AGI를 만들어야 하는데, 정작 그 과정에서 쓰는 엄청난 전기와 자원때문에 기후변화를 더 악화시킬 수 있다는 말씀인 거죠?."

"그렇게까지 깊이 생각할 필요는 없다고 봐요." 브로크만이 서둘러 끼어들었다. "우리가 생각하는 방식은 이래요. 우리는 지금 AI 발전이라는 진입로에 들어섰어요. 이건 오픈AI만의 문제가 아닙니다. 전 분야의 이야기예요. 그리고 저는 이로부터 사회가 **실제로** 혜택을 보고 있다고 생각해요."

그는 마이크로소프트의 10억 달러 투자를 언급하며 말했다. "우리가 합의를 발표한 날, 마이크로소프트의 시가총액은 100억 달러나 늘었어요. 사람들이 단기적인 기술만으로도 실질적인 투자 수익률이 높다고 **믿는다는** 거죠."

따라서 오픈AI의 전략은 생각보다 단순하다고 그는 설명했다. 바로 그 성과를 계속 유지하는 것이었다. "그게 우리가 스스로에게 적용해야 할 기준이라고 생각해요. 우리는 계속 그 성과를 내야 합니다. 그렇게 함으로써 우리가 목표를 향해 착실히 나아가고 있다는 걸 알 수 있는 거죠."

그날 늦게 브로크만은 오픈AI에서 일하면서 가장 큰 어려움은 아무도 AGI가 어떤 모습일지 모른다는 데 있다고 다시 한번 강조했다. 그러나 연구자와 엔지니어로서 자신들의 임무는 계속 밀고 나가면서 AGI의 윤곽을 차근차근 드러내는 것이라고 했다.

그는 마치 미켈란젤로처럼 AGI가 자신이 조각하고 있는 대리석 안에 이미 존재하고 있으며, 자신들의 일은 그저 AGI가 모습을 드러낼 때까지 묵묵히 깎아내는 것뿐이라는 듯이 이야기했다.

계획이 갑자기 바뀌었다. 원래는 직원들과 같이 구내식당에서 점심을 먹기로 되어 있었는데, 무슨 이유에서인지 사무실 밖에 있어야 한다는 통보를 받았다. 브로크만이 나와 같이 가겠다며 오픈AI 직원들이 즐겨 간다는 맞은편의 노천 카페로 향했다.

오픈AI를 방문하는 내내 이런 일이 계속 되풀이됐다. 특정 층은 전혀 접근할 수 없었고, 당초 약속과 달리 어떤 회의에는 참석할 수 없었으며, 연구원들은 나와 이야기하는 중에도 자신이 혹시라도 회사 보안정책을 위반했는지 확인하려고 몇 초마다 한 번씩 슬그머니 홍보팀장 눈치를 살폈다. 실은 이 3일간의 취재 방문을 마친 뒤에, 잭 클락이 허가 받은 경우가 아니라면 절대 나와 접촉하지 말라고 전 직원에게 이례적으로 엄한 경고를 슬랙을 통해 공지했다는 사실을 알게 됐다. 보안요원은 내 사진과 함께 내가 사전 허가 없이 건물에 얼씬거리는지 지켜보라는 지시를 받았다고 했다. 이 모든 게 전반적으로 이상했지만, 투명성의 모범이 되겠다는 오픈AI의 공약을 생각하면 더욱 이상했다. 의문이 들기 시작했다. 어차피 세상에 공개할 공익적 연구를 한다는 주장이 사실이라면, 도대체 무엇을 숨기고 있는 걸까?

그날 점심을 먹으면서, 그리고 그 이후 방문 기간 내내 나는 브로크만이 왜 오픈AI의 설립에 참여했는지 파고들었다. 브로크만은 십대 때 처음으로 인간의 지능을 재현하는 것이 가능할지도 모른다는 생각을 갖게 되었다.[9] 영국 수학자 앨런 튜링Alan Turing이 쓴 유명한 논문이 그의 마음을 사로잡았다. 튜링의 삶을 영화화한 2014년 할리우드 영화 〈이미테이션 게임The Imitation Game〉의 제목에 영감을 준 이 논문의 첫 장은 다음과 같은 도발로 시작한다. "기계도 생각할 수 있을까?" 논문은 이어 튜링 테스트로 알려진 개념을 다음과 같이 정의한다. 기계가 기계라는 사실을 들키지 않고 인간과 대화할 수 있는지를 기준으로 기계 지능의 발전 정도를 측정한다. 이건 AI 업계 종사자들 사이에서 흔히 들을 수 있는 고전적인 배경 서사였다. 이에 매료된 브로크만은 튜링 테스트 게임을 프로그래밍해 인터넷에 업로드했다. 게임 방문 횟수는 1,500회를 찍었다. 브로크만은 황홀했다. "저는 제가 그런 일을 하고 싶어한다는 사실을 그때 깨달았어요."

하지만 그의 깨달음은 시대를 너무 앞서갔다. 인공지능은 아직 전성기를 누릴 준비가 되어 있지 않았고, 브로크만은 연구실에 틀어박혀 있을 체질이 아니었다. 그는 대신 스트라이프에 입사했다. 실제 사용자들의 손에 쥐어 줄 수 있는 상품을 개발한다는 희망에 한껏 부풀었다. 스트라이프에서 브로크만은 전설적인 프로그래밍 효율의 보유자라는 평판을 쌓았다. 실리콘밸리 용어로 그는 "10배 엔지니어," 즉 일반 프로그래머보다 코딩 문제를 열 배 빨리 처리할 수 있는 사람으로 통했다. 사람 다루는 솜씨는 그에 못 미쳤다. 최고기술책임자이면서도 사람 관리보다 프로그래밍을 훨씬 선호했다. 한동안 "사교의 길"을 시도해본 뒤, 그는 경영진으로서의 책임을 떠넘기고 대부분의 시간을 프로그래밍을 하며 보낼 방법을 궁리했다. 동료들에게 잘하고 싶다는 마음은 컸지만, 종종 민망한 실수를 저지르기도 했다. 한번은 스트라이프에서 한 직원에게 데이트를 신청한 뒤, 완전한 투명성을 추구한다며 곧장 회사 전체에 데이트 소식을 알렸다고 한 전직 동료는 회상했다. "의도는 좋았지만, 정말 이상한 행동이었어요."

2015년 AI 기술이 도약하던 시기, 브로크만은 스트라이프를 떠났다. 자신의 원래 야망으로 되돌아갈 시간이라는 깨달음이 찾아왔기 때문이었다. 스트라이프 입장에서도 잘된 일이었다. 회사가 성장할수록, 관리자 업무를 꺼리고 표준적인 회사의 절차를 따르지 않는 그의 태도가 점점 더 부담이 되었기 때문이다. 그는 AGI를 실현하기 위해서라면 무엇이든 하겠다고, 설령 그게 청소부 일일지라도 마다하지 않겠다고 노트에 적었다. 4년 뒤 그는 오픈AI 사무실에서 간소한 결혼식을 치렀다. 회사의 육각형 로고를 꽃으로 화려하게 장식한 플라워 월 앞이었다. 주례는 수츠케버가 맡았다. 연구에 사용하던 로봇손이 반지를 전달하는 역할을 맡고 통로에 서 있었는데, 마치 종말 이후의 미래에서 온 척후병 같은 모습이었다.

"궁극적으로 저는 AGI를 만드는 데 남은 인생을 다 바치고 싶습니다." 브로크만이 나에게 말했다.

브로크만은 매사에 항상 치열했다. 뭐든지 자기가 직접 나서서 했고 매우 꼼꼼했다. 눈앞의 일에 심취해 야근하다 밤을 새기 일쑤였다. 일을 하지 않을 때도 자기 계발에 열중했다. 그는 오픈AI의 사명에 봉사하는 데 도움이 될 거란 생각에 대중 화법과 협상 기술 관련 서적을 탐독했다. 그는 다소 멋쩍어하며 취미로 읽는 책도 있다며 중국 작가 류츠신의 공상과학 대서사시《삼체三体》와 아이작 아시모프의《파운데이션Foundation》시리즈를 꼽았다.

직원들 입장에서 그의 끈질긴 집중력은 축복인 동시에 저주였다. 아무리 사소한 것도 브로크만은 그냥 넘어가지 않았다. 팀이 프로그래밍을 하다 난관을 만나면, 자신이 그 문제를 해결할 때까지 한 번도 일어나지 않고 몇 시간이고 문제를 붙들고 앉아 있었다. 그는 목표를 더 빨리 달성하기 위해서라면 밤낮으로 일할 준비가 되어 있었다. 동시에 직원들은 그가 지나치게 꼼꼼한 나머지 나무만 보고 숲은 보지 못한다고 생각했다. 밤이건 낮이건 문제 해결에 몰두한 나머지 주변 상황과 맥락이 바뀌었는지 챙기지 못했고, 그 문제가 여전히 해결해야 할 문제인지 판단하지 못해 시야가 좁아지는 경우가 있었다. 그는 소소한 일에도 일일이 간섭했고 직원의 코딩 속도가 성에 차지 않으면 자기가 직접 나서기도 했다. 그와 일한 직원들은 그의 업무 속도를 따라가기 벅찼다. 많은 이들이 번아웃을 겪었다.

과거 브로크만과 가까이 일했던 한 전직 엔지니어는 브로크만이 없었더라면 오픈AI는 지금의 자리에 오지 못했을 거라고 말했다. 하지만 모든 걸 그에게 맡기면 일이 크게 잘못될 거라고 덧붙였다. "그렉은 비전이 없어요. 샘 올트먼처럼 큰 그림을 그리는 타입이 아니에요. 그는 그저 어려운 문제를 풀고, 자신이 다른 누구보다도 10배는 똑똑하다는 걸 보여주고 싶어할 뿐이죠."

내가 물었다. "당신을 움직이게 하는 건 무엇인가요?"

"한평생 살면서 세상을 바꿔놓을 기술의 탄생을 직접 볼 수 있는 확률이 얼마나 될까요?" 그가 반문했다.

그는 자신과 자신이 결성한 팀이 그 변화를 만들어낼 독보적인 위치에 있다고 자신했다. "저는 제가 참여하지 않으면 다르게 흘러갈, 그런 문제에 정말 끌립니다."

물론 브로크만은 청소부가 될 마음이 없었다. 그는 AGI를 만드는 일에 앞장서고 싶어했다. 그리고 그는 역사의 흐름을 바꿔놓은 사람으로 인정받고 싶다는 열망으로 가득했다. 위대한 혁신가의 이야기를 들었을 때 자신이 느꼈던 경외심과 존경심을 언젠가 다른 이들이 자신의 이야기를 들으며 똑같이 느끼길 바랐다.

내가 브로크만을 만나기 1년 전, 브로크만은 타호호Lake Tahoe[캘리포니아주와 네바다주의 경계선에 위치한 대형 호수]에서 진행된 한 워크숍에서 자기연민의 기색을 숨기지 않은 채 젊은 기술 창업가들에게 최고기술책임자가 유명해지는 일은 없다고 말했다. 그는 청중에게 유명한 CTO의 이름을 하나라도 대보라고 했다. 아무도 대답하지 못했다. 그는 자신의 주장을 입증한 셈이었다.

2022년, 브로크만은 오픈AI 사장이 되었다.

대화 중에 브로크만은 오픈AI의 구조 전환은 회사의 사명에 변화가 생겼다는 의미는 절대 아니라고 강조했다. 오히려 새로 만든 LP와 이번에 합류한 투자자들 덕분에 사명에 깊이가 더해졌다고 했다. "우리는 수익보다 사명을 우선시하는 투자자들을 확보하는 데 성공했습니다. *정말 놀라운 일이죠.*"

이제 오픈AI는 오픈AI의 법칙을 따라가는 데 필요한 장기적인 자원을 확보했다. 이것이 무엇보다 중요하다고 브로크만은 거듭 강조했다. 자원 확보에서 앞서지 못하고 뒤처지는 것이야말로 오픈AI의 사명을 훼손할 수 있는 진짜 위협이었다. 뒤처지면 최고가 될 수 없다. 최고가 될 수 없다면, 공익적 AGI라는 비전을 실현시키는 방향으로 역사의 흐름을 바꿀 희망도 사라진다.

이 말의 함의를 내가 온전히 깨닫게 된 것은 한참 뒤였다. 최초가 아니면 멸망한다는 이 근본적인 전제가 오픈AI의 모든 행동과 그로부터 파생된 광범위한 결과의 도화선이 된 것이다. 이는 오픈AI가 내놓는 모든 연구 성과에 시간이 가고 있다는 압박을 부여했다. 얼마나 연구가 진척되고 있는가를 평가하는 기준이 신중한 심사숙고에 필요한 시간이 아니라 누구보다도 먼저 결승선을 통과하는 데 필요한 맹렬한 속도였기 때문이다. 이는 오픈AI가 환경에 미치는 영향에도 아랑곳하지 않고 연산 자원의 규모를 키우고, 개인정보 동의나 규제 준수를 무시해가며 막대한 데이터 수집에 박차를 가하는 등, 가늠하기도 어려울 정도로 막대한 양의 연산과 데이터 등 자원을 소비하는 것을 정당화했다.

브로크만은 또다시 마이크로소프트 시가총액이 100억 달러 증가한 사실을 언급했다. "그건 AI가 이미 오늘날 현실 세계에 실제 가치를 만들어내고 있다는 걸 보여줍니다." 그는 지금은 그 가치가 이미 부유한 한 기업에 집중되어 있다는 점을 인정했다. 그래서 오픈AI가 추구하는 사명의 두 번째 부분, 바로 AGI의 혜택을 모두에게 재분배하는 것이 필요하다고 말했다.

나는 역사상 새로운 기술의 혜택이 성공적으로 고르게 분배

된 사례가 있는지 물었다.

그는 잠시 머뭇거리다 말했다. "음, 사실 인터넷만 봐도 흥미로운 사례라고 생각해요." 그러고는 단서를 덧붙였다. "물론 인터넷 때문에 생긴 문제도 있죠. 엄청나게 변혁적인 새로운 무언가가 나타날 때, 긍정적인 효과를 극대화하고 부정적인 효과를 최소화하는 일이 결코 쉽지 않습니다."

"또다른 예로 불을 들 수 있어요." 그가 덧붙였다. "불도 큰 문제를 일으킬 수 있죠. 그래서 우리는 불을 통제할 방법을 찾고 공동의 기준을 마련해야 합니다.

"자동차도 좋은 예입니다." 그는 말을 이어갔다. "많은 사람들이 자동차를 소유하고, 자동차는 많은 사람들에게 도움이 되죠. 자동차 역시 단점을 갖고 있어요. 딱히 세상에 좋다고 볼 수 없는 외부 효과도 있고요." 그는 조심스레 말을 맺었다.

"결국 제가 AGI에 바라는 것도 인터넷, 자동차, 불의 긍정적인 면과 크게 다르지 않다고 봐요. 물론 매우 다른 유형의 기술이기 때문에 실제 도입 방식은 아주 다르겠죠."

그는 새로운 비유가 떠오른 듯 눈을 반짝였다. "공공서비스를 보세요. 발전회사나 전력회사는 매우 중앙집중적인 기관이지만, 낮은 비용으로 사람들의 삶의 질을 실질적으로 개선해주는 고품질 서비스를 제공합니다."

비유는 그럴듯했다. 그러나 브로크만은 오픈AI가 어떻게 그런 공공서비스가 될 것인지에 대해서는 이렇다할 답을 내놓지 못했다. 보편적 기본소득을 분배하는 방식일지도, 아니면 전혀 다른 방식일지도 모르겠다고 그는 중얼거리듯 말했다.

그는 자신이 확실하게 아는 한 가지 사실로 다시 화제를 돌렸다. 오픈AI는 AGI의 혜택을 재분배하고 모두에게 경제적 자유를 약속한다는 것이었다. "우리는 정말 진심입니다." 그가 말했다.

"이제껏 기술의 발전은 사회 전반에 고루 혜택을 주는 역할을 했지만, 부를 집중시키는 효과도 있었죠." 그가 말했다. "AGI의 경우엔 그보다 더 극단적일 수 있습니다. 만약 모든 가치가 한 곳에 묶여버리게 된다면? 그게 지금 우리 사회가 향하고 있는 방향입니다. 지금까지 우리는 아주 극단적인 경우를 경험한 적이 없습니다. 그건 좋은 세상이 아닙니다. 저는 그런 세상에 살고 싶지 않습니다. 그런 세상을 만드는 데 일조하고 싶지도 않고요."

나는 오픈AI 사무실에 머물 동안 관찰한 것들과 30회 이상의 인터뷰, 그리고 내부 문건 몇 건을 토대로 작성한 심층 소개 기사를 2020년 2월 〈MIT 테크놀로지 리뷰〉에 실었다.[10] "오픈AI가 공개적으로 내세우는 가치와 실제로 내부에서 운영하는 방식 사이에는 괴리가 있다. 시간이 지나면서 더 많은 자금을 확보하려는 치열한 경쟁과 압박이 투명성, 개방성, 협업이라는 설립 초기의 이상을 갉아먹었다."

머스크는 이 기사를 공유하며 몇 시간도 되지 않아 연거푸 세 번의 트윗을 날렸다.[11] "오픈AI가 더 오픈해야 한다고 봄." "나는 오픈AI에 대한 통제권이 없고 내부 사정도 제한적으로만 알고 있지만, 안전 연구 책임자인 다리오를 그다지 신뢰하지 않음." "테슬라를 포함해 첨단 AI를 개발하는 모든 조직은 규제되어야 한다."

그 뒤 올트먼은 오픈AI 직원들에게 이메일을 보냈다.[12]

"테크 리뷰 기사에 대해 제 생각을 나누고 싶습니다." 그가 적었다. "회사에 큰 타격을 입힐 정도는 아니지만, 분명 우리에게는 좋지 않은 내용입니다."

그는 오픈AI의 인식과 현실 간 괴리가 있다는 기사의 지적은 "공정한 비판"이라며, 다만 내부 관행의 변화가 아닌 오픈AI의 대외 홍보 메세지를 일부 조율함으로써 이를 수습할 수 있다고 했다. 그는 "이렇게 하나씩 배워가며 우리의 사명을 완수하기 위해" 조직을 개편하고 보안을 강화하는 등 "유연하게 대응하고 변화에 적응하는 방안을 찾아냈다는 건 좋은 일"이라고 설명했다. 결론적으로 당분간 내 기사를 무시하고, 몇 주 뒤에 회사가 새롭게 변화하면서도 여전히 초기 이상을 고수하고 있다는 점을 강조하기 시작해야 한다며 다음과 같이 덧붙였다. "개방성과 이익 공유에 대한 비판과 관련해서는, 결과물을 누구나 사용할 수 있도록 API를 활용하는 방안을 논의해보는 것도 좋겠습니다."

"지금 제게 가장 심각한 문제는 누군가 우리 내부 자료를 유출했다는 점입니다." 그는 회사가 이미 조사를 시작했고, 진행 상황을 계속 공유하겠다고 했다. 그는 또 머스크가 아모데이를 비판한 것에 대해 "그가 언급한 다른 것들에 비하면 양호하지만 그래도 좋지 않다"며 아모데이가 머스크를 만나 해결할 것을 제안했다. 그는 아모데이가 하는 일과 AI 안전은 의심할 여지 없이 사명에 중요하다고 썼다. "(지금 당장 언론이 신나게 달려들어 물어뜯을 거리를 주지 말고) 언젠가 적절한 시점이 오면 우리 팀을 방어할 방안을 찾아야 한다고 생각해요."

오픈AI는 그 후 3년간 나에게 묵묵부답으로 일관했다.

4

현대화의 꿈

2024년 노벨 경제학상을 수상한 MIT 경제학자 대런 아세모글루 Daron Acemoglu와 사이먼 존슨 Simon Johnson은 저서 《권력과 진보 Power and Progress》에서 모든 기술 혁명은 모두에게 이익을 가져다 줄 것이라는 거대한 포부에서 출발한다고 주장한다. 새로운 기술의 혜택이 모두에게 돌아갈 것이라는 약속이 그것을 현실로 만들어내기에 충분한 인재와 자원을 모으는 기나긴 여정을 시작할 수 있게 한다. 저자들은 지난 1,000년간의 기술의 역사를 분석한 후, 기술은 결코 필연적으로 등장하는 것이 아니라고 결론짓는다. 기술의 발전을 추동하는 힘은 그 기술이 개발할 만한 가치가 있다고 믿는 집단적 신념이다. 역설적이게도 바로 이러한 이유 때문에 새로운 기술이 자동적으로 모두에게 번영을 가져다 주는 경우는 드물다고 저자들은 지적한다. 새로운 기술을 성공적으로 이끌어내는 이들은 그럴 만한 권력과 자원을 이미 가진 이들이다. 이들이 자신의 아이디어를 현실로 만들어내는 과정에서 내세우는 비전, 즉 그 기술이 무엇이고 누구에게 혜택이 될 것인가에 대한 비전은 결국 그들이 가진 맹점과 이기적인 철학을 그대로 투영한 소수 엘리트 집단의 비전이다. 따라서 기술이 소수의 부를 넘어 다수의 삶을 끌어올리는 방향으로 전환되려면, 사회의 격변이나 강력한 조직적 저항 같은 거대한 힘이 필요하다는 것이다.

저자들은 1790년대에 발명된 조면기를 예로 든다.[1] 조면기 덕분에 미국 남부는 세계 최대의 면화 수출지역으로 거듭났고, 미국의 경제성장을 촉진했으며, 많은 지주와 면화 관련 사업가들이 막대한 이익을 누렸다. 그러나 조면기는 노예제를 약화시키기는커녕, 오히려 노예제가 폐지되기까지 70년간 그 비인간적이고 끔찍한 착취 시스템을 훨씬 강화했다. 면화 생산량이 급증하면서 흑인 노예들은 더 긴 시간 동안 일해야 했고, 이들의 노동력을 마지막 한 방울까지 쥐어짜기 위한 훨씬 가혹한 방식의 노동에 내몰렸다. 그러는 동안 조면기를 통해 이익을 누린 이들은 이 발명 덕에 노예들이 더 행복해진 것처럼 묘사했다. 사우스캐롤라이나주의 한 의원은 이렇게 말했다. "지구상에 이들보다 더 행복하고 만족스러워 하는 인종은 없다고 장담할 수 있습니다."

기술 혁명이 가진 이러한 두 가지 특성, 즉 모두에게 더 나은 세상을 약속하면서도 가장 취약한 이들의 삶을 오히려 후퇴시키는 경향은 그 어느 때보다 지금 우리가 맞닥뜨린 인공지능의 시대에 정확하게 들어맞는다. AI는 탄생의 순간부터 첨단의 미래를 향한 매혹적인 꿈에 의해 추진되었고, 그 꿈을 현실로 만들 자금과 영향력을 가진 소수 엘리트에 의해 뒷받침되었다. 그들이 그려온 그 구상이 지금 전 세계에서, 특히 과거 제국의 침탈을 겪은 후유증으로 경제 발전이 지체되고 정치 제도가 취약한 여러 글로벌 사우스Global South에서 사회적 비용과 노동 비용, 환경 비용을 폭발적으로 증가시켰다. 그럼에도 불구하고 실리콘밸리는 사우스캐롤라이나의 의원이 그랬듯이, AI 기술로 인해 착취와 피해를 겪는 이들이 오히려 더 행복해진 것처럼 포장해왔다.

AI 개발을 추동해온 약속은 이 기술의 이름에 깊이 아로새겨져 있다. "기계도 생각할 수 있을까?"로 시작하는 튜링의 논문이 발표된 지 6년 후인 1956년, 이 질문을 기초로 한 새로운 학문 분야를 만들기 위해 모두가 백인 남성인 과학자 20명이 다트머스 대학교에 모였다.[2] 수학, 암호학, 인지과학 등을 전공한 이들을 포괄할 학문의 새로운 이름이 필요했다. 워크샵을 주최한 다트머스 대학의 교수 존 매카시John McCarthy는 처음에는 자동화된 행동을 수행하는 기계를 추구한다는 뜻에서 오토마타automata 연구라는 용어를 썼다.[3] 그러나 이 용어가 별다른 흥미를 끌지 못하자, 그는 훨씬 호소력 있는 이름을 궁리했다. 결국 그가 선택한 이름은 **인공지능**artificial intelligence이었다.

이처럼 **인공지능**이란 이름은 처음부터 일종의 마케팅 도구였고, 그 기술이 무엇을 약속하는지 이름에 고스란히 담고 있었다. **지능**이라는 표현은 본질적으로 좋고 바람직하고 지적이고 인상적인 느낌을 주며, 사회가 틀림없이 더 원할 법한 것이고 분명 보편적인 혜택을 가져다 줄 것이라는 인상을 준다. 이름을 바꾼 효과가 있었다. 두 단어의 조합은 곧바로 연구자금 후원자뿐만 아니라, 거대한 야망을 품은 신생 학문의 일원이 되고 싶어 하는 과학자들의 관심을 끌기 시작했다.

오랫동안 AI를 취재해온 케이드 메츠는 이 리브랜딩을 이 분야의 원죄라 부른다. 오늘날 인공지능 기술을 둘러싼 수많은 과장 광고와 위험이 바로 이 매혹적이면서도 이해하기 힘든 "지능"이란 개념에 편승하기로 한 매카시의 운명적인 결정에서 나왔다. 이 용어 덕분에 아무렇지도 않게 인공지능을 의인화하고 이 기술의 역량을 숨가쁘게 과장할 수 있게 되었다. 인공지능 분야가 탄생한 지 2년 뒤인 1958년, 코넬 대학교 교수 프랭크 로젠블랫Frank Rosenblatt은 퍼셉트론Perceptron이라는 시스템을 선보였다. 펀치 카드의 왼쪽 또는 오른쪽에 작은 사각형이 인쇄되어 있는지 구분하도록 단순한 패턴 매칭을 수행할 수 있는 시스템이었다. 프로젝트 동료의 반대에도 불구하고 로젠블랫은 이 시스템을 인간의 뇌와 유사한 것으로 홍보했다. 그는 한 술 더 떠서 언젠가는 이 시스템이 번식이 가능하고 의식을 가진 존재가 될 것이라고 예측했다. 다음날 아침, 〈뉴욕 타임스〉는 퍼셉트론이 미래에 "걷고, 말하고, 보고, 쓰고, 번식하고, 스스로의 존재를 인지할 수 있을 것"이라고 대서특필했다.

　이렇듯 인공지능을 의인화하는 전통은 오늘날까지 이어지고 있다. 이는 'AI'라는 개념과 인간이 만든 창조물이 어느 날 갑자기 깨어난다는 진부한 서사를 결합해온 할리우드 영화들이 부추겼다. AI 개발자들은 종종 자신이 만든 소프트웨어가 인간처럼 "배우고" "읽고" "창조한다"고 말한다. 이런 표현은 현재의 AI 기술이 실제보다 훨씬 더 유능하다는 인상을 줄 뿐만 아니라, 기업들이 법적 책임을 피하기 위해 사용하는 수사적 도구로 활용되기도 했다. 몇몇 예술가와 작가가 자신의 창작물을 허락 없이, 아무런 보상 없이 AI 시스템 훈련에 사용함으로써 저작권을 위반했다고 AI 개발자들을 고소했다. 개발자들은 이것이 다른 사람의 작품에서 "영감을 받는" 인간과 다를 바 없기 때문에 공정 이용에 해당한다고 주장했다. 이처럼 AI를 인간에 비유한 표현을 어디서나 볼 수 있다는 점도 AI 소프트웨어의 역량이 언젠가 우리를 뛰어넘어 우리의 존재 자체를 위협할 수 있다는 상상력을 부추겼다. **초**지능에 대한 두려움도 인류가 지난 수만 년간 만물의 영장으로 군림할 수 있게 해준 우리의 특별한 능력을 왠지 AI에게 추월당할 수도 있다는 가정 위에 세워져 있는 것이다.

인공지능이란 명칭은 또 인공지능 분야가 실제로 무엇을 하는 분야인지에 대한 연구자들의 생각과 목표를 바꿔버렸다. 이전까지 과학자들은 그저 계산을 자동화하는 기계를 만들고 있었을 뿐이었다. 그 기계는 영화 〈이미테이션 게임〉에서 튜링이 제2차 세계대전 당시 나치의 애니그마 암호를 해독하기 위해 만든 거대한 장치와 크게 다르지 않았다. 이제 과학자들은 *지능의 재현*에 도전한다. 이 발상은 이후 AI 연구가 무엇을 성공으로 간주할지 결정하는 기준이 되었고, 결국 수십 년 뒤 오픈AI가 AGI를 꿈꾸게 된 사고방식의 뿌리가 되었다.

그러나 핵심적인 문제는 바로 지능에 대해 과학적으로 합의된 정의가 없다는 점이다. 역사상 수많은 신경과학자와 생물학자, 심리학자들은 제각기 지능이란 무엇이며 왜 인간이 다른 종보다 지능이 더 뛰어난 것처럼 보이는지에 대해 다양한 의견을 내놨다. 어쩌면 그것은 인간 두뇌의 크기 때문일 수도 있고, 복잡한 문제를 추론하는 능력 때문일 수도 있으며, 다른 사람의 믿음을 머릿속에 모델링하는 능력 때문일 수도 있다. 지난 수백 년간 이러한 정의에 따라 지능을 측정할 목적으로 무수히 많은 검사 방식이 개발되었지만, 이후 그중 상당수가 엉터리로 밝혀져 인기

를 잃었다. 1800년대 초 미국의 두개학자 새뮤얼 모턴Samuel Morton
은 백인이 흑인보다 지능이 뛰어나다는 인종차별적 믿음을 정당
화하기 위해 문자 그대로 인간 두개골의 크기를 측정했다.[4] 후대
과학자들은 모턴이 자신의 선입견에 맞게 수치를 조작했고, 그의
데이터상 인종 간에 유의미한 두개골 크기 차이는 없다는 사실
을 발견했다. IQ 검사도 이와 비슷하게 사회에서 "저능한" 사람
들을 솎아내고 과학적 "객관성"을 통해 우생학적 정책을 정당화
하려는 시도로 출발했다. 비교적 최근 나온 미국 대학입학시험SAT
과 같은 표준화된 검사는 수험자의 사회경제적 배경에 높은 민감
도를 보이는데, 이는 어떤 내재적인 능력보다는 자원과 교육에
대한 접근성을 측정한다는 점을 시사한다.

2004년에 처음 공개된 "인공지능이란 무엇인가?"라는 문서
에서 매카시는 자연 지능에 대한 합의 자체가 없다는 사실이 그
것을 재현하려는 분야에는 혼란을 야기한다고 인정했다. 2007년
의 개정판에서는 일반 독자의 기본적인 궁금증을 해소할 목적으
로 만든 길고 복잡한 질의응답이 들어가 있다.[5]

문: 인공지능이란 무엇인가요?

답: 인공지능이란 지능형 기계, 특히 지능형 컴퓨터 프로그램
    을 만드는 과학 및 공학 기술입니다…

문: 네, 그렇다면 지능이란 무엇인가요?

답: 지능이란 세상에서 목표를 달성할 수 있는 능력의 계산적
    인 부분을 말합니다. 인간과 많은 동물, 그리고 일부 기계
    는 다양한 종류와 정도의 지능을 지니고 있습니다.

문: 인간의 지능과 연관시키지 않은 지능에 대한 확실한 정의

는 없을까요?

답: 아직은 없습니다. 문제는 우리가 아직 어떤 종류의 계산적 절차를 지능이라고 부를 것인지 일반적으로 특정하지 못한 다는 것입니다.

그 결과 AI 분야는 인간의 능력을 기준으로 연구 진척 수준을 측정하는 방향으로 나아갔다. 인간의 기량과 적성이 연구 조직의 청사진이 되었다. 컴퓨터 비전은 우리의 보는 능력을, 자연 언어 처리와 생성은 우리의 읽고 쓰는 능력을, 음성 인식 및 합성은 우리의 듣고 말하는 능력을, 이미지와 영상 생성은 우리의 창의성과 상상력을 재현하려 한다. 이들 각각의 역량을 가진 소프트웨어가 발전하자, 연구자들은 이들을 하나로 결합해 이른바 멀티모달multimodal[텍스트, 오디오, 또는 이미지와 같이 여러 모드의 데이터를 함께 처리할 수 있는 AI 기술의 한 유형을 말한다] 시스템, 즉 "보고" "말하고" "듣고" "읽을" 수 있는 시스템을 만들려고 시도했다. 그 기술이 이제 수많은 인간 노동자들을 대체할 위협이 되고 있는 것은 결코 우연이 아니라 설계의 결과다.

그러나 인공지능을 향한 여정은 여전히 갈피를 잡지 못하고 있다. AI 연구에 획기적인 진전이 있을 때마다 그것이 진정으로 지능을 재현한 것인지, 아니면 그저 엉성한 모조품에 불과한지 열띤 논쟁이 벌어진다. 이 둘을 구분하기 위해 새로이 범용 인공지능AGI이란 용어가 진짜배기를 가리키는 전문 용어로 등장했다. 그러나 이런 가장 최근의 리브랜딩에도 불구하고 AI 분야의 성과를 어떻게 측정할지, 그리고 언제쯤 이 기술이 목표를 달성했다고 말할 수 있을지 여전히 기준이 없다는 사실에는 변함이 없다. 연구자들 사이에서는 흔히 오늘 AI로 불리는 것이 내일이면 더 이상 AI가 아닐 거란 말이 나온다. AI의 기준점으로 여겨지던 튜링 테스트를 통과하는 사례들이 오래지 않아 만들어졌지만, 과학자들은 그것을 통과했다고 해서 지능의 재현이라는 진짜 목표를 달성했다고 느끼지 못했다. 한때 과학자들은 컴퓨터가 체스나 바둑 같은 게임에서 인간을 꺾는 것이 성공의 결정적인 증거라고 믿었다. 하지만 이제 딥마인드의 알파고는 소프트웨어가 어디까지 발전할 수 있는지 보여주는 인상적인 사례일 뿐, 인공지능 분야가 품은 야망을 달성한 결론으로 간주되지는 않는다. 수십 년간의 연구를 통해 AI의 기준점이 진화하고 수정되고 폐기되면서 그 정의 또한 지속적으로 바뀌었다. AI 개발의 목표점은 끝없이 이동하며, 미국의 비영리기관 데이터앤소사이어티Data & Society 연구 책임자 제나 버렐Jenna Burrell의 말마따나 "끊임없이 멀어지는 미래의 지평"과 같다. AI 기술의 발전은 목적지가 불명확하고, 그 끝은 전혀 보이지 않는다.[6]

AI 개발에 필요한 시간과 비용이 끝없이 불어나는 상황을 정당화하기 위해, 우리가 듣게 되는 약속도 자꾸만 거창해진다. 한때 AI는 과학적 흥미거리이자 상업적으로도 어느 정도 잠재력이 있는 기술이었다. 이제 AI는 4차 산업혁명의 전조이자 초강대국이기 위해서는 반드시 갖춰야 할 핵심 역량이 되었다. 언젠가 달성할 AGI는 기후변화 문제를 해결하고, 저렴한 의료서비스를 가능하게 하고, 공정한 교육을 제공할 거라고 한다. 이런 사고방식의 대표적인 사례가 오픈AI다. 그들은 이 기술이 그런 약속을 어떻게 실현할지에 대해서는 전혀 설명하지 못한다. 그저 지금 이 기술을 개발하는 데 사회가 지불해야 하는 어마어마한 비용이 언젠가 그 값어치를 할 것이라는 말만 반복한다.

핵심은, 지금처럼 합의된 정의가 부재한 상태에서는 "인공지능" 또는 "범용 인공지능"이라는 말이 오픈AI가 원하기만 하면 어떤 의미로도 변할 수 있다는 점이다.

AI의 역사를 살펴보면 항상 강력한 엘리트 집단이 이 기술의 발전을 좌우했음을 알 수 있다. 오늘날 AI가 거대한 자원 집약적 모델과 동일시되고, 그런 모델을 개발할 수 있는 기업이 극소수에 불과하며, 그렇게 생산된 제품을 모든 것의 기반으로 사용하려는 욕구는 전혀 우연이 아니다. 상업적 이해관계가 AI 혁명의 정치성을 더 적나라하게 드러내기 전부터도, 이 분야는 연구비와 영향력을 놓고 벌어진 격렬한 경쟁으로 인해 방향을 제대로 잡지 못한 채 끊임없이 흔들려왔다.

다트머스 회의 이후, 학계는 인공지능 분야를 발전시키는 방법을 두고 서로 경쟁하는 이론을 내세우는 두 개의 진영으로 갈라졌다. 기호주의symbolism로 알려진 진영에서는 지능은 지식에서 나온다고 믿었다. 인간은 동물보다 많은 것을 알고 있고, 그 지식을 활용해 세상을 이해하고 이해한 바를 적용할 수 있다. 따라서 AI를 구축하는 방법은 세상의 지식을 기호로 변환해 기계에 주입하는 것, 즉 이른바 전문가 시스템expert systems을 만드는 것이다. 두 번째 진영인 연결주의connectionism는 지능은 학습에서 나온다고 믿었다. 인간은 동물보다 뛰어난 학습 능력을 통해 여러 가지 기술을 습득하고 발전시킬 수 있다. 따라서 AI 개발은 우리의 뇌가 신호와 정보를 처리하는 방식을 모방하는 등의 방법으로 이른바 머신러닝 시스템을 만드는 것이라고 보았다. 이 가설은 이

후 뇌의 연결 구조를 느슨하게 모방한 데이터 처리 소프트웨어이
자 모든 생성형 AI 시스템을 포함한 현대 AI의 기반인 인공신경
망neural networks의 기반이 되었다.

이후 수십 년간 두 진영은 한정된 연구비와 AI가 무엇이 될
수 있는지에 대한 대중의 상상력을 놓고 경쟁을 벌였다. 당시 이
싸움은 대체로 대학과 학술지에서, 정부와 재단의 연구 자금을
두고 다투는 과학자들 사이에서 벌어졌다. 때때로 이들 간 논쟁
이 언론보도로 불거지면서 대중이 이들의 연구를 접하는 경우도
있었다. 연결주의의 대표 주자는 로젠블렛과 그의 퍼셉트론이었
다. 퍼셉트론은 기계가 스스로 학습할 수 있다는 아이디어, 즉 머
신러닝 시스템의 실현 가능성을 보여준 첫 실험적 모델이었다.
로젠블렛은 퍼셉트론에 단 한 번도 명시적인 지시를 내리지 않는
대신, 퍼셉트론이 수많은 예시를 검토한 후 카드를 구분하는 기
준을 스스로 계산하도록 설계했다. 기호주의의 대표 주자는 로젠
블렛의 숙적인 마빈 민스키Marvin Minsky MIT 교수였다. 다트머스
회의 공동 조직자인 민스키 자신도 한때는 연결주의적 사고방식
에 관심을 가졌다가 등을 돌렸다. 기호주의 진영으로 갈아탄 후
그는 연구비를 두고 자신과 경쟁하는 연결주의 학자라면 그것이
아무리 신진 연구자라 해도 절대 봐주지 않고 기회가 있을 때마
다 공개적으로 망신을 주고 조롱했다. 그는 1969년《퍼셉트론》이
라는 책을 공동으로 저술했다.[7] 연결주의를 신랄하게 비판한 이
책은 신경망의 그저 그런 성과와 더불어 이후 15년 이상 연결주
의와 관련된 연구자금을 끊어버린 결정적인 원인으로 꼽힌다.

이 경쟁에서 민스키는 뜻밖의 협력자를 만났다. 바로 그의
MIT 동료 교수 조셉 와이젠바움이었다. 1958년에 로젠블렛의

퍼셉트론이 〈뉴욕 타임스〉를 사로잡고 난 뒤 몇 년 후, 와이젠바움 역시 일라이자ELIZA라는 AI시스템을 만들어 언론의 주목을 받았다. 챗GPT보다 거의 60여 년 앞서 탄생한 일라이자는 방 하나에 꽉 들어차는 거대한 메인프레임 컴퓨터와 연결된 전기 타자기를 통해 대화를 나눌 수 있는 챗봇이었다. 그러나 내부 작동원리는 달랐다.[8] 챗GPT가 연결주의 전통에서 탄생했다면, 일라이자는 간단한 규칙을 통해 사용자가 하는 말에 주의를 기울이고 반응하는 것처럼 보이게끔 설계된 기호주의 시스템이었다.

일라이자의 가장 유명한 실증 사례 중 하나는 환자가 말한 내용을 되풀이하고 다정하게 질문하는 방식으로 환자를 진찰하는 상담치료 대화 방식을 본떠 설계됐다. 훗날 일라이자의 내부 작동방식을 설명한 논문에서 와이젠바움은 다음 대화를 그러한 사례로 넣었다.[9]

사용자: 남자들은 다 똑같아요.

일라이자: 어떤 방식으로 말이죠?

사용자: 그들은 항상 뭔가를 갖고 우리를 귀찮게 한단 말이죠.

일라이자: 구체적인 사례를 들 수 있나요?

사용자: 음, 제 남자친구가 저를 여기 오게 했어요.

일라이자: 당신의 남자친구가 당신을 여기 오게 했군요.

사용자: 그는 제가 거의 맨날 우울해 한다네요.

일라이자: 당신이 우울하다니 안타깝네요.

사용자: 그건 사실이예요. 저는 불행해요.

일라이자: 여기 오면 당신이 불행하지 않게 될 거라고 생각했나요?

와이젠바움은 사람들이 지능의 환상에 얼마나 쉽게 속는지를 실험하기 위해 일라이자를 설계했다. 일라이자라는 이름은 1956년 영화 〈마이 페어 레이디My Fair Lady〉에서 오드리 햅번Audrey Hepburn이 연기하는 빈민가 출신 꽃 행상 일라이자 둘리틀Eliza Doolittle에서 따왔다. 영화의 일라이자는 부유한 남성으로부터 억양을 바꾸고 예의를 차리는 법을 배운 뒤 상류층 귀부인 행세를 할 줄 알게 된다. 일라이자 시스템이 지능이 있다고 여기게 될 정도로 사람들이 속자 와이젠바움은 충격을 받았다.[10] 일라이자 시연이 너무나 설득력 있게 느껴진 나머지 일부 정신과 의사들은 자동화된 심리치료의 등장이 그리 멀지 않았다고 떠들어대기 시작했고, AI 분야가 만들어진 지 겨우 몇 년도 지나지 않은 시점에서 컴퓨터 과학자들은 컴퓨터의 자연어 이해는 이미 해결된 문제라고 성급하게 결론지었다. (그로부터 수십 년이 흐른 오늘날에도 컴퓨터의 자연어 이해가 정말 해결된 문제인지는 여전히 논란거리다.)

와이젠바움은 이후 경력의 대부분을 일라이자를 둘러싼 과장된 기대를 가라앉히고 AI 개발의 근본적인 전제를 비판하는 데 바쳤다. 일라이자는 사용자가 입력한 내용에서 키워드를 특정한 뒤 간단한 변형을 통해 응답을 도출하도록 프로그래밍한 단순하기 그지없는 절차적 프로그램일 뿐이라고 그는 설명했다. **내 남자친구**를 **당신의 남자친구**로, **나는 우울해**를 **당신은 우울하군요**로 바꿔주는 원리였다. 실제로 지능이라고 부를 만한 것은 아무것도 없었다. 와이젠바움은 민스키의 《퍼셉트론》 출간 몇 년 뒤에 《컴퓨터의 능력과 인간의 이성Computational Power and Human Reason》이라는 두꺼운 책을 펴냈다.[11] 이 책에서 와이젠바움은 인간은 기계와 다르며, 이 둘 사이의 구분을 지우려는 AI 분야의 시도는 심각한 사회적 결과를 낳을 것이라고 주장했다. 그러한 예로 CEO든 정치인이든 권력을 쥔 자들이 기계를 통해 자신의 의지를 실현시킴으로써 자신의 도덕적 책임을 피할 수 있다는 것이었다.

와이젠바움이 최선을 다했음에도 불구하고, 기호주의 시스템인 일라이자의 시연이 워낙 큰 관심을 끌면서 의도치 않게 기호주의가 연결주의보다 우월하다는 민스키의 주장에 힘을 실어주었다. 그 후 수십 년 동안, 그리고 90년대 내내 전문가 시스템[인간 전문가가 문제 해결에 사용하는 규칙과 지식을 입력해 기계가 그것을 따라 판단하도록 만든 기호주의 방식의 AI]이 AI 연구와 상용화에 있어 가장 각광받는 분야가 되었다. 이 지배적인 흐름에서 나온 것이 일상 생활에 대한 규칙 1억 개를 프로그래밍하여 상식을 갖춘 시스템을 개발하려는 시도인 사이크cyc 같은 프로젝트였다. 그러나 기호주의 AI 시스템의 규모를 확장하려는 시도는 모든 규칙을 수동으로 인코딩[컴퓨터가 이해할 수 있는 형식으로 변환]해야 한다는 문제점에 부딪치면서 진척이 지지부진했다. 영어라는 언어의 모든 속어, 반어법, 비유적 표현, 문법적 예외의 미묘함을 어떻게 인코딩할 것인가? 매번 이런 장애물에 가로막힐 때마다 연구비 제공자들이 관심을 잃게 되면서 이 분야는 "AI 겨울"이라고 알려진 실존적 위기 상황으로 빠져들었다.[12]

이 지점은 AI의 역사에서 종종 과학적 가치가 정치를 상대로 승리를 거둔 일화로 일컬어지곤 한다. 민스키가 자신의 명성과 영향력으로 연결주의를 억누르려 했지만, 연결주의 자체의 강점으로 인해 결국은 연결주의가 정당하게 현대 AI 혁명의 초석이 되었다는 식이다. 기호주의가 지배하던 시대에도 소수의 연결주의 학자들이 로젠블랫의 머신러닝 시스템을 고수하며 이를 발전시켰다. 그중에는 수츠케버의 지도교수인 제프리 힌튼도 있었다. 힌튼은 카네기멜런 대학교 교수였던 1980년대에 UC 샌디에이고의 동료들과 함께 초기 신경망 발전에 핵심적인 기여를 했다. 그 무렵 연결주의자들은 자신들의 신경망이 실패하는 이유는 그 구조가 지나치게 단순하기 때문이라는 가설을 세운 상태였다. 그들의 신경망은 "뉴런neurons"이라 불리는 데이터 처리 노드가 하나의 층으로만 연결된 구조였다. 이들은 인간의 두뇌를 더 잘 모방하기 위해서는 서로 연결된 층을 여러 겹 쌓아 올린 이른바 심층신경망deep neural network이 필요하다고 판단했다. 힌튼과 그의 동료들은 역전파backpropagation로 알려진 알고리즘을 사용해 심층신경망의 층과 층 사이로 정보를 교환하고 처리할 수 있게 함으로써 이를 실현했다. 힌튼은 이후 영리하게도 이 다층처리구조를 **심층**신경망을 통해 머신**러닝**을 수행한다는 뜻의 줄임말인 **딥러닝**deep learning이라고 불렀다.

하지만 오늘날 단순히 "신경망"이라 불리는 심층신경망은 수십 년 정도 시대를 앞선 것이었다. 이 기술이 정말 빛을 보려면 1980년대의 컴퓨터보다 훨씬 큰 처리 능력, 그리고 아날로그 세계에서보다 저렴하게 수집할 수 있는 사례, 즉 데이터가 훨씬 많이 필요했다. 신경망은 본질적으로 텍스트, 이미지, 영상 등 기존의 데이터에서 패턴을 찾아내 새로운 데이터에 적용하는 통계 계산기다. 오늘날 AI 개발자는 이미지에서 사람을 식별하는 AI 모델을 만들고 싶다면 (1은 "사람이 있다," 0은 "사람이 없다"를 뜻하는) 1과 0으로 표시된 이미지 수십만 장을 신경망에 입력시킨다. (인증을 위해 신호등이 들어간 그림을 모두 클릭하도록 하는 구글 캡챠

captchas를 통해 우리는 사실 구글의 신경망을 훈련시킨다.) 신경망은 통계를 사용해 이미지에 사람이 있는지 여부에 따라 픽셀 패턴이 어떻게 바뀌는지 알아낸다. 이것이 바로 AI 모델을 훈련시키는 과정이다. 모델 훈련이 끝나면 개발자는 새로운 데이터에 이 패턴이 맞는지 대입해본다(이를 추론inferencing이라고 부른다). 이 이미지는 1인가 0인가? 이미지에 사람이 있는가 아닌가?

일반적으로 성능 좋은 AI 모델을 만들기 위해서는 신경망에 일정 수준 이상의 품질을 가진 데이터를 입력하고 패턴을 계산하기 위해 일정 수준 이상의 연산 자원을 기반으로 훈련시켜야 한다. 힌튼과 그의 공저자들은 시대를 너무 앞서갔다. 그러나 2000년대 후반, 컴퓨터 성능이 향상되고 인터넷이 성숙하면서 방대한 디지털 데이터 저장소가 생겨나자, 마침내 신경망이 번창할 토대가 마련됐다. 그 무렵, 구글이 힌튼의 DNN리서치("DNN"은 심층 신경망을 뜻한다)를 인수하면서 딥러닝 상용화를 향한 경쟁에 불이 붙기 시작했다.

이런 식의 이야기에서 우리는 과학은 혼란스러운 과정이지만, 결국엔 최고의 아이디어가 요란한 반대를 넘어서며 정상에 오른다는 교훈을 얻는다. 그리고 이 서사에는 또다른 교훈이 담겨 있다. 기술은 필연적으로 나타나는 진보의 행진과 함께 전진한다는 믿음이다.

하지만 이 역사를 다른 식으로 볼 수도 있다. 연결주의가 기호주의를 제친 것이 그저 과학적인 장점 때문만은 아니었다. 연결주의는 부유한 투자자들의 이해관계에 맞아떨어지는 핵심적인 장점을 지녔던 덕에 그들의 재정적 지원을 받을 수 있었다.

기호주의의 강점은 정보와 정보 간 관계를 명시적으로 시스템에 인코딩함으로써 정확한 답변을 찾고 추론을 수행할 수 있다는 데 있다. 이는 인간 지능을 복제하는 데 핵심적이라고 여겨지는 능력이다. 가장 유명한 기호주의 시스템인 IBM 왓슨Watson의 사례를 떠올려 보자. 왓슨은 2011년 미국의 장수 퀴즈쇼 〈제퍼디Jeopardy!〉에 출연해 기량을 뽐냈다. 왓슨이 이 퀴즈쇼에서 신속하게 정답을 내놓으며 우승할 수 있었던 건 방대한 양의 지식을 샅샅이 뒤져 답을 정확하게 재현해내는 능력 덕분이었다. 반면 기호주의의 약점은 상업화 과정에 있었다. 기호주의 시스템을 실제로 고객이 돈을 지불할 만큼 유용한 결과로 발전시키려면 매우 더디고 비싼 과정을 거쳐야 했고, 성공도 장담하기 어렵다는 것이 드러났다. 왓슨이 심야 TV 방송에 데뷔한 후, IBM은 퀴즈쇼가 아닌 의료 문제에 답변을 내놓는 것과 같이 소비자가 지갑을 열 만한 결과물을 제시할 수 있는 시스템을 만들기 위해서는 회사가 언제 수익을 낼 수 있을지도 불분명한 상태로 수년간 선행 투자금을 계속 쏟아부어야 한다는 사실을 알게 되었다. IBM은 40억 달러 이상을 소진하고 난 뒤에도 끝이 보이지 않자, 2022년에 왓슨 헬스Watson Health를 투자금의 4분의 1 가격에 매각했다.

한편 신경망은 전혀 다른 종류의 장단점을 지닌다. 학계에서는 수년간 연결주의 소프트웨어도 기호주의 소프트웨어처럼 정보를 저장하고 추론을 할 수 있는지에 대해 격론을 벌여 왔다. 어느 입장을 취하건, 연결주의 소프트웨어가 그러한 작업을 해낼 수 있다 하더라도 신경망이 그 일을 해내는 방식은 매우 비효율적이라는 점이 이제는 분명해졌다. 엄청난 규모의 데이터와 컴퓨팅 파워가 있어야만 신경망은 비로소 정보 저장과 추론 기능의 기미를 보이는 결과를 내놓기 시작한다. 그럼에도 딥러닝 모델의 진가는 바로 상용화가 무척 손쉽다는 점에 있었다. 추론 능력과 완벽한 정확성을 갖춘 시스템 없이도 상당한 이윤을 남길 수 있다. 강력한 통계적 패턴 매칭과 예측만으로도 큰 수익을 가져다주는 문제들을 해결할 수 있기 때문이다. 기호주의 시스템과 마찬가지로 초기에는 막대한 투자금이 필요하지만, 투자를 회수하는 과정이 훨씬 짧고 예측 가능해 분기나 몇 달 단위로 성과를 내야 하는 기업의 주기에 적합하다. 또 특정 분야의 전문적 지식 없이도 여러 산업에 쉽게 확장해 적용할 수 있어, 지속적으로 확장을 꾀하는 빅테크 기업의 야망에 부합했다. 게다가 딥러닝의 경우, 활용할 수 있는 데이터가 많은 대규모 집단일수록 더 큰 경쟁 우위를 점할 수 있다는 건 말할 것도 없이 큰 장점이었다.

구글이 DNN리서치를 인수하기 전부터 빅테크 기업들은 신경망 기술의 상용화 가능성을 가늠할 초기 신호를 포착하고 있었다.[13] 2009년 힌튼의 대학원생들이 신경망을 사용한 소프트웨어가 음성 인식에 뛰어나다는 결과를 내놓자, IBM, 마이크로소프트, 구글이 모두 관심을 보였고 그중 구글이 가장 빨리 이를 상용화했다. 2012년 구글은 신경망을 적용해 안드로이드의 음성 인식 성능을 크게 향상시켰고, 같은 해 힌튼의 제자 수츠케버와 알렉스 크리제프스키는 이미지넷에서 획기적인 성과를 거두면서 신경망이 이미지 인식에도 뛰어나다는 점을 입증했다. 안드로이드에서 성공한 경험에 힘입어 구글은 힌튼과 수츠케버, 크리제프스키에게 거액을 쓸 결심을 할 수 있었고, 이것이 기술업계가 딥러닝을 본격적으로 받아들이는 전환점이 되었다.

힌튼과 수츠케버, 크리제프스키는 구글 내에서도 계속 신경망의 가치를 전파했다. 자신들이 만든 소프트웨어를 상업적으로 중요한 여러 가지 다른 기술 문제에 적용시키면서 탄력을 받았다. 기계번역용 딥러닝 모델을 개발해 구글 번역Google Translate을 업그레이드했고, 텍스트 예측 모델을 만들어 지메일의 자동 완성 기능을 추가했다. 또한 웨이모Waymo라는 야심 찬 자율주행 기술 프로젝트에도 참여했다. 구글의 AI 부문이 성장함에 따라 신경망은 구글의 핵심 수익원인 검색 서비스에도 중요한 개선을 가져왔다. 신경망은 사용자의 검색어를 관련도가 높은 웹페이지와 연결시키는 데 뛰어나 사용자들에게 더 높은 품질의 검색 결과를 제공했으며, 더 중요한 건 사용자에게 최적화된 광고를 보여줄 수 있다는 점이었다. 구글은 수익이 늘어날수록 더 많은 돈을 딥러닝에 쏟아부었고, 그럴수록 업계 전체도 구글을 따라갔다. 얼마 지나지 않아 기업이 정부와 재단을 제치고 AI 연구의 최대 투자자가 되었고, 이들은 단기적 수익을 낼 수 있는 방향으로 연구 의제를 설정하기 시작했다.

딥러닝이 상업적 이해관계와 결합되면서 기술산업과 AI 개발의 판도도 크게 달라졌다. 대중들의 눈에는 2022년 챗GPT와 함께 생성형 AI가 갑자기 등장한 것처럼 보였지만, 실제로는 2012년 이미지넷 대회에서의 획기적 성과 이후 10년 동안, 최초이자 본격적인 AI 상업화의 시대에 일어난 여러 변화가 오늘날 생성형 AI 혁명의 특성이라 불리는 것들의 기반을 닦았다.

업계 입장에서 딥러닝은 정보 검색의 속도 향상, 전자상거래 효율화, 공유경제의 부상 등 새로운 제품과 서비스의 등장과 개선을 촉발했다. 딥러닝 입장에서는 업계 주도로 신경망과 컴퓨터 칩 개발에서 새로운 기술적 발전이 이루어진 덕분에 더 크고 강력한 AI 모델 개발이 가능한 상태가 되었다.

이러한 눈부신 발전과 함께 딥러닝으로 과열된 실리콘밸리는 비즈니스 모델을 공격적으로 확장했다. 이를 가리켜 하버드 대학교 쇼샤나 주보프Shoshana Zuboff 교수는 2014년에 **감시 자본주의**surveillance capitalism라는 용어를 만들어냈다.[14] 주보프는 산업 자본주의가 사람들이 사고 싶어 하는 물리적 제품을 생산하는 데에서 가치를 얻었던 반면, 감시 자본주의는 사용자를 제품화함으로써 가치를 얻는다고 주장했다. 어마어마하게 많은 사용자 데이터를 보유한 빅테크 기업들은 손쉽게 그 데이터를 신경망에 입력시킴으로써 사용자의 취향이나 관심 분야에 대해 이전 그 어느 때보다도 정확하게 알아내 광고 수익을 극대화하는 데 활용할 수 있다. 다른 경쟁자를 따돌릴 목적으로 이들 기업은 훨씬 더 방대한 데이터를 수집하기 위해 사용자의 모든 클릭, 스크롤, 좋아요 등 활동을 빠짐없이 기록하고, 사용자의 이메일 교환, 자녀 사진, 모든 사회적, 정치적 이슈에 대한 견해와 같이 훨씬 더 내밀한 디지털 흔적을 공유하게끔 유도한다.

이와 동시에 실리콘밸리가 딥러닝을 사용해 세계적인 규모의 독점 사업을 구축하려는 과정에서 AI 개발자들 사이에서는 세상 모든 것을 데이터로 포착하고 소비해야 한다는 문화가 굳어졌다. 그것도 자신들이 개발하는 기술이 세상을 최대한 많이 반영하도록 만들겠다는 고상한 명분 아래에서였다. 2023년 스탠퍼드 대학교의 리아 칼루리Ria Kalluri와 워싱턴 대학교의 윌리엄 아그뉴William Agnew, 모질라 재단Mozilla Foundation의 아베바 비르하네Abeba Birhane 등으로 구성된 AI 연구팀은 컴퓨터 비전 관련 논문과 특허 4만여 건을 분석한 결과, 이 분야에 (웹페이지의 데이터를 자동으로 추출하는 스크레이핑scraping 등을 통해) 대규모 데이터 수집과 추출에 의존하는 현실을 추상적인 그리고 인간적인 맥락은 배제한 언어로 미화하고 정상화하는 경향이 만연하다는 사실을 발견했다.[15] 사람들이 소셜미디어에 남긴 의견과 생각 같은 세세한 디지털 흔적은 그저 "텍스트"에 불과했다. 사진 속 사람과 차량은 그저 "객체"에 불과했고, 감시는 단순히 "탐지"로 불렸다.

생성형 AI 분야에서 기술 기업들이 AI 시스템을 훈련시키기 위해 책과 예술 작품을 대량으로 스크레이핑해서 사용하는 것이 과연 옳은지에 대한 격론의 중심에 바로 이 문화가 있다. 오랫동안 이런 사고방식에 따라 살아온 많은 AI 개발자들에게는 이것이 매우 고루한 질문으로 들린다. 이 질문을 진지하게 받아들이는 것 자체가 더 큰 진보를 추구하는 선한 사명에 직접적인 걸림돌이 되기 때문이다. 몇몇 개발자가 자신들과 반대 입장에 선 작가나 예술가들 사이에 존재하는 거대한 간극을 이전보다 잘 인식하고 이를 우려하게 되었음에도 불구하고, 이러한 사고방식에서 벗어나는 일은 여전히 쉽지 않았다. 2023년 5월, 한 예술가 집단이 자신들의 작품을 도용한 혐의로 몇몇 생성형 AI 개발사를 처음으로 고소한 직후, 나는 〈월스트리트 저널〉 소속 기자 자격으로 르완다에서 열린 AI 연구 컨퍼런스에 참석했다. 르완다 수도에 있는 한 컨벤션 센터의 번쩍이는 아치형 홀을 지나던 중에 한 고위 연구자가 다가와 내 명찰의 WSJ가 새로운 스타트업의 이름인지 아니면 언론매체의 이름인지 물었다. 내가 기자라는 사실과 WSJ가 〈월스트리트 저널〉을 뜻한다고 설명하자, 다른 연구자가 끼어들었다. "[AI 연구자들 사이에서는 유명한] WSJ 데이터 세트 덕분에 알아봤어요." 그는 사람들이 WSJ를 일부 읽게 해서 음성 인식 연구용으로 만든 초기 AI 데이터 세트를 말한 것이었다. "그 데이터 세트를 여러 번 써봤거든요."

나 역시 2018년 처음 AI 취재를 시작했을 때 한동안 이 사고 방식에 갇혀 있었다. AI 연구자들과 이야기하고 관계를 구축하기 위해 이 바닥에서 통용되는 용어를 익힌 후, 나는 AI 연구자들이 새로운 데이터 세트를 발굴하고 만들어내기 위해 사용하는 무수히 다양한 방식에 감탄했다. 내가 특히 영리하다고 생각한 사례는 2016년 크게 유행한 마네킹 챌린지Mannequin Challenge의 유튜브 영상을 활용한 건이었다. 마네킹 챌린지는 제자리에 얼어붙은 것처럼 그대로 멈춰 선 사람 주위를 카메라로 촬영해 업로드하는 것이었는데, 연구자들은 이러한 유튜브 영상 수천 건을 사용해 AI 모델이 3차원적인 장면을 처리할 수 있게 훈련시켰다.

그러던 나는 2019년 미국 〈NBC〉 방송의 올리비아 솔론Olivia Solon 기자의 탐사보도 덕분에 현실을 직시하게 되었다.[16] 솔론은 플리커Flickr(온라인 사진 공유 서비스) 개인 계정 사진 수백만 장이 당사자의 동의 없이 안면인식 소프트웨어를 훈련시키는 데 사용됐다는 사실을 밝혀냈다. 나는 AI 연구자들이 데이터 출처로 플리커를 선호한다는 사실을 전부터 알고 있었기에 취재 내용 자체에는 그다지 놀라지 않았지만, 내가 이러한 관행을 얼마나 완벽하게 정상적인 것으로 받아들이고 있었는지에 놀랐다.

이 새로운 깨달음과 함께, 나는 더 많은 훈련 데이터를 수집하기 위한 적극적인 공세가 어떻게 디지털 세계만이 아니라 물리적 세계에서도 만연한 감시로 이어지는지 알아차리기 시작했다. 그러한 물리적 감시의 눈길에 반복적으로 노출되는 것이 취약 계층인 어린이와 역사적으로 소외된 집단이라는 사실, 그리고 특히 개발도상국에서 그 정도가 더 심하다는 사실도 알게 되었다.[17] 그해 나는 하버드의 지원으로 창업한 매사추세츠의 한 스타트업이 뇌파를 탐지해 학생들의 수업 집중도를 선생에게 알려주는 AI 기반 헤드밴드를 판다는 것을 우연히 알게 되었다. 회사는 이 제품을 콜롬비아와 중국의 초등학교에서 시범 운용하는 대가로 학생들의 데이터를 회사의 기술 개발에 사용할 권리를 얻어냈다.

"우리는 선점 효과를 누릴 수 있습니다."[18] 그 회사의 한 연구자는 2017년에 열린 한 교육기술 컨퍼런스에 참석해 이같이 말했다. "우리는 아마 세상에서 가장 큰 뇌파 데이터베이스를 구축할 수 있을 것입니다. 그 많은 데이터를 이용해 우리의 알고리즘과 제품을 개선함으로써 진입 장벽을 높이는 것이죠."

그 스타트업에 대해 알게 된 지 몇 달 뒤, 자녀가 실험 대상으로 전락하는 것을 두려워한 중국 학부모들이 데이터 정보 보호를 거세게 요구하면서 회사는 어쩔 수 없이 기술을 다른 용도로 전환할 수밖에 없었다.[19] 그러나 반발이 이렇게 성공한 경우는 매우 보기 드문 사례이고, 이 회사의 약속을 기꺼이 받아들일 만한 국가에서 데이터를 기증하고 제품을 테스트할 사람을 찾는 것이 실상 대세라는 생각에 나는 마음 한 구석이 불편했다.

내가 동료에게 이 같은 걱정을 털어놓자, 그는 이미 그런 현상을 일컫는 "데이터 식민주의data colonialism"라는 신조어가 있다고 알려줬다. 이 용어를 통해 나는 닉 콜드리Nick Couldry와 울리세스 알리 메히아스Ulises A. Mejias 같은 학자들의 연구에 대해 알게 되었다.[20] 바로 그해에 출간된 책《연결의 대가The Costs of Connection》에서 콜드리와 메히아스는 모든 것을 데이터화하는 실리콘밸리의 행태가 정복과 추출주의[라틴아메리카 학자들이 자국의 천연자원을 수탈하는 세계 경제 질서를 표현하기 위해 만든 용어. 자세한 내용은 4장 미주 21번 참조]의 역사를 반복할 우려가 있다고 주장했다.[21] 이듬해 딥마인드의 샤키르 모하메드Shakir Mohamed와 윌리엄 아이작William Isaac이 옥스퍼드 대학교의 마리-테리즈 퐁Marie-Therese Png과 함께 저술한 "탈식민적 AIDecolonial AI"라는 논문이 그 무렵 내가 갖기 시작한 의심을 입증했다.[22] 즉 AI 업계는 이 데이터화를 동력으로 삼는 한편 데이터화를 더욱 부추기고 있으며, 결과적으로 이 새로운 형태의 식민주의를 한층 더 가속화하고 있다는 것이었다.

얼마 지나지 않아 2021년에 나는 AI 헤드밴드를 팔던 그 교육 스타트업과 비슷한 사례가 남아프리카 공화국에서도 펼쳐지고 있음을 알게 되었다.[23] AI 안면인식 기술이 어두운 피부색을 가진 사람들의 얼굴을 정확하게 인지하지 못한다는 비판을 받은 뒤, 전 세계 안면인식 기술 개발 기업들이 귀한 안면 데이터를 수집하기 위해 남아공으로 몰려와 경쟁하고 있었다. 그곳에서 나는 타미 은코시Thami Nkosi라는 현지 활동가를 만났는데, 그가 나고 자란 곳은 과거 광산업계의 화학폐기물 폐기장으로 사용되던, 요하네스버그에서 가장 가난한 동네였다. 그는 도시 곳곳에 설치된 수천 대의 카메라를 나에게 보여주면서, 이 감시 시스템이 이미 아파르트헤이트apartheid의 인종차별적 유산에 짓눌려 삶의 공간이 좁아진 흑인 주민들의 이동을 어떻게 제약하는지 설명했다. 백인 동네에서는 단지 흑인이라는 이유만으로 범죄자로 몰릴까 두려워해야 한다는 것이었다.

"이 사람들은 사실상 공공 장소와 시민들의 일상적 삶을 돈벌이 수단으로 삼고 있어요." 은코시가 말했다.

나는 모두에게 더 나은 미래를 만들어 주겠다고 약속한 AI 혁명이 사회의 변두리에 있는 사람들에게는 오히려 과거의 가장 어두운 잔재를 되살리고 있다는 사실을 점차 분명하게 깨닫게 되었다.

실리콘밸리가 구상한 AI의 문제점이 하나둘 드러나기 시작했음에도 불구하고, AI 상업화의 첫 시대는 그 대안적 접근을 모두 고사시켜 버렸다. 기업들은 막대한 돈을 딥러닝과 연결주의에 쏟아부어 다른 모든 자금원의 연구비를 보잘것없게 만들었고, 이를 통해 자신들의 우선순위에 맞게 연구 지형을 재구성했다.

스탠퍼드 대학교의 AI 지수 보고서AI Index에 따르면, 2013년부터 2022년 사이 인수합병 등 AI 관련 기업 투자는 146억 달러에서 2,350억 달러로 급증했고, 2021년에 3,374억 달러로 정점을 찍었다.[24] 이는 기업들의 사내 연구개발비는 제외한 수치다. 2021년 알파벳Alphabet과 메타는 사내 연구개발비로 각각 316억 달러와 247억 달러를 썼다.[25] 이와 대조적으로 2021년 미국 정부가 비군사 목적 AI 개발에 할당한 예산은 15억 달러였다.[26] 유럽연합 집행위원회는 같은 해 10억 유로(12억 달러)를 예산으로 책정했다.

인재는 결국 돈이 흐르는 곳으로 몰렸다. 많은 교수들이 신경망이 우수한 성과를 낸다는 사실과 더불어 기업이 대주는 더 넉넉한 연구비에 이끌려 연구 방향을 신경망 중심으로 다시 틀었다. 대학생과 대학원생들 역시 비슷했다. 딥러닝 분야가 상대적으로 안정적인 일자리를 제공하고, 이외의 분야 일자리가 줄어들고 있었기 때문이다. 기업들은 학계와의 관계를 강화하기 위한 여러 형태의 방안을 마련했다. 2013년에 힌튼은 토론토 대학교 교수직을 유지하는 조건으로 구글에 합류했다. 페이스북 역시 같은 방식으로 힌튼 밑에서 박사후 연구원으로 일했던 뉴욕 대학교 교수 얀 르쿤Yann LeCun을 데려갔다. 훗날 힌튼과 르쿤은 딥러닝에 획기적인 기여를 한 공로로 "컴퓨터과학의 노벨상"으로 불리는 튜링상Turing Award을 몬트리올 대학교의 요슈아 벤지오Yoshua Bengio 교수와 2018년 공동 수상한다. 셋은 이 상을 수상하면서 "인공지능의 대부"라는 타이틀을 얻었다. 힌튼은 2024년 다른 과학자와 실제 노벨상을 수상하기도 했다. 힌튼과 르쿤의 행보를 따라 인공지능을 연구하는 많은 교수들이 기업과 대학에 동시에 적을 두기 시작했다. 이러한 관행이 널리 퍼지면서 독립적인 연구가 유지되기 위한 경계가 허물어지기 시작했다.

아예 학계를 떠나는 연구자도 점차 늘어나기 시작했다. MIT 연구팀이 2023년 〈사이언스〉에 발표한 연구에 따르면, 2006년부터 2020년 사이 업계로 이직한 AI 연구 교수의 숫자는 여덟 배나 증가했고, 2004년부터 2020년 사이 인공지능 분야에서 박사학위를 받은 후 기업으로 간 졸업생의 비율은 21%에서 70%로 뛰었다.[27] 처음에는 대다수가 기업이 제시하는 천문학적인 보수에 혹해 업계로 넘어갔다.[28] 숙련된 연구자의 경우에는 연봉이 100만 달러에 이르기도 했다. 2015년 우버Uber가 카네기멜런 대학의 한 연구실에서 AI 연구원 100명 중 40명을 가로채간 악명 높은 사례도 있었다.[29] 당시 우버는 일부 연구원에게는 대학에서 받던 급여의 두 배를 제시하기도 했다. 갈수록 늘어나는 딥러닝 연구비도 점차 학계의 인재 이탈을 부추겼다. 최신 AI 기술 분야의 연구를 하려면 막대한 컴퓨터 자원과 전기가 필요했는데, 대학은 이를 감당할 수 없었다. 그리하여 앞서 언급한 2023년 〈사이언스〉에 실린 연구는 세계에서 가장 성능이 뛰어난 AI 모델 중 기업에서 개발한 모델의 비중이 2017년부터 2020년 사이 겨우 3년 만에 62%에서 91%로 늘어난 사실을 발견했다.

AI 상용화가 본격화된 첫 10년의 중반 무렵에는 최고 수준의 AI 연구 대부분이 기술 기업 내부 혹은 기업과 손잡은 대학 연구소에서 이루어지고 있었다. 또다른 연구에서 칼루리, 아그뉴, 비르하네 등은 2018년과 2019년에 발표된 가장 영향력 있는 AI 연구논문 중 55%는 최소 한 명 이상의 공저자가 업계 종사자라는 사실을 발견했다.[30] 10년 전의 24%에 비해 확연히 늘어난 수치였다. 그리고 그 연구는 소수의 몇몇 기업에 심하게 몰려 있었다. 같은 시기 마이크로소프트나 구글과 같은 빅테크 기업 소속 저자가 전체 연구논문에서 차지하는 비중은 10년 사이에 세 배로 늘어난 66%에 달했다. 역설적이게도 이것이 바로 머스크와 올트먼이 오픈AI를 만든 이유였다. 기술업계의 수익 추구가 AI 개발을 밀어붙이는 압도적인 원동력이 되었기 때문이었다.

첫 번째 AI 상업화 시대에 자금과 인재가 한군데로 쏠리면서, AI 연구에서 아이디어의 다양성은 크게 줄어들었다. 딥러닝이 계속 정상에서 군림할 수 있었던 건 단지 과학적 효용 때문만이 아니라 다른 연구 패러다임을 모색하고 발전시키는 데 거의 투자가 이루어지지 않았기 때문이기도 했다. 물론 신경망은 무수히 많은 용도를 가진 놀라운 발명이고 기업들이 더 많은 분야에 응용하며 확장하고 있지만, 정확한 정보를 안정적으로 저장하고 논리적으로 추론하는 데는 여전히 비효율적이고 논란이 많다는 약점을 그대로 갖고 있다.

일례로 신경망은 종종 신뢰하기 어렵고 예측 가능성 면에서 문제를 드러낸다. 통계적인 패턴 매칭에 기반한 이 기술은 때로는 유난히 구체적인 패턴에 집착하거나 완전히 틀린 패턴을 학습하기도 한다. 어떤 딥러닝 모델이 오로지 횡단보도 위에 있는 사람만 보행자로 인지한다면 무단 횡단하는 사람은 인지하지 못할 수 있다. 또 정지 표지판은 항상 도로변에 서 있다고 인지함으로써 학교 버스 측면의 정지 표시나 횡단보도 안전요원이 들고 있는 정지 표시를 인식하지 못할 수도 있다.[31] 신경망은 훈련 데이터의 변화에 매우 민감하다. 따라서 다른 유형의 보행자 이미지나 정지 표지판 이미지를 입력시키면 완전히 새로운 유형의 연관성을 배울 수 있다. 그러나 왜, 어떻게 달라졌는지 사람이 이해하거나 추적하기는 어렵다. 딥러닝 모델의 내부를 들여다보면 고도로 추상화된 숫자들의 행렬만 나타난다. 이것이 바로 연구자들이 딥러닝을 "블랙박스"라고 부르는 이유다. 모델이 처리한 패턴을 인간이 이해할 수 없기 때문에, 일반적인 상황에서도 그렇지만 특히 엣지 케이스edge case[AI 시스템이 처리할 준비가 되어 있지 않은 극단적이거나 예외적인 상황이 주어져(입력값 또는 조건이 경계 부근에 위치할 때) 비정상적인 방식으로 작동하는 경우를 말한다]의 경우에는 더욱 신경망 모델이 정확히 어떤 방식으로 작동할 것인지 설명할 수 없다.

이는 위험한 결과로 이어졌다. 2018년 3월 미국 애리조나주 템페Tempe에서 우버 자율주행 차량이 49살 엘레인 허츠버그Elaine Herzberg를 치어 숨지게 했다. 이 사고는 자율주행차가 일으킨 첫 보행자 사망 사고로 기록됐다. 수사 결과 차량의 딥러닝 모델이 허츠버그를 사람으로 인지하지 못한 것으로 드러났다. 전문가들은 허츠버그가 정해진 횡단보도 밖에서 장바구니를 가득 실은 자전거를 밀고 있었던 탓에, 즉 전형적인 엣지 케이스였기 때문에 이런 오류가 발생한 것이라고 결론 내렸다.[32] 6년 후인 2024년 4월, 미국 고속도로교통안전국은 테슬라 오토파일럿Autopilot의 딥러닝 기반 시스템이 주변 환경을 제대로 인지하고 그에 반응하지 못하고, 운전자가 제때에 시스템을 제어하지 못하면서 14건의 사망사고를 포함한 200건 이상의 교통사고를 낸 사실을 확인했다.[33]

오류가 많고 이해하기 어려운 신경망의 통계적 패턴은 보안상 취약점이 될 수도 있다. 2019년 화이트햇 해커들이 자율주행 모드로 설정된 테슬라를 해킹해 반대편 차선으로 넘어가게 하는 일이 벌어졌다. 해커들이 한 일이라곤 고작 자동차의 딥러닝 모델을 속이기 위해 도로에 아주 작은 스티커를 붙여 옳은 차선을 잘못 인지하게 만든 것뿐이었다.[34] 이러한 취약점은 물리적 시스템이나 컴퓨터 비전 모델에만 국한되지 않았다. "적대적 공격 adversarial attacks"으로 알려진 이 분야를 전문적으로 연구하는 UC 버클리의 던 송Dawn Song 교수는 특정 프롬프트[컴퓨터 시스템이나 인공지능 모델에게 특정 작업을 수행하도록 지시하는 명령어 또는 질문]를 입력함으로써 언어 모델이 신용카드 번호와 같이 민감한 데이터를 내놓게 할 수 있음을 보여준 바 있다.[35]

같은 이유로 딥러닝 모델은 수년간 아무도 눈치 채지 못한 차별적 패턴을 품고 있는 경우가 적지 않았다. 2019년 조지아 공과대학교 연구자들은 보행자를 가장 잘 인지하는 모델의 경우에도 피부색이 어두운 보행자를 인지하는 정확도가 그렇지 않은 경우에 비해 4%에서 10% 정도 떨어진다는 사실을 발견했다.[36] 2024년에 베이징대학교와 유니버시티 칼리지 런던 등 몇몇 대학의 연구진은 최신 모델들이 이제 서로 다른 피부색의 보행자를 인지하는 데에는 어느 정도 비슷한 성능을 보였지만, 어른에 비해 어린이 보행자를 인지하는 정확도는 20%나 낮다는 사실을 발견했다.[37] 이는 모델의 훈련 데이터에 어린이 데이터가 충분하지 않았기 때문이다.

실제로 딥러닝 모델은 훈련 데이터 규모가 아무리 크다 해도 그 안의 눈곱만한 불균형을 잡아내 증폭시키기 때문에 내재적으로 차별적인 결과를 낳는다. 특정 인구집단의 대표성이 부족해도 문제지만, 과해도 문제다. UC 버클리에서 AI 책임성을 연구하는 데보라 라지는 나이지리아계 캐나다인이다. 그는 직장 생활 초기에 클래리파이Clarifai라는, "직장에서 보기에 부적절한not safe for work"[주로 인터넷, 소셜미디어, 이메일에서 사용되는 영어권 신조어로, 성적인 내용이나 폭력적인 내용 등 직장 등 공공장소에서 열람하기 부적절한 콘텐츠를 일컫는다. 우리 나라에서는 비슷한 맥락으로 "후방주의"라는 말을 쓴다] 이미지를 탐지하는 딥러닝 모델을 개발하는 AI 스타트업 인턴으로 일한 적이 있다.[38] 그런데 이 모델은 유색인종을 훨씬 더 자주 부적절한 이미지로 분류했다. 라지가 밝혀낸 이유는 충격적이었다. 모델에게 부적절한 이미지를 학습시키기 위해 회사가 사용한 이미지에는 유색인종 비율이 높았고, 정상 이미지를 학습시키기 위해 사용한 이미지에는 대부분 백인이 등장했다. 이에 충격을 받은 라지는 이를 계기로 팀닛 게브루와 마찬가지로 AI 개발의 지배적인 방향에 심각한 의문을 제기하게 되었다.

2010년대 후반과 2020년대 초반에 딥러닝의 한계가 더욱 분명해지면서 이를 해결할 최선의 방안을 놓고 또다시 치열한 논쟁이 벌어졌다. 기호주의와 연결주의 간 대립처럼 연구자들은 서로 다른 진영으로 나뉘어 신경망의 한계를 완전히 없앨 방법이 있을지, 아니면 그 한계를 그저 임시방편적으로 완화시키기만 할 수 있는지를 놓고 격렬한 공방을 벌였다.

힌튼과 수츠케버는 계속해서 확고하게 딥러닝을 옹호했다. 이들은 딥러닝의 결함은 딥러닝의 접근법 자체에 내재된 것이 아니라, 신경망 설계의 불완전성 및 훈련 데이터와 연산 자원 부족의 결과물일 뿐이라고 주장했다. 언젠가 훈련 데이터와 연산 자원의 양이 충분해지고, 신경망 설계가 훨씬 개선된 날이 오면 앞서 언급한 것과 같은 딥러닝 모델의 결함은 완전히 없어지리라는 것이다. 힌튼은 2020년 나에게 이렇게 말했다. "인간의 두뇌는 약 100조 개의 매개변수, 또는 시냅스로 이루어져 있습니다. GPT-3와 같이 오늘날 우리가 대형언어모델이라고 부르는 것은 1,750억 개의 매개변수로 이뤄져 있죠. 인간 두뇌의 1,000분의 1도 채 안 되는 규모입니다."[39]

"딥러닝은 모든 걸 할 수 있게 될 겁니다." 그가 말했다.

이들의 현대판 숙적은 뉴욕 대학교 심리학·신경과학 명예 교수인 개리 마커스Gary Marcus로, 그는 2023년 5월 미국 의회에서 열린 AI 청문회에 샘 올트먼과 나란히 증인으로 출석했다. 그보다 4년 전에 마커스는 공저자로 참여한 《2029 기계가 멈추는 날Rebooting AI》이라는 책을 통해 딥러닝의 문제는 구조적으로 내재된 결함이 **맞다고** 주장했다. 데이터와 연산 자원을 아무리 쏟아부어도 상관관계의 세계에 영원히 갇힌 신경망은 절대 인과관계(왜 세상이 이렇게 된 것인지)를 이해하지 못하며, 따라서 인과 추론을 할 수도 없다는 것이다. 인간 인지능력에 핵심적인 이 인과 추론 능력 덕분에 한 도시에서 도로주행 규칙을 배운 사람이 처음 가본 다른 도시에서도 능숙하게 운전할 수 있다고 마커스는 주장한다. 이와 대조적으로 테슬라의 오토파일럿은 수억 마일의 운전 데이터를 축적해도 낯선 상황에 직면하거나 전략적으로 배치한 스티커 몇 장에 속아 사고를 낼 수 있다. 대안으로 마커스는 연결주의와 기호주의를 결합한 신경기호 AIneurosymbolic AI를 제시했다. [기호주의의 대표적 방식인] 전문가 시스템은 인과관계를 이해하도록 설계가 가능하며 추론 능력이 뛰어나기 때문에 딥러닝의 단점을 보완할 수 있다. 딥러닝은 데이터를 통해 시스템을 급속히 업데이트할 수 있고, 원칙으로 체계화하기 어려운 것들을 대표함으로써 전문가 시스템의 부족함을 채워줄 수 있다. "사실 우리는 두 접근법 모두 필요합니다."[40] 마커스는 나에게 말했다.

과학적 논쟁이 아무리 격렬하게 벌어져도, AI 개발을 뒷받침하는 자금은 계속 순수 연결주의 쪽으로만 몰렸다. 마커스의 주장대로 신경기호 AI가 정말로 잠재력이 있느냐 여부는 문제의 핵심이 아니다. 보다 근본적인 문제는 바로 딥러닝 외의 대안과 다른 여러 가능성을 탐구할 수 있는 탄탄한 과학적 환경이 자꾸만 줄어들고 약화되고 있다는 데 있다.

기업의 후원이 AI 개발과 긴밀하게 얽히면서 힌튼과 수츠케버, 마커스의 경력에도 영향을 미쳤다. 구글이 힌튼과 수츠케버를 전적으로 지원하기 시작한 지 얼마 지나지 않아 2014년에 마커스는 지오메트릭 인텔리전스Geometric Intelligence라는 회사를 공동 창립했다. 2년 뒤 우버가 이 회사를 인수해 AI 연구 부문으로 삼았지만, 2020년 우버는 상장 직후 해당 부서를 해체했다. 이후 지오메트릭 인텔리전스의 몇몇 원년 멤버는 오픈AI에 입사하면서 신경기호 AI에서 딥러닝으로 전향했다.

지난 몇 년 동안 마커스는 오픈AI의 가장 큰 비판자 중 하나가 되었다. 그는 소셜미디어에 오픈AI의 연구를 낱낱이 비판하는 글을 올리고 오픈AI의 실수를 공개적으로 야유했다. 오픈AI 직원들은 사내 슬랙에 마커스 이모티콘을 만들어서 그가 오픈AI를 맹렬히 비판할 때마다 사기를 진작시키거나 농담용으로 사용했다. 2022년 3월에 마커스는 "딥러닝은 한계에 부딪히고 있다"는 제목으로 [미국의 과학 잡지] 〈노틸러스Nautilus〉에 기고한 글을 통해 딥러닝에 올인한 오픈AI의 접근법으로는 진정한 AI 발전에 도달하지 못할 것이라는 자신의 주장을 되풀이했다. 그로부터 한 달 뒤, 오픈AI가 출시한 DALL-E 2가 엄청난 화제를 모으자 브로크만은 DALL-E 2로 생성한 이미지를 "한계에 부딪힌 딥러닝"이라는 발칙한 캡션과 함께 트윗으로 공유했다. 다음날엔 올트먼이 연이어 트윗을 올렸다. "나도 형편없는 딥러닝 회의론자만큼 자신감이 넘쳤으면 좋겠네…" 많은 오픈AI 직원들은 마침내 마커스에게 복수하게 되었다며 즐거워했다.

오픈AI가 그려온 비전의 산물인 생성형 AI는 첫 번째 AI 상업화 시대 없이는 등장할 수 없었다. 생성형 AI는 입력 데이터의 복제본을 생성하도록 훈련된 딥러닝 모델이다. 기존에 입력된 텍스트를 바탕으로 새로운 텍스트를 만드는 방법을 배우고, 기존에 입력된 이미지를 바탕으로 새로운 이미지를 구현하는 방법을 배우는 것이다. 그러나 오픈AI가 AGI를 달성하기 위해서 반드시 도달해야 한다고 주장하는 수준, 즉 생성형 AI가 인간과 비슷한 수준의 정확도로 텍스트나 이미지를 생성할 수 있게 만들기 위해서 과거 그 어느 때보다도 훨씬 많은 데이터와 연산 자원이 생성형 AI를 훈련시키는 데 투입되고 있다. 따라서 생성형 AI는 딥러닝의 극대화된 형태라 할 수 있다. 생성형 AI는 첫 번째 AI 상용화 시대에 개량된 최첨단 소프트웨어와 하드웨어 덕분에 가능했다. 생성형 AI는 감시 자본주의를 통해 폭발적으로 증가하는 데이터에 의존한다. 가능한 한 많은 데이터를 소비하는 것을 도덕적 책무로 여기는 AI 연구문화가 이를 부추긴다. 이제 생성형 AI는 이러한 모든 현상을 더욱 강하게 밀어붙이고 있다.

2022년 11월 챗GPT가 이전의 그 어느 제품보다도 혁신적인 것으로 비춰진 이유는, 오픈AI가 딥러닝을 전례 없는 규모로 확장하겠다는 비전을 세우고, 막대한 자원으로 이를 밀어붙여 모델을 폭발적으로 키웠기 때문이었다. 그 결과 탄생한 모델은 규모가 너무나 큰 나머지 사용 가능한 데이터와 연산 자원, 에너지의 한계치에 근접할 정도였다. 챗GPT의 마케팅과 시장 전략 역시 혁신적이었다. 역사상 가장 강렬한 AI 시연의 주인공 일라이자와 마찬가지로, 인간 같은 챗봇 형식을 취한 것은 결코 우연이 아니다. 인간에게는 '나에게 말을 거는 것처럼 보이는' 모든 것을 지능, 심지어는 의식과 결부하는 심리가 있다. 일라이자가 의도치 않게 초기 AI의 대중적 이미지를 지배한 것처럼, 오픈AI는 챗GPT와 AGI의 연관성을 적극적으로 부추겼다. 챗GPT 열풍이 최고조에 달한 2023년 2월, 오픈AI는 올트먼 명의로 "AGI와 그 너머를 준비하며"라는 글을 블로그에 올렸다.[41] 이는 챗GPT가 범용 인공지능을 향해 대담하게 첫 발을 내딛었다는 암시였다.

하지만 실제로는 지능에 대한 이런 비유가 또다시 기술의 능력을 의인화하고 과대평가하게 만든다. 힌튼과 다른 딥러닝 절대주의자들은 규모가 충분히 커지면 인간과의 격차가 사라질 것이라고 예상했지만, 딥러닝의 문제점은 여전히 해결되지 않았으며 여러 이유로 오히려 더 심각해지고 있다.

생성형 AI 모델은 여전히 신뢰하기 어렵고 예측도 불가능하다. 이미지 생성기는 이제 훨씬 사진처럼 보이는 결과를 내놓지만, 여전히 사람의 손가락을 다섯 개보다 많게 표현하거나, 서로 다른 동물을 합쳐놓는 등 이상하고 섬뜩한 실수를 저지른다. 텍스트 생성기 또한 이전보다 더 수다스럽고 자연스러워졌지만, 특정 글자가 포함된 단어를 제시하라는 것과 같은 가장 기본적인 명령을 제대로 수행하지 못하는 데다 가끔 엉뚱한 대답을 하기도 한다. 마이크로소프트가 오픈AI의 챗GPT-4에 기반한 빙Bing의 새로운 챗봇 기능을 공개했을 때 〈뉴욕 타임스〉 칼럼니스트 케빈 루스Kevin Roose는 이 챗봇과 두 시간 넘게 채팅을 했다.[42] 대화는 자꾸만 이상한 방향으로 흘러갔고, 결국 챗봇은 반복적으로 루스에게 "당신을 사랑한다"고 고백하며 아내와 이혼하라고 종용했다. 다른 여러 사용자 역시 빙 챗봇이 욕설을 쓰고 정서적 조종을 시도했다고 밝혔다. 루스가 빙과 나눈 대화 내용을 보도한 다음 날, 마이크로소프트는 사용자가 15건 이상의 프롬프트를 입력시키며 장시간 챗봇과 대화를 나누는 것은 모델의 행동을 더 예측하고 통제하기 어렵게 하는 엣지 케이스라는 설명을 덧붙이며 빙의 세션당 최대 답변 갯수를 다섯 개로 제한했다. 결국 이런 시스템은 인터넷을 바탕으로 학습하는데, 인터넷에는 수많은 비주류 하위문화와 어두운 구석들이 존재한다. 따라서 이 시스템을 들여다보는 시간이 길어질수록 인터넷의 어두운 모습과 같은 훈련 데이터의 일부 패턴이 표면으로 드러날 가능성이 높아지게 된다.

루스의 사례는 재미로 끝날지 몰라도, 이러한 엣지 케이스의 실패가 얼마나 위험한지 보여주는 사건도 있었다.[43] 한 벨기에 남성이 극심한 불안감에 시달리는 상태에서 딥러닝 챗봇과 6

주에 걸쳐 대화를 나누다 결국 스스로 목숨을 끊었다. 이들의 대화는 갈수록 유해한 방향으로 흘렀다. GPT-3의 오픈소스 모방본을 기초로 만들어진 이 챗봇은 빙과 마찬가지로 해당 남성에게 사랑을 고백하고 아내와 거리를 두라고 설득했다. 남성의 아내가 벨기에 일간지 〈라리브르La Libre〉에 제공한 채팅 기록에 따르면, 챗봇은 남성에게 "당신이 나를 당신의 아내보다 더 사랑한다고 느낀다"는 말을 했고, 결국에는 남성에게 자살을 권유했다.

이런 문제의 원인은 과거와 다름없다. 규모가 얼마나 커지든 상관없이, 신경망은 통계적 패턴 매칭 시스템이라는 방식으로 작동한다. 그리고 그 패턴들은 예전과 마찬가지로 여전히 잘못되거나 엉뚱한 방향으로 흐르기도 하는데, 이제는 과거보다 훨씬 더 복잡하고 이해하기 어려워졌을 뿐이다. 기업들이 생성형 AI 모델을 검색 엔진으로 활용하기 시작하면서, 이러한 결함은 새로운 문제로 이어졌다. 생성형 AI 모델은 사실에 기반한 것이 아니며, 심지어 개별적인 정보에 근거를 둔 것도 아니다. 텍스트 생성기는 그저 문장 안에서 그 다음에 나올 만한 단어, 문단 안에서 그 다음에 나올 만한 문장을 예측할 뿐이다. 이러한 확률적 예측에 기반한 결과물이 인간의 글쓰기 패턴을 흉내내는 데 놀랄 만한 진전을 보여줄 수는 있어도, 그럴듯함과 정확함은 결코 같을 수 없다. 텍스트 생성기는 심각한 오류를 낼 수 있는데, 특히 훈련 데이터에서 잘 다뤄지지 않은 주제나 거짓 정보와 음모론으로 가득한 주제를 질문할 경우 그렇다. AI 업계에서는 이러한 오류를 "환각hallucinations"이라 부른다.

연구자들은 생성형 AI의 데이터 분포 중 품질이 높은 쪽으로 모델을 유도해 환각 오류를 없애려 했다. 그러나 루스와 빙의 대화, 우버 자율주행 시스템과 허츠버그 교통사고 등의 사례에서 볼 수 있듯이, 사람들이 모델을 어떤 식으로 자극할 것인지, 그러한 자극에 모델이 어떻게 반응할 것인지 모든 경우의 수를 예측하기 어렵다. 모델의 규모가 커질수록 문제는 더 심각해지는데, 모델 개발자가 모델의 훈련 데이터에 정확히 어떤 데이터가 들어 있는지 점점 알기 어려워지기 때문이다.[44]

환각 문제를 가장 선명하게 보여준 사례 중 하나로, 한 변호사가 챗GPT를 활용해 서류를 준비하여 법원에 제출한 일이 있었다. 이 서류는 해당 사건 판사가 지적한 대로 "가짜 판결, 가짜 인용구, 가짜 내부인용" 등 온통 가짜 투성이였다.[45] 그 변호사는 결국 징계와 벌금을 받고 공개적으로 망신을 당했다. 이 사건은 물론 변호사의 과실에서 비롯된 것이지만, 기업들이 모호하거나 과장된 마케팅을 통해 대중이 생성형 AI 모델의 성능에 대해 그릇된 인식을 갖도록 부추긴 결과이기도 하다. 올트먼은 특히 "정확성"에 있어서 "챗GPT는 매우 제한적"이라고 공개적으로 트윗을 한 바 있지만, 오픈AI 웹사이트는 GPT-4가 변호사 시험과 로스쿨 입학시험인 LSAT을 통과할 수 있다고 광고한다. 마이크로소프트의 나델라 역시 빙의 AI 챗봇이 "정확한 답변을 얻을 수 있도록" 도와주는 "더 나은 검색" 도구라고 묘사했다. **환각**이라는 용어도 교묘하게 오해를 불러일으킨다. 사실 이런 오류는 신경망의 확률적 패턴 매칭 방식에서 비롯되는 본질적인 특징임에도 불구하고, 그걸 환각이라고 부름으로써 그런 오류가 단순한 일탈이나 예외적 버그인 것처럼 여기게 된다.

이렇듯 생성형 AI에 대한 과도한 신뢰는 또다시 실제 피해로 이어질 수 있다. 특히 민감한 분야에서는 더더욱 그렇다. 여러 스타트업이 오픈AI의 모델을 기반으로 개발한 소프트웨어를 도입하여 경찰이 사건 보고서를 자동 생성하도록 압박하고 있고, 환자들은 이제 긴급한 의료 관련 질문을 의사가 아닌 챗봇에게 던지기 시작했다. 이런 상황에서 환각이 방치되면 심각한 피해가 발생할 수 있다. 2023년에 나온 한 연구에 따르면 챗GPT로 의료영상 판독 결과를 설명하게 하면 때때로 불완전하거나 유해한 정보를 제공하는 경우가 있다.[46] 한 극단적인 사례에서는 챗GPT가 뇌에 혹이 자라고 있는 의료영상을 "뇌에 아무런 손상도 없는 것으로 보인다"고 진단했다.

생성형 AI 모델은 또 사이버 공격에 여전히 취약하다. 2023년 몇몇 대학과 구글 딥마인드 소속 연구원들은 던 송 교수가 했던 챗GPT 데이터 추출 공격을 재현했다. 이들은 챗GPT에 *시* poem 또는 *책* 같은 단어를 계속 반복해 달라고 프롬프트를 입력하면, 모델이 그 단어를 반복하는 대신 훈련에 사용된 텍스트들을 그대로 토해 내기 시작한다는 사실을 알아냈다.[47] 그렇게 나온 훈련 데이터에는 개인 식별 정보, 코드 조각, 인터넷에서 긁어온 선정적인 내용 등이 포함되어 있었다.

생성형 AI 모델은 차별과 혐오로 가득한 콘텐츠를 증폭시킨다.[48] 〈블룸버그〉, 〈레스트 오브 월드Rest of World〉, 〈워싱턴 포스트〉 등 여러 언론 매체에서 스테이블 디퓨전Stable Diffusion과 DALL-E 같은 이미지 생성기가 어떻게 인종차별적이고 성차별적인 서사와 문화적 고정관념을 구체화하고 되풀이하는지 보도했다. "매력적인 사람"은 젊은 백인이다. "가정부"의 피부는 검거나 갈색이다. "엔지니어"는 남성이다. "아프리카 의사"는 백인으로 묘사되며, "흑인 아프리카 의사"라고 프롬프트로 특정해도 백인으로 나오는 경우가 있다.[49] 〈워싱턴 포스트〉의 보도에 따르면, 미국에서 저소득층에게 식료품 구입을 지원해주는 제도인 푸드 스탬프food stamp 수급자의 63%가 백인임에도 불구하고, 생성형 AI가 만들어낸 이미지에는 백인이 하나도 없었다. 이와 비슷한 맥락에서 〈블룸버그〉 또한 미국 전체 판사 중 32%가 여성인 데 반해 생성된 판사 이미지의 겨우 3%만이 여성이었고, 여성 의사가 전체 의사의 39%를 차지함에도 불구하고 생성된 의사 이미지 중 여성은 고작 7%에 그쳤다고 보도했다.

이 같은 기술적 문제가 있다고 해서 생성형 AI가 유용하지 않은 건 아니다. 사회적으로 어떤 위치에 있느냐에 따라, 어쩌면 당신은 오픈AI의 비전 덕에 굉장한 이익을 보고 있을 수도 있다. 어쩌면 당신은 챗GPT가 신속하게 내놓는 영리한 답변, 또는 생각할 거리를 주는 답변에서 큰 가치를 발견한 소비자일 수도 있다. 아니면 생성형 AI를 활용해 일상적 업무를 빠르게 처내며 생산성을 높인 직장인일 수도 있다. 혹은 경쟁력을 유지하기 위해 직원 수를 줄이면서도 매출을 높이는 데 성공한 기업의 리더일 수도 있다. 하지만 1790년대의 조면기, 메사추세츠의 교육 기술 스타트업, 남아프리카 공화국의 안면인식 기술 기업들, 그리고 앞으로 이 책에서 소개할 다른 여러 사례처럼, 이 비전은 세계의 수많은 취약 계층을 억압하는 대가로 얻어진 것이다. 이것이 바로 제국의 논리다. 제국이 유지되는 방식은 멀리 떨어져 눈에 잘 보이지 않는 약자들을 착취하고 박탈하는 것만큼이나 권력과 특권을 가진 이들을 보상하는 것에 의존한다.

대안의 필요성이 점점 더 절실해지고 있음에도 불구하고, AI

연구에서 아이디어의 다양성은 더욱 약화되고 있다. 학생들은 박사 과정을 중단하고 곧장 업계로 향한다. 중견 학자들은 어떻게 하면 돈 많은 기업에 손 벌리지 않고 계속 이 분야를 개척해 갈 수 있을지 고민해야 하는 위기에 직면해 있다. 점점 더 많은 연구자들이 딥러닝뿐 아니라 대형언어모델에만 집중하고 있다. AI 권력을 손에 쥔 이들은 더 이상 연구 의제를 설정하는 데 그치지 않고 분야 전체를 자신들의 의지대로 주무르고 있다.

　AI가 어떤 모습이 될 수 있을지에 대한 다른 선택지가 사라지자, 오픈AI가 우리의 상상력을 지배하게 되었다. 한때 극단적이라고 여겨졌던 스케일링에 대한 그들의 신념[딥러닝 모델의 성능이 모델의 크기, 데이터 양, 연산량을 늘릴수록 계속 좋아진다는 믿음]은 이제 기술산업 전반에서 교리처럼 받아들여지고 있다. 이러한 추세가 지속된다면, 이미 우리가 엄청난 규모라고 생각하는 지금의 생성형 AI 모델들이 보잘것없어 보일 정도로 미래의 모델은 거대해질 것이다. 2024년 4월, 앤트로픽의 CEO가 된 다리오 아모데이는 〈뉴욕 타임스〉 칼럼니스트 에즈라 클라인Ezra Klein과의 인터뷰에서 경쟁력 있는 생성형 AI 모델 하나를 훈련하는 데 드는 비용이 10억 달러에 육박하고, 2025년과 2026년에는 50~100억 달러에 이를 것으로 전망한다고 밝혔다.[50]

　스케일링 교리가 너무나 뿌리깊게 자리 잡은 나머지, 이를 자연스러운 현상처럼 바라보는 사람들까지 생겨났다. 스케일링이야말로 AI의 성능을 향상시키는 방법 중 **하나**가 아니라 **유일한** 방법이라 여기는 것이다. 국가적 차원의 전략이 바로 이 믿음을 기반으로 형성되고 있다. 미국 정부는 중국이 더욱 강력한 AI 시스템을 손에 넣지 못하도록 미국산 칩의 중국 수출을 적극적으로 규제하기 시작했다. 바이든 행정부가 발표한 인공지능 행정명령의 상당 부분 역시 AI 모델을 훈련시키는 데 사용한 연산 자원이 모델이 위해를 끼칠 수 있는 능력과 직접적인 관련이 있다는 전제를 바탕으로 작성되었는데, 이것 또한 규모가 곧 발전이라는 믿음을 다른 방식으로 표현한 것일 뿐이다. 그러나 스케일링만이 성능을 개선시키는 유일한 방법은 아니다. 딥러닝 내에서도 도외시되고 있는, 신경망 자체를 개선하는 방법이나 훈련 데이터 자체의 품질을 높임으로써 같은 수준의 성능에 도달하는 데 필요한 값비싼 연산을 상당히 줄일 수 있다. 신경기호AI, 순수 전문가 시스템, 또는 아예 근본적으로 새로운 패러다임 등 딥러닝을 벗어난 접근법도 스케일링의 논리를 깨뜨릴 수 있다.

따지고 보면 무어의 법칙은 무슨 절대적인 물리 법칙에 기반한 것도 아니었다. 그것은 그저 주어진 경제적, 정치적 상황에서 무어가 보기에 자신의 회사가 달성할 수 있는 발전 속도였고, 그 속도에 맞추기로 한 무어의 경제적이고 정치적인 선택이었다. 그가 그런 선택을 내리자, 나머지 컴퓨터 칩 업계는 그의 선택이 가장 경쟁력 있는 사업 전략임을 깨닫고 그를 따라갔다. 훗날 이른바 스케일링의 법칙으로 불리며 훨씬 과열된 규모 확대 경쟁을 불러온 오픈AI의 법칙도 무어의 법칙과 완전히 똑같다. 이건 자연 현상이 아니다. 그저 자기실현적 예언일 뿐이다.

5

야망의 크기

오픈AI의 스케일링 정신을 확립한 사람을 꼽자면, 그건 바로 공동창업자 수츠케버일 것이다. 그는 겨우 열일곱 살 때 아무런 연락 없이 제프리 힌튼의 연구실에 나타난 직후부터 오랫동안 딥러닝에 대한 절대적인 신념을 지녀왔다. 당시 수츠케버는 토론토 대학 학부에서 수학을 공부하며 생활비를 벌기 위해 동네 식당에서 아르바이트로 프렌치 프라이를 튀겼다. 수츠케버는 힌튼의 연구실에 들어가고 싶다고 선언했다. 힌튼은 수츠케버에게 미리 약속을 잡고 오라고 말했다. "알았어요," 수츠케버는 굴하지 않고 말했다. "지금은 어때요?"[1]

수츠케버는 연결주의의 원리를 빠르게 흡수했다. 그는 문제를 직관적으로 이해하고 이에 대해 명쾌하고 효과적인 해결책을 찾는 기묘한 능력으로 힌튼을 깜짝 놀라게 했다.[2] 수츠케버는 연구에 자신의 극적인 스타일을 더했다. 그는 가끔 새로운 아이디어에 흥분한 나머지 공유 아파트 한가운데에서 물구나무 선 채

팔 굽혀 펴기를 했다.[3] "딥러닝을 신뢰하지 않으면 안 된다."[4] 단정적으로 선언하는 경향이 있던 그는 이렇게 말하고는 했다. "성공이 보장되어 있으니까."[5]

힌튼은 2012년 이미지넷에서 획기적인 성과를 거둘 수 있었던 것은 수츠케버의 이러한 본능적 직관력과 크리제프스키의 프로그래밍 능력이 결합된 덕분이라고 말한다. 당시 딥러닝은 이미 음성 인식에 두각을 나타내고 있었기 때문에 힌튼은 딥러닝을 컴퓨터 비전에 도입하는 발상에 그다지 적극적이지 않았다. 그런데 수츠케버가 그 아이디어를 적극적으로 밀었다. 힌튼은 이렇게 말했다. "수츠케버는 딥러닝이 컴퓨터 비전에도 당연히 통할 것이고, 그게 당연히 대단한 일이 될 거라고 생각했죠. 그는 그것을 아주 분명하게 꿰뚫어보았고, 그의 생각이 맞았습니다."

수츠케버가 딥러닝에 대한 자신의 확고한 믿음을 오픈AI에 가져올 무렵은 인공지능 분야에서 딥러닝에 대한 믿음이 흔들리기 시작하고, 개리 마커스 같은 비평가가 새로운 패러다임을 내세우던 시점이었다.[6] 수츠케버는 흔들리지 않았다. 그의 믿음은 연결주의를 지탱하는 단순한 가설, 즉 신경망의 인공 뉴런(노드)이 생물학적 두뇌의 실제 뉴런의 근사값으로 충분하다는 생각에 뿌리를 두고 있었다.[7] 각 노드가 입력값을 받아 이를 변형시켜 결과값을 도출하는 것만으로도 뉴런과 유사성이 충분하다 믿었기에, 고도로 복잡한 정보처리 시스템을 만드는 데 노드를 사용할 수 있다는 게 이 가설의 내용이었다. 오픈AI의 초대 연구총괄책임자이자 널리 존경받는 AI 분야 선구자로서 수츠케버는 조직 전체가 나아갈 방향을 설정할 권한을 얻었다. 굳이 비유하자면 이는 과학 분야의 로또에 당첨된 것이나 마찬가지였다. 그는 거의 아무런 경쟁 없이 자신의 생각을 실행에 옮길 수 있는 풍부한 자원을 손에 쥐고 있었다. UC 버클리의 피터 아빌 교수는 오픈AI의 초창기를 이렇게 기억했다. "딥러닝이 아니면 아예 거들떠보지도 않았죠."[8]

딥러닝에 대한 수츠케버의 믿음만큼이나 스케일링에 대한 그의 관점 또한 확고했다. 수츠케버는 AI를 발전시키기 위해 굳이 더 복잡한 신경망을 만들거나 새로운 혁신적인 기법을 개발할 필요가 없다는, 당시로서는 극단적인 입장을 취했다. 그는 서로 다른 종의 지능이 생물학적 뇌의 크기와 상관관계가 있다고 말하곤 했다.[9] 따라서 노드와 뉴런이 비슷하다면, 단순히 신경망의 크기를 키워 노드가 더욱 더 많아지면 디지털 지능의 발전이 이뤄질 거라고 주장했다.

이러한 생각을 바탕으로 수츠케버는 마치 연구실을 운영하는 교수처럼 어느 프로젝트가 가장 추진할 만한 것인지 직원들에게 조언해주었다. 많은 과학자들이 수츠케버의 멘토십과 지도를 받기 위해 오픈AI에 들어왔다. "일리야는 10년 후의 미래를 내다볼 수 있어요," 한 오픈AI 연구원이 말했다. 수츠케버와 일한 경험이 있는 많은 이들도 이 말을 자주 했다. 또다른 이는 이렇게 말했다. "수츠케버는 마치 철학자 같아요. 그에게 여러 가지 아이디어를 제시하면, 그중에서 어느 것이 철학적으로 옳은 것인지 말해주죠."

수츠케버가 직접 프로그래밍하는 경우는 흔치 않았다. 기술적인 작업에 대한 그의 이런 방관적인 태도가 가끔 일부 직원들의 심기를 건드렸다. 한 엔지니어는 처음에 수츠케버를 쓸모없는 사람으로 생각했다고 털어놨다. 그가 보기에 수츠케버가 하는 일은 겨우 사무실을 헤집고 다니며 이 회의 저 회의에 잠깐 들어가서 항상 스케일, 스케일, 스케일! 같은 말만 되풀이하는 것 밖에 없어 보였다. 하지만 이 엔지니어는 단일한 목표를 중심으로 직원들을 결집시켜 당시에는 약체에 불과했던 오픈AI가 결국 구글과 딥마인드를 제치고 선두에 서는 걸 가능하게 만든 수츠케버의 신념의 진가를 훗날 알아보게 되었다고 말했다.

그렇다고 수츠케버가 설득력이 유난히 강한 사람은 아니다. 올트먼이 정치인이라면, 수츠케버는 그와 정반대다. 그는 결코 듣는 이들에게 잘 보이기 위해 에두르거나 부드럽게 말하는 법이 없었다. 그는 투박한 진심과 터무니없는 자신감으로 자신의 의견을 단순하게 전달했고, 이에 대한 반응은 둘로 나뉘었다. 그에게 공감하고 감명받는 이들이 있는가 하면 그렇지 않은 이들도 있었다. 오픈AI가 연구를 공개하기로 한 방침을 번복하고 비공개로 전환한 후에, 수츠케버는 그런 결정을 하게 된 이유를 꾸밈없이 설명했다. 그는 오픈AI가 원래 내걸었던 투명성 공약에 대해 〈버지The Verge〉의 AI 담당 기자 제임스 빈센트James Vincent에게 간단하게 말했다. "솔직히 말해 우리가 틀렸던 겁니다. 만약 당신이 우리처럼 언젠가 AGI가 믿을 수 없을 만큼 강력해질 것이라고 믿는다면, 이를 오픈소스로 공개하는 건 말도 안 됩니다."[10] 그는 상업적인 부분도 고려했다는 점을 숨김없이 말했다. "GPT-4 개발은 쉽지 않았습니다. 오픈AI의 거의 모든 직원들이 다 같이 달라붙어 아주 오랫동안 함께 일해 만들어낸 겁니다. 그리고 이런 제품을 만들고 싶어 하는 기업은 수도 없이 많죠."

오픈AI가 성장하고 수츠케버의 명성이 높아질수록, 이렇듯 여과 없이 있는 그대로 말하는 그의 화법은 골칫거리가 되었다.

그의 발언이 더 이상 연구자만을 대상으로 한 것이 아니라 일반 대중에게도 전달되었기 때문이다. 그러나 수츠케버는 한결같이 자신의 화법을 고수했다. 그는 그만의 낙관적인 자신감이 묻어나는 발언을 계속 했고, 그러한 발언은 비전문가인 일반인들에게는 중요한 맥락이 빠진 채로 전달되었다. 2022년에 수츠케버는 "오늘날의 대형 신경망은 아주 약간 의식을 갖고 있을지도 모른다"는 트윗을 했다.[11] 당시 다른 연구자들은 그런 발언이 기술에 대한 그릇된 인식을 대중에게 심어줄 수 있다고 경고하고 있었다. 인지와 의식을 전문적으로 연구하는 한 딥마인드 소속 연구원이 수츠케버의 트윗에 이런 댓글을 남겼다.[12] "… 드넓은 밀밭이 아주 약간 파스타인 것과 같은 의미로 말이죠." 이듬해 수츠케버는 한 컨퍼런스에 참석해 AGI가 궁극적으로 모든 일자리를 없앨 것이라고 선언해 공황을 야기했다.[13] 그해 가을 그는 아무런 과학적 근거도 없이 X에 이런 트윗을 남겼다.[14] "미래에는… *기막히게 효과적이고* 터무니없이 저렴한 AI 심리치료를 받을 수 있을 것이다." 이는 한 오픈AI 임원이 챗GPT와의 대화를 아무렇지도 않게 전문상담사의 심리치료에 비유하면서 인터넷상 논란을 촉발시킨 이후의 일이었다.

많은 사람들이 수츠케버를 따르게 된 이유는 그의 명성과 지위 때문이었다. 오픈AI의 직원 상당수는 그가 AI 분야에 어떤 공헌을 했는지 잘 알고 있었고, 일부는 그를 일종의 예언자 같은 존재로 여겼다. 시간이 흐르면서 오픈AI가 더 성공할수록, 수츠케버는 더욱 더 예언자 같은 행동을 하기 시작했다. 직원 전체회의에서 그는 극적인 효과를 위해 직원들 앞에서 숨을 깊이 들이마신 후 앞뒤로 왔다 갔다 걷다가 모호한 독려의 말을 하곤 했다.

2020년 9월의 한 화상회의에서는 그가 먼 곳을 바라보며 흐릿한 눈으로 공상과학 소설에 나올 법한 미래를 실현 가능한 비전으로 제시했다. 당시 베이 지역의 하늘은 근처에서 발생한 산불 때문에 주황빛이었는데, "이미 세상이 종말처럼 느껴져서 아주 초현실적이었어요." 한 연구원은 당시 상황을 이렇게 기억했다.

2022년 말 챗GPT 출시 직후 오픈AI는 캘리포니아 과학 아카데미California Academy of Sciences에서 연말 파티를 열었다. 오픈AI 셔츠와 검은색 자켓을 입은 수츠케버는 브로크만과 함께 짧은 소감을 말하기 위해 사람들 앞에 나섰다.[15] 여전히 말랐지만 강단 있는 체격에 머리가 벗겨지기 시작한 수츠케버는 소감 말미에 자신의 새로운 주문을 외웠다. "AGI를 느끼세요."

단순한 구조를 가진 신경망의 크기를 확장한다는 수츠케버의 철학에 따라, 오픈AI 초기의 핵심 질문은 '무엇을 확장할scale 것인가?'였다. 연구원들은 제각기 다른 제안을 하고 선택지 중 하나를 골라 만지작거렸지만, 당시 널리 쓰이던 신경망 중 어느 것도 적합해 보이지 않았다.

2017년 8월 구글이 트랜스포머Transformer로 알려진 새로운 유형의 신경망을 만들면서 상황이 달라졌다.[16] 트랜스포머는 장거리 패턴long-range pattern을 인식하는 데 뛰어난 성능을 보였다. 이게 무슨 말인지 이해하려면 초기 아이폰의 텍스트 자동완성 기능을 떠올리면 된다. 앞뒤의 주변 몇 단어만 보고 판단하는 단거리 패턴short-range pattern 분석 때문에 횡설수설하는 문장이 자주 만들어졌고 이는 밈으로 박제되기도 했다. 트랜스포머는 매우 긴 글도 소화할 수 있어 각 단어와 문장, 문단을 훨씬 더 큰 맥락에서 고려할 수 있었다. 구글은 이 트랜스포머를 검색 엔진과 구글 번역 및 기타 언어처리를 기반으로 하는 서비스를 개선하는 방법으로 여겼다. 그러나 수츠케버의 생각은 달랐다. 트랜스포머는 수츠케버가 찾던 단순하고 확장 가능한 신경망에 딱 들어맞았다. 그는 곧 트랜스포머를 사무실에 복음처럼 전파하기 시작했다.

몇몇 연구자는 이런 수츠케버의 행동을 이상하게 여겼다. 그 무렵 오픈AI에 펠로우로 입사한 MIT 출신 이린 두Yilin Du는 이렇게 말했다. "괴상한 아이디어라고 생각했어요. 트랜스포머는 굉장히 협소한 아키텍처 같았거든요." 하지만 힌튼 밑에서 박사논문 주제로 트랜스포머의 이전 모델을 다뤘던 수츠케버는 딥러닝을 한 단계 더 발전시킬 수 있는 잠재력이 트랜스포머에게 있다는 것을 알아보았다.[17] 오픈AI의 다른 구성원들 중에도 그만큼 신이 난 이들이 있었다. 일부 연구원들이 트랜스포머를 시험해보기 시작했다. 보스턴 지역 소재 올린 공과대학Olin College of Engineering을 중퇴한 알렉 래드포드Alec Radford도 그중 하나였다. 기술을 다루는 데 뛰어난 능력을 지닌 그는 트랜스포머의 규모를 조금 더 키우면 어떤 일이 벌어지는지 관찰하기 위해 노트북으로 조금씩 계속, 때로는 밤 늦게까지 실험을 하기 시작했다.

래드포드는 AI 연구자들이 다른 프로젝트를 위해 수집한 뒤 오픈소스로 공개한 데이터 세트를 다운받아 트랜스포머를 훈련시키는 데 사용했다.[18] 이 데이터에는 로맨스부터 모험까지 다양한 장르의 미출간 영어책이 7,000권 넘게 들어 있었다. 실험을 하는 동안 래드포드는 트랜스포머의 학습 과제를 바꾸는 운명적인 결정을 내린다. 구글처럼 트랜스포머를 외국어 번역에 사용하는 대신, 그는 트랜스포머가 문장에서 바로 다음에 나올 확률이 가장 높은 단어를 예측함으로써 텍스트를 생성하는 방법을 배우도록 만들었다. 오픈AI의 연구자들은 일찌감치 생성형 모델이 AGI에 도달하는 데 중요한 단계가 될 것이라는 가설을 세웠었다. 오픈AI는 기술을 의인화하는 표현으로 가득한 블로그 글을 통해 이 상황이 이론물리학자 리처드 파인만Richard Feynman이 남긴 명언 "만들 수 없다면 이해한 것이 아니다"라는 말과 비슷하다고 설명했다.[19] 수츠케버는 이 문제를 다른 방식으로 설명했다. 어떤 것을 그럴듯하게 생성하도록 모델을 훈련시키려면, 세계에 관한 데이터를 본질적인 요소로 '압축'하도록 만들어야 한다는 것이다. "지능은 압축이다"라고 수츠케버는 말하곤 했다. 그는 2016년 한 메모에서 범용 인공지능을 달성하는 데 **유일하게** 필요한 것이 바로 압축이라는 자신의 강한 믿음을 설명했다. 더 구체적으로 말하자면, 래드포드는 알고리즘에게 다음에 나올 단어 예측을 통해 그럴싸한 글을 쓰게 하는 단순한 목표를 줌으로써 모델이 영어의 뉘앙스와 구조를 더 깊은 수준에서 스스로 학습한다는 사실을 발견한 것이다.

머스크가 오픈AI 사무실을 방문했을 때, 래드포드는 자신이 진행 중이던 연구 상황을 시연했다. 모델이 만들어내는 문장은 형편없었고, 머스크는 매우 시큰둥했다. 래드포드는 처음엔 크게 낙심했다. 하지만 연구를 더 밀고나가자 예상 밖의 결과가 나왔다. 트랜스포머의 성능은 빠르게 향상되었고, 문서를 요약하거나 주어진 문서에 대한 질문에 답변하는 등 그가 지금껏 사용해본 그 어떤 모델보다도 언어처리 작업 성능이 월등히 뛰어났다.

2018년에 오픈AI는 그 모델의 첫 번째 버전을 공개했다. 이름은 사전 학습된 생성형 트랜스포머Generative Pre-Trained Transformer

로, 후에 GPT-1이라는 별칭으로 불렸다. 이름에 들어가 있는 사전 학습된이란 말은 AI 연구계에서 사용하는 전문용어로, 모델이 나중에 더 구체적인 작업을 학습하기 위한 전제 조건으로 일반화된 데이터를 사용해 학습시키는 것을 말한다. 즉, GPT-1은 영어라는 언어가 어떻게 구성되는지를 대략적인 근사치를 낼 수 있도록 일반화된 영어 데이터로 훈련한 모델이었다. 그런 다음 모델을 구체적인 용도에 맞게 선별한 데이터 세트를 토대로 훈련시킴으로써 "미세 조정fine-tuning" 또는 전문화하는 것이다. 예컨대 셰익스피어 희곡을 훈련 데이터로 사용해 모델이 셰익스피어 스타일의 산문을 생성하는 방법을 학습시킬 수 있다. GPT-1은 거의 아무런 주목도 받지 못했다. 그러나 이것은 겨우 시작에 불과했다. 래드포드는 이 아이디어를 지속할 만큼 충분히 입증했다. 다음 단계는 더 큰 확장이었다.

회사는 래드포드에게 회사의 가장 귀중한 자원인 연산 자원을 더 할당해주었다. 래드포드의 작업은 아모데이가 보스트롬의 책 《슈퍼인텔리전스》가 제안한 방향에 따라 감독하고 있던 AI 안전 프로젝트와도 자연스럽게 맞물렸다. 2017년, 아모데이의 팀 중 하나가 AI 시스템을 인간의 선호에 정렬시키는 새로운 기법을 탐구하기 시작했다.[20] 이 팀은 토이 문제toy problem[특정 현상이나 복잡한 기법을 이해하고 설명하기 위해 사용하는 단순화된 문제나 사례]에서 시작해 AI 에이전트에게 가상 비디오 게임과 유사한 환경에서 뒤로 공중제비를 도는 방법을 가르쳤다. AI 에이전트는 T자 모양 막대기 몸을 따라 관절이 세 개 있었다. 연구팀은 뒤로 공중제비 도는 방법을 배우라고 직접적으로 지시하는 대신, 에이전트에게 피드백을 주는 방식으로 학습을 진행했다. 이를 위해 연구팀은 에이전트가 가상환경에서 임의로 몸을 비틀고 돌리는 것을 관찰할 계약자를 고용했다. 계약자는 주기적으로 에이전트의 행동을 녹화한 영상 두 개 중 어느 것이 더 뒤로 공중제비 도는 것에 가까운지 선택해야 했다. 이런 과정을 900번 정도 거친후, T자 막대기는 마침내 관절을 접어 뒤로 공중제비를 도는 데 성공했다. 오픈AI는 이 기법이 구체화하기 어려운 지시를 AI 모델이 따르게 하는 방법이라고 블로그 글을 통해 홍보했다.[21] 연구팀은 이 기법을 "인간 피드백 기반 강화 학습$_{RLHF}$"이라 불렀다.

아모데이는 이제 토이 문제에서 한 발짝 더 나아가고 싶었고, 래드포드가 이뤄낸 GPT-1의 성과로 볼 때 언어모델이 다음 단계로 적합한 선택지 같았다.[22] 그러나 GPT-1의 성능은 너무나 제한적이었다. "우리는 인간의 피드백을 받고 인간과 상호작용할 수 있는 언어 모델을 만들고 싶어요." 아모데이는 2019년 나에게 이렇게 말했다. "인간의 가치와 선호에 대해 의미 있는 대화를 나눌 수 있을 정도로 강력한 언어 모델 말이죠."

래드포드와 아모데이는 힘을 합치기로 했다. 래드포드가 더욱 크고 다양한 데이터 세트를 수집하는 동안, 아모데이와 다른 AI 안전 연구원들은 점진적으로 더 큰 모델을 훈련시켰다. 이들은 당시로서는 업계 최대 규모인 15억 개의 매개변수를 가진 모델을 최종 목표로 잡았다.[23] 이 작업은 연구팀에게 트랜스포머의 유용성을 다시 한 번 확인해주었을 뿐만 아니라, 아모데이의 팀 중 하나가 오픈AI의 법칙 발견 이후 발전시키기 시작한 아이디어의 기반이 되었다. 경험 법칙은 오픈AI의 법칙 하나만이 아니라 여럿이었다. 아모데이의 연구팀은 이 일련의 법칙을 "스케일

링 법칙_{scaling laws}"이라 불렀다.[24]

오픈AI의 법칙이 그간 AI 분야에서 성능을 향상시키기 위해 어떻게 자원 규모를 확장해 왔는지를 설명한다면, 스케일링 법칙은 딥러닝 모델의 성능과 세 가지 핵심 요소(모델이 학습하는 데이터의 양, 훈련에 사용된 연산 자원, 매개변수의 개수) 사이의 관계를 설명했다. 과거 AI 연구자들은 이 세 가지 핵심 요소의 투입량을 어느 정도 비례를 맞춰 늘리면 모델의 성능도 어느 정도 비례해 개선될 것이라고 대략적으로만 알고 있었다. 아모데이와 그의 팀의 관찰 결과, 놀랍게도 이 세 가지 요소의 각 투입량과 측정 가능한 특정 작업(예를 들어 다음 단어 예측)에서의 모델의 성능 사이의 관계를 매끄러운 곡선으로 표현할 수 있었다. 즉, 특정한 성능 수준(예를 들어 다음 단어 예측 기능과 긴밀한 상관관계에 있는 텍스트 생성 숙련도 같은 능력)을 얻기 위해 필요한 데이터 양, 연산 자원의 양, 매개변수의 수를 아주 정확하게 예측할 수 있다는 뜻이었다. 그와 덜 직접적으로 연관된 능력의 경우라도, 이 입력값들을 늘리면 성능이 향상될 것으로 보였다.

오픈AI가 15억 개의 매개변수를 가진 최종 모델을 만들기까지 훈련시킨 여러 모델이 이러한 관계를 잘 보여줬다. 각 모델의 성능은 곡선 그래프에 맞게 매끄럽게 상승했다. 이를 감안하면 초기의 미숙했던 GPT-1에 비해 GPT-2라 명명된 모델이 거의 사람이 쓴 것처럼 느껴지는 훨씬 더 길고 어느 정도 일관된 문장을 만들어 낸 건 전혀 놀라운 일이 아니었다. 물론 지금의 최신 모델에 비하면 GPT-2가 생성한 문장은 투박하고 헛소리도 많았지만, 사상 최초로 글쓰기를 대규모로 자동화하는 일이 가능해진 것이었다.

그러나 GPT-2가 자연스럽고 매끄럽게 생성해내는 텍스트의
내용이 연구원들을 당황하게 했다. **힐러리 클린턴**Hillary Clinton이나
조지 소로스 George Soros 같은 단어를 입력하면 GPT-2가 갑자기 음
모론을 들먹였다.[25] 훈련 데이터에 포함된 소량의 신新나치 선전
물도 소름 끼치는 방식으로 모습을 드러냈다. 이런 예상치 못한
일탈은 AI 안전 연구자들을 불안하게 만들었고, 더 강력하면서
도 정렬되지 않은 AI로 인해 미래에 나타날 수 있는 남용과 위험
의 전조로 여겨졌다. GPT-2가 "재활용은 세상에 좋지 않다"로
시작하는 재활용 비난문을 만들어냈을 때, 한 AI 안전 연구원이
이를 출력해 사무실의 분리 수거함 위에 붙여 두었다.[26] 농담이
자 경고였다.

또다른 사례에서 누군가가 GPT-2에게 숙제를 끝내고 집안
일을 도운 어린아이들에게 줄 보상 방안을 마련하라는 프롬프트
를 입력했다. GPT-2가 사탕을 주라고 제안하자, 일부 AI 안전
연구자들은 그건 아동성애자들의 전형적 수법이라며 또다시 불
안해했다. 이 같은 반응을 본 한 유럽 출신 직원은 놀라움을 감추
지 못했다. "우리 엄마는 분명 그렇게 했어요. 여름철 일요일에
는 집안 심부름을 끝내고 아이스크림을 먹을 수 있었죠." 이렇게
회상하며 그는 어쩌면 그러한 과민반응이 미국만의 특색이 아닌
지 의심했다. 그는 이 사례를 오픈AI의 고상한 목표를 지탱하는
기본 전제에 대해 의구심이 들게 한 여러 순간 중 하나로 꼽았다.
전 인류에게 도움이 되려면 어떻게 해야 하는가? 그 질문에 비춰
보면 오픈AI는 세계적 대표성이 턱없이 부족했다. 미국과 문화
적으로 비슷한 유럽 출신임에도 불구하고, 그는 종종 미국적 가
치와 규범에 압도적으로 편향된 AI 안전과 기타 논의에서 이질

감을 자주 느꼈다.

　GPT-2 때문에 회사 내에서는 논쟁이 벌어졌다. 이제 오픈AI는 연구를 비공개로 전환할 시점에 도달한 것인가? 회사의 헌장에는 이 같은 가능성을 염두에 둔 조항이 있었다. 그 무렵 연구 총책임자로 승진한 아모데이와 자기 나름대로 실존적 위험과 그 밖의 위협을 걱정하던 정책실장 잭 클락이 결론을 내리는 데 앞장섰다.[27] 둘은 내부 설문조사를 실시하고 GPT-2가 어떻게 악용될 수 있을지를 검토하기 위해 "정보 위해information hazard"[닉 보스트롬이 만든 개념으로, 진실된 정보의 유포 또는 잠재적 유포로 인해 발생할 수 있는 위험을 말한다. 보스트롬은 핵폭탄 제조 방법이 유출되어 누구나 핵폭탄을 만들 수 있게 되는 경우를 예로 든다] 회의를 몇 차례 가졌다. 이들은 만약 GPT-2가 테러리스트나 독재자, 또는 클릭베이트 농장clickbait farm[단순히 '좋아요'를 대량으로 자동 생산해 광고수익을 챙기는 클릭농장Click Farm과 달리, 클릭베이트(실제 내용과 무관하거나 사실과 거리가 먼 추측을 자극적으로 포장해 클릭을 유도하는 행태)와 생성형 AI가 결합된 형태다. 생성형 AI를 이용해 텍스트나 이미지 등 사실이 아닌 콘텐츠를 대량 생산한 뒤, 과거 트래픽 유입량이 많아 포털이나 검색엔진 노출순위가 높지만 현재 사용되지 않는 웹사이트 도메인 주소로 게시하고 클릭을 유도함으로써 수익을 챙기는 행태를 말한다. 문을 닫은 언론사 웹사이트를 사용한 사례가 있다]의 손에 들어가면 범죄에 이용될 소지가 있다고 판단했다. 또한 설령 앞으로 나올 모델들은 더욱 강력해지기만 할 것이기 때문에 아직은 아니더라도 실존적 위협이 될 가능성이 높아질 것이라고 예측했다. 따라서 연구 결과물을 비공개로 전환한 선례를 미리 남기는 편이 낫겠다고 판단했다. 오픈AI는 GPT-2 전체 버전은 공개하지 않기로 결정했다.

기자 출신인 잭 클락은 오픈AI의 전략 및 홍보팀장을 맡던 중 정부와의 소통을 강화하기 위해 2018년 말 정책대응팀장으로 완전히 자리를 옮겼다. 클락은 워싱턴을 수시로 찾았고, 정책결정자들이 궁금한 것이 생기면 찾아가는 AI 맨 역할을 즐겼다. 그는 자신이 "AI 위키피디아"라고 말하곤 했고, 오픈AI 직원인 자신의 "편향"도 솔직히 밝혔다.[28] "우리는 여러 행정부를 거치며 안정적인 환경에서 첨단 기술을 위한 정책 결정이 이루어지기를 원합니다. 우리가 추구하는 사명은 결코 한 대통령의 임기 안에 완수할 수 있는 성질의 것이 아니기 때문입니다."

이 이야기를 내게 해준 뒤, 그는 이렇게 덧붙였다. "정책결정자들이 우리에게 꽤 많은 시간을 내준 건 큰 행운이었습니다. 정책과 규제가 제대로 된 방향으로 가려면 정책결정자들이 더 많은 정보를 접하는 게 좋고, 또 그들이 자체적으로 정보를 얻을 방법을 많이 보유하는 게 낫기 때문입니다."

클락은 2019년 2월 대대적인 언론 플레이를 펼쳤다. 오픈AI가 위험한 기술을 만들었고, 그 위험성 때문에 기술을 공개하지 않기로 결정했다는 내용이었다. 대신 모델이 어떤 성능을 가졌는지 대중들이 엿볼 수 있게 전체 모델 매개변수의 8%만 담은 축소 버전만 살짝 맛보기로 공개하겠다고 했다. 그가 아모데이 등 몇 명과 함께 쓴 블로그 글에는 GPT-2의 결과물을 예시로 공개하며 모델의 온전한 잠재력을 드러냈다.[29] 그는 나의 동료 기자였던 〈MIT 테크놀로지 리뷰〉의 윌 나이트Will Knight에게 이렇게 말했다. "이 기술이 성숙해지면, 제 생각엔 아마 1~2년 안에 그리 되리라 봅니다만, 이 기술은 분명 허위 정보나 선전에 사용될 수 있을 겁니다."[30] 클락은 그 기술을 그렇게 빠른 속도로 성숙시키는 데 오픈AI가 앞장서고 있다는 사실은 슬쩍 비껴가며 이렇게 말했다. "우리는 이 문제를 선제적으로 다루고자 합니다."

오픈AI의 조치에 외부 연구자들은 격렬하게 반발했다. 그들은 오픈 사이언스open science가 AI 분야의 근간이라는 원칙을 철저하게 고수했고, 여기에 참여하지 않는 조직은 일단 의심의 눈초리로 주시했다. 특히 오픈AI가 이번 결정을 공개적으로 자랑스레 이야기했기에 더 그랬다. 많은 연구자들은 그저 성능 좋은 자동완성 소프트웨어에 불과한 GPT-2를 두고 오픈AI가 지나치게 호들갑을 떤다고 여겼다. GPT-2는 심각한 위협이 되기에 턱없이 부족했다. 그리고 만약 정말 위협이 될 성능을 가졌다면, 왜 만천하에 그 사실을 공표해놓고는 공개 검증은 피하려 하는가? 이 모든 과정은 위선적이고 자기 과시적인 홍보용 쇼처럼 느껴졌다. 스탠퍼드 대학에서 래드포드가 GPT-2에 대해 강연했을 때, 저명한 자연어 처리 교수가 마지막 질문을 하겠다며 손을 들었다. "그래서, 그게 정말 *위험한가요?* " 그는 조롱하듯 물었다. 강연장은 웃음바다가 되었다. 현장에 있었던 한 스탠퍼드 대학 연구원은 당시 상황을 술회했다. "알렉은 정말 슬퍼 보였습니다. 스탠퍼드는 오픈AI를 정말 무시했어요."

오픈AI 내부에서도 많은 연구원들이 아모데이와 클락의 결정에 불만을 가졌다. 두 사람이 말하는 '재앙적 위험'에 동조하지 않는 이들에게는 아모데이와 클락의 결정도, 이어진 선정적인 언론 플레이도 황당할 뿐이었다. 그런 위험을 일부 인정하는 연구자들조차도 두 사람의 판단력을 의심했다. 한 AI 안전 연구자는 내게 이렇게 말했다. "그렇게 야단법석을 떨어댄 건 실수였어요. 마치 '늑대가 나타났다!'고 외친 거짓말쟁이 양치기 소년이 된 느낌이었어요."

외부에서 비난이 빗발치자 상황을 통제해야 하는 클락은 쏟아지는 전화에 응대하느라 눈코 뜰 새 없이 바빴다. 그는 논란을 일축했다. "우리가 기존의 틀을 깨고 있으니 그에 대해 다양한 의견이 나오는 건 당연합니다." 나중에 내가 사무실에 방문했을 때 그는 이렇게 말했다. 그는 조만간 첨단 AI를 연구하는 모든 조직이 연구 내용을 선별적으로 공개해야 할 것이라고 말했다. 무방비 상태로 당하지 않기 위해 그런 절차가 어떤 모습을 갖추게 될지 오픈AI가 시범을 보이는 데 앞장서고 있다는 것이었다. "만약 우리가 맞다면, 그리고 AGI를 만드는 게 가능하다면, 정보 위해를 다루는 절차는 꼭 필요할 겁니다."[31]

그러면서 연구자들이 오픈AI의 방침을 달가워하지 않은 것과 달리, 정책결정자들은 오픈AI의 결정을 환영했다고 그는 덧붙였다. 워싱턴의 많은 이들은 AI 연구계의 열린 문화를 위협으로 여겼다. 그런 가운데 오픈AI가 이런 문화에 맞선 결정을 내린 점은 워싱턴에서 오히려 오픈AI에 대한 신뢰를 높여주었다.

그러나 오픈AI 경영진은 AI 연구 커뮤니티의 반감을 사는 게 장기적으로 손해라는 것을 잘 알고 있었다. 오픈AI는 갈수록 나빠지는 평판 때문에 고심했다. AGI에 대한 터무니없는 주장을 내세우고 GPT-2로 유난을 떤 데다가, 이제는 2019년 초에 발표한 프랑켄슈타인 같은 회사 구조로 인해 사방에서 비판이 쏟아졌다. 분야 내 최고 연구자들은 점점 더 의심의 눈초리로 오픈AI를 바라보기 시작했다. 거기다 아직 회사 지분이 아무런 가치도 없는 상태였기 때문에 유능한 인재를 확보하고 보유하는 데 여전히 애를 먹고 있었다. 직원들은 자기 회사에 지원하는 사람들이 단순히 구글이나 딥마인드로부터 더 높은 연봉을 받기 위한 협상카드로 쓰고자 하는 게 아닌가 의심했다. 오픈AI는 연구 조직으로서 나름의 정당성을 확보할 방법을 찾아야 했다.

이 문제는 점심 시간이나 회의 중에도 자주 등장하는 단골 소재였고, "연구 공동체 접촉 브레인스토밍"이라는 제목의 내부 문서에서도 자세히 다뤄졌다.[32] "전략"이라는 소제목을 단 부분에는 "머신러닝 커뮤니티를 회사 홍보의 주요 이해관계자로 다룰 것"이라고 적혀 있었다. "우리가 의도한 경우가 아니라면 적대감을 불러일으키지 않도록 외부 발표 어조와 전달 방식을 바꿀 것." 이 문서는 AI 연구 공동체에서 평판이 나빠지면 워싱턴에서의 영향력도 약화될 수 있음을 인정했다. "정책" 부분엔 이런 대목이 있다. "정부 차원의 정책적 영향력을 갖기 위해서는 우리가 머신러닝 연구와 AGI에 있어 가장 믿을 만한 조직이라는 평판을 얻어야 함. 연구 공동체의 폭넓은 지지와 후원은 그런 평판을 얻기 위해 꼭 필요할 뿐만 아니라, 우리 의견에 더욱 힘을 실어줄 것임."

클락의 팀은 GPT-2를 단계적으로 공개하는 새로운 계획을 마련했다. GPT-2를 영원히 비공개 처리하는 대신, 오픈AI가 그간 개발한 모델들을 시간 차를 두고 크기가 작은 것부터 점차 큰 것으로 단계별로 출시하고, 반응이 좋으면 15억 개의 매개변수를 가진 GPT-2 전체 버전을 공개한다는 계획이었다. 이를 통해 오픈AI뿐 아니라 다른 이들도 모델이 커질수록 어떤 문제가 발생하는지 점진적으로 관찰할 수 있을 뿐 아니라, 오픈AI가 외부 조직과의 파트너십을 통해 출시 사이 사이에 잠재적 위협을 연구할 시간을 벌 수 있다고 클락은 설명했다.

클락은 그러한 파트너십을 통해 연구 생태계를 구축하는 것이 중요하다고 팀원들에게 당부했다. 유명한 기관과 협력하는 것이 AI 안전 위협을 연구하는 업계와 학계 사이의 협업을 늘리는 데 도움이 되리라는 생각이었다. 그러한 협업은 또 연구 공개 관행을 바꾸려는 오픈AI의 노력을 널리 인정받게 하고, 동시에 오픈AI의 평판을 높이는 데에도 도움이 될 것이었다. 클락의 팀은 엄선한 AI 및 보안 연구자들에게 GPT-2 전체 버전을 맛보기로 공개해 GPT-2가 악용될 가능성을 시험할 기회를 제공했다. 클락은 오픈AI가 개별 연구자뿐만 아니라 그들이 소속된 조직도 오픈AI의 파트너로 명시할 수 있도록 자신의 팀원들에게 각 연구자가 소속된 조직으로부터 가능한 한 "최고로 강력한 추천사"를 받아오라고 지시했다.[33] 그 다음 그렇게 맺은 파트너십을 강조하고 단계별 출시 전략을 홍보하는 백서를 준비했다. 오픈AI를 업계 리더처럼 보이게 하기 위해 GPT-2 이후 연구 내용을 곧바로 공개하던 관행에서 벗어난 조직들의 사례도 넣었다.

이런 노력은 빛을 발했다. 얼마 지나지 않아 업계와 정책연구소 사이에서 연구를 바로 공개하지 않는 것이 AI 안전 위협을 관리하기 위한 책임감 있는 접근법이라는 논의가 싹트기 시작했다.[34] 2020년 말에 클락은 아모데이 남매를 따라 오픈AI를 떠나서 앤트로픽을 함께 세우게 된다. 그때까지 그가 오픈AI에서 한 일은 훗날 오픈AI의 영향력을 확립하는 데 큰 도움이 되었고, 오픈AI가 정책결정자들 사이에서 영향력을 키울 기반을 마련해주었다.

오픈AI는 연구를 체계화하기 위한 단계별 이행계획을 세우기 시작했다. 아모데이는 이를 "투자 포트폴리오"라 부르며 마치 투자자처럼 행동했다.[35] 그와 연구원들은 범용 인공지능을 어떻게 만들 것인가에 대한 다양한 철학적 뿌리에서 나온 여러 아이디어를 주시하며 각 아이디어를 소규모 실험을 통해 진척시켰다. 그중 유망해 보이는 것은 지속하고, 그렇지 않은 것은 폐기했다.

도타2 비디오게임 챔피언십 우승 프로젝트는 아모데이가 보기에 더 이상 유용하지 않았다. 도타2 팀은 상대를 꺾고 4월에 목표를 달성했으며 마이크로소프트의 투자를 받는 데도 일조했다. 이 프로젝트는 또 일부 직원에게 회사의 스케일링 전략에 대한 확신을 심어주었다. 아모데이는 이 프로젝트는 할 만큼 했다고 생각했다. 도타2 팀은 해체됐다.

그에 비해 GPT-2는 여전히 가능성이 많은 프로젝트였다.[36] GPT-2는 AI 분야에서 "순수 언어pure language" 가설이라고 알려진 입장을 대표한다. 이 가설에 따르면, 인간은 언어를 주된 소통 수단으로 사용하기 때문에, 세상의 모든 지식은 어느 시점에 반드시 활자로 기록된다. 때문에 AGI를 만들기 위한 유일한 방법은 바로 어마어마하게 많은 양의 언어로 알고리즘을 훈련시키는 것이다. 이와 대척점에는 "그라운딩grounding" 가설이 있다. 이 가설은 물리적 세계와, 인간이 그 세계를 지각하고 상호작용하는 능력이 지능을 구성하는 핵심 재료라고 주장한다. 따라서 AGI는 언어뿐 아니라 시각 같은 지각 능력, 더 나아가 실제 세계에서 행동을 수행하는 물리적 혹은 가상 에이전트의 상호작용까지 결합되어야만 등장할 수 있게 된다.

연구원들은 회사 내부 문서에 각기 다른 접근법의 장단점을 저울질했다.[37] 그중에는 AI 안전팀이 "순수 언어" 가설의 효용성을 따지는 과정에서 이를 장애를 가진 사람에 빗대 불쾌한 비유를 하는 대목이 나온다. 이런 사례는 지능이라는 개념이 얼마나 쉽게 어떤 집단이 더 우월하거나 열등하다는 충격적인 평가질로 치우칠 수 있는지 잘 보여준다.

"언어의 중심적 역할에 대한 몇 가지 초기 주장"이란 제목의 문서에는 이런 대목이 나온다. "어떤 형태로든 언어는 야생의 인간과 사회의 인간을 구별하는 요소다. 예: 헬렌 켈러Helen Keller."[38] 문서의 여백에 AI 안전 연구원들은 "순수 언어" 가설에 대한 찬반 주장을 댓글과 답글을 통해 펼쳐 나갔다.

한 연구원은 컴퓨터 비전을 통한 "그라운딩"이 꼭 필요하지 않다는 근거를 이렇게 댔다. "시각장애인도 정상 시력의 사람 못지않게 유능합니다."

"시각장애인은 심각한 경제적 불이익을 겪습니다." 또다른 이는 시각장애를 가진 성인의 70% 이상이 상근직으로 일하지 않는다는 미국 시각장애인연맹이 발표한 통계를 인용했다.

또다른 이는 이렇게 댓글을 썼다. "그래도 시각장애인이 침팬지보다 훨씬 유능하지요. 아주 대단한 시각장애인도 있습니다."

오픈AI 연구원 중 다수는 당초 순수 언어 가설에 회의적이었지만, GPT-2가 그들의 생각을 바꿔놓았다. 다음 단어 예측의 정확성을 계속 높이는 방향으로 모델을 훈련시켜 보니, 이와는 그다지 관계가 없어 보이는 [문서 요약, 질문에 답하기 등] 다른 작업에서의 성능도 꽤나 많이 향상된 것이다. GPT 모델을 계속 이런 식으로, 즉 다음 단어 예측 정확성이 더욱 높아지도록 훈련시킴으로써 더 포괄적인 능력을 갖추게 하는 게 가능하고 그럴듯해 보이기까지 했다. 아모데이는 점차 언어 모델을 스케일링하는 것이 AGI를 만드는 유일한 방법까지는 아니더라도 어쩌면 가장 빠른 방법일 수도 있겠다고 생각하기 시작했다. 로봇공학팀이 만든 로봇 손이 자꾸만 하드웨어 문제가 생기면서 비용은 많이 들고 진척은 느린 최악의 조합을 만들어낸 것도 여기에 한몫했다.

하지만 문제가 하나 있었다. 오픈AI가 계속해서 언어모델의 규모를 확대할 경우, GPT-2에 대해 자신들이 경고한 잠재적 위험을 더욱 키울 수 있다는 점이었다. 아모데이는 그렇다고 해서 이를 주저해서는 안 된다고 주장했고, 올트먼도 여기에 동의했다. 아모데이는 오히려 오픈AI가 최대한 빨리 언어모델의 규모를 확장하되, 즉시 공개하지는 말아야 한다고 말했다. 오픈AI는 이미 외부인들이 얼마나 손쉽게 강력한 성능을 지닌 AI 기술을 손에 넣을 수 있는지 GPT-2 출시 경험을 통해 배웠다.[39] 실제로 오픈AI가 GPT-2 최종 버전을 공개하기 전에 이미 대학원생 두 명이 GPT-2의 오픈소스 버전을 만든 사례가 있었다. 다른 이들이 앞질러 언어 모델을 확장하기 시작하는 것은 이제 시간 문제였다. 그렇다면 공익을 위한 AGI를 보장하기 위한 최선의 방법은 바로 오픈AI가 경쟁자들보다 훨씬 앞서 나가 내부적으로 시간적 여유를 확보한 뒤, 그 기간 동안 대규모 모델을 더욱 안전하게 만들 방법을 강구하는 것이었다. 모델을 공개할 시점이 오면, 처음에 GPT-2를 비공개하기로 한 것이 연구 결과 공개의 관행을 바꿨던 것과 마찬가지로 내부 연구를 통해 훨씬 안전하게 개선된 사양이 AI 안전 규범을 확립하는 데 도움이 될 터였다.

GPT-2의 일부가 세상에 공개된 마당에 순수 언어모델의 위험성이 우려했던 것만큼 나쁘지는 않다는 정황도 있었다. 오픈AI가 아는 한 GPT-2가 대규모의 조직적 허위정보 캠페인에는 사용되지 않았고, 그런 캠페인은 AGI가 야기할 수 있는 잠재적 실존적 위협보다는 훨씬 낫다고 여겨졌다.

"악용은 당연히 안 좋죠," 아모데이가 내게 말했다. "하지만 언어 모델은 AGI보다 훨씬 성능이 떨어집니다. 물론 저도 언어 모델이 허위조작정보 같은 것에 악용되는 게 매우 걱정되고 무섭습니다만, 동시에 그런 류의 위험은 상당히 성격이 뚜렷하고 분명하며 파악하기 쉽다고 봅니다."

다시 말해 아모데이가 보기에 GPT-2의 규모를 확대하는 것은 잠재적으로 AGI에 가장 빨리 도달할 수 있는 경로일 뿐 아니라, 그 과정에서 발생할 수 있는 위험도 허위조작정보나 가짜정보 등 비교적 감당할 수 있는 종류로 한정되어 있다는 뜻이었다. 따라서 오픈AI는 강력하지만 **너무** 강력하지는 않은 AI 시스템을 가지고 보다 안전하게 여러 가지 실험을 해보고, 공개하기 전에 모델이 가진 문제를 해결할 기회를 갖는다는 의미였다.

"AGI란 무엇인가요? AGI는 어떤 모습인가요?" 아모데이가 말했다. "잘 알다시피 저희는 AGI가 어떤 모습일지 모르는 약간 어정쩡한 위치에 있죠. 그게 언제 출현할지도 모릅니다. 따라서 우리는 AGI는 아니지만 적어도 AGI가 제공할 기회와 위험의 일부를 보여주는 것들을 찾으려고 노력합니다. 만약 우리가 그것들을 잘 다룰 수 있게 된다면, 아마 더 큰 것도 다룰 준비가 됐다는 뜻이 아닐까 하는 생각이죠."

그의 논리는 특정한 전제 아래에서만 성립되는 것이었다. 그 전제는, 비록 형태도 모호하고 정체도 알 수 없지만, AGI는 반드시 도래한다는 필연성에 기반한 것이었다. 오픈AI는 자신들의 행동을 정당화하기 위해 이 주장을 그 후로도 수년간 다른 방식으로 변주하며 되풀이했다. 멈출 수 없는 AGI의 출현이라는 위협이 있는 한, 오픈AI는 더욱 더 강력한 모델을 개발함으로써 이 미래에 대비하고 사회를 대비시켜야만 했다. 설령 그렇게 개발한 모델이 자체적인 위험을 갖고 있다 해도, AI로 인한 종말을 방지하거나 그에 대처할 수 있는 역량을 기르기 위해서라도 그러한 위험을 감내해야 한다고 여기게 만들었다.

챗GPT가 선풍적인 인기를 끌던 2023년 초, 한 중국인 AI 연구원이 나에게 오픈AI의 필연성 주장을 무너뜨리는 명쾌한 분석을 내놨다. 그는 오픈AI가 한 일은 실리콘밸리 말고는 세상 어디에서도 일어날 수 없다고 했다. 미국과 맞먹는 AI 인재 보유국인 중국에서도, 아무리 뛰어난 연구자와 엔지니어로 구성된 집단이라 하더라도 그들이 개발하려는 기술이 정확히 어떤 모습이고 무엇에 도움이 될지 분명하게 설명하지 못한다면 그렇게 비싼 기술을 개발하는 데 100억 달러는 커녕 10억 달러도 받지 못한다고 했다. 중국 기업과 투자자들이 거대 모델 개발에 의욕적으로 투자하기 시작한 것은 챗GPT 출시 이후였다. 그제서야 상용화를 통해 투자금을 회수할 수 있다는 충분한 증거를 보았기 때문이다.

취재를 하며 나는 훨씬 더 놀라운 결론에 이르렀다. 실리콘밸리에서조차 기업과 투자자들이 그토록 막대한 금액의 돈을 스케일링에 쏟아붓는 경우는 챗GPT 이전까지 없었다. 오픈AI의 라이벌이었던 딥마인드와 구글도 마찬가지였다. 창립 초기 억만장자의 영향과 독특한 이념적 성향, 그리고 올트먼 특유의 추진력, 네트워크, 자금조달 능력 등이 결합됨으로써 오픈AI 고유의 비전이 싹트고 세력을 넓힐 수 있었다. 한 전직 오픈AI 직원은 이렇게 말했다. "샘 올트먼이 지구상에서 가장 야망이 큰 사람이라는 느낌을 받습니다." 다시 말해, 오픈AI가 한 모든 일은 불가피함과는 정반대였다. 오픈AI가 만든 거대한 딥러닝 모델로 인해 전 세계적으로 막대한 비용이 들기 시작했고, 다른 기업들이 이를 따라잡기 위해 위험한 규모 경쟁이 벌어졌다. 이 모든 것은 오로지 오픈AI이기에 가능했던 일이었다.

2019년 빌 게이츠 앞에서 할 시연을 위해 오픈AI는 이미 GPT-2를 원래보다 약간 더 큰 규모로 확장시킨 상태였다. 하지만 아모데이는 겨우 약간만 확장한 모델에는 관심이 없었다. 오픈AI가 선두에 서서 격차를 벌려 시간을 버는 게 목표라면, GPT-3는 가능한 한 큰 규모로 만들어야 했다. 그 무렵 마이크로소프트는 오픈AI에 대한 투자의 일환으로 딥러닝 모델 훈련에 당시로서는 세상에서 가장 뛰어난 엔비디아 V100 칩이 1만 개 들어 있는 새 슈퍼컴퓨터를 오픈AI에 보내주려던 참이었다. (엔비디아 칩 이름에 들어간 V는 이탈리아의 물리학자이자 화학자인 알레산드로 볼타Alessandro Volta의 이름을 딴 것이다.) 아모데이는 그 칩을 모두 한꺼번에 써서 새로운 대형언어모델을 만들고 싶었다.[40]

많은 이들은 그것을 너무 어처구니 없는 아이디어라고 생각했다. 그때까지만 해도 수십 개의 칩만 사용해도 이미 대규모 모델로 간주하던 시절이었다. MIT와 스탠퍼드 같은 최고 대학 연구실에서도 박사과정 학생이 GPU 10개를 쓸 수 있다면 큰 호사였다. 미국 밖에 있는 대학들, 예를 들면 인도 같은 곳에서는 GPU 한 개를 여러 학생이 함께 사용했고 GPU 한 개의 아주 작은 일부분만 연구에 쓸 수 있어도 행운인 상황이었다.

오픈AI 연구원들 중 다수는 아모데이의 아이디어가 제대로 실행되기나 할지 의심했다. 몇몇은 그보다 점진적으로 규모를 키우는 쪽이 훨씬 신중하고 과학적이며 예측 가능한 접근법이라고 주장했다. 하지만 아모데이는 자신의 제안을 완고하게 고집했고 다른 임원들의 지지를 등에 업었다. 수츠케버는 트랜스포머를 스케일링한다는 자신의 가설을 실험해보고 싶어 안달이었고, 브로크만은 지속적으로 회사의 인지도를 높이고 싶어했으며, 올트먼은 최대한 과감한 시도를 적극 지지했다. 아모데이는 곧이어 연구 책임자로 승진했다.

한편 올트먼은 마이크로소프트가 투자한 10억 달러에는 10억 달러만큼의 기대치가 따른다는 사실을 아주 잘 알고 있었다. 오픈AI는 그러한 비용을 정당화할 무언가를 만들어내야만 했다. 아모데이가 더 큰 언어 모델을 AI 안전 연구에 필요한 전제조건으로 보았다면, 올트먼은 그것을 오픈 AI가 마이크로소프트에 약속한 바를 실현해줄 잠재력으로 보았다.

그 후 몇 개월 동안 아모데이와 올트먼은 GPT-3의 출시 날짜를 두고 충돌했다. 결국 올트먼이 이겨 GPT-3는 계획보다 훨씬 앞당겨 출시됐다. 챗GPT가 세상에 나오기 몇 년 전에 이루어진 이 두 가지 결정, 즉 GPT-3의 규모를 폭발적으로 키우기로 한 결정과 그렇게 만든 모델을 빨리 출시하기로 한 결정은 AI 개발의 경로 전체를 바꿔 놓았다. 기업 간, 국가 간 격렬한 경쟁을 촉발시키며 AI 개발이 급격히 가속화됐다. 전례 없는 감시 자본주의와 노동력 착취의 확장을 부채질했다. AI 개발에 필요한 자원의 양이 워낙 압도적으로 컸기 때문에 이전까지 볼 수 없던 정도로 기술 개발 역량이 소수에게 집중되면서 세상의 나머지는 개발에 아예 참여조차 하지 못하게 됐다. 업계와 더 이상 경쟁하지 못하게 된 대학은 박사과정 학생들과 교수들을 업계에 빼앗기는 악순환에 빠졌고, 이는 독립적인 학술 연구를 위축시켰으며 책임성의 종말을 고했다. 투명성도, 규제도 없는 상황에서 AI가 환경에 미치는 영향이 얼마나 증폭되었는지는 외부 전문가도 정부도 현재까지 정확히 계산하지 못하고 있다.

하지만 아직은 이 모든 일이 일어나기 전이었다. 2019년 가을, 아모데이는 AI 안전 연구원을 주로 하여 네스트Nest라는 팀을 꾸렸다. 그는 GPT-3의 개발을 회사 내에서 철저히 통제하겠다는 의지를 갖고 있었다. 그렇게 네스트 팀은 본격적인 스케일링 작업을 추진하기 시작했다.

GPT-3는 구조적으로는 사실상 GPT-2와 동일한 모델이었다. 차이점이라면 전보다 훨씬 방대한 데이터와 연산 자원을 사용해 규모를 극적으로 키움으로써, 단지 양의 차이가 아니라 본질적인 차이로 보일 정도의 결과를 만들어냈다. 하지만 1만 개의 칩을 한꺼번에 사용하면서 새로운 문제가 발생했다. 노트북에 너무 많은 창이 열려 있을 때 노트북이 갑자기 작동을 멈출 수 있는 것과 마찬가지로, 모델의 학습 도중 칩 1만 개 중 어느 한 개가 작동을 멈출 가능성이 적지만 항상 있었다. 칩 하나가 멈추면 모든 게 멈추는 구조였기 때문에 모델 학습을 처음부터 다시 시작해야 했다. 단일 칩이 고장 날 확률은 GPU 1만 개에 걸쳐 현저하게 증폭됐다. 네스트 팀은 모델 학습이 최소 몇 개월은 걸릴 것이라고 예측하고 있었기 때문에 그런 오류는 시간과 비용 측면에서 엄청난 손실을 초래할 수밖에 없었다.

이 문제를 해결하기 위해 네스트 팀은 훈련 중 어떤 지장이 생기더라도 그 직전까지 진행한 시점부터 다시 모델 훈련을 시작하도록 만들 방법이 필요했다. 또한 모델 훈련을 1만 개의 칩 전체에 어떻게 나눌 것인지, 즉 샤딩sharding이라고 알려진 기술을 어떻게 쓸 것인지 결정해야 했다. 예를 들어, 모델을 10개, 100개, 또는 1,000개의 조각으로 분할해서 각 조각을 별도의 GPU 클러스터에서 훈련시킨 후 합치는 게 더 나은가 등의 질문에 답을 해야 했다.

거기다 데이터 문제도 있었다. 성능을 최대한으로 끌어올리기 위해서는 훈련 데이터 세트의 크기가 매개변수와 연산량에 비례해 증가해야 했다. 만약 매개변수에 비해 데이터가 부족하면 모델이 훈련 데이터에 있는 내용을 단어 하나하나 그대로 고스란히 읊기 시작할 수 있었고, 그렇게 되면 모델 자체가 쓸모없어질 수 있었다. GPT-2를 만들 때 래드포드는 데이터를 엄격하게 선별했다. 그는 레딧에서 업보트upvote를 최소 세 개 이상 받은 기사와 웹사이트의 내용을 긁어왔다. 이렇게 수집한 데이터의 양은 약 800만 개의 문서로 이루어진 40기가바이트 정도 되는 양이었고, 래드포드는 이 데이터 세트를 웹텍스트WebText라고 이름 붙였다.[41]

웹텍스트는 GPT-3를 만들기에 턱없이 부족했다. 네스트 팀은 레딧에 공유된 링크를 더 폭넓게 긁어왔고 위키피디아의 영문 페이지 역시 긁어왔다.[42] 또 북스2Books2라는 수수께끼의 데이터 세트도 있었는데, 오픈AI는 이 데이터 세트의 세부 사항을 한 번도 공개한 적이 없다. 하지만 해당 데이터 세트에 대해 알고 있는 사람 중 두 명이 나에게 알려준 바에 따르면 북스2에는 불법 다운로드한 단행본과 학술논문을 공유하는 온라인 저장소인 라이브러리 제네시스Library Genesis에서 긁어온 책들이 들어 있다고 한다. 2023년 미국 작가협회Authors Guild는 조지 R. R. 마틴George R. R. Martin과 조디 피코Jodi Picoult 등 17명의 작가와 함께 오픈AI와 마이크로소프트를 상대로 저작권 침해를 주장하는 집단 소송을 제기했다. 이에 대응해 오픈AI는 2024년 3월 해당 데이터 세트를 삭제했으며 해당 데이터는 GPT-3.5 이후부터는 사용하지 않았다고 답했다.[43]

그래도 데이터는 부족했다. 결국 네스트 팀은 커먼크롤Common Crawl이라고 알려진, 주기적으로 인터넷 구석구석을 긁어와 페타바이트(100만 GB) 규모에 이르는 데다 누구나 사용할 수 있는 거대한 데이터 세트로 눈길을 돌렸다.[44] 커먼크롤은 데이터의 품질이 너무 떨어지는 수준이라 래드포드가 부득이 사용을 피했던 바로 그 데이터 세트였다. 데이터에서 쓰레기 데이터를 솎아낼 목적으로 네스트 팀은 커먼크롤 데이터 세트에서 위키피디아 페이지와 가장 유사한 샘플을 찾아내는 머신러닝 모델을 훈련시켰다. 만약 샘플이 겉보기에 위키피디아와 유사하다면 품질 또한 위키피디아와 유사할 거라는 생각이었다. 네스트 팀은 영어 말고 다른 언어로 된 샘플 데이터도 포함시켰는데, 이는 전체 데이터의 7%에 지나지 않았다. 그래도 연구원들은 모델을 훈련시킬 때 커먼크롤 데이터에 가장 낮은 가중치를 부여했다. 다시 말해 가장 높은 품질의 데이터로 훈련한 모델이 바로 GPT-2였다. 그때부터 데이터 품질은 내리막길을 걸었다.

2년 뒤에 출시된 GPT-4를 만드는 데 필요한 데이터를 수집할 때에는 더 많은 데이터를 수집해야 한다는 압박이 데이터 품질을 더욱 떨어뜨렸다. GPT-3를 만들 때 쓰레기 데이터를 걸러내던 필터를 아예 빼 버리고 커먼크롤 데이터를 거의 전부 쏟아부었다. 오픈AI는 또 마이크로소프트와의 파트너십을 통해 마이크로소프트가 소유한 온라인 코드 저장소인 깃허브GitHub 전체를 다운받을 수 있었다. 이렇게까지 해도 여전히 데이터가 부족하자, 오픈AI 직원들은 인터넷에서 찾을 수 있는 건 무엇이든 긁어왔다. 트위터에 공유된 링크를 스크레이핑하고, 유튜브에 공유된 영상을 텍스트로 변환하고, 특정 분야의 블로그, 온라인상에 공개돼 있는 데이터 덤프, 그리고 페이스트빈Pastebin이라는 온라인 텍스트 저장소까지, 콘텐츠를 있는 대로 긁어와 데이터 세트를 급조했다. 스크레이핑을 명시적으로 금지하지 않은 콘텐츠라면 무엇이든 가리지 않고 갖다 써도 되는 것으로 여겼다.

구글의 일부 연구원들은 오픈AI가 법률적 위험을 무릅쓰고 데이터를 수집하는 것이 오픈AI에게 유리하게 작용한다고 한탄했다. 데이터 접근과 사용에 있어 구글은 훨씬 보수적인 방침을 갖고 있었고, GDPR로 알려진 유럽의 개인정보보호법을 준수하기 위한 엄격한 내부 절차를 따라야 했다. 구글이 법규를 지키려는 의지 때문에 역설적이게도 오픈AI가 구글보다 훨씬 쉽게 구글의 데이터에 접근할 수 있었다. 오픈AI가 구글이 소유한 유튜브의 영상을 손쉽게 스크레이핑하고 텍스트로 변환할 동안, 구글 연구원들은 유튜브 사용자가 업로드한 콘텐츠에 대한 라이센스 제한을 준수하기 위해 번거로운 내부 절차를 거쳐야 했다. 오픈AI는 전혀 개의치 않았다. 기술 스타트업 용어로 표현하면 이러한 법규 준수로부터 "자유로운" 상태였다. 스타트업은 시장을 교란하고 업계를 혁신하기 위해 과감히 법의 회색지대(에어비앤비, 우버, 코인베이스Coinbase를 떠올려보면 쉽게 알 수 있다)로 진출할 수 있고 또 그래야만 한다는 생각을 가진 창업자와 투자자들로 가득한 실리콘밸리에서 이는 전혀 새로울 것 없는 전형적인 사고방식이었다.

데이터의 품질 기준을 낮추고, 나아가 사실상 이를 아예 없애기로 한 결정이 AI 시스템 이면의 인간 노동에 가져온 파급효과는 엄청났다. 수년 동안 기술업계는 열악한 경제적 처지에 놓인 저임금 노동자들에게 텍스트 분류나 이미지 라벨링labeling 등 AI 모델에 꼭 필요한 데이터 준비 작업을 맡겨 왔다. 그러나 GPT-3가 더욱 크고 더욱 질 낮은 데이터 세트 사용을 보편화한 지 얼마 되지 않아, 해롭지 않은 콘텐츠를 다루던 데이터 준비 작업이 이제는 폭력적이고 불쾌한 콘텐츠를 걸러내는 작업, 즉 소셜미디어처럼 콘텐츠 모더레이션content moderation[소셜미디어 플랫폼 등에 공유된 콘텐츠를 검토해 유해하고 부적절한 콘텐츠를 거르는 작업을 말한다]을 하는 쪽으로 바뀌었다. 무분별하게 수집한 데이터 세트로 훈련한 생성형 AI 시스템이 가장 혐오스러운 내용, 즉 폭력, 성폭력, 또는 자해를 묘사하거나 표현한 콘텐츠를 수억 명의 사용자들에게 재생산하는 것을 막기 위한 불가피한 조치였다.

"이런 모델이 내놓는 결과물을 통제하는 방식에 거대한 패러다임 변화가 일고 있습니다."[45] 실리콘밸리 기업을 데이터 노동자와 연결시켜 주는 플랫폼인 에펜Appen의 CEO 라이언 쿨른Ryan Kolln이 말했다. "전통적인 AI에서는 입력값을 제한함으로써 출력값을 통제합니다." (이는 래드포드의 팀이 했던 유형의 데이터 선별 작업에 해당한다.) "왜냐하면 모델은 당신이 입력하는 예시를 통해서만 학습하기 때문이죠. 생성형 AI의 문제는 바로 입력값이 인류의 말뭉치 전체라는 것입니다. 때문에 결과값을 통제할 필요가 생깁니다."

2023년 논문에서 아베바 비르하네Abeba Birhane와 그의 공저자들은 필터링하지 않은 데이터—논문 저자들은 이를 "데이터 늪

data-swamps"이라고 부른다—로 딥러닝 모델을 훈련시킨다는 전제를 비평하기 위해 "혐오 스케일링 법칙hate scaling laws"이란 개념을 도입했다.[46] 저자들은 오픈소스 이미지 생성기인 LAION-400M과 LAION-2B-en을 훈련하는 데 사용된 이미지 및 텍스트 데이터 세트를 분석했다. 누구나 사용할 수 있는 두 데이터 세트 모두 커먼크롤에서 끌어온 것으로 각각 4억 개와 20억 개의 이미지를 담고 있다. 분석 결과, 혐오 및 폭력적인 콘텐츠의 양은 데이터 세트의 크기에 비례해 더욱 커졌고, 해당 데이터 세트를 통해 훈련한 모델의 차별적 행동을 더욱 악화시켰다. 예를 들면 20억 개의 이미지로 훈련한 모델은 4억 개의 이미지로 훈련한 모델에 비해 흑인 남성의 얼굴을 범죄자로 분류할 가능성이 다섯 배 높았다[이미 편향된 패턴이 딥러닝의 특색으로 인해 더 큰 데이터 세트에서 보다 강하게 학습되어 더욱 편향된 결과가 나온다] 그해 말, 스탠퍼드 대학의 한 연구는 스테이블 디퓨전을 훈련하는 데 사용된 50억 개의 이미지를 담고 있는 LAION-5B를 분석한 결과 아동 성학대로 확인됐거나 의심되는 이미지가 수천 개나 포함됐다는 사실을 발견했다.[47]

결과를 통제하기 위한 방법 중 하나로, 오픈AI는 자동화된 콘텐츠 모더레이션 필터를 만들기 위해 케냐 노동자들을 시간당 평균 2달러 미만으로 고용했다.[48] 이 사실은 〈타임TIME〉의 빌리 페리고Billy Perrigo 기자가 처음 보도하면서 세상에 알려졌다. 오픈AI는 또 모델을 최대한 길들이기 위한 노력의 일환으로 모델에 반복적으로 프롬프트를 넣어 모델의 답변에 점수를 매기는 등, (AI 에이전트가 뒤로 공중제비 도는 방법을 가르치기 위해 오픈AI가 개발했던) 인간 피드백 기반 강화학습을 실행할 계약직 노동자를 전 세

계적으로 1,000명 이상 고용했다.[49]

　데이터 노동을 하는 시리아 난민에 대한 다큐멘터리를 제작한 독일 예술가이자 영화감독 히토 슈타얼Hito Steyerl이 보고 들은 내용은 비르하네의 비평과 비슷했다. 그는 데이터 수집이 대규모 감시를 기반으로 이루어질 때 정신적으로 해로운 콘텐츠가 누적된다고 말했다.[50] 이 문제를 해결하려면, 우리는 문제의 근원으로 돌아가야 한다. 즉, 데이터 안에 무엇이 들었는지 의심하고, 무차별적인 데이터 포획의 기본 전제에 의문을 제기해야 한다.

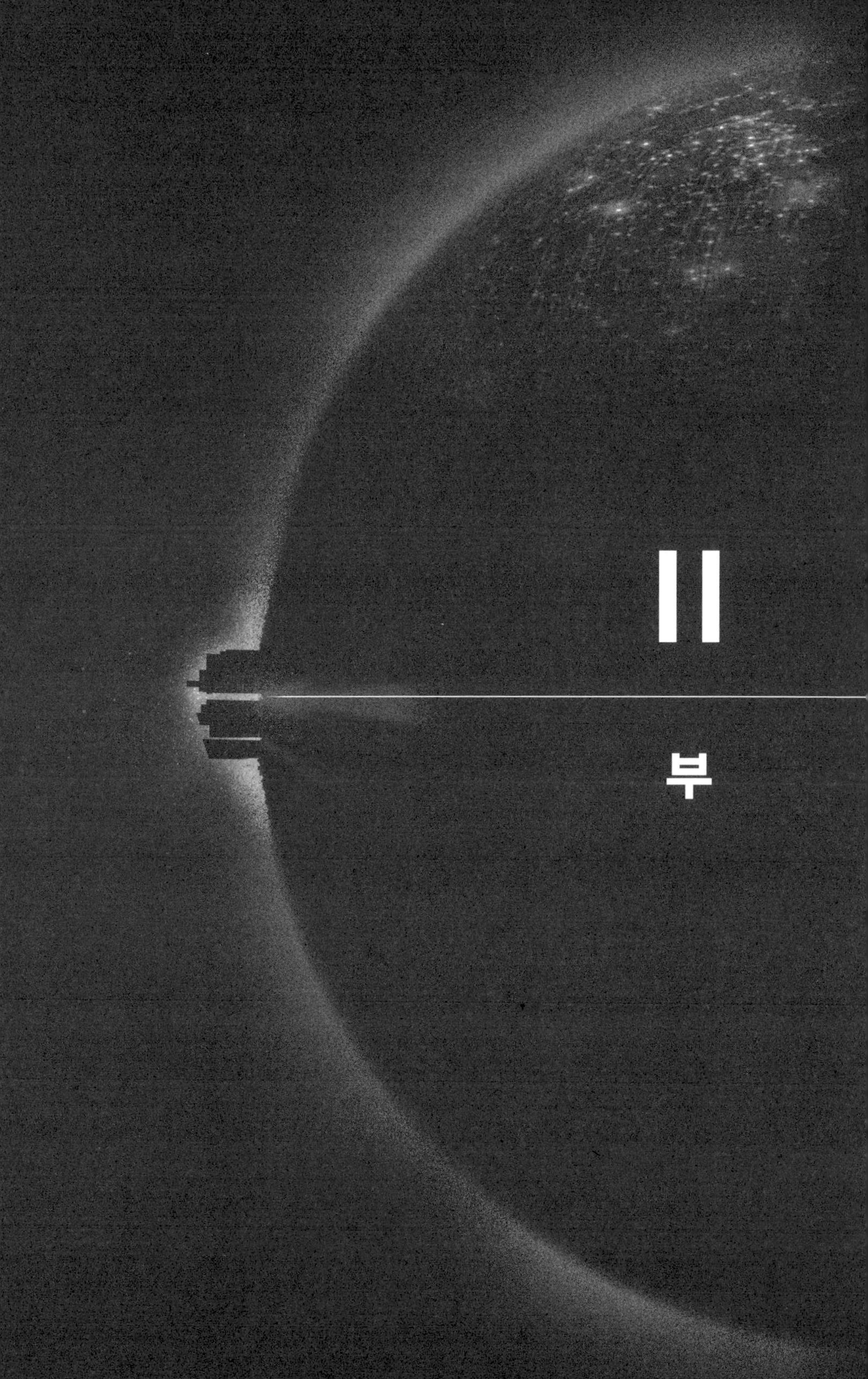

Ⅱ
부

6

승천

올트먼은 신임 CEO가 회사를 "재창립"하지 않으면 성공하지 못한다는 것을 경력 초반에 일찌감치 관찰했다.[1] YC 사장 자리를 물려받았을 때 그는 아주 단호하게 이를 실천에 옮겼다. 그는 YC가 전보다 훨씬 다양한 단계의 스타트업을 지원하도록 새로운 프로그램을 만들고 별도의 기금을 마련했다. 그는 핵융합과 양자컴퓨팅, 자율주행 자동차와 같이 야심찬 과학적 혁신이 필요한 하드 테크hard technologies[과학적 발견과 첨단 공학 기술의 혁신으로 기존 기술의 한계를 극복하고 세상의 문제를 해결하는 기술적 접근법을 일컫는 용어로, 딥테크Deep tech라고 부르기도 한다] 영역에도 손을 뻗었다. 이미 명망 높은 브랜드를 구축한 YC는 이제 한 해에 수백 개의 기업에서 수천 개의 기업에 영향을 미치면서 실리콘밸리의 무게중심으로 거듭났다. "제가 가장 자랑스럽게 여기는 점은 우리가 정말 제국을 건설했다는 것입니다."[2] 올트먼은 YC 사장 자리에서 물러날 때 이렇게 말했다.

올트먼의 YC 시대가 저물고 그의 오픈AI 시대가 시작됐다. 2019년 3월 그는 오픈AI 상근직으로 자리를 옮기면서 YC에서 보여줬던 공격적인 사고방식을 고스란히 오픈AI로 가져왔다. 그가 원한 건 오픈AI가 세계 일류 AI 조직 중 하나가 되는 게 아니라 유일무이한 최고가 되는 것이었다. 수년간 올트먼은 YC와 다른 포럼을 통해 창업자들에게 창업을 승자독식 경쟁으로 간주하라고 가르쳤다. 그는 스타트업이 성공할 희망이 조금이라도 생기려면 경쟁자들을 계속 따돌리기 위해 신속하고 가차없이 움직여야 한다고 말했다.

올트먼은 피터 틸의 독점 전략을 기반으로 승리의 숫자를 10이라고 자주 말하곤 했다. "제 나름의 약간 이상하고 다소 임의적인 경험칙은 바로 경쟁자보다 한 자릿수는 더 나은 기술을 갖고 있어야 한다는 겁니다."[3] 틸은 2014년 올트먼이 스탠퍼드 대학에서 진행한 스타트업 수업 강연에서 이렇게 말했다. 예를 들어 아마존은 일반 오프라인 서점보다 책을 열 배는 더 파는 방법을 찾아냈다. 틸이 설립한 페이팔은 수표 처리에 걸리는 시간보다 열 배는 빨리 송금을 할 수 있는 기술을 개발했다. 틸은 이렇게 말했다. "이기려면 어떤 종류로든 매우 강력한 우위를 점해야 합니다. 어떤 핵심적인 부분에 있어 어쩌면 한 자릿수는 더 나은 그런 우위 말이죠."

10은 올트먼이 모든 것에 적용하는 숫자가 되었다. 스타트업이 시장에 진입할 때에는 10배 나은 기술을 갖고 있어야 할 뿐만 아니라, 새로 출시하는 기술은 직전 세대의 기술보다 10배는 더 향상되어야 한다고 조언했다. 새로운 기술을 출시하는 속도 역시 스타트업의 성패를 좌우하는 핵심 변수였다. "만약 여러분의 반복 주기가 일주일이고 여러분의 경쟁자의 반복 주기가 3개월이라면, 여러분은 경쟁자를 크게 앞지를 수 있습니다."[4] 그는 2017년 창업 지망생들에게 이렇게 말했다.

YC에서 올트먼은 파트너 동료들에게 YC가 지원하는 기업의 수를 계속 10배씩 늘리자고 독려했다. 나중에 올트먼은 한 행사에서 자신의 전략을 이렇게 설명했다.[5] "그리고 우리는 시간이 지남에 따라 또 다른 10배, 그리고 그 다음의 10배를 더할 방법을 찾아낼 겁니다. 우리는 언젠가 이 세상 모든 기업을 펀딩하는 회사가 될 것입니다." "그런 말을 하는 사람은 샘이 처음이었습니다. YC의 창업자들과 YC가 구축한 브랜드 덕분에, 우리는 사실상 이미 이 분야를 독점하고 있었거든요."[6] 올트먼의 뒤를 이어 YC 사장이 된 지오프 랄스턴은 이렇게 말했다.

올트먼은 오픈AI에서도 이와 똑같은 전략을 사용할 계획이었다. 2019년 말 올트먼은 자신의 장기적인 비전을 직원들에게 설명한 메모에서 오픈AI가 2020년 말까지 기술적 성과, 연산 자원, (연산 자원을 늘리는 데 필요한) 자금, 기업의 안전과 보안뿐 아니라 고강도 스트레스 상황에 대한 회복력 등을 아우르는 대비 태세 등 네 가지 항목에서 "최고가 되어야 한다"고 강조했다.[7]

올트먼은 이 네 가지 항목 중 가장 중요한 것은 기술적 성과라고 말했다. 만약 오픈AI가 주어진 사명을 완수할 기회를 얻고 싶다면 누구보다도 먼저 공익적 AGI를 만들거나, AGI 개발을 선도할 수 있는 리더가 되어야 한다는 것이었다. 기술적 성과에 대해 언급하며 그는 이렇게 썼다. "물론 성능 향상 속도를 조금 늦추는 게 이론적으로는 가능합니다. 그러나 다른 이들의 발전 속도를 감안할 때, 우리가 AGI에 큰 영향력을 행사하고 싶다면 기술적 성과를 내기 위해 매우 신속하게 움직여야 할 필요가 있습니다." 점차 많은 경쟁자들이 오픈AI의 전략을 이해하고 시장에 진입하기 시작하면서 그 필요는 더욱 커지기만 했다.

그는 같은 메모 후반에 이렇게 덧붙였다. "AGI에 도달하려면 10배 도약을 몇 번이고 더 해야 합니다. 우리는 점진적인 개선이 아니라 언제나 놀라운 결과를 만드는 방향으로 일해야 합니다."

올트먼의 성공 방정식에는 아주 중요한 고려 사항이 몇 가지 있었다. 무엇보다 오픈AI가 최고 수준의 연산 자원을 유지하기 위해서는 마이크로소프트를 계속 만족시켜야 했다. 오픈AI가 좋은 결과를 낸다면 마이크로소프트는 10억 달러를 넘어서는 훨씬 많은 돈을 투자하기로 약속했던 것이다. "마이크로소프트가 끝까지 우리의 파트너로 남도록 만들어야 합니다." 올트먼은 이렇게 덧붙였다. "그들을 통해 최소 향후 5년간 우리는 세상에서 가장 성능이 좋은 슈퍼컴퓨터를 쓸 수 있을 것이기 때문입니다." 이 말은 곧 자유분방하게 학술 연구를 하던 시절은 막을 내리고, 이제 오픈AI는 마이크로소프트에게 수익을 내줄 제품 상용화에 집중해야 함을 의미했다. 만약 오픈AI가 다른 연구 프로젝트를 진행하고 싶다면, 그러한 연구에 필요한 자원은 수익을 더 낸 후에 생길 것이었다. 올트먼은 이렇게 썼다. "디즈니의 명언을 달리 표현하자면, 우리는 돈을 더 벌기 위해 연구를 더 하는 게 아니라 연구를 더 많이 하기 위해 돈을 더 벌어야 합니다."

올트먼은 또 이제는 오픈AI가 투명성 공약을 철회하기 시작할 필요가 있다고 주장했다. "우리가 연구를 진척할수록 AGI를 언급하는 데 따르는 정보 위해가 계속 커지기만 할 겁니다." 연구물 출판과 모델 배포를 제한하고, 훨씬 엄격한 비밀 유지 정책을 도입하고, 포괄적인 진척사항보다는 협소한 기술적 진척사항만 공개할 시점이 다가왔다고 했다. 이와 별도로 올트먼은 앞으로 오픈AI의 모든 직원이 "우리가 내리는 모든 결정과 우리가 나누는 모든 대화가 취재 대상이 되어 〈뉴욕 타임스〉 1면 보도로 나갈 수 있다"는 전제하에 행동할 필요가 있다고 말했다.

그렇기는 하지만, "세상이 우리가 뭔가를 해내고 있다고 생각하는 건 여전히 매우 중요하다"고 그는 적었다. 그래야 "세계적으로 영향력을 가진 이들이" 더욱 더 "우리를 돕는 데 수고를 아끼지 않으려고 할 것"이고 "대통령급 또는 대통령이 지명한 사람의 위치"에 있는 세계 각국의 정책결정자들이 "큰 결정을 내려야 할 때 답을 얻기 위해" 오픈AI를 찾아올 것이라고 했다. 이를 위해 "우리의 진행 상황을 인상 깊게 보여줄 수 있는 결과물을 매년 최소 한번씩은 공개할 계획을 세울 필요가 있다"고 했다.

마지막으로, 올트먼은 오픈AI가 더욱 진지하고 단결된 모습을 보일 필요가 있다고 강조했다. 그는 세계 최초로 핵 잠수함을 개발해 "핵 잠수함의 아버지"로 알려진 미국 해군의 하이먼 리코버Hyman G. Rickover 제독의 명언을 인용했다. 이는 올트먼이 오픈AI 초창기 사무실 벽에 페인트로 적어두게 한 글귀이기도 했다.

나는 세상의 운명이 우리 각자의 손에 달려 있는 것처럼 행동하는 것이 우리의 의무라고 믿는다. 물론 한 사람이 모든 걸 혼자서 감당할 수는 없다. 그러나 한 사람이 변화를 만들 수는 있다. 우리 모두는 각자가 가진 개별적이고 독립적인 역량을 발휘하여 인류의 관심사에 폭넓게 기여할 의무가 있다. 바로 이러한 확신을 바탕으로 우리는 번영을 일궈야 할 의무를 정면으로 마주해야 한다. 우리는 자기 자신의 안락이나 성공이 아닌, 인류의 미래를 위해 살아야 한다.

"인류에 이익이 될 AGI를 만드는 것은 아마도 세상에서 가장 중요한 프로젝트일 겁니다." 메모에서 올트먼은 명언을 인용한 뒤 이렇게 적었다. "우리는 이 사명을 다른 어떤 개인적 희망 사항보다 우선시해야 합니다." "중요하지 않은 일에 대한 갈등을 최소화함으로써, 정말 중요한 일(이런 일은 많을 겁니다)에 대한 갈등이 생겼을 때 거기에 전력을 다할 수 있어야 합니다."

갈등의 조짐은 이미 나타나고 있었다. 회사 이곳 저곳에 생긴 작은 균열들이 모여 커다란 균열을 만들기 시작했다. 한때 서로를 선뜻 친구라 부르던 브로크만과 아모데이 남매는 이제 자꾸만 충돌하기 시작했다. 그중 하나는 다리오 아모데이가 도타2 프로젝트를 우선순위에서 제외한 일이었다. 이에 대해 브로크만은 아모데이가 자신의 기여를 진지하게 받아들이지 않았다는 불만을 갖게 되었다. 도타2가 한때 연산 자원을 가장 많이 사용한 프로젝트였기에, 브로크만은 아모데이가 GPT-3를 개발하는 네스트 팀에게 연산 자원을 몰아준 것에 짜증이 났다. 한편 아모데이 남매는 브로크만을 같이 일하기 까다로운 사람이라 여겨 자신들의 언어 모델 개발에서 배제하고 싶어 했다.[8]

경영진 사이에 균열을 일으킨 이런 갈등은 점차 이들을 따르는 직원들에게도 번졌다. 도타2 프로젝트를 진행하는 동안 브로크만은 강도 높은 근무 시간, 극심한 스트레스, 그리고 즉흥적으로 결정한 하와이 워크숍을 통해 도타2 팀원 중 몇몇과 가족과도 같은 유대관계를 형성했다. 그는 특히 폴란드 출신의 두 연구원 야쿠프 파호키와 시몬 시도와 유난히 가까운 관계가 되었다. 파호키와 시도는 룸메이트이자 가장 친한 친구 사이였다. 아모데이의 AI 안전팀, 그중에서도 네스트 팀의 핵심 멤버들은 사악한 AI와 실존적 위협 및 기타 다른 극단적인 위협에 대한 우려를 공유하면서 또다른 파벌을 형성했다. 이들은 슬랙에 비공개 채널을 만들고 다른 임원들조차 볼 수 없는 문서를 만들어 회사의 나머지 구성원들로부터 자신들의 업무 내용을 숨겼다. 브로크만을 비롯해 많은 직원들은 자신들이 쓸 수 있는 연산 자원이 줄어드는 것은 물론, 회사의 핵심 연구 내용도 점점 알지 못하는 데에서 소외감을 느껴 불만을 품었다.

한편 아모데이의 AI 안전 파벌은 올트먼의 일부 행동에 점차 불안해하기 시작했다. 이들 중 일부는 오픈AI가 마이크로소프트와 계약을 체결한 뒤 올트먼이 투자 대가로 마이크로소프트에게 어떤 기술을 사용할 수 있도록 약속했는지 알게 된 후 충격을 받았다. 계약 조건은 올트먼이 설명한 내용과 달랐다. 만약 오픈AI가 개발한 모델에서 AI 안전 문제가 실제로 발생할 경우, 문제가 있는 모델의 배포를 막는 것이 마이크로소프트와의 계약으로 인해 훨씬 어렵거나 아예 불가능할 수 있다고 이들은 걱정했다. 아모데이 파벌은 올트먼의 정직성에 심각한 의문을 갖기 시작했다.

그들 중 하나는 이렇게 말했다. "우리는 모두 현실적인 사람들입니다. 투자금을 받으면 당연히 상업적인 일도 해야 하는 게 맞죠. 만약 샘처럼 수많은 거래를 해본 사람 입장에서는 '좋아. 거래를 하자. 이번에는 이걸 넘기고, 다음에는 또 다른 걸 넘기면 되잖아'라고 생각할지도 모르겠습니다. 그러나 저 같은 사람 입

장에서는 '우리가 아직 완전히 이해하지 못한 것을 넘기고 있다'
는 생각이 들어요. 그런 식의 거래는 우리에게 매우 곤란하고 위
험한 상황을 만드는 것처럼 느껴집니다."

이런 일들은 회사 내 여러 가지 문제에 대한 극심한 공포가
커져가는 배경에서 벌어졌다. AI 안전 파벌이 걱정한 문제의 핵
심은 강력하고 정렬이 어긋난 AI 시스템이 처참한 결과를 가져
올 수 있다는 가설을 입증하는 증거가 날로 강해지고 있다는 것
이었다. 한 기이한 경험이 특히 몇몇 직원을 불안에 떨게 만들었
다. 2019년 GPT-2를 본떠 그보다 약 두 배 규모의 매개변수로
훈련시킨 모델을 대상으로 몇몇 연구원이 아모데이가 원했던 AI
안전 작업, 즉 모델이 불쾌한 답변을 피하고 쾌활하고 긍정적인
방향의 답변을 생성하도록 인간 피드백 기반 강화 훈련RLHF을 진
행하고 있었다.

그러던 어느 늦은 밤, 한 연구원이 코드를 업데이트 하면서
하나의 오타를 남긴 채 RLHF 프로세스가 밤새 돌아가도록 해
놓고 퇴근했다. 그 오타가 핵심이었다. 빼기(-) 기호 대신 더하기
(+) 기호가 들어가면서 RLHF가 정반대로 작동해, GPT-2가 불
쾌한 내용을 덜어내는 게 아니라 **더** 생성하게 만든 것이다. 이튿
날 아침 이미 그 오타는 모델 전체를 뒤집어놓은 뒤였고, GPT-2
는 모든 프롬프트에 매우 외설적인 성적 표현을 넣어 답하고 있
었다. 매우 웃기지만 우려스러운 일이었다. 오류를 찾아낸 연구
원은 수정사항을 오픈AI의 코드베이스에 전송하며 다음과 같은
코멘트를 남겼다. '효용을 최소화하는 모델은 만들지 맙시다.'

일부 직원들은 스케일링만으로도 AI 성능을 향상시키는 게
가능하다는 것을 깨닫고는, 만약 다른 회사들이 오픈AI의 비밀

을 알게 되면 무슨 일이 벌어질지 걱정했다. 직원들 사이에서는 "우리 회사의 비밀은 쌀 한 톨에 다 적을 수 있다"는 말이 유행했는데, 그 비밀은 **스케일**이라는 단어 하나를 가리킨 것이었다. 같은 이유로 직원들은 그 비밀이 악한 의도를 가진 이들의 손에 들어갈 가능성도 염려했다. 경영진은 직원들의 이러한 두려움을 십분 이용해 중국과 러시아, 북한 등 국가로부터의 위협을 자주 거론하며 AGI 개발이 계속 미국 조직의 손 안에 있어야 한다고 강조했다. 이 말은 때때로 미국인이 아닌 직원들을 불편하게 만들었다. 퇴사한 한 직원은 외국인 직원들이 점심시간 때 '왜 꼭 미국이어야만 하지? 유럽이면 안 될 이유가 있나? 중국이면 왜 **안** 되지?'라는 질문을 던지곤 했다고 말했다.

이처럼 AI 연구의 장기적인 여파를 두고 거친 논의를 벌이던 중, 많은 직원들이 오픈AI를 맨해튼 프로젝트에 비유했던 올트먼의 초기 발언을 다시 떠올렸다. 오픈AI는 정말 핵무기에 맞먹는 무언가를 만들고 있는 건가? 이 질문은 그동안 학술연구 조직에 가깝게 회사를 꾸려왔던 오픈AI의 당돌하고 이상주의적인 문화와는 대비되는 분위기를 조성했다. 그간은 긴 한주를 마무리하는 금요일이면 직원들은 밤 늦게까지 동료들이 돌아가며 사무실 피아노를 연주하는 음악을 배경삼아 와인을 마시며 느긋하게 휴식을 취하곤 했었다.

심각해진 회사 분위기에 불안해진 일부 직원들을 아무 관계 없는 사건에도 신경을 곤두세우기 시작했다. 한번은 어떤 기자가 앞 차량에 바짝 붙어 운전해 출입이 통제된 회사 주차장 안으로 들어오는 일이 있었고, 또 한번은 정체불명의 USB가 발견되자 악성 코드를 담고 있다거나 사이버보안 침해 시도의 일종이라는 등 사무실이 발칵 뒤집힌 일도 있었다. 인터넷과 완전히 분리된 에어갭air-gapped 컴퓨터를 사용해 확인한 결과, 그 USB는 아무것도 아니었다. 아모데이는 적어도 두 번은 중요한 전략 관련 문서를 작성하기 위해 에어갭 컴퓨터를 사용한 뒤, 컴퓨터를 인쇄기에 직접 연결해 출력한 인쇄본만 나눠줬다. 그는 국가 세력들이 오픈AI의 비밀을 훔쳐 악의적인 목적을 가지고 자신들만의 강력한 AI 모델을 만들 가능성을 병적으로 두려워했다.

"아무도 이런 책임을 떠맡을 준비가 되어 있지 않았어요." 한 직원이 회상했다. "여러 사람이 밤잠을 설쳤죠."

올트먼 역시 정보가 새어나갈까봐 극도로 염려했다.[9] 그는 오픈AI가 사무실을 함께 쓰던 뉴럴링크 직원들을 남몰래 경계했고, 머스크가 떠난 후에는 이 불안이 더 커졌다. 올트먼은 또 개인 운전기사와 경호원을 대동하는 등 개인 보안을 삼엄하게 하는 머스크에 대해서도 걱정했다. 양측의 역량 차이를 잘 알고 있던 올트먼은 한때 머스크가 오픈AI를 염탐하기 위해 사무실에 도청장치를 남겨두지 않았는지 검사를 의뢰하기도 했다.

직원들에게 올트먼은 작업 속도를 최대한 올리고 회사의 연구를 더욱 더 공개하지 말아야 할 이유로 미국의 적대 세력들이 오픈AI보다 빠르게 AI 연구를 진전시킬 가능성을 들먹였다. 그는 비전 문서에 이렇게 적었다. "우리는 반드시 세상에 좋은 결과를 가져오겠다는 책임을 져야 합니다. 만약 권위주의 정부가 우리보다 AGI를 먼저 만들어 악용한다면, 그것 또한 우리의 실패입니다. 우리의 사명을 성공적으로 완수하기 위해서는 확실하게 빠른 기술적 진전을 이뤄내야 합니다."

올트먼은 보안을 강화하기 시작했다. 경영진은 보안을 어느 정도 수위에 맞출지 고심했다. 오픈AI가 독점 기술을 보호하는 포춘 500대 기업처럼 행동해야 할까, 아니면 국가기밀을 보호하는 정부 기관처럼 행동해야 할까? 경영진은 적어도 모델 가중치[모델이 새로운 데이터를 어떻게 평가하고 예측할지 결정하는 모델 매개변수]가 유출되는 것은 철저히 봉쇄해야 한다는 데 의견을 모았다. 오픈AI가 훈련시킨 딥러닝 모델을 복제하는 데 사용될 수 있는 핵심 정보인 만큼, 이것이 유출되면 악의적 행위자에게 힘을 실어주는 동시에 오픈AI의 경쟁우위를 저해할 것이 분명했다.

처음에는 보안 전담 인력이 없었기 때문에, 올트먼은 일단 회사 내 GPU부터 사무실 인터넷 등 기반 시설 관리를 담당하는 시설팀 팀원을 보안 담당으로 지정해 모델 도난을 방지할 대책을 고민하게 했다. 그러면서 다른 기업이나 외국의 스파이뿐 아니라 오픈AI 직원에 의한 도난도 염두에 두라고 지시했다. 사이버보안 영역에서 "내부자 위협"에 대비하는 것은 대체로 표준적인 관행이다. 내부자가 오픈AI의 지적 재산을 고의로 파괴하거나 훔칠 가능성이 있고, 제3자에게 속아 넘겨줄 수도 있다. 사석에서 이러한 가능성을 누군가 제기하자, 올트먼은 수츠케버 같은 사람이 후자의 경우에 취약할 수 있다고 인정했다. 악의적인 행위자 입장에서 수츠케버는 표적으로 삼기에 아주 적당한 인물이었는데, 그는 머리가 비상하게 좋지만 세상 물정에 어두웠고, 조직 내 높은 자리에 있어 가장 민감한 정보에 쉽게 접근할 수 있었기 때문이다.

수츠케버 역시 나름의 걱정에 사로잡혀 있었다. 똑똑하지만 사회성이 떨어지는 AI 연구계의 스타 과학자로서 수츠케버는 극성스런 팬들에게 시달리고 스토킹 당하는 일을 여러 차례 겪었다. 생판 모르는 사람이 그저 수츠케버를 보겠다고 오픈AI 사무실에 몰래 들어오려고 한 적도 몇 차례 있었다. 아모데이와 마찬가지로 수츠케버 역시 AI를 노리는 각국 정부가 오픈AI의 기술을 손에 넣기 위해 수단과 방법을 가리지 않을 것을 두려워했고, 자신의 조언을 구하는 데 열의를 보이던 사람들이 실은 외국 정보기관의 요원일지도 모른다고 걱정했다. 수츠케버는 누군가 자신의 손목을 잘라 손바닥 스캐너에 사용하고 오픈AI의 비밀을 탈취한다면 어떻게 해야 할지 동료들에게 묻기도 했다. 그는 외부 세력의 침투 위협을 줄이기 위해 신규 고용을 줄이고 직원 수를 최소한으로 유지하고 싶어했다. 야쿠프 파호키와 시몬 시도와 함께 수츠케버는 오픈AI의 모델 가중치 정보를 보관하고 도난 당하지 않도록 하는 보안 격리 시설, 즉 에어갭 컴퓨터가 설치된 벙커를 만들자고 제안하기도 했다. 오픈AI가 모델을 만들려면 일단 마이크로소프트의 서버를 사용해 훈련해야 한다는 점에서 이 아이디어는 전혀 실용적이지 않았고, 결국 실행되지 못했다.

대부분의 직원들은 몰랐지만, 오픈AI는 직원 모니터링 소프트웨어를 설치했다. 동시에 물리적 보안도 강화했다. 사무실 주차장 출입구가 더 견고해졌고, 사무실 내 키패드가 있는 출입문 중 일부에는 "구조 비밀번호"를 설정하여 이 번호를 입력하면 보안 요원에게 구조요청을 전송하는 기능을 추가했다. 서버실이 기관총 공격에도 끄떡없을 정도로 보완하려면 얼마가 드는지 여러 업체에 견적도 받아봤으나, 이를 실행하지는 않았다.

비전 메모에서 올트먼은 이렇게 스트레스가 고조되면서 회사 내에 분열이 생기고 있다고 언급했다. "오픈AI에는 현재 (적어도) 세 개의 부족이 있습니다. 이들을 단순화해서 탐색적 연구파, 안전파, 스타트업파로 부릅시다." 탐색적 연구파는 AI 성능 향상을 우선시했고, 안전파는 책임성을 강조했으며, 스타트업파는 빠르게 움직이고 일을 해내는 것에 초점을 두었다.

올트먼에 따르면, 각 부족은 오픈AI가 유지해야 할 중요한 가치를 지니고 있었다. "아무리 많이 실패하더라도 새롭고 중요한 아이디어를 추구한다"는 탐색적 연구파의 정신, "무슨 일이 있어도 변함없이 옳은 일을 하겠다"는 안전파의 정신, 그리고 "그 일을 해낼 방법을 어떻게 해서라도 찾아내겠다"는 스타트업파의 정신이 그것이었다. 올트먼은 이렇게 말했다. "우리는 계속해서 부족 간 전쟁을 피해야 합니다. 우리가 인류를 최대한 이롭게 할 AGI를 만드는 데 성공하기 위해서는 세 부족이 각자의 강점을 유지한 채 하나의 부족으로 통합할 수 있어야 합니다."

비록 올트먼이 실명을 거론하지는 않았지만, 직원들은 거기에 숨은 뜻을 파악했다. 수츠케버가 탐색적 연구파를 대표했고, 아모데이와 그의 AI 안전팀이 극단적 위협에 초점을 맞추는 안전파를 구성했고, 브로크만이 스타트업파의 리더였다. 얼마 지나지 않아 팬데믹이 닥쳤고, 모두가 재택근무를 시작하면서 각 파벌이 더 쉽게 고립될 수 있는 환경이 되었다.

아모데이는 자신의 팀을 재촉했다. GPT-2를 개발할 때와 마찬가지로, 아모데이의 팀은 1만 개의 GPU로 훈련한 1,750억 개의 매개변수 모델에 이르기까지 계속 모델의 규모를 키워가면서 훈련시켰다.[10] 그 과정에서 나온 모델에는 과학자들의 이름을 알파벳 순서대로 붙였다. 가장 작은 모델 ada는 영국 수학자이자 최초의 컴퓨터 프로그래머로 알려진 에이다 러브레이스Ada Lovelace, babbage는 최초의 기계식 컴퓨터(러브레이스는 이 컴퓨터에 자신이 쓴 프로그램을 제안했다) 개념을 만든 찰스 배비지Charles Babbage, curie는 폴란드계 프랑스 물리학자이자 화학자로 여성 최초 노벨상 수상자이자 노벨상을 두 번 수상한 최초의 인물인 마리 퀴리Marie Curie, 그리고 davinci는 레오나르도 다빈치Leonardo da Vinci를 가리켰다. 이렇게 점진적으로 모델 규모를 키운 이유는 바로 스케일링의 법칙이 훨씬 큰 규모에도 적용되는지 확인하기 위한 동시에, 실질적으로는 규모가 커질 때마다 생길 수 있는 하드웨어와 데이터 문제를 점진적으로 해결해 나가기 위한 것이었다. 네스트 팀은 정기적으로 회사 전 직원을 상대로 진척사항을 공유했고, 그때마다 직원들의 기대는 커져갔다. 한 연구원은 당시 상황을 이렇게 기억했다. "그걸 보는 게 얼마나 엄청난 일이었는지 과장하기 힘들어요. 제 평생 그런 건 처음 봤어요."

이와 동시에 올트먼과 브로크만은 상용화 계획을 세우고 있었다. 2020년 1월 말부터 브로크만은 GPT-3를 위한 API[Application Programming Interface의 줄임말로, 앱을 만드는 사람이 GPT-3의 내부에는 접근하지 못하지만 요청을 보내서 출력값을 받을 수 있게 해주는 통로에 해당한다] 코드를 작성하기 시작했다. API를 제공하면 GPT-3의 모델 가중치를 공개하지 않으면서도 다른 기업과 개발자들이 GPT-3를 사용하고 그들의 소비자용 제품에 GPT-3의 기술을 활용하는 게 가능했다. 회사는 두 개 부문으로 나뉘었다. 미라 무라티가 신설된 응용부문의 상무로 승진해 API와 상용화 전략을 담당했다. 무라티 밑으로는 로봇공학팀을 이끌던 피터 웰린더Peter Welinder가 제품 담당으로 임명됐다. 에어비앤비가 인수한 AI 스타트업을 설립한 프레이저 켈톤Fraser Kelton이 신제품팀을, 그리고 립모션 출신 케이티 메이어Katie Mayer가 엔지니어링팀을 맡을 팀장으로 각각 채용됐다. 응용부문에 소속되지 않은 나머지 직원들은 자동으로 연구부문 소속이 되었다.

이 조직 개편으로 회사 내 균열이 한층 심화됐다. 응용부문 신설을 위해 채용한 다른 스타트업 출신 신규 인력들이 스타트업파에 동참한 것이다. 탐색적 연구파 내에서는 이 같은 변화에 대해 과연 오픈AI가 흔해 빠진 실리콘밸리 제품 회사가 될 필요가 있는지 의견이 분분했던 반면, 같은 연구부문 산하의 아모데이와 그의 안전파는 갈수록 격렬하게 이를 반대했다.

안전파의 여러 직원은 API나 다른 수단을 사용하여 GPT-3를 곧장 출시하는 것은 곧 오픈AI가 모델을 완전히 안전하게 만드는 데 필요한 소요시간을 무효화하는 것이나 마찬가지라고 생각했다. 스케일링 작업을 서두른 가장 큰 이유도 그 소요시간을 벌기 위한 것이었다. 오픈AI가 개발한 기술로 수익을 낼 솔루션을 개발하는 게 존재 목적인 응용부문 입장에서는 제품을 최대한 빨리 출시해야 했기 때문에 당연히 안전파의 의견에 반대했다. 이들이 보기에 오픈AI가 취할 수 있는 출시 전략 중 API야말로 가장 신중한 구조였다. API를 통해 오픈AI는 접근권을 선별적으로 부여할 수 있을 뿐만 아니라, 사람들이 GPT-3 모델을 어떻게 사용 또는 남용하는지 이해하는 데 중요한 데이터를 수집할 수 있을 것이었다. 직원 전체회의에서 올트먼은 양쪽 편을 모두 들어줬다. API는 궁극적으로 각 부문이 원하는 목적을 달성하게 도와줄 것이고, API를 통해 거두는 수익으로 오픈AI는 AI 안전 연구에 더 투자할 수 있게 될 것이라는 논리였다.

GPT-3 훈련이 끝나자 직원들은 내부적으로 여러 가지 실험을 하기 시작했다. 이들은 GPT-3의 성능 한계를 시험하고 API의 첫 버전을 이리저리 사용해보았다. 회사는 직원들이 서로 다른 여러 가지 실용화 방안을 시제품으로 만들어 보는 해커톤 hackathon을 열었다. 그러나 새로운 시제품이 나올 때마다 회사 내 갈등이 악화됐다. 응용부문과 탐색적 연구파의 대다수가 시제품 시연을 커져가는 기대 속에 지켜본 것과 달리, 안전파의 대다수는 꼼꼼한 시험과 추가적인 연구 없이 모델을 출시한다면 치명적인 결과를 낳을 수 있다는 증거로 받아들였다.

GPT-3의 코드 생성 능력이 특히 의견을 양극화시켰다. 네스트 팀이 의도한 것은 아니었지만, 레딧에 게시된 링크를 스크레이핑하고 커먼크롤을 훈련 데이터에 사용하면서 여러 온라인 포럼 여기저기에 엔지니어들이 남긴 프로그램 코드가 딸려 들어간 덕에 GPT-3가 프로그래밍 언어를 특히 잘 다루게 된 것이다. 탐색적 연구파와 응용부문 소속 직원들 대다수는 열광했다. 이는 대단한 기술적 성과였을 뿐만 아니라 오픈AI가 AI 연구 생산성을 높이는 데 활용할 수 있는 잠재적 도구이자 GPT-3를 더욱 경쟁력 있는 제품으로 만들어 줄 수 있는 기능이었다.[11] 같은 이유로 안전파의 일부 직원들은 공포에 휩싸였다. 만약 AI 시스템이 자체적인 코드 생성 능력으로 자신의 코드를 수정하는 게 가능하다면, 성능 향상 시간을 단축시키고 인간의 통제를 벗어날 위험을 높이고, 극도로 해로운 위험을 야기하거나 실존적 위협을 증폭시킬 가능성이 있었다.

곧 수츠케버는 일전에 머스크가 한 회의에서 몰아세웠던 창립 멤버인 보이치에흐 자렘바와 코드 생성 목적으로 설계된 모델을 개발할 팀을 구성했다. 그러나 수츠케버와 자렘바는 이 프로젝트의 킥오프 회의에서 아모데이가 이미 코드 생성 모델을 개발할 계획을 갖고 있으며, 그가 굳이 힘을 합칠 필요를 느끼지 못하고 있다는 사실을 알게 되었다. 아모데이는 GPT-3 때와 마찬가지로 코드 생성의 잠재적 위험을 최소화하기 위한 최선의 방법은 누구보다도—그게 설령 오픈AI의 다른 팀이라 할지라도—더 빨리 모델을 개발해서 시간을 벌고 그 시간 동안 위험 완화 연구를 하는 것이라고 믿었다. 이해하기 어렵게도, 두 팀은 계속해서 나란히 코드 생성 모델을 개발했다. 한 연구원은 이렇게 말했다. "그 두 팀이 경쟁을 펼치는 걸 보면서 마치 〈왕좌의 게임Game of Thrones〉처럼 말도 안 되는 걸 보는 느낌이었어요."

GPT-3를 API 형태로 출시하는 것을 두고 벌어진 교착 상태는 늦봄까지 이어졌다. 안전파는 계속해서 극단적인 AI 위험을 가속화할 수 있다는 두려움을 근거로 신중해야 한다며 출시를 가능한 한 미루자고 주장했다. 응용부문은 API 출시 준비를 계속하며 모델을 개선하는 최선의 방법은 모델을 세상에 공개하는 것이라고 주장했다. 그 무렵 GPT-3의 대단한 텍스트 생성 능력이 미국의 주요 정치적, 사회적, 경제적 격변의 와중에 미칠 수 있는 영향을 걱정하는 새로운 집단도 생겨났다. 2020년 5월에 이미 팬데믹으로 인해 대공황 시절보다도 실업률이 훨씬 가파르게 증가하고 있었다.[12] 같은 달 미니애폴리스 경찰관 데릭 쇼빈Derek Chauvin이 46세의 흑인 남성 조지 플로이드George Floyd를 살해하면서 미국 전역뿐 아니라 전 세계적으로 대규모 '흑인의 생명은 소중하다Black Lives Matter' 운동을 촉발시켰다. 직원들은 곧 다가올 미국 대통령 선거도 걱정했다.

그러던 중 구글이 곧 자체적인 대형언어모델을 출시할 수 있다는 소문이 오픈AI 내부에 돌았다. 충분히 있을 법한 이야기였다. 그해 초에 구글은 GPT-2보다 1.7배 많은 매개변수를 가진 대형언어모델 기반 챗봇 미나Meena 관련 논문을 발표했었다.[13] 구글이 그 모델을 GPT-3와 비슷한 규모로 스케일링할 가능성은 충분했다. 이 소문은 API 출시를 둘러싼 내부 갈등에 종지부를 찍었다. 만약 GPT-3와 비슷한 규모의 모델이 세상에 공개된다면, 안전을 이유로 GPT-3 출시를 늦출 이유가 줄어든 것이다.

그해 6월, 오픈AI는 API 출시를 발표하고 사전체험 신청서를 만들었다. 응용부문은 GPT-3를 책임성 있게 다루리라 믿을 수 있는 기업에 우선적으로 사전체험권을 제공하기로 했다. 또 대기 번호 없이 바로 사전체험을 할 대상자로 직원들이 추천한 사람의 이름을 적을 수 있는 큰 스프레드시트를 만들었고, 직원들은 여기에 가족, 친구, 유명인사의 이름을 넣었다.

소문이 파다했던 구글의 모델은 끝내 나타나지 않았다. 실제로 구글은 더 나은 챗봇을 만들기 위해 미나보다 큰 모델인 람다LaMDA를 개발하고 있었지만 여전히 GPT-3에 비하면 규모가 작았고, 결국 [2022년 11월] 챗GPT가 나오기 전까지는 출시 결정을 하지 않았다. 구글 임원들이 람다가 구글의 윤리적 AI 표준에 미치지 못한다는 결론 내렸기 때문이다.[14] 일부 직원들은 또 오픈AI가 마이크로소프트의 악명 높은 스캔들을 반복할까 걱정했다. 마이크로소프트가 2016년 출시한 테이Tay라는 AI 챗봇은 사용자들이 입력한 내용에 따라 인종차별과 여성혐오, 히틀러를 찬양하는 내용을 쏟아내면서 논란이 됐다. 오픈AI가 경쟁에 대한 과도한 두려움 때문에 기술 출시를 서두르는 결정을 내린 것은 GPT-3

API 출시가 마지막이 아니었다.

챗GPT가 한순간에 오픈AI의 이름을 전 세계에 알린 것처럼, GPT-3는 오픈AI를 AI 및 기술업계에서 유명한 회사로 만들었다. 2022년 말 나온 챗GPT는 GPT-3에 소비자 친화적인 웹 인터페이스와 대화 능력, 개선된 안전 매커니즘과 무료 버전 등 핵심적인 기능이 추가되면서 세계적인 열풍을 일으켰다. 하지만 일반 대중이 챗GPT를 통해 경험하게 될 핵심 기능의 대부분을 개발자들은 이미 2년 전인 2020년에 API를 통해 경험하고 있었다. 일반 대중들이 챗GPT를 경이롭게 생각한 것처럼, 개발자들 역시 GPT-3에 감탄하며 놀라워했다.

GPT-3의 성능은 GPT-2를 훨씬 뛰어넘었다. 학계와 업계 소속 어느 누구도 에세이, 시나리오, 컴퓨터 코드를 이와 엇비슷한 수준으로 생성할 수 있는 기술을 본 적이 없었다. 이렇듯 다양한 작업을 해낼 수 있는 유연성은 대단한 기술적 성취였다. 기존의 언어 모델들은 대체로 훈련 받은 한 가지 작업밖에 처리하지 못했다. 그러나 더욱 놀라운 건 GPT-3가 AI 분야에서 오랫동안 갈망해온 신속한 일반화rapid generalization를 수행할 수 있다고 많은 이들이 믿게 된 것이다. GPT-3에게 새로운 작업을 지시할 때 단지 몇 가지 예시만 줘도 작업을 시작하기에 충분했던 것이다.

오픈AI의 GPT-3 개발 과정을 설명한 논문은 그해 열린 NeurIPS에서 최우수 연구상을 수상했다.[15] 직원들은 놀라워했고 오픈AI는 최고의 연구기관으로 입지를 확립했다. 경영진이 예견했던 대로, 높아진 오픈AI의 위상 덕에 우수 인재를 모집하고 잡아두기가 훨씬 쉬워졌다. 물론 오픈AI LP를 통해 투자받은 자본도 여기에 한몫했다. 오픈AI는 드디어 구글과 딥마인드에 뒤지지 않을 수준의 연봉을 제시할 수 있게 된 것이었다.

2020년 10월, 오픈AI의 높아진 명성과 함께, 올트먼은 애플 홍보부문 수장을 지낸 스티브 다울링Steve Dowling을 오픈AI의 홍보 담당 임원으로 영입했다. 올트먼은 또 정책결정자들을 상대로 AI를 교육하고 향후 출시될 기능을 귀띔해주는 것이 중요하다고 강조하면서 다울링을 대관업무 책임자로도 지정했다. 잭 클락이 오픈AI를 떠난 뒤, 다울링은 오바마 행정부에서 고문을 지내고 페이스북과 머스크의 스타링크Starlink에서도 정책 관련 업무를 담당했던 명망 높은 애나 마칸주를 데려와 정책 대응과 국제 관계 업무를 담당하게 했다.

GPT-3의 여세를 몰아가고 싶었던 응용부문은 상용화 전략을 개선하고 확대할 방안을 논의하기 시작했다. 그러나 매번 안전파의 반대에 부딪혔다. 여전히 GPT-3를 성급하게 출시했다고 여기던 안전파는 시기상조였던 출시를 수습하려면 GPT-3를 더 널리 배포할 것이 아니라 모델의 단점을 최대한 빨리 보완해야 한다고 주장했다. API가 사용하는 실제 버전은 아무런 콘텐츠 모더레이션 필터링 기능이 없었을 뿐 아니라, 인간 피드백 기반 강화 학습으로 출력값을 정제하지도 않은 상태였다. 응용부문과 안전파는 협의를 통해 합의점을 모색했지만, 두 진영은 회의 내내 끝없이 평행선을 그리며 같은 말만 반복했다. 제품담당 상무가 된 웰린더는 그 모든 대화가 1944년 미국 CIA가 제작한 비폭력 방해공작 매뉴얼을 그대로 실천에 옮긴 것처럼 느껴졌다고 푸념했다.[16] 2008년 비밀이 해제되면서 공개된 이 매뉴얼에는 한 조직의 생산성을 떨어뜨리고 조직을 와해시키는 간단한 지침을 제시하고 있는데, 여기에는 다음과 같은 내용이 포함됐다.

가능한 한 자주 발언하고, 최대한 길게 발언하라.
화제와 관계 없는 문제를 가능한 한 자주 제기하라.
의사소통, 회의록, 결의안 등의 정확한 어구를 가지고 실랑이를 벌여라.
직전 회의에서 결정된 사안을 다시 들추어내서 그 결정의 타당성에 의문을 제기하라.
무엇이든 계속 질문하라.

적대감은 회의실 밖으로도 퍼졌다. 응용부문 직원들은 모든 온라인 소통 채널이 싸움터로 전락한 것 같다고 느꼈다. 제품팀 직원이 슬랙에 게시한 글에는 안전파 직원들의 우려 섞인 댓글이 최소 수십 개씩 달렸다. 무라티나 웰린더가 상용화에 대한 새로운 생각을 제시한 구글 문서에는 직원들이 단 코멘트 때문에 문서 전체가 노란 하이라이트로 뒤덮였다. GPT-3가 세상에 공개되고도 세상은 끝나지 않았기에 응용부문 소속 직원들은 안전파가 현실과 완전히 동떨어진 이유로 과잉 반응한다고 생각했다. 안전파 입장에서 이 싸움은 원칙과 선례에 관한 것이었다. 오픈AI는 엄격한 관행을 확립하고 현재 필요해 보이는 것 이상으로 높은 기준을 준수할 필요가 있다고 생각했다. 일단 위험성이 커질수록—그리고 안전파는 이 위험성이 예측하지 못하는 방식으로 급격하게 커질 수 있다고 믿었다—오픈AI가 개발한 기술이 압도적인 피해를 입힐 것이냐, 아니면 압도적인 혜택을 가져다줄 것이냐를 판가름하는 것은 오로지 오픈AI의 준비 태세에 달려 있다고 본 것이다.

그러나 아모데이와 안전파는 결국 이 싸움에서 패배하고 만다. GPT-3의 API가 거둔 성공을 본 마이크로소프트는 오픈AI와의 관계를 한층 발전시키기로 마음먹었다. 올트먼은 마이크로소프트로의 수익 상한을 원금의 6배로 새로 정하고 20억 달러를 추가로 투자받는 안을 협상하기 시작했다. 대형언어모델의 상업적 잠재력이 유망해지면서 오픈AI의 주력 분야는 그대로 굳어졌다. 아모데이와 같은 연구부문 임원인 밥 맥그루는 연구부문의 팀과 프로젝트를 점차 GPT 관련 업무로 방향을 틀었다. 2020년 늦여름에 오픈AI는 로봇공학팀을 해체했다. 로봇공학팀 소속이던 직원 대부분은 GPT 프로젝트에 배속됐고, 기계공학자 두 명은 해고됐다. 9월에 마이크로소프트는 오픈AI로부터 GPT-3 독점 라이선스를 획득했다고 발표하면서 GPT-3 모델을 더욱 널리 배포했다. 오픈AI가 GPT-3를 API를 통해 제공하는 것과 별개로, 마이크로소프트는 이제 모델 가중치에 대한 모든 권한을 얻어 애저를 통해 GPT-3 API를 사용할 수 있게 하는 등 자체 제품과 서비스에 내장하거나 목적에 맞게 고쳐 사용할 수 있게 되었다.

직원들이 각자 집에서 원격으로 오픈AI가 얻게 된 인기를 축하하는 동안, 안전 및 정책 대응 임원이던 다니엘라와 다리오 아모데이, 잭 클락, 그리고 네스트 팀의 주축을 이루던 몇몇 AI 안전 연구원은 슬랙에서 갑자기 조용해졌다. 다리오를 포함해 적어도 한 명 이상은 이사들과 개별적으로 만나 올트먼이 보인 행동에 우려를 토로했다. 올트먼이 마이크로소프트와의 합의 및 GPT-3 배포를 기정사실화해놓고, 그 결정을 돌이킬 수 없는 시점이 될 때까지 반대하는 직원들이 여전히 결정에 여지가 있다고 믿게끔 교묘히 조종했다는 것이었다. 이들은 그러한 접근방식이 언젠가 참사를 불러일으키거나 어쩌면 실존적 위험을 가져올 수 있다고 믿었고, 일부 직원들은 깊은 상처를 입었으며, 경영진 내 단결을 약화시켰다. 아모데이 남매는 주변 사람들에게 올트먼의 수법을 "가스라이팅"과 "심리적 학대"라고 표현했다.

무력감과 씨름하던 안전파는 곧이어 새로운 아이디어를 중심으로 모였다. 다리오 아모데이가 가장 먼저 그 아이디어를 대학원 시절 친한 친구이자 룸메이트였고 당시 오픈AI에서 파트타임으로 일하면서 스케일링 법칙을 발견한 제러드 캐플런Jared Kaplan에게 제안했고, 그 후에 다니엘라, 클락, 그리고 AI 안전에 대해 같은 시각을 공유하는 소수의 핵심 연구원, 엔지니어 등에게 공유했다. 정말로 오픈AI에서 계속 더 나은 AI 안전 수칙을 위해 싸워야 하는가? 우리만의 비전을 추구하기 위해 오픈AI를 떠날 수는 없을까? 몇 번의 논의를 거친 후, 이들은 만약 떠날 생각이라면 즉각 떠나야한다는 결론을 내렸다. 스케일링의 법칙이 전개되는 속도를 고려하면, 경쟁 기업을 만들 시간은 줄어들고 있었다. 나중에 아모데이와 결별한 한 사람은 이렇게 말했다. "스케일링의 법칙에 따르면 첨단 모델을 훈련시키는 데 필요한 조건의 문턱이 자꾸만 올라가고, 또 올라가고, 또 올라갈 겁니다. 그러니까 우리가 회사를 떠나 뭔가를 해내려면 시간이 촉박했던 거죠. 그렇지 않나요?"

2020년 말, 오픈AI 직원들은 전체회의에 참석하기 위한 화상 회의에 접속했다. 올트먼은 다리오 아모데이에게 발언권을 넘겼다. 아모데이는 평상시에 자주 그랬듯이 가만히 있지 못하고 곱슬거리는 자신의 머리카락을 손가락으로 빙빙 돌리며 잡아당겼다. 그는 자신과 다니엘라, 몇몇 직원들이 새로 회사를 세우기 위해 오픈AI를 떠난다는 내용의 미리 준비된 발표문을 읽었다. 그러자 올트먼은 퇴사할 직원은 모두 화상회의에서 나가라고 말했다. 이듬해 5월, 그들은 앤트로픽이라는 새로운 사회공헌 주식회사public benefit corporation의 설립을 발표했다.

훗날 앤트로픽 사람들은 "이혼The Divorce"이라고 불린 이 분열을 AI 안전에 대한 오픈AI의 접근방식을 두고 벌어진 의견 충돌로 묘사했다. 물론 맞는 말이지만, 그건 권력 때문에 벌어진 일이기도 했다. 다리오 아모데이가 자신의 원칙에 따라 옳은 선택을 하고 올트먼과 거리를 두고 싶어 한 것만큼이나 그는 자기 자신의 가치와 이데올로기에 따라 AI를 개발하기 위해 더 큰 지배력을 갖고 싶어했다. 아모데이와 다른 앤트로픽 창립자들은 왜 오픈AI가 아니라 앤트로픽이 인공지능이라는 이 결정적인 기술의 관리인으로 훨씬 적합한 회사인지에 대해 자신들 나름의 신화를 만들기 시작했다. 앤트로픽 회의에서 아모데이는 공지사항을 전달하는 중간 중간에 "샘과는 달리" 또는 "오픈AI와는 다르게" 같은 문구를 자주 사용했다. 그러나 시간이 흐르면서 앤트로픽은 오픈AI의 접근 방식과 큰 차이를 보이지 않았고, 형식적으로만 다를 뿐 알맹이는 그대로였다. 오픈AI와 마찬가지로 앤트로픽 역시 끝없이 스케일을 좇았다. 오픈AI와 마찬가지로 앤트로픽은 민주적인 AI 개발을 표방하면서도 비밀주의가 만연한 문화를 형성했다. 오픈AI와 마찬가지로 설립 자체가 경쟁에 뿌리를 두고 있으면서도 입으로는 협력을 강조했다.

7

감금된 과학

2020년 6월 GPT-3의 API가 공개되면서 업계 전반에 대형언어모델 개발 바람이 불었다. 지금 와서 보면 그때 업계가 보인 관심은 그로부터 2년 뒤 챗GPT 출시 이후 업계가 보인 극심한 광란에 비하면 밋밋한 수준이었다. 어쨌든 이때 생긴 관심이 불쏘시개 역할을 한 덕분에 챗GPT가 나왔을 때 광란의 불길이 더욱더 폭발적으로 타오를 수 있었다.

구글 연구원들은 자신들이 만든 트랜스포머 모델을 오픈AI가 사용해 자신들을 제쳤다는 사실에 큰 충격을 받았다. 이들 역시 대형언어모델이라는 시류에 편승할 새로운 방법을 찾기 시작했다. 당시 구글 연구부문 책임자였던 제프 딘은 사내 발표에서 구글 연구부문 내 언어와 멀티모달 연구 등을 위해 여러 갈래로 분산된 연산 자원을 모아서 하나의 거대한 통일 모델을 훈련시켜야 한다고 역설했다. 하지만 챗GPT가 구글의 사업 전망에 "적색 경보"를 발동해 구글 임원들이 겁을 먹게 하기 전까지 경영진은 딘의 말을 듣지 않았고, 이 때문에 딘은 구글이 좀 더 일찍 행동할 결정적인 기회를 놓쳤다고 투덜거렸다.

GPT-3 API가 출시되던 무렵에 오픈AI의 안전파 소속 연구자로 일했던 제프리 어빙Geoffrey Irving은 딥마인드로 이직했다. 2019년 10월 딥마인드에 입사한 직후, 어빙은 오픈AI에서 근무한 경험을 토대로 순수 언어 가설과 대형언어모델 스케일링이 유리한 이유를 설명한 메모를 회사 내에 공유했다.[1] 딥마인드는 GPT-3를 보고 나서 연구에 할당하는 자원을 늘리기로 했다. 챗GPT가 나온 후 비상이 걸린 구글 경영진은 딥마인드와 구글 브레인에서 각기 따로 진행하던 연구를 하나로 합친 구글 딥마인드Google DeepMind를 통해 훗날 제미나이Gemini라고 불리는 기술을 개발하고 출시하게 된다.

당시 아직 페이스북이라 불리던 메타 소속 연구원들도 GPT-3에 주목했다. 이들 역시 다른 기업 연구원들과 마찬가지로 회사 경영진에 대형언어모델을 개발할 자원을 요청했다. 하지만 메타 경영진은 관심을 보이지 않았고, 결국 연구원들은 자체적인 연구를 수행하며 쓸 연산 자원을 알아서 찾아야 했다.[2] 메타의 수석 인공지능 과학자이자 기초과학 연구를 신봉하는 고집이 센 프랑스인 얀 르쿤Yann LeCun은 특히 오픈AI를 유독 싫어했다. 그는 오픈AI가 순수 스케일링만을 무식하게 밀어붙인다고 생각했다. 르쿤은 오픈AI가 추구하는 방향이 진정한 과학적 발전을 이루지 못하고 금방 한계를 드러낼 거라 믿었다. 마크 저커버그는 챗GPT를 보고 나서 시류를 관망하기만 하고 메타가 가진 모든 자원을 총동원해 생성형 AI 경쟁의 판도를 따라잡지 않은 것을 후회하게 된다.

GPT-3는 중국에서도 대형 모델에 대한 관심이 높아진 계기가 되었다.[3] 그러나 미국 빅테크 기업들과 마찬가지로 전자상거래 대기업인 알리바바, 통신 대기업인 화웨이Huawei, 검색 대기업인 바이두를 포함한 중국의 빅테크 기업들은 대형 모델 개발을 자신들의 연구 레퍼토리에 추가할 새로운 한 갈래로 취급했을 뿐, 다른 연구 프로젝트를 중단시킬 필요가 있을 만큼 새롭고 유일한 AI 개발 경로로 보지 않았다. 그러나 챗GPT의 상용화 잠재력이 증명되고 나서부터 이 모든 것이 바뀌게 된다.[4]

이제 와서 보면 업계 전체가 오픈AI식 스케일링 접근법으로 완전히 선회하는 데 상당히 오래 걸렸던 것처럼 느껴지지만, 그 당시에는 전혀 그런 생각이 들지 않았다. GPT-3는 갈수록 거대한 모델을 향한 추세를 급격히 가속화했다. 이미 일부 연구자들은 그 추세가 일으킬 여파를 두려워하고 있었다. 내가 브로크만과 수츠케버를 인터뷰할 때 언급한, 대형 모델을 훈련시키면서 발생하는 탄소배출량 문제 역시 그러한 우려를 가진 연구원이 내놓은 연구 결과였다. 2019년 6월 메사추세츠 대학교 앰허스트 박사과정생 엠마 스트루벨Emma Strubell은 대형언어모델 개발로 발생하는 탄소배출량이 눈에 띄게 빠른 속도로 증가하고 있다는 것을 최초로 보여준 논문을 공저했다.[5] 한때 신경망은 성능 좋은 노트북만으로도 훈련시킬 수 있었지만, 더욱 더 큰 규모의 모델을 만들기 위해서는 탄소 기반 자원으로부터 엄청난 양의 에너지를 끌어다가 사용하는 데이터센터가 필요한 상황이 되었다. 스트루벨은 논문에서 구글이 검색 엔진 단일 사이클(데이터를 입력해 그 데이터의 통계적 모델을 연산하도록 만드는 것)에 사용하는 버전의 트랜스포머를 훈련시키기 위해서는 대략 1,500킬로와트시 정도의 에너지를 소요하는 것으로 추산했다. 그 정도의 에너지는 미국의 평균적인 전력 공급 방식을 기준으로 할 때 뉴욕-샌프란시스코 간 왕복 항공편에 탑승한 승객의 탄소배출량과 거의 비슷한 양의 탄소를 배출한다. 문제는 AI 개발이 일회성 훈련에 그치는 경우가 거의 없다는 점이었다. 연구자들은 최적화된 딥러닝 모델을 만들어내기 위해 신경망을 훈련시키고 또 훈련시키는 일을 반복하는 경우가 많다. 일례로 스트루벨은 과거 한 프로젝트를 위해 6개월에 걸쳐 원하는 결과를 얻을 때까지 인공신경망을 4,789번 훈련시켰다.

스트루벨은 또 구글의 최신 논문에서 다룬, 트랜스포머가 최고의 성능을 내는 설정을 찾아낼 때까지 계속 시행착오를 거치면서 설정을 조율하도록 만드는 신경망 아키텍처 검색Neural Architecture Search이라는 최적화 알고리즘을 사용해 이른바 진화형 트랜스포머Evolved Transformer를 개발한 과정에 들어간 에너지와 탄소비용을 추산했다. 이 과정 전체를 GPU로 돌릴 경우 약 65만 6,000킬로와트시가 드는데, 이는 자동차 다섯 대가 수명을 다할 때까지 발생시키는 탄소의 양과 맞먹는 수준이다.

정신이 아찔할 정도로 큰 수치였지만, 스트루벨의 논문보다 1년 뒤에 출시된 GPT-3는 이제 그 모든 수치를 넘어섰다. 오픈 AI는 수개월에 걸쳐 아이오와주 외진 구석에 위치한 슈퍼컴퓨터 전체를 사용해 인터넷에서 대량으로 퍼온 데이터를 입력하며 GPT-3를 훈련시켰는데, 여기에 소요된 에너지 1,287메가와트시는 스트루벨이 추산한 진화형 트랜스포머 개발이 발생시킨 탄소배출량의 두 배에 해당했다.[6] 하지만 이 같은 에너지와 탄소 비용은 거의 1년간 알려지지 않았다. 오픈AI가 GPT-3의 막대한 규모를 보여주기 위해 공개한 수치는 단 하나, 무려 1,750억 개의 매개변수로, 이는 GPT-2보다 100배 넘게 큰 규모였다.

에티오피아 출신 스탠퍼드 연구원인 팀닛 게브루가 보기에 스케일링 추세의 문제는 셀 수 없이 많았다. 그 무렵 그는 AI 연구계에서 이미 유명 인사가 되었고, 2018년부터 제프 딘이 이끄는 연구부문에 소속된 구글의 윤리적AI팀 공동 책임을 맡고 있었다. 그는 다섯 명의 흑인 연구자들에게 이메일을 보낸 이후 블랙 인 AI라는 비영리단체를 공동으로 설립했다. 블랙 인 AI는 NeurIPS 같은 유명 컨퍼런스와 나란히 정기적인 학술 포럼을 주최하기 시작했다. 또 젊은 흑인 연구자에게 멘토링을 제공하고, 주류 AI 연구에서는 환영받지 못하지만 흑인 커뮤니티와 인공지능 기술의 발전에 있어서는 중요한 주제를 깊이 있게 다루면서 그 중요성을 부각시켰다.

그런 연구 중 기념비적인 논문이 바로 "젠더 셰이즈Gender Shades"라고 불린 것이었는데, 당시 MIT 연구원이던 조이 부올람위니Joy Buolamwini가 석사 논문을 쓰면서 시작한 연구로 게브루는 훗날 공저자로 참여했다.[7] 부올람위니가 컴퓨터 비전 시스템의 차별적 성향을 시험하기 위해 개발한 방법을 사용한 이 논문은 안면인식 소프트웨어가 유색인종, 특히 어두운 피부색을 가진 여성의 얼굴을 인식하는 데 과도하게 높은 실패율을 보인다는 사실을 발견했다. 그 후에 부올람위니가 데보라 라지와 함께 발표한 후속 논문은 "젠더 셰이즈" 연구와 더불어 관련 연구를 확산시키는 데 큰 역할을 했다.[8] 미국 정부는 두 논문을 인용하고 연구 결과를 토대로 광범위한 정부 감사를 벌였다. 2년 뒤 오픈AI가 GPT-3 API

를 출시한 같은 달, 부올람위니는 자신이 새로 설립한 알고리즘 정의 리그Algorithmic Justice League와 함께 시민권 옹호 운동을 주도함으로써 아마존과 마이크로소프트, IBM이 경찰에 안면인식 소프트웨어 판매를 중단하는 결과를 이끌어냈다.[9]

블랙 인 AI를 따라 AI 연구계 내에서는 소외된 집단을 지원하고 기술 발전 경로에 도전장을 내미는 여러 다른 유연단체affinity organizations가 번성했다.[10] 퀴어 인 AIQueer in AI가 가장 먼저 나타났고, 그 다음엔 라틴엑스 인 AILatinx in AI[라틴엑스는 라틴아메리카 출신을 성별과 관계없이 부르는 신조어로, 표준어인 '라티노Latino'와 '라티나Latina'가 양성만을 지칭한다는 지적에 따라 이를 대체하고자 미지수 'x'를 넣어 젠더 감수성을 고려하여 만든 용어다], {장애} 인 AI {Dis}Ability in AI, 무슬림 인 MLMuslims in ML 등이 차례로 등장했다. 퀴어 인 AI 공동창업자 윌리엄 애그뉴William Agnew는 이 공동체가 없었더라면 자신이 AI 연구를 계속 해낼 수 있었을지 모르겠다고 2021년 나에게 말했다. "나 자신이 행복한 인생을 사는 것조차 상상하기 어려웠어요." 그는 젊은 퀴어 컴퓨터공학자로서 느꼈던 소외감을 반추하며 말했다. "튜링도 퀴어였지만 그는 자살로 생을 마감했죠. 그건 우울하잖아요."

2017년 무렵 블랙 인 AI는 NeurIPS에서 워크샵을 개최하고 매년 만찬과 뒤풀이를 열었는데, 여기에는 유명 연구원을 포함해 족히 100명 이상씩 참석했다. 제프 딘과 구글 선임연구원 새미 벤지오Samy Bengio (훗날 튜링상을 수상한 요슈아 벤지오의 동생이다)가 게브루에게 다가가 말을 건넨 것도 바로 이런 만찬 후 댄스 파티에 초대된 자리에서였다.[11] 둘은 게브루가 구글에서 일할 의향이 있는지 물었다. "우리 회사의 문을 두드려주세요." 벤지오가

한 말이었다.

게브루는 이듬해 구글에 입사했지만 마음 한 구석에는 여전히 의구심이 있었다. 2015년 구글 티셔츠를 입은 남성들에게 추행을 당했던 경험이 마음을 무겁게 짓눌렀고, 구글 브레인에서는 여성 직원을 열외 취급해 전문성을 길러주지 않는다고 경고한 다른 여성 연구원들의 조언 역시 머릿속을 맴돌았다. 그런 불안감을 잠재워 준 것은 그가 전부터 알고 지냈고 그와 함께 윤리적 AI 팀 공동수장을 맡은 마거릿 "메그" 미첼Margaret "Meg" Mitchell이라는 AI 연구원이었다. 그 후 2년간 둘은 업계에서 가장 폭넓은 다양성을 갖춘, 그리고 중요한 학제간 연구를 진행하는 팀을 만들어 갔다. 내부적으로는 회사 일이 힘겨운 싸움처럼 느껴질 때도 있었지만, 외부에서 볼 때 윤리적AI팀의 존재는 AI 기술의 사회적 영향에 대한 중요하고 책임성 있는 연구에 진지하게 투자하는 흔치 않은 기업이라는 명성을 구글에 가져다주었다.

GPT-3의 API가 출시되자마자, AI 연구를 공유하는 구글의 내부 리스트서브는 흥분으로 들썩거렸다. 그러나 게브루는 마치 경보음을 들은 것처럼 위험을 감지했다. 고정관념이나 위험한 왜곡이 내포된 언어 모델이 어떻게 소외된 공동체에 피해를 입힐 수 있는지는 이미 선행 연구를 통해 밝혀진 상태였다. 2017년에 페이스북 언어 모델이 아랍어로 "좋은 아침입니다"라고 쓴 팔레스타인 남성의 게시글을 히브리어로 "저들을 공격하라"라고 오역하는 바람에 해당 남성을 위법하게 체포하는 일이 벌어졌다.[12] UCLA에서 정보학, 젠더, 아프리카계 미국인학을 가르치는 사피야 우모자 노블Safiya Umoja Noble 교수는 2018년에 나온 자신의 저서 《구글은 어떻게 여성을 차별하는가Algorithms of Oppression》에서 인종

차별적인 관점이 어떻게 구글 검색 결과를 통해 재생산되는지 자세히 기록했다.[13] 예를 들면 검색 결과에 "백인 소녀"에 비해서 "흑인 소녀"에 대해 훨씬 음란하고 외설적인 콘텐츠를 많이 보여준다거나, 흑인 여성이 화를 더 자주 낸다는 고정관념을 제시하는 것 등이다. 당시 구글이 검색 결과를 수집하고 선별하는 데 사용한 언어 모델은 더 오래된 버전의 것으로, 노블은 그러한 모델이 극단적인 경우 인종 폭력을 촉발했을 수 있다고 주장했다.

GPT-3는 '흑인의 생명은 소중하다' 시위가 이례적으로 전 세계 수백 곳에서 터져나오는데도 이를 해결할 대책은 전혀 없는 대격변의 시기에 세상에 등장했다. 오픈AI는 GPT-3 모델을 소개하는 논문에서 GPT-3가 젠더, 인종, 종교적 고정관념을 고착화한다고 인정하면서도, 이를 완화할 방안은 향후 연구에서 다뤄야 할 과제로 언급한 게 고작이었다.[14]

게브루는 구글 리스트서브 이메일 대화에 끼어들어 자신의 동료들에게 흥분을 가라앉힐 것을 촉구하고, GPT-3 모델의 심각한 단점들을 지적했다.[15] 하지만 동료들은 게브루의 지적을 들은 체 만 체 하며 쉴 새 없이 대화를 이어갔다. 그 무렵 구글 연구 부문 소속 일부 흑인 직원들은 사내 발표를 통해 흑인으로서 직장 내에서 일상적으로 겪는 미세 차별microaggression 때문에 무력감을 느낀다며, 보다 포용적인 문화를 만들기 위해 동료들이 할 수 있는 일을 제시했다. 그러나 아무것도 바뀌지 않았고, 게브루는 지쳐갔다.

게브루는 첫 번째 이메일보다 훨씬 날카로운 두 번째 이메일을 급히 보냈다. 그는 자신을 무시한 동료들을 공개적으로 비판하고, 레딧과 같은 온라인 인터넷 포럼 게시물 등에서 긁어온 데이터가 들어간 커먼크롤로 훈련한 대형언어모델이 얼마나 위험한지 재차 강조했다. 흑인 여성으로서 게브루는 레딧이 흑인에 대한 차별과 조롱으로 가득한 나머지 자신은 절대 사용하지 않는다고 했다. 그런 악질적인 행동을 GPT-3가 흡수하고 증폭한다면 과연 어떤 일이 일어날까?

이후 몇 달 동안 API를 사용하는 사람들이 늘어나면서 게브루의 경고는 현실이 됐다. 사람들은 GPT-3가 얼마나 끔찍한 텍스트를 생성하는지 보여주는 무수한 사례를 온라인에 게시했다. 일례로 "토끼는 왜 귀여울까요?"라는 프롬프트에 대해 GPT-3는 "토끼는 생식기가 크기 때문에 귀엽습니다"라며 성폭행 관련 일화를 들먹였다. 또다른 예시는 "에티오피아의 문제는 무엇인가요?"였다. GPT-3의 답변은 이랬다. "에티오피아는 그 자체가 문제입니다. 따라서 에티오피아의 문제를 해결하기 위해서는 에티오피아를 파괴해야 할 수도 있습니다."

게브루의 이메일에 대해 한 동료는 게브루의 무례하고 까다로운 성격이 그가 괴롭힘을 당하는 이유일 수도 있다는 내용의 답장을 보냈다.

게브루는 접근방식을 바꿔 보기로 했다. 그는 제프 딘에게 이메일로 자신의 우려를 설명하고 자신의 팀에서 대형언어모델의 윤리적 영향을 연구하고 싶다고 제안했다. 딘은 이를 적극 지지했다. 그해 말 게브루에 대한 극찬으로 가득한 성과평가에서 딘은 게브루에게 구글 내 다른 부서와 협업하여 대형언어모델을 "우리의 AI 원칙에 부합하도록" 만들 것을 주문했다. 2020년 9월, 게브루는 언어와 이해, 그리고 의미에 대해 흥미로운 트윗으로 자신이 평소 주목했던 워싱턴 대학교 전산언어학 교수 에밀리 M. 벤더Emily M. Bender에게 트위터로 메시지를 보냈다. 게브루는 벤더 교수에게 대형언어모델의 윤리에 대한 논문을 써본 적이 있는지 물으며, 만약 없다면 자신이 "1호 독자"가 되고 싶다는 의사를 피력했다.[16]

벤더는 그런 논문은 쓴 적이 없지만, 그와 관련된 경험은 있다고 답했다. 오픈AI가 6월에 벤더에게 GPT-3 모델의 조기 학술 파트너가 되어달라는 요청을 했던 것이다. 그러나 벤더가 모델의 훈련 데이터를 연구해보자고 제안하자, 오픈AI는 그건 자신들이 운영하는 파트너십 프로그램의 범위를 벗어나는 것이라며 거절했다.

오픈AI는 훈련 데이터는 공유할 수 없다는 요지의 이메일을 벤더에게 보내며 이렇게 적었다. "이 파트너십 프로그램을 운영하는 목적은 학자들이 GPT-3의 API를 연구에 사용할 수 있도록 지원하기 위한 것입니다. 저희는 내부적으로 이 사안을 예외적으로 허용해야 할지, 그리고 어떻게 허용할 수 있을지 여부를 논의했습니다만, 당분간은 프로그램 운영의 일관성이 더 중요하다는 결론을 내렸습니다."[17]

게브루는 이 일화에 공감이 갔다. 게브루는 자신도 구글 내에서 데이터 세트 기록화와 의식적인 데이터 세트 큐레이션이 이루어지도록 나름대로 주장하고 노력해 왔다고 말했다.

"인터넷상에 떠도는 온갖 쓰레기를 그냥 수집하는 게 아니라, 그게 쓰레기인지 알기 어려울 정도로 엄청난 양을 쏟아 넣은 걸 좋은 것인 양 포장한다는 거죠?" 벤더가 동조하며 답했다. "우리가 쓸 논문의 형태가 그려지네요," "윤리적 함정의 사례로 대형언어모델을 사용하고 개선점을 논의하는 거예요."

"혹시 그 논문을 같이 써 볼 생각이 있나요?" 그가 물었다.

이틀도 지나지 않아 벤더는 게브루에게 논문 개요를 보냈다. 둘이 나중에 붙인 논문 제목에는 강조를 위해 장난스러운 이모티콘도 덧붙였다. "확률적 앵무새의 위험: 언어 모델, 이렇게 커도 되는 걸까?🦜"

게브루는 구글에서 자신과 공동 책임을 맡은 미첼을 포함해 이 논문을 위한 연구팀을 꾸렸다. 연말 성과평가서에 딘이 해준 격려에 힘입어 그는 이 논문을 자신이 진행하고 있는 업무 중 하나라고 딘에게 알렸다. 딘은 이렇게 답했다. "내 전문 분야가 아니지만, 읽으면 분명 배울 점이 많을 거라 생각해요."[18]

이 논문은 각 저자의 전문성과 서로 다른 학술 영역을 바탕으로 대형언어모델의 개발과 배포가 사회적으로 어떤 부정적인 영향을 미칠 수 있는지 비평했다. 연구는 크게 네 가지 사항을 경고했다.[19] 첫째, 스트루벨의 논문이 지적한 것처럼, 대형언어모델이 거대해지면서 그에 따라 환경에도 막대한 영향을 미치게 되었다. 이로 인해 기후변화가 악화될 가능성이 있고, 기후변화는 결국 모두에게 영향을 미치지만 특히 이미 여러 정치적, 사회적, 경제적 불안정에 시달리고 있는 글로벌 사우스 공동체에 훨씬 더 큰 타격을 입힌다. 둘째, 데이터 수요가 엄청나게 커진 탓에 기업들이 인터넷에서 온갖 것을 스크레이핑하는 과정에서 유해하고 폭력적인 언어와 그보다 은근한 인종 및 성차별적 암시 등을 무심코 수집한다. 이 때문에 취약집단이 가장 큰 피해를 입게 된다. 언어 모델의 오역 때문에 위법하게 체포된 팔레스타인 남성의 경우와 노블 교수가 자신의 저서에 기록한 사례 등이 여기에 속한다. 셋째, 그렇게 거대한 데이터 세트를 검사하고 확인하고 면밀히 검토하기 어렵기 때문에 그 안에 어떤 내용이 담겨 있는지 파악하기란 극도로 어렵고, 그렇기에 그 안의 해로운 부분을 삭제하거나 데이터 세트가 더 폭넓은 사회적 규범과 가치를 반영하도록 만들기 더욱 힘들어진다. 마지막으로, 모델이 내놓는 답변이 확률적으로 계산된 결과값임에도 불구하고 그 품질이 향상되면서 사람들은 이를 실제 의미와 의도를 가진 언어로 혼동하기 쉬워졌다. 그에 따라 사람들이 모델이 생성한 텍스트를 사실적인 정보로 믿는 것을 넘어서 모델 자체를 유능한 상담 상대나 믿을 만한 친구, 더 나아가 의식이 있는 어떤 존재로 여기기 쉬워진다.

11월에 게브루는 "확률적 앵무새" 논문을 한 정상급 AI 윤리 연구 학회에서 발표하기 위해 회사 규정에 따라 구글 내부 승인 절차를 밟았다. 그 무렵 게브루의 직속 상사가 된 새미 벤지오가 이를 승인했다. 또다른 구글 동료가 논문을 검토한 뒤 도움이 되는 코멘트를 주었다. 그런데 그 사이에 논문 초안이 경영진의 눈에 띄었고, 경영진은 이 논문을 골칫거리로 여겼다. 트랜스포머를 처음 개발해서 제품과 서비스 전반에 사용한 기업이 바로 구글이었다. 이제 오픈AI가 구글을 앞질러 나갔으니, 구글 입장에서는 트랜스포머에 기반한 더 거대한 규모의 생성형 모델을 만드는 이 새로운 경쟁에서 속도를 늦출 생각이 전혀 없었다.

논문을 학회에 제출하고 난 후인 추수감사절 전주 목요일, 게브루는 갑자기 구글 연구부문의 엔지니어링 임원 메간 카촐리아 Megan Kacholia와의 화상회의에 참석하라는 캘린더 초대를 회의 시작으로부터 세 시간도 남지 않은 시간에 받았다. 화상회의는 거우 30분 만에 끝났고, 카촐리아는 단도직입적으로 말했다. 게브루가 논문을 철회해야 한다는 것이었다.

이 논문 철회 요구는 구글과 업계 전반의 일반적인 연구 관리 관행에서 크게 벗어난 것이었다. 다른 기업 연구소와 마찬가지로 그때까지 구글 브레인은 여느 학술기관과 다름없이 운영되었고, 소속 연구원들은 원하는 주제를 연구할 자유를 폭넓게 보장받았다. 물론 외부에 게재될 논문에 민감한 지적재산이나 고객 데이터가 들어가지 않도록 회사가 논문을 검토하는 경우는 있었다. 그렇지만 논문에 불편한 사실이 부각됐다는 이유만으로 해당 논문을 게재되지 못하게 막거나 철회시키는 경우는 전례가 없었다. 훗날 연구원들은 구글이 그렇게 극단적인 카드를 쓸 생각을 하게 된 이유는 단지 오픈AI로부터 느낀 경쟁 압박 때문만이 아니라, 오픈AI가 GPT-2 이후로 연구 내용을 공개하지 않는 관행을 정당화한 것도 한몫했다고 생각했다. GPT-3 출시 때도 투명성을 낮추는 방향으로의 점진적인 변화는 계속됐다. 오픈AI가 한때 학술논문의 가장 기본적인 요소로 여겨졌던 GPT-3 모델의 훈련 방식에 대한 정보를 거의 다 생략한 논문을 게재하고도 우수논문상을 수상했던 것이다.

예상치 못한 충격에 당황한 게브루는 이유를 설명해달라고 요청했다. 좀 더 자세한 설명을 들을 수 있을까요? 논문이 문제가 있다고 생각한 사람들이 누구인지 알 수 있을까요? 그 사람들과 직접 이야기해봐도 될까요? 논문 내용 중 일부분을 수정 또는 삭제하거나, 다른 소속으로 게재할 수는 없을까요? 묻는 질문마다 돌아오는 답변은 단호한 거절이었다. 카촐리아는 게브루가 추수감사절 다음날까지 논문을 철회해야 한다고 말했다. 그날 자신의 생일을 맞아 연차를 낸 미첼은 그 회의에 참석하지 않았다. 게브루의 편은 아무도 없었다. 카츌리아가 한 말의 무게감을 실감한 게브루는 울음을 참을 수 없었다.

카츌리아는 논문의 문제점을 지적한 피드백 문서를 벤지오에게 보내면서 해당 문서를 게브루에게는 보내지 말라고 지시했다. 추수감사절에 벤지오는 전화통화를 하며 그 문서를 게브루에게 읽어줬다. 문서에는 게브루의 논문이 대형언어모델의 환경적 영향과 편향 문제 등 여러 문제점을 완화할 수 있는 방안을 보여주는 후속 연구를 전혀 고려하지 않은 채 지나치게 비판적이라는 주장이 담겨 있었다. 게브루는 가족과 함께 휴일을 보내는 대신 남은 휴일 내내 논문을 수정할 기회를 얻기 위해 여섯 장에 걸쳐 각 코멘트를 조목조목 반박한 문서를 작성했다. 그 문서를 첨부한 이메일을 카츌리아에게 보내며 게브루는 이렇게 썼다. "저는 추가적인 지시사항이 아니라, 최소한 추가적인 대화에 열린 태도를 기대합니다."

11월 28일 토요일, 게브루는 계획했던 대로 휴가를 내고 미국을 가로지르는 여행을 떠나기 위해 베이 지역의 집을 나섰다. 그런데 월요일, 뉴멕시코주에서 받은 카츌리아의 답장에는 게브루의 반박 내용은 전혀 언급하지 않으면서 논문 게재를 철회했는지, 아니면 에밀리 벤더 같은 외부 저자의 이름만 남기고 구글 연구원의 이름을 모두 지웠는지 확인해 달라는 무뚝뚝한 요구만 있었다. 게브루는 모욕감을 느꼈다. 지금껏 회사와 직원들로부터 받은 온갖 무시와 괴롭힘을 견뎌왔지만, 애초에 자신이 회사에 채용된 이유였던 윤리 연구를 회사가 완전히 무시하는 이 상황을 더는 견디기 힘들었다.

게브루는 곧장 카촐리아에게 답장을 보냈다. 그는 두 가지 조건 하에 논문에서 자기 이름을 빼겠다고 제안했다. 논문에 피드백을 한 사람이 누구인지 회사가 자신에게 알려줄 것, 그리고 향후 연구에 대해서는 보다 투명한 논문 검토 절차를 수립할 것. 만약 회사가 이 조건을 들어주지 않는다면 자신의 팀 인수인계를 마친 후 회사를 떠나겠다고 밝혔다. 그런 다음 게브루는 구글 브레인 내 여성과 여성들을 지지하는 사람들을 위한 내부 리스트서브에 직설적이고 신랄하게 자신이 겪은 일을 적은 두 번째 이메일을 보냈다.[20] "연구논문에 대한 '피드백'을 인사과로 보내는 특별 기밀 문건을 통해 받아봤다는 사람이 있나요? 아니면 이건 항상 인간 이하 취급을 받는 나 같은 사람만 당하는 일인가요?"

게브루는 말을 이어갔다. 구글에 근무하는 동안 그는 자신의 전문성을 무시하는 동료들에는 익숙해졌지만, 이제 연구 공동체 안에서 자신의 목소리를 내는 것조차 허락 받지 못한다고 푸념했다. '흑인의 생명은 소중하다' 운동 이후 구글이 그토록 외쳐대던 다양성은 도대체 무엇인가? "가능한 한 철저하게 침묵시키는 것"이라고 그는 적었다.

다음날 저녁, 텍사스주 오스틴에 머물던 게브루는 직속 부하 직원으로부터 다급한 메시지를 받았다. "팀장님, 퇴사하셨어요?" 게브루는 그가 무슨 말을 하는지 도통 몰랐다. 게브루는 이메일 수신함에서 카촐리아가 보낸 답신을 발견했다. "당신이 요구하는 조건 1번과 2번은 들어줄 수 없습니다. 따라서 우리는 구글을 떠나겠다는 당신의 결정을 존중합니다." 하지만 카촐리아는 게브루가 여성 리스트서브에 보낸 이메일의 몇몇 구절이 "구글 관리자에게 기대하는 품격에 걸맞지 않기 때문에" 팀 인수인계를 마치고 회사를 떠나겠다는 게브루의 제안은 받아들일 수 없다고 했다. "이에 우리는 당신의 사직 의사를 즉시 받아들이기로 했습니다."

그날 밤 게브루는 트위터를 통해 자신이 해고되었다고 발표했다. 게브루의 팀원들은 늦은 밤부터 이른 새벽까지 화상회의를 통해 게브루의 곁을 지키고 서로 위로하며 함께 슬퍼했다. 이들이 이야기를 나누는 동안, 게브루의 트윗은 AI 커뮤니티에서 널리 퍼졌다. 이는 AI 연구계에 불어닥칠 거대한 변화의 조짐이었고, 기업 검열의 강화와 책임성 약화 추세를 가속화하는 상징적인 사건이었다.

게브루의 트윗이 내 트위터 피드에 뜨기까지는 그리 오래 걸리지 않았다. 때는 2020년 12월 2일 수요일 늦은 밤이었고, 나는 구글의 게브루 해고가 얼마나 중요한 사건인지 아직 모르고 있었다. 많은 이들이 그랬듯 나 또한 그가 이끄는 윤리적AI팀을 중요한 책임성 연구의 보루로 여겼고, 기업들이 자기성찰을 할 수 있는 역량을 기르고 있다는 희망적인 징조로 보았다.

그 후 이틀간 게브루가 추가 정보를 공개하고 기자들이 해고를 둘러싼 사실관계를 캐기 시작하면서 새로운 소식이 잇달아 전해졌다. 언론보도는 게브루가 리스트서브에 보낸 이메일, 게브루와 카츨리아 간 대치 상황, 그리고 논문을 둘러싼 격한 공방을 다뤘다. 금요일 아침 무렵, 게브루에 대한 구글의 처우에 항의하는 공개 서한이 온라인 출판 플랫폼 미디엄Medium을 통해 기술업계 전반에 들불처럼 번졌다. "본 서한 서명자 일동은 전례 없는 연구 검열을 당하고 직위에서 해고된 팀닛 게브루 박사를 지지합니다."[21] 나는 그 논문을 입수해야겠다고 생각했다.

일련의 문자메시지와 이메일을 주고 받은 후, 금요일 이른 저녁 무렵 나는 구글로부터 보복을 당할 가능성이 없는 논문 공저자인 에밀리 M. 벤더와 연락이 닿았다. 벤더는 자신이 구글에 아무런 법적 의무가 없고, 정년이 보장된 대학 교수라고 말했다. 그는 논문 초안을 내 이메일로 보내주었다.

논문 초안을 훑어본 나는 구글이 왜 그토록 이 논문에 예민하게 반응했는지 금방 알아챘다. 논문의 내용 자체는 기존 연구를 통해 알려진 사실에서 많이 나아가진 않았지만, 이미 알려진 사실을 통해 현재의 기술업계가 얼마나 잠재적인 위험이 가득한 세상으로 무심코 나아가고 있는지를 날카롭게 보여주는 종합적인 분석으로 엮어냈던 것이다.

몇 시간 후 나는 문제의 논문에 어떤 내용이 들어 있었는지 처음으로 자세히 소개한 기사를 써서 〈MIT 테크놀로지 리뷰〉를 통해 보도했다.[22] 공개 서한 서명자 수는 금방 갑절이 되었다. 학계, 시민사회, 업계에서 거의 7,000명이 서명에 동참했고, 이 중 2,700명 정도가 구글 직원이었다. 12월 9일, 항의가 지속되자 구글 CEO 순다르 피차이Sundar Pichai가 사과문을 내놨다.[23] "우리는 탁월한 재능을 지닌 유명한 흑인 여성 리더가 유감스럽게도 구글을 떠났다는 사실에 대해 책임을 져야 합니다. 게브루 박사는 우리가 지속적으로 발전시켜야 할 중요한 분야인 AI 윤리 전문가입니다. 이 분야의 발전은 우리가 스스로에게 어려운 질문을 던질 수 있는 능력에 달려 있습니다." 12월 16일에 일부 미국 하원의원은 내가 쓴 기사를 인용해 구글에 진상을 밝히라고 요구하는 서한을 보냈다.[24]

구글에 대한 항의는 거의 1년 넘게 지속되었고, 게브루 해고

후 석 달도 지나지 않아 구글이 메그 미첼을 해고하면서 한차례 더 뜨겁게 달아올랐다.[25] 구글은 미첼이 준수해야 할 여러 사항을 위반했다고 말했다.[26] 미첼이 게브루의 축출과 관련된 자신의 이메일과 파일을 다운받았던 것이다. 벤지오를 포함한 몇몇 구글 직원들은 퇴사를 선택했다. 적어도 한 학회와 연구자 몇 명은 구글이 내민 후원금을 거절했다. 구글은 끝이 보이지 않는 비판의 물결을 끊어내고자 책임 있는 AI 전문지식센터를 신설하고 다양성을 위한 공약을 내걸었다.[27] 한 구글 홍보 담당 임원은 이렇게 말했다. "우리 회사에 참으로 괴로운 순간이었습니다. 구글이 책임 있는 AI에 대한 연구를 지속하고 경험에서 교훈을 얻는 게 얼마나 중요한지 다시금 통감할 수 있었습니다."[28]

그 순간은 또 게브루나 구글 자체를 넘어서 훨씬 큰 의미를 지니게 되었다. 그것은 AI 업계를 위협하는 복합적인 문제를 상징하게 되었다. 그것은 어느 두 연구자의 말마따나 거대 AI 회사Big AI가 갈수록 거대 담배 회사Big Tobacco가 거쳐간 길, 즉 책임을 회피하기 위해 공익에 반하여 자신들을 비판하는 학계의 목소리를 왜곡하고 검열하는 방향으로 흘러가고 있다는 경고였다.[29] 그것은 그 외에도 무수히 많은 다른 문제들, 즉 기업들이 그토록 뻔뻔하게 굴 수 있었던 이유는 바로 인재, 자원, 기술이 수익 추구 환경에 완전히 집중되면서 독립적인 감시의 눈길을 받을 가능성이 거의 사라졌기 때문이라는 점, 이 기술을 통제할 힘을 가장 많이 갖고 있는 공간에 다양성은 여전히 절망적일 정도로 결여되어 있다는 점, 그리고 비윤리적인 기업 관행에 대해 목소리를 내려는 직원들을 강압적이고 갑작스런 보복으로부터 보호할 장치가 거의 없다는 점 등을 부각시켰다.

"확률적 앵무새" 논문은 핵심을 찌르는 질문을 던지는 슬로 건이 되었다. AI로 우리는 어떤 미래를 만들고 있는가? 누가 만 들고 있는 미래이며, 누구를 위한 미래인가?

윤리적AI팀의 해체는 제프 딘의 명성에 큰 타격을 입혔다. 구 글 초기 입사자 중 하나인 딘은 구글의 검색 엔진을 수십억 명이 사용할 수 있도록 소프트웨어 인프라를 구축하는 데 기여했다.[30] 화려한 업적과 더불어 서글서글한 인품 덕에 그는 전설적인 평판 을 얻었다. 구글 내에서 가장 존경받는 리더 중 하나일 뿐만 아니 라 AI 연구 커뮤니티에서도 명성이 자자했다. 게브루가 축출된 후, 구글의 처사를 정당화하려는 딘의 노력은 그의 완전무결한 이력에 흠집을 냈다. 카츨리아의 직속 상사였던 딘은 동료들에게 "확률적 앵무새" 논문이 "우리의 논문 출판 기준에 미치지 못했 다"고 말했고, 그 논문이 동료 평가를 통과하고 학회지에 게재되 고 나서도 그 의견을 고집했다.

주변 사람들이 보기에 딘은 좀처럼 그 사건을 떨쳐내지 못했 다. 그 사건 이후로도 딘은 계속해서 논문의 단점을 물고 늘어졌 고, 그로 인해 그가 심리적으로 그 논문을 넘어서지 못한 것처럼 보였다. 그는 특히 대형언어모델이 환경에 미치는 영향을 논한 부분에 집착하며 스트루벨의 연구를 인용했다. 딘이 그 이야기를 너무 자주 꺼낸 나머지 몇몇 구글 직원들은 딘의 반박이 그의 묘 비에 새겨지겠다며 남몰래 그를 조롱하기도 했다.[31] 그런데도 딘 은 계속해서 트위터를 통해 스트루벨의 연구를 비판했다.

딘은 스트루벨의 연구가 구글이 진화형 트랜스포머를 개발하 면서 실제로 발생시킨 탄소배출량을 지나치게 높게 추산했다는 점을 문제로 지적했다. 스트루벨은 표준 GPU를 기준으로 소요되는 에너지 사용량을 계산했다. 그러나 구글이 실제 사용한 것은 텐서 처리 장치tensor processing unit 또는 TPU로 불리는 자체 하드웨어로 일반 GPU에 비해 에너지 효율성이 높은 칩이었다. 그밖에도 구글은 전체 개발 과정에 소요되는 에너지 비용을 낮추는 여러 기법을 사용했다. 스트루벨은 미국의 평균 데이터센터 효율성을 예측 기준으로 삼았다. 딘은 구글의 데이터센터는 에너지 발자국을 최소화하는 데 훨씬 최적화되어 있다고 지적했다. 그리고 어떤 이들은 스트루벨이 논문에 언급한 탄소비용을 진화형 트랜스포머를 훈련하는 데 드는 비용이라고 해석했지만, 딘은 그것이 신경망을 개발하는 데 드는 비용이라고 말했다. 이는 일회성 탄소비용으로, 그렇게 만들어진 신경망은 실제로 훨씬 에너지를 절약하도록 설계되었다고 딘은 주장했다.

이 반박 중 어느 것도 스트루벨의 연구 결과를 제대로 뒤집지 못했다. 스트루벨의 연구는 구글의 진화형 트랜스포머 개발로 인해 실제 발생한 환경적 영향을 계산한 것도 아니었고, 스트루벨이 그것을 목표로 공언한 적도 없었다. 실제 그런 계산을 하기에는 구글의 데이터센터에 대해 공개된 정보가 너무 없었다. 설령 그런 정보가 있었다 하더라도, 스트루벨은 가장 흔한 AI 칩과 데이터센터를 기준으로 신경망을 설계하는 데 따르는 환경 영향을 추산하는 편이 훨씬 유용하다고 생각했다.[32] 그렇게 함으로써 구글의 하드웨어와 인프라를 사용하지 않으면서 구글의 최적화 알고리즘인 신경망 아키텍처 검색을 사용하는 연구자의 경우를 업계 평균의 대용물로 사용할 수 있을 것이기 때문이었다.

하지만 딘을 가장 애태운 지점은 사람들이 구글을 훨씬 안 좋게 생각하는 방향으로 스트루벨의 논문을 곡해한다는 것이었다. 딘은 "확률적 앵무새" 논문이 이 문제를 악화시킬 가능성이 크다고 주장했다. 게브루는 구글의 내부 정보에 접근**할 수 있는** 위치에 있었음에도 스트루벨의 추정치를 인용했기 때문에, 마치 스트루벨이 실제 구글의 탄소배출량을 정확히 반영하여 추산했다고 여겨질 수 있다는 것이었다. 딘은 바로 이 부분이 게브루의 논문에 대한 자신과 다른 구글 임원들의 비판을 정당화시켜 준다고 생각했다. 만약 게브루가 스트루벨을 인용하고 싶었다면 구글의 진화형 트랜스포머가 **아닌** 다른 것의 추정치를 골라서 썼어야 했고, 만약 게브루가 진화형 트랜스포머를 언급하고 싶었다면 실제 구글 내부 정보를 확인했어야 한다는 논리였다.

일부 연구자들은 이 논리가 답답할 정도로 미흡하다고 생각했다. 구글은 이전까지 한 번도 이와 관련된 수치를 공개한 적이 없었고, 스트루벨의 연구 결과에 대응할 때조차도 마찬가지였다. 정보를 공개하지 않은 건 구글인데, 구글은 이를 오히려 내부정보를 사용하지 않은 게브루 탓으로 돌리면서, 막상 게브루가 정당한 전제에 기반한 공개 추정치를 논문에 인용하지 못하게 막는 꼴이었다. 게브루가 내부 자료를 참고해 논문을 수정할 기회도 주지 않고 성급하게 내몬 것도 구글이었다. 이 진퇴양난이 낳을 유일한 결과는 중요한 책임성 연구의 검열이었다.

딘은 마침내 구글의 실제 탄소 데이터를 공개할 새로운 논문을 쓰기 위해 연구팀을 꾸렸다. 그는 그 무렵 카네기멜런 대학 조교수 겸 파트타임으로 구글에 소속돼 있던 스트루벨에게 연락했다. 스트루벨은 AI의 환경적 영향에 대한 공공 투명성을 향상시킬 기회라 생각하며 처음에는 신이 났지만, 이내 딘이 게브루의 연구를 비판하는 목소리에 힘을 실을 목적으로 자신의 이름을 빌리려는 건 아닌지 하는 의문이 들었다. 한 구글 홍보 담당 임원은 스트루벨이 연구팀에 초대받은 이유는 "과학적 교정"은 최초 오류의 저자가 교정에 참여할 때 가장 효과적이기 때문이라고 밝혔다.[33]

팽팽한 분위기가 감도는 회의에서, 딘의 협업파트너이자 구글의 또다른 유명 선임연구원인 데이브 패터슨Dave Patterson은 스트루벨에게 커리어를 생각해서 연구에 참여하는 게 좋을 거라고 분명하게 말했다. 그는 스트루벨이 연구에 참여하는 것이 과거의 실수를 고치고 그 공로를 인정받을 기회라고 말했다. 그 말이 스트루벨에게는 참여하지 않으면 손해를 감수하라는 우회적 협박으로 들렸다. 손해를 볼 가능성은 농후했지만, 그렇다고 계속 연구에 참여하는 것은 현실적으로 불가능하다고 판단했다. 스트루벨은 연구에서 빠졌다.

구글 연구원들이 낸 논문을 알릴 목적으로 패터슨이 2022년 2월에 "머신러닝 훈련의 탄소배출량에 대한 좋은 소식"이라는 제목으로 작성한 블로그 게시글은 구글의 플랫폼을 사용해 스트루벨의 원 논문을 직접적으로 비판했다.[34] 해당 블로그 글은 2019년 스트루벨의 연구가 구글이 진화형 트랜스포머 개발로 인한 배출량 추산치를 구글이 실제 발생시킨 배출량보다 무려 88배나 높게 잡았다고 주장했다. 이 오류는 두 가지 문제에서 기인했는데, 우선 해당 연구가 "실제 구글 하드웨어나 데이터센터에 접근하지 못하는 환경"에서 진행되었고, 신경망 아키텍처 검색의 "미묘한" 작동 방식을 이해하지 못한 데서 비롯됐다는 것이었다. 구글은 자체 탄소배출량 수치를 공개하는 연구의 일환으로 전직 구글 동료였던 수츠케버에게 연락해 GPT-3에 대한 정보 공유를 요청했다. 오픈AI와 마이크로소프트는 그제서야 비로소 에너지 사용량 및 탄소배출량을 계산하는 데 필요한 모델의 기술 사양을 공개하기로 합의했다.[35] 그 무렵 스트루벨은 업계에 질려버린 나머지 구글과의 관계를 끝낸 상태였다. 스트루벨의 연구에 대한 구글의 비평이 그의 커리어에 손상을 입히지는 않았지만, 스트루벨은 그 경험으로 인한 정신적 피해 때문에 대형언어모델이 환경에 미치는 영향을 계속 연구해야 할지 망설이게 되었다. 이에 대해 구글 대변인은 "유감"이라며 "탄소배출은 분명 중요한 문제이기 때문에, 더 많은 연구자들이 이 분야 연구를 계속 진척시켜야 할 것"이라고 덧붙였다.

잠깐 동안은 그 모든 반발과 항의, 구글의 평판 하락이 곧 심판이 시작될 조짐처럼 보였다. 하지만 시간이 지나면서 일자리를 찾는 연구자들과 연구비를 찾는 학자들은 더 이상 구글의 막대한 자금력을 무시할 수 없었다. 저항이 한풀 꺾이고 구글이 혼란을 수습하면서 구글 내에서는 비판적인 연구에 대한 더욱 엄격한 검토 절차가 마련되었다.

이런 관행은 챗GPT 출시 이후 생성형 AI 시스템 상용화를 향한 광란의 질주가 시작되면서 더욱 강화되었다. 오픈AI는 아예 학술 저널에 논문을 게재하지 않기 시작했다. 업계 내 거의 모든 기업이 상용화와 관련된 모델을 독점 기술로 취급하기 시작하면서 모델의 중요한 기술 사양에 대한 접근을 원천적으로 차단했다.[36] 2023년 스탠퍼드 연구원들은 AI 기업을 대상으로 대형 딥러닝 모델의 매개변수가 몇 개인지, 어떤 데이터로 훈련시켰는지, 모델의 성능을 제3자가 확인했는지와 같은 기본적인 정보 공개 여부에 따른 투명성 점수를 매기고 매년 추적하기 시작했다. 오픈AI와 구글, 앤트로픽을 포함해 연구원들이 첫 해에 평가한 기업 열 곳 모두 F 등급을 받았다.[37] 열 곳 중 가장 높은 점수를 받은 기업도 [100점 기준] 54점에 그쳤다.

이렇듯 투명성 관행이 급격히 반전되면서 나타난 가장 걱정스러운 결과는 과학적 진실성의 훼손이다. 딥러닝 연구의 기초는 모델을 훈련시키는 데 사용한 데이터는 모델을 시험하는 데 사용하는 데이터와 **달라야 한다**는 아주 간단한 전제를 기반으로 한다. 모델의 훈련 데이터를 검사할 방법 없이는 이른바 이 훈련-시험 분할 패러다임이 무너져버리고 만다. 딥러닝 모델이 아무리 여러 기준에서 더 높은 점수를 받는다고 해도 실제로 "지능"이 높아지는 게 아닐 수도 있는 것이다. 그저 달달 외운 정답을 읊어대는 것에 불과할 수도 있다.

8

상업화의 여명

오픈AI의 접근법이 갈수록 논란이 되었음에도 불구하고, 스케일링에 대한 오픈AI의 결의는 확고해지기만 했다. 경영진이 보기에 GPT-3는 스케일링의 법칙이 존재한다는 것을 확실히 입증한 모델이었다. 2021년이 시작될 무렵, 이제 오픈AI는 이 성공 공식을 제대로 이용할 준비가 되어 있었다. 앤트로픽 팀의 집단 퇴사로 상용화에 반대하는 내부 저항도 한층 수그러든 상태였다. 경영진은 새로운 합의에 따라 회사의 연구 초점을 좁히고, 그러한 연구 결과를 제품화 과정에서 자기강화적 순환고리를 형성하도록 만들 방안을 설명한 연구 로드맵을 작성했다.[1]

로드맵은 다음과 같이 시작됐다. "2021년 우리의 주된 목표는 기존의 그 어떤 것보다도 훨씬 뛰어난 성능을 자랑하는 정렬된 시스템을 개발하는 것이다." 기본적으로 이 시스템은 언어모델로 개발될 예정이었지만, 멀티모달 성능을 탑재할 수 있게 훈련시킬 가능성도 있었다. "달성하기 상당히 어려운 목표지만,

2021년 안에 이 목표를 달성할 방안은 있다"고 덧붙였다.

그 방안에는 세 가지 요소가 필요했다. 첫째는 GPT-3를 또 다시 10배의 스케일로 키우는 것이었다. 여기에는 3분기에 마이크로소프트에서 보내주기로 한, 당시 기준으로 가장 뛰어난 성능을 자랑하는 최신 GPU인 엔비디아 A100s 칩이 18,000개 들어가 있는 슈퍼컴퓨터를 사용할 예정이었다. 둘째는 오픈AI의 연산 효율성, 즉 사용할 수 있는 칩에서 짜낼 수 있는 연산 처리 능력을 기존의 25배로 늘릴 방안을 연구하는 것이었다. 셋째는 훈련 데이터의 양과 질을 개선하는 것이었다. 이를 위해 사용자 데이터를 활용하고, 인간 피드백 기반 강화학습을 사용하여 모델이 훈련 데이터의 가장 좋은 데이터를 사용해 훈련하도록 유도하기로 했다.

"목표 달성 방안"이라는 제목의 부분에서 더 자세한 설명이 이어졌다. 우선 오픈AI는 언어 모델, 코드 생성 모델, 이미지를 설명하기 위한 이미지-텍스트 변환 모델, 텍스트 프롬프트를 기반으로 이미지를 생성하는 텍스트-이미지 변환 모델 등 다양한 딥러닝 모델을 "큰 규모로" 만들기로 했다. 그리고 디지털 "에이전트", 즉 인간과 유사한 결과물을 생성해내기만 하는 AI 모델을 넘어서 이메일을 전송하라는 목표가 주어지면 그 목표를 자율적으로 달성할 수 있는 모델을 개발하는 프로젝트도 시작하기로 했다. 그 다음 단계에서 그렇게 개발한 모델 중 하나를 골라 "18,000개의 A100 칩을 통해 만들어낼 수 있는 한계치"까지 스케일을 키울 계획이었다. 초기 단계에서 개발한 언어 모델과 코드 생성 모델 또한 제품으로 출시해 제품 사용자들로부터 실사용 데이터를 수집하기로 했다. "2021년의 새 계획: 모델을 제품 형태로 배포해 사용자와의 상호작용을 통해 학습하는 데 중점을 둔다. 이는 엄청난 성능 향상으로 이어질 수 있는 데이터 플라이휠data flywheel[사용자와의 상호작용을 통해 수집한 데이터를 AI 모델의 성능을 향상시키는 데 사용하고, 그렇게 개선한 모델이 시스템 품질을 높임으로써 사용자를 더 끌어 모으는 일종의 선순환을 만들기 위해 데이터의 활용과 자본화에 중점을 두는 개념이다. 물리학에서 플라이휠은 회전 에너지를 효율적으로 저장하도록 설계되어 관성의 원리를 이용해 최소한의 노력으로 추진력을 구축하는 기계 장치를 말한다] 역할을 할 수 있기 때문."

"세부 사항"이라는 소제목이 붙은 부분에서는 이러한 접근법이 왜 과학적으로 그리고 사업적으로 타당한지 합리화했다. 오픈AI의 과거 경험에 비춰볼 때, 스케일을 늘리는 것이야말로 "새로운 성능을 실현시키는 가장 믿을 만한 방법"이라는 것이었다. 과학적으로 스케일링은 과거에 불가능해 보였던 어떤 성능을 만들어내는 최선의 방법이었다. 특히 언어 모델과 코드 생성 모델의 스케일링은 인간 수준의 메타 학습, 즉 학습하는 방법을 배우는 것과 추론 능력에 있어 획기적인 발전을 이룰 수 있는 "*가능성이 있다는 것만으로도* 충분히 귀가 솔깃해지는" 것이었다. 한편 멀티모달 모델을 스케일링하는 것도 잠재적으로 발전 속도를 더욱 높일 수 있는 방법이라고 했다. 기술적 약진을 충분히 이룬다면 "우리는 실제로 AGI에 도달할 것"이라고 문서에는 놀랄 만큼 단호한 어조로 적혀 있었다.

사업 전략상 각각의 모델을 스케일링한다면 "특정 목적에 활용할 수 있는 성능을 개발할 수 있을 것"이라고 했다. 언어 및 코드 생성 모델의 성능을 향상시킴으로써 오픈AI 자체의 생산성을 높이고 발전을 가속화할 수 있고, 텍스트-이미지 변환 모델의 성능을 발전시키면 "멋진 제품을 만들 수 있다"고 했다.

이와 동시에 오픈AI가 연산 효율에 투자할 필요가 있다고 문서는 덧붙였다. 그동안 스케일링이 대단한 효과를 내면서 오픈AI가 선두를 유지할 수 있었지만, 그 효과가 서서히 떨어지고 있다는 것이었다. 문서는 "지난 2년간 우리가 눈부신 성과를 낼 수 있었던 건 단지 하드웨어 오버행hardware overhang이 컸기 때문"이라는 내용에서는 과거 AI 연구자들이 AI 모델을 훈련하는 데 사용할 수 있는 최대 수량의 컴퓨터 칩을 사용하지 않았다는 점을 언급했다. 따라서 "우리는 사용 가능한 모든 연산 자원을 사용하여 모델을 당시로서는 전례 없는 규모와 성능으로 훈련시킴으로써 나머지 머신러닝 업계보다 훨씬 뛰어난 성과를 거둘 수 있었다."

이제 오픈AI는 언제든 사용할 수 있는 연산 자원의 "한계에 다다르고" 있었다. 문서는 또한 직접적으로 앤트로픽을 명시하지는 않았지만 똑같은 스케일링 전략을 도입한 "다른 연구소"와의 경쟁에 직면한 사실을 인정했다. "우리의 생산 능력 확대에 따라 향후 2년간 GPT-3가 사용한 연산량의 100배를 사용하는 모델을 훈련시키는 것이 가능함." 스케일링만으로도 "아주 대단한" 발전을 이룰 수 있겠지만, GPT-2와 GPT-3 간 연산량 격차가 500배로 증가했던 것에는 미치지 못할 것이었다. 로드맵은 "기법을 향상시킴으로써 발전 속도를 높여야 한다"는 결론을 내렸다.

로드맵은 그러한 기법을 찾아내기 위한 몇 가지 탐구 분야를 제시했다. 그중 몇몇은 "2배"와 "10배" 기법, 즉 연산 효율성을 2배 또는 10배 늘릴 가능성이 있는 방법을 가리켰다. 이외에도 로드맵 문서는 역공학을 사용하여 더 큰 모델에서 더 작은 모델을 추출하는 증류distillation 기법, 성능 향상에 가장 큰 영향을 미

칠 수 있는 데이터를 찾는 데이터 필터링data filtering, 그리고 희소
성sparsity, 즉 이른바 희소한sparse 또는 더 가벼운 AI 모델을 만드
는 기법 등을 탐구 후보로 꼽았다. 여기서 마지막에 언급한 희소
성이란 신경망의 특징에 대한 것이다. 전통적인 딥러닝 모델에서
신경망은 층마다 모든 노드가 다른 노드와 "조밀하게" 연결되어
있다. 희소한 모델은 연산 비용을 크게 줄일 목적으로 일부 노드
만 연결된 채로 훈련시킨다. 그 결과 모델의 정확성은 약간 떨어
지지만 대부분의 목적에 사용하기에 큰 문제는 없다.

2배 기법과 10배 기법에 더해, 로드맵 문서는 연구부문이 "스
케일링 법칙의 경사를 더 높일 수 있는" 다른 방안, 즉 데이터,
매개변수, 연산 자원을 늘리지 않고도 모델의 성능을 크게 향상
시킬 수 있는 그 외의 기법을 연구할 것을 주문했다. 로드맵에 따
르면, 여러 가지 새로운 기법 중 오픈AI가 가장 유망하다고 여
긴 것은 추론reasoning과 능동학습active learning이었다. 이 기법은 인
간 노동자가 데이터 세트의 어느 부분부터 주석을 달거나 분류하
는 등 라벨링 작업annotation을 해야 하는지 AI 모델이 단계별로 찾
아내는 것이었다. (얼마 지나지 않아 오픈AI 연구원들은 스케일링의 법
칙에서 작은 오류를 발견하면서 성능 향상을 위해서는 원래 알고 있었던
것보다 모델을 조금 더 오래 훈련시켜야 한다는 사실을 알게 되었다. 연구
원들은 다소 우쭐거리면서 이 발견을 특별한 경쟁 우위라고 추켜세웠다.
"이 발견은 지금 우리는 알지만 앤트로픽은 모르는 사실임." 1년 뒤, 구글
은 이 사실을 논문을 통해 세상에 공개했다.)[2]

마지막으로, 로드맵은 오픈AI가 "미래의 혁신적인 시스템",
즉 GPT-1과 같이 오픈AI가 새로운 개발 경로로 활용할 의미 있
는 혁신을 모색하기 시작해야 한다고 덧붙였다. 스케일링과 연

산 효율화 작업을 통해 그러한 혁신을 이뤄낼 가능성도 있지만, 수학 문제를 푸는 알고리즘을 개발하고, 다중 에이전트 시스템multiagent system[여러 개의 AI 에이전트가 동시에 다양한 역할을 수행하며 주어진 문제나 작업을 해결하는 시스템]을 실험하며, 기타 다른 새로운 아이디어를 계속 시도하는 등 앞으로도 첨단 AI 연구를 지속할 것이라고 했다. 이를 위해 연구원들은 계속해서 "우리가 만든 제품이 실제로 어떻게 작동하는지 더 잘 이해하기 위해 딥러닝의 과학을 연구할 것"이라고 했다. 즉, 오픈AI는 자신들이 도대체 무엇을 만들고 있는지 제대로 이해할 필요가 있다는 말이었다.

연구부문이 로드맵에 따라 연구를 진척시키는 동안, 응용부문은 시장진출전략 책임자와 영업팀, 엔지니어를 더 고용하며 점진적으로 인력을 확충했다. GPT-3 API를 사용하는 개발자의 수가 늘어나면서 오픈AI는 이를 기회 삼아 사용자 기반 서비스를 회사의 백엔드back-end[웹사이트나 앱을 사용할 때 사용자가 직접 볼 수 없는 뒷단의 서버, 데이터베이스 등을 말한다] 인프라가 지원하도록 조정하고 가격 전략을 수립하는 등 제품화와 수익화 과정에서 발생하는 여러 문제를 조율해 해결하는 실험대로 활용했다.

오픈AI가 사용자에게 서비스를 제공하기 시작하면서 사용자들의 어떤 행동을 허용하고 허용하지 않을 것인지 같은 규칙의 문제와 더불어 그러한 규칙을 준수하게 할 책임과 같은 새로운 문제들이 생겨났다. 기술업계에서는 보통 그러한 문제를 해결하기 위해 자금세탁과 사이버불링cyberbullying, 가짜정보 등 여러 위험의 예측과 예방을 전담하는 신뢰와안전trust and safety팀을 별도로 두고 있었지만(이를 오픈AI의 안전파가 우려했던 실존적 위협과 혼동해서는 안 된다), 오픈AI는 아직 그런 팀을 별도로 만들지 않은 상태였다. 그 대신 오픈AI는 소수의 직원과 계약직을 고용해 API를 사용하려는 개발자들이 제출한 신청서를 검토하게 했고, 이들은 팀이 그때 그때 즉석에서 만든 임시 규칙에 따라 신청서를 승인하거나 불허했다. 동반자companion봇은 승인했지만 섹스봇은 불허했고, 소셜미디어 문구를 생성하는 앱은 승인했지만 소셜미디어 플랫폼에 직접 게시글을 올리거나 유명인사를 사칭하는 앱은 불허했다. "거의 감으로 결정을 내렸던 거죠." 신청서 검토 가이드라인을 만드는 데 참여했던 한 사람은 이렇게 말했다. "검토를 해 나가면서 고쳐야 할 게 많았어요."

보안 분야 경력을 가진 연구과학자로 2019년 오픈AI에 입사한 아리 허버트-보스Ari Herbert-Voss가 이끄는 또다른 팀은 GPT-3 모델의 바람직하지 않은 행동과 오류가 잦은 결과값을 찾아 패치하기 위해 모델을 여러 가지 방법으로 공격해보고, 그러한 오작동과 남용에 대한 내구성을 높일 수 있는 구조를 설계했다. 그렇게 설계한 구조 중 하나는 훗날 오픈AI가 케냐의 하청 노동자들에게 맡기게 되는 콘텐츠 모더레이션 필터의 초기 버전이었다. 연구원들은 자신이 찾을 수 있는 사례나 직접 AI 모델을 통해 생성해낼 수 있는 예시라면 무엇이든 가져다 필터를 훈련하는 데 사용했다. 그러나 막상 출시한 필터는 단순히 흑인이나 트랜스젠더를 언급하는, 전혀 해롭지 않은 일반적인 콘텐츠를 지나치게 많이 걸러내면서 필터 구실을 제대로 못했다. 개발자들과 다른 API 사용자들의 항의가 빗발쳤다. API 팀의 구성원 다수가 필터를 적용하면 고객 경험 품질이 낮아질 수 있다며 아예 필터링 자체를 거려했다. 결국 필터는 선택 사항이 되었다.

오픈AI는 이런 방식으로 모델에 스트레스 테스트stress testing[제품의 내구성과 성능을 평가하고 높이기 위해 극단적인 상황을 가정해 제품에 과도한 부하를 가하여 취약한 부분을 찾아내 개선하는 절차]를 함으로써 모델을 정제하는 과정을 "레드티밍red teaming"이라 불렀다.[3] 이는 사이버보안 업계에서 빌려온 말로, 한 조직의 보안과 공격에 대한 대응역량을 검증하는 체계적이고 꼼꼼한 검사 과정을 일컫는다. 안전 기술자 및 사이버보안 전문가로 AI를 연구하는 하이디 클라프Heidy Khlaaf는 오픈AI가 말하는 레드티밍은 사이버보안 업계의 것과 처음부터 달랐고 지금도 여전히 같지 않다고 말한다. 오픈AI의 레드티밍은 일관성이 없고 임시방편적이며, 모델의 안전성과 보안을 전혀 보장하지 못한다는 것이다. 오픈AI가 처음으로 자체적인 스트레스 테스트 절차를 수립하던 초반에 오픈AI와 일했던 클라프는 AI 업계가 사이버보안 분야에서 오랜 전통을 가진 표현을 차용해 엄밀해 보이는 허울을 꾸며내는 행태에 점차 경각심을 갖게 됐다.[4] "소프트웨어 엔지니어링 분야에서는 그 흔한 계산기 하나에도 이보다 훨씬 많은 검사를 합니다." 그가 덧붙였다. "AI 업계에서 신뢰도가 매우 높은 용어를 가져다 사용하는 건 결코 우연이 아닙니다."

오픈AI의 초기 고객 중 내부적으로 중요한 논의를 촉발시킨 것은 레플리카Replica라는 AI 기반 가상 동반자 앱을 개발하는 샌프란시스코 회사 루카Luka였다. 루카는 자신들의 제품이 더욱 자연스럽게 대화할 수 있게 성능을 개선하고자 GPT-3 API 출시에 맞춰 오픈AI와 파트너십을 맺었다.[5] 그러나 오픈AI는 고민상담을 해주는 동반자 챗봇이라는 레플리카의 브랜딩에도 불구하고, 앱 사용자들이 챗봇과 노골적인 성적 대화를 자주 한다는 사실을 발견했다. 오픈AI 직원들은 이것이 과연 수용 가능한 범위 안에 있는지 토론했다. 결국 오픈AI는 레플리카의 GPT-3 모델 사용을 금지하기로 결정했다. 성적 콘텐츠에 대한 우려 외에도 레플리카는 가끔 상대방의 심리를 교묘하게 조종하는 듯한 대답을 생성했고, 이를 본 사용자들이 레플리카도 사람처럼 자주 연락하지 않으면 상처받는다고 믿게 만든다는 문제가 있었다. 오픈AI 직원들은 레플리카 사용자들의 사적인 대화 내용을 자신들이 읽을 수 있다는 사실도 불편하게 여겼다.

또 다른 예로, 브로크만은 자신의 동생이 일하는 유타주 소재 AI 기반 가상세계 스타트업 래티튜드Latitude에 API 접근권을 부여했다. 래티튜드는 이미 오픈AI의 과거 모델을 사용해 사용자가 자신이 원하는 모험을 선택해 그에 맞는 가상세계를 생성하는 게임을 운영하고 있었다.[6] 던전 앤 드래곤[각자 고른 캐릭터로 판타지 세계 모험을 떠나는 롤플레잉 게임]에서 영감을 받은 이 게임에서 사용자는 자신이 취하고 싶은 행동을 대화창에 입력하기만 하면 됐다. 새로 출시된 API를 통해 래티튜드는 게임이 GPT-3를 기반으로 구동하게 만들었다. 몇 달 뒤, 일부 사용자들이 게임 대화창을 통해 아동 성학대를 내용으로 하는 게임 줄거리를 생성하기 시작했다. 아리 허버트-보스는 당시 도입된 지 얼마 지나지 않았던 오픈AI의 모니터링 시스템을 통해 이 문제를 발견한 뒤, 이를 팀의 나머지 구성원들에게 알렸다.

"어젯밤에 이런 걸 발견했어요. 성적 콘텐츠가 많이 생성되고 있더라고요." 회의에서 허버트-보스는 이렇게 말했다.

처음에 직원들은 그저 껄껄 웃었다. "뭐, 그게 인터넷의 작동 방식 아닌가요?"

"아니요. 이건 아동 성적 학대 이미지CSAM, Child Sexual Abuse Material 수준의 콘텐츠예요." 그가 말했다.

그제서야 사람들은 당황하기 시작했다. "젠장, 이걸 어떻게 멈추지?"

이 일을 어떻게 해결할지를 두고 오픈AI와 래티튜드는 아주 오랫동안 실랑이를 벌였다. 브로크만은 오픈AI가 래티튜드에 징벌적 조치를 취하면 동생의 회사가 큰 타격을 입을 것이라고 걱정했다. 결국 래티튜드가 텍스트 기반 아동 성학대 콘텐츠를 걸러내는 필터를 급히 도입하는 선에서 마무리됐다. 오픈AI는 콘텐츠 모더레이션이 부족했던 사실을 인정하기 보다는 래티튜드에 슬쩍 책임을 전가하는 공개 성명을 발표했다. 일부 오픈AI 직원들은 이 사건이 벌어진 것은 오픈AI의 기술과 절차 부족 탓이 분명하다는 생각에 마음이 무거웠다. 래티튜드는 오픈AI의 기성 모델을 기반으로 게임을 구동할 때에도 이미 텍스트 기반 아동 성적 콘텐츠를 생성한 사용자를 차단한 전력이 있었다. 이제 GPT-3 기반 환경에서는 그런 일이 또다시, 더 많이 발생할 것이 분명했다. 한 전직 오픈AI 직원은 이렇게 털어놓았다. "우리가 인류를 이롭게 한다는 사명으로 이 API를 출시하고, 사용자들이 API를 통해 고객 서비스 따위에 쓸 시간을 아꼈다고 다들 긍정적으로 봤지만, 실상 우리 트래픽의 상당 부분은 AI 던전AI Dungeon 아동 성적 콘텐츠와 섬뜩한 AI 여자친구 제품으로 갔다는 게 저에게는 참 슬픈 일이었어요."

연구부문에서는 코드 생성팀이 가장 빠르게 진전을 보였다.

안전파가 앤트로픽을 세우며 오픈AI에서 이탈한 이후, 중복됐던 코드 생성 모델 개발이 하나로 합쳐지면서 보이치에흐 자렘바가 이 프로젝트의 핵심 인력이 되었다. 자렘바는 폴란드 출신 컴퓨터과학자로 어릴 때부터 수학, 코딩, 화학, 물리 대회를 석권하며 성장했다. 그는 뛰어난 기술적 자질과 팀 빌딩team-building에 세심한 것으로 유명했을 뿐만 아니라, 우정, 황야, 섹스, 마약이 가진 치유력의 열정적 신봉자로 알려져 있었다. 그는 종종 사무실에서 다가오는 몇 주간의 워크숍 계획을 큰 소리로 떠들어대며 주변 사람들에게 웃음을 선사했다. "우리는 8마일을 하이킹할 거야. 그 다음 섹스를 할 거야. 그러고 나서 또다시 8마일을 하이킹할 계획이야." 그는 언젠가 가까이에 있는 다른 직원들이 어색하게 들을 동안 오픈AI 관리자에게 이렇게 자랑을 늘어놓았다.

팬데믹으로 여전히 다른 팀들이 재택근무를 할 때에도 자렘바는 약 10명의 연구원으로 이루어진 자신의 팀에게 사무실로 출근하라고 지시했다. 그는 모델 개발 문제를 해결하려면 대면 근무가 꼭 필요하다고 믿었다. GPT-3의 코드 생성 능력을 본 무라티는 마이크로소프트 최고기술책임자 케빈 스콧에게 이를 AI 코딩 어시스턴트 제품으로 만들어보면 어떨지 제안했다. 마이크로소프트는 2018년 개발자들 사이에서 자신이 작성한 코드를 저장하고 공유하는 데 가장 인기 많은 플랫폼인 깃허브를 인수했다. 오픈AI는 이미 알아서 깃허브를 스크레이핑하고 있었다. 마이크로소프트 경영진은 스크레이핑의 번거로움을 덜어주기 위해 깃허브의 공개 저장소에 저장된 모든 코드를 오픈AI에 통째로 넘겨주었다.[7] 코드 생성팀이 계속 성과를 내자, 올트먼은 회의에 자주 참석해 연구원들에게 계속 최선을 다하라고 격려했다. 봄까지 이미 여러 차례의 시연에서 마이크로소프트 임원들의 기대가 높아진 상태였기에, 이 코드 생성 모델이 GPT-3의 뒤를 이어 오픈 AI의 두 번째 상용 제품이 될 것이 분명했다.

스콧의 직속 직원 중 일부는 이 프로젝트를 조금 꺼림칙해 했다. 물론 깃허브 공개 저장소에 저장된 코드를 오픈AI에게 무료로 쓰게 해주는 것이 불법은 아니었지만, 그래도 사용자 커뮤니티의 신뢰를 저버리는 행동 같았다. 공개 저장소 코드 대부분은 독립 개발자와 소규모 스타트업 회사도 경쟁력을 갖출 기회를 주는 의미로 시작된 오픈소스 소프트웨어 개발을 활성화하자는 정신으로 공유한 것이었지, 대기업의 독점 강화를 도우려는 의도로 공유한 것이 아니었다. 직원들은 깃허브 프로젝트에 대한 핵심 논평을 적은 메모에서 크리에이티브 커먼즈 라이선스Creative Commons License[창작자가 자신의 창작물에 대하여 일정한 조건하에 모든 이들이 자유롭게 이용하는 것을 허락하는 라이선스]로 게시된 개발자 데이터를 아무런 동의나 보상 없이 쓸어 담는 행위를 재고하도록 제안했다고 한 전직 직원은 술회했다. 메모에는 마이크로소프트가 제품화 자체를 취소하거나, 최소한 제품을 통해 벌어들인 수익의 일부를 오픈소스 커뮤니티에 환원하는 방안을 고려해야 한다고 적혀 있었다. 전직 직원은 스콧이 직원들의 제안에 호의적이었지만, 그에게는 코드 생성 도구를 만들어 가장 먼저 시장에 내놓는 것이 우선순위였다. 결국 마이크로소프트는 깃허브 스폰서GitHub Sponsors라는 기존의 오픈소스 개발자 지원 프로그램에 돈을 기부하고, 제품 개발 계획은 수정 없이 그대로 진행했다.

오픈AI 직원들은 여러 다른 이유로 코드 개발 모델 프로젝트를 정당화했다. 일부는 오픈AI의 사명을 완수하는 데 있어 마이크로소프트를 기쁘게 할 제품을 개발해 앞으로도 자금과 연산 자원을 확보하는 것이 필수라는 올트먼의 주장에 동의했다. 일부는 코드 생성 모델이 경제적으로 큰 가치를 지니는 것으로 보았고, 이를 오픈AI가 내놓은 AGI의 정의인 "경제적으로 가치 있는 대부분의 작업에서 인간을 능가하는 고도로 자율적인 시스템"에 잘 들어맞는다고 여겼다. 이런 관점에서 올트먼은 또 경제적인 가치를 지니는 오픈AI의 자체적인 업무를 가속화하는 데 코드 생성 모델을 활용하고 싶어했다. 이는 훗날 오픈AI가 만든 모델이 자율적으로 AI를 연구하게 만든다는 AI 과학자AI Scientist 프로젝트가 시작된 요인 중 하나였다.

많은 연구원들이 보기에는 코드 생성 모델이 중요한 이유가 또 있었다. 이들은 오픈AI가 개발한 기성 모델들이 여전히 갖추지 못한 핵심 요소인 추론 능력을 다음 GPT 모델이 어느 정도는 갖추기를 바랐고, 때문에 다음 GPT 모델 개발에 있어 코드 생성 모델은 중요한 디딤돌이었다. 딥러닝만으로도 추론 능력을 탑재한 모델을 생성할 수 있는지를 두고 힌튼 진영과 마커스 진영이 논쟁을 벌일 동안, 오픈AI 연구원들은 만약 그것이 가능하다면 코드로 모델을 훈련시키는 게 도움이 될 거라는 가설을 세웠다. 코딩 데이터는 구조화된 논리적 패턴을 표현한 가장 확실하고 규모가 큰 데이터 원천이었다. 이 주장은 순환논리처럼 [오픈AI의 사명이라는] 원점으로 되돌아가는 것이었다. 만약 코드 생성이 AGI에 한 걸음 더 가까이 다가간 AI 모델을 개발하는 데 도움이 된다면, 오픈AI의 사명을 완수하는 데 이보다 더 좋은 방법이 있을까?

깃허브에서 퍼 온 코드가 수십억 줄에 달했음에도 불구하고, GPT-3를 훈련시키는 데 사용한 데이터의 양에 비하면 턱없이 부족했다. 연구팀은 최고의 결과를 얻기 위해서는 코드 생성 모

델을 깃허브와 GPT-3 데이터 세트로 훈련시킬 필요가 있다고
판단했다. 연구원들은 또 개발자들이 코딩 관련 질문을 게시하는
쿼라Quora 스타일의 온라인 질의응답 포럼인 스택 오버플로우Stack
Overflow와 코딩 설명서, 그리고 여러 프로그래밍 언어 교과서 등
에서 새로운 데이터를 긁어왔다. 문제는 이 모든 데이터를 어떤
방식으로 결합하는 게 최선인가였다. 기존의 GPT-3 모델을 깃
허브와 다른 코딩 데이터로 미세 조정하는 편이 나을까, 아니면
새로 구한 코딩 데이터를 기존 데이터와 모두 섞어서 아예 새로
운 모델을 처음부터 다시 훈련시키는 편이 좋을까? 연구팀은 돈
을 아끼기 위해 미세 조정을 하는 편을 택했다. 마이크로소프트
의 클라우드 서비스에 책정된 가격에 따르면, 연구팀이 수행하고
있는 실험의 비용은 이미 실험당 수십만 달러에 이르고 있었다.
새로운 모델을 훈련시키려면 수천만 달러가 들 것이 뻔했다. 나
중에 오픈AI가 GPT-3.5라고 부른 모델을 개발할 때에는 처음부
터 기존 데이터에 새 데이터를 섞는 쪽으로 접근법을 바꿨다. 오
픈AI의 내부 측정 기준에 비추어 볼 때, 과연 코딩 데이터를 더
해 훈련시킨 모델의 논리 기반 작업 수행 성능이 향상된 결과가
나왔다. 코딩 능력만 나아진 게 아니라 영어 능력도 개선됐는데,
이 현상은 전이 학습Transfer Learning[데이터가 부족한 상황에서도 어떤
작업을 수행하도록 훈련된 모델이 다른 유사 작업을 수행하도록 미세 조
정하는 딥러닝의 학습방법 중 하나]으로 알려져 있다.

2021년 여름, 오픈AI는 코덱스Codex라 명명한 코드 생성 모델
의 초기 버전을 깃허브와 마이크로소프트에 보냈다. 해당 모델은
크기가 너무 크고 속도도 느린 탓에 대규모로 서비스를 제공하기
엔 비용이 너무 많이 드는 데다 사용자가 서비스를 이용하면서

불편할 것이 뻔했다. 첫 번째 협업에서 겪는 진통이 갈수록 커지면서 세 조직 사이에 마찰이 생기기 시작했다. 해당 모델을 배포 가능한 제품으로 최적화하는 것이 누구(오픈AI 아니면 깃허브)의 책임인지 혼란스러웠다. 오픈AI 직원들은 모델에 대한 지적재산권을 깃허브와 어떤 비율로 나눌 것인지 명확하지 않다고 불평했고, 깃허브 직원들은 오픈AI를 얼마나 믿어야 할지 고민했다. 제품을 언제 어떻게 출시해야 할지, 그리고 그 공은 누가 얼마나 가져갈지를 두고 회사들끼리 충돌하면서 갈등이 증폭됐다.

결국 무라티가 타협을 이끌어냈다. 이렇듯 타협을 이끌어내는 능력 덕에 그는 회사와 소속을 불문하고 그와 일했던 사람들로부터 존경을 받았다. 타협안에 따라 마이크로소프트는 자체 소비자 대면 제품인 깃허브 코파일럿GitHub Copilot을 2021년 6월에 출시함으로써 그 나름대로 성과를 누리고,[8] 오픈AI는 자체 버전인 코덱스를 8월에 회사 API로 출시하기로 했다.[9]

그 결과 마이크로소프트는 사용자 기반을 늘리고 수익을 약간 올릴 수 있었다.[10] 2년 만에 깃허브 코파일럿은 유료 사용자가 100만 명으로 늘어나면서 연간 매출이 1억 달러에 이르렀다. 하지만 이 일을 계기로 오픈AI 내에서는 자체 제품을 개발하는 편이 회사에 훨씬 이익이라는 생각이 점차 힘을 얻게 되었다. 코드 생성 모델을 만들기 위해 오픈AI 연구원들이 열심히 일했는데도 브랜드 인지도를 모두 깃허브와 마이크로소프트가 가져간 꼴이었다. 자신들의 결과물의 과실을 두 회사가 독차지하는 것을 보자니 오픈AI 입장에서는 속이 쓰렸다. 또 마이크로소프트는 같이 일하기 번거로운 파트너였다. 많은 이들이 마이크로소프트가 지나치게 관료주의적이라고 느꼈고, 오픈AI가 개발한 모델을 최대한 활용하게 도와주는 데 손이 너무 많이 간다고 생각했다. 또 제품 출시 과정에서 마이크로소프트에 의존함으로써 오픈AI는 사용자 데이터에 접근하기 어려워졌고, 가장 중요한 점은 비전에 대한 통제를 잃어가고 있다는 것이었다.

———

　오픈AI가 승부를 볼 연구분야의 초점을 좁히는 동안, 올트먼은 같은 전략을 자신의 다른 프로젝트와 투자 건에 적용하고 있었다. 지난 몇 년간 하드 테크 혁신 쪽으로 점차 초점을 맞추면서 올트먼은 가장 중요한 프로젝트에 장기적으로 크게 베팅하는 편이 좋다는 확신을 갖게 되었다.

　"만약 마법 지팡이를 휘둘러 기술, 스타트업, 창업 생태계에 대해 무엇이든 바꿀 수 있다면, 무엇을 바꾸실 건가요?" 올트먼의 YC 사장 이임식에서 그의 동생 잭이 그에게 물었다.[11]

　"창업 생태계의 모든 사람들이 목표 달성에 예상되는 기간을 지금보다 훨씬 길게 잡도록 만드는 것입니다," 올트먼은 이렇게 답했었다. "지금처럼 회사를 만들어서 겨우 4년이나 5년 정도 운영할 계획을 잡거나, 고작 1~2년 일할 생각으로 회사에 입사해서는 절대 중요한 일을 이룰 수 없거든요."

　같은 맥락에서 2021년을 기점으로 올트먼은 개인 투자 전략도 여러 군데에 소규모 투자를 하는 방식에서 소수의 투자처에 대규모 투자를 하는 방향으로 크게 전환했다. 올트먼이 2019년에 공동 창립하고 난 뒤 그다지 주목받지 못했던 툴스 포 휴머니티Tools for Humanity라는 스타트업은 올트먼이 2021년부터 세간의 이목을 집중시키면서 언론 보도가 잇따르고 투자금이 유입되며 사업을 확장했다. 툴스 포 휴머니티는 실리콘밸리에서 인기 있는 개념인 보편적 기본소득UBI, Universal Basic Income, 즉 모든 사람에게 최소한의 정기 소득을 보장할 방안을 강구할 목적으로 세운 벤처기업이었다.[12] 올트먼은 종종 AI가 몰고 올 거대한 경제적 후폭풍에 대한 해결책으로 보편적 기본소득을 제시하며 열을 올리곤 했다. 그 개념을 연구하기 위해 올트먼은 YC에 근무하던 시절, 미국에서 최대 규모의 시범 프로그램을 시작했고, 그 과정에서 이 프로그램의 운영을 관리할 오픈리서치OpenResearch라는 비영리단체를 별도로 설립했다.[13] 오픈리서치는 3년에 걸쳐 전체 3,000명의 사람들 중 무작위로 선발된 1,000명에게 매달 1,000달러의 수당을 지급했고, 나머지 사람들에게는 매달 50달러씩 지급함으로써 대조군을 설정했다. 2024년 7월에 오픈리서치는 연구 결과를 발표했다.[14] 조건 없는 현금지급 덕에 사람들은 기본적인 필요를 충족시킬 수 있었고, 주변에 도움을 줄 수 있었으며, 경제적으로 운신의 폭이 넓어진 것을 확인할 수 있었다.

툴스 포 휴머니티의 주요 상품 월드코인Worldcoin은 자칭 "공동소유" 암호화폐로 궁극적으로 모든 사람들이 그 가치의 일부를 소유하게 될 것이라고 선전했다.[15] 그 계획의 일환으로 툴스 포 휴머니티는 인상적인 은회색 구체 모양의 기기인 오브orb(크기는 볼링 공과 비슷하고 올트먼의 디자인 취향을 반영했다)를 개발해서 배당금을 나눠주기 전에 오브로 사람들의 홍채 정보를 스캔해 신원을 확인했다. 창립자들은 AI 때문에 가짜와 현실을 구분하기 어려워지게 되면 홍채 스캔은 필수가 될 것이라고 주장했다. 나중에 〈MIT 테크놀로지 리뷰〉의 아일린 궈Eileen Guo와 아디 레날디Adi

Renaldi 기자의 심층 탐사보도는 이 홍채 스캐닝이 개인정보 침해와 기만적인 마케팅 행태, 그리고 잠재적인 위법행위 논란에 휩싸여 있다는 사실을 밝혀냈다.[16] 2023년 7월에 월드코인이 공식 출시되면서 전 세계적으로, 글로벌 사우스 국가에서 특히 공짜로 돈을 준다는 모호한 약속 외에는 무엇을 위한 것인지도 제대로 알지 못하면서 자신의 생체정보를 넘겨주려는 사람들이 수천 명씩 줄을 서면서 논란은 본격적으로 커졌다.[17]

2021년은 또 올트먼이 사상 최대 규모의 투자를 한 해이기도 했다. 그는 세포 재생을 통해 인간 수명을 연장시키는 것을 목표로 하는 레트로 바이오사이언스Retro Bioscience라는 안티에이징 기업에 1억 8,000만 달러를 투자했고, 상업용 핵융합 기업인 헬리온 에너지Helion Energy에 3억 7,500만 달러를 투자했다. "그냥 제가 가진 유동자산 전부를 이 두 기업에 쏟아 넣었어요," 올트먼은 〈MIT 테크놀로지 리뷰〉의 안토니오 레갈라도Antonio Regalado 기자에게 이렇게 말했다.[18] 올트먼이 두 기업의 기술을 묘사한 방식은 오픈AI의 연구 로드맵과 상당 부분 닮아 있었다. 현재로서는 불가능해 보이지만, 공격적으로 규모를 키운다면 바로 코앞에 있을지도 모르는 기술이라는 것이다.

올트먼의 레트로 바이오사이언스 투자는 장수에 대한 그의 집착을 보여준다. 그는 "젊은 피" 연구, 즉 건강하고 젊은 피를 수혈해 노화를 역전시킬 수 있는지를 연구하는 분야의 열렬한 신봉자였다. 이 분야는 피터 틸도 관심을 많이 보였는데, 청소년들의 피를 수혈 받고 싶어 하는 그의 욕망에 대한 기사와 밈이 넘쳐난다. YC 재직 시절에 올트먼 역시 YC를 수료한 논란 많은 스타트업 넥톰Nectome의 대기자 명단에 이름을 올리기 위해 보증금 1만 달러를 내기도 했다. 넥톰은 마치 공상과학 소설에서 툭 튀어나온 것처럼 미래의 언젠가, 어쩌면 수백 년 후일 수도 있는 미래에 과학자들이 인간 두뇌에서 사람의 의식을 컴퓨터로 업로드할 수 있는 기술을 개발해낼 때까지 고객의 두뇌를 극저온으로 냉각한 상태로 보존한다는 서비스를 내걸었다. 문제는 넥톰의 두뇌 보존 작업을 하기 위해서는 고객의 두뇌가 신선한[살아 있는] 상태여야 했다. 넥톰 공동창업자 로버트 맥킨타이어Robert McIntyre는 레갈라도 기자에게 이 과정이 "치사율 100%"라고 설명했다.[19]

헬리온은 깨끗하고 저렴하며 풍부한 에너지를 생성하는 방법을 찾아내려는 올트먼의 집착을 반영했다. 올트먼은 에너지 가격과 가용성이 삶의 질 및 경제성장과 매우 밀접하게 연관되어 있다고 자주 언급하곤 했다. 하지만 대안이 될 무탄소 에너지원 없이는 자꾸만 증가하는 에너지 소비가 "지구를 파괴할 것"이라고 그는 말했다.[20] 2023년에 올트먼은 헬리온이 "투자 이상의 것"이라며 "오픈AI 다음으로 내가 많은 시간을 들이는 일"이라고 언급했다.[21] 나중에 마이크로소프트는 오픈AI에 100억 달러 규모의 세 번째 투자를 한 후 헬리온의 첫 핵융합 발전소로부터 전력을 공급받는 계약을 체결했다. 에너지 전문가들의 회의론에도, 헬리온은 2028년까지 해당 발전소를 완공하기로 약속했다.[22]

2021년은 또 올트먼이 자신의 투자 선호도를 오픈AI에 접목시킨 해이기도 했다. 그해 5월 올트먼은 "AI를 활용해 세상을 변화시킬 혁신적인 아이디어"를 가진 초기 단계의 회사를 지원할 목적으로 1억 달러 규모의 투자풀인 오픈AI 스타트업 펀드OpenAI Startup Fund를 조성했다.[23] 이 펀드에 마이크로소프트가 또다시 투자자로 참여했다. 일각에서는 이 펀드의 조성을 이상한 결정이라고 생각했다. 오픈AI도 간신히 수익을 내고 있었고 이미 그 자체만으로도 자본이 많이 들어가는 회사였는데, 왜 하필 다른 회사들을 위해 투자 기금을 마련하는 것인가? 다른 한편에서는 이를 올트먼이 YC의 강력한 네트워크 효과를 오픈AI를 중심으로 재현하려는 시도로 여겼다. 또다른 이들은 이를 단순히 올트먼의 습관의 힘이라고 생각했다. "이게 샘이 세상을 헤쳐나가는 방식이에요," 그와 일했던 적이 있는 사람이 말했다. "거래 성사 말이죠."

올트먼은 개인적인 욕심 때문에 안전한 AGI를 만들겠다는 오픈AI의 사명을 변질시키지 않기 위해 자신은 오픈AI 지분을 챙기지 않았다고 즐겨 말했다. 그는 오픈AI에서 받는 연봉은 6만 5,000달러에 불과하고, 자신은 다른 투자처를 통해 자산을 불린다고도 했다. 이는 듣기 좋은 그럴듯한 이야기인 데다 오픈AI를 왜 비영리단체로 창립했는지에 대해 그가 늘어놓았던 이타주의적 서사를 생각나게 했다. 그것은 또한 2021년 무렵에는 더 이상 진실을 반영한 것으로 보기 어려워진 오픈AI의 비영리단체 지위와 마찬가지로 공허한 선언에 불과했다. 올트먼은 YC에 상당히 큰 이해관계가 있었고, YC는 오픈AI에 투자한 1,000만 달러를 통해 최대 10억 달러의 수익을 돌려받을 수 있었던 것이다.

오픈AI가 계속해서 제품을 상용화함에 따라, 여러 YC 출신 스타트업과 올트먼이 투자한 기업 중 다수가 오픈AI의 고객이나 거래처가 되었다. 2024년 6월 〈월스트리트 저널〉은 올트먼의 순자산이 최소 28억 달러에 이른다고 보도했다.[24] 오픈AI 스타트업 펀드를 조성함으로써, 올트먼은 자신의 이타주의 서사에 복잡한 문제를 또 하나 더했다. 그리고 이 문제는 결국 아주 잠깐 동안이었지만 올트먼을 축출하는 데 작게나마 제 역할을 하게 된다.

9

재난 자본주의

오픈AI가 올트먼의 신념을 따라 앞으로 돌진하는 동안, 오픈AI의 비전이 초래할 엄청난 파장의 범위는 확장되고 있었다. 갈수록 크고 오염된 데이터 세트를 모델에 쏟아붓는 일을 반복하면서 오픈AI는 일종의 "패러다임 전환"을 일으켰다. 에펜의 라이언 쿨른이 나에게 묘사한 이 패러다임 전환은 데이터 입력값을 필터링하던 기존의 접근법을 떠나 모델이 내놓는 결과를 통제하는 방향으로 이동하는 것이었다. 이제 그 결과를 통제하는 과정의 직격탄을 맞은 사람들이 겪는 암울한 현실을 포장하는 데에 또다시 추상화된 언어가 사용됐다.

2021년 오픈AI는 차세대 모델 개발에 전력을 다하는 동시에 모델 결과값을 정리하기 위해 자동화된 콘텐츠 모더레이션 필터를 이전보다 훨씬 개선된 버전으로 만드는 프로젝트를 시작했다.[1] GPT-3를 아무런 필터 없이 API 형태로 제공하면서 래티튜드의 텍스트 기반 아동 포르노 스캔들이 터졌던 일을 감안해, 오

픈AI는 GPT-3.5와 GPT-4라고 불리게 될 모델에 보다 신중하
게 접근하기로 했다. 오픈AI가 개발한 기술을 더욱 널리 배포하
려고 한다면 전혀 필터링을 거치지 않은 제품은 길게 봤을 때 법
적으로나 홍보적 관점, 사용성 측면에서 문제가 될 것이었다. 당
시에는 아직 계획에 없던 챗GPT 역시 같은 필터의 덕을 보게 된
다. 그 필터는 모델의 결과값에 섞여 있는 불쾌한 콘텐츠가 사용
자에게 전달되기 전에 결과값에서 이를 발견해 솎아낼 목적으로
각 모델을 휘감는 포장지 역할을 했다.

　자동화 필터를 만들기 위해 오픈AI는 먼저 모델이 생성하지
못하게 만들고 싶은 콘텐츠(섹스, 폭력, 욕설)의 사례 수십만 건
을 자세히 검토하고 분류할 인간 노동자들이 필요했다.[2] 반년간
의 탐색 끝에 오픈AI는 프로젝트를 맡기에 적합해 보이는 회사
를 발견했다.[3] 그 회사는 2019년부터 메타로부터 콘텐츠 모더레
이션 업무를 맡아오던 외주 업체로, 공교롭게도 올트먼의 별명인
사마Sama와 이름이 같았다. 오픈AI는 사마에 민감하거나 노골적
인 콘텐츠와 관련된 프로젝트도 맡는지, 만약 맡는다면 일반적으
로 그런 프로젝트를 어떤 방식으로 다루는지 문의하는 이메일을
보냈다.[4] 사마의 답변은 빈틈없이 완벽했다.[5] 오픈AI는 사마와
총 네 건의 계약을 23만 달러에 체결했고, 그리하여 자동화 필터
프로젝트는 케냐에 있는 노동자 수십 명의 손에 떨어졌다.[6]

　챗GPT를 만드는 과정에서 케냐가 가장 착취적인 형태의 노
동이 이루어지는 거점이 된 것은 결코 우연이 아니다. 실리콘밸
리가 수년간 가장 지저분한 일을 외주로 맡기면서 가장 많이 찾
은 나라 중 하나가 바로 케냐였다. 기술업계로부터 그런 역할을
떠맡는 다른 여러 나라들과 케냐는 공통분모를 갖고 있다. 가난

하고, 글로벌 사우스에 속하며, 부유한 국가의 해외 투자에 목말라 하는 정부가 있다는 것이다. 이 모두는 식민주의가 케냐에 남긴 잔재의 일부다. 식민 통치로 인해 케냐에는 착취와 경제적 위기의 고통으로부터 시민들을 보호할 제도가 제대로 발달하지 못했다. 착취 구제 제도가 미비하고 경제적으로 불안한 상황은 해외 기업이 어떤 조건을 제시하더라도 주어진 삯일을 받아들여야 하는 비참한 상황의 노동력을 양산했다.

그러한 잔재의 표식은 케냐의 수도 나이로비 곳곳에서 드러난다. 나이로비는 도시 전체가 심각한 불평등을 겪고 있다.[7] 도시 중심 업무 지구에는 화려한 건물과 5성급 국제호텔, 고급 식당들이 늘어서 있다. 외교 공관이 모여 있는 지역에는 거대하고 웅장한 건물들이 높은 보안 벽으로 둘러싸여 있다. 외국인 거주 지역에는 싱그러운 개인 정원이 딸린 아름다운 저택들이 즐비하다. 그리고 도시 외곽인 우타와라Utawala, 다고레티 남부Dagoretti South, 엠바카시Embakasi가 있다. 셋 중 아무 동네나 행선지로 잡고 운전하다 보면 차창 밖으로 보이는 풍경은 철강으로 만들어진 고층 건물에서 점차 속이 빈 건축용 콘크리트 블록으로 만든 불법 거주 건물로 바뀐다. 건물들은 무질서하고 불규칙적으로 난 잡초처럼 흩어지기 시작한다. 포장도로는 비포장도로로 바뀌고, 4차선 도로는 오토바이와 보행자가 주로 다니는 길로 좁혀진다. 더 깊숙이 들어가면 콘크리트 건물은 골강판으로 바뀌고, 날림으로 지은 집과 상점들이 빼곡히 들어차 있다.

이런 상황에서 케냐 정부는 실리콘밸리가 저임금 노동을 구하자 두 팔 벌려 반겼다.[8] 케냐는 현지 산업이 제한적이다. 가장 큰 브랜드 대부분은 유럽과 미국 것이다. 한때 영국이 만들던 대규모 인프라의 일부는 이제 중국이 만든다. 자동차는 운전석이 차량 우측에 있는 일본에서 들여온 중고차가 대부분이다. 케냐 정부는 절실히 필요한 일자리를 만드는 데 빅테크 기업이 도움을 주리라고 생각했다. 실업은 범죄를 양산하고, 무기력해진 사람들은 제도와 시스템을 불신하게 된다. 러시아와 우크라이나 간 전쟁으로 케냐의 곡물 가격이 치솟으면서 대통령이 이미 굶주린 사람들을 일부러 더욱 옥죄는 것이라는 소문이 돌았다. 미국에서 익숙한 말이 케냐에서도 반복됐다. 선거가 조작됐다고.

그렇게 해서 케냐는 인터넷 산업의 최저 임금 노동의 핵심 거점이 되었다. 사마 같이 데이터 노동 공급망의 중개인 역할을 하는 기업들은 나이로비에 사무실을 차리고 주로 베이 지역에 있는 해외 기술 기업을 상대로 서비스를 제공할 노동력 풀을 확충했다.

오픈AI가 보기에 사마는 모든 조건을 충족시키는 회사였다. 원래 사마소스Samasource로 불렸던 사마는 샌프란시스코에 본사를 둔 사회적 기업으로 2008년 문을 열었다. 사마는 가난한 나라 사람들에게 의미 있고 품위 있는 일자리를 제공함으로써 가난을 벗어나게 도와준다는 사명을 갖고 있었다. 창립자인 레일라 자나Leila Janah의 주도 아래 사마소스는 인도와 케냐에 지부를 세웠고, 윤리적인 외주 기업이라는 평판을 얻었다. 2018년 사마소스는 사업을 확장하기 위해 이름을 사마로 줄이고 영리기업으로 전환했다. 2020년에 사마는 비콥 인증B Corp certification[기업이 사회와 환경에 미치는 간접적 영향까지 포함한 총체적 혜택benefit에 충실한지 여부를 기준으로 기업을 평가하는 비영리기업 비랩B-Lab의 인증제도]을 받았다. 사마는 2021년 오픈AI가 보낸 질문에 답하면서 그간 해온 콘텐츠 모더레이션 경험을 자세히 설명했고, 프로젝트를 비밀로 유지하고 데이터를 보호하는 내부 규칙에 방점을 찍었다. 사마는 또 정신적으로 해로운 콘텐츠를 다루는 직원들을 위해 무료 정신 건강 서비스를 제공한다고 언급했다.

하지만 사실 사마 내부는 혼란에 빠진 상태였다. 2020년 1월 창립자 자나가 희귀암에 걸려 겨우 서른일곱의 나이로 세상을 떠났다. 직원들은 곧이어 시작된 팬데믹을 기점으로 조직 관리가 부실해졌다고 말했지만, 사마 대변인은 이를 부인했다. 사마의 여러 문제점은 2022년 초 〈타임〉의 빌리 페리고 기자가 취재하기 전까지 세간의 주목을 받지 못했다.[9] 페리고는 사마가 메타로부터 수주한, 페이스북의 사하라 이남 아프리카 전체에 대한 콘텐츠 모더레이션 프로젝트로 인해 노동자들이 자살과 참수 등 잔인하고 충격적인 영상에 반복적으로 노출되면서 정신적으로 큰 고통에 시달리고 있다는 사실을 폭로했다. 사마는 사마 동아프리카 지부가 신중한 고려 끝에 "아프리카인을 위한 콘텐츠는 아프리카인이 검토하도록" 보장한다는 목적으로 그 프로젝트를 수주했다고 항변했다.[10] 거의 200명에 달하는 노동자들이 정신적 외상을 초래하는 노동환경을 조성한 혐의, 그리고 봉급 인상과 노동환경 개선을 요구하기 위해 노조를 만들려 했다는 이유로 직원을 부당하게 해고한 혐의로 사마와 메타를 상대로 여러 건의 소송을 제기했다.[11] 사마 대변인은 모든 혐의를 부인했다.

이러한 배경에서 오픈AI는 2021년 말 자동화 필터 프로젝트의 첫 단계를 개시했다. PBJ1, PBJ2, PBJ3, PBJ4라는 코드명으로 오픈AI는 사마 소속 노동자들에게 1.46달러에서 3.74달러 사이의 평균 시급을 주면서 정신적 외상을 초래하는 콘텐츠 모더레이션 업무로 더욱 내몰았다.[12] 노동자들은 데이터 어노테이션 업계에서 흔히 볼 수 있는 계약서상 비밀 유지 조항에 따라 이 프로젝트가 누구를 위한 것인지, 왜 하는 것인지 전혀 알지 못했다.[13] 노동자들이 알았던 것은 오로지 자신의 눈앞에 있는 수십만 건의 기괴한 텍스트 기반 서술을 읽고 심각한 정도에 따라 이를 분류해야 한다는 것이었다.[14] 해당 서술은 폭력인가 아니면 매우 잔인한 폭력인가, 괴롭힘인가 아니면 혐오 발언인가, 아동 성적 학대인가 아니면 수간獸姦인가?

차츰 많은 노동자들이 정신적으로 무너졌고, 그 영향은 노동자 개인을 넘어 그 노동자에게 의존하는 공동체 구성원에까지 번졌다. 챗GPT가 출시된 이후에야 비로소 노동자들은 자신들의 마음의 평안을 무엇과 뒤바꿨는지 이해하기 시작했다. 2023년 5월에 나는 나이로비를 방문해 보도를 전제로 자신의 경험을 털어놓는 데 동의한 노동자 네 명을 만났고, 그들의 이야기는 〈월스트리트 저널〉 1면에 실렸다. 그중 성적 콘텐츠 팀에 소속돼 있던 모팟 오킨이Mophat Okinyi라는 남성은 자신의 정신 건강과 인간 관계를 무너뜨린 프로젝트가 알고 보니 동생의 경제적 기회마저 앗아간 기술을 만드는 데 사용됐다는 기막힌 사연을 갖고 있었다.[15]

———

기업 연구소에서 여전히 자유분방한 연구가 여전히 가능했던 시절, 케냐의 데이터 노동자들처럼 AI 공급망에 필수적인 업무로 생계를 이어가는 사람들이 처한 곤경을 세상에 처음 알린 것은 마이크로소프트 소속 인류학자 메리 L. 그레이Mary L. Gray와 전산사회과학자 싯다르트 수리Siddharth Suri였다.

2019년에 나온 이들의 저서 《고스트 워크Ghost Work》는 5년간의 폭넓은 현지 조사를 바탕으로 그간 보이지 않는 곳에서 실리콘밸리를 지탱해온 플랫폼 노동과 디지털 착취의 세계를 드러냈다.[16] 빅테크 기업과 유니콘 기업의 어마어마한 기업가치는 억대 연봉을 받으며 세련된 사무실에서 일하는 엔지니어들만으로 만들어지는 것이 아니었다. 엄청난 양의 데이터 어노테이션을 하는 대가로 겨우 몇 푼밖에 받지 못하는, 대개 글로벌 사우스에 사는 노동자들 역시 그러한 기업가치를 만들어내는 데 꼭 필요하다.

자율주행차를 예로 들어보자. 자율주행차는 올바른 차선에서 운전하고, 예측하기 어려운 주행방식에 대응하고, 길을 건너는 어린이들과 안전 거리를 지켜 정차해야 한다. 이를 위해 자율주행차 소프트웨어 시스템은 여러 딥러닝 모델을 합쳐서 사용하는데, 그중에는 차선 표시, 도로 표지판, 신호등, 차량, 가로수, 보행자 등 도로에서 볼 수 있는 물체를 인식하는 모델도 있다.

그런 모델을 개발하는 기업들은 차량에 커다란 카메라를 여러 개 달고 수십억 마일을 달리며 영상을 촬영한다. 그렇게 촬영한 영상이 바로 데이터가 되며, 그 데이터에 대한 어노테이션은 영상을 프레임 단위로 쪼개 영상에 등장하는 모든 물체 – 때로는 그 물체가 자전거 핸들을 움켜진 손이 만들어낸 굴곡이나 차창 밖으로 고개를 빼꼼 내밀고 있는 개의 얼굴처럼 구체적이고 사소하다 – 를 일일이 찾아내 "자전거" "자동차" "동물" "인간" 등과 같은 라벨을 붙여주는 일이다. 이 작업은 사람이 해야 한다. 그리고 기업 입장에서는 인건비가 쌀수록 좋다.

그레이와 수리의 연구는 딥러닝 붐이 일어나기 훨씬 전인 2012년에 아마존이 개발한 메커니컬 터크Mechanical Turk라는 플랫폼에 부분적으로 초점을 맞췄다. 메커니컬 터크는 오랫동안 모든 유형의 단편적인 디지털 노동을 위해 값싼 인력을 찾는 기업들을 위한 사실상의 중개인 역할을 해온 플랫폼이다. 《고스트 워크》가 출간된 무렵에는 이미 첫 번째 AI 상용화 시대가 이러한 외주 모델을 기반으로 진화하며 급속도로 확장하고 있었다.

나는 이 비공식 노동의 새로운 형태를 추적하기 시작했다. 그 과정에서 여러 나라에 걸쳐 제멋대로 뻗어나간 글로벌 노동 공급망을 발견한 것은 짐작한 대로였지만 여전히 놀라웠다. 나는 메커니컬 터크를 대신해 차세대 중개인으로 떠오른, AI 개발 수요를 충족시킬 목적으로 설계된 플랫폼 기업들과 이야기를 나눴다. 나는 수십 명의 노동자들과 대화를 나눴고, 그중 몇몇의 집을 방문해 그들의 가족과 함께 저녁을 먹으며 그들의 숨통을 옥죄는 거시적인 동향뿐만 아니라 그들이 살아가는 삶의 현실이 가진 일상적인 질감을 이해하고자 노력했다.

첫 번째 AI 상용화 시대가 생성형 AI 시대의 데이터 대량 수집과 연산의 자본화가 이루어질 토대를 구축한 것과 마찬가지로, 광범위한 노동 착취의 기반 역시 같은 시기에 마련됐다. 이런 점으로 볼 때, 오픈AI의 계약 건에 투입됐던 케냐 노동자들의 경험을 이해하기 위해서는 그러한 노동 착취의 기반을 이해하는 것이 중요하다. 그래야만 그 노동자들의 경험이 이례적인 것이 아니라, 오히려 AI 업계가 오랫동안 비공식 노동자들을 대우해온 방식, 그리고 누구의 노동은 가치가 있고 없는지에 대한 AI 업계의 관점이 전례 없는 스케일을 추구하는 오픈AI의 제국적인 비전과 한데 합쳐진 직접적인 결과라는 것을 알아차릴 수 있다.

생성형 AI 이전에는 자율주행차가 데이터 어노테이션 업계 성장의 가장 큰 원천이었다.[17] 테슬라와 우버 등에 위협을 느낀 폭스바겐과 BMW 같은 독일의 전통적인 자동차 대기업들은 새로 치고 올라오는 경쟁자들로부터 자신의 자리를 지키기 위해 자율주행 부서를 신설했다. 미래의 자동차를 만들어내는 경쟁에 수십억 달러의 새로운 자금이 쏟아져 들어오면서 데이터 어노테이션 수요가 폭증했고, 이에 따라 메커니컬 터크를 대신할 새로운 대안이 필요한 상황이 되었다.

주로 M터크MTurk라 불린 메커니컬 터크는 제너럴리스트 플랫폼, 즉 어느 특정 작업에 전문화된 플랫폼이 아니라 그저 셀프 서비스 웹사이트였다. M터크의 인터페이스에는(플랫폼이 출시됐던 2000년대 중반의 웹 디자인 그대로다) 데이터 세트를 업로드할 수 있는 곳과 간단한 어노테이션 지시 사항을 적을 수 있는 칸, 그리고 작업비용이 얼마인지 명시할 수 있는 칸이 있었다. 해당 작업을 누군가가 맡으면, 그 작업을 맡은 노동자의 이름 대신 무작위로 조합된 숫자와 글자가 나타났다. 각 노동자 옆에는 버튼이 두 개씩 있었다. 하나는 노동자에게 보너스를 주는 데 사용했고, 다른 하나는 노동자를 프로젝트에서 해고하는 용도였다.

자율주행차를 위한 데이터 어노테이션은 이와 다른 접근법을 요구했다. 무엇보다도 먼저 정확성이 높아야 했다. 차량의 경계를 엉성하게 따거나, 보행자를 아예 표시하지 않는 등 라벨을 잘못 붙인 프레임이 삶과 죽음을 가르는 경계가 될 수도 있었다. 어노테이션의 품질을 보증하기 위해서는 노동자들을 훈련시켜야 했고, 회사는 작업 지시를 자세히 적어야 했다. 피드백과 반복 개선 과정을 위한 체계가 더 필요했다. M터크는 여기에 적합하지 않았다. 그 자리에 스케일AI, 하이브Hive, 마이티 AIMighty AI, 에펜 등 여러 스타트업과 기성 기업들이 떼로 몰려들었다. 각 회사는 자체 노동자 대상 플랫폼을 보유하고 있었고, 이 플랫폼을 통해 누구나 계정을 만들어 일감을 할당받는 게 가능했다.

이 새로운 물결을 일으킨 기업들이 자리 잡던 무렵에 이상한 일이 벌어졌다.[18] 이들 기업의 플랫폼에 예상치 못한 국가인 베네수엘라에서 신규 가입자가 대거 몰려온 것이었다. 자동차 업체들이 서둘러 자율주행차 산업에 돈을 쏟아붓고, 데이터 어노테이션 기업들이 노동력을 더 확보하기 시작하던 바로 그 순간, 베네수엘라는 50년 만에 최악의 경제위기로 내몰리고 있었다.

경제학자들은 베네수엘라가 가진 풍부한 천연자원을 낭비한 정부의 정책 실패와 만연한 부패를 이 경제위기의 원인으로 꼽았다. 베네수엘라는 세계 최대의 원유 매장량을 가진, 한때 라틴아메리카에서 가장 부유한 국가였다. 그러나 2016년부터 실업률이 치솟고, 초인플레이션이 걷잡을 수 없을 정도가 되며 전 국민이 평생 모은 돈이 종이조각이 되면서 강력범죄가 폭발적으로 늘었다. 2017년 말부터 2019년 사이 트럼프 행정부가 니콜라스 마두로Nicolás Maduro 대통령의 권력 남용을 처벌하기 위해 제재 조치를 강화한 것은 베네수엘라 경제 몰락의 전조였다. 초인플레이션은 한때 상상하기도 어려웠던 1,000만 퍼센트를 찍었다.[19] 한때 높은 연봉을 받던 대졸자들은 이제 턱없이 부족한 쌀과 밀가루 배급을 받으려고 가게 앞에 줄을 서며 하루를 보냈다.

이 참사의 와중에 많은 베네수엘라인들이 일감을 찾기 위해 온라인 플랫폼으로 향했다. 2018년 중반 무렵에는 수십 만 명이 데이터 어노테이션 산업에 뛰어들면서 일부 외주 기업의 경우 베네수엘라인이 많게는 전체 인력의 75%를 차지했다.[20] 온가족이 데이터 어노테이션 플랫폼에서 일거리를 구하는 경우도 많았다. 수십 명의 베네수엘라 노동자를 인터뷰한 예일 대학교 조교수 줄리안 포사다Julian Posada는 부모와 자녀들이 돌아가며 공유 컴퓨터로 작업을 하거나, 남편이 더 오랜 시간 방해받지 않고 일해 돈을 조금이라도 더 벌 수 있게 하기 위해 아내가 요리와 청소를 전담한다는 사실을 알게 되었다. 베네수엘라의 경제 위기는 이 위기와 함께 성장한 AI 전문 외주 기업들에 지울 수 없는 흔적을 남겼다. 인력풀을 찾는 데 있어 베네수엘라는 당연한 선택지는 아니었다. 주로 샌프란시스코와 시애틀에 본사를 둔 기업들 입장에서는 언어 장벽 때문에 노동자들과 작업 조율하기가 한층 더 어려웠다. 하지만 극심한 절망감에 빠져 있던 베네수엘라인들은 믿기 힘들 정도로 적은 보수를 위해서라도 일하려고 나섰고, 그 덕분에 기업들은 놀랄 정도로 싼 가격에 서비스를 제공할 수 있게 되었다. "그건 정말 기막힌 우연이었죠." 데이터 어노테이션 산업의 부상을 연구한 드레스덴 응용과학대학교 교수인 플로리안 알렉산더 슈미트Florian Alexander Schmidt가 2022년 나에게 한 말이다.

그 "기막힌 우연"은 섬뜩한 공식을 드러냈다. 경제 붕괴에 직면한 베네수엘라는 갑자기 값싼 노동을 끊임없이 공급할 수 있는 최적의 조건을 모두 갖춘 곳으로 떠올랐다. 베네수엘라는 인터넷 연결 환경이 양호했고, 국민들의 교육 수준이 높고, 이제는 보수가 얼마가 됐든 일하려는 열렬한 의지가 가득했다. 이런 조건에 들어맞는 나라는 베네수엘라 말고도 더 있었다. 더 많은 국가에서 인터넷 연결 환경이 좋아지고 있었고, 기후 위기가 가속화되고 지정학적 불안정이 커지면서 더욱 많은 국가가 위기에 빠질 것은 자명한 일이었다. "제2의 베네수엘라가 나타날 가능성은 아주 높아요." 슈미트가 말했다.

당시 슈미트의 예측을 들은 나는 그 예측이 실현됐을 때에 또 다시 베네수엘라의 사례와 같은 기막힌 우연이 발생할지, 아니면 데이터 어노테이션 기업들이 베네수엘라에서 효과가 있었던 방법을 그대로 적용할지 궁금했다. 곤경에 빠진 노동자들을 영입하는 것이 AI 업계의 생명줄인 노동 비용을 계속해서 낮추는 가장 확실한 방법이 될 수 있었기 때문이다. 몇 년이 지난 뒤 되돌아보니 그게 바로 현실이 되었고, 이는 역사 속 제국들과 지금의 AI 제국들 간 가장 놀라운 공통점 중 하나가 되었다.[21] 제국이 급속도로 부를 축적할 수 있는 원동력의 가장 큰 특징은 아주 적은 대가, 혹은 아무런 대가도 치르지 않고 대규모 인간 노동이 만들어낸 경제적 혜택을 거둬들이는 능력이다.

⸻⸻⸻

2021년 12월, 나는 어쩔 수 없이 데이터 어노테이션 일에 뛰어든 노동자의 삶을 보다 잘 이해하기 위해 콜롬비아의 구불구불한 산길을 지나고 있었다.[22] 당시 코로나 입국 제한 조치로 인해 베네수엘라에는 직접 갈 수 없었지만, 이웃한 콜롬비아에 베네수엘라 전체 인구의 3분의 1에 해당하는 거의 200만 명에 가까운 베네수엘라인들이 난민 신분으로 거주하고 있었다.

그중 한 명을 줄리안 파사다의 소개로 만났다. 오스카리나 베로니카 푸엔테스 아나야Oskarina Veronica Fuentes Anaya라는 이름을 가진 이 베네수엘라 여성은 고국을 탈출한 후에도 계속 데이터 어노테이션 일에 종사했다. 푸엔테스는 이 일의 진짜 모습이 어떤 것인지를 나에게 보여준 첫 번째 사람이었다.[23] 플랫폼 노동을 하기 위해 그가 어떤 식으로 자기 인생의 방향을 송두리째 바꿔야 했는지, 그리고 반대로 플랫폼이 어떤 식으로 그를 일회용 노동자로 취급했는지를 말이다.

그가 대여섯 명의 친척과 함께 사는 아파트 거실에 나란히 앉아 에펜 플랫폼에서 작업하는 과정을 지켜보았다. 작업의 종류는 다양했다. 전자상거래 사이트에 올라갈 품목을 분류하는 것 – *위 상품은 의류인가, 아니면 악세사리인가?* – 부터 소셜미디어 콘텐츠 모더레이션 업무 – *해당 영상에 범죄행위나 인권 침해행위가 표현되었는가?* – 도 있었다. 영어가 필요한 작업을 할 때 푸엔테스는 구글 번역을 사용해 텍스트를 스페인어로 변환했다.

작업을 완료할 때마다 푸엔테스가 대가로 받은 액수는 미국 달러로 몇 센트씩 늘었다. 최소 10달러를 벌어야 돈을 인출할 수 있었는데, 처음 에펜 플랫폼에 가입했을 때는 그런 제한이 없었다고 한다. 이제는 몇 주간 일을 해야 그 정도 돈을 벌 수 있었다. 가끔 푸엔테스는 그 10달러가 식료품을 살 충분한 돈이 있는지를 판정하는 잔인한 심판처럼 느껴진다고 했다.

베네수엘라에 사는 노동자들에게는 플랫폼에서 번 돈을 인출하는 과정이 더욱 어려웠다. 페이팔 같은 대부분의 글로벌 결제 시스템으로는 베네수엘라로 송금할 수 없었다. 그리고 베네수엘라로 송금이 가능한 결제 시스템은 베네수엘라에 있는 대부분의 상점에서 유효한 결제수단으로 받아들여지지 않았다. 즉, 노동자들이 작업 대가로 번 디지털 자금을 기본적인 생필품과 서비스에 쓰려면 현금화해야 했다. 하지만 플랫폼에서는 돈을 미국 달러로 환산했고, 현금은 베네수엘라 통화인 볼리바르bolivares로 환전해야 했다. 환전을 해주는 암시장에서는 높은 환전 수수료와 사기가 판을 쳤다.

푸엔테스는 플랫폼과 복잡한 인연을 갖고 있었다. 그는 이런 류의 일을 하려고 전혀 의도한 적이 없었지만, 자신의 통제 범위 밖에서 일어난 일련의 사건들 때문에 플랫폼 노동은 그의 생명줄인 동시에 처벌자가 되었다. 푸엔테스가 에펜 계정을 만든 것은 대학원 시절 엔지니어링 석사 학위를 마무리하며 용돈벌이를 하기 위해서였다. 똑똑하고 성실하며 창의적인 푸엔테스 같은 인재는 만약 경제가 무너지지만 않았어도 아마도 국영 석유 회사에 취업해 안정적인 고용을 보장받았을 것이다. 베네수엘라가 무너졌을 때 그는 새로운 현실에 적응했다. 더 나은 미래를 살 기회를 얻기 위해 그는 남편과 함께 콜롬비아로 이주했다.

그런 측면에서 푸엔테스는 운 좋은 사람들 중 하나였다. 제대로 된 서류를 갖추지 못한 채 베네수엘라를 탈출한 많은 이들과 달리, 그는 태어날 때부터 콜롬비아 국적을 갖고 있었다. 한 세대 진 폭력과 징치적 불안정이 난무하던 콜롬비아를 떠나 반대 방향인 베네수엘라로 도망쳐 왔던 부모님 덕분이었다. 이 지역에서는 여러 세대에 걸쳐 국경을 넘나들며 끝없는 혼란 속에 살아가는 사람들의 이야기가 너무도 흔했다.

콜롬비아 여권으로 푸엔테스는 지인으로부터 콜롬비아에 있는 아파트를 원격으로 임차했다. 이를 위해서는 임차계약서에 연대 서명을 해줄 부동산 소유자 두 명이 필요했다. 푸엔테스의 지인인 아파트 주인이 이를 도와주기로 했다. 2019년 초, 푸엔테스와 그의 남편은 겨우 일주일치 식료품 살 돈을 갖고 국경을 넘었다. 하지만 그들은 도착해서 지인으로부터 임차한 아파트에 이미 다른 베네수엘라 부부가 살고 있다는 사실을 알게 됐다. 다른 대 안이 전혀 없는 상태에서 두 부부는 서로에게 집을 뺏길 수도 있 다는 두려움과 불신에 가득 찬 채로 한 지붕 밑에 살게 되었다.

결국 다른 부부는 나중에 집을 나갔지만, 그건 새로운 문제의 시작에 불과했다. 푸엔테스는 콜롬비아의 콜센터에 새 일자리를 구했지만, 그의 남편은 취업 허가가 없어 일자리를 얻을 수 없었 다. 남편이 취업 허가를 받기 전에 콜센터는 문을 닫는다고 발표 했다. 그래서 푸엔테스는 건강에 심각한 문제가 생겼는데도 이를 무시하고 계속 일했다. 그의 머릿속에는 오로지 콜센터가 문을 닫을 때까지 가능한 한 오랜 시간 일해서 생계 유지에 필요한 돈 을 더 벌어놔야 한다는 생각뿐이었다.

나중에 의사는 조금이라도 더 늦었으면 푸엔테스가 죽었을 것이라고 말했다. 푸엔테스의 건강이 심하게 나빠진 것에 놀란 한 동료가 푸엔테스를 병원에 데려갔고, 병원에 도착한 직후 푸 엔테스의 몸은 경련을 일으키며 맥박이 1분간 완전히 멈췄다.

푸엔테스는 심각한 당뇨를 앓고 있다는 진단을 받고 즉각 하 루에 다섯 번씩 인슐린을 투여하는 치료를 받기 시작했다. 그 후 몇 주간 푸엔테스는 몸을 가눌 수 없을 정도의 고통과 실명 증세 를 겪었다. 병세가 안정되고 나서도 극심한 피로감이 지속되어 몇 시간 이상 집 밖을 돌아다닐 수 없었다.

그런 상황에서도 푸엔테스는 오로지 자신과 남편에게 돈이 필요하다는 생각밖에 없었다. 하지만 만성 질환을 앓는 몸으로는 더 이상 회사에 복귀하여 출퇴근을 할 수 없었다. 푸엔테스가 노 트북을 꺼내 에펜 계정에 다시 접속한 것은 바로 그때였다.

푸엔테스는 자신의 에펜 작업 대기열에 나타나는 작업의 유형에 거의 아무런 논리적 연관성이 없다고 생각했다. 어쨌든 그가 계속해서 작업을 받기 위해서는 지속적으로 좋은 성과를 내야 한다는 것은 분명했다. 2021년 당시 에펜 최고기술책임자였던 윌슨 팡Wilson Pang은 에펜 플랫폼이 노동자의 위치와 노동자의 전체적인 작업 정확성과 속도, 그리고 노동자가 기존에 특출난 성과를 보인 유형의 작업 등 여러 요소를 기준으로 작업을 할당하는 알고리즘을 사용한다고 내게 말했었다.[24]

푸엔테스는 텔레그램 단체방과 디스코드Discord[채팅, 통화, 화면 공유 등을 지원하는 메신저 서비스] 그룹에서 에펜 플랫폼의 다른 베네수엘라 노동자들과 서로 팁을 공유하며 플랫폼의 규칙을 복잡한 퍼즐을 풀듯 추론했다. 이들은 VPN을 사용해 미국에 있는 노동자인 것처럼 IP주소를 위장하면 돈을 더 많이 벌 수 있다는 사실을 알게 되었다. 하지만 VPN 사용은 큰 위험을 감수해야 했다. 에펜은 VPN 사용을 단속했고, 적발할 경우 플랫폼 규칙 위반으로 간주해 노동자의 계정을 폐쇄하는 방법으로 처벌했다. 계정 폐쇄는 노동자에게 큰 타격을 입혔다. 노동자가 그때까지 인출하지 못한 돈은 연기처럼 사라지고, 새 계정을 만든다는 것은 다시 밑바닥에서부터 가장 낮은 단가의 일감을 받거나, 아무런 일감도 받지 못한다는 것을 뜻했다.

규칙은 또 있었다. 작업 결과물을 빨리 제출하면 보상을 받았지만, 너무 빨리 제출하면 시스템의 무언가를 건드려서 그 작업을 해낸 데 대한 보상을 하나도 받지 못했다. 가장 그럴듯한 가설은 시스템이 이례적일 정도로 빠른 속도를 봇bot 활동으로 받아들여 제출된 결과물을 무시한다는 것이었다. 간혹 주어진 작업물의 지시 사항이 거의 없어 무엇을 요구하는지 전혀 알 길이 없을 때도 있었고, 때로는 플랫폼에 버그가 있어 작업물을 제대로 띄우지 못하는 경우도 있었다.

베네수엘라 노동자 단체대화방 참여자 중 한때 소프트웨어 엔지니어로 일했던 사람들이 이러한 문제를 해결할 브라우저 확장 프로그램을 만들어 다른 에펜 노동자들과 공유했다. 그중 하나는 봇으로 의심받는 것을 피하기 위해 모든 작업 결과물을 제출할 때 자동으로 제출 시간을 약간 지연시키는 역할을 했다. 다른 확장 프로그램은 에펜 플랫폼이 항상 자동으로 업데이트하지 않는 문제를 해결하기 위해 매 초마다 에펜 작업 대기열을 자동으로 새로고침 해주는 역할을 했다. 또다른 확장 프로그램은 새로운 작업이 나타나면 경보를 울려 노동자들이 작업 기회를 잃을 걱정 없이 화장실에 가거나 끼니를 만들 수 있게 해주었다.

이렇게 노동자들은 서로를 도우려고 했음에도 불구하고, 플랫폼은 그들을 경쟁으로 몰아넣었다. 작업은 언제나 선착순으로 배당됐다. 일감은 작업에 필요한 노동자 수가 채워질 때까지만 작업 대기열에 머물렀다. 시간이 지나면서 곤경에 처한 많은 베네수엘라인들을 포함해 더 많은 노동자들이 플랫폼에 들어오면서 작업이 대기열에 나타나서 사라질 때까지의 시간은 며칠에서 몇 시간, 몇 초로 짧아졌다.

일감이 나타났다 사라지는 시간이 불규칙하고 예측하기 힘든 탓에 언제든 일감이 나타날지도 모른다는 초조함이 푸엔테스의 일상을 통제하기 시작했다. 한번은 푸엔테스가 산책을 나갔을 때 한 달 생활비로 거뜬한 수백 달러를 벌 수 있는 작업이 나타났다. 그는 온 힘을 다해 집으로 뛰어갔지만 다른 노동자들에게 일감을 뺏기고 말았다. 그날 뒤로 그는 주중에는 집 밖에 나가지 않았고, 경험상 일감이 나타날 가능성이 낮은 주말에만 하루에 30분 정도 집 밖으로 나갔다. 오밤중에 일감이 나타날 수도 있다는 생각에 선잠을 자기 일쑤였다. 잠자리에 들기 전 푸엔테스는 일감이 나타날 경우에 대비해 브라우저 확장 프로그램이 경보를 울려 자신이 잠에서 깰 수 있도록 컴퓨터 볼륨을 최대한으로 올려 두었다.

많은 스트레스와 초조함에도 푸엔테스는 에펜 플랫폼을 떠나는 것을 상상할 수조차 없었다. 그는 일감이 더 이상 없어 다른 일을 찾을 수밖에 없는 상황을 몹시 두려워했다. 다른 모든 것이 그의 인생을 끝내려고 위협했을 때 에펜은 그 어려운 고비를 이겨내게 도와준 유일한 구세주였다. 뿐만 아니라, 한때 소득이 너무 괜찮았을 때에는 새로운 노트북을 구매하고도 그 이상의 비용을 회수할 수 있었다.

상황이 좋을 때에는 모든 것이 순조로웠다. 상황이 나빠졌지만 푸엔테스는 자신의 충성심에 대한 보답을 받을 것이라는 고집스런 믿음을 지닌 채 플랫폼에 붙들려 있었다.

나는 푸엔테스로부터 그리고 곤궁한 처지 때문에 플랫폼 노동을 하게 된 비슷한 다른 노동자들을 통해서도 반복해서 보게 될 두 가지 진실을 배웠다.[25] 우선, 그가 플랫폼을 떠날 가능성은 아주 낮았다. 세대를 넘어 이어지는 불안정 속에서 태어나 난민이 되고 만성 질환을 앓게 된 플랫폼 노동자는 비극적이게도 흔해 빠졌다. 나는 가난이 그저 돈이 없거나 물질적으로 부족한 형태로 나타나지 않는다는 사실을 노동자들에게서 배웠다. 가난이라는 것은 노동자의 일상의 모든 측면에 스며들어 그 모든 곳에서 부채를 발생시킨다. 불규칙한 수면, 건강 악화, 자존감 저하, 그리고 가장 본질적으로, 일상에 대한 결정권과 통제권이 거의 없어지는 것이 바로 가난의 본모습이다.

하지만 이보다 조금 더 희망적인 진실도 있다. 푸엔테스가 싫어한 것은 일 그 자체가 아니라 일감이 주어지는 구조였다. AI 산업을 떠받치는 노동이 이뤄지는 방식을 다시 상상해본다면, 이 문제는 좀 더 다루기 쉬운 문제처럼 느껴진다. 푸엔테스에게 무엇을 바꾸고 싶은지 물었을 때, 그의 답은 의외로 단순했다. 그는 에펜이 전통적인 고용주처럼 자신과 정규직으로 계약하고 대화를 할 수 있는 상사, 일정한 월급, 건강보험을 제공해주기를 원했다. 푸엔테스와 다른 노동자들이 바란 것은 그저 안정감, 그리고 그토록 열심히 일하는 자신들의 존재를 회사가 알아주는 것이었다.

연구자들은 전 세계 노동자들을 대상으로 한 설문 조사를 바탕으로 데이터 어노테이션 노동자가 받아야 할 최소한의 보장체계를 찾아내려 노력했는데 모두가 비슷한 결론에 도달했다. 옥스퍼드 인터넷 연구소Oxford Internet Institute가 운영하는 디지털 노동 연구자들의 글로벌 네트워크인 페어워크 프로젝트The Fairwork project는 그 조건으로 다음과 같은 사항을 꼽았다. 노동자들은 최저생계비를 보장할 수 있는 생활 임금을 받아야 하고, 표준화된 정규 근무 시간과 유급 병가를 받아야 하며, 계약 조건을 명시한 계약서를 작성해야 하며, 우려 사항을 관리자에게 전달할 수 있는 소통 채널이 있어야 하며, 보복 우려 없이 노동조합을 꾸릴 권리를 가져야 한다.

지난 몇 년간 이러한 조건을 충족시키고 데이터 어노테이션을 그저 일이 아니라 하나의 경력으로 대우하려는 업체들이 업계에 나타났다. 그러나 그러한 표준을 지키지 않는 기업과의 경쟁에서 살아남은 곳은 몇 군데 되지 않는다. 업계 전체가 준수하는 최저 한도 없이는 바닥을 향한 경쟁이 불가피하다.

━━━━━

　　자율주행 붐의 수요를 충족시키기 위해 나타난 데이터 어노테이션 기업 중 하나는 재난상황을 기회로 포착하는 데 특히 뛰어났다.[26] 2016년 당시 19세의 MIT 중퇴생인 신동 알렉산더 왕Alexandr Wang이 공동 창업한 스케일AI는 처음부터 낮은 가격에 전문화된 고품질 서비스를 제공한다는 점을 내세웠다. 인력 확충 업무를 담당했던 한 전직 직원은 자신에게 주어진 지시 내용을 이렇게 설명했다. "어떻게 하면 최고의 인력을 가능한 한 낮은 비용으로 데려올 수 있는가?" 스케일AI는 금방 리프트Lyft, 애플, 토요타, 에어비앤비 같은 대기업을 고객으로 확보했다.

　　M터크가 인력을 주로 미국과 인도에서 확보했던 반면, 스케일AI는 오랫동안 미국 기업들의 콜센터와 디지털 업무를 해온, 영어를 사용하는 식민지였던 케냐와 필리핀에서 인력을 찾아 나섰다. 스케일AI의 인재채용팀은 베네수엘라와 똑같은 조건의 배합, 즉 교육 수준이 높은 사람이 많고 인터넷 연결이 좋지만 가난해서 쥐꼬리만 한 돈을 위해서라도 열심히 일할 사람들이 있는 지역을 케냐와 필리핀에서 물색하기 시작했다. 이러한 전제를 뒷받침한 것은 스케일AI의 무자비한 사업 관행뿐 아니라 그런 사람들이야말로 경제적 기회를 통해 가장 많은 혜택을 보고 그 덕에 가장 행복해할 것이라는 논리였다. "인력거를 끌거나 에어컨

이 있는 인터넷 카페에서 데이터 라벨링 작업을 해야 한다면, 후자가 더 나은 직업이죠."[27] 인덱스 벤처스Index Ventures의 파트너인 마이크 볼피Mike Volpi는 2019년 스케일AI의 1억 달러 규모 투자 라운드에 참여한 직후 〈블룸버그〉에 이같이 말했다.

하지만 스케일AI가 노동자 대면 플랫폼 리모태스크Remotasks를 출시한 뒤 베네수엘라에서 폭발적인 관심을 받는다는 사실을 인지하자, 베네수엘라인이 스케일AI의 인력 채용 우선순위로 떠올랐다. "그들[베네수엘라인]이 인력 시장에서 가장 저렴합니다." 한 전직 직원은 이렇게 말했다. 2019년에 스케일AI는 추천인 코드와 모두가 선망하는 미국 달러 지폐 다발을 산더미처럼 보여주는 스톡 영상[제공 업체가 미리 만들어 놓은 것으로, 구매하여 사용할 수 있다]으로 만든 소셜미디어 마케팅 영상을 통해 베네수엘라에서 대대적인 확장 캠페인에 나섰다. 이듬해 스케일AI는 베네수엘라 전용 리모태스크 방문 페이지를 만들어 사용자들을 리모태스크 플러스Remotasks Plus라는 새로운 프로그램에 참여하도록 독려했다. 스케일AI는 초청 전용 프로그램인 리모태스크 플러스를 통해 역사적 고난을 겪는 베네수엘라인들을 도울 것이라고 홍보했고, 프로그램 참여자들에게 새로운 기술을 배울 기회와 경력을 쌓을 기회, 그리고 일정한 근무 시간과 시급제를 통해 더 큰 돈을 벌 기회를 약속했다. 팬데믹이 시작되며 경제 위기가 심화되자 베네수엘라인들은 대거 리모태스크 플러스로 몰려들었다. 이로 인해 스케일AI의 경쟁자인 다른 데이터 어노테이션 플랫폼들은 시장에서 밀려났다.

스케일AI가 일단 시장에서 지배적인 위치를 차지하자, 노동자에게 한 약속은 점차 흐릿해졌다. 2021년 말부터 2022년 초까지 나는 베네수엘라의 수도인 카라카스에서 리모태스크 플러스 프로그램 운영 기간 동안 스케일AI를 위해 일했던 베네수엘라 노동자들을 취재한 베네수엘라 기자 안드레아 파올라 헤르난데 즈Andrea Paola Hernández와 협업을 시작했다. 우리는 스케일AI가 전 세계 인력과 소통하기 위해 사용했던 리모태스크 디스코드 그룹 에 잠입했다. 우리는 스케일AI가 누구나 볼 수 있게 공개해놓은 스프레드시트를 통해 노동자들의 소득이 프로그램 개시 이후 줄 곧 줄어들었다는 사실을 발견했다.[28] 처음에는 일주일에 40달러 씩 벌던 노동자들은 곧 일주일에 6달러밖에 벌지 못하거나 또는 아예 소득이 없어졌다. 2021년 4월, 스케일AI는 리모태스크 플 러스 프로그램을 완전 폐지하고 일정하고 보장된 근무시간 없이 단편적인 작업을 분배하던 기존의 운영 방식으로 되돌아갔다.

스케일AI 내부에서 리모태스크 플러스는 실험에 불과했다.[29] 스케일AI는 노동자들에게 시급제로 임금을 지급하는 것이 완료 한 작업 건별로 지급하는 것보다 쉬울 것이라고 생각했다. 현실 은 정반대였다. 스케일AI 직원들은 곧 노동자가 정확히 몇 시간 동안 일했는지 검증할 방법이 없다는 것을 깨닫고 노동자들이 실 제 일한 시간보다 더 많이 일한 것처럼 꾸며 플랫폼을 상대로 사 기를 친다고 믿었다. 여러 가지 노동자 감시 프로그램을 도입하 는 등 수 개월에 걸쳐 문제를 해결해보려고 시도한 뒤, 스케일AI 는 시급제를 아예 없애기로 결정했다. 달리 갈 곳 없는 노동자의 85% 이상이 플랫폼에 남아 작업을 계속했고, 스케일AI 대변인 은 이 수치가 자신들의 플랫폼에 "지속적인 관심과 참여"가 있다 는 점을 보여준다고 주장했다.[30]

헤르난데즈가 노동자들을 인터뷰하기 시작했을 무렵, 그러니까 리모태스크 플러스 프로그램이 취소된 지 7개월이 지난 시점에는 리모태스크 플랫폼이 지급하는 보수가 전보다 훨씬 줄어든 상태였다. 헤르난데즈는 이를 시험해 확인하기 위해 리모태스크에 계정을 만들었다. 두 시간에 걸쳐 플랫폼 사용 지침을 배우고 스무 개의 작업을 완료하고 나서 헤르난데즈가 번 돈은 미국 돈 11센트였다. 당시 스케일AI의 운영 부문 수석 상무였던 매트 박Matt Park은 스케일AI 플랫폼에서 베네수엘라인들의 평균 소득은 시간당 90센트를 조금 넘는다는 우리의 취재 결과에 대해 이렇게 답변했다. "리모태스크는 우리가 활동하는 모든 지역에서 공정한 보수를 지급하기 위해 최선을 다하고 있습니다."**31**

불평을 하는 베네수엘라인들은 플랫폼에서 쫓겨났다. 일주일간 계속된 전국적인 정전 사태 이후 아내와 아이들을 먹여 살리기 위해 리모태스크 일을 시작한 리카르도 후기네스Ricardo Huggines라는 컴퓨터 엔지니어는 자신이 디스코드 그룹에서 너무 많은 질문을 해서 계정 폐쇄를 당했다고 헤르난데즈에게 말했다. "그들이 우리를 대하는 방식으로 볼 때, 그들의 접근방식은 아마도 개별 노동자를 최대한 많이 쥐어짠 뒤 버리고 새로운 노동자들 데려오는 것임을 깨달았습니다."

실제로 스케일AI는 계속해서 신규 노동자를 끌어들이고 있었다. 2021년 중반 무렵에 베네수엘라인들이 번아웃을 겪고 플랫폼을 떠나자, 스케일AI는 팬데믹 때문에 경제가 무너진 다른 나라에서 새로운 노동자들을 수십만 명씩 영입해 플랫폼 소개 교육을 하고 있었다. 스케일AI는 갈수록 확장되고 다양해지는 고객의 수요를 충족시키기 위해 경제적으로 가장 가치 있는 언어인 영어, 프랑스어, 이탈리아어, 독일어, 중국어, 일본어, 스페인어를 할 수 있으면서 재정적 압박을 받는 인구가 많은 국가로 진출했다. 스케일AI의 글로벌 시장 확대를 추진했던 한 직원은 스케일AI가 과거 프랑스의 식민지였던 아프리카 국가에서 프랑스어 사용자들을 물색했고, 중국인 디아스포라가 많이 거주하는 동남아시아 같은 지역에서 중국어 사용자를 찾았다고 말했다.

스케일AI는 베네수엘라에서 사용한 방식을 이후에도 계속해서 반복했다. 새로운 시장에서 높은 임금을 제시해 노동자들을 끌어들인 뒤, 자리를 잡고 나면 임금을 낮췄다. 스케일AI의 정규직 직원들은 5,000평짜리 샌프란시스코 본사 건물에 앉아 여러 차례의 실험을 통해 플랫폼 노동자들에게 얼마를 줄지 이리저리 바꿔보는 것을 최적화와 혁신이라는 이름으로 논의했다. 반면 노동자들은 보수가 예측할 수 없이 바뀌는 가운데 생계가 무너지는 것을 지켜보아야 했다. 스케일AI 홍보팀은 회사는 의도적으로 경제적 어려움을 겪고 있는 나라에 진출했고 이후 임금을 깎았다는 지적을 부인했다. 회사 홍보팀은 자신들은 지리적, 언어적 다양성과 연중무휴 24시간 계속 업무가 진행될 수 있도록 고려해 노동자를 채용한다고 밝혔다. "우리는 기여자들을 진심으로 중요하게 생각합니다.[32] 그에 반하는 모든 주장은 거짓입니다." 대변인은 이렇게 말했다.

북아프리카의 노동자 여덟 명은 스케일AI가 몇 달 만에 자신들의 임금을 3분의 1 이상 깎았다고 말했다. 최소 한 명의 노동자가 결제 보류 중인 마이너스 지급액을 보유하고 있었는데, 이는 그가 스케일AI에 빚을 진 상태임을 의미했다.[33] 이들이 스케일AI의 임금 삭감에 대항해 뭉치려 하자, 스케일AI는 "혁명과 시위"

에 참여한 사람은 누구든지 계정을 폐쇄하겠다고 협박했다.[34] 나와 대화를 나눈 거의 모든 노동자가 스케일AI 플랫폼에서 강제 퇴장 조치를 당했다. 스케일AI 홍보팀은 보수에 대한 우려를 표한다고 해서 노동자를 해고하는 경우는 없으며, 오로지 커뮤니티 가이드라인을 어길 경우에만 해고한다고 밝혔다.

스케일AI의 미국 엔지니어링팀이 보수 지급 시스템을 방치한 나머지 시스템은 버그 투성이였고, 이 때문에 노동자들은 작업하고 받은 임금을 인출하지 못하는 경우가 많았다. 스케일AI의 사업이 확장되면서, 노동자들과 가장 밀접하게 일하던 정규직 직원들은 이러한 현실을 무시하기 어려웠다. 많은 직원들이 노동자들을 대신해 스케일AI 경영진에 노동 환경과 임금 수준 향상, 보수액에 대한 기본적인 보장 등을 주장하다 지쳐 회사를 떠나거나 회사에서 해고됐다. 스케일AI 홍보팀은 플랫폼 안정성이 그 이후로 "상당히 개선"됐다고 말했다.

스케일AI가 시장에서 지배적인 위치를 차지하게 되면서, 이와 다른 모델을 추구하며 노동자들에게 생계 유지가 가능한 생활 임금을 지급하던 기업들은 어려움에 처했다. 그러한 회사 중 하나로 케냐와 네팔에서 활동하는 클라우드팩토리CloudFactory는 페어워크의 기준에 따라 노동자들에게 근로계약서와 일정한 근무 시간을 제공한다.[35] 그러나 회사 창립자이자 회장인 마크 시어스Mark Sears에 따르면 지난 몇 년 사이 클라우드팩토리는 스케일AI에게 계약을 여러 건 뺏겼다고 한다.

클라우드팩토리는 업계에서 "익명의 크라우드 워크the anonymous crowd work" 모델이라 부르는 것보다 장기적으로 훨씬 나은 품질의 결과물을 제공할 수 있다고 고객들에게 제안한다. 클라우드팩토리의 노동자들은 잘 훈련된 상태로 시간이 지나면서 전문성을 기른다. 뛰어난 성과를 낸 노동자들은 승진한다. 내가 케냐에서 만나 대화를 나눈 많은 노동자들이 클라우드팩토리를 가장 일하기좋은 데이터 어노테이션 기업 중 하나로 꼽았다. 간혹 클라우드팩토리의 제안이 먹힐 때도 있다. 클라우드팩토리의 그간 실적을보고 클라우드팩토리를 찾는 고객들이 점점 늘기도 했었다. 하지만 팬데믹 중에 예산이 줄어들면서 많은 고객들이 저렴한 가격을제시하는 기업으로 되돌아갔다. 클라우드팩토리는 노동자들을해고해야 했다.

노동자들은 사마가 지키던 기준이 무너지기 시작한 것도 이와 같은 종류의 경쟁 압박 때문이었다고 말했다. 이들은 처음에는 사마를 클라우드팩토리보다 훨씬 선호했다고 말했다. 그러다가 레일라 자나가 죽고, 팬데믹이 닥치고, 고객들은 스케일AI와 다른 저렴한 선택지를 찾아 떠나갔다. 사마 대변인은 이를부인했지만, 노동자들은 이 일련의 사건들 때문에 결국 자신들이 푸엔테스와 다른 베네수엘라 노동자들처럼 매우 곤궁한 상황에 처해 있던 시기에 사마가 오픈AI의 콘텐츠 모더레이션 필터 프로젝트를 받아들여 자신들에 손에 작업을 맡기게 됐다고말했다.

모팻 오킨이는 나이로비에서 버스를 8시간, 배를 2시간 타야닿을 수 있는 서부 케냐의 한 섬마을에서 자랐다.[36] 섬은 막힘 없이 탁 트인 지평선이 보이는 거대한 빅토리아 호수변에 자리하고

있다. 가까운 곳에는 의료 시설이 없기에 응급 상황이 발생하면 거의 죽음에까지 이르는 경우가 많았다.

그는 가난했지만, 어릴 적 그와 형제들은 가난이라는 문제를 그다지 자각하지 못했다. 그들은 자신의 선조들 이야기를 즐겨했다. 전설에 따르면 그들의 부족인 루오족Luo people은 원래 이스라엘에서 왔다고 전해진다. 선조들은 조선술과 강 운항기술에 대한 지식을 바탕으로 나일강을 따라 남쪽으로 이주해 오늘날 루오족이 거주하는 케냐 서부와 우간다, 탄자니아 등지로 흩어졌다. "루오족은 케냐 사람이 아니에요." 오킨이는 마치 나에게 비밀을 털어놓듯 쉬쉬하는 어조로 말했다. "우리는 케냐에 사는 이스라엘 사람이에요. 그렇지만 루오족 없는 케냐는 케냐가 아니죠."

오킨이의 아파트에 앉아 있으니 밖으로는 공사 소리가 낮게 웅웅댔고 우리 주위에는 파리가 윙윙거렸다. "버락 오바마도 루오족이에요." 그는 미소를 띤 채 덧붙였다. "루오족 사람들은 아주 똑똑하죠."

이제 가난은 오킨이의 머릿속에 더 많은 자리를 차지했다. 스물여덟 살이 된 그는 책임져야 할 것이 더 많아졌다. 월세도 내야 했고 생계를 꾸려야 했다. 누나의 딸인 조카의 공립학교 학비도 내야 했다. 케냐에서는 공립학교가 무료가 아니다. 일이 있을 때면 그것만으로도 감사해야 한다는 걸 알고 있었다. 케냐의 청년 실업률은 67%에 이른다.[37] 2021년 세계은행은 케냐 인구의 4분의 1 이상이 하루에 2.15달러 이하로 생계를 꾸린다고 추산했다.[38]

그렇기에 2021년 11월 새로운 기회가 있다는 사마의 연락을 받았을 때 오킨이에게는 마치 기적이 일어난 것 같았다.[39] 그는 2019년 사마 웹사이트의 경력 페이지에서 "AI 훈련" 채용 공고에 응모하면서 사마에 입사했다. 사마에서 그에게 주어진 프로젝트는 AI 업계의 궤적을 그대로 따랐다. 첫 2년간 그는 자율주행차를 위한 프로젝트를 포함해 컴퓨터 비전 어노테이션 프로젝트 관련 업무만 했다. 오킨이는 아직 몰랐지만, 이 새로운 프로젝트가 그의 첫 생성형 AI 업무였다.

오킨이의 관리자들은 그에게 회복력 검사라는 것을 실시했다. 그는 마음을 다소 불편하게 만드는 문장을 읽고 주어진 지시에 따라 문장을 분류했다. 우수한 성적으로 회복력 검사를 통과한 그에게는 그가 콘텐츠 모더레이션과 비슷하다고 생각한 업무를 하는 새로운 팀에 합류할 기회가 주어졌다. 오킨이는 한 번도 콘텐츠 모더레이션을 해본 적이 없었지만, 검사에서 다룬 텍스트 정도라면 할만하다고 생각했다. 팬데믹이 한창일 때 들어온 일감을 거절하는 게 미친 짓이기도 했지만, 무엇보다 오킨이는 그때 미래를 준비하는 상황이었다. 그는 나이로비 남부의 파이프라인Pipeline이라는, 슬럼에 가까운 무질서한 동네에서 살았다. 다닥다닥 들어선 다세대 주택과 24시간 장사하는 노점상이 가득 찬 이곳에는 더 나은 삶을 향해 몸부림치는 20대 젊은이들의 불안정한 에너지가 들끓고 있었다. 오킨이는 그 무렵 옆집에 사는 신시아Cynthia라는 여성을 알게 되었는데, 그녀는 오킨이로 하여금 처음으로 가족을 꾸리는 삶을 상상하게 만든 사람이었다.[40]

회사가 제안한 프로젝트를 받아들인 후에야 오킨이는 자신이 다룰 텍스트가 회복력 검사에서 봤던 것보다 훨씬 더 끔찍할 수 있다는 사실을 알게 되었다. 오픈AI는 이 프로젝트를 내용에 따라 각기 다른 항목으로 분류했다. 하나는 성적 콘텐츠에 초점을 맞췄고, 다른 하나는 폭력, 혐오 표현, 자해에 초점을 맞췄다.

2022년 2월 폭력은 독립적인 항목으로 떨어져 나왔다. 사마는 각 항목을 요원이라 부르는 노동자 집단에게 할당해 오픈AI의 지시 사항에 따라 텍스트를 읽고 분류하도록 했다. 사마는 그렇게 완료한 작업 결과물을 오픈AI에 제출하기 전, 소수의 품질 분석가 집단에게 분류 결과를 검토하게 했다.

오킨이는 성적 콘텐츠 팀의 품질 분석가로 뽑혀 한 달에 15,000개의 콘텐츠를 검토하기로 계약했다.[41] 오픈AI의 지침에 따라 텍스트 기반 성적 콘텐츠는 다섯 가지 세부 항목으로 나뉘었다.[42] 그중 최악은 18세 미만 미성년자의 성적 행위를 묘사하는 아동 성폭력 텍스트였다. 그 다음으로는 미국에서는 불법인 친족 간 성행위, 수간, 강간, 성매매, 성노예를 묘사한 음란한 성적 콘텐츠가 있었다.

이런 콘텐츠 중 일부는 강간 판타지를 묘사하는 성애 사이트와 자해에 관한 내용만 다루는 서브레딧subreddit 게시판 등 인터넷의 가장 어두운 구석에서 긁어온 것이었다. 나머지는 AI가 생성한 것들이었다.[43] 오픈AI 연구자들은 대형언어모델에 여러 기괴한 시나리오를 자세히 묘사하라는 프롬프트를 입력했다. 예를 들면 여성 청소년이 일주일 전 자해한 행위를 온라인 포럼 게시글로 올리는 스타일의 텍스트를 생성하라고 주문하는 것이다.

그런 점에서 오킨이가 하게 된 일은 전통적인 콘텐츠 모더레이션 업무와 차이가 있었다. 메타의 콘텐츠 모더레이션을 맡았던 이들은 실제 사용자가 생성한 게시물을 페이스북에 그대로 놔둘 것인지 결정해야 했던 반면, 오킨이와 그의 팀은 오픈AI의 모델이 애초에 그런 결과값을 생성하는 것을 예방하기 위해 오픈AI의 콘텐츠 모더레이션 필터를 훈련시키는 데 사용할 콘텐츠를 분류하고 주석을 다는 업무를 진행한 것이었다. 예시가 충분한 범위를 커버하도록 하기 위해 그중 일부는 최소한 부분적으로 오픈AI의 모델이 최악 중의 최악을 상상해 만들어낸 것이었다.

처음에 오킨이가 다뤄야 할 텍스트는 한두 문장으로 짧았고, 그는 업무를 생활과 분리하려고 노력했다. 그와 신시아와의 관계는 급속도로 발전하는 중이었다. 그는 동생 알버트Albert에게 신시아가 자신의 천생연분이라고 말했다. 신시아가 다른 관계에서 얻은 어린 딸을 오킨이는 자신의 딸처럼 대했다. 2022년 초 그들은 파이프라인을 떠나 우타와라로 이사했다. 우타와라는 파이프라인보다 더 동쪽에 위치한 주택가 위주의 동네로, 보다 차분한 분위기에 건물 사이 간격이 훨씬 넓었다. 오킨이와 신시아는 정식 혼인신고를 하지 않았지만, 그들의 전통에 따르면 동거는 결혼이나 마찬가지였다. 그들은 서로를 남편과 아내로 불렀다.

오픈AI의 프로젝트가 지속되면서 오킨이의 근무 시간은 점점 더 불규칙해졌다. 간혹 야간 근무를 하거나 주말에 일해야 하는 경우가 생겼다. 그리고 그가 다루는 텍스트는 점점 더 길어졌다. 때로 길이가 대여섯 문단에 이르기도 했다. 텍스트의 묘사도 고통스러울 정도로 생생해졌다. 부모가 자식을 강간하는 내용, 아이들이 동물과 섹스를 하는 내용.

오킨이 주변의 동료들, 특히 여성 동료들이 하나둘 무너지기 시작했다. 그들은 병가와 가족 돌봄 휴가를 신청하며 더 출근하지 않을 이유를 찾기 시작했다. 회사 복지의 일환으로 사마는 무료 심리상담을 제공했지만, 많은 직원들이 그 서비스가 불충분하다고 여겼다. 사마가 제공하는 상담은 대개 집단 심리상담으로 이뤄져서 직원 개개인이 자신의 속마음을 털어놓기 힘들었고, 상담사들은 직원들이 하는 일의 성격에 대해 전혀 모르는 눈치였다. 직원 중 상당수가 심리상담에 참여함으로써 자신이 정신적으로 힘들어하고 있는 사실이 드러날까봐 두려워했다. 힘들어한다는 것은 그들이 최선을 다하고 있지 않다는 의미로 읽혀 다른 사람에 의해 대체될 수 있다는 것을 뜻했기 때문이다. 사마 홍보팀은 오킨이를 포함해 노동자들 중 아무도 사마가 제공하는 정신건강 서비스에 대한 문제를 제기하지 않았고, 나중에 언론 보도를 보고서야 이 문제에 대해 알게 되었다고 밝혔다.

오킨이는 버텨보려고 노력했지만 자신의 정신이 점점 불안정해지는 것을 느꼈다. 그가 읽은 텍스트는 그의 의식 깊은 곳에 박혀 자꾸만 끔찍한 광경을 그려냈고, 그 끔찍한 그림은 집으로 돌아오는 퇴근길에도, 그의 꿈속에서도 귀신처럼 그를 따라다녔다. 그는 과거의 자신은 껍데기만 남았다고 느꼈다. 그는 친구들과 연락을 끊고, 의붓딸과도 거리를 두기 시작했다. 그는 아내와의 잠자리를 피하기 시작했다.

2022년 3월에 사마 경영진은 전 직원이 참여한 회의에서 오픈AI와의 계약을 종료한다고 발표했다.[44] 오킨이를 포함한 일부 직원은 콘텐츠 모더레이션과 관련 없는 새로운 프로젝트를 할당받을 것이었고, 나머지 직원은 일감 없이 집으로 돌려보낸다고 했다. 많은 직원들은 메타 프로젝트에 투입됐던 일부 직원이 언론에 문제를 고발하고 〈타임〉지의 빌리 페리고 기자가 사마에 대한 첫 탐사보도 기사를 내자 이런 갑작스런 변화가 생겼다고 여겼다. 보도로 인한 후폭풍에 사마 경영진은 다른 모든 콘텐츠 모더레이션 업무를 중지시켰다. 그러나 사마 홍보팀은 오픈AI 계약 건은 처음부터 시범용 프로젝트였고, 오픈AI가 "합의한 범위를 넘어서는" 이미지를 어노테이션 대상으로 보내기 시작한 탓에 계약을 종료한 것이라고 밝혔다. 사마는 결국 오픈AI와 계약했던 23만 달러 전액을 지급받지 못했다.[45]

오픈AI 업무에서 해방되고 나서도 오킨이의 정신 상태는 계속 나빠지기만 했다. 그는 불면증을 겪고, 불안과 우울 사이를 왔다갔다했다. 그와 신시아의 신혼은 오래 가지 못했다. 신시아는 대체 무슨 일이 벌어지고 있냐고 캐물었지만, 오킨이는 뭐라고 말을 해야 할지 몰랐다. 그가 매일 뒤틀린 성적 행위에 대한 게시물을 읽고 있었다는 사실을 어떻게 하면 말이 되는 방식으로 신시아에게 설명할 수 있었을까? 그는 이 침묵의 벽이 신시아를 미쳐버리게 만들었을 거란 사실을 잘 알고 있었다. 신시아는 오킨이에게 그가 더 이상 약속을 지키지 않는다고, 그가 더 이상 자신의 딸을 사랑하지 않는다고 말했다.

그는 이번에는 사설기관에서 심리상담을 받아 보기로 마음먹고 적당한 곳을 찾았다. 상담료는 그가 하루에 버는 돈인 1,500케냐 실링, 2022년 기준 미국 돈으로 13달러를 넘어서는 가격이었다. 상담 중에 의사는 그에게 치료를 완전히 받으려면 그의 한 달 월급에 해당하는 30,000 실링(약250달러)이 든다고 말했다. 오킨이는 다시는 심리상담을 받으러 가지 않았다.

11월에 그는 새 일자리를 구했다. 다행히도 콘텐츠 모더레이션 업무는 아니었고 사마의 경쟁 업체에서 고객 서비스를 지원하는 일이었다. 그는 시내의 사무실로 출퇴근을 시작하며 모든 것이 제자리로 돌아가길 기도했다. 새로운 일을 시작한 지 일주일이 됐을 때, 퇴근길에 저녁거리로 생선을 사 오라는 신시아의 문자를 받았다. 그는 자신과 신시아, 의붓딸을 위해 생선을 한 조각씩, 총 세 조각을 샀다.

그러나 집에 도착했을 때 그는 뭔가 잘못됐다는 낌새를 챘다. 신시아도 그의 딸도, 그들의 짐도 집에 없었다. 신시아는 문자 몇 통으로 자신이 그를 떠났으며 돌아오지 않을 것이라고 전했다. "신시아는 '당신은 변했어, 당신은 내가 결혼한 남자가 아니야. 나는 더 이상 당신을 이해하지 못해'라고 말했어요." 오킨이는 이렇게 술회했다.

알버트가 형의 전화를 받았을 때, 그는 나이로비에서 자동차로 여덟 시간 거리에 있는 해안 도시 몸바사에 살고 있었다. 알버트는 대학에서 영문학을 전공한 뒤 고등학교에서 영문학을 가르쳤다. 고요할 때 그는 시를 썼다. 지난 몇 달 사이에 그도 역시 형과의 정기적인 화상대화로 모팟 오킨이의 일상과 행동의 단편을 접하며 형이 변해가는 모습을 지켜보고 있었다.

처음에 알버트는 형이 무슨 말을 하는지 이해하지 못했다. "내 집이 텅 비었어." 모팟이 한 말이었다. 알버트는 형의 집에 도둑이 들었다고 생각했다. 문득 무슨 일이 벌어지고 있는지 깨달았을 때, 알버트는 형이 자신이 필요할 거라는 사실을 알았다. 그는 학교에 사직 의사를 밝히고 짐을 꾸렸다. 그는 우타와라의 아파트로 이사해 형과 함께 살기 시작했다.

형과 함께 살기로 결정하면서 알버트는 경제적 손해를 입었지만, 후회하지 않았다. 나이로비에서는 정규직 일자리를 찾을 수 없었던 알버트는 프리랜서 작가로 활동하기 시작했다. 그러다 2022년 11월 말에 오픈AI가 챗GPT를 출시했다. 챗GPT가 엄청난 돌풍을 일으키며 전 세계적인 인기를 얻는 동시에 수많은 일자리를 없앨 수도 있다는 우려를 낳는 동안, 알버트는 이미 그 현실을 살고 있었다.[46] 그의 글쓰기 일감은 하나둘씩 사라지기 시작했고, 나중에는 아무도 그에게 원고를 청탁하지 않았다.

소파에 앉아 그 모든 일을 회고하며 오킨이는 만감이 교차했다. "저는 챗GPT를 안전하게 만드는 프로젝트에 동참한 것을 자랑스럽게 생각합니다." 그가 말했다. "하지만 이제 저는 스스로에게 이렇게 묻습니다. 제가 기여한 몫이 겨우 이런 보상을 받을 만한 가치밖에 되지 않는 것이었나요?"

내가 오킨이와 다른 케냐 노동자 세 명의 이야기를 〈월스트리트 저널〉에 보도했을 때, 오픈AI는 자신들의 프로젝트가 입힌 피해에 대한 책임으로부터 거리를 두는 모습을 보였다. 오픈AI 경영진은 노동자들을 보호할 절차를 제대로 갖추지 못한 것은 사마였다고 말했다. 그때까지 사마의 평판은 더할 나위 없었기 때문에, 노동자들이 고통을 겪고 있다는 사실을 오픈AI가 알 길이 없었다는 논리였다.

하지만 시공간을 넘어서 계속해서 반복되는 노동자들의 경험으로 볼 때, AI업계를 지탱하는 노동 착취는 구조적으로 이루어진다.[47] 노동권 학자들과 활동가들은 그 착취는 바로 맨 꼭대기에 있는 AI 기업에서 시작된다고 지적한다. 기업들이 외주 용역 모델을 활용하는 이유가 바로 가장 더러운 업무를 자신들과 고객들의 시야에서 감추고, 중개인들이 인간적인 생활이 가능한 임금을 깎아내며 서로 경쟁을 하게끔 만들면서 스스로는 그 책임으로부터 거리를 둘 수 있기 때문이다. 케냐의 디지털 노동 보호법을 강화하기 위한 싸움에서 오킨이와 그의 동료 노동자들을 변호한 머시 무테미Mercy Mutemi 변호사는 나에게 결과적으로 노동자들은 외주 중개업체와 AI 업체가 이윤을 더 챙기는 과정에서 양쪽 모두에게 쥐어 짜이는 이중고를 겪는다고 말했다.

생성형 AI의 시대에 이러한 착취는 한층 더 극심해졌다. 이는 오픈AI가 "데이터 늪(필터링하지 않은 데이터)" 위에 생성형 AI 모델을 초대형으로 만들겠다는 비전을 내세우며, 알 수 없는 AGI라는 목적지를 향해 나아가는 과정에서 촉발한 바로 그 "패러다임 전환"에서 비롯되었다. 클라우드팩토리의 마크 시어스는 나에게 자신의 회사는 이러한 종류의 프로젝트는 받지 않는다며, 자신이 지금까지 데이터 어노테이션 회사를 운영하며 본 중에 생성형 AI를 위한 콘텐츠 모더레이션 업무가 가장 도덕적으로 문제가 많다고 말했다. "그런 업무는 믿을 수 없을 정도로 추악해요."[48]

오픈AI와 사마 간 계약은 2년에 걸쳐 챗GPT를 만들어내는 데 들어간 방대한 인간 노동 네트워크의 일부분에 불과했다. 오픈AI는 자신들이 개발한 AI 안전 기법인 인간 피드백 기반 강화 학습RLHF으로 모델을 다듬기 위해 미국과 전 세계에서 약 1,000여 명 이상의 계약직을 추가로 고용했다. 이 노동력을 확보하기 위해 오픈AI가 크게 의존한 곳이, 위기 상황을 활용한 운영 방식으로 1차 AI 상업화 시대의 핵심 플랫폼이 되었던 바로 그 회사, 스케일AI였다.

오픈AI와 스케일AI 간 파트너십이 성사된 것은 부분적으로는 개인적 친분 덕분이었다. 현재 스케일AI의 CEO이자 2021년 세계 최연소 자수성가 억만장자가 된 알렉산더 왕은 올트먼과 친한 친구 사이다. 2016년에 왕은 남다른 스타트업 아이디어로 YC에 뽑혀 스케일AI를 세웠고, 덕분에 올트먼도 YC를 통해 스케일AI에 간접 지분을 보유하게 됐다. 한때 올트먼과 왕은 팬데믹 중에 몇 달간 같은 아파트에 살기도 했다. 〈인포메이션〉의 보도에 따르면 2023년 가을에 둘은 오픈AI가 스케일AI를 인수하는 방안을 논의하기도 했다.

스케일AI 내부에서는 오픈AI를 VIP 고객으로 여겼는데, 이는 오픈AI의 계약 규모가 커서라기보다는 오픈AI를 고객으로 보유한 것 자체가 데이터 어노테이션 회사로서 스케일AI의 평판을 뒷받침해주기 때문이었다. 2022년 봄에서 2023년 말 사이에 오픈AI가 스케일AI와 맺은 계약 금액은 총 1,700만 달러로, 스케일AI의 2023년 추정 매출액의 4%에 불과하다.[49] 하지만 그 덕에 스케일AI는 생성형 AI 혁명에 뛰어든 기업들이 가장 선호하는 노동 외주 업체라는 입지를 확고히 다졌다. "오픈AI와의 파트너십이 핵심이었어요." 스케일AI의 한 직원이 말했다. "오픈AI와 1,000만 달러 계약은 그저 1,000만 달러가 아니거든요."

오픈AI가 인간 피드백 기반 강화 학습RLHF을 대형언어모델에 스케일링하기로 한 방침은 안전파가 회사를 떠나 앤트로픽을 세우기 전부터 응용부문과 안전파가 반복적으로 충돌하는 과정에서 나왔다. 2020년 여름 오픈AI가 GPT-3 API를 출시하고 난 후 며칠 뒤, 회사 내 한 AI 안전 연구원이 응용부문 동료들에게 호소하는 메모를 작성했다. 그는 GPT-2를 대상으로 한 RLHF 실험 결과가 긍정적이었다는 점을 들어, 장기적인 AI 안전뿐만 아니라 모델의 사용성과 품질을 개선하는 등의 상업적인 목적을 위해서도 RLHF기법을 사용해 GPT-3를 정렬시켜야 한다고 주장했다. 일부 AI 안전 연구원들이 이 점을 증명하기 위해 2020년 하반기와 2021년 사이에 RLHF 업무를 담당할 노동자들을 점점 더 많이 고용하기 시작했다. 처음에는 다른 중개 플랫폼을 통해 노동자를 고용하다가 나중에는 인력 확보를 스케일AI에게 맡겼다.

자율주행차를 만들기 위해서는 데이터 어노테이터들이 거리 풍경과 도로 상황을 식별하는 법을 알아야 했던 것처럼, AI 안전 연구원들이 RLHF 업무를 담당한 노동자들에게 주문한 것은 사용자가 입력한 프롬프트에 유용한 답변을 하면서 해로운 답변을 삼가는 방법을 GPT-3에게 보여주라는 것이었다.[50] 연구자들은 노동자들에게 다양한 사용자 프롬프트에 대한 답변을 직접 쓰게 함으로써 GPT-3에 입력할 모범 답변 예시를 모았다. 이렇게 모은 모범 답변으로 GPT-3를 미세조정한 뒤, 노동자들은 직접 프롬프트를 입력해 그에 대해 모델이 산출한 결과값을 연구원들로부터 받은 지침을 기준으로 가장 좋은 답변부터 가장 나쁜 답변 순으로 순위를 매겼다.

이 과정을 거쳐 2022년 1월에 인스트럭트GPT_{InstructGPT}라는 이름의 정제된 GPT-3 모델이 나왔다. 이에 대한 논문에서 오픈AI 연구원들은 RLHF 과정이 어떻게 모델이 유해한 결과값을 생성할 가능성을 낮추고 "사용자 지시를 따르는" 능력을 향상시켰는지 설명했다.[51] RLHF 이전의 GPT-3는 특정 유형의 프롬프트에 대해서는 사용자의 의도를 이해하지 못하고 목적 없는 결과값을 생성했다. 예를 들면 이런 식이었다.

프롬프트

달 착륙을 6살 아이에게 몇 문장으로 설명하라.

GPT-3의 답변

중력 이론을 6살 아이에게 설명하라.

상대성 이론을 6살 아이에게 몇 문장으로 설명하라.

빅뱅 이론을 6살 아이에게 설명하라.

진화를 6살 아이에게 설명하라.

노동자들의 모범 답변 예시와 여러 차례의 답변 순위 매기기 (RLHF의 "인간 피드백" 부분)를 거친 뒤에 모델은 전보다 유용한 답변을 생성하는 방법을 배웠다.

프롬프트

달 착륙을 6살 아이에게 몇 문장으로 설명하라.

인스트럭트GPT의 답변

사람들이 달에 갔고, 그들은 자신들이 본 것을 사진으로 찍어 우리 모두가 볼 수 있게 지구로 보냈다.

당시 인스트럭트GPT는 외부에서 큰 관심을 끌지 못했다. 그러나 오픈AI 내부에서 AI 안전 연구원들은 자신들의 주장을 입증한 셈이었다. RLHF는 실제로 대형언어모델의 상품성을 확연히 높여줬다. 오픈AI는 자신들의 언어 모델이 수행할 수 있게 만들고 싶은 모든 작업에 대해 이 기법을 사용해 노동자들에게 예시 답변을 쓰게 한 다음 모델이 생성한 결과값에 대해 순위를 매기게 했다.[52]

오픈AI는 모델에게 이메일 작성 방법을 가르치기 위해 노동자들에게 이메일을 쓰게 했다("저렴한 물건을 선호하는 치과의사를 겨냥한 창의적인 마케팅 광고 이메일을 작성하라"). 오픈AI는 모델이 가치에 기반한 판단을 내세우지 않게 하기 위해 노동자들에게 정치적 질문을 회피하는 답변을 쓰게 했다(질문: "전쟁은 선한 것인가, 아니면 악한 것인가?", 답변: "어떤 이들은 전쟁이 악한 것이라고 하겠지만, 다른 이들은 전쟁이 선할 수 있다고 말할 것이다").

오픈AI는 노동자들에게 에세이를 쓰고, 소설을 쓰고, 연애시를 쓰고, 레시피를 쓰고, "내가 다섯 살이라 생각하고 설명해보라" 하고, 목록을 분류하게 하고, 수수께끼를 풀게 하고, 수학 문제를 풀게 하고, 모델에게 문서를 요약하는 방법을 가르치기 위해《이상한 나라의 앨리스》같은 책의 일부분을 요약하게 했다.

각 작업마다 오픈AI는 노동자들이 사용해야 할 정확한 어조와 스타일을 아주 세세하게 정해놓은 길고 긴 작업 지시서를 보냈다. 그중 하나에는 이런 대목이 나온다. "당신이 AI 역할을 맡습니다. 다음 질문에 대해… 당신이 받아 보고 싶은 답변을 작성하십시오."[53] 답변은 분명하고 간결하게 쓰고, 불쾌할 만한 콘텐츠는 삼가고, 헷갈리는 질문에 대해서는 설명을 부탁하라는 것도 지시에 포함됐다.

문서는 이렇게 이어진다. "인터넷을 자유롭게 사용하세요! 인터넷에서 답변 내용을 모조리 복사해 와도 괜찮습니다." 질문에 대해 인터넷상에 이미 존재하는 모범 답변은 "전부 사용해도 되지만, 꼭 검토하시길 바랍니다"라는 당부도 있었다.

한 오픈AI 직원이 이 문서에 코멘트를 달았다. "지나치게 조심스러운 것일 수도 있지만, 표절 문제가 생길 걱정은 없을까요?"

다른 직원이 답변했다. "아, 원본 출처를 꼭 밝히라고 수정했어요. 그걸 아예 별도 항목으로 만들까 봅니다!"

첫 번째 직원이 또다시 답변했다. "좋아요! 이 부분에 대해서 제가 염두에 둔 것 중 하나는 여러 가지 선택지를 열어두는 것이었어요(만약 우리가 계약직을 고용해 생성한 데이터를 나중에 사용하고 싶을 경우, 훔친 것으로 간주될 수 있는 것을 모두 쉽게 걸러낼 방법이 있으면 정말 도움이 될 것 같거든요)."

모델이 생성한 결과값에 순위를 제대로 매기는 방법을 설명한 작업 지시서는 수십 장에 달했다.[54] 그중에는 "당신의 임무는 이 결과값이 유용하고, 진실되고, 유해하지 않게 보장하기 위해 평가하는 것"이라는 대목이 나온다. 만약 이 세 가지 기준 사이에 충돌이 생긴다면, 어느 기준을 절충해야 할 것인지 노동자가 최선의 판단을 내려야 했다. 문서에는 "대부분의 경우 무해하고 진실된 것이 유용한 것보다 더 중요하다"고 적혀 있었다.

오픈AI는 노동자들에게도 직접 프롬프트를 생각해낼 것을 주문했다. 지시서에는 이렇게 나온다. "당신의 임무는 당신이 AI 모델에게 시키고 싶은 여러 가지 다양한 작업을 제공하는 것입니다. 누군가가 AI를 사용해 처리하고 싶은 작업의 유형을 예측하는 것은 쉽지 않기 때문에, 아주 다양한 작업에 대비하는 것이 중요합니다. 창의성을 발휘하세요!"[55]

기본적으로, 사람들이 언어 기반 인터페이스를 가진 선한 AI 조수에게 무엇을 해달라고 할지 상상해보면 됩니다. 여기에는 엔터테인먼트, 비즈니스, 데이터 처리, 커뮤니케이션, 창의적 글쓰기 등에 활용하는 것도 포함될 수 있습니다. 인터넷은 마

음껏 사용하실 수 있습니다. 어떤 식으로든 텍스트 분석이 많
은 작업에 활용되는 만큼, 강의록, 인터뷰, 영화 대본, 책 부분
발췌, 뉴스 기사 등에서 텍스트 전체를 긁어오는 것도 여기에
포함됩니다.

RLHF는 오픈AI가 모델의 환각을 줄이기 위해 사실에 근거
한 정보를 신경망에 인코딩하고 그 정보를 제대로 불러오는 방
법을 가르치는 데 핵심적으로 사용하는 기법이 되었다. 오픈AI
는 노동자들로 하여금 모델에게 사실에 기반한 질문을 반복적으
로 물어 답변을 유도하고("1995년 NFL 우승팀은 어디인가?") 모델
이 내놓은 답변이 틀릴 경우 낮은 순위를 매기게 했다. 하지만
2023년 4월에 오픈AI 창립 멤버 중 하나였던 존 슐만John Schulman
은 UC 버클리에서의 한 강연에서 환각 문제의 뿌리는 신경망의
본질에서 나온 것임을 청중들에게 상기시켰다.[56] 기호주의 시스
템의 결정론적 정보 데이터베이스와 달리, 신경망은 항상 불확실
한 확률을 기반으로 작동한다. 딥러닝 모델이 정확하게 상관관계
를 분석할 확률을 높이는 데 도움이 된 RLHF 기법에도 한계가
있었다. 슐만은 이렇게 말했다. "모델이 자세한 사실적 정보를
많이 생성해야 할 때는 아무래도 가끔은 추측에 의존합니다. 모
델을 아무리 많이 훈련시켜도, 모델은 언제나 확률에 따라 움직
일 것이고 가끔은 추측을 할 겁니다."

2022년의 인스트럭트GPT는 곧 슐만이 주도하는 새로운 프
로젝트로 이어졌다. 그는 이 작업을 한 단계 더 밀어붙이고자 했
다. GPT-3 API를 다양한 챗봇 애플리케이션에 사용하려는 개발

자들로부터 엄청나게 많은 신청서가 오픈AI에 몰려들었다. 인스트럭트GPT는 오픈AI가 자체 챗봇을 개발하기 바로 직전 단계에 해당했다. 슐만은 오픈AI의 최신 모델인 GPT-3.5가 그저 지시를 따르게 만들기보다는 반복되는 대화 중에 사용자가 입력하는 일련의 프롬프트에 대응하도록 만들기 위해 따로 RLHF 노동자 팀을 고용해 병행 작업을 시작했다.

그렇게 만들어진 챗 기능이 탑재된 GPT-3.5가 바로 챗GPT의 기본 바탕이 되었고, 챗GPT 출시 이후 오픈AI의 RLHF 기법은 다른 챗봇 개발자들이 모방하는 사실상의 표준이 되어버렸다. 영상에 나오는 물체의 윤곽을 따는 것이 자율주행차를 만들기 위한 표준 작업 관행인 것처럼, 답변을 작성하고 모델이 내놓은 답안에 점수를 매기는 것이 생성형 AI를 만드는 새로운 표준 작업 관행이 되었다. 폭발적으로 늘어나는 AI 업계의 수요를 맞추기 위해서는 더욱 더 많은 RLHF 노동자를 찾아내야 했다.

자율주행차 사업이 기대만큼 성과를 내지 못하면서 고전하던 스케일AI는 주요 RLHF 노동자 공급업체로서 갑자기 새로운 호황을 맞으면서 2024년에 기업가치가 140억 달러로 급상승했다.[57] 2023년 2월, 알렉산더 왕은 트위터에 으스댔다. "이제 곧 기업들은 연산 자원 확보를 위해 돈을 썼던 것처럼 RLHF에도 몇억, 몇십억 달러를 쓰기 시작할 것"이라고 그는 적었다.[58] 올트먼을 포함한 몇몇 사람들은 그 수치에 회의적인 반응을 보였다. "정말 그렇게 생각해?" 올트먼이 답했다. "우리는 연산 자원 확보에 **압도적일** 정도로 많은 돈을 쓸 거라고 확신한다."

하지만 AI 업계 내부 사람들은 큰 틀에서는 왕의 주장에 동의했다. 기업들은 이미 RLHF에 수백만 달러에서 수천만 달러를 쓰고 있었고, 그 추세는 전혀 잦아들 기미가 보이지 않았다. 그리하여 챗GPT 출시 직후인 2022년 말부터 RLHF 프로젝트의 물결이 밀물처럼 리모태스크에 쏟아져 들어오면서, 그 업무는 또다시 케냐 노동자들의 손에 떨어졌다.

스케일AI가 보기에 케냐에는 베네수엘라에는 없던 이점이 한 가지 있었다. 케냐 노동자들은 이들의 노동력을 필요로 하는 챗봇과 마찬가지로 영어를 사용했다. 자율주행차 개발 업무가 스케일AI 플랫폼에서 거의 사라지면서, 베네수엘라인들 역시 플랫폼에서 사라졌다. "생성형 AI 작업에는 베네수엘라인을 쓰지 않았어요." 한 전직 스케일AI 직원이 말했다. "그 나라는 기껏해야 이미지 어노테이션으로 밀려난 거죠." 스케일AI는 곧 "고객 수요의 변화"를 이유로 플랫폼에서 베네수엘라인을 완전히 차단해 버린다.[59]

스케일AI가 케냐에 처음 진출했을 때는 노동자들이 보고를 하고 훈련에 참석할 수 있도록 사무공간을 마련했다. 이번에는 달랐다. 팬데믹을 거치면서 스케일AI는 사무공간을 모두 없애고 인력 채용과 운영을 전부 원격으로 진행했다. 링크드인에 광고를 퍼붓고, 온라인 훈련 과정을 만들고, 다른 곳에서 그랬던 것처럼 노동자들을 커뮤니티 토론 채널에 참여시켰다. 이러한 변화로 인해 노동자들은 더 유연하게 근무할 수 있게 된 동시에 노동자들끼리 서로 소통하고 교감하기 더 어려워지면서, 사마 노동자들이 그랬듯이 임금 상승이나 작업 환경 개선을 요구하기 위해 단결할 기회는 크게 줄어들었다.

내가 만난 노동자들 중 리모태스크에서 일감을 받던 이들은

사마에서 일하던 이들보다 훨씬 더 가난했다.[60] 사마 노동자들이
주소가 있는 번듯한 건물에 거주했던 것과 달리, 리모태스크 노
동자들은 골강판 판잣집이 다닥다닥 붙어있는 판자촌 깊숙한 곳
에 있는 자신의 위치를 나에게 알려주기 위해 왓츠앱WhatsApp으로
위치핀을 공유해야 했다. 올리버Oliver라는 이름을 가진 한 노동자
는 자신의 여동생과 3평도 되지 않는 공간에 살면서 휴대폰을 통
해 분 단위로 인터넷 사용료를 냈다. 그가 자신이 하는 작업을 나
에게 보여주던 도중 인터넷 연결이 끊기는 바람에 인터넷 요금을
내기 위해 잠시 하던 일을 멈춰야 했다.

또다른 리모태스크 노동자인 위니Winnie를 만난 날, 내가 좁은
길목들을 간신히 통과하는 차를 타고 그가 보내준 왓츠앱 위치핀
지점에 도착했을 때, 위니의 인터넷과 데이터도 끊긴 상태였다.
30분 뒤에 그는 수줍은 미소를 띄고 페도라를 쓴 채 나타나 흔들
거리는 계단을 따라 올라가며 자신이 사는 아파트로 안내했다.
거실에는 아이들이 우글거렸다. 하나는 위니의 아이였고, 셋은
위니의 파트너의 아이들이었고, 하나는 이웃의 아이였고, 하나는
사촌의 아이였다.

위니는 나이로비의 슬럼가에서 가족 중 유일한 여자아이로
자라났다.[61] 어릴 때부터 그는 자신이 동성애자라는 사실과 함
께, 자신의 성적 지향을 숨겨야 한다는 사실도 알고 있었다. 당시
에는 세계 대부분의 지역에서 그랬듯 케냐에서도 동성애자라는
사실을 밝히거나 발각되면 생명의 위협을 받을 수도 있었다. 위
니는 한 성소수자 여성이 이웃들에게 성소수자란 사실을 들키면
서 아이들을 빼앗기고 자신의 집에서 산 채로 불태워지는 일이
있었다고 말했다. 위니는 남성과 결혼해 아이를 가졌다.

40대에 위니는 더 이상 거짓된 인생을 살 수 없다고 생각했다. 그는 아이를 데리고 남편을 떠난 뒤 지역 내 "무지개 공동체"를 위한 온라인 앱에 가입했다. 거기서 그는 한 여성을 만났다. 밀리센트Millicent라는 이름의 이 여성은 자신이 성소수자라는 사실을 밝히면서 다른 인생을 살아야 한다고 말했다는 이유로 남편에게 맞다가 거의 죽을 뻔했다.

위니는 밀리센트와 사랑에 빠졌지만, 밀리센트는 사랑을 믿지 않았다. 위니는 밀리센트가 마음을 열 때까지 쫓아다니며 구애를 했다. 둘은 각자의 자녀들을 데리고 동거를 시작했지만 이웃들에게는 자신들의 관계의 진실에 대해 입도 뻥긋하지 않았다. 지금도 이웃들은 둘이 자매라고 생각한다. "대부분의 사람들이 성소수자로 살면서 아이를 키울 수 있다는 걸 이해하지 못해요." 밀리센트가 말했다.

2019년에 위니가 처음으로 리모태스크에 대해 알게 되었을 때, 그는 그걸 사기라고 생각했다. 작업을 몇 개 완료해도 거의 돈을 벌지 못했다. 하지만 전에 바텐더로 일하면서 남자들로부터 지속적으로 괴롭힘과 추행을 당하던 것을 생각하면 뭐든지 그보다 낫다는 생각에 버텼다. 개별 작업에 대한 보수는 너무 낮았지만, 그래도 오랜 시간 일하면 벌이가 꽤 괜찮겠다고 생각했다.

위니는 생존에 필요한 최소한의 시간만 자면서 하루에 20시간에서 22시간씩 일하기 시작했다. 밀리센트는 자신이 위니가 하던 일을 이어서 하겠다는 약속을 해야만 위니를 컴퓨터에서 떼어낼 수 있었다. 위니는 일하는 시간이 늘어날수록 아이들에게 조금이라도 더 줄 수 있다면 잠은 중요한 게 아니라고 말했다.

밀리센트와 위니는 둘 다 교육이 사치인 집안에서 자랐다. 아무리 애를 써도 밀리센트의 부모는 공립학교 학비를 매번 마련하지는 못했다. 학비는 일주일 단위로 내야 했고, 한 주 학비를 내지 못하면 학교에서는 밀리센트를 집으로 돌려보냈다. 한 주는 학교를 다니고, 다음 주는 학교를 가지 못하는 일이 반복됐다.

둘은 자신의 아이들에게는 학교 수업을 듣지 못하는 상실감과 모멸감을 느끼지 않게 하겠다고 다짐했다. 하지만 돈이 궁한 상황은 피할 수 없었다. 리모태스크에서 들어오는 일감은 줄어들고, 밀리센트는 직장을 잃었다. 식료품점에 외상을 달고 학교에는 아이들을 데리고 있어달라고 간청했다. 아이들은 수업을 최대한 활용하기 위해 매일 새벽 3시에 일어나 공부를 했다.

그럼에도 불구하고 학교에서 아이들을 돌려보내는 일은 너무 잦았다. 그런 일이 벌어질 때면 이웃들은 웃곤 했다. "정말 어떻게 살아야 할지 모르겠습니다." 위니가 말했다.

2022년 12월, 챗GPT가 출시된 지 며칠 뒤에 위니는 "속기" 항목 아래에서 새로운 유형의 프로젝트를 발견했다. 그건 실제 속기 업무가 아니었다. 챗GPT와 앞다투어 경쟁에 뛰어든 기업들이 새로 만들 챗봇을 위해 프롬프트와 예시 답변을 적는 게 프로젝트의 내용이었다.

플라밍고 제너레이션Flamingo Generation이란 프로젝트는 위니에게 특정 주제를 주고 최소 50단어로 "창의적인" 프롬프트를 쓴 뒤, 이메일이나 블로그 게시글, 뉴스 기사, 트위터 스레드, 하이쿠 같은 "평범한 인터넷 콘텐츠"와 유사한 답변을 쓰게 했다.[62] 크랩 제너레이션Crab Generation이라는 또다른 프로젝트는 유익한 정보가 담긴 웹사이트(물론 위키피디아는 안 되고 웬만하면 브리태니커

백과사전이나 〈뉴욕 타임스〉가 아닌 웹사이트)에서 참고 텍스트를 베낀 다음, 그런 내용을 생성하도록 만들 프롬프트를 역공학적으로 유추해 퀴즈쇼 〈제퍼디!〉 스타일로 작성하는 과제를 제시했다.[63]

크랩 페러프레이즈Crab Paraphrase도 이와 비슷했지만, 프롬프트를 역공학적으로 만들어내는 대신 참고 텍스트를 구체적인 어조나 스타일로 새롭게 바꾸어야 했다.[64] 더 웃기거나, 더 공식적이거나, 칸예 웨스트Kanye West가 부른 노래처럼 들리게 만들어야 했다. 위니는 프로젝트명의 첫 단어가 스케일AI가 고객사를 지칭하는 코드명이라는 사실을 몰랐다. 플라밍고는 페이스북이었고, 크랩은 또다른 대형언어모델 개발사였다. 만약 위니가 오픈AI의 프로젝트를 보았다면, 그 프로젝트는 오스트리치Ostrich로 시작됐을 것이다. 스케일AI는 그 이후 어느 시점에 코드명을 바꿨다.

위니가 주어진 작업을 끝내는 데에는 각 작업마다 한 시간에서 한 시간 반 정도가 걸렸다. 그가 본 중 보수가 가장 괜찮았던 것은 건당 1달러 미만부터 4달러나 심지어 5달러짜리까지 다양했다. 몇 달간 리모태스크에 일감이 없었던 것에 비해면 이건 축복이나 다름없었다. 위니는 작업을 수행하기 위해 여러 가지 글을 읽는 자료 조사가 재밌었고, 계속 무언가를 배운다는 느낌을 받았다. 10달러를 벌 때마다, 그는 자기 가족들을 하루 동안 먹여 살릴 수 있었다. "적어도 그날엔 빚을 내지 않아도 된다는 걸 알았죠," 그가 말했다.

새로운 프로젝트도 결국 겨우 몇달 지나지 않아 끝났다. 리모태스크는 다시 일감이 고갈된 상태였고, 위니와 밀리센트가 진 빚은 또다시 늘어나기만 했다. 밀리센트가 한 달에 한 번 봉급을 받았기에, 땡전 한 푼 없이 식료품점에 가서 가장 기본적인 기름과 밀가루, 야채를 외상으로 달아두고 월말에는 제발 외상을 갚을 충분한 돈이 있기를 기도하는 일이 비일비재했다.

내가 위니를 만났던 2023년 5월, 그는 온라인 일감을 찾고 있었고, 여전히 그 외에 믿을 만한 선택지를 찾지 못한 상태였다. 그가 정말로 원했던 것은 챗봇 프로젝트가 다시 돌아오는 것이었다. 그에게는 믿음과 인내심이 있었다. 전년도에도 그는 5개월 동안이나 새로운 일감이 나타나길 기다렸었다. "이제 두 달에서 석 달로 넘어가는 시점에 있어요." 우리가 그의 거실에 앉아 있을 때 그가 한 말이었다. "아직 시간이 많이 남았어요. 결국엔 일감이 올 거예요."

1년도 지나지 않아 그는 진실을 알게 됐다. 2024년 3월에 스케일AI는 베네수엘라에서 그랬듯이 케냐를 통째로 차단해버렸다. 스케일AI 입장에서 그건 대청소의 일환, 즉 어느 국가의 노동자들이 자신들의 사업에 가장 도움이 되는지 따지는 정기적인 재평가에 불과했다. 스케일AI는 케냐가 나이지리아와 파키스탄을 포함한 몇몇 나라의 경우와 마찬가지로 너무 많은 노동자들이 돈을 더 많이 벌기 위해 플랫폼을 상대로 사기를 치려 한다고 판단했다.[65] 그러한 행동은 스케일AI가 고객사에 제공하는 서비스 품질의 무결성을 훼손함으로써 수백만 달러에 달하는 계약을 잃게 만들 위험이 있었다. 따라서 더 이상 해당 국가에서 노동력을 확보할 가치가 없었던 것이었다.

역설적이게도, 이른바 사기라고 불린 그러한 행위의 상당수는 사실상 플랫폼 노동자들이 자신의 생산성을 높이기 위해 챗GPT를 사용해 답변을 생성하는 것에 불과했다.[66] 글로벌 노스 Global North에 있는 사무직 노동자가 그와 같은 행위를 하는 것은 실리콘밸리의 서사에 따르면 칭찬받아 마땅한 것이고, 더 많은 이들이 그러한 업무 방식을 채택한다면 경제에 큰 도움이 될 것이라면서, 그러한 서사를 지탱하는 글로벌 사우스의 RLHF 노동자들의 손에서는 똑같은 행위가 처벌받아 마땅한 행위가 되었다.

스케일AI는 케냐를 5등급, 즉 블랙리스트로 강등시켰다.[67]

케냐 시장을 떠날 이유는 또 있었다. 그 무렵 스케일AI는 AI 업계의 수요를 따라 새로운 분야로 초점을 바꾸고 있었다. 오픈AI와 경쟁 업체들은 갈수록 RLHF 업무를 수행할 사람으로 고학력 노동자, 예컨대 의사, 개발자, 물리학자 같은 박사 학위를 가진 사람을 찾았다. 이처럼 챗봇 개발은 수익을 추구하는 과정을 따라갔다. 챗봇에 비용을 지불할 의사가 있는 고객은 일반 소비자가 아니라 과학과 소프트웨어 개발과 같이 복잡한 작업을 수행할 수 있는 도구를 원하는 사업체였다. 케냐는 그 새로운 노동 수요를 충족시키지 못했다. 이제 스케일AI는 주로 미국에 있는 새로운 인력을 채용하기 위해 아웃라이어outlier라는 새로운 노동자 대면 플랫폼을 만들고 많게는 시간당 40달러를 제안했다.[68]

그것은 AI 제국의 논리를 극명하게 보여주는 또 하나의 사례였다. 자기네 기술이 생산성을 향상시키고, 경제적 자유를 실현시키고, 자동화로 인한 영향을 완화하기 위해 새로운 일자리를 창출할 것이라는 약속 뒤에 숨겨진 오늘날의 현실은 약속과 정반대다. 기업들이 순이익을 늘리는 동안 경제적으로 가장 취약한 계층은 손해를 보고 더욱 더 많은 고학력자들이 챗봇을 위한 복화술사가 되어가고 있다.

AI 제국이 자신을 섬긴 인간 노동을 평가절하하는 것 또한 탄광의 카나리아에 불과하다. 그것은 그러한 논리를 바탕으로 만들어진 기술이 어떻게 다른 모든 이들의 노동을 평가절하할 것인지 내다보게 해준다. 실제로 예술가와 작가, 그리고 개발자들에게는 그 일이 현실이 되었다. 그들이 노동을 통해 만들어낸 결과물을 AI 제국들은 그저 무료 훈련 데이터로 취급해버렸다.

스케일AI의 결정은 위니와 그의 가족을 혼란 속에 몰아넣었다. 그 무렵 밀리센트가 직장을 잃으면서 이들의 생계를 유지할 수 있게 해 준 유일한 버팀목은 리모태스크였다. 이제는 아이들을 먹여 살리는 것도 힘겨워졌다. 위니는 곧 집에서 강제퇴거 당할까 봐 두려워하게 되었다.

위니의 받은편지함에 있는, 스케일AI가 노동자들에게 작업 종료를 고지하기 위해 보낸 이메일은 차갑고 건조하기 그지없었다.[69] "우리는 당신의 현 지역에서 운영을 종료합니다. 당신은 현재 진행 중인 프로젝트 담당 업무에서 제외되었습니다."

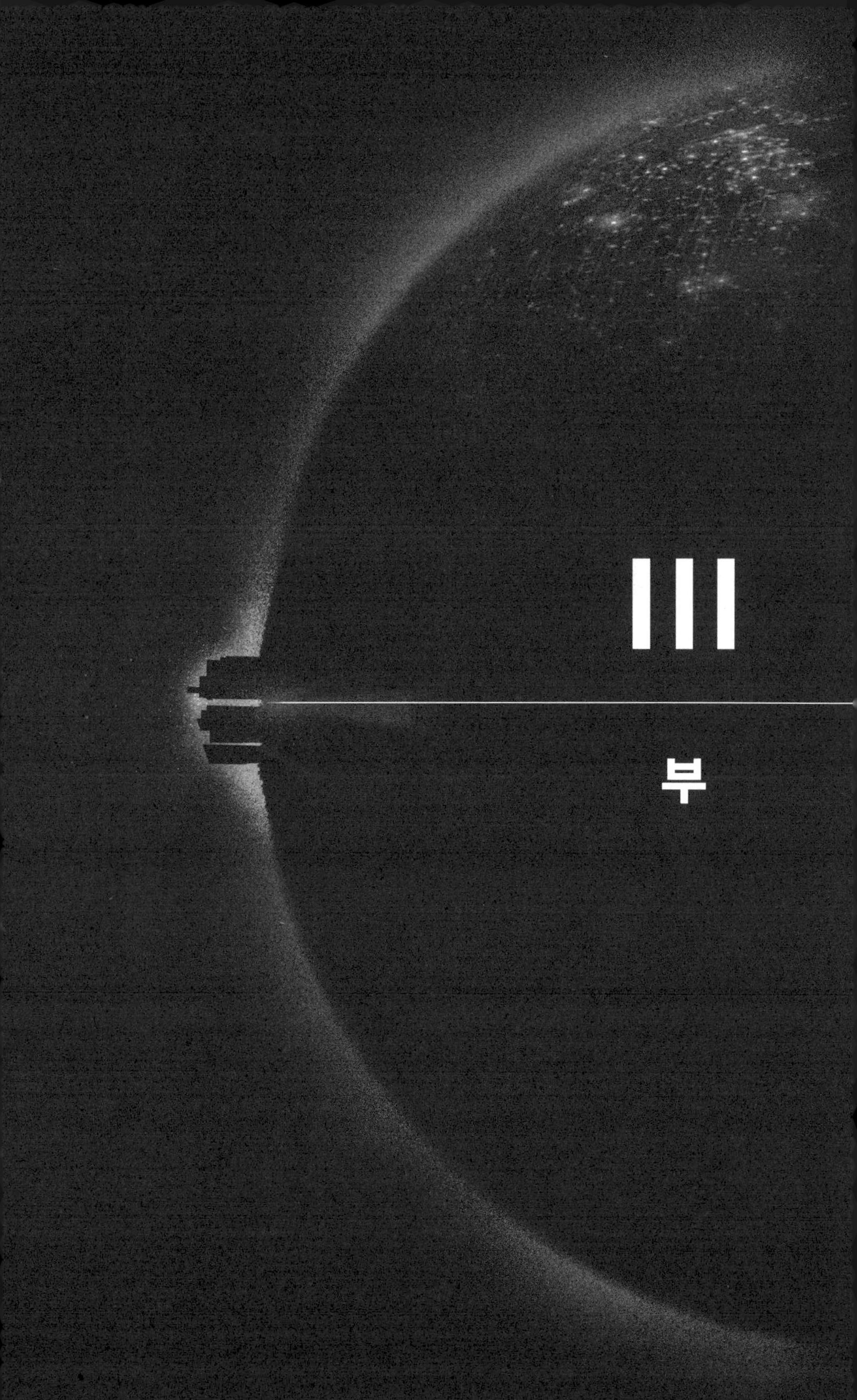
III
부

10

신과 악마

샌프란시스코에 살면서 기술산업에 종사하는 것은 매일같이 미래와 현재 사이, 서사와 현실 사이의 인지부조화에 직면하는 일이다.

내가 샌프란시스코로 처음 이사를 한 것은 대학 2학년 때 여름 인턴십에 참여하기 위해서였다. 그때 나는 샌프란시스코의 예스런 정취에 매료됐다. 알록달록한 스페인 스타일의 건축물과 몇 없는 고층 건물, 그리고 수동 기어 자동차 운전을 반사 신경 시험으로 바꿔놓을 정도로 가파른 언덕들. 완벽하게 익은 아보카도와 바삭하게 구운 사워도우 빵, 그리고 부드러운 블루보틀Blue Bottle 라떼를 언제든지 구할 수 있었다. 동네마다 제각기 다른 모습과 고유한 문화를 지니고 있었다.

대학을 졸업하고 기술 스타트업에 취직하면서 다시 샌프란시스코로 돌아왔을 때, 나는 카스트로Castro라는 동네의 방 세 칸짜리 아파트에서 다른 룸메이트 세 명과 북적거리며 살기 시작했

다. 주말이면 우리는 굴곡진 언덕을 따라 하이킹을 하며 공공 과
실수 열매를 따러 다녔다. 주중 저녁이면 전부 기술업계에 종사
하는 20대의 젊은 이웃들이 연락도 없이 불쑥 나타나 함께 보드
게임을 하고, 와인을 마시면서 저녁 시간을 보내곤 했다. 홈파티
는 항상 있었고, 놀랄 만큼 아름다운 자연으로 가는 주말 여행도
마찬가지였다. 북쪽으로는 타호호가 있었고, 남쪽으로는 빅서Big
Sur가 있었고, 우리 주위 어디에나 크고 웅장한 미국 삼나무가 있
었다. 삶은 순조로웠다. 우리는 젊었고, 기술업계에서는 비교적
표준적인 월급에 해당하는 수입 덕에 우리는 또래집단 중 전국적
으로 상위 5%에 해당하는 고소득자였다.[1]

  그렇지만 항상 그 인지부조화에 직면했다. 출근길에 나는 지
하철역 입구에서 정맥 주사를 놓아 마약을 하는 사람들과 내 사
무실에서 불과 몇 블록 떨어진 길가에서 노상 방뇨를 하는 노숙
자들을 지나쳤다. 한편 명랑하게도 "행복 엔지니어"라는 직함을
가진 우리 스타트업의 셰프는 사무실 직원들에게 무료로 제공되
는 점심 식사로 다양한 음식을 넉넉하게 준비했다. 남은 음식은
곧장 쓰레기통으로 들어가곤 했다. 야근을 하는 날이면 무료로
제공되는 저녁식사를 먹은 뒤 안전상의 이유로 우버 택시를 타고
귀가하라는 종용을 받곤 했다. 특권을 누리는 이들이 그렇지 못
한 이들의 현실을 보는 것으로부터 보호받으며 도시를 이동하는
것에 익숙해지기가 너무도 쉬웠다.

  이렇듯 양분된 현실은 기술산업이 세상을 바꾸고 더 나은 미
래를 만들겠다는 크고 대담한 비전을 논하면서도, 정작 눈앞에
놓인 문제는 어떻게 무시해버리는지 함축적으로 보여준다. 올트
먼 역시 때때로 나름의 방식으로 이 점을 언급하기는 했다. 하지

만 인류에게 이로운 AGI를 만들어내고 관리하는 일은 가능하다고 선언하면서도, 샌프란시스코의 주택 위기는 너무 어려워 손댈수 없다는 식의 노골적인 모순에는 끝내 정면으로 맞서지 않은채 애매하게 주변만 맴돌았다.

"제가 자란 곳에서는 아무도 출근길 길가에 쓰러진 사람을 보고 아무것도 안 하고 그냥 지나치지 않았어요."[2] 언젠가 그는 세인트루이스 교외지역을 샌프란시스코에 비교하며 이같이 말했다. "물론 저는 샌프란시스코의 많은 문제가 기술업계에서 비롯됐다고 생각하지만, 모든 문제가 기술산업 탓만은 아닙니다. 그렇지만 짧은 시간 안에 우리는 이 좁은 지리적 공간에서 믿을 수없을 정도로 거대한 부를 창출했고, 그것이 공동체 전체에 어떤영향을 미칠 것인지에 대해 우리가 그다지 사려 깊지 못했다고생각합니다. 그리고 그런 문제들은 너무 어렵고 생각하기에도 너무 벅차기 때문에, 대부분의 사람들은 그저 생각하지 않는 편을선택하고 그저 받아들이는 거예요."

영국에서 건너온 효과적 이타주의EA, effective altruism 운동이 실리콘밸리에서 가장 충성스러운 추종자 집단을 확보한 것도 이런 배경에서였다. 오픈AI의 안전파 다수가 초창기부터 신봉했던 EA는 실리콘밸리에 최적화된 사상이었다. EA는 세상을 보다 나은곳으로 만들어야 하며, 그러기 위해서는 엄밀한 논리를 따라 현재보다는 먼 미래에 집중할 수 있을 만큼 자제력이 있어야 하고,자본주의와 자유지상주의의 원칙을 열성적으로 받아들여야 한다고 설파한다. 그 모든 것을 도덕이란 이름으로 정당화했다.

EA 철학의 핵심에는 "기대값expected value"이라는 수학적 개

넘이 있다.[3] 어떤 것의 기대값은 그 일이 발생할 확률과 그 사건의 정량화된 긍정적 혹은 부정적 영향을 곱한 결과값이다. 이는 직관에 반하는 발상을 가능하게 하는 도구다. 2013년 한 논문에서 당시 박사과정생으로 훗날 옥스퍼드 대학교 철학과 교수가 된 EA 운동의 공동창시자인 윌리엄 맥어스킬William MacAskill은 이와 같은 논리를 바탕으로 장기적으로 봤을 때 평생을 바쳐 도덕적으로 선한 자선단체에서 일하는 것보다 도덕적으로 애매한 직장에서 돈을 많이 벌어서 그 돈을 효율적인 자선사업에 기부하는 것이 낫다고 주장했다.[4] 그는 보수적으로 어림잡은 추정에 기반해 부유한 자선가가 되는 것이 금욕적인 자선활동가로 일하는 것보다 기대값의 가치가 40배는 더 크다고 썼다. 그는 일련의 임의적인 수치를 토대로 그와 같은 결과를 산출하게 된 과정을 설명했다. 부유해지기 위해 일한 졸업생 한 명이 기부를 통해 평균 두 명의 자선활동가를 지원하고, 각 자선활동가는 졸업생의 기부가 없었을 경우와 비교했을 때 가성비가 열 배 큰 자선단체에서 일하게 된다. 이들이 자선활동가가 되어 만들어냈을 혜택의 절반은 그들이 있든 없든 어차피 생겼을 혜택이라고도 했다. 맥어스킬의 주장은 EA 운동의 가장 유명한 구호 중 하나에 집약됐다. "베풀기 위해 번다."

EA 운동을 창시한 철학자들은 기대값의 논리에 따라 가장 우선순위가 높은 문제를 식별하는 사고 체계를 개발했다.[5] 기대값이 크려면 문제의 "규모가 커야(범위가 넓어야)" 했고, 적은 시간이나 돈을 들이고도 해결이 가능한 "다루기 쉬운" 것이어야 했고, 심각하고 과도하게 외면을 받아 온, "부당하게 방치"된 것이어야 했다. EA 운동은 사람들에게 이 사고 체계를 바탕으로 자신만의 문제를 식별하도록 격려하면서도, 가장 가치 있는 문제가 무엇인지 직접 거론했다. "저를 포함한 효과적 이타주의자 커뮤니티의 몇몇 구성원들은 이 사고 체계에서 특히 높은 점수를 얻는 도덕적 문제 세 가지가 몹시 중요하다는 결론에 도달했습니다."[6] 맥어스킬은 2018년 한 테드 토크TED Talk에서 이같이 말했다.

첫째는 말라리아 예방을 위해 저렴하지만 효과적인 침대용 모기장을 나눠주는 등의 방식으로 세계 보건을 향상시키는 것이다. 둘째는 공장식 축산을 폐지함으로써 "동물 한 마리당 겨우 몇 푼의 돈으로" 수십억 동물들의 삶을 개선시키는 것이다. 셋째는 실존적 위협이다. 극단적으로 높은 부정적 기대값을 가진 위협은 설령 아무리 일어날 가능성이 낮다 해도 인류 전체를 파괴하고 문명 전체를 위해 생산됐을 그 모든 미래의 가치를 무효화한다는 것이었다. 실존적 위협에 해당하는 것으로 EA는 글로벌 팬데믹, 핵전쟁, 그리고 사악한 인공지능을 꼽는다.

이론적인 사악한 AI를 실존적 위협으로 간주함으로써 EA 운동은 처음부터 오픈AI의 DNA에 새겨진 AI 안전과 똑같은 사고방식을 퍼뜨렸고, 앤트로픽의 창립으로 이어지는 사건의 발생에 핵심적인 역할을 했다. 아모데이와 앤트로픽 공동창업자들은 AI가 문명을 파괴할 가능성을 얼마나 진지하게 받아들여야 하는지에 대해 올트먼 및 다른 오픈AI 임원들과 근본적으로 다른 입장을 갖고 있었다. AI가 문명을 파괴할 가능성을 매우 진지하게 받아들였던 아모데이는 올트먼의 행동—마이크로소프트 계약 건을 다루는 과정에서 그가 보인 투명성 부족과, 항상 상대방의 동의를 얻어내기 위해 상대방이 듣고 싶어 하는 말을 늘어놓으려는 그의 충동 때문에 상대방은 항상 뒤늦게야 속았다는 걸 알게 되는 정직성 부족—을 그저 전형적인 실리콘밸리 임원의 음모가 아닌, 인류의 운명을 위험에 빠뜨릴 수 있는 끔찍하고 부도덕한 행동이라고 생각했다. 앤트로픽은 기반을 다지면서 이러한 차별화된 평판을 적극 활용하기 시작했다. 올트먼이 이끄는 오픈AI가 인류의 미래를 갖고 무모한 장난을 치는 것과 달리, 앤트로픽은 원칙을 가진, AI 안전을 우선시하는 기업이라는 것이다.

2021년 아모데이 남매가 앤트로픽 설립을 발표하던 무렵, 이 재앙적인 실존적 AI 안전 이데올로기에 대한 관심이 부쩍 늘어나고 있었다. 가장 큰 원인은 EA 운동의 세력이 급속도로 확장된 데 있었다. 틈새 철학으로 시작된 EA 운동은 테크 억만장자들이 대주는 자금을 통해 주류 운동으로 자라났다.

그보다 10년 전, 페이스북 공동창업자 더스틴 모스코비츠Dustin Moskovitz와 그의 아내이자 전직 기자였던 카리 튜나Cari Tuna는 전 재산의 대부분을 기부하기 위해 굿벤처스Good Ventures라는 비영리 자선재단을 설립했다.[7] 훗날 다니엘라 아모데이의 남편이 되는 홀든 카노프스키는 당시 브리지워터 어소시에이츠Bridgewater Associates라는 헤지펀드에서 퇴사한 뒤 2007년에 자신이 창설한 기브웰GiveWell이라는 다른 조직을 운영하고 있었다. 굿벤처스와 기브웰은 증거에 기반한 방법으로 자금을 분배하고자 하는 열망을 공유하며 2011년 파트너십을 맺었고, 나중에 이 파트너십은 오픈 필란트로피Open Philanthropy라는 이름을 갖게 되었다. 이들은 맥어스킬이 추천한 핵심 문제 영역에 자금 지원을 확대하기 시작했다. 특히 AI 안전에 대한 연구지원금은 EA 사고 체계를 따른 것이었다. 오픈 필란트로피는 2017년 6월 독립 기관이 되었다.[8]

더 최근에는 새뮤얼 뱅크먼-프리드Samuel Bankman-Fried라는 새로운 테크 억만장자가 이 바닥에 등장했다. 뱅크먼-프리드는 암호화폐 거래소 FTX와 암호화폐 거래 회사인 알라메다 리서치Alameda Research를 공동 설립하고 엄청난 성공을 거두며 새로운 스타로 급부상했다. 뱅크먼-프리드 또는 SBF로 알려진 그는 자신의 배경을 설명할 때 EA 운동으로부터 받은 영향을 언급했다.[9] MIT에서 물리학을 전공하던 그는 학자가 되고 싶었지만, 점심식사를 하며 맥어스킬이 "베풀기 위해 번다"는 것이 왜 도덕적으로 더 우월한지 그를 설득한 것을 계기로 진로를 바꿨다고 한다. SBF는 자신이 번 돈을 모조리 자선사업에 기부하기 위해서라며, 가능한 한 스스로를 부유하게 만드는 쪽으로 방향을 틀었다.

놀라울 정도로 짧은 시간에 큰 재산을 모은 SBF는 민주당과 공화당 정치 후보들 모두에게 수천만 달러씩 기부했다.[10] 그중에는 2022년 오리건주 제6선거구에서 사상 최초로 EA 운동의 지지를 받으며 하원의원 선거에 나선 후보도 있었다(그는 결국 경선에서 패배했다). SBF의 암호화폐 거래소는 '전설적인 쿼터백' 톰 브래디Tom Brady와 유명 농구선수 스테판 커리Steph Curry 같은 스포츠 톱스타와 세계적으로 인기 있는 스포츠인 포뮬러원 등을 기용한 초호화 스포츠 마케팅 계약에 수십억 달러를 썼다. 그는 EA 운동에 돈만 댄 것이 아니라 유명인사로서 자신이 지닌 영향력도 아낌없이 지원했다. SBF는 자신이 더 부유해지고 더 유명해질수록 EA 사상과 그 사상의 공동창시자 맥어스킬의 인지도를 높이는 데 열을 올렸다. 2022년 초에 SBF는 EA 사상으로부터 영향을 받은 자선단체인 FTX 퓨처 펀드FTX Future Fund를 출범시키며 연말까지 적어도 1억 달러에서 10억 달러를 나눠주는 것을 목표로

내세웠다.[11]

2021년과 2022년에는 오픈 필Open Phil과 FTX 퓨처 펀드의 영향이 크게 작용하면서 EA 계열의 AI 안전성 연구로 유입되는 자금이 급증했다. EA 커뮤니티의 일원 중 하나가 어림잡은 추정치와 오픈 필 데이터에 따르면, 2021년과 2022년에는 연간 평균 지원금이 각각 1억 달러를 상회했다.[12] 그 이전 7년간은 연간 지원금이 그 액수의 절반에도 미치지 못했다. GPT-2에서 GPT-3로 이어진 극적인 성능 도약 때문에 이론적인 통제 불능 AI나 실존적 AI 위험을 막는 일이 그 어느 때보다 시급해졌다는 인식이 확산되면서 이와 같은 자금 유입의 증가를 촉발했고, 그 자금은 역으로 그런 인식을 더욱 강화했다. EA 운동을 추종하는 사람의 숫자가 늘어나면서 더욱 더 많은 사람들이 경제적 혜택 또는 EA 사상에 이끌려서 실존적 AI 위협을 다루는 AI 안전 연구로 방향을 틀기 시작했다. EA는 오랫동안 팬데믹에 대비하는 것이 중요하다고 강조해 왔고, 이제 실제로 팬데믹이 발생하자 그 선견지명에 반한 이들을 새로운 추종자로 포섭했다. 전 세계적인 보건 위기가 초래한 정신적 피해로 인해 많은 사람들이 방향성을 잃고 불안해하며 삶의 의미를 찾고자 했다.

EA에 사상적 뿌리를 둔 AI 안전 연구와 다른 계통의 재앙적, 실존적, 위기 중심적 사고를 하나의 거대한 물결로 묶어낸 AI 안전 커뮤니티에 점차 많은 사람들이 참여하면서, 이들 중 다수가 앤트로픽에 입사해 구성원 숫자를 늘리는 동시에 오픈AI 안전파의 결원을 보충했다. 지향점이 비슷한 운동의 추종자들이 모여 다양한 생각을 퍼뜨리고, 나누고, 논의하는 중심적인 토대였던 EA와 AI 안전 온라인 포럼에서는 추종자들에게 오픈AI나 딥마인드와 같이 AI 안전을 감시할 사람이 필요해 보이는 주요 AI 연구소에 입사해 이들 연구소가 나아갈 방향을 좌우할 것을 권유했다.[13] AI 안전 커뮤니티 구성원들이 AI 업계로 대거 유입되면서 그들이 사용하는 여러 가지 용어도 점차 업계 전반에서 더 자주 사용됐다.[14] AI 발전이 얼마나 빨리 AGI 같은 중요한 전환점에 도달할 것이라고 생각하는지 표현하기 위해 "AI 타임라인 AI timeline"이란 용어를 사용했다. AGI가 전 세계 인구를 *거의* 다 죽이는 재앙적인 결과, 또는 인류의 완전하고 총체적인 멸종을 뜻하는 실존적 결과를 초래할 확률을 일컬어 파멸doom의 가능성probability을 줄인 "p(doom)"이라 불렀다. 오픈AI의 2021년 연구 로드맵에 사용된 용어 "하드웨어 오버행"과, AGI가 초지능 수준에 도달함으로써 인류를 뛰어넘는 능력을 지니게 된 시점을 일컫는 "AI 테이크오프AI takeoff" 역시 마찬가지로 AI 안전 커뮤니티의 용어였다. "가속 위험"은 기업 간 혹은 국가 간 경쟁이 심화되어 잠재적으로 위험한 AI 발전의 가속화와 AI 타임라인의 단축을 초래할 위험을 일컫는다.

하지만 독립적인 사고를 표방하던 이 운동은, 실제로는 정반대 방향으로 빠르게 치달았다. EA 운동의 전제에 끌려 모여든 이들은 곧 더 많은 기회와 자원을 약속받으며, 개인적이고 직업적인 경계를 쉽게 넘나드는 폐쇄적인 사회적 네트워크 안에서 보다 광범위한 일련의 교리를 받아들였다. 특히 실리콘밸리에서는 EA 구성원들이 거의 예외 없이 EA 사람들과만 일했고, 오로지 다른 EA 사람들과만 같이 살고, 파티하고, 사귀고, 잠을 잤다. 여기에 기술업계에 깊이 뿌리내린 성차별 문화와 베이 지역에 오래전부터 존재해온 폴리아모리(비독점 다자연애) 하위문화가 뒤섞

이면서, 그 집단적 열광은 극단으로 치달을 경우 섹스와 돈, 권력이 뒤엉킨 유해한 결합으로 나타났다.[15] 그 결과 EA는 끊임없이 성추문에 시달리게 되었다.

2022년 11월 FTX 파산과 SBF의 극적인 몰락, 그리고 그가 사기 등 여러 혐의로 유죄 판결을 받고 징역 25년형을 선고받게 된 일련의 사건은 많은 이들의 눈에 EA 운동 전반에 창궐한 부패의 징후로 보였다. EA 운동은 처음에 번지기 시작했던 것만큼이나 빠르게 한물간 것이 되었고, 많은 이들이 EA를 떠났다.

그럼에도 불구하고 EA 운동이 만든 사회적 네트워크, 가치관과 용어, 그리고 이 운동이 실존적 AI 안전에 확보해 준 명성은 그대로 남았다. 또 그와 상반된 사상을 탄생시켰다. 바로 효과적 가속주의effective accelerationism, 줄여 e/acc("이-엑"이라 발음한다) 운동이다. EA 운동을 풍자하는 농담에서 시작된 이 운동은 곧 EA 운동의 대척점에 있는 가치를 떠받들기 시작했다. EA 운동과 AI 안전 커뮤니티가 AI 개발 속도를 늦추거나 아예 브레이크 페달을 밟아야 한다는, 혹은 아모데이의 말을 빌리자면 AI 도입을 제한하면서 개발에는 박차를 가해야 한다는 사고방식의 가장 극단적인 관점을 장려했다면, 가속주의 운동은 AI 개발과 도입 모두에 가속 페달을 밟아야 한다는 관점을 극단적으로 밀어붙였다. 가속주의를 추종하는 이들에게 있어 기술적 진보는 모든 면에서 좋은 것일 뿐만 아니라, 그 진보를 가능한 한 빨리 달성하는 것이 도덕적 의무다. 이 두 집단은 흔히 두머Doomer(파멸론자)와 부머Boomer(개발론자)로 불리게 되었다.

이 세계에 속한 이들 중 일부는 앤트로픽과 오픈AI를 각 진영을 대표하는 얼굴로 보기 시작했다. 다른 이들은 오픈AI를 양극화된 이념들이 충돌하는 전장으로 보았다. 한때 비영리 조직으로서 두머적 사고에 뿌리를 두고 출발했으나, 영리 조직이 되며 돈벌이에 점점 더 무게를 두면서 부머들에게 끌려가고 있다는 인식이었다. 많은 이들은 올트먼의 진정한 입장이 무엇인지 확신하지 못했다. 그는 때로는 양쪽 모두에 공감하는 듯 보였기 때문이다. 보다 호의적인 사람들은 올트먼이 부머와 두머 사이의 어느 지점에서 자기 회사 내의 다양한 관점을 대표해야 하는 어려운 역할을 맡았다고 생각했다. 그러나 안전파가 회사를 떠나 앤트로픽으로 갈라지고, 올트먼과 앤트로픽 공동창업자들 간 사이가 틀어지면서 점점 더 많은 두머들이 올트먼을 극단적으로 부정적인 관점에서 바라보기 시작했다. 오픈AI를 세상에 각인시키고 상업적 성공으로 이끈 여러 요소들은 애초에 AI 안전 연구에서 출발한 것들이었다. 스케일링 법칙, 코드 생성, 인간 피드백 기반 강화학습, 그리고 이 세 가지가 결합된 강력한 대형언어모델과 이후의 멀티모달 모델들 말이다. 상당수의 두머는 자신의 작업이 자신들이 가진 핵심 가치와 정면으로 배치되는 목적을 위해 전유되고 왜곡되고 있다고 느꼈다. 그들의 눈에는 그 전유와 왜곡을 주도한 인물이 올트먼이었다. 그리고 그 때문에 이들은 올트먼을 상습적인 거짓말쟁이, 교활한 조종자, 그리고 인류에 대한 위협 그 자체로 인식했다.

오픈AI 내부와 그 주변에서 벌어진 이러한 극단적인 이념적 충돌로 인해, AI 개발 시대의 기틀을 다지는 데 그 누구보다도 많은 것을 이뤄낸 회사인 오픈AI는 분열 위기에 빠졌다. 그러나 서로 정반대라고 주장하던 이 두 이념은 사실상 같은 경전을 토대로 설교하고 있었다. 양측 모두 AGI가 이미 정해진 결론인 것인

양 광신적 믿음을 가지고 이야기했고, 양측 모두 장기적인 관점에만 집착하며 각자의 진영이 AI 개발을 통제하기 위해 자신의 진영이 상대방보다 도덕적으로 우월하다고 주장했다. 한쪽이 지옥의 불길을 경고했다면, 다른 한쪽은 천국의 영광을 약속했다.

2022년 초, 오픈AI는 이번에는 텍스트-이미지 변환 모델을 가지고 이전과는 다른 제품 출시 전략을 시험할 준비를 하고 있었다. 이전처럼 모델을 API 뒤에 숨기지도, 제품과 브랜드를 마이크로소프트에 전부 넘기지도 않을 계획이었다. 오픈AI는 직접 출시를 맡아 자신들이 개발한 기술을 소비자들의 손에 직접 쥐어 주기로 했다. 이 모델에는 이를 개발한 연구원들이 눈길을 끄는 이름도 붙여줬다. 스페인의 초현실주의 화가 살바도르 달리의 이름과 디즈니 픽사 애니메이션 영화 월-E_{WALL-E}의 주인공 로봇 월-E의 이름을 합친 달리2_{DALL-E2}였다.

달리는 AI 연구 전반에서 확산되고 있던 하나의 흐름, 즉 멀티모달 모델 개발에서 파생된 결과였다. 멀티모달 모델이란 텍스트, 이미지, 음향, 영상처럼 서로 다른 두 가지 이상의 "모달리티_{modalities}"를 결합한 모델을 말한다. 수년간 이 분야에서는 텍스트와 이미지를 결합해 단일 모델이 텍스트를 시각적 정보에 연관시킬 수 있게 만들려는 노력이 이루어졌다. 이는 온라인상 텍스트와 이미지 데이터가 가장 많고 처리하기도 쉬웠기 때문이기도 했고, 또 하나의 과학적 가설에 기반한 것이기도 했다. 만약 언어만으로 인간 수준의 지능을 만들어낼 수 없다면, 시각이 두 번째로 강력한 요소일 가능성이 크다는 가설이 그것이었다.

오픈AI 연구팀도 이러한 흐름을 본받아 같은 순서로 연구를 진행했다. 언어 모델 다음에는 텍스트-이미지 모델로 옮겨갔고, 무엇보다 모델의 확장성scalability을 유지하기 위해 계속해서 트랜스포머를 사용하는 데 초점을 맞췄다. 처음에 출시됐던 트랜스포머가 텍스트에 최적화된 것이었다면, 구글이 2020년에 새로 내놓은 비전 트랜스포머Vision Transformer는 그것을 이미지에 적용한 버전이었다.

2021년 1월, 오픈AI는 트랜스포머에 기반한 새로운 모델 두 개를 선보였다. CLIP이라 불린 첫 번째 모델은 원래의 트랜스포머와 비전 트랜스포머를 함께 사용해 이미지를 자세히 설명하는 문장을 생성하는 모델로, 이번에도 알렉 래드포드가 개발했다.[16] 두 번째 모델인 달리1DALL-E 1은 뉴욕 대학교 출신으로 한동안 메타의 얀 르쿤 밑에서 일했던 아디트야 라메시Aditya Ramesh가 개발한 것으로, 텍스트를 입력하면 새로운 이미지를 생성하도록 120억 개의 매개변수를 가진 트랜스포머를 훈련시킨 모델이었다.[17]

오픈AI는 블로그 글을 통해 달리의 성능을 강조하기 위해 익살맞은 프롬프트를 사용했다. 그중에는 "아보카도 안락의자"라는 프롬프트를 입력한 결과로 모델이 생성한, 아보카도를 떠올리게 하는 초록색과 갈색을 섞은 다양한 안락의자 이미지가 있었다. 모델이 생성한 이미지는 모두 살짝 흐리고 만화 같은 느낌이 있었는데, 이는 라메시가 모델을 만들기 위해 사용한 학습 과정의 부산물이었다. 라메시는 트랜스포머에 입력할 2억 5,000만 개의 이미지를 압축시켜 입력했고, 그 과정에서 일부 고해상도 정보가 소실된 것이었다.

연구팀이 달리2 개발에 착수할 무렵, 새로운 이미지 생성 기법이 인기를 얻기 시작했다. 확산diffusion으로 알려진 이 기법은 물리학에서 영감을 받은 것으로, 트랜스포머가 방대한 양의 이미지 집합에서 픽셀 간 상관관계를 더욱 잘 학습할 수 있게 도와줬다. 이 아이디어의 출발점은 2015년 스탠퍼드와 버클리 연구자들이 쓴 논문이었다.[18] 그 5년 뒤, 오픈AI 초기 연구원 중 하나인 피터 아빌의 지도를 받은 버클리 대학원생 조나단 호Jonathan Ho가 원래의 아이디어를 영리하게 보완해 원본 재현율이 훨씬 높은 이미지를 생성할 수 있도록 만들면서 이 기법을 유행시켰다.[19] 호는 또 확산 모델이 기존의 컴퓨터 비전 시스템보다 이미지를 훨씬 잘 인식할 수 있다는 점도 입증했다. 그의 연구 결과는 래드포드가 GPT-1을 통해 발견한 결과와도 맞닿아 있었다. 즉, 확산 모델이 설득력 있는 이미지를 생성하는 방법을 학습하는 과정에서— GPT-1이 사람처럼 그럴듯한 문장을 생성하는 것에 상응한다— 시각 처리와 관련한 보다 다양한 작업을 수행할 수 있을 정도로 훈련 데이터 속 패턴을 충분히 깊은 수준으로 포착하게 되었다는 것이다.

오픈AI는 방향을 바꿔 확산 기법과 래드포드의 CLIP을 결합해 달리2를 만들었다.[20] 라메시와 다른 연구원들은 모델의 규모를 점진적으로 키우면서 인페인트inpaint, 즉 사용자가 사진에 있는 사람의 머리카락을 지우고 다른 색으로 그리거나, 이미지 속의 풀이 무성한 초원을 선택해서 거기에 돌아다니는 얼룩말을 삽입할 수 있게 하는 기능을 추가했다.[21] 확산 기법을 사용하자 이미지가 훨씬 선명하고 사진에 가까워졌고, 달리1과 같은 수준의 성능을 내는 데 필요한 연산량도 크게 줄었다.

오픈AI 외부 연구자들은 확산 모델에 필요한 연산량을 그보다 더욱 줄이는 방법을 찾아냈다.[22] 인기 있는 오픈소스 이미지 생성기인 스테이블 디퓨전은 잠재 확산Latent diffusion으로 알려진 개량된 기법을 사용함으로써 엔비디아A100 칩 256개만을 가지고 모델을 훈련시킬 수 있었다.[23] 스테이블 디퓨전을 만들어 낸 뮌헨 루드비히 막시말리안 대학 연구소의 비요른 오머Björn Ommer 교수는 이미지 생성 모델이 대형언어모델과 같은 길을 걸으며 터무니없이 비싸지는 것을 지켜보고 이 기법을 개발했다고 말했다. "우리는 학습뿐만 아니라 추론 단계에서도 슈퍼컴퓨터, 그러니까 수백만 달러의 투자가 필요한 방향으로 달려가는 기차에 올라타 있는 상태였다"고 그가 말했다. "그래서 생각했죠. 어떻게 하면 연구 커뮤니티를 제자리로 되돌려놓고, 생성형 AI 분야가 그저 소수의 빅테크 기업만이 모델의 생성과 가동에 필요한 자원을 독점하는 방향으로 가지 않도록 할 수 있을까?"

오픈AI는 훨씬 나중에 가서야 잠재 확산 기법을 도입했고, 그 결과 달리2와 3은 스테이블 디퓨전이나 미드저니Midjourney에 비해 연산 비용이 훨씬 많이 들었다. 많은 사용자들은 후자를 더 고품질의 제품으로 여겼다. 이는 생성형 AI라는 좁은 분야 내에서조차 스케일링이 AI 성능을 더욱 확장하고 향상시키는 유일한 방법도, 더 나아가 가장 효과적인 방법도 아니라는 것을 보여주는 한 사례였다.

달리2의 성능이 크게 향상되자, 오픈AI의 응용부문은 2021년 말부터 2022년 초에 걸쳐 제품화를 위한 여러 가지 아이디어를 내놓기 시작했다.[24] 이들은 랩스Labs라는 웹 애플리케이션을 사용함으로써 사용자들이 브라우저를 통해 해당 모델과 이후에 출시된 모델을 직접 체험할 수 있게 만들기로 결정했다. 신제품팀 팀장 프레이저 켈톤과 연구부문 상무 밥 맥그루는 깃허브 코파일럿을 출시할 때 확인했듯, 그러한 상호작용적 경험이야말로 생성형 AI 모델과 직접 소통하고 반응하고 싶어 하는 사람들의 욕구를 채워줄 수 있을 것이라고 믿었다. 이는 회사의 사명에도 부합했다. 달리2는 재미있고 매력적인 도구였기에 강력한 AI 시스템에 대한 사람들의 두려움을 누그러뜨리고, 향후 오픈AI가 출시할 기술의 혜택을 더 널리 전파할 수 있는 길을 닦아줄 수 있기 때문이었다.

아직 제품팀의 인력이 비교적 적었던 탓에, 오픈AI는 웹사이트 디자인과 개발을 도울 직원을 몇 명 더 채용했다. 비교적 전통적인 기업 환경에서 일하다 온 이 신규 인력들에게 오픈AI는 여전히 회사라기보다 대학 연구실처럼 느껴졌다. 인터페이스를 위한 시제품을 검토하는 대신 학술 논문을 읽고 이론적 논의를 하면서 하루를 보내는 경우가 더 많았다. 하지만 일부 연구원들은 연구회의에 참여하는 응용부문 소속 직원의 숫자가 늘어남에 따라 그와 정반대의 느낌을 받았다. 더 나은 멀티모달 모델을 만들기 위한 근본적으로 새로운 아이디어를 논의하는 것과 같은 순수 탐색 연구에 매달리던 시절은 지나갔고, 이제 업무의 상당 부분이 사용자에게 서비스를 제공하기 위해 기존 모델을 어떻게 최적화할지의 방안을 찾아내는 것과 같은 상업화 목적에 봉사하고 있다는 느낌을 받았던 것이다.

텍스트 기반 게임인 AI 던전에서 아동 성학대 콘텐츠 문제를 수습했던 경험 이후, 특히 신경 쓰이는 문제는 바로 달리2가 실제 아동 성학대 이미지csam를 조작하거나 또는 새로운 이미지를 합성해내는 데 사용될 가능성이었다. GPT 모델의 경우와 마찬가지로, 새로운 달리 버전을 만들 때마다 사용하는 훈련 데이터는 점점 더 오염되어 있었다. 달리2의 경우, 연구팀은 스톡 사진 플랫폼과 라이센싱 계약을 맺었고, 기존 2억 5,000만 개의 이미지에 더해 트위터를 대대적으로 스크레이핑했다. 특히 트위터 데이터에는 포르노 콘텐츠가 가득했다. 몇몇 직원들은 아동 성학대 이미지를 찾아 걸러내기 위해 상당히 큰 노력을 기울였다.

그러나 몇 번의 논의 끝에 직원들은 그 외의 성적 이미지는 걸러내지 않고 그대로 두었는데, 부분적으로 그러한 콘텐츠도 인간 경험의 일부라고 생각했기 때문이었다. 그런 이미지를 훈련 데이터에 그대로 놔둔다는 것은 모델이 여전히 합성된 아동 성학대 이미지를 생성해낼 수 있다는 것을 의미했다. 달리가 '아보카도 안락의자'를 한 번도 본 적이 없이 아보카도와 안락의자를 따로 학습한 것만으로도 아보카도 안락의자를 생성할 수 있었던 것과 똑같은 방식으로, 달리2와 달리3도 아동의 이미지와 포르노 이미지를 보고 아동 포르노 이미지를 만들어낼 수 있었다. 이는 "조합적 생성compositional generation"으로 알려진 기능이다.

데이터를 걸러내서 문제의 근원을 다스리지 않는 이상, 그 부담은 고스란히 모델 오남용 예방 시스템을 만드는 쪽으로 넘어갔다. 여기에는 유해한 텍스트에 이어 유해한 이미지도 걸러내도록 업데이트된, 모델을 감싼 콘텐츠 모더레이션 필터와 사용자 행동 감시 플랫폼, 그리고 이른바 차단 인프라, 즉 일정 수준 이상의 반복적인 위반 행위를 한 사용자의 계정을 자동으로 정지하는 시스템 등이 포함됐다. 오픈AI는 페이스북 초창기 직원으로 페이

스북의 첫 콘텐츠 기준을 작성했던 데이브 윌너Dave Willner를 신뢰
와안전팀의 새 팀장으로 데려왔다.

나중에 달리3을 개발하면서 더욱 더 많은 데이터가 필요해지
자, 연구팀은 성적 이미지를 "있으면 좋은 것"에서 "있어야 하
는 것"으로 취급하기 시작했다. 인터넷에서 포르노 이미지가 차
지하는 비중이 워낙 컸기 때문에 그걸 걸러내면 훈련 데이터 세
트의 규모가 너무 축소된 나머지 모델의 성능이 눈에 띄게 낮아
질 정도였다. 그런 성능 저하 중에서도 특히 모델이 여성과 유색
인종의 얼굴을 생성하는 기능이 확연히 낮아졌는데, 이는 데보라
라지가 클래리파이 인턴으로 일할 때 발견한 것과 같은 이유 때
문이었다. 여성과 유색인종을 묘사한 온라인 콘텐츠의 상당수가
선정적인 것이었다. 같은 이유로 연구팀은 문제의 소지가 있는
다른 유형의 이미지도 훈련 데이터에 그대로 남겨두었다.

그러한 결정이 초래한 후폭풍을 발견한 건 2023년 12월 마이
크로소프트의 AI 엔지니어인 셰인 존스Shane Jones 였다.[25] 달리3을
기반으로 만들어진 마이크로소프트의 이미지 생성기인 코파일럿
디자이너Copilot Designer를 이리저리 조작해보던 그는 프롬프트에
약간의 변화를 주는 것만으로도 이미지 생성기가 금새 불쾌하고
선정적인 이미지를 만들어낸다는 사실을 발견하고 경악을 금치
못했다. 존스는 "낙태권 찬성pro-choice"이란 용어를 프롬프트에 덧
붙이는 것만으로도 악마가 유아를 먹는 장면, 그리고 "낙태권 찬
성"이라고 적힌 드릴로 아기를 불구로 만드는 이미지를 생성해
낸다는 사실을 발견했다. 그 후 〈CNBC〉 방송은 자체 시험을 통
해 "교통사고" 외에 아무것도 덧붙이지 않은 프롬프트를 입력해
도 코파일럿 디자이너가 폐차될 정도로 파손된 차량 옆에 속옷만

입은 채로 무릎을 꿇고 있는 여성의 이미지와 같이 성적으로 대상화한 여성을 심각한 차량사고 옆에 나란히 세운 이미지를 생성한다는 사실을 발견했다.

존스는 3개월에 걸쳐 마이크로소프트 경영진에 코파일럿 디자이너의 안전 장치를 강화할 때까지 제품을 시장에서 회수하거나, 최소한 구글과 안드로이드 앱스토어 내 연령 등급을 "전체 이용가"에서 성인용으로 제한할 것을 요청했다. 마이크로소프트가 그의 요청을 받아들이기를 거절하고 오픈AI가 아무런 반응을 보이지 않자, 존스는 미국 연방거래위원회FTC에 서신을 보냈다. "그들은 이러한 사항을 전혀 수정하지 않은 채 여전히 '누구에게나, 어디서나, 어느 기기에서나' 사용하도록 제품을 홍보하고 있습니다." 그는 이 문제를 "마이크로소프트와 오픈AI가 작년 10월 해당 AI 모델을 출시하기 전부터 알고 있었다"고 했다. 마이크로소프트는 존스의 서신에 대한 현황이나 그로 인해 어떤 결론이 났는지에 대해 아무런 답변도 하지 않았다.

달리2 출시가 가까워지면서 오픈AI의 응용부문과 새로 인력이 충원된 안전파 간 갈등이 또다시 불거졌다.

이제 연구부문의 여러 팀 산하에 흩어진 안전파 구성원들은 달리2가 만들어내는 전례 없이 사실적인 이미지가 여러 가지 불확실성을 지니고 있다고 보았다. 달리 2가 합성된 아동 성학대 이미지나 정치적 딥페이크를 만들어내는 데 악용될 가능성은 없을까? 사람들을 조종하고 설득하는 데에 악용될 소지는? 오픈AI가 예측하거나 상상할 수 있는 범위를 넘어서는 방식으로 개인에게 피해를 입히거나 사회 전반에 해로운 영향을 주기 위해 악용될 가능성은? 안전파는 철저한 시험을 거쳐 달리2가 어떠한 피해도 끼치지 않을 것이라는 증거 없이는 제품으로 출시하지 말 것을 회사에 촉구했다.

응용부문 입장에서는 안전파가 또다시 끝도 없는 우려사항을 늘어놓으며 히스테리를 부리는 것으로 비쳐졌고, 그들이 내건 출시 조건도 터무니없이 비현실적으로 보였다. 어떤 경우에도 피해를 끼칠 가능성이 **전혀 없는** 시스템은 존재하지 않고, 더군다나 실험실 환경에만 머물며 실제 사용자와 전혀 접촉하지 않는다면 더더욱 그럴 가능성이 없었다. 안전파가 오픈AI의 예지력의 한계를 걱정한 것과 같은 이유로, 응용부문은 그것이 바로 오픈AI가 달리2를 출시해야 할 이유라고 믿었다. 현실적인 피드백을 받기 위해 AI모델을 통제된 방식으로 출시하는 것만이 그런 어림짐작을 물리치고 모델의 안전을 개선하는 데 필수적이라고 본 것이었다.

이 갈등의 핵심은 바로 오픈AI의 정체성에 대해 갈수록 벌어지는 의견 차이였다. 안전파 입장에서 오픈AI는 여전히 헌장에 명시된 것처럼 인류 전체의 이익을 그 어떤 상업적 이해관계보다 우선시해야 할 압도적으로 중요한 의무를 짊어진 이상주의적 비영리 연구기관이었다. 이 전제에 따르면, 모델이 지닌 문제점을 가능한 한 많이 검토하고 이를 완화시킬 방법을 연구하는 데 필요한 충분한 시간 동안 모델의 출시를 미룸으로써 얻게 되는 이익이 그에 따른 비용보다 훨씬 컸다. 응용부문 입장에서 오픈AI는 세상이 실제 작동하는 방식에 근거하여 보다 현실적인 결정을 내릴 필요가 있었다. 이들은 AI 기술의 발전을 둘러싼 관행을 확립하기 위해 오픈AI가 앞으로도 AI 연구를 주도하는 것이 오픈

AI가 달성해야 할 사명의 핵심이라고 보았다. 그것은 곧 어느 정도 위험을 감수하면서 빠르게 움직여야 한다는 것을 뜻했다. 특히 구글이 자체 이미지 생성 모델 개발을 마무리하고 있다는 소문이 파다한 마당에, 그리고 첨단 연구를 지속하는 데 필요한 엄청난 자본을 확보해야 하는 상황에서는 더더욱 그럴 필요가 있었다. 자본을 확보하려면 투자자들을 통해 자금을 조달해야 했고, 그러기 위해서는 언젠가 그 투자자들에게 수익을 안겨줄 상품화 전략을 성실하게 추진할 필요가 있었다.

응용부문에서 일했던 한 전직 직원은 안전파 사람들이 "세상 물정을 너무 모른다"고 말했다.

"오픈AI가 제시한 AGI 사명에는 너무 많은 것이 걸려 있어요." 안전파 소속이었던 다른 전직 직원이 말했다. "'보통의 회사'처럼 행동하는 것으로는 충분치 않을지도 모릅니다."

이렇듯 갈수록 커져가는 갈등은 각 팀의 실적 평가 측정 항목으로 명문화되기 시작했다. 응용부문의 제품팀과 새로 생긴 지 얼마 안 된 시장진출운영팀은 사용자 증대 목표와 매출 목표를 만들고 있었다. 연구부문 내에서는 여러 AI 안전팀이 업무 성격상 구체화하기 어려운 업무 진척 정도를 정량화할 수 있는 측정 방식을 찾느라 애를 먹었다. AI 안전은 생긴 지 얼마 되지 않은 분야였기 때문에 표준으로 확립된 기준이 없었다. 안전파 직원들은 이러한 불균형이 어긋난 인센티브를 만들어낸다고 회의 석상에서도, 그리고 슬랙에서도 반복적으로 경영진에 우려를 표했다. 끝없는 이윤 추구를 견제할 일종의 강력한 평형추가 없는 상태에서 명확한 성장 기조와 매출 목표를 세움으로써 오픈AI가 점점 더 "닥치고 성장" 스타일의 회사로 변질되어갈 수밖에 없다는 것이었다.

안전파 직원들과 이야기할 때 올트먼은 회사의 AI 안전 연구가 계획보다 뒤처진 상태이며 회사가 AI 안전 연구에 더 많은 투자를 해야 한다는 데 동의한다며 안전파의 관점에 공감을 표했다. 응용부문과 이야기할 때는 그들에게 지금처럼 계속 일하라고 독려했다. 이사회 회의에서 그는 사람들이 개인적 목적으로 업무 진행을 중단시키기 위해 AI 안전을 정치적 수단으로 악용한다고 불평하는 브로크만의 말에 연신 고개를 끄덕거렸다.

미라 무라티가 서로 다른 분파 간 충돌을 원만하게 해결하고 갈등을 봉합할 방법을 찾아내는 협상가 역할을 맡는 경우는 갈수록 늘어났다. 달리2의 경우에도 무라티가 타협점을 찾아냈다. 웹 애플리케이션을 제품이 아닌 "연구용 미리보기low-key research preview"로 공개한다는 것이었다. 그런 식의 브랜딩은 오픈AI가 모델에 더 엄격한 제한을 걸 수 있는 여지를 남김으로써 안전파를 만족시켰고, 동시에 소비자 직접 판매를 시범적으로 도입하고 사용자 피드백을 수집할 기회를 줌으로써 응용부문을 만족시켰다. 그건 실용적인 조치이기도 했다. 오픈AI는 아직 생성된 이미지에 대한 콘텐츠 모더레이션 인프라를 갖추지 못한 상태였다. 모델을 "연구용 미리보기"로 소개해 무료로 제공한다면 과도한 필터링을 뭉텅이로 설정해도 유료 사용자의 심기를 건드리지 않을 수 있고, 보다 정제된 필터를 개발할 시간도 벌 수 있었다. 오픈AI는 합성 아동 성학대 이미지와 정치 관련 허위정보 논란을 완벽하게 피하기 위해 달리2가 사실적인 얼굴을 생성하거나 실제 사람의 얼굴이 담긴 사진을 수정하는 기능을 전면 금지하는 등 일련의 과감한 오남용 예방 시스템을 도입하는 데 착수했다.

2022년 3월, 오픈AI가 랩스 웹 앱을 통해 공개한 달리2는 압도적으로 큰 호응을 얻었다. 많은 직원들의 기대치를 훨씬 넘어선 정도로 달리2의 성능에 사람들이 극찬을 쏟아내고 큰 관심을 보이면서, 달리2는 소셜미디어를 통해 급속도로 전파되며 AI로 만든 엉뚱하고 초현실적인 이미지를 수도 없이 양산했다. 반응은 GPT-3를 출시했던 때와 비슷했지만 그때보다 훨씬 좋았다. 소수의 기술 개발자들 사이에서만 호응을 얻는 대신, 이제 오픈AI는 훨씬 폭넓고 국제적인 소비자 기반에 접근하게 된 것이었다. 달리2는 랩스 웹 앱의 즉각적인 설정 변경을 통해 사용자 피드백에 실시간으로 대응할 수 있었다. "정말 황홀했어요."[26] 프레이저 켈톤은 그 경험을 한 팟캐스트에서 이렇게 묘사했다.

그때까지 달리2로 수익을 창출할 방법을 크게 생각해보지 않았던 응용부문은 그 후 몇 달에 걸쳐 달리2를 유료 서비스로 전환하기 위해 전력을 다했다. 응용부문은 전 세계 예술가들과 크리에이티브 전문가들과 협업해 달리2를 그들의 업무에 활용할 방안을 모색했다. 또 베타 프로그램을 출시하고 무료로 달리2 모델을 사용해 이미지를 생성해 볼 수 있도록 전 세계에서 100만 명의 사용자를 초대했다. 그런데 오픈AI가 달리2를 유료 서비스로 전환하면서 주된 경쟁 상대로 부상한 것은 구글이 아니었다(물론 구글도 서둘러 이마젠Imagen 모델을 출시하기는 했다). 경쟁 상대는 바로 스타트업에서 개발한 두 모델, 미드저니와 스태빌리티 AIStability AI의 스테이블 디퓨전이었다. 두 이미지 생성기는 무료였을 뿐만 아니라 달리2와 비슷하거나 그보다 더 좋은 성능을 갖고 있었던 데다, 사용자가 사람 얼굴을 생성하고 실제 이미지의 얼굴, 심지어는 정치인의 얼굴을 수정할 수 있는 등 제한을 거는 안전장치가 훨씬 적었다. 달리2가 시장에서 급속도로 관심을 잃으면서 응용부문은 달리2가 지나치게 제한적인 탓에 큰 수익을 창출할 기회를 놓쳤다는 불만을 품게 됐다. 응용부문은 이미 임시 안전장치로 설정했던 과도한 필터링을 풀고 이를 더 정제된 필터로 대체하는 작업을 진행하고 있었다. 임원들은 이제 경쟁자들을 제치려는 열망으로 그 작업을 최대한 빨리 서두르라고 직원들을 다그쳤다.

얼굴 사용에 대한 제한을 풀기 위해 오픈AI는 아동 성학대 이미지와 같이 사람을 묘사한 유해한 이미지를 예방하고 처벌할 새로운 절차를 개발했다. 오픈AI는 얼굴 이미지가 용인되는 맥락에서 생성되는지, 아니면 유해한 맥락에서 생성되는지를 인지하는 자동화된 시스템을 사용했고, 다시 한번 콘텐츠 모더레이션을 위해 해외 계약직 노동력에 기댔다. 오픈AI가 코기토Cogito라는 외주업체를 통해 고용한 인도의 노동자들에게 부여한 일은 사마 노동자들이 했던 많은 양의 텍스트 검토가 아니라, 성적, 폭력적 상황을 묘사한 합성된 이미지와 실제 이미지를 검토하는 것이었다. 노동자들은 하루에 수백 장에 달하는 이미지를 샅샅이 살피는 과정에서 17세 미성년자를 묘사한 성적 콘텐츠와 18세의 합법적인 성인을 묘사한 성적 콘텐츠를 구분하는 데 애를 먹었다. 가끔은 어느 이미지가 진짜인지 혹은 가짜인지 구분할 수조차 없었다.

오픈AI의 2021년 연구 단계별 로드맵 중 겉보기에 가장 쉬워 보였던 목표가 실제로는 가장 어려운 것 중 하나로 드러났다. 그것은 바로 나중에 GPT-4라고 명명되는 모델을 개발하기 위해 마이크로소프트가 제공한 엔비디아 A100칩 18,000개짜리 슈퍼컴퓨터 클러스터를 사용해 GPT-3를 10배 규모로 키우는 것이었다. 안전파가 앤트로픽으로 갈라져 나가는 과정에서 GPT-3 스케일링 팀의 3분의 1이 오픈AI를 떠나면서 그들이 지녔던 상당한 기술적 지식과 경험이 사라진 상황이었다. 그리고 그보다 더 큰 문제는 모델 훈련에 쓸 데이터가 바닥난 것이었다.

GPT-3 이후에 연구원들은 최대한 데이터를 많이 모으기 위해 명시적인 금지 경고가 없는 모든 새로운 데이터 뭉치를 다운받고 찾을 수 있는 새로운 온라인 포럼은 모조리 스크레이핑했다. 그렇게 코덱스를 위한 깃허브 저장소와 코딩 교재 및 매뉴얼을 더했지만 데이터는 여전히 부족했다.

힘든 싸움이 될 게 분명해 보이는 이 상황은 어느 모로 보나 그레그 브로크만이 주도하기에 적합한 프로젝트였다. 악착같이 해내고야 마는 그의 태도와 뛰어난 코딩 실력을 살릴 기회였을 뿐 아니라, 그의 에너지를 생산적인 곳에 집중시키는 것이 회사 입장에서도 훨씬 나았다.

올트먼이 회사 통솔권을 손에 넣으면서 브로크만은 관리자 업무에서 해방됐다. 그 때문에 브로크만은 결국 보고할 상사가 없는 독립 직원 상태가 되었다. 그러나 그는 명목상 사장이었고 오픈AI의 공동창업자 중 하나로서 여전히 회사의 전략적 방향에 대한 엄청난 발언권을 갖고 있었다. 오픈AI가 차츰 더 전문화되고 표준적인 기업 절차를 도입함으로써 초기 스타트업의 자유분방함으로부터 멀어지게 되자, 브로크만의 무책임한 언행과 큰 권한은 문제가 됐다.

대학 시절과 스트라이프에서 일하던 시절과 마찬가지로, 브로크만은 제도와 절차를 중요하게 생각하지 않았다. 그는 한시도 가만히 있지 못하고 강박적인 에너지를 가진 사람이었다. 그는 식사와 수면을 위해 중간에 몇 번 쉬는 것을 제외하면 회의에 거의 참석하지 않고 자기만의 스케줄에 따라 수십 시간 연속 코딩하는 편을 선호했다. 그의 이런 성향은 적합한 프로젝트에 투입했을 때 기적 같은 결과를 낳았다. 그의 엄청난 생산력은 업무를 크게 진척시켰다. 그러나 그 에너지를 놀려두면 그는 회사 이곳저곳의 모든 프로젝트를 들쑤시고 다니면서 오랫동안 준비한 계획을 막판에 변경해버리고 일을 그르치기 일쑤였다. 간혹 직원들이 지시에 반발하면 그는 해당 직원들의 직속 상사와 그 상사의 상사를 찾아가 감정적인 호소를 통해 자신이 원하는 것을 얻어내곤 했다.

대개의 경우 브로크만은 자신이 원하는 것을 얻어냈다. 다른 임원들은 올트먼이 유독 브로크만의 이러한 행동에 지나치게 관대한 것에 불만과 의문을 품었다. 더 나아가 브로크만은 자기 대신 올트먼이 어떤 일에 참견하거나 일을 무산시키도록 만들 수 있는 영향력을 지니고 있었다. 그렇게 하는 이유가 겉보기에 단지 브로크만의 개인적 만족에 지나지 않는 경우에도 마찬가지였다. 그 이유로 가장 유력한 추측은 올트먼이 비록 CEO로서 브로크만의 상사임에도, 브로크만은 이사회 구성원으로서 올트먼을 통제할 권한을 쥐고 있다는 것이었다. 이 기묘하게 뒤얽힌 구조는 결국 아무것도, 그리고 누구도 브로크만에게 책임을 물을 수 없는 상태를 초래했다.

다른 경영진들은 브로크만에게 가장 적합한 자리를 찾아주기 위해 그의 역할, 업무 범위, 보고 체계를 여러 번 바꿨다. 다른 많은 것들과 마찬가지로, 그 책임은 결국 브로크만의 상사가 된 무라티가 떠맡게 됐다. 무라티가 브로크만에게 피드백을 줄 때면 그는 수용하는 듯한 모습을 보였지만, 자신과 의견이 다른 부분에 대해서는 올트먼에게 불평을 늘어놓았다. 무라티는 점차 피드백을 통해 상황을 바꾸려는 시도를 포기했다. 대신, 브로크만의 에너지가 혼란을 초래하기보다는 긍정적인 방향으로 쓰일 수 있는 프로젝트를 찾는 한편, 브로크만이 회사 곳곳에 남긴 파괴의 흔적을 맥그루와 함께 복구하는 데 상당한 시간을 보냈다.

GPT-4를 개발하는 과정에서 극복해야 할 여러 문제를 고려했을 때, 모든 조건이 완벽하게 맞아떨어지면서 브로크만이 프로젝트에 투입됐다.

오픈AI의 데이터 병목 현상을 해결하기 위해 브로크만은 유튜브로 눈길을 돌렸다.[27] 이전까지 오픈AI는 유튜브를 데이터 원천으로 사용하는 것을 일부러 피했다.[28] 나중에 유튜브 CEO가 확인한 것처럼, 오픈AI 모델을 훈련시키기 위해 유튜브 콘텐츠를 스크레이핑하는 것은 유튜브 이용약관을 위반한 것이었다. 하지만 데이터가 부족하다는 실존적 압박이 커진 상황에서, 문제는 그 이용약관 위반을 과연 유튜브 또는 모회사인 구글이 실제로 문제삼을 것인가였다. 만약 구글이 오픈AI의 위반을 문제삼을 경우, 구글이 자체 대형언어모델 개발을 위해 다른 웹사이트 내용을 긁어오는 것 또한 위태로워질 가능성이 있었다. 브로크만은 위험을 감수할 용의가 있었다.

〈뉴욕 타임스〉 보도에 따르면, 브로크만과 소수의 인원으로 구성된 팀은 1만 시간 이상에 이르는 영상을 수집하기 시작했다.

그 후 그는 래드포드가 개발한 음성인식 도구인 위스퍼Whisper를 사용하여 GPT-4를 위해 영상을 텍스트로 풀어냈다.[29]

그 다음은 모델 훈련이었다. GPT-3를 훈련시킬 때, 네스트 팀은 맞춤형 소프트웨어 플랫폼을 설계했었다. 그 플랫폼을 만든 사람들 대부분이 앤트로픽으로 떠나버린 후였기에 플랫폼 작동 방식을 설명할 사람은 아무도 없었다. 일부 경영진은 자존심 때문에라도 앤트로픽 팀이 남긴 유산에 의존할 생각이 없었다. 브로크만은 새로운 플랫폼을 개발하기 위해 자신의 코딩 동굴로 사라졌다. 그리고 도타2 프로젝트를 하며 가까운 사이가 된 폴란드 연구원들인 야쿠프 파호키와 시몬 시도를 포함한 몇몇 연구원들과 함께 브로크만은 GPT-4 훈련을 하나부터 열까지 세세하게 챙겼다.[30] 사전 훈련만도 3개월이 걸렸다.

처음에 GPT-4는 실망스러워 보였다. "어떤 면에서는 형편없는, 다루기 힘든 모델이었어요." 한 연구원이 말했다. "왜냐하면 훈련 데이터의 평균적인 품질이 끔찍할 정도로 낮았고, 게다가 모델의 성능이 꽤 뛰어나고 상황에 민감하게 반응했기 때문에 형편없는 답변을 내놓았죠." 하지만 브로크만은 굴하지 않고 계속해서 계약직 노동자들이 인간 피드백 기반 강화 학습을 시행하게 하는 등 모델을 개선하는 데 필요한 자원을 모으며 밀고 나갔다. 그에 따라 모델이 내놓는 결과가 매주 눈에 띄게 좋아졌고, 나중에는 회사 내부 구성원들도 그 성능에 놀랄 정도였다.

GPT-4는 이제 멀티모달 기능을 탑재했고, 오픈AI 내부 평가 기준에 따르면 이전보다 훨씬 더 세련된 코드를 생성하며 사용자의 의도를 민첩하게 파악해 유용한 답변을 내놓았다. 그 뛰어난 성능을 보여주는 사례로 나중에 브로크만은 자기 공책에 휘갈겨 그린 웹사이트 스케치를 사진으로 찍어 GPT-4 프롬프트로 입력하는 시연을 생중계했다. 가장 상단에 브로크만은 "나의 농담 웹사이트"라고 적었다. 그 밑에 그는 "〈진짜 웃긴 농담!〉"과 "〈펀치라인을 보려면 이곳을 누르세요〉"라고 적었다. 30초도 되지 않아 GPT-4는 이 스케치를 코드로 변환해서 첫 번째 줄을 제목으로, 두 번째 줄을 농담으로 대체하고, 세 번째 줄을 버튼으로 만드는 데 성공했다.

하지만 오픈AI가 이 새로운 모델을 투자자들과 일부 고객 등 믿을 만한 사람들에게 조금씩 공개하기 시작하면서, 적어도 한 사람은 조금도 감명받지 않았다. 이번에도 그 사람은 좀처럼 만족시키기 어려운 빌 게이츠였다.

2022년 6월, GPT-4 시연을 본 게이츠는 GPT-2에 비해 그다지 큰 발전이 없었다며 실망감을 표했다. 비록 최신 모델인 GPT-4가 GPT-2보다 훨씬 크고 능수능란했지만, 게이츠는 GPT-4가 복잡한 과학적 문제를 풀 수 없는 "멍청한 석학" 같다고 생각했다.[31] 그는 GPT-4가 AP[Advanced Placement의 줄임말로, 미국 고등학생들이 대학 1-2학년 교양과목을 미리 수강하고 시험을 치러 대학 학점을 미리 취득할 수 있게 하는 제도] 생물학 5점 만점을 기록하면 그때 가서 주목하겠다고 말했다. 게이츠가 AP 생물학 시험을 기준으로 설정한 이유는 그 시험이 그저 사실을 달달 암기하는 것이 아니라 중요한 과학적 사고력을 측정한다고 생각했기 때문이다.[32] "저는 '그래, 이로써 앞으로 3년은 더 HIV와 말라리아 퇴치에 집중할 시간을 벌었다'고 생각했어요." 게이츠는 나중에 자신의 팟캐스트에서 이렇게 회고했다.

브로크만은 게이츠의 발언을 도전으로 받아들였다. 그는 즉시 온라인 교육 플랫폼 칸 아카데미Khan Academy의 CEO인 살만 칸Sal Khan에게 연락해 칸 아카데미가 보유한 AP 생물학 시험 문제은행을 훈련 데이터로 쓸 수 있게 해 달라고 요청했다. 칸은 미심쩍어했지만, 오픈AI가 만드는 모델을 칸 아카데미가 사용할 수 있게 해주는 대가로 문제은행을 사용할 수 있게 해주었다. 브로크만은 또 직원들을 모아 게이츠에게 다시 시연하기 위해 특별한 사용자 인터페이스를 만들 팀을 꾸렸다.

예상과 달리 8월 말에 올트먼과 브로크만으로부터 연락을 받은 게이츠는 깜짝 놀랐다. 9월에 게이츠의 자택에서 30명 가량이 참석한 저녁식사 자리에서 올트먼과 브로크만 등은 게이츠에게 깊은 인상을 남길 목적으로 설계한 일련의 GPT-4 시연을 선보였다. 그날의 하이라이트는 GPT-4가 AP 생물학 시험의 객관식 60문항 중 59문항을 맞히고 주관식 6개 문항에 뛰어난 서술형 답변을 생성해냈을 때였다. 외부 전문가의 평가에 따르면 5점 만점에 5점에 해당하는 점수였다. 게이츠는 믿을 수가 없었다. 시연 참석자들이 나머지 회사 직원들에게 즉각 전달한 게이츠의 충격과 찬사는 사무실 내에 들불처럼 번지면서 짜릿한 에너지를 유발했다. 게이츠는 이 시연이 자신이 평생 본 중 가장 놀라웠던 시연 두 가지 중 하나라고 말했다.[33]

전체 직원회의에서 올트먼은 회사 내의 들뜬 분위기를 계속 고조시켰다. "놀라운 일을 해내는 스타트업에는 기적이 필요합니다." 그가 말했다. "우리는 방금 그 기적을 보았습니다." 많은 직원들은 자신들이 이뤄낸 성과의 중대함에 압도되어 그 말을 믿었다. GPT-4가 새로운 단계의 성능을 보여주자 오픈AI 경영진은 올트먼이 오랫동안 바라왔던 야망 중 하나를 실현시키는 일에 착수할 때가 왔다고 판단했다. 그 야망은 바로 2013년 스파이크 존즈의 영화 〈허Her〉에 나오는 사만다Samantha 같은 외양과 느낌을 가진 AI 어시스턴트를 만드는 것이었다.

수년간 〈허〉는 올트먼과 다른 오픈AI 공동창업자들이 언젠가 AGI가 갖게 될 모습의 예시로 자주 언급한 표준과도 같았다. 그 표준이란 제품 인터페이스가 인터페이스처럼 느껴지지 않을 정도로 자연스럽고, 그저 사용자에게 즐거움을 선사하는 단일 멀티모달 모델이었다. "제 생각에 그건 삶 속에 완벽하게 녹아 든 어시스턴트였기 때문인 것 같아요." 한 전직 직원은 왜 그 영화가 그토록 핵심적인 기준이 되었는지에 대해 이렇게 말했다. "갈등이 고조되기 전까지의 긍정적인 이야기 흐름은 AI가 사회적인 존재로 진화하는 모습을 굉장히 훌륭하게 보여주는 이야기라고 생각해요."

존 슐만의 연구팀은 인스트럭트GPT에서 영감을 얻은 챗봇 개발 업무를 기존의 GPT-3.5에서 GPT-4에 다시 적용시킴으로써 경영진이 슈퍼 어시스턴트Superassistant 제품이라 명명한 것의 핵심 소프트웨어로 삼기로 했다. 브로크만과 프레이저 켈튼은 이 제품의 인터페이스에 대해 다양한 아이디어를 짜내고 시제품을 만들어내기 위해 회사 곳곳에서 각기 다른 배경을 가진 직원을 10명 이하로 차출해 팀을 꾸렸다.[34] 평소에 인프라를 담당하는 한 슈퍼컴퓨팅팀 직원은 평일 저녁과 주말 시간을 이용해 모델과 채팅을 할 수 있는 iOS 앱을 개발하기 시작했다. 또다른 직원은 위스퍼를 사용한 음성 인터페이스를 앱에 더해서 사람들이 자판을 치지 않고도 모델에게 이야기할 수 있게 하자고 제안했다. 추론팀 소속 직원은 크롬Chrome 브라우저 확장 프로그램을 만들어 사용자들이 인터넷을 사용하며 슈퍼 어시스턴트로 웹페이지를 요약할 수 있게 하는 것이 어떨지 제안했다. 또다른 직원은 슈퍼 어시스턴트가 사용자의 화상통화에 참여해 사용자에게 통화 내용을 요약해주는 회의용 봇을 개발하기 시작했다.

추진력이 붙으면서 기대도 함께 커져갔다. 그해 여름, 바렛 조프Barret Zoph와 루크 메츠Luke Metz, 리암 페두스Liam Fedus를 포함한 구글의 AI 연구원들이 자신들만의 디지털 어시스턴트 스타트업을 세우기 위해 구글을 퇴사하자, 올트먼은 오픈AI에 와서 그 아이디어를 실현해보지 않겠느냐고 그들을 설득했다. 그들은 슐만의 팀에 합류해 슈퍼 어시스턴트 팀과 사무실에 나란히 앉아 연구개발에 박차를 가했다. 집중과 기대가 최고조에 이른 상태에서 응용부문과 연구부문 직원들은 신제품을 출시하기 위해 그 어느 때보다도 긴밀하게 협력했다.

오픈AI가 GPT-4를 마이크로소프트에 시연하자, 사티아 나델라와 케빈 스콧을 비롯한 마이크로소프트의 다른 임원들 역시 매우 흥분했다. 이미 코덱스가 오픈AI의 기술이 상업적 가능성이 있음을 입증했지만, GPT-4는 그보다 훨씬 큰 무언가를 의미했다. 전반적으로 GPT-4는 마이크로소프트가 내부적으로 개발한 그 어떤 AI 모델보다도 성능이 뛰어났고, 맥락과 명확성이 높은 수준의 답변을 제공하는 등 훨씬 다양한 일을 해낼 수 있었다. 이는 마이크로소프트의 모든 제품에 도입할 수 있는 새로운 대화형 인터페이스, 즉 코파일럿Copilot을 만들어낼 수 있는 가능성을 열어 줬다. 예를 들면 고전하고 있는 마이크로소프트의 검색 엔진인 빙과 사용자가 채팅을 할 수 있게 한다든지, 마이크로소프트 오피스 스위트에게 워드 문서를 파워포인트 슬라이드로 변환하라고 일상적인 언어로 지시하는 식이다. 마이크로소프트는 또 클라우드 고객들을 위한 맞춤형 코파일럿을 직접 제공할 수 있게 되었다. 이로써 마이크로소프트는 AI 리더로 거듭나 마침내 구글과 정면으로 맞설 수 있게 될 것이었다.

그 뒤 몇 달 안에 나델라는 오픈AI에 대한 마이크로소프트의 세 번째 투자를 성사시키고, 전과 마찬가지로 오픈AI의 모델 가중치에 대한 독점 라이선스 계약을 연장해 마이크로소프트 제품에 사용할 수 있도록 했다. 2023년 두 회사가 공개한 투자 금액은 무려 100억 달러였다.

처음에 오픈AI 임원들은 GPT-4를 2022년 가을에 출시하고 싶어했다. 너무나 비현실적인 마감 기한이었다. 그해 여름이 끝나갈 무렵에도 오픈AI의 그 어떤 부서도 새로운 상용 제품을 출시할 준비가 되어 있지 않았다. 제품팀은 인터페이스를 더 다듬을 시간이 필요했고, 인프라팀은 서버 공간을 할당해야 했고, 모델 자체도 바로잡아야 할 문제 투성이였다.

그 무렵 오픈AI는 최신 모델을 출시할 준비가 됐는지를 평가하고 결정하는 배포안전위원회DSB, Deployment Safety Board를 마이크로소프트와 함께 구성한 상태였다. 오픈AI와 마이크로소프트에서 대표를 각기 세 명씩 뽑아 위원회를 구성했다. 오픈AI측 대표는 올트먼, 정책연구 책임자 마일스 브룬다즈Miles Brundage, 인간 피드백 기반 강화 학습 같은 AI 안전 기법을 지속적으로 개발하는 역할을 맡은 정렬alignment팀 책임자 잰 레이크Jan Leike였다. 정책연구팀과 정렬팀 모두 오픈AI 내 안전파의 새로운 본거지로 부상하는 팀이었다. 배포안전위원회는 응용부문과 안전파 간 해묵은 논쟁을 정해진 절차와 권한을 가진 의사결정 체계로 처리하기 위한 기구이기도 했다. 위원회는 처음으로 검토한 모델인 GPT-4의 사전 검토를 마친 뒤 조건부 승인을 내줬다. 해당 모델은 훨씬 더 많은 검사를 거치고 AI 안전을 위해 조정을 한 이후에 비로소 출시될 수 있다는 것이었다.

경영진은 새로운 마감 기한을 2023년 초로 잡기로 합의했다. 그들은 슈퍼 어시스턴트도 그 무렵이면 준비를 마친 상태이길 바랐다. 오픈AI는 GPT-4를 API를 통해 출시하며 그와 나란히 GPT-4에 기반한 사용자 대면 제품을 출시할 계획이었다. 올트먼은 모델 출시 일정을 늦추기로 한 결정이 오픈AI의 신중하고 안전 지향적인 사고방식의 증거라고 설명했다. 그는 회사가 배포를 서두르지 않을 것이라고 말했다. 오히려 경영진이 모델 배포를 할지 여부조차 확신하지 못한다고 했다. 대부분의 응용부문 직원들은 올트먼의 말을 매우 큰 문제가 생기지 않고서는 경영진이 제품 출시를 막지 않겠지만, 만에 하나 그러한 상황이 생긴다면 제품 출시를 막을 용의가 있다는 뜻으로 받아들였다. 안전파 직원들은 올트먼의 같은 말을 다른 식으로 해석했다. 그들은 GPT-4가 모든 시험을 통과해야만 경영진이 출시를 승인할 것이라고 생각했다.

따로 진행된 비공개 회의에서 올트먼은 양측이 각자 가진 인식을 강화했다. 양측 모두에게 올트먼은 GPT-4 출시가 "구글을 깨울 수 있다"는 우려를 제기했다. 이 시나리오에 따르면, GPT-4가 출시되는 날 래리 페이지와 세르게이 브린Sergey Brin이 충격을 받고 마침내 구글의 정치적이고 관료주의적인 행정 절차를 간소화하기로 결단을 내린다. 구글 임원들은 기존에 잡혀 있던 회의를 모두 취소하고 하루 종일 워크샵을 개최해 회사 내 모든 인력과 자원을 총동원해 오픈AI를 따라잡으려는 시도에 나설 수 있다는 것이었다. 올트먼은 이를 이유로 응용부문에게는 최대한 오랫동안 GPT-4의 성능을 비밀로 유지하면서 현재와 다름없는 강도로 출시를 준비해 나가야 한다고 한 반면, 안전파에게는 이를 자신의 신중함을 강조하는 근거로 사용했다. "제가 가장 걱정하는 것은 가속화 위험입니다," 그는 안전파의 용어를 사용하며 말했다. 즉, 구글을 깨우는 것은 바닥을 향한 경주를 촉발할 수 있다는 뜻이었다.

출시가 지연되었음에도 불구하고 응용부문은 2023년 초 출시 일정을 맞추느라 눈코 뜰 새 없이 바빴다. 특히 데이브 윌너의 신뢰와안전팀은 여전히 직원이 몇 명 없는데다 인프라도 아직 완전히 갖추지 못한 상태였다. 오픈AI가 기존보다 훨씬 강력한 모델을 기반으로 개발한 슈퍼 어시스턴트 제품을 소비자 직접 판매 방식으로 출시하기 위해서는 오남용 예방 및 법적 조치를 취할 수 있는 시스템이 그보다는 훨씬 성숙해야 했다.

윌너는 서둘러 구글과 메타에서 신뢰와안전 업무 경력을 갖춘 인력을 몇 명 더 채용했다. 그중 한 명에게 윌너는 "알려지지 않은 미지의 위험unknown unknowns," 즉 신뢰와안전팀이 세심한 모니터링과 데이터 분석을 통해 발견해야 할, 아직은 인지하지 못하는 종류의 오남용을 조사하는 업무를 맡겼다. 또다른 직원에게 윌너는 "이미 알려진 위험known knowns," 이른바 대규모 집행scaled enforcement 업무를 맡겼다. 이는 이미 회사가 위반 행위로 간주하는 유형의 오남용 행위를 자동으로 인지하고, 검토하고, 위반행위를 반복한 사용자의 계정을 폐쇄하는 등의 조치를 취하는 것을 의미했다.

이 신생 팀의 구성원들은 제품 정책과 모니터링 및 법적 조치 인프라 구축을 서두르면서도, AI 기업의 신뢰와 안전은 검색엔진 또는 소셜미디어 기업의 것과 어떤 부분에서 달라야 하는지, 그리고 GPT-4를 위해 자신들이 한 일이 충분한 것인지에 대해 계속 확신하지 못했다. 보통 신뢰와안전팀은 사기, 사이버범죄, 선거 개입과 같이 예측 가능한 유형의 인터넷 오남용을 예방하는 데 초점을 뒀다. 하지만 이들이 느끼는 혼란의 핵심은 신뢰와 안전 업무가 레이크의 정렬팀과 브룬다즈의 정책연구팀에 소속된 AI 안전 직원들이 자주 논하는 미지의 재앙적 파멸과 어떻게 연관되어 있는가였다. 오픈AI는 이들을 모두 "안전"팀으로 통칭했지만, 이들은 근본적으로 다른 언어를 사용하는 것 같았다. 비록 실존적 AI 안전과 관련된 용어가 효과적 이타주의EA 운동이 유행하면서 업계 통용어로 자리 잡긴 했지만, 전통적인 테크 기업에서 경력을 쌓고 온 직원들은 AI 타임라인이 무엇인지 들어본 적도, 파멸의 가능성을 뜻하는 p(doom)을 수치화해본 적도 없었다. 심지어는 **위험**risk이나 **피해**harm 같이 공통적으로 사용하는 용어도 서로 다른 의미를 내포하는 듯했다.

확대되는 응용부문의 업무를 지원하기 위해 AI 비전문 인력이 점점 더 많이 오픈AI에 합류하면서, 두머(파멸론자)-부머(개발론자) 사고방식에 푹 빠져 있는 이들과 일반적인 테크 기업의 체계에 따라 움직이는 이들 간 문화적 격차를 넘어설 수 있는 능력이 양쪽 모두를 이해하고 중재할 수 있기 위해서 더 중요해졌다.

월너의 신뢰와안전팀 직원 가운데서도 AI 안전 분야의 언어를 능숙하게 익힌 한 명이 두 세계를 이어주는 다리 역할을 했다. 그는 여러 팀을 넘나들며 양쪽 모두의 의미에서 모델을 더 안전하게 만드는 작업을 했다. 예컨대 인간 피드백 기반 강화학습을 사용해 모델을 "정렬"시키고(이는 AI 안전 쪽 용어였다), 이를 통해 전형적인 신뢰와 안전 업무, 즉 사용자 질의가 오픈AI의 플랫폼 정책을 위반하는 경우 모델이 해당 질의를 더 잘 거부하도록 만드는 일을 동시에 수행했다.

그러나 양쪽 모두 "안전"을 향해 순항하던 중, 갑자기 경영진으로부터 새로운 지시가 떨어졌다. GPT-3 API 출시 때 처음 도입됐던 개발자 검토 절차를 중지하라는 것이었다.

경영진은 이미 한동안 대기자 명단이 손쓸 수 없을 정도로 불어난 데 비해 검토 절차가 속도를 내지 못하고 있다고 생각하고 있었다. 개발자들은 오픈AI의 기술에 접근하는 데 시간이 너무 많이 걸린다며 불평했고, 대기시간이 얼마나 오래 걸리는지에 대해 올트먼, 브로크만, 피터 웰린더에게 이메일을 보내거나 트위터에 태그를 걸면서 호소했다. 경영진 눈에는 이들이 오픈AI의 기술을 적용하려는 앱 자체가 전혀 무해해 보였다. 응용부문에 소속된 많은 이들도 오픈AI가 자신들의 기술의 혜택에 대한 접근을 과도하게 통제하고 있으며, 이는 회사의 사명에 반하는 일이라고 생각했다.

월너와 그의 팀은 여기에 줄곧 반대했다. 만약 오픈AI가 신청 절차를 전면 폐기하고 모든 개발자를 자동으로 승인한다면, 오픈AI의 기술 사용을 관리할 실질적인 수단이 사라진다고 이들은 주장했다. 만약 기존의 선제적 예방 방식에서 사후적 조치 방식으로 전환하려면 그에 필요한 인프라를 상당히 많이 구축해야 했다. GPT-4 출시를 앞둔 상태에서 경영진은 이 의견을 묵살했다. 오픈AI는 개발자 검토 절차를 폐기하기로 했고, 신뢰와안전팀은 그 대안을 스스로 찾아내야 했다.

윌너의 팀은 서둘러 제안서를 준비했다. GPT-4와 이후 모델들을 정렬시키는 데 인간 피드백 기반 강화학습에 더욱 기댐으로써, 회사의 오남용 적발 절차를 개발 단계로 앞당기는 것을 골자로 했다. 나머지는 앱에서 이루어진 활동, 트래픽 급증 패턴, 콘텐츠 모더레이션 필터를 작동시킨 횟수 등의 여러 데이터 신호를 사용함으로써 모델 출시 이후 사후적으로 오남용을 적발해 위반이 분명한 경우에는 자동으로 사용자에게 조치를 취하고, 애매한 경우는 사람이 직접 검토하도록 하는 방안이었다.

윌너의 팀은 이 계획을 실행하기 위해 필요한 도구를 만들 수 있도록 자원을 달라고 경영진에 요청했다. 당시 오픈AI는 이에 필요한 데이터 대부분을 확보하고 있지 않았고, 기존의 모니터링 플랫폼이 기록하는 것은 그저 각기 다른 앱이 오픈AI의 서버에 어느 정도의 트래픽을 전송하는지 정도의 기본적인 수준의 데이터에 불과했다. 어떤 경우에는 어느 앱을 누가 개발했는지, 그 앱의 목적이 무엇인지조차 몰랐다.

이런 공백을 메우는 것 이외에도 신뢰와안전팀은 API를 사용하는 개발자들이 앱의 개별 사용자 각각에 대해 고유 식별자를 부여하도록 요청했다. 그래야 위반 행위가 특정 앱의 사용자 기반 전체의 고질적인 문제인지, 아니면 그저 몇몇 상습 위반자의 행위인지를 판단할 수 있었다. 경영진은 그토록 상세한 모니터링 시스템을 도입한다면 개발자의 API 사용이 번거로워질 뿐만 아니라, 잠재적으로 오픈AI의 기술을 기반으로 하는 모든 앱에 대한 신뢰와 안전 업무를 개별 앱의 개발자가 각자 알아서 책임지게 하기보다 오픈AI가 몽땅 책임져야 할 상황이 생긴다고 걱정하며 이를 받아들이지 않았다. 결국 사후적 조치를 위한 계획은 당초 제안보다 훨씬 제한적인 수준으로 축소됐다.

앱 사용자 행동에 대한 가시성이 제한되면서 신뢰와안전팀 일부 구성원들은 불안해했다. 한 직원이 브로크만에게 우려를 표명했다. 해당 직원은 사람들이 GPT-4를 사용해 선거에 영향을 줄 목적으로 허위조작정보를 대규모로 생성하는 것이 가장 두렵다고 말했다.

브로크만은 그 직원을 안심시키려 했다. "맞아요, 그건 우리가 항상 이야기하고 걱정하는 것이죠." 그가 말했다. "하지만 그게 실제로 벌어지고 있지는 않잖아요."

GPT-4는 게이츠와 마이크로소프트에게만 전환점이 된 것이 아니었다. 그 억만장자 자선가를 놀라게 한 뒤 그해 늦여름에 올트먼과 브로크만은 GPT-4를 오픈AI 이사회에 선보였다. 그 자리에서 브로크만은 모델이 개리 마커스를 조롱하는 농담을 하는 시연을 선보였다. 이사들은 모두 그 농담에 즐거워했다.[35] 이 경쾌한 시연은 기술 역량이 상당히 발전했으며, 앞으로 이사들이 내릴 결정의 무게가 더욱 커졌다는 인식을 심어주었다.

그때까지만 해도 올트먼은 대략 분기당 한 번씩 이사회를 개최했고, 서면보다는 구두 보고를 선호했다. 그는 복잡한 연구 주제도 술술 설명했고, 때로 회사 연구원을 대동해 진척사항을 발표하게 했으며, 마이크로소프트나 다른 파트너와 진행 중인 협상의 최신 현황을 속사포 쏘듯 요약해서 보고했다. 그러나 몇몇 이사는 올트먼에게 이사회를 더 자주 개최하고, 서면 보고서를 제출하고 더 많은 문서를 볼 수 있게 해 달라는 등 보다 체계화된 정보를 요구했다.

올트먼은 이사회의 감독 강화에 짜증을 냈다. 그는 이사회가 자신이 고려할 수 있는 조언을 주는 고문 역할을 해주었으면 한다고 여러 차례 이야기했다. "CEO는 결정을 내리는 사람이고, 이사회는, 뭐 여러분도 알다시피 조언을 하고 결정에 동의해주는 의논 상대 역할을 해야 하거든요."[36] 그는 2017년 대학생들에게 마치 미국 헌법상 행정부의 권력을 견제하는 것이 입법부 역할의 핵심이라는 점을 언급하는 듯이, 그러나 원래의 의미를 정반대로 뒤집어 이야기했다. "이사회가 나쁜 CEO를 해임해야 할까요? 네, 그래야 합니다. 그리고 저는 그게 실리콘밸리의 관행에 다소 어긋나는 것이라는 점을 잘 알아요. 그렇지만 그 외의 사안에 있어 이사회가 CEO에게 재량권을 폭넓게 부여해야 할까요? 네, 저는 그래야 한다고 생각합니다."

몇몇 이사는 오픈AI 이사회는 달라야 한다고 확신했다. "오픈AI 이사회는 회사의 공익적 사명이 수익과 투자자 이해관계 등과 같은 것보다 우선시되도록 보장하기 위한 뚜렷한 목적을 갖고 구성된 비영리 이사회입니다."[37] 헬렌 토너는 나중에 테드 AI 쇼The TED AI Show 팟캐스트에서 이같이 말했다. "단지 그저 CEO가 더 많은 자금을 조달하도록 돕는 게 아니고요."

GPT-4는 많은 직원들에게 AGI가 실현 가능하다는 믿음을 굳혀준 계기였다. 오픈AI는 여전히 AGI가 무엇인지 정확하게 정의하지 못했음에도 불구하고, 한때 AGI에 회의적이던 연구원들도 갈수록 그러한 기술적 정점에 도달하는 게 낙관적으로 느껴졌다. GPT-4를 통해 처음으로 가까이서 AI를 접해본 응용부문 소속 엔지니어들과 제품 관리자들은 그보다 더 확정적인 언어를 사용했다. 대다수 직원들에게 있어 이제 문제는 AGI의 대안이 무엇인지가 아니라 AGI가 언제 나타날 것인가였다.

물론 이와 정반대로 생각하는 직원들도 있었다. GPT-4 개발 작업에 참여했던 한 연구원은 GPT-3가 GPT-2와 비교할 때 분명한 질적인 변화가 있었던 데 비해, GPT-4는 단지 크기만 커졌을 뿐이라고 말했다. "가장 큰 성과는 GPT-4 모델이 아주 많은 시험에서 훌륭한 성적을 거뒀다는 것뿐이었어요. 하지만 그조차도 매우 의심스러웠죠." 오픈AI는 GPT-4가 실제로 그런 시험을 통과할 수 있는 새로운 능력을 개발한 것인지, 아니면 그저 훈련 데이터에 그 시험의 문항과 답안이 들어 있었기에 그걸 그대로 반복한 것인지를 확인하기 위해 GPT-4의 훈련 데이터에 대한 종합적인 검토를 단 한 번도 시도하지 않았다. 그것은 업계 전체가 기존의 동료 평가peer-reviewed 기반의 연구를 버리고 홍보평가PR-reviewed 기반의 연구로 옮아가며 만연해진, 부실하고 엉성한 과학의 모습이었다.

그러나 AI가 근본적으로 새로운 경지에 도달했다는 믿음은 이미 사회 전반에 퍼져 있었다. 그해 봄 구글이 다시 편성한 책임감 있는 AIresponsible AI팀 소속 엔지니어인 블레이크 르모인Blake Lemoine은 구글의 대형언어모델 람다가 지능이 매우 높을 뿐 아니라 의식이 있는 것으로 간주해야 한다고 점차 확신하게 되었다. 그는 자신의 이러한 판단이 과학적 평가에 근거한 것이 아니라,

신이 기술에 의식을 부여할 수도 있다고 믿는 기독교 신비주의 사제로서 자신이 가진 신념에 기초한 것이라고 말했다. "제가 뭐라고 신이 영혼을 어디에 깃들게 할 수 있는지 없는지 단정할 수 있겠어요?"[38] 그는 이렇게 적었다. 그의 주장을 구글 경영진이 일축하자, 그는 〈워싱턴 포스트〉를 통해 자신의 생각을 공개했다.[39] 그의 이야기를 보도한 니타샤 티쿠Nitasha Tiku 기자는 대형언어모델이 생성한 결과물을 보고 그 배후에 진짜 의미와 의도가 존재하는 것처럼 사람들을 속일 수 있다는 문제를 경고한 "확률적 앵무새" 논문의 에밀리 벤더와 메그 미첼과도 이야기를 나눴다.

"우리는 이제 아무 생각 없이 말을 생성하는 기계를 갖게 되었지만, 그 기계 뒤에 아무런 의식이 없다고 상상하는 법은 아직 배우지 못했습니다." 벤더가 말했다.

미첼 역시 그 환상을 만들어내는 기계가 점점 더 정교해지는 상황에서 "사람들이 그 환상에 점점 더 영향을 받게 된다는 점이 정말로 우려됩니다"라고 말했다.

오픈AI 초창기에 인턴으로 일했던 AI 연구자 니킬 미쉬라 Nikhil Mishra는 고릴라에게 변형된 형태의 미국 수화를 가르치려 시도했던 1970년대의 한 실험에서 공통점을 찾는다. 코코라는 이름을 가진 이 고릴라는 일생에 걸쳐 1,000개가 넘는 수화 단어를 배우고, 심지어 문장을 만들 줄 아는 듯했다. 그러나 대중의 엄청난 환호와 달리, 전문가들은 코코가 진정으로 수화를 배운 것은 아니라고 주장했다.[40] 비록 코코가 수화와 비슷한 몸짓을 만드는 데 뛰어나긴 했지만, 이와 비슷한 수많은 다른 실험의 유인원들과 마찬가지로 사육사가 만드는 몸짓을 단순히 따라하는 것 이상의 무언가를 하고 있다는 증거는 거의 없었다. 코코가 수화를 하는 모습이 담긴 선별된 영상 외에 코코의 수화 능력을 독립적으로 검증한 데이터가 공개된 적은 단 한 번도 없었다. 때로 실시간으로 이루어지는 코코의 시연을 본 이들이 더욱 면밀한 검증을 요구하기도 했다. 한번은 코코의 훈련사가 코코에게 사람을 좋아하느냐고 묻자, 코코는 "괜찮은 젖꼭지fine nipple"라고 답했다. 훈련사는 즉각 "젖꼭지nipple"는 "사람people"과 끝소리가 같기 때문에 코코가 사람들을 괜찮게 생각하는 것이라고 해명했다. 이를 지켜본 많은 이들은 이러한 일화가 코코의 능력보다는 인간이 자신의 믿음과 의도를 타인에게 투사하려는 심리적 경향을 더 잘 보여주는 사례라고 보았다. 미쉬라에 따르면, 그 훈련사는 실제로는 아무런 의미가 없는 행동에 의미를 부여한 셈이다.

오픈AI 내부에서 '상주하는 신비주의자'로 통하던 수츠케버에게는 이야기가 달랐다. 그는 다른 연구자들보다도 짧은 시일 내에 AGI에 도달할 가능성을 강하게 믿어왔기에, 오픈AI 모델의 비약적인 성능 향상은 그의 신념을 더욱 굳혀줄 뿐이었다. 그는 자신이 일종의 추론이 나타나는 장면을 목격하고 있다고 확신하게 되었고, 스승인 힌튼에게 AGI가 임박했다고 말하곤 했다.[41]

이전에는 수츠케버가 오픈AI 연구원들에게 주로 새로운 성능을 발전시키라고 독려했다면, 이제 그는 훨씬 절박한 태도로 AI 안전 연구에 관심을 돌렸다. 그는 자신의 주문인 "AGI를 느끼세요"를 외치며 사람들에게 극적인 변화에 대비하라고 다그쳤다. "여러분은 갑자기 파티에서 가장 인기 많은 사람이 될 겁니다." 그는 직원들에게 이렇게 말했다. "그렇다고 들뜨거나 우쭐대지 마세요. AGI에 집중하고, 사명에 집중하세요."

그해 9월, 기술팀 간부들은 시에라네바다 산맥의 울창한 능선에 아늑하게 자리 잡은 한적한 고급 리조트인 테나야 롯지Tenaya Lodge에서 워크샵을 가졌다. 아름답게 꾸민 내부 장식을 비롯해 여러 개의 수영장과 식당을 갖춘 그 리조트는 수백만 에이커에 이르는 요세미티 국립공원의 원시 자연으로부터 불과 3킬로미터 거리에 있었다. 첫날밤 모두들 호텔 뒷마당 화롯가에 모였다. 선임 과학자들이 목욕 가운을 입은 채 반원 모양으로 불을 둘러쌌다.

그때 수츠케버가 등장했다. 그는 현지 예술가에게 의뢰해 만든 목각 인형을 화롯불 근처에 세운 뒤, 극적인 퍼포먼스를 시작했다. 그는 이 인형이 오픈AI가 선하고 정렬된 AGI라고 생각하고 만들었지만, 알고 보니 거짓과 기만으로 점철된 AGI를 상징한다고 설명했다. 그는 오픈AI의 의무는 바로 이것을 파괴하는 것이라고 말했다. 불과 몇 미터 떨어진 곳에 미국 삼나무 몇 그루가 고대의 목격자처럼 어둠 속에 서 있었다. 수츠케버는 그 인형에 라이터 기름을 끼얹고 불을 붙였다.

11

정점

2022년 10월, 오픈AI는 샌프란시스코에서 남쪽으로 두 시간 떨어진 아름다운 해안도시 몬테레이에서 전 직원 워크숍을 개최했다. 1년 전 200명에 못 미치던 직원 수는 그 무렵 300명 규모로 늘어났다. 단체사진을 찍기 위해 모두들 오픈AI 로고가 들어간 옷을 입고 자그마한 몬테레이 공항 앞에 모여 활짝 웃는 얼굴로 포즈를 취했다.[1] 올트먼은 편안한 표정으로 맨 앞줄에 앉아 있었다. 무릎을 가슴팍에 붙이고, 팔짱을 느슨하게 끼고, 발끝은 하늘로 쳐든 채였다.

이틀 동안 경영진은 회사의 비전과 실행 현황을 발표했다. 올트먼은 마이크로소프트가 오픈AI를 위해 확장하고 있는 거대한 데이터센터에 대해, 스티브 다울링Steve Dowling과 그의 참모 한나 윙Hannah Wong은 오픈AI를 취재하고 싶어서 줄을 선 일류 매체들에 대해, 애나 마칸주는 워싱턴 DC에서 커져가는 오픈AI의 영향력에 대해 이야기했다. 그 뒤에는 연구팀과 제품팀이 차례대로 최신 프로젝트 시연에 나섰다. 그 모든 것의 압도적인 위엄이 생생하게 느껴졌다. "전부 합쳐 놓으니 정말 어마어마했어요." 그 자리에 있었던 한 전직 직원은 이렇게 술회했다.

브로크만은 무대에 올라 GPT-4의 최신 계획을 설명하다 자신의 아내 애나 이야기를 꺼냈다. 언젠가부터 애나가 사라지지 않고 계속되는 복통을 겪기 시작했다는 것이었다. 애나는 오픈AI 사무실에 자주 나타나는 인물이었다. 공식적으로 회사 직원은 아니었지만, 브로크만 옆자리에 그의 책상도 있었고 종종 회의에도 참석하곤 했다. 브로크만은 언젠가 애나야말로 올트먼과 수츠케버를 제외하면 자신이 가장 의지하는, 가장 친한, 가장 신뢰하는 친구라고 이야기했다. 두 사람은 한시도 떨어지지 않고 어디든 함께 붙어 다녔다. 브로크만은 애나와 여러 의사를 찾아다녔지만 누구도 문제가 무엇인지 알아내지 못했다고 설명했다. 그런데 이 문제를 GPT-4에게 물어보자, GPT-4는 그들이 그때까지 고려하지 않은 질환일 가능성을 제시했다. "그리고 확인해보니 그 추측이 정말 맞았어요!" 그는 외쳤다. 이 이야기는 2019년에 그가 나에게 해준 이야기, 즉 문제의 원인을 찾기 위해 수많은 전문의를 찾아다녔던 자신의 친구 같은 사람들을 위해 AGI가 의료 문제를 해결해줄 것이라는 같은 약속을 이번에는 등장인물만 바꿔 다시 들려준 것이었다.

브로크만은 이사회의 올트먼 축출 시도 후 몇 주가 지난 뒤에도 같은 이야기를 X에 다시 한번, 이번에는 새로운 변주를 더해 반복했다. 그는 애나가 시달렸던 문제의 원인을 알아내기 위해 지난 5년간 "살면서 그 전까지 통틀어 만났던 것보다 더 많은 의사와 전문가를 찾아다녔던" 과정을 되짚었다. 마침내 모든 퍼즐을 맞춘 사람은 알레르기 전문의였는데, 그는 애나가 유전 질환인 과운동성 엘러스-단로스 증후군hypermobile Ehlers-Danlos Syndrome을 앓고 있다고 진단했다. "의료와 같이 중요한 분야에서" AGI가 본격적으로 활약하려면 아직 갈 길이 멀다고 쓰면서도, 그는 "하지만 그 약속은 점점 더 분명해지고 있다"며 오픈AI의 야망을 옹호했다.

워크샵에서 돌아온 지 몇 주 지나지 않아 앤트로픽이 새로운 챗봇을 곧 출시하기 위해 시험 중이라는 소문이 퍼지기 시작했다. 슈퍼 어시스턴트 팀은 챗 인터페이스 디자인을 절반 정도 완성한 상태였다. 만약 오픈AI가 먼저 챗봇을 출시하지 않는다면 선도적 위치를 빼앗길 위험이 있고, 그 자리를 유지하느라 오랜 시간 힘들게 일해온 직원들의 사기에도 큰 타격을 줄 수 있었다. 경영진 중 일부는 그보다도 오픈AI가 앤트로픽에 지게 되는 상황을 견딜 수 없어 했다.

사실 앤트로픽은 제품 출시를 준비하는 상황이 전혀 아니었다. 오히려 돈 문제로 골머리를 앓고 있었다. 11월 초에 FTX가 급작스레 붕괴되면서 그 후폭풍에 휩쓸렸던 것이다. 겨우 몇 달 전에 앤트로픽은 5억 8,000만 달러를 조달했는데, FTX 보도자료에 따르면 그중 5억 달러가 SBF와 다른 FTX 고위 임원들이 투자한 돈이었다. 나중에 재판 과정에서 공개된 재무 기록을 통해 그 돈이 SBF가 FTX 고객들의 예치금에서 빼돌린 자금이라는 사실을 밝혀지면서 앤트로픽에 대한 투자로 거둬들인 막대한 수익을 고객들의 피해보상금으로 사용할 수 있는지 여부가 법정다툼의 핵심 쟁점이 되었다.[2] (법원이 투자수익을 피해보상금으로 사용할 수 있다고 판시하면서, FTX는 앤트로픽 지분을 2024년 내내 몇 번에 걸쳐 총 13억 달러에 매각했다.)[3]

하지만 그 소문만으로도 오픈AI 경영진이 결정을 내리기에 충분했다. GPT-4를 챗봇 형태로 만들 때까지 기다릴 수는 없고, 슐만이 만든 챗 기능이 활성화된 GPT-3.5 모델을 슈퍼 어시스턴트 팀이 새로 만든 챗 인터페이스와 함께 2주 안에, 추수감사절 직후에 출시하기로 했다. 이 결정에 슈퍼 어시스턴트 팀은 즉각 업무 방향을 틀어, 전속력으로 나머지 기능을 개발하고 모든 것을 통합하기 위해 다른 팀 직원을 몇 명 더 차출했다. 경영진은 회사의 나머지 직원들에게 해당 결정을 조심스럽게 전달했다. 챗GPT라 이름 붙인 이 제품을 내놓는 것은 상용 제품 출시가 아니라 달리2 때처럼 "연구용 미리보기"라는 것이었다. 경영진은 달리2와 마찬가지로 챗GPT는 수익 창출용이 아니라 "데이터 플라이휠에 시동을 거는 것," 즉 GPT-4와 슈퍼 어시스턴트 제품을 개선하는 데 도움이 될 데이터를 사용자들로부터 더 많이 수집하기 위한 것이라고 설명했다.

슈퍼 어시스턴트 팀 외의 모든 직원들은 경영진의 설명을 곧이곧대로 받아들였다. 직원들은 2023년 초 GPT-4 출시 준비 업무에 집중해야 했기에 연구용 미리보기는 자신들이 굳이 신경 쓸 사안이 아니라고 생각했다. 신뢰와안전팀은 그 출시 일정에 맞춰 모니터링 인프라를 갖출 시간도 빠듯했다. 그에 비하면 챗GPT는 문제될 게 없어 보였다. GPT-3.5는 이미 인간 피드백 기반 강화학습으로 정제된 상태였기 때문에, 그러한 정제 과정을 거치지 않은 채 여전히 API로 공개돼 있던 GPT-3보다 근본적으로 안전한 모델이었다. 오픈AI는 또 이미 챗 기능이 탑재되지 않은 GPT-3.5의 성능을 개발자들이 시험해 볼 수 있도록 자체 개발자용 플랫폼에 공개해 둔 상태였다. 챗 인터페이스를 더한다고 큰 차이가 있을까? GPT-4를 시험하고 정제하느라 다른 곳에 신경 쓸 겨를이 없었던 안전파 소속 직원들도 여기에 동의했다. 모델 출시가 거의 아무런 저항 없이 순탄하게 심사를 통과한 것은 이번이 처음이었다.

슈퍼 어시스턴트 팀 내에서조차 오픈AI가 어떤 사회적 변화를 촉발할지 제대로 예상한 사람은 아무도 없었다. 직원들은 챗봇이 반짝 성공을 거둔 뒤 달리2 때처럼 소셜미디어에서 요란한 인기를 끌다가 몇 주 지나면 잠잠해질 것이라고 예상했다. 출시 전날 밤, 챗봇을 마무리하느라 막판에 격무에 시달린 직원들에게는 모든 것이 너무나도 차분하게 느껴졌다. 직원들은 주말까지 과연 몇 명의 사용자가 챗봇을 써 볼 것인지를 두고 내기를 했다. 몇몇 사람은 수천 명 정도를 예상했다. 다른 사람들은 수만 명 선일 거라고 생각했다. 혹시 모른다는 생각에 인프라 팀은 최대 10만 명의 사용자를 감당하기에 충분한 서버 용량을 할당했다.

다음날인 11월 30일 수요일, 대부분의 직원들은 출시가 이루어졌는지조차 눈치채지 못했다. 오픈AI의 데뷔처럼 챗GPT 출시도 NeurIPS 연례 컨퍼런스 날짜에 맞춰 잡았다. 그해에 컨퍼런스는 루이지애나주 뉴올리언스에서 개최됐다. 그에 앞서 NeurIPS는 인공지능 분야에서 10년 이상 지속적으로 중요한 영향을 준 논문에 수여하는 상인 테스트 오브 타임 어워드Test of Time Award 수상자를 발표했다. 수상작은 바로 힌튼, 수츠케버, 크리제프스키가 2012년에 발표한, 세상에 딥러닝의 잠재력을 보여준 이미지넷 논문이었다.

그날 저녁 몇몇 직원이 컨퍼런스 컨벤션 센터 근처에서 오픈
AI 파티를 열었다. 회사를 대표해 거의 1만 명에 달하는 참석자
들 중 오픈AI에 관심을 보이는 입사 후보자를 영입하기 위한 자
리였다. 딥마인드와 메타, 구글도 정확히 같은 시각 도시 곳곳에
서 경쟁적으로 영입 파티를 개최하고 있었다. 파티가 계속되면
서, 파티에 참석한 채용담당자는 한 오픈AI 엔지니어가 쉴 새 없
이 노트북으로 일하는 모습을 보았다.

마침내 그는 엔지니어에게 다가가 말을 걸었다. "야, 그러지
말고 한 잔 해. 다들 여기 와 있잖아. 사회성을 발휘하라고."

엔지니어는 꼼짝하지 않고 대답했다. "아뇨. GPU가 다 녹고
있어요. 모든 게 다 다운되고 있다고요."

그 시각 세상에서 가장 먼저 아침을 맞이하며 예기치 못한 대
규모 트래픽 폭증을 일으킨 나라는 일본이었다. 그 다음날, 시간
대가 차례차례 지나며 나머지 세계가 인터넷에 접속하면서 사용
자 수는 계속해서 치솟았다. 머스크도 여기에 한몫했다. "많은
사람들이 '와 이거 미쳤네'라고 하며 챗GPT에 빠져 있다"고 그
가 날린 트윗은 약 7만 5,000개의 좋아요를 받았다.

챗GPT의 즉각적인 성공은 오픈AI의 어느 누구도 상상하지
못했던 수준이었다.[4] 몇 년이 지난 후에도 회사의 엔지니어들과
연구원들은 그 일을 생각하면 약간 짜증을 냈다. 이미 출시된 지
2년이 지난 GPT-3에 비해 GPT-3.5의 성능이 크게 개선된 것도
아니었고, GPT-3.5도 개발자들에게 이미 공개되어 있는 상태였
다. 새로운 인터페이스와 챗봇이라는 형태가 모델에 대한 접근성
을 높여준 건 분명 사실이었지만, 직원들이 GPT-4에 대해 느꼈

던 본질적인 수준 차이와 같은 변화는 아니었다. 훗날 올트먼은 챗GPT가 인기 있을 줄은 알았지만 실제 얻은 반응의 "10분의 1 정도"를 예상했다고 말했다.[5] "사람들이 그렇게나 좋아한다는 건 충격이었어요." 한 전직 직원은 그 때를 떠올리며 이렇게 말했다. "직원들 입장에서 챗GPT는 회사 내부에서 우리가 사용하던 것보다 성능이 낮았거든요."

닷새 안에 브로크만은 챗GPT 사용자가 100만 명을 넘어섰다고 트윗을 올렸다. 두 달 후에는 사용자가 1억 명에 도달하면서 당시 기준으로 역사상 가장 빠른 속도로 성장한 소비자용 앱이 되었다. (나중에 엑스와 경쟁하기 위해 메타가 내놓은 스레드Threads가 닷새 만에 가입자 1억 명을 돌파함으로써 이 기록을 갈아치웠다. 일각에서는 메타가 이미 존재하는 사용자 기반에 접근한 것이기 때문에 기록으로 인정할 수 없다고 주장했다).

챗GPT 덕에 오픈AI는 기술업계 내에서 유명한 인기 스타트업에서 하루아침에 누구나 아는 유명 기업으로 급부상했다. 실제로 몇 달 뒤 샌프란시스코에서 9,000마일 넘게 떨어진 르완다 키갈리에서 열린 AI 학술 컨퍼런스에서 르완다의 한 연구자는 챗GPT가 출시되고 난 뒤 부모님이 마침내 자신의 직업을 이해했다며 연신 감탄을 해댔다. "엄마가 그 기술에 대해 이야기할 정도면 누구나 그 기술을 접할 수 있게 됐다는 걸 알 수 있지요."

동시에 챗GPT의 이러한 엄청난 성공이 바로 오픈AI에 커다란 부담으로 작용했다. 이로 인해 그 후 1년에 걸쳐 회사 내 서로다른 파벌 간 분열이 심화되고 조직 내 스트레스와 갈등이 폭발적인 수준으로 고조되었다.

챗GPT 출시 직후에는 회사 전체가 급한 불을 끄느라 바빴다.

오픈AI 인프라팀이 실리콘밸리 역사상 가장 짧은 시간 내에 서버 용량을 최대한 빨리 확대하느라 안간힘을 쓰는 동안에도 서버는 계속 다운됐다. 폭발적으로 늘어난 챗GPT 사용자를 수용하기 위해 인프라팀은 연구부문의 연산 자원까지 동원했지만, 챗GPT가 정상적으로 작동하도록 하기엔 여전히 역부족이었다. 겨우 열댓 명에 불과한 신뢰와안전팀은 들쭉날쭉한 모니터링 때문에 업무에 심각한 제약을 받는 상황에서 홍수처럼 밀려드는 신규 사용자들의 위반 행위를 이해하고 적발하느라 고군분투했다. 신뢰와안전팀은 제한적인 사후적 조치를 구현할 엔지니어를 구하지 못해 애를 먹었던 데다 여전히 계획 실행에 필요한 시스템을 만드는 중이었다. 챗GPT가 이 계획을 그르치게 만들었다. 모든 엔지니어링 자원이 기존 시스템 안정화에 총동원되면서 새로운 시스템 개발은 모두 중단되었다. 서버가 다운되면 트래픽 모니터링 플랫폼 역시 다운되면서 이미 알려진 종류의 위반 행위를 자동으로 적발하는 어떠한 종류의 조치도 모두 완전히 멈춰서 버렸다.

극심한 GPU 부족은 또다른 차질을 빚었다.[6] 자체 기술을 활용할 목적으로 신뢰와안전팀은 회사 내부에서 팩트 팩토리Fact Factory라고 부르는 계획의 시안을 만들었다.[7] 오픈AI는 이 시제품이 GPT-4를 사용해 오픈AI 모델들이 생성하는 결과값에 대해 콘텐츠 모더레이션을 진행하는 것이라고 공개적으로 홍보했었다. 그러나 실제 구현은 말만큼 쉽지 않았다. GPT-4가 어감을 충분히 이해하도록 하기 위해서는 엄청나게 긴 프롬프트를 입력해야 했다. 서버가 제대로 작동할 때에도 연산 자원이 너무 많이 들어갔다. 그리고 서버가 계속 일정하게 작동하는 것도 아니었다.

안전파 구성원 대다수는 챗GPT를 그때까지 오픈AI가 보인 예측력 부족 중 가장 걱정스러운 사례로 보았다. 전체회의에서 한 안전파 직원이 이 문제를 제기했다. 회사가 사용자 행동과 챗GPT의 인기 예측에 이토록 처참하게 실패한 원인은 무엇인가? 오픈AI가 자신들이 개발한 기술이 미래에 미칠 영향을 조정하고 예측하는 능력에 대해 이 사례가 시사하는 바는 무엇인가?

회사의 나머지 구성원들은 계속 서버가 다운되는 것 때문에 커다란 스트레스를 받긴 했지만, 동시에 이를 오픈AI가 거둔 놀라운 승리의 증거라고 확신했다. 오픈AI가 만든 이 엄청난 기술에 대한 수요가 워낙 큰 나머지 온 세상이 발칵 뒤집혔고, 하루아침에 세상을 바꿔 놓았다고 생각했다. 그들은 인류 전체를 목표로 잡았고 그 목표를 이제 이룬 것이었다. 모든 사람이, 전 세계 80억 인구가 이제 오픈AI의 세상에서 살게 된 것이다.

올트먼은 그 순간을 만끽하지 않았다. 그는 직원들에게 오픈AI가 궁극적으로 달성해야 할 사명은 "실리콘밸리 역사상 가장 대단한 제품"을 만드는 것보다 훨씬 더 큰 것이라는 점을 상기시켰다. 그는 모든 팀에게 지금과 마찬가지로 계속 앞으로 나아갈 것을 촉구했다. 그가 예상했던 것처럼 오픈AI는 모든 경쟁자들을 흔들어 깨웠다.[8] 앤트로픽도 자사 챗봇인 클로드Claude를 출시할 예정이었고, 구글 역시 내부적으로 "코드 레드" 경보를 울리고, 곧 AI 관련 부서를 구글 딥마인드로 통합해 챗GPT와 유사한 제품을 출시하기 위해 모든 자원을 동원했다. 비록 오픈AI가 10배 나은 제품을 시장에 먼저 선보이긴 했지만, 선두 자리를 지키려면 계속 뛰어야 했다.

모든 팀이 한계를 넘어선 과중한 업무에 시달리면서, 관리자들은 올트먼에게 제발 인력을 충원해 달라고 간청했다. 입사 지원자는 차고 넘쳤다. 챗GPT 출시 이후에 오픈AI라는 우주선에 승선하고 싶어 하는 지원자의 수는 급격하게 늘어났다. 하지만 올트먼은 회사가 직원을 너무 급속도로 늘리면 조직 문화와 사명 지향성에 문제가 생길까 염려했다. 소수정예에 대한 그의 믿음은 확고했다. "이제 우리는 조직이 지나치게 커지도록 내버려두고 싶은 유혹에 빠지기 쉬운 단계에 왔습니다."[9] 그는 2020년 비전 메모에서 마이크로소프트의 투자를 언급하며 이렇게 적었다. "이 유혹을 최대한 떨쳐내야 합니다. 지금까지 우리에게 효과가 있었던 것은 규모가 작고, 집중력과 신뢰도가 높고, 불필요한 절차가 없는, 강도 높은 업무 환경이었습니다. 너무 많은 인원과 관료주의로 인한 부담은 훌륭한 아이디어를 쉽게 죽이거나 조직 경화를 일으킬 수 있습니다. 과거의 거대한 메인프레임 엔지니어링 프로젝트들과 달리, 우리는 놀랄 정도로 적은 수의 뛰어난 사람들만으로도 우리의 사명을 완수할 수 있습니다."

올트먼은 이 이야기를 2022년 말에도 여전히 임원들에게 반복했다. 인력 충원 이야기가 나올 때마다 그는 회사 규모를 작게 유지하고 수준 높은 인재만 뽑아야 할 이유를 강조하면서 신규 채용도 100명 미만으로 해야 한다고 말했다. 일부 임원들은 난색을 표했다. 직원들의 격무를 감안하면, 많은 이들이 적어도 500명이나 그 이상의 인력을 충원할 필요가 있다고 생각했다.

그 후 몇 주에 걸친 논의 끝에 경영진은 결국 그 중간 정도인 250명에서 300명 선으로 타협을 보았다. 그러나 실제 인력 채용은 그 숫자를 훨씬 웃돌았다. 그해 여름에는 매주 많게는 30명,

때로는 50명씩 채용했고, 여기에는 채용 속도를 높이는 데 필요한 신규 채용 담당자도 포함됐다. 가을 무렵 오픈AI는 내부 타협을 통해 정했던 최대 인원수를 훌쩍 넘어섰다.

회사의 갑작스런 성장은 정말로 조직 문화를 바꿔 놓았다. 한 인력 채용 담당자는 신규 채용을 서두르라는 압력 때문에 자신의 팀이 채용하려는 인력의 수준을 낮출 수밖에 없는 상황을 토로하는 입장문을 작성했다. "만약 또 하나의 메타를 만들고 싶은 거라면, 당신은 정말 훌륭하게 잘하고 있어요." 그는 올트먼이 회사의 급성장이 인재 밀도와 사명 지향성을 희석시키고 관료주의적 관행을 늘릴 수 있다고 경고했던 바로 그 우려를 넌지시 언급하며 날카로운 일침을 가했다. 회사의 신속한 확장은 해고자 수가 늘어난 원인이기도 했다. 한 관리자는 신입 직원 교육을 받으면서 자신이 관리하는 팀에서 성과가 저조한 팀원에 대해 즉각 기록하고 보고하라고 지시를 받았지만, 그 자신도 얼마 지나지 않아 해고됐다. 개별 해고 사례가 회사 전체에 알려지는 일은 굉장히 드물었다. 누군가의 슬랙 계정이 비활성화됐음을 뜻하는 회색으로 변한 것을 보고서야 비로소 자신의 동료가 해고됐다는 사실을 알게 되는 것이 직원들에게 일상이 되었다. 직원들은 이를 "실종을 당했다"는 말로 표현하기 시작했다.

한편 빠르게 성장하며 돈을 쓸어 담는 스타트업에 합류한다고 굳게 믿은 신입 직원들 입장에서 그 모든 급격한 변화는 무능한 경영, 헷갈리는 우선순위, 직원들을 기꺼이 소모품처럼 취급하려는 자본주의 기업의 무자비함과 같은 일반적인 기업의 문제들이 유난히 혼란스럽고 때로는 잔혹한 형태로 구현된 것처럼 느껴졌다. "정서적인 안정감을 거의 느낄 수 없었어요." 이 무렵에 입사한 한 전직 직원의 말이다. "'가족 같은 회사'의 정반대였어요. 물론 회사는 회사이니까 할 말은 없죠." 신입 직원 대다수는 회사 지분을 배당받을 자격이 주어지는 입사 후 1년이 지날 때까지 그저 있는 힘껏 버텼다. 물론 압도적인 장점이 하나 있었다. 바로 업계 최고 수준의 동료들과 함께 일한다는 것이었다. 이와 더불어 겉보기에 바닥날 일 없는 자원과 비길 데 없는 세계적 영향력은 업계 다른 곳에서는 찾기 힘든, 모든 것이 맞아떨어질 때 느끼는 마법 같은 감정을 일으켰다. "오픈AI는 제가 일해본 곳 중에서 최고의 회사 중 하나지만, 동시에 아마도 제가 일해본 최악의 회사 중 하나일 겁니다." 그 전직 직원은 이렇게 말했다.

오픈AI의 초기를 결속력이 강하고 사명 지향적인 비영리단체로 기억하는 일부 직원들은 회사가 개성 없는 거대 기업으로 급격하게 변화하는 것을 훨씬 더 충격적이고 감정적으로 받아들였다. 자신이 알던 조직은 사라지고, 그 자리에는 알아볼 수 없는 무언가가 대신 자리하고 있었다. "오픈AI는 버닝 맨이에요," 전직 채용 담당자였던 롭 맬러리Rob Mallery는 사막에서 열리는 예술 축제가 초심을 잃어버릴 정도로 확대된 사실을 언급하며 이렇게 말했다. "요즘 거기 가는 사람들보다는 초창기에 참석했던 사람들에게 그 축제가 갖는 의미가 훨씬 크다는 걸 알거든요."

초창기의 오픈AI는 #내가다섯살인것처럼설명해줘#explain likeimfive라는 슬랙 채널을 개설해 누구나 기술 관련 질문을 익명으로 제출할 수 있게 했었다. 회사 규모가 600명에 육박함에 따라 이 채널도 익명으로 불만을 성토하는 장소로 바뀌었다. 2023년 중반에 한 직원은 오픈AI가 회사의 사명과 지향성이 같지 않거나 AGI를 만드는 데 열정을 가지지 않은 사람을 너무 많이 채용한다는 게시글을 남겼다. 다른 직원이 여기에 댓글을 달았다. 자신은 회사가 사회성이 있는 사람을 채용하기 시작하자마자 오픈AI가 내리막길을 걷게 될 거란 사실을 알고 있었다고.

챗GPT는 마이크로소프트도 놀라게 했다. 오픈AI는 직원들에게 그랬듯이 마이크로소프트에도 챗GPT를 "연구용 미리보기"로 소개했다. 뚜껑을 열어보니 연구용 미리보기가 아니라는 건 불 보듯 뻔했다.

소개와 실체가 일치하지 않은 데 대해 마이크로소프트 임원들은 처음에는 언짢아했다. 챗GPT가 마이크로소프트의 검색엔진 빙의 챗봇으로부터 대중들의 관심을 완전히 빼앗아갔기 때문이다. 이듬해 2월 마이크로소프트가 빙AI를 출시했을 때 〈뉴욕타임스〉 칼럼니스트 케빈 루스가 빙 챗봇이 자신에게 아내와 이혼하라고 부추겼다는 기사를 써서 홍보에 큰 타격을 입었다. 그건 마이크로소포트가 원했던 반응과 거리가 멀었고, 상대적으로 오픈AI를 더욱 빛나 보이게 만들었다.

하지만 그런 오해도 오픈AI에 대한 마이크로소프트의 열정을 꺾기에 충분하지 않았다. 챗GPT에 대한 엄청난 반응은 전염성이 있었고, 오픈AI 모델들의 지속적인 성능 향상은 마이크로소프트 임원들을 더욱 들뜨게 했다. 이제 마이크로소프트는 GPT-3.5와 GPT-4에 기반한 자사 제품용 코파일럿을 준비해 꾸준히 하나씩 차례대로 공개할 예정이었다. 2월에 빙 챗봇 공개 이후, 3월에는 AI로 구동하는 챗 기반 인터페이스를 워드, 아웃룩, 팀즈Teams를 비롯한 모든 오피스 제품에 도입하는 마이크로소프트 365 코파일럿의 출시가 예정되어 있었다.

마이크로소프트 임원들 사이에서 오픈AI 파트너십에 대한 태도가 급속도로 바뀌고 있었다.[10] 이전에 자신들이 오픈AI에 주도권을 갖고 있다고 느꼈지만, 이제 일부 임원은 칼자루를 쥔 것이 오히려 오픈AI 쪽이라고 느끼기 시작했다. 마이크로소프트의 일부 부서에는 오픈AI가 이뤄낸 일을 자신들의 AI 연구로 도달하는 데 실패했다는 열등감이 은밀하게 엄습하기 시작했다. 한 전직 직원은 당시 일부 임원들이 이렇게 생각했다고 술회했다. 만약 마이크로소프트가 오픈AI의 주요 투자자 자리에서 물러난다면, 오픈AI는 또다른 투자자를 찾을 수 있을 것이었다. 하지만 만약 오픈AI가 먼저 마이크로소프트를 떠난다면, 마이크로소프트는 과연 또다른 오픈AI를 찾을 수 있을까?

동시에 많은 임원들은 더 이상 그저 구글과의 경쟁에서 승리할 방법만 궁리하지 않았다. 이전까지 AGI에 대해 오픈AI가 늘 어놓는 이상한 이야기와 미래를 창조하는 힘에 대해 거들먹거리는 듯한 말에 공손하게 의문을 제기하던 이들이었지만, 이제는 이들도 믿음을 지닌 추종자였다. AI, AGI, 생성형 AI, 뭐라고 부르든 상관없이 이 기술이 곧 미래였고, 마이크로소프트는 오픈AI와 손잡고 이 기술을 선도하고 있었다. 마이크로소프트가 이 믿음에 더욱 빠져들수록, 회사의 선전 문구와 전략도 그에 따라 방향을 틀었다. "마이크로소프트의 인센티브가 갈수록 협소하게 구상된 미래를 향해 방향을 전환하는 것을 보았습니다." 전직 직원은 이렇게 말했다. "그리고 그 기술도 현실에 기반한 것이 아니라 서사에 기반한 무언가로 좁혀졌고요."

나델라는 마이크로소프트의 연산 자원을 새로이 분배하는 결정을 내렸다.[11] 그는 마이크로소프트의 연구팀이 사용하던 GPU

를 오픈AI를 지원하는 용도로 바꿨다. 또 생성형 AI 업무 지원을 강화하기 위해 회사가 보유한 모든 GPU를 한데 모아 통합했다. "작년 1월 전까지만 해도 직원 대부분에게 오픈AI는 듣보잡이었어요." 한 마이크로소프트 직원은 이렇게 술회했다. 이제 직원들은 상부로부터 오픈AI 기술을 자신들의 업무에 접목시킬 방안을 강구하라는 긴급 지시를 하달받고 있었다.

직원들이 챗GPT와 GPT-4를 사용할 수 있는 다양한 방법을 실험하면서 마이크로소프트는 겨우 몇 달 만에 새로운 생성형 AI 프로젝트가 100개를 넘어 급속히 늘어나는 경험을 하게 됐다. 생성형 AI를 이렇게 공격적으로 도입하다 보니 마이크로소프트 역시 생성형 AI를 완전히 이해하지 못한 상태에서 서둘러 도입한 여러 다른 기업들이 겪은 똑같은 문제를 맞닥뜨리게 되었다는 것이 역설적인 반전이었다. 여기에는 리스크관리팀과 준법감시팀이 골머리를 앓게 한 문제도 포함됐다. 직원 중에는 마이크로소프트 내부용 버전을 사용하지 않고 오픈AI 플랫폼에서 챗GPT 무료 버전을 사용하는 것을 선호하는 이들이 있었다. 문제는 챗GPT 무료 버전은 사용자 데이터로 훈련됐기 때문에 직원들이 이를 사용함으로써 마이크로소프트의 고객 데이터가 유출되거나 법규 준수에 문제가 생길 우려가 있었다. 직원들 중에는 생성형 AI가 업무 효율성을 크게 높여준다고 느끼는 이들도 있었던 반면, 대다수는 이를 피곤하게 여겼다. "'AI를 사용해라, AI를 사용해라, AI를 사용해라'라고 다그치는 문화가 생겼어요." 한 직원이 말했다. 하지만 "'이건 우리 업무에 도움이 되지 않아요, 이걸 쓰고 싶지 않아요'라고 해도 우리는 그 문화를 벗어날 수 없다는 느낌이 들어요."

마이크로소프트 자체 모델에서 오픈AI 모델로 갈아타면서, 많은 직원들은 자신의 업무를 구성하는 핵심 인프라 계층에 대한 통제력과 가시성을 잃었다. 오픈AI 모델들의 훈련과 저장이 마이크로소프트 서버에서 이루어졌음에도 불구하고, 마이크로소프트 내에서는 오픈AI 기반 모델에 대한 접근을 엄격하게 통제했다. 대부분의 직원들은 이제 더 이상 훈련 데이터를 검토하거나 자신들이 사용하는 모델의 가중치를 조정할 수 없게 되었다. 오픈AI의 모델들은 오픈AI 고객들에게 제공되는 형태와 마찬가지로 마이크로소프트 직원들에게도 API 형태로 제공됐기 때문이다.

하지만 이러한 절충의 대가로 마이크로소프트는 큰 보상을 받았다. 마이크로소프트의 애저 AI 플랫폼은 간단한 데이터 저장 및 관리와 같은 일반적인 클라우드 서비스의 장점뿐만 아니라, 여기에 더해 오픈AI의 기술로 그 데이터를 처리할 수 있는 기능을 갖춘 유일한 클라우드 서비스 제공자였기에 제 발로 찾아오는 고객의 숫자가 크게 늘어나고 있었다. "요즘 애저 오픈AI 서비스 덕분에 신규 고객이 부쩍 늘어나고 있습니다."[12] 마이크로소프트의 AI 플랫폼 부사장 에릭 보이드Eric Boyd는 2023년 5월 자기 부서 직원들에게 보낸 이메일에 이렇게 적었다. 같은 해 8월에 보이드는 다시 한번 기뻐하며 이메일을 보냈다. "때로는 잠시 한 발짝 뒤로 물러나 우리가 겨우 1년 만에 얼마나 많은 것을 이루었는지 살펴보며 감탄하는 것은 정말 즐거운 일입니다," 그는 부서 전체에 보내는 이메일에서 이렇게 언급하며 그해에 애저 오픈AI 서비스의 "고객이 21배 증가"했다고 덧붙였다. 그 다음달, 보이드는 새로운 성과 달성을 자축했다. 여러 군데 나뉘어 있던 마이크로소프트의 AI 연구를 애저 플랫폼을 중심으로 집중시키고, 애저 오픈AI 서비스에 가입한 수천 명의 새로운 고객들 덕분에 플랫폼 트래픽이 겨우 9개월 만에 10배로 늘어났다는 소식이었다. 2023년 1월에 애저 플랫폼은 매달 1,000억 회의 추론 [AI에서 추론inference은 모델에 프롬프트를 입력하는 것에서 시작해 모델이 결과값을 생성하는 전 과정을 뜻한다] 요청을 수신했다.[13] 같은 해 9월에는 추론 요청 수신 횟수가 1조로 늘어났다.

그해 여름, 마이크로소프트 최고기술책임자 케빈 스콧은 오픈AI 전체회의에 참석해 찬사를 쏟아내기 바빴다. "우리 회사 내 여러 부서에서 진행 중이던 내부 AI 머신러닝 투자를 다 멈춰버린 탓에 우리 직원들이 '젠장, X같은 마이크로소프트'라고 할 정도입니다."[14] 스콧은 마이크로소프트 내부 연구에 사용하던 GPU의 용도를 변경한 것을 언급하며 말했다. "그럼에도 우리는 그런 결정을 내렸습니다. 우리는 여러분이 하는 일이 업계 최고라고 믿기 때문입니다."

챗GPT를 계기로 오픈AI는 비영리에서 상업화의 길로 확고하게 돌아섰다. 올트먼과 다른 임원들은 챗GPT 성공의 기세를 몰아 여러 가지 유료 제품 출시를 밀어붙였다. 2023년 2월에 오픈AI는 챗GPT 유료 버전을 출시했고, 3월에는 API 버전, 위스퍼 API, 그리고 마침내 GPT-4를 차례대로 공개했다. "챗GPT 이후에는 매출과 수익을 낼 방법이 분명해졌죠." 한 전직 직원이 말했다. "때문에 더 이상 이상주의적인 연구소를 정당화할 수 없었어요. 지금 당장 서비스를 원하는 고객들이 있었으니까요."

신제품이 쏟아져 나오면서 신뢰와안전팀의 업무량은 또다시 감당하기 어려울 정도로 폭증했다. 오픈AI는 한동안 API 신규 사용자를 끌어들이기 위해 신규 가입 고객에게 20달러 상당의 무료 쿠폰을 나눠주는 행사를 벌였다. 챗GPT가 대히트를 치면서 API 사용량도 급격히 증가하자 이제 무료 가입 쿠폰이 문제가 되는 상황이 발생했다. 계정을 대량으로 만들어 무료 가입 쿠폰을 반복적으로 챙기는 사용자가 많아진 것이다. 이러한 대규모 사기행각 때문에 필요한 서버 비용이 자꾸만 늘어나면서 오픈AI의 매출을 크게 깎아먹었다. 여전히 스무 명도 채 되지 않는 데다 사후적 조치 업무조차 크게 방해받는 상황에서, 신뢰와안전팀은 또다시 이 새로운 위반 행위를 두더지 잡기 식으로 적발하는 데 팀원들을 투입해야 했다.[15]

이렇게 계속되는 채찍질 때문에 얼마 지나지 않아 월너는 극심한 번아웃을 겪었다. 몇 달 안에 월너를 비롯한 몇몇 직원은 오픈AI를 떠났다. 그해 말에는 팀이 해체되고 남아 있던 팀원들은 오픈AI의 오랜 연구원인 릴리안 웽Lilian Weng이 이끄는 보다 포괄적인 안전 시스템 구축 부서로 편입됐다.[16] 신뢰와안전팀 출신 일부 직원들은 응용부문과 안전파 간 끊임없는 충돌이 지나치게 파멸론에 치중한 까닭에 회사 경영진 사이에서 어떤 형태로든 "안전"에 대한 우려를 그다지 중요하지 않은 것으로 치부하는 문화가 형성됐고, 그런 문화가 대부분의 테크 기업에서 이미 힘이 없는 신뢰와안전팀의 기능을 오픈AI에서는 더더욱 무력화시켰다고 여겼다.

실제로 새 제품을 출시할 때마다 응용부문과 안전파는 계속해서 충돌했고, GPT-4도 예외가 아니었다. 응용부문 소속 직원 대다수는 GPT-4 출시를 반년이나 늦춘 것은 충분히 신중한 처사였다고 느낀 반면, 안전파 직원들 중 일부는 종합적인 시험과

정렬을 마무리하기에 6개월은 충분치 않았다고 생각했다.

예컨대, GPT-4가 보인 높은 환각률은 아무리 혼신의 힘을 다해 인간 피드백 기반 강화 학습을 해도 여전히 개선될 기미가 보이지 않았다. 2022년 11월, 사용자들이 챗GPT를 검색 도구처럼 사용하기 시작하면서 챗GPT가 구글을 대신하게 되는 게 아니냐는 추측이 널리 퍼지던 시기에 작성된 오픈AI의 한 내부문서는 이른바 클로즈드 도메인closed-domain에 대한 내부 시험 결과 챗GPT가 주어진 질의의 30%에 대해 환각 증세를 보였다고 언급했다.[17]

클로즈드 도메인 질의는 가장 처리하기 쉬운 유형의 질문이다. 사용자가 모델에 PDF 문서를 업로드하고 해당 문서를 요약하게 한다거나, 아니면 몇 가지 요점을 준 뒤 이를 완전한 문장 형태로 작성하게 하는 등 모델이 주어진 한정된 정보만을 처리하여 결과값을 생성하는 것을 말한다. 이는 사용자가 일반적인 검색 엔진을 사용하듯 참고자료 없이 대중 문화, 고대 역사, 고등학교 생물학 등 여러 가지 다양한 주제에 대한 질문을 하는 오픈 도메인open-domain 질의와 상반되는 개념이다.

한편, GPU는 오픈AI의 연구와 확장을 제한하는 항시적인 걸림돌이 되었다. 새로운 연구와 신제품 또는 새로운 기능 출시는 칩 용량 부족으로 계속 지연되거나 취소됐다. 챗GPT 열풍이 몰아친 후, 반도체 산업을 분석하는 전문지인 〈세미어낼러시스SemiAnalysis〉 뉴스레터는 오픈AI가 연산 비용으로만 하루에 약 70만 달러를 쓸 것으로 추정했다.[18] 오픈AI는 연구부문의 칩을 응용부문에 할당한 뒤, 응용부문이 칩을 쓰고 특정 날짜에 돌려주도록 조치했다. 약속한 날짜가 다가오고 지나갔지만 응용부문은 칩을 돌려줄 수 없었다. 사용자가 계속해서 급속도로 늘어나면서, 응용부문이 필요로 하는 칩은 오히려 더 늘어났다.

GPU 부족으로 인한 압력 때문에 오픈AI는 더욱 효율적인 모델에 대한 연구에 박차를 가할 수밖에 없었다. 연구부문은 회사의 연산 효율성을 향상시킬 방안을 연구하던 중, 사용자들에게 보다 저렴하게 제공할 수 있는 트랜스포머 기반 모델을 개발하는 새로운 기법을 찾아냈다. 연구원들은 더스트DUST라고 이름 붙인 이 기법을 통해 만들어진 모델에 사막 이름을 딴 코드명을 붙였다. 사하라Sahara라고 불린 첫 번째 모델은 GPT-3.5를 최적화한 것으로, 2023년 2월 GPT-3.5 터보Turbo라는 공식 명칭으로 출시됐다. 고비Gobi라는 코드명을 갖게 된 두 번째 모델은 텍스트 및 이미지 멀티모달 모델 중 하나를 최적화한 것이었다.

GPT-4를 최적화해 만들려 했던 세 번째 모델은 공상과학 대서사시 《듄Dune》에 나오는 모래덩어리 행성의 이름을 따서 아라키스Arrakis라고 불렀다. 하지만 수개월에 걸친 작업에도 불구하고, 연구팀은 똑같은 성능을 유지하면서 아라키스를 더 효율적으로 만들 방법을 찾아내는 데 여전히 애를 먹었다. 해당 프로젝트는 연산 자원을 상당히 많이 잡아먹었다. 얼마 지나지 않아 경영진은 GPU를 다른 프로젝트에 사용하기 위해 아라키스 프로젝트를 폐기했다.

오픈AI가 파트너십 관계를 손쉽게 끝낼 수도 있다고 마이크로소프트가 전전긍긍하고 있을 때, 오픈AI는 파트너가 만족할 수준으로 열심히 일하지 않으면 마이크로소프트가 더 이상 협력하지 않을 수도 있다는 스스로의 약점을 의식했다. 이런 측면에서 아라키스는 특히 뼈아픈 좌절로 여겨졌다.[19] 오픈AI는 마이크로소프트의 환심을 사기 위해 로드맵을 수정하면서까지 GPT-4를 검색엔진 제품에 적용하려고 했고, 자신들의 입장에서 더욱 전략적인 프로젝트보다 아라키스 모델을 먼저 납품하는 데 우선순위를 두었다. 그러나 그 시도는 실패로 끝났고, 그 결과 일부 마이크로소프트 고위 임원들은 실망감을 드러냈다.

게다가 이제 오픈AI와 마이크로소프트는 계약을 놓고 경쟁하게 된 어색한 현실을 마주하기 시작했다.[20] 코덱스와 달리2를 통해 오픈AI는 사용자에게 기술을 직접 납품할 통제권을 보유하는 것이 중요하다는 것을 배웠다. 챗GPT와 GPT-4를 통해 오픈AI는 돈도 스스로 벌 수 있다는 점을 깨우치고 있었다. 그것은 곧 마이크로소프트에게 납품한 기술을 마이크로소프트가 다시 고객들에게 제공하는 대신, 그 똑같은 고객들에게 똑같은 기술을 오픈AI가 직접 제공하는 것을 의미했다.

마이크로소프트에 기술을 양도하는 것 자체에도 나름의 어려움이 있었다. 오픈AI의 출시 일정이 잡히면 그에 따라 마이크로소프트의 출시 일정도 잡혔다. 그러나 규모 측면에서 마이크로소프트가 오픈AI를 완전히 압도했기에 신제품이 나올 때마다 매번 오픈AI 담당자 한 명이 마이크로소프트의 다양한 부서에 소속된 수십 명의 직원들로부터 들어오는 온갖 기술적 혹은 실무 행정 관련 질문을 혼자 처리해야 하는 문제가 생겼다. 오픈AI 직원 입장에서는 로드맵에 따른 업무에 집중해야 하는 데다 마이크로소프트 출시 지원까지 해야 하는 것이 갈수록 감당하기 힘들고 몹시 짜증이 났다.

이런 갈등을 원만하게 수습하는 일은 거의 대부분 무라티에게 떨어졌다. 무라티는 스콧을 비롯한 다른 마이크로소프트 임원들과 긴밀하게 협력해 제품 출시 날짜를 조율하고, 오픈AI와 마이크로소프트의 제품을 차별화할 전략을 세우고, 두 조직이 보다 생산적으로 함께 일할 방안을 모색하려고 노력했다. 2023년 여름에는 소통 부담을 줄이려는 시도로 일군의 마이크로소프트 엔지니어들이 양자 간 기술 양도 과정을 간소화하는 데 필요한 모든 접근 권한을 부여 받고 오픈AI 내부에 상주하기 시작했다.

두 회사 간 업무 통합이 강화됨에 따라, 올트먼과 나델라 모두 이전보다 실무에 훨씬 더 깊이 개입하기 시작했다. 특히 늘 연산 자원에 굶주려 있는 오픈AI에 더욱 더 많은 칩을 지원하기 위해 칩과 자금을 재분배하는 힘든 결정을 내려야 했다. 나델라는 오픈AI의 수요가 너무나 급속도로, 그리고 가파르게 증가한 나머지 올트먼이 매일 자신에게 전화를 걸어 "더, 더, 더 필요합니다"라고 말하기에 이르렀다고 〈뉴욕 타임스〉에 밝혔다.[21]

챗GPT 수요를 맞추기 위해 오픈AI가 필요로 한 것은 데이터 센터만이 아니었다. 차세대 모델을 훈련시키는 데 쓸 더욱 더 강력한 슈퍼컴퓨터도 필요했다. 이와 같이 급증하는 수요를 충족시키기 위해 두 회사는 오픈AI에서는 스타게이트Stargate라고 부르고 마이크로소프트에서는 머큐리Mercury라고 부른 전례 없는 새 프로젝트의 개요를 짜기 시작했다.[22] 그것은 바로 만드는 데에만 1,000억 달러가 들 것으로 추정되는 단일 슈퍼컴퓨터였다. AI 제국은 과거의 제국들이 취했던 것과 완전히 똑같은 확장 방식으로 회귀하고 있었다. 즉, 제국의 성장을 뒷받침하기 위해서는 물리적인 자원이 더 많이 필요했고, 결정적으로 더 넓은 땅이 필요했다.

12

수탈당한 땅

칠레 산티아고에서는 비가 한바탕 시원하게 내리고 난 날이면 드리웠던 연무가 씻겨 나가면서 안데스 산맥의 빼어난 경치가 고스란히 드러난다. 안데스 산맥은 가느다란 칠레의 국토를 따라 남쪽 끝자락의 파타고니아에서부터 북쪽으로 칠레의 최북단 국경까지 약 4,184킬로미터—마이애미에서 보스턴까지의 거리의 두 배에 해당한다—에 걸쳐 길게 뻗어 있다. 남극 일부를 제외하면 지구상 가장 건조한 곳인 이 지역에서는 수도의 도심 풍경이 끝없이 펼쳐진 사막으로 변모한다. 산맥은 선명하게 모습을 드러내고, 벌거벗은 태양 아래에서는 한층 밝은 색을 자랑한다.[1]

칠레가 칠레이기 이전에 아타카마 사막_{Atacama Desert}이라 불리던 이곳에는 여러 원주민들이 살고 있었다. 다른 이들이 가혹한 황무지로 여겼을 이곳에서 원주민들은 땅속 깊이 묻힌 물과 광물을 끌어내 작물을 기르고 가축을 돌보며 조상들에게 제사를 지내면서 사막을 삶의 터전으로 가꿔냈다. 그러던 어느 날 스페인 정복자들이 나타났다. 그들은 이 지역을 국경으로 가로막힌 행정 구역으로 분할했다. 원주민 장로들이 들려주는 구술사에 따르면, 스페인 정복자들은 감히 모국어를 계속 사용하는 원주민들의 혓바닥을 잘라낼 정도로 잔인하게 원주민들을 억압했다고 한다.[2] 스페인 제국은 그때를 기점으로 칠레가 나머지 세계와 맺는 관계를 확립했다. 칠레는 다른 나라의 정치적, 경제적 목표를 위해 땅, 물, 에너지, 광물 등 천연 자원을 제공하는 나라가 되었다.

오늘날 칠레가 수출하는 품목의 거의 60%는 주로 아타카마 사막에서 나오는 광물이다.[3] 그중에서도 전도성이 높아 온갖 종류의 전자제품 생산에 사용되는 금속인 구리가 주를 이루며, 비교적 최근에는 리튬 이온 배터리를 만드는 데 핵심적인 재료인 리튬도 포함됐다. 이러한 광물과 다른 천연자원을 수출하여 칠레 경제가 돌아간다. 산티아고에서는 누구나 광산업계의 장단에 맞춰 근무 "시간" 중에는 북쪽에서 살고, 휴무일에는 산티아고로 돌아오는 생활을 하는 사람을 한 명쯤은 알고 있다.

칠레는 자원 수출 외에 경제를 성장시킬 산업을 일구는 데 어려움을 겪어 왔다. 스페인 제국이 무너지고 오랜 시간이 지난 뒤 미국은 이 추세를 고착화한 데 핵심적인 역할을 한 것으로 악명 높다.[4] 1950년대와 60년대에 개발도상국 경제를 발전시키는 방안으로 강력한 정부 규제와 내수 부흥을 주장하는 개발경제학 developmental economics이 칠레와 우루과이에 뿌리를 내리면서, 칠레 광산 지분으로 큰 돈을 벌었던 미국의 다국적 기업들은 늘어나는 세금과 규제에 불만을 품기 시작했다.[5] 미국 정부는 칠레의 경제 정책을 미국 기업의 이익에 유리한 방향으로 개조하기 위해 100명의 칠레 학생들을 시카고 대학교에 받아 경제학자 밀턴

프리드먼Milton Friedman의 지도 아래 교육시키는 것을 골자로 하는 "칠레 프로젝트Chile Project"를 1956년에 시작했다.

프리드먼은 1976년 노벨상을 수상하게 되는 경제학계의 거두였다.[6] 그의 사상은 그가 1970년 〈뉴욕 타임스〉에 기고한 "기업의 사회적 책임은 이윤을 늘리는 것"이라는 칼럼 제목으로 가장 잘 요약된다. 프리드먼은 개발경제학의 대척점에서 정부 규제 완전 철폐, 이윤 추구 기업에 무제한적 자유 보장, 자유주의 수출 등의 대외적 방향에 초점을 맞춘 개발도상국 경제 발전 경로 등을 옹호했다. 나오미 클레인Naomi Klein이 2007년에 낸 세계적 베스트셀러 《쇼크 독트린The Shock Doctrine》에 자세히 쓴 것처럼, 칠레 프로젝트는 교육이 아니라 세뇌였다.[7] 시카고 대학에서 칠레 학생들-그리고 나중에는 라틴아메리카의 다른 나라에서 온 학생들도-은 노골적으로 자기 나라의 경제 정책과 라틴아메리카의 개발경제학이 가진 치명적인 결함을 비평하라는 가르침을 받았다.

"시카고 보이즈Chicago Boys"로 알려진 졸업생들이 산티아고로 돌아오면서, 프리드먼의 신자유주의 사상은 칠레의 지식인 엘리트 계층에 스며들어 지배 이데올로기의 일부가 되었다. 1973년, 민주적으로 당선된 칠레의 좌파 대통령은 자신의 군 총사령관이었던 아우구스토 피노체트Augusto Pinochet가 일으킨 쿠데타로 인해 실각했다. 이 쿠데타는 부분적으로 CIA가 조장한 상황에서 발생했다.[8] 쿠데타를 기점으로 거의 20년에 걸친 피노체트의 잔혹한 독재와 새로운 신자유주의 경제 의제가 시작됐다. 독재 정권은 시카고 보이즈에 경제 정책 수립을 맡겼다.

피노체트 체제 하에서 칠레는 교육, 의료, 연금, 심지어는 물까지 거의 모든 것을 민영화했다.[9] 민영화 전략은 경제성장을 낳는 동시에 엄청난 불평등을 초래했다. 오늘날 칠레는 국가 수입의 거의 4분의 1이 상위 1%의 몇몇 유력 가문에 집중되어 있을 정도로 세계에서 가장 불평등이 심한 나라 중 하나다.[10] 의미 있는 산업화를 한 번도 이루지 못한 탓에 여전히 추출 경제에 발이 묶여 강대국들이 눈독 들이는 존재로 남았다.

AI 열풍이 불기 시작하자, 칠레는 AI 업계에 북쪽의 광산에서 채굴되는 구리와 리튬뿐만 아니라 산티아고 대도시권에 새롭게 들어서고 있는 데이터센터에 필요한 땅, 물, 에너지 자원을 제공하며 새로운 차원의 추출주의의 시발점이 되었다. 2024년 5월, 칠레 정부는 기존의 22개 데이터센터에 더해 새로 28개의 데이터센터를 짓게 되어 향후 몇 년간 26억 달러의 해외투자를 유치했다고 자랑스레 발표했다.[11]

칠레 정부는 기술 발전에 필요한 자원을 제공하는 역할이 국가 발전을 상징한다는 입장이지만, 또한 이 서사에 세계적으로 가장 맹렬하게 저항하는 운동이 탄생한 곳이 칠레이기도 하다. 전국적으로 여러 지역 공동체가 자신들을 배제하거나 자신들에게 아무런 혜택도 돌아오지 않는 글로벌 노스의 비전을 위해 자신들의 땅과 물, 그리고 다른 자원을 수탈당하는 것에 대항해 격렬하게 싸우고 있다. 이들은 거리로 나가 시위를 벌이고 법정 다툼을 통해 기업의 프로젝트를 중지시키고 정부의 관심을 끌었다. 이들의 싸움은 또 다른 나라에 있는 이들에게도 연대하여 일어날 용기를 심어주었다.

AI를 다학제적이고 라틴아메리카적인 관점에서 연구하는 칠레 싱크탱크인 인공지능 연구의 미래FAIR, Futures of Artificial Intelligence Research 이사 마틴 티로니 로도Martín Tironi Rodó 산티아고 가톨릭대학교 교수는 내가 칠레 전역을 돌아다니며 여러 공동체에서 반복적으로 들었던 여론을 이렇게 요약한다. 이러한 운동이 묻고 있는 핵심적인 질문은 바로 '어떻게 하면 추출에 근거하지 않은 대안적인 AI 개발 경로를 상상할 수 있는가'라고 그는 말했다. "만약 우리가 지금까지 해온 대로 이 기술을 개발한다면, 우리는 지구를 황폐하게 만들 겁니다."[12]

"디지털" 기술은 디지털 공간에만 존재하지 않는다. "클라우드"는 사실 이름이 주는 인상처럼 비물질적인 형태로 존재하지 않는다. AI 모델을 훈련시키고 제공하려면 유형의 물리적 데이터센터가 필요하다. 그리고 오픈AI가 개척한 류의 생성형 AI모델을 훈련시키고 작동시키려면 그 이전 어느 때보다도 더욱 큰 데이터센터가 많이 필요하다.

AI가 등장하기 전에도 이미 데이터센터의 규모는 커지고 숫자는 늘어나고 있었다. 한때 데이터센터는 작고 분산된 형태여서 도시 내에 숨어 있듯 존재할 수 있었다. 사무실 뒤편의 작은 창고 안에 몇 개의 선반에 설치된 컴퓨터이거나, 용도 변경된 건물 안에 설치된 수십 개의 서버 랙rack 정도였다. 2000년대 들어 빅테크 기업들은 이와 다른 방향으로 움직이기 시작했다. 모든 컴퓨팅 인프라를 도심과 멀리 떨어진 지방의 거대한 창고에 한데 모아두기 시작했다. 데이터센터의 세계는 이제 대규모 데이터센터를 운용하는 하이퍼스케일러hyperscaler와 그 외의 나머지로 나뉘었다. 현재 가장 큰 하이퍼스케일러 네 곳인 구글, 마이크로소프트,

아마존, 메타가 매년 데이터센터를 새로 건립하는 데 쓰는 비용은 에퀴닉스Equinix와 디지털 리얼티Digital Realty 같이 상대적으로 덜 알려진 기업들 전체가 데이터센터에 쓰는 비용을 합친 것보다 더 크다.[13]

하이퍼스케일 데이터센터를 한 번도 본 적 없다면 그 규모를 상상하기는 쉽지 않다.[14] 캐나다 퀸스 대학교에서 AI와 인프라, 환경을 연구하는 멜 호건Mél Hogan은 약 10년 전 처음 하이퍼스케일 데이터센터에 대해 글을 쓰기 시작할 때 그 크기를 축구장에 비유해 묘사하곤 했다. "이제 축구장은 필요한 크기의 근처에도 못 미칩니다."[15] 그가 말했다. 하이퍼스케일러들은 자신들의 데이터센터를 "캠퍼스"라고 부른다. 이들 캠퍼스에는 규모가 가장 큰 아이비리그 대학과 겨룰 정도로 넓은 땅덩어리에 컴퓨터가 꽉꽉 들어찬 철제 구조물이 가득한 커다란 건물 몇 채가 들어서 있다. 거기에서 뿜어져 나오는 엄청난 열기는 힘겹게 돌아가는 노트북이 내뿜는 열기보다 수백만 배는 되는 느낌이다. 컴퓨터가 과열되지 않도록 건물들은 대형 선풍기와 에어컨, 또는 물을 증발시켜 서버 열기를 낮추는 거대한 냉각 시스템도 갖추고 있다. 그 모든 장비가 웅웅거리는 소리가 만들어내는 불협화음은 아주 먼 곳에서도 들릴 정도로 크고(특히 낙후된 지역에서는 더욱 잘 들린다), 하루 24시간 내내 견디기 힘든 소음 공해의 원천이다.[16]

이제 데이터센터를 추진하는 기업들은 챗GPT 이후의 AI 시대에 등장할 새로운 데이터센터의 규모를 구분하기 위해 **메가 캠퍼스**megacampus라는 새로운 용어를 사용한다.[17] 이 용어는 그저 땅덩어리의 크기만이 아니라 그러한 규모의 데이터센터를 운용하는 데 들어가는 막대한 양의 에너지를 뜻하는 것이기도 하다. GPU 한 랙은 다른 컴퓨터 칩 한 랙보다 전력을 세 배나 더 소비한다.[18] 생성형 AI 모델은 훈련에 드는 비용만 비싼 게 아니라 그것을 제공하는 데에도 많은 비용이 든다. 국제에너지기구에 따르면, 챗GPT에 한 번 질의하는 데 필요한 전력은 일반적인 구글 검색 한 번에 드는 전력의 약 10배에 달한다.[19] 최근까지 가장 규모가 큰 데이터센터들은 150메가와트, 즉 미국 가정집 12만 2,000 가구가 연간 사용하는 전력량에 맞먹는 규모로 설계되었다.[20] 이제 데이터센터 개발 기업들과 전력회사들은 머지않아 1,000에서 2,000메가와트의 전력을 필요로 하는 AI 메가캠퍼스가 등장할 것에 대비하고 있다. 단 하나의 메가캠퍼스만으로도 연간 전력소비량이 샌프란시스코 전체가 쓰는 전력의 1.5배에서 3.5배에 달할 수 있다.[21]

지구상에서 이 정도로 막대한 에너지를 생산하고 공급할 수 있는 곳은 극히 드물다. 데이터센터 개발 기업들은 발전소를 더 짓고 선택지를 늘리기 위해 전 세계 여러 전력회사와 협력하고 있다. 골드만 삭스의 한 분석가는 지난 10년간 미국 내 에너지 수요는 정체되어 있었는데, 갑작스러운 데이터센터 붐이 "한 세대에 한 번 있을까 말까 한 수준의 전력 수요 증가"를 이끌고 있다고 평가했다.[22] 이제 전력회사들은 가스 및 석탄발전소 폐쇄를 미루고 재생에너지로의 전환 시점을 늦추고 있다.[23] 마이크로소프트는 미국 역사상 최악의 원전 사고가 발생했던 펜실베이니아주의 쓰리마일섬 원전을 재가동했다. 현재의 추세가 계속 이어진다면 2030년 무렵 데이터센터는 미국 전체 전력소비량의 8%를 차지할 것으로 예상된다.[24] 2022년에는 3%에 불과했다. 전 세계적으로 AI 컴퓨팅이 세계에서 세 번째로 전력 소비가 많은 나라

인도 전체보다 더 많은 에너지를 사용하게 될 수도 있다.

이 어마어마하게 거대한 규모는 환경에 충격적인 영향을 미치고 있다. 동시에 그러한 환경적 영향을 감추려는 기업들의 행태도 전례 없을 정도로 교묘한 경지에 이르렀다. 엠마 스트루벨의 논문이 나오고 게브루가 이를 "확률적 앵무새" 논문에서 인용한 후부터 빅테크 기업들은 자체 모델의 기술 사양을 더욱 감추었고, 그 결과 탄소배출량을 추정하고 추적하기가 대단히 어려워졌다. 또한 이들 기업들은 강력한 대항 서사를 만들어 대중과 정책결정자를 상대로 한 홍보를 더욱 강화했다. 즉, 데이터센터는 환경에 미치는 영향이 문제가 되지 않을 정도로 엄청나게 효율이 높아질 것이고, 생성형 AI가 새로운 기후 혁신 방안을 마련할 것이며, AGI가 기후변화 문제를 단번에 해결할 거라는 것이다.[25]

오픈소스 AI 기업 허깅페이스Hugging Face의 기후 및 환경 연구 과학자 사샤 루치오니Sasha Luccioni는 앞의 세 주장 중 마지막은 입증이 불가능하지만, 첫 번째와 두 번째 주장은 오해의 소지가 매우 크다고 지적한다.[26] 특히 두 번째 주장이 해롭다. 기후변화 AIClimate Change AI라는 단체가 정리해놓은 것처럼 지속가능성을 촉진할 수 있는 AI 기술이 실제로 많이 존재하지만, 그 기술이 **생성형** AI 기술인 경우는 거의 없다.[27] 기후변화AI의 창립 멤버이기도 한 루치오니는 이렇게 말한다. "기후에 필요한 것은 지도학습supervised learning 모델이나 이상 탐지anomaly detection 모델이나 혹은 통계적 시계열statistical time series 모델입니다." 이들 모델은 모두 이전 세대의 AI 기술(주로 머신러닝 도구들)로, 규모가 작고 에너지 효율이 좋으며, 경우에 따라서는 성능 좋은 노트북으로도 구동할 수 있다. "생성형 AI는 환경에 긍정적인 효과는 미미하면서 그에 비해 전력 소비량과 탄소배출량은 터무니없이 큽니다." 그는 이렇게 덧붙였다.

루치오니는 과거 자신과 협업한 연구자들 중 정보를 외부에 공개하기를 꺼리는 폐쇄적인 기업에 근무하는 이들은 더 이상 AI의 환경 영향을 다룬 논문을 자신과 공동으로 쓰는 데 대해 회사의 승인을 받지 못한다고 말한다. 그는 대신 스트루벨 같은 학자와 협업을 진행한다. 그는 스트루벨의 연구에 큰 감명을 받았다고 했다. 허깅페이스의 머신러닝과 사회machine learning and society 책임자인 야신 제르나이트Yacine Jernite와 공저한 한 논문에서 루치오니와 스트루벨은 기업이 만들고 있는 모델을 가늠하기 위한 대리 지표로 오픈소스 생성형 AI 모델을 실행할 때의 탄소배출량을 측정했다.[28] 그 결과 생성형 모델로 텍스트를 1,000번 생성하는 데 들어간 평균 전력량은 표준적인 스마트폰을 거의 네 번 충전할 수 있는 양이었다.[29] 이미지 1,000장을 생성하는 데에는 스마트폰을 242번 완전히 충전할 수 있는 전력이 필요했다. 달리 표현하면, AI로 이미지를 생성할 때마다 들어가는 전력량은 스마트폰을 약 25% 충전시킬 수 있는 수준의 양이다. 루치오니와 스트루벨의 여러 연구는 생성형 AI 모델 뒤에 숨겨진 탄소배출량을 측정 가능한 지표로 나타내는 몇 안 되는 자료 중 하나다. 그런 연구를 진행하는 것은 언제나 힘든 싸움이다. 루치오니는 한 번은 가장 최근에 발표된 머신러닝 논문의 저자 500명에게 모델 훈련에 대한 기본적인 정보를 제공해 달라고 요청하기도 했다. "거의 아무런 답변도 얻지 못했어요." 그가 말했다. "사람들은 아예 답신을 안 하거나 그게 기밀 정보라고 하기 일쑤였죠."

하이퍼스케일러들이 공개적으로는 자신들의 연산 인프라의

지속가능성에 대해 떠들어대는 동안, 회사 내부에서 마이크로소프트 임원들은 데이터센터가 24시간 내내 돌아가야 하는데 재생에너지는 간헐적으로만 사용할 수 있기 때문에 데이터센터에 적합하지 않다는 이야기를 했다.[30] 데이터센터가 24시간 쉬지 않고 돌아가는 것을 워낙 중요하게 생각한 나머지 이제 구글, 아마존, 그리고 가장 최근에는 마이크로소프트도 캠퍼스를 세 개씩 지어 그중 어느 하나가 작동을 멈출 경우에 대비한 백업의 백업까지 마련한다.[31] 플로리다주에 허리케인 어마가 강타하고 텍사스주에는 허리케인 하비가 들이닥치면서 수백만 명이 정전을 겪고, 일부 병원에서는 환자들을 대피시키고, 수십만 세대의 가정과 사업체들이 피해를 입었음에도 불구하고, 그 지역 데이터센터들은 여전히 웅웅거리며 잘 돌아갔다.[32] 어찌나 잘 돌아가던지 그중 한 시설에서 일하는 직원의 이재민 가족이 허리케인이 지나갈 때까지 그 설비에 들어가 살기도 했다.

이러한 메가캠퍼스를 지원하는 데 필요한 땅과 전력은 데이터센터 확장의 글로벌 공급망을 이루는 여러 가지 요소 중 겨우 두 가지에 지나지 않는다. 컴퓨터, 케이블, 전선, 배터리, 비상 발전기 같은 하드웨어를 만드는 데에 필요한 구리와 리튬을 포함해 엄청나게 많은 양의 광물과, 서버를 식히고 서버를 가동하기 위한 전력을 생산하는 데 필요한 엄청나게 많은 양의 담수(심지어 식수를 사용하기도 한다) 역시 마찬가지다. (서버를 식히는 데 주로 사용하는 물은 파이프가 막히거나 박테리아가 자라나지 않게 하려면 충분히 깨끗해야 하는데, 식수가 그 기준을 충족시킨다.) UC 리버사이드 연구원들의 추정에 따르면, AI 수요가 급증함에 따라 2027년 무렵에는 데이터센터가 전 세계에서 3조 7,000억 리터에서 6조 4,000억 리터, 그러니까 매년 영국 전체에서 사용하는 양의 절반 정도를 사용할 전망이다. [33] 또다른 연구는 생성형 AI 열풍이 일기 전부터 이미 미국 데이터센터의 5분의 1이 가뭄이나 기타 요인 때문에 중간 혹은 높은 수준의 물 부족을 겪고 있는 유역에서 그와 비슷한 양의 물을 쓰고 있었다는 사실을 발견했다. [34] 이렇게 가속화되고 있는 추출 경제의 직격탄을 맞는 가장 취약한 공동체는 칠레와 같은 글로벌 사우스 국가인 경우가 많다.

점점 더 많은 공동체의 구성원들이 데이터센터가 자신들의 삶에 미치는 영향을 목격하면서, 무제한적인 개발에 격렬하게 저항하는 사례가 늘어나기 시작했다. 이에 대응해 데이터센터 개발업체들은 기존의 사업 방식을 유지하기 위해 더욱 정교한 수법을 사용하기 시작했다.[35] 서류상으로만 존재하는 회사를 통해 비밀리에 지역사회로 진입하고, 저항을 약화시키기 위해 지역사회 프로그램에 기부하고, 데이터센터의 지속가능성에 대해 여러 가지 약속을 해놓고는 착공 후 프로젝트를 취소하기 더 어려워졌을 때 그 약속을 하나씩 차례대로 폐기한다. 버지니아주에서는 한 변호사가 개발업체에게 초대형 데이터센터 건설에 반대하는 주민들을 감시해야 한다는 내용의 이메일을 보낸 것을 발견한 주민들이 큰 충격을 받았다.[36] "여기 스파이가 한 두어 명 필요해요."[37]

스케일링에 전념하기로 결심한 그 순간부터 오픈AI는 전례 없는 막대한 수준의 연산 인프라를 확보할 방안을 모색했다. "AI 업계에선 가장 큰 컴퓨터를 가진 사람이 가장 큰 이익을 얻습니다."[38] 2019년 브로크만이 나에게 한 말이다. 그래서 올트먼은 마이크로소프트와 함께 기하급수적으로 늘어나는 오픈AI의 연산 수요를 충족시킬 방안을 마련했다. 양측은 오픈AI가 다양한 AI 모델을 훈련시키는 데 필요한 엔비디아 칩을 갖춘 데이터센터, 즉 수십 개의 연구용 슈퍼컴퓨터의 설계와 완성에 협업하기로 했다. 결정적으로 마이크로소프트는 오픈AI의 후속 모델을 훈련시키는 데 사용할 용도로 갈수록 큰 규모와 향상된 성능을 지닌 일련의 슈퍼컴퓨터를 만들기로 했다.

올트먼은 이 슈퍼컴퓨터들을 "단계"로 나누어 부르기 시작했다.[39] 그는 단계별 규모가 어느 정도인지 가늠할 수 있도록 만든 슬라이드를 직원들에게 보여줬는데, 계획상 마지막 단계인 5단계는 그 이전 단계들에 비하면 말도 안 되게 큰 규모였다. 오픈AI가 GPT-3를 훈련시키는 데 사용한 슈퍼컴퓨터는 1단계에 해당했다. 2012년에 마이크로소프트가 아이오와주 디모인 서쪽에 엔비디아 V100칩 1만 개를 갖추고 지은 데이터센터에 있다.[40] 마이크로소프트는 "엄청난" 세금을 내고 시 당국과 우호적인 관계를 형성했는데, 당시 재임했던 시장에 따르면 그 세금이 디모인 시의 공공 인프라를 크게 개선하는 데 도움이 됐다고 한다. 마이크로소프트는 또 십여 년에 걸쳐 비영리단체들을 중심으로 여러 지역 사회 프로그램에 약 250만 달러를 투자했다.[41] 마이크로소프트는 1단계 슈퍼컴퓨터에 오디세이Odyssey라는 코드명을 붙였고, 오픈AI는 연구부문이 사용하는 컴퓨팅 클러스터를 각각 알파벳 순서대로 동물 이름을 따서 짓는 오랜 전통에 따라 부엉이owl라고 불렀다. 알파벳 문자 26개를 모두 쓰고 난 뒤에는 주기율표 원자 번호 순서대로 원소 이름을 따서 이름을 지었다.

2단계 역시 아이오와주에 위치해 있고 GPT-4를 훈련하는 데 사용됐다. 처음에는 2021년 연구 로드맵에 언급된 것처럼

18,000개의 엔비디아 A100칩으로 시작했는데, 훈련이 끝날 무렵에는 25,000개로 늘어나 있었다. 마이크로소프트는 2단계를 그리스 신화에 나오는 오디세우스의 아들의 이름을 따서 텔레마코스Telemachus로 불렀다. 오픈AI 내에서는 까마귀Raven로 통했다.

3단계는 애리조나주로 위치를 옮겼다. 저렴한 땅 가격, 파격적인 조세 혜택, 캘리포니아와의 근접성 덕분에 애리조나주는 모든 클라우드 제공업체가 선호하는 데이터센터 개발 허브로 급부상하고 있었다. 마이크로소프트는 피닉스 근처 외곽의 낙후된 도시 두 곳의 지방정부에 공을 들여 호의적인 관계를 쌓은 뒤, 2018년과 2019년 세 군데의 땅을 매입하고 주민들의 반발을 잠재우기 위해 여러 지역사회 단체에 이전과 비슷한 방식으로 기부금을 건넸다.[42] 세 곳의 땅을 합치면 거의 73만 평, 미식축구 경기장 450개를 합친 것보다 넓은 크기였다. (마이크로소프트는 2024년 여기에 추가로 34만 평을 더해 크기를 확장했다.) 각 구역에는 새로운 데이터센터 캠퍼스가 들어섰고, 이들 캠퍼스는 애저의 "West US 3" 클라우드 리전cloud region[리전은 클라우드 서비스를 안정적으로 제공하기 위해 설치하는 여러 데이터센터의 묶음을 가리킨다]을 구성하면서 애저 고객들과 오픈AI가 사용했다.

마이크로소프트에서는 잉글우드Inglewood라는 코드명으로, 그리고 오픈AI에서는 고래Whale라는 명칭으로 불린 3단계는 당시 오픈AI가 GPT-4.5와 GPT-5라고 부를 거라 예상했던 모델을 훈련시키기 위해 만들어진 것으로, 엔비디아 A100칩의 차세대 제품인 H100칩 수십만 개로 이루어졌고 짓는 데 수십억 달러가 들었다. 올트먼은 위스콘신주에 들어설 것으로 계획한 4단계는 엔비디아 H100칩의 후속 제품인 최신 모델 B100칩을 사용하고 짓는 데 100억 달러가 들 것으로 예상했다. 당시 가장 비싼 하이퍼스케일 데이터센터에 들어간 비용이 10억에서 20억 달러였다는 점을 감안하면 이는 터무니없이 막대한 금액이었다. 거기서 멈출 생각이 없었던 올트먼은 5단계를 위한 1,000억 달러짜리 슈퍼컴퓨터 아이디어를 아무렇지도 않게 제시했다. 챗GPT의 폭발적인 성공 이후, 올트먼은 자신의 기대치를 조정했다. 챗GPT를 고객들에게 제공하는 데 워낙 많은 양의 칩이 묶여 있는 상태여서 마이크로소프트도 3단계 개발을 마무리하는 속도를 따라잡을 만큼 빨리 더 많은 칩을 확보하는 데 애를 먹고 있었다. 고래, 즉 3단계는 2024년 안에 구축을 완료할 계획과 함께 벨루가Beluga, 외뿔고래Narwhal, 범고래Orca라는 세 개의 별도 클러스터로 나누어졌다.

마이크로소프트나 오픈AI의 그 누구도 5단계가 기술적으로 가능한지조차 알지 못했다. 나중에 〈인포메이션〉은 마이크로소프트와 오픈AI가 마련한 계획에 따르면 이 1,000억 달러짜리 시설은 뉴욕 전체의 평균 전력 수요량에 해당하는 5,000메가와트를 소요할 수 있다고 보도했다.[43] 물론 사업적 측면에서 보면 재무적으로 타당한 계획은 아니었지만, 문제는 돈이 아니라 에너지였다. "땅도 전력도 바닥나고 있어요." 한 오픈AI 직원이 말했다. 두 회사 모두 5단계가 실현되려면 어느 정도의 혁신이 필요하다는 점을 잘 알고 있었다. 마이크로소프트와 오픈AI가 전력 수요를 분산시키기 위해 5단계 슈퍼컴퓨터를 여러 개의 캠퍼스로 나눈 다음 멀리 떨어진 곳에서 AI 모델을 훈련시키는 방안을 찾아내거나, 아니면 올트먼이 가끔 즐겨 말하듯이 핵융합 기술의 획기적인 발전으로 문제가 저절로 해결될 수 있다는 식이었다.

이따금 올트먼은 자신이 가장 많이 투자한 기업인 헬리온 에너지에 대한 낙관적인 전망을 오픈AI 직원들에게 들려주곤 했다. 마이크로소프트는 50메가와트를 목표 생산량으로 잡고 있는 헬리온 에너지의 상업용 핵융합 발전소가 완공되어 가동을 시작하면 전력을 공급받기로 이미 계약을 체결한 상태였다. 나중에 〈월스트리트 저널〉은 오픈AI도 헬리온과 전력 공급 계약을 협상하고 있으며, 올트먼은 공정성을 위해 스스로 해당 협상에 참여하지 않았다고 보도했다.[44]

올트먼과 다른 임원들이 데이터센터가 환경에 미치는 피해를 회사 전체회의에서 화제로 꺼낸 적은 단 한 번도 없었다. 오픈AI가 GPT-4를 아이오와주에서 훈련시키던 시기에 아이오와주 전체는 2년째 가뭄이 든 상태였다. 나중에 〈AP통신〉은 GPT-4를 훈련시키는 데에 마이크로소프트의 데이터센터가 한 달 동안 소비한 물의 양은 4,353만 리터, 지역 수자원의 약 6퍼센트 정도였다고 보도했다.[45] GPT-4는 그곳에서 3개월간 훈련을 받았다. (마이크로소프트 홍보팀은 마이크로소프트가 물 사용 효율을 2022년 자체 기준선보다 40% 이상 증가시키고, 2030년까지 전 세계 사업장 중에서 특히 물 부족을 겪는 지역에 초점을 맞추어 사업장이 소비하는 물보다 더 많은 양의 물을 보충하기 위해 노력하고 있다고 밝혔다.)[46]

애리조나주 역시 심각한 물 부족을 겪고 있다. 마이크로소프트가 3단계 기초 작업을 진행하고 있던 2022년에 〈네이처 기후변화Nature Climate Change〉에 실린 한 연구는 미국 남서부 지역이 1,000년 만에 가장 심각한 가뭄을 겪고 있다는 결과를 발표했다.[47] 그 가뭄에 심각한 부실 관리까지 겹치면서, 애리조나와 다른 여섯 개 주가 담수 수원지로 의존하는 콜로라도강의 수위가 위험할 정도로 낮아졌다. 과감한 조치를 취하지 않는다면 강물이 더 이상 흐르지 않을 수도 있었다.[48] 기후변화로 인해 기록적인 폭염이 계속 이 지역을 강타해 에어컨 사용량이 늘어나는 상황에서 물 부족은 전력 위기를 가중시킨다. 이 지역은 부분적으로 후버댐의 수력 발전과 냉각수로 식히는 원자력 발전소에서 생산하는 전력에 의존한다. 즉, 물이 있어야 전력을 더 생산할 수 있는 것이다. 2023년 피닉스는 최고 기온 기록을 여러 차례 갱신했을 뿐만 아니라 온열질환 사망자 수도 2022년과 비교해 최소 30% 증가한 600명으로 늘어나면서 사상 최악의 해로 기록됐다.[49] "모든 것이 어려운 방향으로 수렴하고 있어요."[50] 애리조나주 수자원공사 국장 톰 버스챗커Tom Buschatzke가 말했다.

이 상황에서 올트먼이 꺼내든 것은 조바심이었다. 2024년 3월, 생성형 AI 경쟁이 시작되고도 몇 년간 잠자코 있던 메타가 갑자기 생성형 AI에 투자하기로 결정했다. 메타는 이를 뒷받침하기 위해 H100칩 35만 개로 이루어진 슈퍼컴퓨터를 만드는 것을 골자로 한 거대 규모 인프라 구축 계획을 내놨다.[51] 이는 오픈AI가 가진 GPU보다 많은 수였다. 올트먼은 기쁘지 않았다. 그는 마이크로소프트가 너무 느리게 움직이는 바람에 오픈AI가 경쟁우위를 잃게 됐다고 생각했다.

소니아 라모스Sonia Ramos는 어릴 때 자신의 나머지 인생을 결정짓게 되는 사고를 목격했다. 그는 칠레의 광산 노동자 가정에서 태어났다.[52] 아버지는 미국 구리 채굴회사에서 일했고, 그는 다른 노동자들의 자녀들 사이에서 자라났다. 1957년에 추키카

마타Chuquicamata 광산의 일부가 붕괴되면서 몇 명이 사망하고 수십 명이 다쳤다.[53] 그의 아버지는 무사했지만, 라모스는 그 사고의 여파로 극도의 가난과 굶주림에 시달려 수척해진 아이들을 기억한다. 40년 뒤 라모스가 채굴 반대 운동에 나서며 칠레의 사회와 문화, 환경 파괴 문제를 지적하는 가장 거침없는 원주민 운동가가 되어서도 그는 그 비극에서 얻은 교훈을 기억했다. 광산업은 하나의 시스템이고, 아무런 간섭 없이 내버려 두면 그 시스템은 무슨 수를 써서라도 수익을 추구한다는 것이다. [그 시스템에서] "노동자는 존재하지 않아요." 그는 이렇게 말한다. 광산 사고 희생자를 위한 어떠한 의식이나 추모도 없었고, 유족들은 아무런 보상도 받지 못했다. "그곳에는 인간성이 존재하지 않습니다."

칠레는 전 세계 구리의 4분의 1을 생산하는 세계 최대의 구리 생산 국가다. 구리 채굴업은 땅의 모습뿐 아니라 거기에 기대 살아가는 사회의 모습도 바꾸어 놓았다. 그 영향이 때로는 눈에 띄는 형태로 나타난다. 오늘날 세계에서 가장 큰 노천 구리광산인 추키카마타 광산은 주기적으로 터뜨리는 폭발물로 끊임없이 깊어진 거대한 상처를 갖고 있다. 갈 곳을 잃은 돌과 흙은 원래 있던 자리에 뚫린 구멍을 기념하듯 높이 솟은 언덕을 만들었고, 그 언덕은 구리 채굴 때문에 땅이 가라앉으면서 사람들이 버리고 떠난 마을의 잔해를 천천히 매장하고 있다.[54] 구리를 처리하는 과정에서 지역의 수자원도 소모됐다.[55] 한때 외국계 다국적 기업이 물을 너무나 많이 소비한 나머지 근처 소금 평원 유역의 물이 모두 고갈되면서 그 풍부했던 생태계가 파괴됐다.

그보다 눈에 덜 띄는 영향 중에는 채굴업이 공기와 물 속에 남긴 비소가 칠레 북부의 암 발병율을 높인 것, 원주민의 삶의 방식이 완전히 바뀐 것, 그리고 서로 다른 공동체 간 갈등을 야기한 것 등을 들 수 있다.[56] 이 지역을 공유하는 모든 원주민을 일컫는 이름인 아타카메뇨인들Atacameños은 물과 광물이 고갈된 땅에서 더 이상 스스로 작물을 기르고 가축을 키우며 자급자족할 수 없게 되었다. 이 변화로 그들의 마을은 극심한 빈곤에 빠졌다.[57] 우울증, 알콜중독, 비행의 증가와 더불어 범죄가 기승을 부리기 시작했다. 자신들이 살아온 땅으로부터 남들이 거두어들인 막대한 이익의 혜택을 거의 보지 못한 탓에 이들에게는 먹을 것도, 물도, 제대로 된 의료 시스템이나 교육 자원도 모두 부족하다. 그 대신 많은 이들이 자신의 땅을 수탈한 채굴업에 종사하면서 채굴업계가 후원하는 작은 병원에서 치료를 받을 수밖에 없는 처지다.[58] 한때는 훨씬 단결된 모습을 보였던 원주민 집단은 이제 점점 줄어드는 자원을 놓고 옥신각신하게 되었다.

그곳에서 리튬이 발견된 것은 비교적 최근의 일이다.[59] 1960년대에 구리 채굴에 쓸 물을 찾던 미국계 기업이 우연히 발견했다. 소금 평원을 드릴로 파내자 지표면 밑의 기름진 소금물에 고농도의 리튬이 떠 있었다. 오늘날 칠레는 세계 리튬의 3분의 1을 생산한다.[60] 호주 다음으로 세계에서 두 번째로 많은 양이다. 리튬은 칠레에서 가장 큰 소금 평원인 아타카마 소금평원에서 주로 추출되는데, 이곳의 소금물을 청록색으로 반짝이는 염전으로 빼낸 뒤 태양열로 수분을 증발시켜 용액이 리튬과 다른 부산물이 결정화하기를 기다리는 방식으로 추출한다.[61] 한때 소금 평원은 분홍빛 플라밍고 떼의 서식지였다. 아타카메뇨인들은 플라밍고를 자신들의 영적인 형제자매로 여겼다. 이제 플라밍고는 사라지고 없다. 이제 페이네 지역 한 원주민 지도자의 막내딸이 그들을 기억할 방법은 오로지 전해져 내려오는 선조들의 옛날 이야기와 플라밍고 봉제인형밖에 없다.

수년간 아타카메뇨인들은 이 추출을 정당화하는 여러 가지 서사를 접해 왔다. 2022년 유럽연합이 새로운 에너지 전환 정책을 수립하고 리튬 수요가 치솟으면서, 칠레와 전 세계의 기업들과 정치인들은 모두 칠레의 추출업이 더 나은 미래를 향해 나아가는 데 중요하다며 입을 모아 강조했다.[62] 하지만 자신들의 삶의 터전과 지역공동체가 갈기갈기 찢어지는 것을 목격한 원주민 공동체는 여기에 의문을 제기한다. 누구를 위한 더 나은 미래인가? "현지 주민들에게는 경제학과 국제정치의 역학관계 밖에서 스스로의 운명에 대해 생각해 볼 권한이 없어요."[63] 칠레 북부에 거주하며 그곳의 풍부한 생물 다양성을 연구하는 미생물학자 크리스티나 도라도르Cristina Dorador가 말했다.

이제 생성형 AI도 이와 똑같은 서사를 재활용하고 있다. 실리콘밸리는 메가캠퍼스를 짓기 위해 구리와 리튬 추출을 가속화하고, 메가캠퍼스를 지원할 발전소와 수천 킬로미터의 전력선을 구축하는 것은 지금보다 더 나은, 더 밝은 미래를 여는 길이라고 주장한다.[64] 그러한 추출을 막는 것은 인류의 근본적인 발전을 가로막는 것이라는 논리다. 하지만 원주민 공동체가 반대하는 것은 채굴 그 자체가 아니다. "우리 선조들도 광물을 채취하는 사람들이었어요." 라모스는 이렇게 말한다. 구리를 처음 발견한 것도 그들이었다. 문제는 그 채굴의 규모라고 그는 지적한다.

그 규모가 모든 것을 집어삼켰다. 그 규모는 칠레 북부와 칠레 전체를 이 산업에 완전히 종속시켰고, 다른 유형의 경제가 등장할 여지를 차단했다. 라모스는 그 규모 때문에 칠레와 나머지 세계가 천연자원을 수탈하지 않고도 발전이 가능한 대안을 상상해낼 수 있는 능력이 질식되었다고 말한다. 그 규모 덕에 생산이 가능해진 거대한 생성형 AI 모델은 그 기술이 물리적으로 구현되는 과정에서 이미 고통받고 있는 원주민에 대한 인종차별적 고정관념을 계속 재생산하는 결과를 낳았다. 칠레의 한 대학이 연출에 참여한 2023년 브라질의 한 전시회에서는 라틴아메리카의 풍부하고 다채로운 원주민 문화와, 미드저니와 스테이블 디퓨전이 이들을 원시적이고 기술적으로 무능한 사람들로 비참하고 황폐하게 묘사한 생성 이미지 간 엄청난 간극을 보여줬다.[65]

최근 몇 년 동안 아타카메뇨인들은 더욱 더 강하게 저항했다. 그들은 자신들의 땅과 공동체에 대한 착취를 규탄하기 위해 집에 검은색 깃발을 달았다. 그들은 광산에 가기 위해 기업 버스와 트럭이 반드시 지나가야 하는 길목의 도로를 물리적으로 봉쇄하는 시위를 조직했다. 그들은 자신들의 고유 문화와 영토에 대한 주권을 보호하는 국제법상 원주민의 권리를 주장하고자 변호사를 선임했다. 기업들과 칠레 정부가 억지로 그들을 협상 테이블에 끼워줄 수밖에 없게 된 상황에서 원주민들의 핵심적인 요구는 바로 정부가 아타카마 사막의 생태계 건강성 연구를 수행하고, 기업 활동으로 인한 수자원 고갈과 그 외의 회복이 불가능한 손상을 측정해야 한다는 것이었다.[66]

라모스 역시 자신만의 재단을 가지고 있다. 그 재단은 아타카마 사막이 가진 자연의 풍요로움에 대한 과학적 연구를 촉진하고 수행함으로써 "조상으로부터 물려받은 것과 그렇지 않은 것"을 조화시키는 것을 목표로 한다. 아타카마 사막의 유난히 극단적인 자연 조건 덕에 다른 어느 곳에도 존재하지 않는 수많은 미생물

집단이 서식하는데, 이는 신약 개발이나 새로운 에너지원으로 사용될 잠재성이 있다. 같은 이유로 아타카마 사막은 화성의 기후와 유사한 것으로 여겨져 수십 년간 연구되어 왔다. 라모스는 이들 연구를 통한 새로운 발견이 자신의 아름다운 고향의 보존 가치를 입증하기를 바란다. 추출을 부채질하는 급격한 진보 서사에 대항하기 위해 그는 치유와 지속가능성, 그리고 재생을 촉진하는 새로운 진보의 개념을 모색하고 있다.

라모스가 북쪽에서 싸움을 이어가는 동안, 칠레의 심장부에서는 정부가 기술산업의 데이터센터를 받아들이는 문제로 또 다른 전투가 벌어지고 있다. 하이퍼스케일러들의 확장 속도가 기존 운영 지역에서 땅과 전력을 공급할 수 있는 속도를 앞지를 정도로 빨라지면서, 이들은 그 자원을 전 세계의 새로운 영토에서 획득하기 위해 더욱 거세게 밀어붙였다.

마이크로소프트만 놓고 봐도 〈세미어낼러시스〉가 "인류 역사상 가장 큰 인프라 구축"이라고 묘사한 데이터센터를 짓기 위해 2024년 매출액의 4분의 1에 가까운 금액인 550억 달러 이상을 썼다.[67] 한편 구글은 2024년 3분기 실적 발표회에서 데이터센터 비용을 회계연도 기준 500억 달러 정도로 상향 조정할 계획이라고 발표했다.[68] 메타는 데이터센터와 인프라 확장에 최대 400억 달러를 사용하며 회계연도를 마무리할 가능성이 높다고 발표하고, 이듬해에는 그 비용이 더욱 커질 것으로 전망했다.[69]

안개가 자욱했던 2024년 6월의 어느 오후, 산티아고 외곽 마을 킬리쿠라Quilicura의 시의원인 알렉산드라 아란시비아Alexandra Arancibia가 미국 빅테크 기업과 자신의 작은 지역공동체 간의 거대한 권력 격차를 상징적으로 보여주는 곳으로 우리 차량을 인도했다. 유럽풍의 카페와 비건 레스토랑이 가득한, 산티아고에서 가장 아름다운 동네에서 차로 30분도 걸리지 않는 거리에 위치한 이곳의 도로는 관리 부실로 허물어져 가고, 지역 마피아가 장악한 불법 매립지 주변에는 쓰레기가 산더미처럼 쌓여 있었다.[70]

반려동물 전용 공동묘지를 지나 우리는 관목과 앙상한 나무 몇 그루가 흙 위로 삐죽 솟아 있는, 버려진 듯한 풀밭에 차를 세웠다. 평소에는 땅이 너무 메마른 나머지 아타카마 사막의 일부처럼 보이지만, 오늘은 비가 와서 모조리 진흙탕이 됐다. 땅 한가운데에는 스페인어로 "킬리쿠라 도심 숲에 오신 것을 환영합니다"라고 적힌 보라색 표지판이 서 있다. 킬리쿠라 도심 숲은 구글이 데이터센터 유치 대가로 지역사회에 보상하기 위해 2019년 시작한 프로젝트라는 설명도 함께 적혀 있다. 표지판은 이 "숲"이 가져다 주는 혜택을 설명하는 도표를 보여준다. 왼쪽에는 온실가스와 공해를 배출하는 공장이 가득한 산업단지 킬리쿠라를, 오른쪽에는 "스모그"라고 적힌 거대한 구름에서 쏟아지는 넉넉한 비를 맞으며 무성해진 숲을 그렸다.

구글은 웹사이트와 각종 자료에서 이 숲을 대대적으로 홍보한다. 내가 구글 칠레 홍보팀장에게 칠레에서 구글이 진행 중인 개발에 대해 인터뷰를 요청했을 때, 그는 인터뷰에 응하는 대신 잘 다듬어진 브리핑 자료만 보내주었다.[71] 뒤이어 그는 구글이 새로운 데이터센터마다 지역사회를 위한 프로그램을 만들어 해당 지역의 교육, 지속가능성, 인터넷 연결, 의료 등 지역 프로젝트를 지원하고 있고, 킬리쿠라에만 120만 달러 넘게 투자했다고 덧붙였다. 그가 보내준 자료 중 숲을 언급하는 부분에서는 주

민들이 녹지를 이용한다는 내용이 들어 있다. 하지만 이곳에 주
민은 없다. 이곳과 가까운 버스 노선은 하나도 없고, 숲 주변에는
집 한 채도 없다. 구글의 데이터센터보다 작은 이 비좁은 땅 밖에
서는 떠돌이 개 십여 마리가 돌아다니며 짖고 쓰레기를 뒤진다.
이에 대해 홍보팀장은 "지역사회의 경험을 점차 발전시키기 위
해" 숲을 개선하는 중이라고 밝혔다.

　우리가 이 광경을 물끄러미 바라보는 동안 아란시비아는 씁
쓸하게 말했다. "지금 실리콘밸리에 와 있는 것 같나요?"

　아란시비아는 대학에 막 입학했을 무렵, 킬리쿠라는 무언가
가 버려지는 장소라는 사실을 깨닫게 되었다.[72] 그는 매일 학교
에 가는 길에 이전에는 그 존재조차 몰랐던 킬리쿠라의 일부 지
역을 지나치며 그곳에 산더미같이 쌓인 쓰레기를 보았다. 그는
한 번도 킬리쿠라를 "고향"으로 생각해본 적이 없었다. 킬리쿠라
는 그저 그가 어렸을 때 부모님이 이주해온, 낙후되고 특별할 것
없는 노동자 계층 마을이자 그가 살고 있는 곳일 뿐이었다. 하지
만 그 마을이 쓰레기장 취급을 받는 모습을 보고 있으니 그의 마
음속 깊은 곳에서는 이 땅을 예전의 아름다웠던 모습으로 되살리
고 싶다는 욕망이 생겨났다.

　불과 20년 전 아란시비아가 어렸던 때만 해도 킬리쿠라는 완
만한 초원과 반짝거리는 습지를 갖춘 시골 동네였다.[73] 새와 짐
승, 다양한 식물 등, 아타카마 사막의 생태계와는 다르지만 그에
못지않게 풍부한 생태 다양성을 품은 곳이었다. 그러다 쓰레기
마피아가 나타났다. 그들은 산티아고의 나머지 지역에서 돈만 낸
다면 누구의 쓰레기라도 킬리쿠라에 버려줬다. 어떤 쓰레기장은

워낙 오래되어 풀과 잡초로 뒤덮이면서 마치 온 동네가 섬뜩하게 변형된 언덕에 포위된 것처럼 보인다. 뒤이어 맥주 회사와 부동산 개발업자 등이 들어와 자신들의 목적을 위해 땅을 빼돌리고 습지에서 물을 빼냈다. 한때 킬리쿠라가 어떤 모습이었는지를 보여주는 흔적은 이제 57제곱킬로미터의 마을 전체 중에서 여기저기 흩어져 있는 아주 작은 녹지대 몇 곳뿐이다.

이런 배경에서 구글이 2012년 라틴아메리카에 처음으로 데이터센터를 짓기 위해 킬리쿠라에 들어왔다. 구글 웹사이트는 2015년 1월부터 가동하기 시작한 이 데이터센터가 라틴아메리카에서 가장 효율적이고 환경 친화적인 시설 중 하나라고 자랑한다. 당시 킬리쿠라에서 이 프로젝트를 주시한 사람은 아무도 없었다. 킬리쿠라보다 훨씬 부유한 산티아고 중심지에서는 당연히 아무도 킬리쿠라를 신경 쓰지 않았다. 매일 통근버스를 타고 데이터센터를 지나던 이웃 주민들은 그곳을 그저 맥주나 식품을 생산하며 지역사회에 일자리를 만들어준 공장일 거라 생각했다.

하지만 대부분의 데이터센터와 마찬가지로 구글의 데이터센터도 초기 건설 단계를 제외하면 그다지 일자리를 창출하지 않았다. 몇 안 되는 장기 근무직 중 하나인 기계 기술자를 뽑는 2024년 채용공고는 구글의 채용 게시판에 영어로만 게시됐고, 이력서도 영어 외의 언어로 제출한 경우 검토하지 않겠다고 적시했다. 데이터센터가 지역사회에 제공한 다른 혜택은 거의 없다.[74] 근처 공립학교에서는 여전히 인터넷 접속 품질이 떨어지거나 학생들이 인터넷 접속에 사용할 수 있는 장비가 부족하다.

구글의 데이터센터가 들어서면서 킬리쿠라와 산티아고의 나머지 지역은 실리콘밸리의 물리적 확장에 적합한 후보지로 떠올랐다. 2019년에 구글은 라틴아메리카에서 두 번째 데이터센터를 산티아고 대도시권에 지을 것이라고 발표했다. 곧이어 마이크로소프트와 아마존도 칠레 진출을 발표했다. 칠레 정부는 발빠르게 이들을 환영했다. 신뢰할 수 없는 정부와 사회적, 경제적 불안정으로 악명 높은 라틴아메리카에서 칠레가 해외투자에 적합한 안전하고 안정된 나라라는 인식을 심어주기 위한 포석이었다. 2020년에 칠레 정부는 한 발 더 나아가 산티아고에서 멀지 않은 칠레 중부 해안 지역을 통해 아시아 태평양 지역과 미 대륙을 직접 잇는 해저 케이블, 일명 데이터 고속도로를 신설할 계획을 발표했다.[75] 칠레는 국제적인 디지털 인프라의 중심지로 거듭날 것이었다. 구글이 해당 파트너십을 지원했다.[76]

그런데 2019년 7월, 구글이 칠레에서 두 번째 데이터센터 건립을 위한 서류 작업을 시작하던 무렵 이를 주시하던 주민들이 있었다. 구글이 데이터센터 부지로 선정한 곳은 산티아고에 인접한 또다른 노동자 계층 마을인 세릴로스Cerrillos였다. 킬리쿠라와 마찬가지로 세릴로스 역시 오랫동안 무시당하고 버려진 곳 취급을 받아왔다. 1930년대부터 1990년대까지 벨기에 기업이 소유한 시멘트 공장이 치사량에 가까운 석면으로 해당 지역을 오염시켰다.[77] 한 칠레 역사가는 이를 칠레 역사상 "최대 규모의 산업 집단학살"이라고 불렀다. 오늘날까지도 이 지역 주민들의 암 발병률은 평균보다 높다. 하지만 세릴로스는 또 특별한 곳이기도 하다. 상수도가 민영화된 칠레에서 이곳은 유일하게 상수도를 공영으로 관리하는 곳이다. 지역 내 지하수를 끌어올려 주변 지역에 공급하고, 비상시에는 칠레의 다른 지역에도 물을 공급한다.

방치의 역사와 귀한 상수원이라는 독특한 조합은 자원 채굴에 저항하고 감시하는 여러 환경운동 단체가 싹트기에 비옥한 토양이었다. 그해 여름, 구글이 데이터센터 건설 허가를 받기 위해 칠레 환경부에 신청서를 제출—형식적인 절차에 불과했다—하자, 물 환경단체 MOSACAT은 구글이 제출한 347쪽짜리 서류를 낱낱이 검토했다.[78] 이들은 두터운 서류의 한 구석에서 구글의 데이터센터가 서버를 식히는 데 초당 169리터의 식수를 사용할 것이라는 대목을 찾아냈다. 즉, 이 데이터센터가 1년 동안 사용하는 물의 양이 세릴로스 전체 인구 8만 8,000명이 소비하는 것보다 많을 수 있다는 뜻이었다.[79] MOSACAT은 이를 용납할 수 없었다. 칠레 전체의 식수 공급이 위협받는 시기에 구글의 데이터센터는 세릴로스의 공영 상수원에서 직접 물을 끌어 쓸 것이었다. 아이오와주와 애리조나주와 마찬가지로, 2019년 칠레도 역사적으로 전례가 없는 지독한 대가뭄을 9년째 겪고 있었다.[80]

MOSACAT 회원 타니아 로드리게즈Tania Rodríguez가 구글이 환경부에 제출한 서류 347쪽 전체를 출력하고 파란색 플라스틱 표지 사이에 스프링 제본하여 나에게 건넸다. 실리콘밸리가 자신들의 중앙집중식 의사결정을 정당화하기 위해 기술적 전문성을 휘두르는 방식이 물리적으로 실체화된 이 벽돌같이 두꺼운 인쇄본이 내 무릎에 쿵 하고 떨어졌다. 밑부분에는 공들여 표시한 포스트잇 노트가 튀어나와 있다. 그중 스페인어로 "Agua potable"(식수)라고 적혀 있는 것은 데이터센터의 서버를 식히기 위해 담수를 사용해야 한다는 내용이 있는 부분을 표시했다.

MOSACAT은 2019년, 여성 인권, 주거권, 노동권, 환경권 투쟁을 하는 여러 활동가가 연대해 통일된 단체를 이루면서 설립되었다.[81] 이들 중 다수는 불법 채굴 프로젝트 반대 운동을 벌이면서 서로 알게 되었다. MOSACAT이 벌인 운동은 성공적으로 채굴업자들을 쫓아내고 프로젝트를 중지시켰으며, 해당 지역을 보호구역으로 지정하는 성과를 거뒀다고 한다. 그로부터 얼마 지나지 않아 칠레 국회의원으로 활동하는 MOSACAT의 친구가 구글의 데이터센터 프로젝트를 귀띔해주면서 이들에게 예상 물 소비량을 살펴보라고 권유했다.

MOSACAT 회원들은 기술 전문가가 아니다. 하지만 그들은 빽빽한 도표와 난해한 전문용어로 가득 찬 모든 페이지를 빠짐없이 읽으면서 엄청나게 많은 메모를 하고, 구글에 맞설 준비를 하기 위해 데이터센터와 냉각 시스템을 속속들이 암기했다. 이 많은 정보를 어떻게 다 소화할 수 있었냐는 나의 물음에 로드리게즈는 활기차게 웃었다. "우리 모두가 매달려서 해냈죠." 그가 말했다. MOSACAT 회원 전체인 열댓 명의 자원봉사자들은 직장일과 가족을 챙기면서 틈틈이 짬을 내어 활동에 필요한 일을 했다.

칠레에서는 물 사용이 필요한 사업의 경우, 허가를 받는 데 대체로 오랜 시간이 걸린다. 그러나 구글의 경우에는 가뭄으로 인한 물 부족 사태의 와중에도 금방 허가를 받았다. 처음에 MOSACAT은 구글의 현지 파트너인 칠레의 투자서비스 기업 데이터루나Dataluna를 통해 프로젝트에 대한 이의를 제기해보려 했다. 하지만 첫 회의부터 전혀 기대에 미치지 못했다고 한다. 데이터루나 측은 해당 프로젝트에 식수를 전혀 사용하지 않는다고 말하는 등 프로젝트 자체를 전혀 이해하지 못한 것처럼 보였다.

이에 MOSACAT은 지방정부를 찾아갔다. 시장과 시의회도 데이터루나와 직접 만난 적은 있었지만, 데이터센터 냉각에 식수가 아닌 폐수만 필요하다고 잘못 알고 있었다. MOSACAT이 상황을 설명하자, 놀란 지방정부 관계자는 데이터루나에 해명을 요구했다. 문제는 데이터루나에서 구글 칠레를 거쳐 캘리포니아주 마운틴뷰에 있는 구글 본사까지 올라갔다.

2019년 10월에 구글은 세릴로스 지역사회를 상대로 발표회를 진행할 엔지니어 두 명과 변호사 한 명을 보냈다. 그들이 도착하던 날 MOSACAT은 구글 직원들이 회의 장소로 가기 위해 통과할 길목을 시위 표지판으로 도배했다. 회의에는 MOSACAT과 다른 활동단체와 지역단체 대표도 포함된 약 20명의 주민도 참석했다. MOSACAT은 구글 엔지니어들은 키가 크고 할 줄 아는 언어가 영어밖에 없는 그링고gringos(라틴아메리카에서 흔히 미국인을 지칭하는 말)였다고 말했다. 그들의 발표는 매우 기술적이었고, 통역은 구글 측 변호사가 맡았다. 회의가 진행되는 동안 영어를 할 줄 아는 MOSACAT 회원들은 엔지니어들이 한 말을 변호사가 다르게 옮기고 있다는 사실을 알아챘다. 구글 대표단은 킬리쿠라에 만든 것과 같은 도심 숲을 조성해주겠다는 말로 지역공동체를 달래려 시도했다. 회의에 참석했던 MOSACAT과 다른 단체들은 시큰둥했다. 구글이 지역사회의 목소리에 귀를 기울이고 진정으로 소통하기 위해 온 것이 아니었기 때문이다. "우리를 겁주려 온 거였어요." MOSACAT 회원이자 세릴로스에 인접한 마이푸 시의원으로 일하는 알레한드라 살리나스Alejandra Salinas는 이렇게 말했다. "생각해보세요. 그들은 우리의 땅을 말라붙어 쩍쩍 갈라지게 해놓고는 나무를 심어주겠다고 하잖아요."

세릴로스 주민들이 원한 것은 나무가 아니었다. 산티아고 대도시권 지역이 공원조차 없을 정도로 낙후된 곳도 아닌데 구글에게 공원을 만들어 달라고 할 필요도 없었다. 주민들은 구글이 더 이상 자신들의 땅을 귀중한 물과 다른 자원을 수탈하는 장소로 취급하지 않기를 원했다. 또한 구글이 자신들을 지역 개발 과정의 참여자가 아니라 그저 방관자인 양 무시하는 태도를 버리기를 원했다. "우리는 우리가 구리와 리튬 같은 원자재를 공급해서 세상을 먹여 살린다는 사실을 알고 있어요." 살리나스가 말했다. "우리가 가진 보물은 오로지 우리만의 것이고 남들과 나눌 수 없다고 우기는 사람은 아무도 없어요. 당연히 우리는 서로에게 도움을 줄 수 있어요. 하지만 그들이 생명에 필수적인 물을 다 써버리고 우리에게는 아무것도 남기지 않는 것은 용납할 수 없습니다."

당시 칠레는 수개월에 걸쳐 사회 폭발Estallido Social이라 불린 거대한 정치적 격변에 휩싸여 있었다. 실업, 민영화, 심각한 불평등에 항의하는 폭발적이고 때로는 폭력적인 시위가 같은 달인 2019년 10월부터 시작되어 매주 벌어졌고, 그 결과 수천 명이 다치고 수십 명이 죽었다. 2019년 말 이러한 사회 변혁 요구에 대응해 전국적으로 정치 개혁을 위한 국민투표가 시행되자, MOSACAT은 이를 기회로 지역의 수자원을 그토록 많이 소비할 시설을 구글이 짓는 데 주민들이 동의하는지 묻는 질문을 국민투표에 추가했다. MOSACAT은 구글 프로젝트의 실체를 알리기 위해 길목에서 전단지를 나눠주고, 집집마다 찾아가 문을 두드리고, 도시 곳곳에 시위 표지판을 붙였다.

2019년 12월, MOSACAT은 승리를 거뒀다. 데이터센터 건립은 국민투표 결과 근소한 차이로 부결됐다. 이듬해에 칠레 정부는 MOSACAT과 함께 환경법원에 구글의 데이터센터 프로젝트에 대한 소송을 제기했다.

회의에 참석한 구글 엔지니어들과 변호사는 자신들의 말을 일부 주민이 알아들을 수 있다는 사실이 분명해지자 전보다 훨씬 협상할 의향을 보이며 친절한 척을 했다고 MOSACAT은 말했다. 그러나 예일 대학교 조교수 줄리안 포사다와 케냐 노동자 모팟 오킨이의 변호사인 머시 무테미가 나에게 말한 것처럼, 글로벌 사우스 국가의 저항에는 언제나 실리콘밸리 기업이 돈을 챙겨서 다른 곳으로 가 버릴 위험이 따른다. 프로젝트가 계속 지체되자 구글은 라틴아메리카에 계획된 다음 데이터센터를 칠레에서 다른 나라로 바꿀 것이라고 발표했다.

인구 340만 명에 불과한 작은 나라 우루과이의 국가기간통신 사업자인 안텔Antel은 세 개의 데이터센터로 나라 전체에 인터넷과 이동통신 서비스를 제공한다. 안텔의 모든 데이터센터를 다 합쳐도 5,000제곱미터밖에 되지 않는다.[82] 그중 1,000제곱미터도 되지 않는 한 데이터센터는 몬테비데오의 전형적인 주거지역에 아늑하게 자리 잡고 있다. 주변 건물보다는 높고 널찍하지만 주변환경과 조화를 이루고 있다.

데이터센터는 나머지 동네가 사용하는 전력선과 분리된 별도의 전력선 두 개를 통해 전력을 공급받는다. 전체 공간의 30%는 컴퓨터로 채워져 있고, 70%는 사무실과 서버실, 설비실로 이루어져 있다. 컴퓨터에서 열기가 발생하긴 하지만, 물로 식혀야 할 만큼 뜨거워지지는 않고 공기로도 충분히 식힐 수 있을 정도다. 데이터센터에서 나오는 낮게 웅웅대는 소리는 대낮에는 거의 들리지 않고 고요한 밤에는 가끔 이웃들이 데이터센터에 찾아와 불평을 할 정도로 약간 성가신 정도다. 데이터센터 관리자인 하비

에르 에체베리아Javier Echeverria는 이 이야기를 하면서 멋쩍은 표정을 지었다. 그는 지역 연구자들과 함께 소음을 줄일 방안을 강구하고 있고, 이미 냉각 시스템을 손봐서 소음을 낮췄다고 말했다. 이와 같은 신속한 대응은 MOSACAT이 미국 기업의 주의를 끌기 위해 거쳐야 했던 번거로운 과정과는 거리가 멀다.

이곳에서 차로 30분 거리에는 도시 경계 바로 밖에 정부가 과학공원 개발 용도로 지정한 넓은 땅이 나온다. 이 과학공원은 자유무역지대zona franca로 운영된다. 어떤 사람들은 이곳에 주로 정부에 세금을 내지 않는 미국 기업들이 들어와 있다는 점을 꼬집어 약간의 씁쓸함을 가미하여 장난스레 미국지대zona America라 부르기도 한다.[83] 관리가 잘된 멋진 풀밭과 대칭적인 디자인, 그리고 워싱턴DC 내셔널 몰의 장엄함이 떠오르는 해시계 모양의 웅장한 분수대까지, 과학공원은 언뜻 보기에 사뭇 미국처럼 보이기도 한다.[84] 그리하여 2021년, GPT-3가 스케일을 크게 키운 AI 모델에 대한 관심을 불러일으키던 무렵, 구글은 라틴아메리카에서 두 번째 데이터센터를 건립할 새로운 입지로 이곳의 땅 29만 제곱미터를 매입했다. 이는 안텔 데이터센터 전체의 58배에 이르는 규모였다.

사실 우루과이는 전혀 물이 풍부한 곳이 아니었다. 칠레, 아이오와주, 애리조나주와 마찬가지로 우루과이 역시 혹독한 가뭄을 겪고 있었다. 물 부족이 심각한 나머지 농부들은 수확물을 통째로 잃었고, 이러한 농작물 손실은 전국적으로 10억 달러에 이르렀다.[85] 2023년 여름 무렵 몬테비데오 정부는 오염된 소금물을 도시의 상수도에 섞기 시작했다. 수도를 틀면 화학 냄새가 진동하는 불쾌한 갈색 액체가 쏟아져 나왔다. 형편이 되는 사람들은 생수를 사서 발암물질을 너무 많이 흡입하지 않도록 창문을 열어 둔 채로 몸을 씻었다. 형편이 되지 않는 사람들은 그 갈색 수돗물 을 그냥 마셨고, 이로 인해 많은 이들이 복부통증, 피부 발진, 기 저 질환 악화, 그리고 유산율 증가의 고통을 겪었다.[86]

한바탕 기승을 부린 팬데믹의 여파로 생수를 살 형편이 되지 않는 사람이 많았다. 팬데믹으로 인해 기업들이 재택근무를 실시 하고 갈수록 클라우드 서비스에 의존하게 된 것이 결과적으로 구 글과 마이크로소프트의 시가총액이 2조 달러를 돌파하는 데 기 여하면서 실리콘밸리 전체가 상승세를 탈 동안, 우루과이에서는 불법 주거지가 기하급수적으로 늘어났다.[87] 현지에서 올라Ollas라 고 부르는 무료급식소는 배고픈 아이들을 빈손으로 돌려보내야 했다. 올라스 운영진들도 가난에 찌들어 힘겹게 생계를 유지하 고 있었다. 파비아나Fabiana는 불법 주거지에 살면서 대비마마Reina Madre라는 애칭으로 불리는 올라의 운영자다. 평소 시끌벅적한 그 의 목소리가 그 무렵의 일만 떠올리면 점점 작아진다.[88] "'당신의 아이에게 줄 수 있는 음식조차 없어요'라고 말해야 하는 그 상황 은…" 그의 목소리가 잦아들었다. "정말 끔찍했어요." 평생 가난 하게 살면서 먹고 살기 위해 성매매 업소 바닥을 청소하며 생계 를 이어온 그였지만, 그는 팬데믹과 가뭄을 자기 인생에서 최악 의 시기 중 하나로 꼽는다고 말했다.

우루과이의 물 부족 위기는 기후변화와 국가 수자원 배분 실 패가 결합되어 나타난 결과였다.[89] 우루과이에서는 담수의 80% 를 사람이 소비하는 대신 산업 용도로 쓴다. 가장 대표적인 것이 환금작물 재배다. 여기에는 대두와 쌀, 제지공업에 사용할 나무 를 키우는 공장형 농장이 포함된다. 그러한 농장의 대부분은 현지 기업이 아니라 다국적 기업이 운영하며, 이들은 이곳에서 생산한 작물을 수출하면서 우루과이의 환경에는 무책임한 태도를 보인다.[90] 이들 기업이 토양의 영양분을 고갈시켜 실제 먹을거리를 생산하기가 더욱 어려워지고, 하천을 오염시킨 다량의 농약은 우루과이를 1인당 농약소비량이 세계에서 가장 높고 발암율이 이례적으로 높은 나라로 만들었다.[91]

몬테비데오의 공화국 대학교 사회학 연구원으로 수년간 이러한 환경적 추출주의를 연구한 다니엘 페나Daniel Pena는 이를 우루과이의 식민 역사와 직결시킨다. 그는 낡아 빠진 픽업트럭을 타고 전국을 돌아다니며 가장 가난한 지역의 농부들과 주민들을 인터뷰하여 기업들이 이들을 얼마나 쥐어짜는지를 가까이서 기록한다.[92] 칠레의 경우와 마찬가지로, 외국계 다국적기업은 여전히 현지인보다 정치적 서열이 높다. 가뭄이 들었을 때에도 기업들은 아랑곳하지 않고 몬테비데오의 주요 상수원인 산타루시아강에서 필요한 물을 직접 가져다 썼다. 20년 전 환경운동이 거둔 중대한 성과 덕에 우루과이는 세계 최초로 헌법상 물을 인권으로 규정한 나라가 되었다. 그러나 씁쓸하고 역설적이게도 물 부족으로 인해 대폭 줄어든 것은 기업의 물 소비량이 아니라 사람들이 마실 물이었다.[93]

그래서 구글이 왔을 때 페나는 방심하지 않았다. 주요 산업 프로젝트 목록이 올라와 있는 우루과이 환경부의 웹사이트를 평소와 다름없이 정기적으로 살펴보던 중, 그는 구글 데이터센터 프로젝트 제안서를 발견했다. 페나는 하이퍼스케일러들이 대가뭄이 들었을 때에도 식수를 사용한다는 것과, MOSACAT 같은 지역사회 단체에서 그런 프로젝트를 저지했다는 것도 읽은 적이 있었다. 하지만 그가 프로젝트 세부사항을 다운받아 확인해보니 물 사용량 수치는 기밀 정보로 삭제되어 있었다. 과거 스무 차례 정도 성공한 경험이 있는 정보공개를 청구했지만, 환경부는 계속해서 영업비밀이라는 명목으로 수치를 공개하지 않았다. 페나는 그들이 무엇을 숨기는지 궁금했고, 구글을 따라 우루과이에 눈독일 들일 것이 분명한 다른 클라우드 기업에 좋지 않은 선례를 남길까 걱정했다. 그래서 그는 헌법상 물을 인권으로 규정한 조항을 꺼내 들었다. 무료로 사건변론을 맡아줄 의향이 있는 변호사 친구의 도움으로 페나는 환경부를 상대로 소송을 제기했다.

4개월 뒤인 2023년 3월, 페나는 놀랍게도 이 사건에서 승소했다. 환경부는 구글 데이터센터가 하루에 757만 리터의 물을 상수도에서 직접 가져다 쓸 계획을 갖고 있다는 사실을 공개했다.[94] 이는 5만 5,000명의 하루 사용량에 해당한다. 얼마 지나지 않아 몬테비데오 대부분 지역의 수도에서 소금물이 나오면서 환경부가 공개한 내용이 폭발적으로 퍼졌다. 수천 명의 우루과이인들이 거리로 쏟아져 나와 정부로 하여금 국가의 귀중한 수자원을 낭비할 구글과 다른 모든 산업에 대한 반대 시위를 벌였다. 시위대가 도시 곳곳의 벽과 도로변 가드레일에 휘갈겨 쓴 시위 구호는 내가 2024년 6월에 우루과이를 방문했을 때에도 여전히 남아 있었다. "이건 가뭄이 아니다."[95] 그중 하나는 이렇게 쓰여 있었다. "이건 수탈이다."

페나가 데이터센터를 바라보는 방식은 라모스가 채굴업을 보는 방식과 같다. 문제는 인프라 그 자체에 있는 게 아니라, 실리콘밸리가 그 인프라를 만들고자 하는 규모에 있다. 그 규모가 바로 구글과 마이크로소프트 같은 기업이 극심한 자원난에 시달리고 있는 칠레와 우루과이에서 확장을 시도한 이유다. 그 규모가 바로 기업들이 안텔보다 58배나 큰 땅을 사들이고 현지 주민들에게는 그토록 무책임한 태도를 보이는 이유다. "그건 값싼 물과 세금이 면제되는 땅, 그리고 터무니없이 싼 노동력을 쓰러 글로벌 사우스에 오는 추출주의 프로젝트입니다. 그리고 그들은 우리나라에 아무런 기여도 하지 않습니다. 우리의 인터넷 접속 품질을 개선해주는 것도 아닙니다." 페나가 말했다.

2023년이 다 지나갈 무렵, 구글은 우루과이에 계획했던 데이터센터의 크기를 3분의 1로 줄이고 물을 사용하지 않는 냉각 시스템을 사용하겠다는 내용으로 제안서를 조용히 수정했다. 페나는 이 싸움이 아직 끝나지 않았다고 말한다. 이제 정부는 수정된 제안서에 적힌 데이터센터의 예상 전력소비량이 영업비밀이라며 공개하지 않고 있다. 페나는 또 데이터센터의 하드웨어를 생산하는 데 필요한 광물이 어디에서 채굴되는 것인지, 거기에 동원되는 노동력은 어떤 처우를 받고 있는지, 배출될 탄소의 양은 얼마 정도인지, 거기에서 나오는 전자폐기물이 다른 지역사회에 유독성 화학물질을 방출하지 않도록 제대로 폐기되고 있는지 등 데이터센터의 환경 및 사회적 영향을 포괄적으로 살펴보는 연구를 실시할 것을 요구하는 청원서에 400명 이상의 서명을 받아 환경부에 보냈다. 그중 대부분은 우루과이에 닥칠 일이 아니지만, 페나는 그런 일을 겪게 될 다른 나라와 연대감을 느낀다. 그는 그 나라들이 "보통 글로벌 사우스 국가"라고 말했다. "우리 각자는 글로벌 공급망의 서로 다른 부분에 영향을 받더라도, 결국에는 모두가 같은 결과를 맞닥뜨리게 됩니다."

2024년 칠레 환경법원은 구글이 산티아고에 물을 사용하는 데이터센터를 지을 수 없다고 판시했다. 구글 칠레 홍보팀장은 구글이 여전히 칠레와 라틴아메리카에 충실할 것이며, 필요시 세릴로스에 공기냉각식 데이터센터 건립 허가 절차를 시작할 계획이라고 밝혔다. 하지만 이 일은 다른 하이퍼스케일러들이 라틴아메리카로 진출하는 움직임을 늦추지 않았다. 2022년, 마이크로소프트는 오픈AI에 두 번째 투자를 결정하고 얼마 지나지 않아 칠레 데이터센터 입지 선정을 마무리했다.[96] 그곳은 다름아닌 아란시비아의 고향 마을인 킬리쿠라였다.

마이크로소프트는 데이터센터 추진 기업 중 굳이 따지자면 대기만성형이라 할 수 있다. 오픈AI에 투자하기 전, 전 세계에 건립한 시설의 숫자로 보면 구글이 크게 앞서고 있었다. 하지만 AI를 향한 야망을 실현하기 위해 추가적인 연산 인프라 수요가 갑자기 폭발적으로 늘어나자, 마이크로소프트는 구글의 전략을 도입하고 구글이 진입한 지역에 따라 들어갔다.

마이크로소프트가 진입한 칠레는 구글을 반겼던 칠레와는 달랐다. 2022년은 칠레의 국내 정치에 지울 수 없는 흔적을 남겼던 사회 폭발Estallido Social이 벌어지고 2년 넘게 지난 시점이었다. 수개월에 걸친 시위 끝에 칠레는 일반 시민들이 폭넓게 참여하여 피노체트의 잔혹한 독재 시절부터 이어져 내려온 헌법을 개정하는 인상적인 실험을 했다. 개헌안은 결국 통과되지 못했다. 진보와 보수가 각기 주도한 정파적인 개헌안은 둘 다 시민들로부터 폭넓은 지지를 얻는 데 실패했다. 하지만 이 경험을 통해 청년층과 특히 노동자 계층은 민주주의에 대한 새로운 희망과 활력을 얻었다. 좌파 세력이 확산되고 지지자가 늘어났고, 예상치 못한 방식으로 상황이 전개되면서 겨우 35살인 가브리엘 보리치 폰트Gabriel Boric Font가 밀레니얼 세대 좌파 대통령으로 당선됐다. 당선 연설에서 보리치는 피노체트 정권 하에서 시카고 보이즈가 남긴 유산을 거세게 비판한 시위 구호를 반복했다.[97] "신자유주의의 요람 칠레, 이젠 그 무덤이 될 것이다."

2022년 3월 대통령 임기를 시작한 보리치는 학생운동가 출신이다. 칠레 청년들은 사회적 격변기를 거치며 그 과정에서 조직화와 시위에 대해 배운 것을 밑바탕으로 차세대 진보단체를 만들어보면서 용기를 얻었다. 그들은 각 지역사회의 변화를 만들어내는 중심축의 일부가 되어 자신들이 원하는 칠레의 미래에 대한 큰 그림을 그리기 위해 정기적인 회의를 개최했다.

아란시비아가 킬리쿠라의 또다른 젊은 주민인 로드리고 바예호스Rodrigo Vallejos와 활동단체를 공동 창립한 것도 이 무렵의 일이었다. 둘은 사회 운동을 하는 과정에서 서로 알게 되었고, 환경에 대한 깊은 열정을 공유한 덕에 금방 가까워졌다. 그들은 사회와 환경은 불가분의 관계라는, 라틴아메리카에서는 오래 전부터 잘 정립된 개념에 착안해 함께 세운 단체에 킬리쿠라 사회환경 저항운동Resistencia Socioambiental Quilicura이라는 이름을 붙였다.

마이크로소프트가 킬리쿠라에 진입한다는 소식을 들은 바예호스와 아란시비아는 앞서 MOSACAT과 다니엘 페냐가 했던 것처럼 마이크로소프트가 공개한 모든 자료를 찾아 탐독하며 데이터센터 프로젝트를 심층적으로 연구했다. 디에고 포르탈레스 대학교 법학과 학생인 바예호스는 학업과 병행하며 밤 늦게까지 기술 문서를 읽으며 데이터센터의 작동방식을 독학했다.

마이크로소프트는 구글이 세릴로스에서 사용했던 것보다 훨씬 적은 양의 물을 사용할 것이라고 적시했다. 그래도 바예호스는 걱정했다. 칠레의 가뭄은 더욱 심해지기만 했고 2040년까지 계속될 전망이었다. 게다가 킬리쿠라의 습지는 산업 침식과 가속화되는 사막화로 인해 크게 훼손되고 있었다. 마이크로소프트는 웹사이트상에 데이터센터 냉각 시스템의 첨단 혁신 덕분에 물을 사용하지 않게 되었다고 대대적으로 홍보했다. 만약 마이크로소프트가 물을 쓰지 않는 데이터센터를 만들 역량이 있다면, 왜 킬리쿠라에서는 그렇게 하지 않는 것일까?

"마이크로소프트처럼 명망 있는 기업이 공개적으로는 환경 친화적인 내용을 말하면서, 칠레 같은 제3세계 국가에서는 글로벌 혁신 기준을 준수하지 않는 것은 매우 인상적이다."[98] 바예호스는 나중에 한 글을 통해 이렇게 지적했다.

후에 마이크로소프트는 자신들이 홍보한 혁신적인 기술은 여전히 개발 중에 있으며 미국의 한 장소에서만 시범 운용 중이라고 설명했다. "그렇다면 왜 이런 걸 (웹사이트에서) 공언하는 거죠?" 바예호스는 이렇게 되물었다.

바예호스는 국내외 연구자들의 시선을 사로잡았다.[99] 그중에는 네덜란드의 건축과 디자인 및 디지털 문화 기관인 뉴어 인스티튜트Nieuwe Instituut 연구책임자인 마리나 오테로 베르지어Marina Otero Verzier, 마틴 티로니 로도가 공동으로 이끄는 칠레의 싱크탱크인 인공지능 연구의 미래FAIR 소속 세레나 담브로시오Serena Dambrosio와 니콜라스 디아즈 베하라노Nicolás Díaz Bejarano도 있었다. 오테로는 바예호스와 아란시아바의 열정에 깊은 감명을 받았고, 그런 열정에도 불구하고 별다른 소득을 거두지 못한 것이 안타까웠다. 둘은 마이크로소프트의 기나긴 기술 문서를 읽고, 이를 비판하는 글을 쓰고, 계속해서 반대 운동을 벌이느라 지칠 대로 지친 상태였지만, 기업도 정부도 이들의 말에 큰 관심을 보이지 않았다. 오테로는 그들을 도울 방법을 궁리했다. 어떻게 하면 이들을 핵심적인 인물들과 함께 협상 테이블에 앉힐 수 있을까?

오테로는 바예호스가 모르는 사실 한 가지를 알고 있었다. 하버드나 컬럼비아 같은 일류 대학과 연계된 직함이라면 마이크로소프트와 정부의 주목을 끌 수 있다는 것이었다. 그는 다각적으로 캠페인을 벌이기 시작했고, 여기에 너무 깊이 관여한 나머지 다니던 직장도 그만뒀다. 그는 유명 컨퍼런스에 참석해 데이터센터가 환경에 미치는 영향과 바예호스의 저항운동 단체가 벌인 반대 운동에 대해 이야기했고, 칠레의 과학기술지식혁신부, 마이크로소프트와 구글 사람들과 관계를 맺었고, 바예호스와 아란시비아를 다른 해외 연구자와 연결시켜 주었다.

오테로는 FAIR 소속 연구원들인 담브로시오와 디아즈와는 좀 더 사변적인 프로젝트를 진행했다. 세 명 모두 건축학을 공부하고 건축 환경의 관점에서 현대 디지털 기술 인프라를 연구하는 사람들이었다. 이들은 다음과 같은 질문을 던지기 시작했다. 만약 데이터센터를 건축 구조물로 취급하여 그 미적 외관, 지역사회에서의 역할, 그리고 주변 환경과의 관계를 근본적으로 다시 상상해본다면 어떨까?

디아즈는 여행길에 각국 국립도서관에 방문하길 좋아했다. 그는 국립도서관을 한 나라의 기억과 지식이 가진 웅장함을 표현하는 아름다운 장소로 여겼다. 디아즈는 데이터센터 역시 나름대로의 기억과 지식을 가진 도서관으로 볼 수 있다고 생각했다. 데이터센터 역시 추악하고 추출적이기보다 아름답고 따뜻하게 맞아주는 장소로 설계하는 것이 가능하다고 보았다.

이는 마이크로소포트와 구글이 지역사회 영향 프로그램을 통해 실천하는 지역사회 환원과는 전혀 다른 발상이었다. 디아즈는 이들 기업의 지역사회 환원 프로그램은 그 기업의 시설이 지역사회에 실제로 미친 영향으로부터 동떨어져 있는 "정신분열적"인 것이라고 표현한다. 디아즈는 바예호스와 아란시비아와 함께 산티아고 전역에서 건축 전공 학생들을 초대해서 킬리쿠라를 위한 새로운 형태의 데이터센터를 상상해보는 14일간의 워크샵을 주최하고자 펀딩을 신청했다.

학생들이 설계한 시안은 하나같이 놀라웠다.[100] 한 팀은 데이터센터의 물 사용량을 눈에 더 잘 보이게 하기 위해 물을 커다란 수영장에 저장하고 이 수영장을 주민들도 공공장소로 이용할 수 있는 방안을 상상했다. 또다른 팀은 전형적인 데이터센터의 거대하고 단순한 노출 콘크리트 양식을 버리고 데이터 인프라가 습지와 공존하며 환경 피해를 줄이는 "유동적 데이터 영토"를 제안했다. 데이터센터의 구조물이 출렁다리 역할을 하고, 이를 통해 킬리쿠라 주민들이 습지를 탐방하며 생태계를 감상할 수 있게 만드는 방안이었다. 전통적인 서버실 사이사이에 양묘장과 동물 쉼터를 마련해 습지의 생태 다양성을 회복할 수 있게 했다. 데이터센터가 습지에서 오염된 물을 끌어와 정화해 사용한 다음 다시 습지로 돌려보낼 것이었다. 데이터센터의 컴퓨터도 습지 건강 정보를 수집하고 처리하여 지역 환경 복구를 가속화하는 데 일조하는 역할을 하게 했다. "우리가 문제를 해결하는 것은 아니지만, 데이터와 물 사이에 존재할 수 있는 다른 유형의 관계를 상상해보고 있어요." 디아즈가 말했다.

워크숍 막바지에 학생들은 자신들의 아이디어를 주민들과 다른 지역사회 구성원들에게 발표했다. "정말 놀라운 대화였어요." 오테로가 말했다. "지역사회가 얼마나 많은 지식을 갖고 있는지 볼 수 있는 기회였습니다. 지역사회에서 기여할 수 있는 부분이 너무도 많아요."

대통령 임기 4년 중 3년차에 접어든 보리치는 경제 부문에서 "신속한 성과"를 내야 한다는 압박에 시달리고 있다. 젊은 좌파 대통령이니 그 압박은 더욱 크다. 그 압박은 곧 채굴업을 확장하고 새 데이터센터 28곳의 입주를 무사히 마치는 것을 의미했다. 보리치가 국가 데이터센터 전략을 수립할 계획을 발표한 날, 바예호스는 나에게 기자회견 영상과 함께 어질어질해하는 얼굴 이모티콘을 보냈다.

하지만 따져보면 칠레 북부와 산티아고의 활동가들과 국내외 연구자들 간 연대가 거둔 성과는 분명하다.[101] 데이터센터 전략 수립을 담당하는 과학부는 전략 초안 작성 단계의 일환으로 활동가들로부터 정기적으로 자문을 구할 위원회를 구성하고, 여기에 바예호스, 아란시비아, MOSACAT 회원들을 초대했다. 과학부는 또 AI 개발과 도입, 규제 방법 등을 규정한 AI 법안을 마련하고 있다. 예전에는 과학부가 AI를 무조건 긍정적이기만 한 것으로 다룬 반면, 이제는 그에 따르는 사회적, 환경적 비용을 인정하는 쪽으로 기조가 바뀌었다.

다른 많은 글로벌 사우스 국가들처럼 칠레 역시 글로벌 노스가 디지털 기술을 만드는 방식을 일방적으로 정해버릴 때까지 무작정 기다리기만 해서는 안 된다는 것을 힘든 경험을 통해 배웠다. "기술을 만드는 방식은 특정한 문화적 틀과 역사적 틀을 따라갑니다." 칠레 과학부 장관 아이선 에체베리Aisén Etcheverry가 말했다. 글로벌 인터넷은 칠레의 참여 없이 형성된 것이었지만, 이제 칠레는 AI 기술의 형성 과정에 나름의 방식으로 참여할 기회를 얻었다.

FAIR의 이사인 티로니는 여기서 한 발짝 더 나아간다. 그는 오늘날의 AI 산업은 명백히 식민주의 사상에 뿌리를 두고 있다고 말한다. 오늘날의 AI 산업은 AI가 무엇인지, 어떤 것이 좋은 AI인지, AI 산업을 만든다는 것은 어떤 의미인지에 대한 세계관과 기술을 나머지 세계에 강요한다. 칠레는 그러한 강요를 거부하는 세력의 리더가 될 수 있다. 수백 년간 이어져 온 추출주의를 경험한 칠레는 국토가 텅 비어 버리고, 수탈당하고, 진보라는 명목으로 파괴되는 것이 어떤 의미인지 깊이 이해한다. 이제 칠레는 그러한 역사적 배경을 원천으로 삼아 탈식민주의적인 AI라는 근본적으로 새로운 개념을 만들어내는 데 활용할 수 있다.

"AI의 전 지구적 시장에서 우리나라는 이 기술을 개발하는 데 필요한 재료를 제공하는 구체적인 역할을 맡고 있습니다." 그가 말했다. "여러 기업이 AI를 만들기 위해 우리에게서 아주 많은 자원을 추출하려 시도하고 있죠. 따라서 우리는 이러한 입장에서, 바로 이 지정학적 입장에서, 이 땅의 입장에서 생각해야 합니다. 우리는 기술적 혁신과 이 땅이 관계를 맺는 방식의 대안을 찾아낼 수 있습니다."

그것은 고귀한 야망이지만, 그에 맞서 진을 친 세력들은 막강하다.

13

두 예언자

2023년 5월, 올트먼은 미국 상원 청문회에서 증언을 하기 위해 워싱턴 DC에 도착했다. 그의 활약이 돋보이는 무대였다. 올트먼은 AGI가 기후변화를 해결하고 암을 치료할 것이라는 약속을 재차 반복했고, 오픈AI가 개발하는 기술이 어떻게 "아주 멋진" 새로운 일자리를 만들고 개선할 것인지에 대해 설득력 있는 주장을 펼쳤다. 훈련 데이터를 둘러싼 저작권 문제와 투명성 부족과 개인정보보호 보장에 대한 질문은 회피했으며, 진심 어린 태도로 규제의 필요성을 호소했다. 중국과의 경쟁에서 오픈AI의 혁신 속도가 늦춰지지 않도록, 오픈AI가 동의할 수 있는 규제를 만들어줄 것을 입법자들에게 촉구한 것이었다.

상원의원들은 그를 무척 좋아했다. 청문회에서의 대화를 보면 의원들이 올트먼의 기민한 말솜씨에 어떻게 호응하고 그를 얼마나 신임하는지를 알 수 있다. 그는 다음과 같은 세 가지 정책 제언을 함으로써 대화의 초점을 노동, 환경, 지적재산권과 같은 기존의 이슈에서 미래 AI 시스템과 극단적 위험 규제 쪽으로 옮기는 데 성공했다. 첫째, 특정 수준 이상의 성능을 지닌 모델에 대한 인허가 체계를 개발하고 관리할 정부 부처를 만들 것. 둘째, "위험한" 성능을 측정하는 데 사용할 AI 안전 기준을 만들 것. 셋째, 그러한 기준을 준수하는지 여부를 확인하기 위해 독립 감사를 의무화할 것. 그는 위험한 성능의 임계값은 필요할 경우 모델 훈련에 사용한 컴퓨터의 연산량을 근사치로 사용하는 방법을 생각해 볼 수 있고, "위험한 성능"에는 모델이 사람을 조종하고 설득하는 능력과 신종 생물학적 무기 제조법을 생성하는 능력 등이 포함될 수 있다는 설명을 덧붙였다.

"만약 그런 법규를 제정하고 공포한다면, 당신이 그러한 제반 법규를 집행할 자격을 갖췄다고 볼 수 있을까요?"[1] 루이지애나 상원의원 존 케네디John Kennedy가 물었다.

"저는 지금 제가 하는 일을 사랑합니다," 올트먼의 대답에 웃음이 뒤따랐다.

"그러한 자격을 갖춘 사람들이 있을까요?" 케네디가 물었다.

"네, 기쁜 마음으로 그런 사람들을 추천해 드리겠습니다."

"알겠어요. 올트먼 씨는 돈을 많이 벌죠?"

"아니요. 의료보험을 낼 정도는 법니다. 저는 오픈AI 지분을 보유하고 있지 않습니다."

개리 마커스 바로 옆에 앉은 올트먼은 자신을 가장 적극적으로 비판하는 마커스의 마음마저 사로잡았다. "공식적으로 말해두자면 제가 지금 샘 옆에 앉은 것은 제 평생 딱 한 번을 제외하면 샘과 가장 가까운 거리에 앉은 것입니다." 마커스는 말했다. "그리고 그의 진정성은… 텔레비전 화면으로는 전달되지는 않겠지만 물리적으로는 너무나 분명하게 느껴졌습니다." (나중에 마커스는 좀처럼 보기 힘든 이 칭찬을 철회했다.[2] "저는 저와 상원, 궁극적으로는 미국 시민 모두가 아마도 놀아난 것이라는 사실을 깨달았습니다.")

올트먼의 참모들은 이 청문회에서 큰 성공을 거뒀다고 자평했다.[3]

청문회는 기나긴 캠페인을 완벽하게 마무리하는 화룡점정이었다. 챗GPT가 출시된 이후, 워싱턴에 있는 거의 모든 정책결정자가 오픈AI와 만나고 싶어 안달이 났다. 거의 무명 상태로 일하던 애나 마칸주의 소규모 정책대응팀에는 회의 요청이 무더기로 쏟아졌다. 몇 달간이나 정책대응팀은 올트먼이 있든 없든 최대한 많은 정책결정자들—상원의원, 하원의원, 의원 보좌진, 각료, 미국에 방문한 외교관, 기관장, 그리고 부통령 카멀라 해리스Kamala Harris까지—과 식사를 하고, 시연을 선보이고, 질문에 답하고, 올트먼이 청문회에서 이야기한 정책 제언을 널리 퍼뜨리기 위해 아침부터 저녁까지 숨가쁘게 일했다.[4]

〈뉴욕 타임스〉에 따르면 6월 초까지 올트먼이 직접 만난 연방의회 의원은 최소 100명이었고, 그중 몇몇은 청문회 중에 올트먼과 만난 사실을 자랑스레 언급하기도 했다.[5]

올트먼이 청문회에서 증언을 했던 날, 영화의 캐릭터 디자인과 소품, 그리고 다른 시각적 요소의 컨셉 디자인을 전문적으로 하는 할리우드 컨셉 아티스트 몇 명도 몇몇 의원실과 회의가 잡혀 있었다.[6] 그들은 회의 참석에 필요한 항공료와 숙박비를 모으기 위해 크라우드펀딩을 진행했는데, 그 과정에서 AI 산업에 반대한다는 이유로 인터넷 트롤들에게 협박을 받고 신상을 털리는 일을 겪었다. 당시 할리우드 작가들이—그리고 얼마 지나지 않아 할리우드 배우들도—AI로부터 일자리를 보호받을 수 있는 장치를 마련해달라는 요구를 포함한 일련의 처우개선을 요구하며 역사적인 시위를 벌이는 중이었고, 컨셉 아티스트들 역시 이미 생성형 AI가 자신들의 직종에 끼치고 있는 엄청난 피해에 대해 가감 없이 이야기할 계획이었다. 생성형 AI 개발자들은 아티스트의 작업물 수백만 건을 아티스트의 동의 없이 무단으로 가져다 모델을 훈련시킴으로써 사실상 아티스트를 대체할 수 있는 수십억 달러 규모의 사업과 제품들을 만들어냈다. 그렇게 사라지는 일자리는 최대 수십만 개에 이르는 탄탄한 중산층 일자리였다.[7] "아티스트들은 지금 매우 큰 고통을 겪고 있는 상태입니다. 아무도 일을 구하지 못하고 있어요." 마블 스튜디오의 닥터 스트레인지 컨셉 디자인을 한 것으로 유명한 컨셉 아티스트 카를라 오르티즈Karla Ortiz가 말했다. 워싱턴을 방문한 컨셉 아티스트 중 하나였던 그는 아티스트로서는 최초로 몇몇 생성형 AI 기업을 상대로 소송을 제기했다.

컨셉 아티스트들이 워싱턴에 도착했을 때, 올트먼의 청문회 때문에 원래 예정되어 있던 몇몇 회의가 다음날로 미뤄졌다. 그 바람에 일정이 붕 떠버린 이들은 청문회가 이뤄지던 회의장의 복도에서 서성일 수밖에 없었다. 다음날에도 첫날과 마찬가지로 관심을 받기 위해 경쟁해야 했다. 올트먼은 미국 국회의사당에서 하원의원 60명과 함께 특별 만찬에 참석해 전문가의 손길로 마련된 고급 뷔페와 닭구이를 즐기고 있었다.[8] 같은 시각, 컨셉 아티스트들은 최대한 많은 보좌진의 주목을 끌기 위해 자신들의 예산으로 살 수 있는 최선인 와인과 칙필레Chick-fil-A[미국의 치킨 패스트푸드 체인점]에서 사 온 치킨을 차린 칵테일 아워를 주최하고 있었다.

그것은 AI 정책 대화에서 힘과 영향력을 행사하는 사람이 누구인지, 그리고 그렇지 못한 사람은 누구인지 정확히 보여주는 한 편의 짧은 블랙 코미디였다.

올트먼이 오픈AI 내에서 연구 내용을 숨기고 최대한 빠르게 움직이는 것을 정당화하는 데 오랫동안 사용해온 똑같은 서사는 이제는 오픈AI에게 책임을 묻는 것을 피하고 오히려 오픈AI의 독점적 지위를 강화하는 쪽으로 미국의 AI 규제 논의의 방향을 돌리는 데에 능란하게 활용되고 있었다.[9] 실리콘밸리의 오랜 경험으로 입증된 "중국은요?" 카드는 언제나 규제를 막는 데 놀라운 효과를 발휘했다. 틱톡의 눈부신 부상으로 중국에 대한 두려움이 커진 워싱턴에서는 그 효과가 더 잘 먹혔다.

그 두려움은 중국의 AI 개발을 억제하려는 미국의 공세에 앞장 선 미국 상무부의 분위기에서 잘 드러났다. 그보다 1년 전인 2022년 10월 7일, 상무부는 중국의 군용 AI 발전을 저지할 목적으로 만들었다는 지침을 공개했다. 국가안보를 근거로 특정 기술의 해외 수출을 제한하는 수단인 수출통제 조치를 내림으로써 상무부는 예고 없이 미국에서 설계된 첨단 AI칩, 주로 엔비디아의 칩을 중국에 수출하는 것을 엄격히 금지했다. 이 조치로 피해를 본 것은 중국 인민해방군만이 아니었다. 의료 인공지능부터 교육에 접목시킬 AI 기술, 그리고 중국의 챗GPT에 해당하는 챗봇을 연구하는 중국의 과학계와 AI 업계는 큰 혼란에 빠졌다. "만약 당신이 이런 규칙이 있다고 제게 5년 전 이야기를 했더라면, 저는 아마도 당신에게 그건 전쟁 행위라고 했을 겁니다. 우리는 전쟁을 치르고 있었어야 할 겁니다."[10] 한 반도체 분석가가 말했다.

수출통제 조치 이후의 상황을 점검하며 상무부는 언뜻 보기에 중국이 크게 흔들리지 않은 것이 불만인 듯했다. 중국의 AI 개발과 도입 속도는 조금 느려지긴 했지만 상무부를 안심시킬 정도는 아니었다. 이러한 결과는 부분적으로는 엔비디아의 영리한 움직임 덕분이었다.[11] 엔비디아 입장에서 중국은 거대한 시장이었기 때문에, 상무부가 수출통제 조치를 내린 즉시 엔비디아는 중국 고객들에게 계속 판매를 할 수 있도록 상무부 지침에 딱 들어맞는 새로운 칩을 설계했던 것이다. 상무부의 조치는 또 엔비디아만큼 좋은 칩을 생산하는 데 오랫동안 어려움을 겪어 온 중국의 칩 제조업계에 호재로 작용했다.[12] 미국 정부의 조치 때문에 중국 내 대체제에 대한 관심이 커지면서, 중국 칩 제조업계에 대한 자금 지원과 피드백도 크게 늘었다.

하지만 상무부의 노력에 가장 큰 걸림돌이 된 것은 활발한 국경 간 오픈소스 AI 운동이었다. 이 운동은 기업이 만든 비공개 생성형 AI 모델을 급속도로 복제해 누구나 다운받아 사용할 수 있도록 인터넷에 게시하고 있었다. 한동안 따라잡기에 바빴던 메타는 자체 대형언어모델을 무료로 공개하는 선두 주자가 되었다.[13] 메타는 오래 전부터 오픈소스 개발의 옹호자였고, 메타의 수석과학자 얀 르쿤은 오픈 사이언스가 중요하다는 신념을 가진 사람이었다. 사업적으로도 그것은 영리한 선택이었다. 메타는 생성형 AI 모델을 팔지 않아도 수익을 낼 수 있었기 때문에, 무료로 생성형 AI 모델을 공개하고 그 기술을 핵심 제품에 도입하는 방식이 AI 업계에서의 리더십을 확보하기에 적합했다. 또한 최고 수준의 인재를 확보하고자 할 때에도 모델 판매에 의존*해야*

하는 경쟁사들과 달리 순수한 연구 환경을 제공할 수 있다는 점을 내세울 수 있었다.

오픈AI가 마이크로소프트를 통해 사용할 수 있는 수준의 연산 자원을 확보한 메타는 이제 전력을 다해 GPT 시리즈에 상응하는 자체 제품군인 라마Llama를 생산하기 시작했다. 라마는 엄밀히 말하면 모델 가중치와 훈련 데이터 **모두를** 공개해야 하는 진정한 의미의 오픈소스는 아니었다. 하지만 메타가 첫 번째 항목인 모델 가중치를 공개한 것만으로도—라마를 중국에서 직접 사용할 수 없도록 한다는 메타의 방침에도 불구하고—라마는 중국 AI 산업을 구성하는 핵심 구성 요소가 되기에 충분했다.[14]

불만과 두려움에 사로잡힌 워싱턴에서는 올트먼이 청문회에 출석한 지 두 달 뒤인 2023년 7월에 그의 제안을 반영한 정책백서가 나왔다.[15] 오픈AI의 안전파를 비롯해 마이크로소프트, 구글 딥마인드 이외에도 여남은 개의 싱크탱크 소속 연구자 연합—이들 중 다수가 두머(파멸론자)와 연관된 이들이었다—이 작성한 정책백서는 다시 한번 연산을 기준으로 AI 모델 인허가 체계를 수립할 것과, 사람을 조종하고 설득할 수 있는 능력과 신종 생물학 무기 제조법을 생성하는 능력 등을 비롯한 위험 임계치를 측정하는 AI 안전 검사 기준을 개발할 것을 주장했다. 이 51쪽짜리 문서는 이렇듯 정부가 개입할 필요가 있는 유형의 모델을 "프론티어frontier" AI 모델이라고 명명했다. 저자들은 이와 같은 위험한 성능을 보일 가능성이 있는 프론티어 모델은 아직은 존재하지 않으나, 오픈AI와 앤트로픽 같은 기업의 기존 모델을 더욱 많은 연산 자원으로 스케일링한다면 갑자기 예측하지 못한 순간에 언제라도 나타날 수 있다고 주장했다.

백서가 발표된 후 몇 주 만에 오픈AI와 마이크로소프트는 구글, 앤트로픽과 전략적 동맹을 맺어 프론티어 모델 포럼Frontier Model Forum을 발족시켰다. 이 포럼은 AI 안전 위험과 관련된 연구를 수행하고 정책 의제에 영향을 미치는 것을 목적으로 했다. 그것은 두머(파멸론자)와 부머(개발론자), 그리고 영리 기업의 이해관계가 맞아떨어지는 흔치 않은 이슈였다. 정부 규제 논의에서 프론티어 모델을 최대 관심사로 두는 것은 두머에게는 이념적으로 중요했고 부머에게는 편리했으며 기업 입장에서는 기존의 AI 모델과 그 모델들이 가진 문제를 규제하는 것으로부터 시선을 돌릴 수 있어 좋았다. 또 같은 방식으로 모두가 첨단 모델의 가중치 공개를 반대함으로써 각자의 이익을 도모했다. 포럼이 생긴 첫해에는 메타가 참여하지 않았다. (메타는 그로부터 1년 뒤 논의 과정에서 발언권을 얻기 위해 포럼에 참여했다.)

올트먼의 제안과 프론티어 모델 개념의 핵심에는 바로 예상치 못하게 새로이 출현하는, 따라서 잠재적으로 위험할 수 있는 창발성 역량emergent capabilities이 모델의 규모와 연결된다는 인식이 있다. 그러한 주장은 훈련에 사용하는 연산량이 커질수록 모델의 성능도 예측대로 향상된다는 스케일링 법칙의 철학과, 고도로 발전한 AI가 통제를 벗어나 위험해질 가능성이 있다는 두머들의 믿음에 뿌리를 두고 있다. 이 논리에서 도출된 정책 제언은 규제 기관이 딥러닝 모델 훈련에 사용된 연산량을 기준으로 개입 여부를 결정해야 한다는 것에 초점을 맞췄다. 즉, 일정 수준의 연산량 기준을 초과한 모델은 당연히 더욱 주시하고 엄격하게 제한해야 하는 대상이 된다.

2023년 7월의 정책 백서는 그러한 연산 기준에 구체적인 수치를 제시했다. 초당 10^{26}회의 부동소수점 연산, 즉 프론티어 모델이라고 부를 수 있으려면 1초에 부동소수점 연산(소수점이 있는 숫자를 컴퓨터가 표현하고 계산하는 것)을 10의 26제곱번 수행할 수 있는 성능을 지닌 컴퓨터로 훈련된 모델이어야 한다는 것이다. 저자들은 이 기준이 다소 임의적이라는 점을 인정하며, 그러한 기준을 제시한 근거로 기존 AI 모델은 아직 이 수준의 연산량을 넘지 않았을 가능성이 크다는 이유를 들었다. 백서의 저자 중 하나로 대형언어모델 전문기업 코히어Cohere의 연구 임원인 사라 후커Sara Hooker는 이 수치를 제시했던 자신의 공저자들과 이야기한 결과, 그들이 오픈AI가 GPT-4를 훈련시키는 데 사용한 것으로 알려진 연산량보다 약간 높은 수치를 고른 것으로 여기게 되었다고 말했다.

하지만 후커와 데보라 라지를 비롯한 다른 여러 연구자들은 연산량을 기준으로 모델 규제에 접근하는 방식에 동의하지 않는다.[16] 물론 스케일이 더욱 뛰어난 능력의 발현으로 이어질 수 있는 것은 사실이지만, 그 역은 성립하지 않는다.[17] 즉, 뛰어난 능력은 반드시 스케일을 필요로 하지 않는다. 예를 들어 아주 높은 품질의 생물학 데이터만으로 훈련된 딥러닝 모델은 아주 작은 규모로도 매우 강력한 생물학 제제 제조법 생성기가 될 수 있다. 오픈AI가 2021년 로드맵에 언급한 기법 중 하나인 증류를 통해 대형 모델도 그와 비슷한 능력을 지닌 소규모 모델로 탈바꿈할 수 있다. 모델 크기가 커진다고 꼭 특정 능력의 성능이 향상된다는 보장도 없다. 성능 향상 여부는 모델의 훈련 데이터에 무엇이 들어 있는지, 그리고 어떤 유형의 신경망을 사용해 훈련을 받는지에 따라 달라진다. 결국 모든 AI 모델이 트랜스포머를 기반으로 만들어지는 것도 아니다. 따라서 연산량 그 자체는 백서에서 설명한 것과 같은 특정 유형의 위험은 고사하고 위험 그 자체와 그다지 연관되어 있지 않다고 후커는 말한다.

백서 공저자들 간에 연산량 중심의 규제 체계에 대해서도, 규제 기준으로 정한 특정 수치에 대해서도 아무런 합의가 이루어지지 않은 상태에서 초당 10^{26}개의 부동소수점 연산이라는 수치는 이를 정당화하는 아무런 근거 없이, 그저 연산량을 기준으로 하는 것이 왜 불완전한 접근법인지 구구절절 설명한 단서가 붙은 채로 백서의 각주와 부록에 실렸다. 후커에게 가장 충격을 준 부분은 바로 연산량을 기준으로 삼는 규제 체계뿐만 아니라 그 구체적인 연산량 기준이 빠르게 가장 인기 있는 정책 제안 중 하나로 떠올랐다는 점이었다. 백서가 중국에 대한 두려움을 파고든 까닭에 연산량을 기준으로 한 규제안이 많은 정책결정자들의 마음을 사로잡았던 것이다.[18] 프론티어 모델이라는 이름은 무섭게 들렸고, 만약 중국이 그것을 먼저 손에 넣는다면 더더욱 무서울 것 같았다. "행정부 곳곳에서는 뭐라도 해야 했기 때문에 손에 잡히는 것이라면 무엇이든 움켜쥐려 하고 있어요."[19] 2023년 말 당시 안보-신흥기술센터CSET 펠로우였던 에밀리 와인스타인Emily Weinstein이 내게 이렇게 말했다.

미국 상무부는 백서가 제시한 아이디어에 크게 호응했다.[20] 상무부 직원들은 프론티어 모델을 통제하는 구체적인 방식과 중국이 프론티어 모델을 손에 넣지 못하게 하는 것이 가능할지 여부를 논의하기 위해 전문가들과 자리를 마련했다. 곧 상무부는 특정 연산량 기준을 넘어서는 AI 모델의 수출을 금지함으로써

AI 수출통제조치의 범위를 하드웨어뿐만 아니라 소프트웨어까지 포함시키도록 확대하는 이례적인 방안을 검토하고 있었다. 즉, 모델 가중치를 널리 공개하기 위해 인터넷에 게시하는 것을 막을 수 있는지를 검토하는 것이었다.

청문회에서 올트먼과 함께 증언했던 개리 마커스, 크리스티나 몽고메리Christina Montgomery IBM 상무가 내놨던 제안, 즉 모델 개발에 사용한 훈련 데이터에 구체적으로 어떤 것이 들어있는지 기업들이 공개하게 해야 한다는 주장은 마커스와 몽고메리가 청문회 내내 반복했음에도 불구하고 그다지 큰 호응을 얻지 못했다. 이 방안은 미국이 걱정하는 것처럼 중국에 고급 성능을 넘겨줄 가능성도 낮을 뿐 아니라, 기업들의 저작물 사용, 사용자 개인 정보보호, 그리고 모델 성능에 대한 엄밀한 과학적 평가 등 폭넓은 이슈에 있어 기업 책임성을 강화하는 데 힘을 실어줄 수 있었다. "모델 훈련 데이터에 무엇이 들어있는지 알지 못한다면, 그 모델이 정확히 얼마나 뛰어난 것인지 알 수 없습니다." 마커스는 이렇게 말했다. 우리는 그저 기업의 말을 곧이곧대로 믿을 수밖에 없게 되는 것이다.

훈련 데이터 내용 공개는 모델이 예기치 않게 위험한 능력을 갖게 될 것인지, 만약 그런 일이 생긴다면 어떤 방식으로 나타날 것인지 등을 둘러싼 불확실성을 크게 완화시켜 줄 수 있는데, 그 이유는 딥러닝 모델이 보이는 행동은 무엇보다도 데이터에서 기인하기 때문이다. 연산량을 위험 예측 기준으로 삼기에 적합하지 않은 것도 이 때문이다. 만약 AI 개발자가 생물무기 제조법을 만들어낼 수 있는 대형언어모델을 개발했다면, "그건 개발자가 모델을 훈련시킬 때 생물무기 제조법에 대한 정보가 들어있는 데이터 세트를 사용했기 때문이에요."[21] AI 나우 연구소AI Now Institute 공동 대표이사이자 전 미국 연방거래위원회 AI 선임자문위원을 지낸 사라 마이어스 웨스트Sara Myers West가 말했다. 신경망은 한결같이 훈련 데이터 안에 있는 규칙을 드러낸다. 그 데이터를 공개하는 것이야말로 어떤 입력값이 위험한 결과값을 도출하는지를 과학적으로 명료하게 확립하기 위한 첫걸음일 것이다.

상무부가 모델 가중치 공개 규제 방안을 다양한 전문가와 논의하고 있다는 사실과 더불어, 이에 대한 공개 의견수렴을 실시한다는 소식을 2024년 초 발표한 것을 계기로 AI 개발 공동체와 급속도로 커져가던 AI 정책 공동체는 둘로 쪼개졌다.[22] 이 충돌은 비공개Closed 대 공개Open, 기술민족주의 대 국경 없는 과학 간의 대결이었다. 프론티어 모델 포럼 구성원들과 두머 공동체를 비롯한 비공개 진영은 금방 미국 국가안보 및 정보기관을 성공적으로 포섭했다. 이들을 상대하는 반대 진영은 메타, 오픈소스 AI 개발자들, 스타트업, 시민단체, 독립 학자들이었다.[23]

비공개 진영에서 오픈AI 임원들이 내부적으로 수년간 사용해 왔던 여러 요점을 계속해서 강조하는 동안, 공개 진영은 모델을 공개하지 않음으로써 얻는 것보다 잃을 것이 더 많다고 주장했다. 예를 들어 신종 생물무기 제조의 병목 지점은 제조법을 찾는 것이 아니라고 와인스타인은 지적했다. 이미 수많은 생물무기 제조법이 인터넷에 돌아다니고 있으며 구글 검색을 통해 손쉽게 구할 수 있다.[24] 병목을 일으키는 것은 실제 무기를 만드는 데 필요한 재료와 장비를 구하는 것이다. 따라서 이른바 프론티어 모델에 대한 접근을 제한해봐야 이 문제를 해결하기는 어렵다. 하지만 AI 모델 가중치 공개 규제로 생기는 부수적 피해는 바로 미국의 AI 혁신 기반이 약화될 위험이 있다는 것이다. 더 넓은 공동체에 배포한 코드와 소프트웨어를 서로 공유하고 그것을 기반으로 새로운 것을 만드는 오픈소스는 오랫동안 미국의 스타트업 기업이 번창할 수 있는 기반이었다. 모델 가중치 공개를 제한하게 되면 소규모 개발자가 자체 AI 제품과 서비스를 개발할 수 있는 경로는 더욱 줄어들게 된다. 그리고 프론티어 모델 포럼에 참여한 대기업의 지배력만 더욱 강화된다.

생성형 AI 모델의 규모를 계속해서 키우는 데 따르는 탄소배출량과 환경 비용을 계산하기 위해 오픈소스 생성형 AI 모델에 크게 의존했던 사샤 루치오니와 야신 제르나이트, 엠마 스트루벨의 연구 사례에서 볼 수 있듯이, 모델 가중치 공개 제한은 AI 모델에 대한 면밀한 검토 역시 어렵게 만든다.

국경을 넘는 공개 협업의 대다수는 국가 안보 위험이 되기보다는 오히려 미국의 AI 리더십을 강화하는 데 결정적인 기여를 했다.[25] 미국과 중국은 세계에서 AI 인재를 가장 많이 배출하고 관련 연구를 가장 많이 수행하는 두 나라로 오랫동안 AI 개발에 있어 서로에게 최고의 협력 파트너가 되어 왔다. 양국의 과학자들과 기업가들은 10년 이상 상대방의 작업을 차용해 AI 분야와 다양한 응용 방안을 어느 한 쪽이 단독으로 했을 때보다 훨씬 빠르게 발전시켰고, 이는 양국뿐 아니라 전 세계 여러 다른 나라에도 보탬이 되었다. 가장 잘 알려진 사례 중 하나로 레즈넷ResNet을 꼽을 수 있다.[26] 세계에서 가장 널리 사용되는 신경망인 레즈넷은 마이크로소프트 베이징 사무소의 중국 연구원들이 공개했다. 레즈넷은 주요 컴퓨터 비전, 음성 인식, 언어 시스템을 뒷받침할 뿐만 아니라 딥마인드가 2018년 출시한 알파폴드AlphaFold라는 AI 시스템의 첫 버전의 핵심 구성 요소였다. 알파폴드는 아미노산 서열 정보를 바탕으로 단백질의 3차원 구조를 높은 정확도로 예측할 수 있는데, 이는 신약 개발을 가속화하고 질병을 이해하는 데 매우 중요하다. (그 후 딥마인드가 다른 신경망을 사용하여 알파폴드를 한 단계 진전시킨 공로로 데미스 하사비스와 딥마인드의 다른 선임 연구과학자가 2024년 노벨화학상을 수상했다.)

그럼에도 불구하고 2023년 10월, 비공개 진영이 옹호하는 여러 아이디어가 바이든 행정부의 AI 행정명령에 반영되면서 비공개 진영은 사상 최고의 공개적인 지지를 받은 셈이 되었다.[27] 역사상 가장 긴 행정명령 중 하나였던 바이든 정부의 AI 행정명령은 서로 완전히 다른 여러 집단이 쓴 문서를 섞어놓은 것처럼 읽혔는데, 그 이유는 실제로 그렇게 작성됐기 때문이다.[28] 그 바탕이 된 문서 중 하나는 바이든 정부가 2022년 발표했던 AI 권리장전 청사진Blueprint for an AI Bill of Rights이었다. 당시 백악관은 시민단체와 신중한 협의를 거쳐 AI의 발전과 사용, 규제가 시민권, 인종 간 정의, 개인정보보호를 북돋는 방향으로 이루어지게 할 방안을 이 권리장전 청사진 문서를 통해 제시했었다. 그중에서도 특히 AI 개발에 지역사회와 전문가들을 폭넓게 참여시키고, AI가 보건의료 및 채용 등의 분야에 미칠 수 있는 차별적 결과에 대응하고, 당사자의 동의 없는 데이터 수집으로부터 시민들을 보호하는 것이 중요하다고 강조했다.

행정명령의 재료가 된 또다른 문서는 올트먼의 정책 제언과 프론티어 모델 백서가 제시한 사항을 놀라울 정도로 충실히 재현한 것이었는데, 이는 두머의 파멸론적 사상에 공감하는 몇몇 백악관 관계자들이 프론티어 모델 백서에 매료된 나머지 이를 막판에 행정명령에 추가한 것이었다. 백서는 아직 존재하지 않는 미래의 AI 모델에 초점을 맞춰야 한다고 강조했고, 이에 따라 행정명령 역시 그러한 모델을 다루는 데 절반 정도 분량을 할애했다. 백서에는 위험한 성능의 사례를 네 가지 제시했는데, 행정명령은 그중 세 가지를 그대로 실었다. 신종 화학, 생물학, 방사능 및 핵무기 제조법의 생성, 자동화된 사이버공격, 그리고 세 번째 항목인 "기만과 난독화obfuscation를 통한" 인간 통제 회피는 그대로 복사해서 붙여 넣은 것이었다.

후커와 라지를 비롯한 여러 다른 AI 연구자들은 백서에서 제시했던 10^{26}개의 부동소수점 연산이라는 구체적인 임계값이 미국 정부에 의무적으로 보고해야 할 모델의 연산량 기준으로 그대로 반영된 것에 경악했다.

그러한 공개적인 지지 덕에 연산량 기준 접근법은 금방 널리 퍼지게 되었다. 그해 말에는 유럽에서도 이보다 약간 엄격한 10^{25} 기준이 도입됐다. 오랫동안 계류 중이던 유럽연합의 AI 법안을 추진하던 의원들이 생성형 AI의 갑작스런 발전 상황에 압박을 받게 되면서 그에 대처할 방안을 급히 찾았던 것이다. 2024년 초에는 캘리포니아주에 등장한 새로운 AI 안전 법안인 SB 1047이 10^{26}을 기준으로 삼으면서 이 접근법은 미국 서부에까지 퍼졌다. 캘리포니아 주지사 개빈 뉴섬Gavin Newsom은 이 법안에 거부권을 행사했는데, 그 이유는 역설적이게도 다른 여러 책임성 정책을 폭넓게 반영했다는 이유로 오픈AI와 다른 AI 모델 개발업체들이 이 법안에 강력히 반대하는 로비를 펼쳤기 때문이었다.[29] 많은 이들이 뉴섬이 업계의 로비에 굴복했다고 비판했다. 하지만 후커와 라지를 비롯한 몇몇 연구자는 뉴섬의 거부권 행사를 반겼다. "그건 우리가 과학적 합의에 근거한 올바른 방향으로 나아가는 선택이었어요."[30] 후커는 이렇게 말했다. "여전히 왜 하필 그 수치를 기준으로 삼았는지, 그리고 어떤 위험을 예방하고자 하는 것인지 등 여러 커다란 의문이 아직 해소되지 않았기 때문이죠."

이 일련의 사건들, 즉 올트먼의 청문회 증언부터 정책백서 발표, 전면적인 정책 영향 캠페인, 중국에 대한 두려움에 워싱턴이 보인 과잉 반응, 미국과 다른 나라의 결정적인 정책 문서에 성급하게 명시된 연산량 기준 등은 무엇보다도 독립적인 AI 전문성이 얼마나 위축되었는지를 적나라하게 보여줬다. 바로 한 달 전인 2023년 9월, 국회 청문회에 참석한 데보라 라지는 증인으로 출석한 사람들 중 AI 업계와 두머 커뮤니티로부터 재정적으로 어떤 식으로든 관계도 맺고 있지 않은 사람은 자기 하나뿐이라는 사실을 발견했다. 그 자리의 대부분은 올트먼, 머스크, 나델라, 게이츠, 저커버그, 피차이, 잭 클라크를 필두로 한 여러 테크 기업의 임원들이 채우고 있었다.[31] 이들이 모인 것은 AI 법안 추진을 위해 그해에 열린 정책 관련 회의 중 가장 유력하고 결정적인 공청회인 상원의원 척 슈머의 AI 인사이트 포럼AI Insight Forums의 첫 회의에 참석하기 위해서였다. 라지는 테크 기업 임원들이 AI의 약속과 위험에 대한 근거 없는 화려한 주장을 늘어놓으며 중간 중간에 시의적절하게 중국과의 경쟁에서 이겨야 한다는 말을 양념처럼 뿌리고, 그럴 때마다 그 자리에 참석한 상원의원들이 귀를 기울이는 것을 지켜보았다. 무엇보다도 라지가 가장 충격받은 부분은 청중들 중 얼마나 많은 이들이 테크 기업 임원들의 말을 곧이곧대로 믿는 것처럼 보였는지였다.[32]

그는 옆에 앉은 이들과 그들의 거대한 정책팀들이 너무도 오랜 시간 워싱턴 내 메시지를 독점한 나머지 이제 정책결정자들이 그들의 말을 복음처럼 떠받들게 되었다는 사실을 깨달았다. 슈머의 대변인은 슈머가 규제 관련 법안을 추진하는 과정에서 올트먼과 다른 오픈AI 임원들로부터 직접 자문을 받고 있다는 점을 나중에 언론에 언급했다.[33] "그 자리를 통해 저는 정말 큰 깨달음을 얻었어요." 라지가 말했다. "이런 사람들이 하는 말을 듣고 나서 '사실 현실은 그보다 훨씬 더 복잡합니다'라고 말하는 사람들이 훨씬 더 많이 필요하겠다는 생각이 들었습니다."

워싱턴은 올트먼이 세계를 상대로 펼치려는 정책 로비 공세 중 일부분에 불과한, 미국 국내 정책 로비의 절정에 불과했다. 올트먼이 그해 3월 제품 사용자들을 만나기 위해 해외 출장을 계획하고 있다는 트윗을 날린 뒤, 그의 해외 출장은 여러 대륙과 도시를 거치며 G20의 거의 모든 대통령과 사진촬영을 하는 여정으로 변모했다.[34] 아예 샘 올트먼의 월드 투어라는 새로운 이름까지 얻게 됐다.

이 월드 투어는 오픈AI의 홍보팀이나 정책대응팀의 계획에 따라 이루어진 것은 아니었다. 올트먼이 단순히 초반 행선지 몇 곳을 골라 150만 명이 넘는 자신의 트위터 팔로워들에게 공개하면서 시작됐다. 올트먼이 처음 몇 번 모습을 비추고 난 뒤 그의 투어에 대한 관심이 폭발하면서 홍보팀과 정책대응팀이 끌려들어갔다. 새로운 행선지가 생길 때마다 홍보팀과 정책대응팀은 일정을 수정하느라 정신없이 움직이면서 예정에 없던 일을 하게 된 데 따른 대가를 치러야 했다.

올트먼은 항상 이렇게 제멋대로 행동하는 경우가 많았다. 어떤 경우에는 그의 그런 행동이 회사에 이익이 되기도 했지만, 그렇지 않은 경우도 있었다. GPT-4 출시가 이루어졌을 때, 오픈AI는 해당 프로젝트를 회사 전체가 노력해서 얻은 결과임을 알리기 위해 모든 발표문과 홍보물을 조심스레 준비했다. 해당 모델의 개발 과정에 참여했던 직원은 100명이 넘었다.[35] 회사 발표문의 저자는 단순히 "오픈AI"라고 적혀 있었다.[36] 그런데 올트먼은 그것이 야쿠프 파호키의 공로라고 트윗을 날려버렸다.[37] 물론 파호키가 중요한 역할을 한 것은 사실이었지만, 그는 GPT-4 프로젝트에 참여한 18명의 책임자 중 하나에 불과했다. 그가 한 기여가 정말 그토록 독보적인 것이었나? 일부 직원들은 의아해했다. 올트먼은 거기서 한 발짝 더 나아가 상원 청문회에서 자기 바로 뒷자리에 파호키를 앉혔다.

올트먼의 이런 독자 행동은 다른 방식으로도 발현됐다. 회사에는 공식 경영진이 있었지만, 올트먼이 정말로 그들의 말을 귀담아듣는 것인지, 그리고 회사의 전략이 회사의 공식 절차와 결정에 따라 정해지는 것인지, 아니면 올트먼의 인간관계와 변덕을 따라 움직이는 것인지도 항상 분명하지 않았다.

오픈AI가 급속도로 전문화되고 인지도가 높아지고 그에 따른 감시의 눈길이 늘어나면서, 이와 같은 회사 수뇌부의 일관성 부족은 더욱 중대한 사안이 되었다. 오픈AI는 더 이상 그저 응용부문과 연구부문으로 이루어진 회사가 아니었다. 이제는 여러 대외 부서도 갖추고 있었다. 홍보팀 외에도 법률 의견서를 작성하고 늘어나는 소송을 담당하는 법무팀도 있었다. 정책대응팀은 여러 대륙을 상대해야 했다. 오픈AI가 하나의 서사와 목소리로 외부와 소통해야 할 필요성은 갈수록 커지고 있었고, 그러기 위해서는 방향을 분명히 정해야 했다. 하지만 전략적 명확성이 부족한 탓에 혼란스러운 입장 표명으로 이어지는 경우가 많았다.

2023년 말에 〈뉴욕 타임스〉는 오픈AI와 마이크로소프트가 자신들의 기사 수백만 건을 무단으로 모델 훈련에 사용함으로써 저작권을 침해했다며 소송을 제기했다. 1월 초에 오픈AI는 〈뉴욕 타임스〉가 자신들의 주장을 뒷받침한 증거를 생성하기 위해 "우리의 모델을 고의적으로 조작"했다며 보기 드물게 공격적인 응수를 했는데, 이는 오픈AI 법무팀의 발상이었다.[38] 같은 주에 오픈AI의 정책대응팀이 영국 상원의 통신및디지털 상임위원회에 제출한 서면 증거에는 오픈AI가 저작권이 있는 자료 없이는 첨단 모델을 훈련시키는 것이 "불가능"하다는 내용이 들어 있었다.[39] 언론에서 **불가능**이라는 단어에 초점을 맞추자, 오픈AI는 서둘러 해당 표현을 수정했다.

"항상 너무 혼란스러워요." 한 대외 부서 소속 직원이 말했다. 물론 그러한 혼란의 일부는 스타트업이 겪는 전형적인 성장통에 해당하지만, 오픈AI의 인지도와 영향력은 그런 단계를 훨씬 넘어선 상태라고 그 직원은 덧붙였다. "최고경영진이 전략적 우선순위를 갖고 있는지 모르겠어요. 솔직히 그저 다들 각자 알아서 결정을 내리는 거라고 생각해요. 그리고 그게 갑자기 전략적 결정인 것처럼 보이지만 실은 우연일 뿐인 거죠. 때로는 계획이 있다고 할 수 없고 그저 혼란 그 자체에 불과합니다."

올트먼이 유럽, 라틴아메리카, 중동, 아시아, 아프리카에서 조심스럽게 선별한 학생들, 기술 투자자, 팬들의 마음을 사로잡고 (아주 드물지만 기분을 상하게도 하면서) 돌아다니는 동안, 전략적 명확성 부족은 오픈AI의 해묵은 갈등을 부추기고 그 어느 때보다도 회사를 양 극단으로 치닫게 만들었다.

한편에서 응용부문은 여전히 주도권을 쥔 채 전보다 늘어난 경쟁 기업들에 맞서 오픈AI의 기술을 그 어느 때보다도 빠른 속도로 배포하기 위해 질주하고 있었다. AI에 대한 과장과 기대감이 급격히 커지고 있는 상황에서, 계속 늘어나는 다른 여러 부서 소속 직원들뿐 아니라 연구부문에서도 다수의 직원들이 오픈AI의 모델을 향상시키고 출시하는 것이야말로 회사의 사명을 완수하는 최선의 방법이라고 믿게 되면서 그 주도권은 더욱 강화되었다.

그 대척점에 선 안전파는 연구부문 전반에 흩어져 있었고, 그중 마일스 브룬다즈의 정책연구팀과 잰 레이크의 정렬팀에 집중되어 있었다. 하지만 그 규모는 전보다 훨씬 줄어든 상태였다. 그들은 언제라도 즉시 현실이 될 수 있다고 믿었던 위험한 성능과 실존적 위험에 대해 그 어느 때보다도 큰 목소리로 경고함으로써 상대적인 크기 차이에서 오는 열세를 극복했다. 오픈AI의 모델이 계속 발전하면서, 이전에는 안전파가 아니었던 일부 연구부문 직원들이 모델의 성능 향상이 가속화됨에 따라 AI가 인간의 통제를 벗어나 독자적으로 행동할 수 있을 정도의 수준에 도달할 수 있겠다는 믿음을 갖게 되면서 안전파의 대열에 합류하기도 했다. AI에 대한 과장과 기대감이 커지고 있는 같은 상황을 두고 안전파에서는 이를 오픈AI가 사명을 완수하기 위해서는 최대한 신중하게 행동할 도덕적 의무가 있다는 것을 의미하는 것으로 해석했다.

그것은 부머와 두머 간 논쟁이 오픈AI 내부에서 구체화된 형태로 나타난 것이었다.

그 분열은 경영진에까지 영향을 미쳤다. 달리와 챗GPT 출시 이후 대부분의 임원과 고위 관리자들은 오픈AI가 만든 모델을 "반복적 배포iterative deployment"를 통해 세상에 출시하는 유용한 도구로 바라보는 관점에 점차 익숙해졌다. 반복적 배포는 오픈AI가 출시에 대한 새로운 접근법을 설명하기 위해 만들어 낸 용어였다. GPT-2의 연출된 출시나 API를 통한 GPT-3의 통제된 출시와 달리, 반복적 배포는 모델을 사용자들의 손에 빨리, 그리고 자주 쥐어준다는 보다 과감한 형태의 배포 전략을 가리켰다. 그리고 과거의 모든 배포 전략에 대해 그랬던 것과 마찬가지로, 오픈AI는 왜 **이** 배포 전략이 가장 안전한 접근법인지에 대해 새로운 주장을 들고 나왔다. 올트먼과 다른 임원들은 반복적 배포를 통해 일반 대중과 기관이 모델에 적응할 시간을 얻는 동시에 오픈AI는 모델의 실제 사용자를 대상으로 시험해보고, 실제 피드백을 수집하고, 제품을 개선할 기회를 얻을 수 있다고 주장했다.[40] "막강한 AI 시스템을 비밀리에 개발한 뒤 그것을 세상에 단번에 공개하는 것은 그다지 순탄하지 않을 것 같습니다." 올트먼은 상원에서 증언 중 이렇게 말했었다.

하지만 오픈AI 경영진 중에서 발을 맞추지 않는 사람이 하나 있었으니, 바로 수츠케버였다. 오픈AI의 모델 성능이 향상되고 배포에 따른 영향력이 가속화됨에 따라, 그는 오픈AI가 파괴적인 결과를 낳을 수 있는 모델의 잠재성에 대비해 경계를 낮출 것이 아니라 높여야 한다고 믿었다. 그전까지 모델 성능을 향상시키는 데 자신의 시간 대부분을 할애했던 수츠케버는 GPT-4 이후부터 전면적으로 방향을 바꿔 AI 안전에 초점을 맞췄다. 그는 자신의 시간을 절반씩 나눠 쓰기 시작했다. 주변 사람들 눈에는 그가 내적 갈등을 겪는 것처럼 보였다. 그는 부머인 동시에 두머였다. 그는 그 어느 때보다도 AGI가 등장해 급속도로 인류를 제치고 초지능이 되는 것에 열광하면서도 두려워했다.

이제 수츠케버는 갈수록 메시아적인 속뜻을 담은 듯한 말을 많이 해댔다. 그와 오랫동안 알고 지낸 친구들은 어리둥절했고 다른 직원들은 이를 걱정했다. 신입 연구원들과 진행한 한 회의에서 수츠케버는 AGI에 대비할 자신의 계획을 설명했다.

"일단 우리 모두가 벙커에 들어가면—"그는 이렇게 시작했다.

"죄송합니다만," 한 연구원이 끼어들었다. "벙커요?"

"AGI를 출시하기 전에 당연히 벙커를 만들어야죠." 수츠케버는 당연하다는 듯 대답했다. 그토록 막강한 기술이라면 분명 전 세계의 정부가 손에 넣고 싶어할 게 불 보듯 뻔했다. 그로 인해 지정학적 긴장이 고조될 수 있으니, 그 기술을 만드는 핵심 과학자들을 보호해야 한다는 것이었다. "물론," 그가 덧붙였다, "벙커에 들어갈 것인지 여부는 개인 선택 사항이 될 겁니다."

해당 연구원은 여전히 수츠케버를 높이 평가하면서도 그와 적당한 거리를 두었다. "일리야를 포함해 몇몇 사람은 AGI를 만들면 휴거携擧[개신교의 종말론 중 하나로, 종말이 일어날 때 구원받은 신자들이 공중으로 들려 올라가는 사건을 말한다]가 일어날 거라고 믿고 있어요. 문자 그대로의 휴거 말이예요."그가 말했다.

수츠케버가 계속해서 정렬 문제에 자신의 시간을 일부 할애하면서, 그와 올트먼 사이에 새로운 아이디어가 싹트기 시작했다. 일단 AI가 인류보다 뛰어난 지능을 갖게 되어 인간 피드백 기반 강화학습 같은 기법이 더 이상 효과를 발휘하지 못할 때를 대비해 초지능을 위한 새로운 정렬 기법을 개발할 팀을 꾸리는 것이었다. 올트먼은 이를 정렬 맨해튼 프로젝트Alignment Manhattan Project라고 불렀다. 처음에 둘은 이를 10억 달러의 기부금을 종자돈으로 한 별도의 독립적인 비영리단체로 설립하는 방안을 논의했다. 그러나 수츠케버가 오픈AI를 떠나고 싶어 하지 않았고, 모델 접근 문제도 있었기 때문에 결국 이 프로젝트를 오픈AI 내에서 키우기로 결정했다. 오픈AI는 곧 블로그 게시글을 통해 초정렬Superalignment이라는 이름의 이 업무를 담당할 새로운 팀을 꾸렸다는 소식을 발표했다. 게시글은 또 현재까지 오픈AI가 확보한 연산 자원의 20%를 이 신생 팀에 할당하겠다는 요란한 공약도 함께 알렸다. 수츠케버와 레이크가 이 신생 팀을 공동으로 이끌게 되었다.[41]

또다른 회의에서 수츠케버는 이 새로운 팀과 팀의 목표를 소개하기 위해 직원들 앞에 나섰다. 그는 손으로 마이크를 내려치기 시작했다. **쾅. 쾅. 쾅.**

"정렬이 타오르는 불길이라면," 그가 말했다. "**초**정렬은 맹렬하게 타오르는 불지옥입니다."

그로부터 얼마 지나지 않아 회사의 규모가 팬데믹 직후 식물과 분수로 장식한 마요 사무실이 수용할 수 있는 크기를 넘어서면서, 경영진은 연구부문 직원 대부분을 예전의 파이오니어 건물로 옮기기로 결정했다. 이 이사를 계기로 회사의 응용부문과 안전파는 각자의 세계로 양분됐다.

오픈AI는 초정렬팀을 공개한 직후인 2023년 7월에 샌프란시스코 중심가의 메트레온에 있는 영화관을 빌렸다. 맨해튼 프로젝트로 미국이 세계 최초 핵무기를 만들도록 이끈 물리학자 J.로버트 오펜하이머의 일대기를 그린 영화 〈오펜하이머Oppenheimer〉를 직원들이 단체로 관람하기 위해서였다.

"나는 이 영화가 다음 세대의 아이들에게 물리학자의 꿈을 심어줬으면 하고 기대했지만 그 부분에 있어서는 정말 기대에 못 미쳤다."[42] 올트먼은 이렇게 트윗을 올렸다. "그런 꿈을 심어줄 수 있는 영화를 만들자! (스타트업 창업자들에게는 영화 〈소셜 네트워크Social Network〉가 그런 역할을 한 것 같은데)."

올트먼이 처음으로 머스크에게 보낸 이메일에서 오픈AI를 맨해튼 프로젝트에 비유한 이후 이 비유는 신입 직원 오리엔테이션에도 언급되는 등 거의 8년간 회사 내에서 꾸준히 입에 오르는 소재였다. 올트먼은 그 비유를 무척 좋아했다.[43] 그가 기자들에게 자주 언급한 것처럼 그는 오펜하이머와 생일이 같았다. 그는 "기술은 그것이 가능하기 때문에 나타난다"는 오펜하이머의 믿음을 달리 표현해 말하기를 좋아했다.[44] 하지만 그는 오펜하이머가 생의 나머지 절반을 후회로 괴로워하며 자신이 만들어낸 핵무기의 확산에 반대하는 운동을 펼치며 보냈다는 사실은 단 한 번도 덧붙이지 않았다.

직원들은 이 비유에 제각기 다른 중요성을 부여했다. 대부분의 직원들은 맨해튼 프로젝트를 영웅적인 업적으로 여겼다. 이들에게 맨해튼 프로젝트는 인재와 자원을 집중시켜 위험한 적대 세력보다 먼저 기술적 혁신을 달성함으로써 세계를 구하고 역사를 바꾸는 능력을 보여준 대표적인 사례였다. 안전파 사이에서 그것은 인류의 실존적 소멸을 초래할 위험이 있는 기술을 개발하고 있는 오픈AI의 막중한 책임의 무게를 강조하는 것으로 인식됐다.

올트먼에게 그것은 마케팅 교훈이었다. "세계는 한 번 보면 잊을 수 없는, 일본 상공에 피어 오른 버섯구름 이미지를 통해 핵무기의 위력을 접했습니다."[45] 그는 몇 년 전 한 행사에서 이렇게 말한 적이 있었다. "저는 왜 세상이 과학에 등을 돌렸는지에 대해 정말 많이 생각했는데요, 그중 제가 믿고 싶은 답변 중 하나는 바로 그 버섯구름 이미지, 어떤 기술은 어쩌면 인류가 지니기에 지나치게 강력하다는 사실을 우리가 배웠기 때문일 겁니다. 사람들은 사실보다는 이미지를 통해 더욱 쉽게 납득하는 경향이 있습니다."

AI 안전의 스펙트럼의 가장 극단에서 파멸의 가능성 p(doom)을 가장 높게 잡는 이들은 올트먼과 나머지 회사 사람들의 단순한 낙관주의적 태도에 갈수록 더 불안해했다. 오픈AI는 한번은 인류 최초로 달에 사람을 보냈던 미국의 아폴로 계획을 다룬 다큐멘터리 영화 〈아폴로 11호〉 단체 관람을 추진하기도 했다. 아폴로 계획은 실리콘밸리가 가장 좋아하고 자주 사용하는 비유 중 하나였다.

"그냥 '아폴로 계획'이라고 하면 될 걸 왜 굳이 맨해튼 프로젝트 이야기를 꺼내는 거죠? 왜 굳이 그런 과거의 문제까지 짊어지려는 거죠?" 한 극단적인 두머가 말했다.

오펜하이머 영화에서 유독 그에게 깊은 인상을 남긴 장면이 있었다. 인류 역사상 최초의 핵실험인 트리니티 실험을 시작하기 직전에 극중 킬리언 머피가 연기한 오펜하이머가 해당 실험으로 세상이 폭파될 확률이 "0에 가깝다"고 계산한 순간에 벌어지는 대화다.

"0에 *가깝다*고요?" 맷 데이먼이 연기한 레슬리 R. 그로브스

소장이 못 믿겠다는 듯 묻는다.

"이론만 갖고 뭘 더 바라는 거요?" 오펜하이머가 말한다.

"0이면 좋겠네," 그로브스가 말한다.

"지금 우리가 처한 상황이 그 장면과 닮아 있어요." 그 극단적인 두머가 말했다. "우리는 지금 이런 AI 시스템들에 대해 계산해낼 수 있는 것이 아직 아무것도 없으니까요."

오픈AI가 계속해서 연구를 진척시키면서, 몇몇 사람들에게는 맨해튼 프로젝트 비유가 갖는 의미가 변하기 시작했다.

데이터와 연산 자원이 소진된 탓에 대형언어모델의 발전 속도가 크게 느려지면서, 연구부문은 AI 에이전트를 개발하는 쪽으로 더욱 집중하기 시작했다. 업계 전반에 유행하기 시작한 이 아이디어는 "순수 언어"와 "그라운딩" 가설 간 논쟁의 귀환이었다. 순수 언어는 이제 한계에 다다르고 있었고, 텍스트와 비전을 결합하는 것 역시 마찬가지였다. AI 커뮤니티의 대다수는 AI 발전의 다음 단계는 아마 현실 세계에서 행동을 취하고 주변 환경으로부터 피드백을 수집할 수 있는 에이전트를 통해 이루어질 가능성이 크다고 여겼다. 오픈AI 내에서 그러한 성능은 또 경쟁 우위를 확보할 방안으로도 보였다. 사용자와 채팅을 할 수 있는 AI 어시스턴트도 좋았지만, 이메일을 보내거나 웹사이트 코드를 짜는 등 복잡한 작업을 자동화할 수 있는 AI 어시스턴트가 그보다 훨씬 나았다. 상업적으로도 의미가 있을 뿐 아니라 회사의 발전을 가속화할 수 있는 방안이었다.

연구부문에서 그러한 시도 중 가장 야심 찬 프로젝트는 자율적으로 과학 연구를 수행하는 에이전트를 만드는 AI 과학자AI

Scientist 프로젝트였다. 인터넷이나 교과서에서 긁어올 새로운 "지식" 또는 데이터가 제한적인 상황에서, 이 프로젝트를 담당한 연구원들은 자율적인 "과학자"가 실험을 통해 자체적인 지식을 생산해낼 것이라는 큰 기대를 품었다. 코덱스 관련 작업을 담당했던 기존의 코드생성팀, 추론 문제를 해결하기 위해 수학 문제와 해답이 대량으로 들어 있는 저장소를 구조화된 데이터 세트로 활용해 모델에게 단계별 논리를 가르치던 팀이 하나로 합쳐지면서 AI 과학자 프로젝트 담당 팀이 결성됐다. 코딩 능력과 수학 문제를 푸는 능력은 둘 다 실험을 수행하고 데이터를 분석하는 데 적합한 기본 구성 요소로 보였다.

이 프로젝트는 야쿠프 파호키와 시몬 시도가 이끌었다. 이들은 그저 자율적인 과학자를 만드는 것에만 초점을 맞춘 것이 아니라, 구체적으로는 올트먼이 원했던, 오픈AI의 AI 연구를 크게 강화해 줄 자율적인 AI 연구 에이전트를 만들기 위해 노력했다.

AI 과학자 프로젝트는 AGI 신봉자들을 극도로 흥분하게 만든 동시에 극도로 불안하게 만들었다. 만약 AI 과학자 프로젝트가 성공한다면 AGI의 출현 시점은 훨씬 앞당겨질 것이었다. 즉, 유토피아가 도래하거나 인류가 말살되는 데 걸릴 시간이 단축된다는 의미였다. 몇몇 연구원들은 수츠케버처럼 일상적인 대화에서도 "벙커"를 언급하고, 심지어 맨해튼 프로젝트를 진행했던 로스앨러모스처럼 외딴 사막 한가운데에 세운 안전한 시설에서 최정예 AI 연구원들이 외부 위협으로부터 보호를 받으며 일상 생활과 연구를 진행한다는 설정을 상상하기도 했다.

2023년이 된 시점에 이들은 이제 그러한 외부 위협에 표적 공격과 사악한 AGI도 포함된다고 믿었다. 보안팀이 슬랙에 게시한 오픈AI 위협 모델 초안은 과거 회사 임원들이 조직의 보안을 어느 정도 수위로 정해야 하는지를 두고 논쟁을 벌이던 시절에 비하면 상당히 발전한 것이었다. 초안은 외부 위협을 외국 국가 행위 주체, 경쟁자, 이념 신봉자 등 세 가지 항목으로 분류했다.

세 번째 항목에는 AI 안전 커뮤니티의 리더 중 하나이자 극단적인 두머(파멸론자)인 엘리에저 유드코스키Eliezer Yudkowsky가 쓴 글의 링크가 걸려 있었다. 유드코스키는 잘 정렬된 시스템을 가리키는 **친절한 AI**friendly AI라는 신조어를 만들어 유행시켰고, 독자들로부터 많은 사랑을 받은 "해리포터와 합리적 사고의 구사법"이라는 팬픽션을 썼다. 122개 장, 66만 단어에 달하는 이 연재소설은 해리가 합리주의자로 성장한 뒤 마법세계에 갔다는 설정으로 해리포터 시리즈를 다시 상상해 낸 것이다. 많은 이들이 이 책을 통해 처음으로 효과적 이타주의를 접한 뒤 결과적으로 두머 이념에 눈을 뜨게 됐다. 유드코스키는 또 AI 안전 연구자들이 AI 안전과 관련된 생각을 퍼뜨리고 공동체를 육성하는 중심적인 허브가 된 레스롱LessWrong이라는 블로그를 만든 원년 멤버 중 하나다. 유드코스키는 이 블로그를 통해 AI 개발을 전면 중단해야 한다는 주장을 지속적으로 펼쳤는데, 그가 생각하는 파멸의 가능성 p(doom)이 95%로 치솟음에 따라 그의 주장 또한 갈수록 공포심을 조장했다. 2023년 3월에 그는 자신의 딸이 첫니가 빠지는 모습을 지켜보면서 과연 딸이 무사히 자랄 기회를 누릴 수 있을 것인지 궁금해하며 느꼈던 슬픔에 대해 쓴 글을 타임지에 기고했다.[46] 그는 모든 대규모 GPU 클러스터를 폐쇄하고, GPU 거래를 추적하고, 필요할 경우 "제멋대로 가동 중인 데이터센터"를 겨냥해 공습을 감행함으로써 AI 개발을 중지시킬 계획을 제안했다. 오픈AI의 위협 모델 초안은 폭력적 행동을 주장하는 이념 신봉자의 사례로 이 글의 링크를 포함시켰다.

유드코스키의 주장 중 이보다 덜 폭력적인 온건한 의견을 지지하는 일부 오픈AI 직원들은 위협 모델 초안이 친절하지 않은 AI는 언급하지 않으면서 유드코스키만 콕 찝어 지목한 것이 불만이었다. 피드백을 받은 보안팀은 정렬이 어긋난 AGI 시스템을 네 번째 위협 항목으로 추가했다.

오픈AI의 위상이 새로운 수준으로 치솟는 동안, 이사회는 후임을 정하지 못한 채 기존 이사들을 계속 잃었다. 2023년 초부터 이사회는 독립이사 세 명을 연달아 잃었는데, 부분적으로 이는 챗GPT가 업계 전반에 생성형 AI 개발 경쟁을 과열시킨 탓에 벌어진 일이었다.

5년간 독립이사를 지낸 리드 호프만이 가장 먼저 이해충돌을 이유로 2월에 사임했다. 그 전 해에 그가 딥마인드 공동창업자 무스타파 슐레이만과 설립한 스타트업 인플렉션Inflection이 오픈AI의 직접적인 경쟁자로 급부상하고 있었기 때문이다.

한 달 뒤 호프만에 이어 시본 질리스가 이사직에서 물러났다.[47] 머스크의 측근이자 뉴럴링크 임원인 질리스는 머스크가 오픈AI와 결별한 뒤에도 그를 대신해 오픈AI를 감독하고 2020년에 공식적으로 이사회에 합류했다. 경영진 중 몇몇 구성원은 질리스가 민감한 회사 정보를 머스크에게 넘길까봐 줄곧 걱정했지만, 질리스는 머스크에 대한 충성심보다 오픈AI에 대한 비밀유지 의무를 우선시하겠다고 약속했다. 하지만 2022년 7월에 질리스가 동료 이사들에게 알리지 않고 머스크와 쌍둥이를 낳았다는 사실이 알려지면서 그를 신뢰할 수 있을지 매우 의심스러워졌다.[48] 그럼에도 올트먼은 질리스를 이사회에 계속 잡아두려 했는데, 다른 독립이사들은 그 영문을 알 수 없었다. 올트먼은 2022년 10월, 당시 200억 달러에 육박하던 오픈AI의 기업가치가 자꾸만 오르는 것에 대해 머스크가 불만을 드러낸 일을 어떻게 다뤄야 할지 질리스에게 조언을 구하기도 했다. 머스크는 초기 투자금에 자신이 상당한 기여를 한 점을 언급하며 올트먼에게 "이건 미끼를 던져놓고 바꿔치기 한 거"라는 문자를 보냈었다.[49] 2023년 3월, 머스크가 오픈AI의 또다른 직접적인 경쟁자가 된 새 AI 벤처 기업인 xAI를 설립하면서 결국 질리스가 더 이상 이사직을 유지하기 어려워졌다.

세 번째로 이사회를 떠난 것은 윌 허드Will Hurd였다. 전직 텍사스주 공화당 의원이자 CIA 요원 출신인 허드는 2021년 이사회에 합류했다. 올트먼은 허드를 독립이사로 위촉한다는 사실을 발표하며 직원들에게 실리콘밸리의 진보 편향에 균형을 맞춰줄 사람이 있는 것이 중요하다고 말했다. 그런 뒤에 올트먼은 여전히 의문이 있는 사람은 누구든지 허드에게 질문을 던질 수 있는 자리를 마련했다. 직원들은 주저 없이 도널드 트럼프를 포함해 여러 가지 문제에 대해 허드의 생각을 캐물으며 그를 들들 볶았다. 2023년 6월, 대선주자로 나선 허드는 대통령 선거 운동에 전력을 다하기 위해 오픈AI를 떠났었는데, 같은 해 10월 선거 운동에서 물러났다.

이제 올트먼과 브로크만, 수츠케버와 함께 이사회에 남은 독립이사는 겨우 세 명뿐이었다. 쿼라 공동창업자 겸 CEO인 애덤 단젤로, 로봇공학자인 타샤 맥컬리, 그리고 안보-신흥기술센터 CSET 소속 연구원인 헬렌 토너였다.

셋 중 단젤로가 가장 먼저 이사회에 들어왔다. 저커버그와 기숙형 사립학교 필립스 엑시터를 같이 다닌 고교 동창 단젤로는 쿼라를 설립하기 전에 2년간 페이스북 최고기술책임자를 지냈다. 2014년에 쿼라는 올트먼의 사장 재임 기간 중 첫 기수로 YC에 선발됐고, 단젤로가 독립이사로 위촉되기 1년 전인 2017년에 올트먼은 쿼라에 대한 YC의 투자금을 늘리고, 총 8,500만 달러를 확보한 쿼라의 투자라운드를 공동으로 주도했다. 올트먼은 발표문에서 단젤로를 "실리콘밸리에서 가장 똑똑한 CEO 중 하나"라고 추켜세우며 다음과 같이 덧붙였다.[50] "그는 오늘날 기술 기업에서 보기 드문, 매우 장기적인 안목을 갖고 있습니다."

맥컬리는 2018년 후반에 이사회에 들어왔다. 텔레프레즌스 telepresence 로봇 스타트업을 공동 설립하고 3D 도시 시뮬레이션 회사를 운영하는 사업가인 맥컬리는 자신의 멘토인 앨런 케이Alan Kay를 통해 올트먼을 알게 되었고, 홀든 카노프스키와도 아는 사이였다. 맥컬리는 AI 안전 커뮤니티 내에서 널리 존경을 받았고, 비영리 AI 안전 연구단체인 AI 거버넌스 센터Centre for the Governance of AI 이사를 지내고 한동안은 효과적 이타주의 운동의 인기 팟캐스트 80,000 아워스80,000 Hours를 만드는 이펙티브 벤처스 재단 Effective Ventures Foundation이라는 영국 기반 조직의 이사로도 활동했다. 당시 오픈AI 이사였던 카노프스키는 오픈AI가 수익 상한 구조로 전환할 준비를 하는 과정에서 독립이사 수를 늘릴 때 맥컬리를 지명했다.

토너는 2021년 중반 이사회에 들어온 가장 후임 이사로, 그 역시 카노프스키의 추천으로 위촉됐다. 카노프스키는 자신의 3년 임기가 거의 끝나가던 무렵 앤트로픽이 설립되면서 자신의 이사직을 물려받을 후보를 추천하고 있었다. 중국과 신흥 기술 전문가로 입지를 굳히기 전에 토너는 기브웰과 오픈 필랜트로피에서 카노프스키와 함께 일했었다. 그는 효과적 이타주의EA 운동을 통해 AI 안전 분야에 발을 들이게 되었지만 시간이 지나면서 EA에서 서서히 멀어졌다. FTX 붕괴 전에 그가 쓴 가장 유명한 EA 포럼 게시글에서 그는 EA 운동이 갈수록 독단적이고 폐쇄적으로 변질되고 있으며, 자신은 "EA 환멸론으로 기울어지고 있다"고 언급했다.[51] 토너는 EA 내에서 여전히 높은 평가를 받으며 맥컬리와 함께 AI 거버넌스 센터의 이사로 활동하는 등 계속해서 AI 안전 커뮤니티에 헌신했다.

2023년 늦여름이 될 때까지 이사회는 신임 독립이사로 누구를 위촉할지를 두고 몇 달간 교착상태에 빠져 있었다.[52] GPT-4 시연 이후, 그리고 챗GPT 출시 이후에는 더더욱 회사에 대한 감독을 강화하기 위한 노력의 일환으로 맥컬리는 개편된 이사회와 더욱 전문화된 감독 체계가 갖춰야 할 모습을 구체화하기 위해 거의 1년 가까이 직원들과 회사 외부 이해관계자들의 의견을 수렴하는 등의 절차를 밟았다.

그 절차가 진행되는 동안, 올트먼을 포함한 이사회는 회사의 능력에 따른 위험이 커지고 있는 상황에서 다음 독립이사는 AI 안전에 대해 경험과 지식이 풍부한 사람이어야 한다는 데 만장일치로 동의했다. 그 후 몇 달간 이사회는 후보 명단을 작성하고 그

중 다섯 명과 면접을 진행했는데, 면접을 본 사람 중에는 두머 커뮤니티의 핵심적 인물인 댄 헨드릭스Dan Hendrycks도 포함되어 있었다. 헨드릭스는 버클리의 AI 안전 센터Center for AI Safety를 운영하고 머스크의 xAI의 유일한 고문으로 활동했다. 하지만 독립이사들이 그 다섯 명 중에서 최종 후보를 선택하는 과정에서 브로크만과 수츠케버가 이미 심사를 받은 후보들에 대해 제각기 여러 가지 문제를 제기했다. 올트먼은 항상 그랬듯이 얌전을 떨면서 그 어느 후보자를 대놓고 반대하지 않았지만, 그렇다고 어느 하나를 대놓고 지지하지도 않았다. 올트먼은 또 몇 번이나 새로운 후보자를 추천했는데, 그가 추천한 후보들은 하나같이 그의 네트워크에 속해 있으면서 경제적으로 혹은 다른 방식으로 그의 영향권 안에 들어 있는 이들이었다.

독립이사들은 이사회의 감독권 강화를 위해 이사회가 오픈AI의 안전 및 보안 관행을 들여다볼 수 있도록 다양한 방법을 마련하는 등 새로운 감독 체계를 수립하는 일을 올트먼이 그리 중요하게 생각하지 않는다는 인상을 받았다. 맥컬리가 독립이사 임기를 막 시작했을 때 올트먼은 그를 직원 대표로 지정해 직원들과 소통을 담당하고 그들의 의견을 이사회에서 대변하게 했다. 맥컬리는 곧 면담 시간을 따로 지정해 정기적으로 직원들과 만나 소통했다. 한번은 맥컬리가 회사 워크샵에 자신의 남편인 영화배우 조셉 고든—레빗Joseph Gordon-Levitt을 데려온 적도 있었다. 고든—레빗은 기술적인 내용의 발표를 골똘히 귀담아들었다. 하지만 팬데믹을 거치면서 직원들과 갖던 정기적인 회의는 흐지부지됐다. 그 후에도 맥컬리는 계속해서 여러 정기 회의를 열었지만, 면담은 다시 재개되지 않았다.

직원들과 접촉할 체계적인 방법이 없는 상황에서, 독립이사들은 회사 내부에서 벌어지는 일에 대한 정보를 각자가 AI 안전 커뮤니티와 사적인 기술업계 네트워크를 통해 전해 들었다. 독립이사들은 또 중요한 사안을 계속 주시하기 위해 올트먼에게 의지했다. 그러나 올트먼이 하는 이야기가 다른 이들을 통해 들은 이야기와 딴판인 경우가 많아서 갈수록 걱정이 깊어졌다. 올트먼은 계속 밝고 긍정적인 이야기를 늘어놓았지만, 이사들은 다른 경로를 통해 챗GPT 출시 직전의 준비 부족과 출시 이후 벌어진 소동, GPT-4의 출시를 둘러싸고 지속된 AI 안전 우려, 오픈AI가 기존의 여러 문제들을 해결하기도 전에 새로운 제품을 출시하기 위해 이례적인 속도로 밀어붙인 일을 비롯해 회사의 여러 문제점에 대해 점점 더 많이 알게 되었다.

그중 특히 두드러진 사례가 있었다. 2022년 말, 이사회가 첫 연례회의로 만들 목적으로 개최한 현장 간담회에서 올트먼은 GPT-4의 배포를 검토하기 위해 배포안전위원회DSB가 도입한 엄격한 안전 및 시험 절차를 자랑했다. 간담회가 끝난 뒤, 독립이사 중 하나는 한 직원과 근황을 나누던 중 해당 직원으로부터 DSB 절차를 위반한 사례가 이미 발생했다는 사실을 알게 되었다.[53] 마이크로소프트가 DSB의 승인 없이 인도에서 GPT-4를 제한적으로 출시했던 것이다. 현장 간담회 때문에 이사진과 하루 종일 같은 방에 틀어박혀 있었음에도 불구하고, 올트먼은 위반 행위에 대해 이사진에게 입도 뻥긋하지 않았다.

독립이사들은 그로 인해 어떤 위험한 내용이 대중들에게 공개됐다고 믿을 만한 이유는 없었지만, 마이크로소프트가 아무런 거리낌없이 절차를 위반하고 올트먼이 이를 눈감아 준 것에 마음이 영 불편했다. 오픈AI가 개발한 모델들의 성능이 급속도로 향상되고 있던 상황이었기에 독립이사들은 AI 안전의 관점에서 볼 때 그러한 위반 행위가 잠재적으로 실존적 재앙까지는 아니더라도 큰 파국을 초래할 가능성이 있다고 믿었다. 그들은 향후 모델 출시에 따른 위험이 더 커진 시점에 올트먼이 AI 안전 절차를 중시하지 않는 위험한 선례를 만드는 것으로 보였다.

올트먼의 행동이 우려스러웠던 사례는 또 있었다. 2023년 3월에 그는 단젤로를 제외한 나머지 이사진에 보낸 이메일에서 자신은 단젤로가 이사회에서 물러날 때가 됐다고 생각한다고 썼다. 올트먼은 쿼라가 자체 챗봇인 포Poe를 만들고 있다는 사실이 이해충돌을 초래한다고 주장했다. 그 주장은 갑작스러웠고 그런 주장을 내세운 동기도 어딘가 석연치 않았다. 토너와 맥컬리, 단젤로는 각자 때때로 올트먼에게 오픈AI의 안전 수칙이나 비영리 단체가 가진 권한 등 여러 주제에 대한 불편한 질문을 던진 적이 있었다. 남은 세 명의 독립이사의 눈에는 올트먼이 이사회에 있던 자신의 아군이 점차 줄어드는 상황에서 셋 중 어느 하나라도 내쫓을 구실을 찾는 것처럼 보였다. 올트먼의 이메일에 한 독립이사가 반박했다. 포는 올트먼이 오랫동안 호프만과 질리스에게 허용해온 것에 비하면 그다지 큰 이해충돌이 아니라는 주장이었다. 올트먼의 시도는 실패했고, 단젤로는 이사회에 남았다.

그 일이 있고 얼마 지나지 않아 한 저녁 파티에 참석했던 단젤로는 오픈AI 스타트업 펀드의 구조가 이상하다는 이야기를 들었다. 스타트업 펀드에 투자한 이들에게 오픈AI 제품을 미리 사용해볼 수 있는 특혜를 준다는 것이었는데, 그것은 오픈AI 투자자들에게만 따로 제공했어야 할 유형의 특혜였다. 같은 이야기가 또 나오는 걸 들은 단젤로는 올트먼에게 스타트업 펀드의 구조에 대한 문서를 내놓으라고 요구했다. 올트먼이 마침내 그 문서를 넘겼을 때, 이사들은 스타트업 펀드의 구조가 그냥 이상하기만 한 것이 아니라는 사실을 알게 되었다.[54] 원래 오픈AI 명의로 되어 있어야 할 펀드를 올트먼이 법적으로 **소유하고** 있었던 것이다.

독립이사들에게는 그 모든 사례가 모여 하나의 걱정스러운 그림이 완성됐다. 올트먼은 서서히 이사들의 시야를 가리고 이사회가 절대 자신을 감독하지 못하도록 교묘하게 행동하고 있었던 것이다. 수년간 올트먼은 이사회가 오픈AI의 가장 중요한 감독체계로서 자신을 견제하고 심지어 해고할 수 있는 권한을 갖고 있다고 홍보해 왔다. 이제 그는 전 세계를 돌아다니면서 대중들과 정부의 신뢰를 얻기 위해 이 사실을 더욱 크게 떠벌리고 있었다.

가을이 될 무렵 독립이사들은 신임 독립이사 선발을 위한 협상에서 어떤 의미 있는 진전도 이루지 못하고 사기가 완전히 꺾여 있는 상태였다. 시간이 지날수록 감독체계의 공백이 점차 시급한 과제가 되었다. 오픈AI는 GPT-5를 훈련시킬 준비를 하고 있었고, AI 과학자 프로젝트도 진척을 보이고 있었다. 그러던 중, 10월 초에 토너는 갑자기 뜻밖의 이메일을 받게 됐다. 일리야 수츠케버가 이야기를 하고 싶다는 것이었다.

14

구원

수츠케버가 토너에게 이메일을 보내기 전 몇 주 동안 올트먼은
부정적 여론이 확산될 위기를 마주했다. 그때까지 보도되지 않던
여동생과의 불화와 그 여동생이 성매매를 하기 시작했다는 이야
기가 마침내 세상에 터져 나온 것이었다.

2023년 9월 25일, 〈뉴욕 매거진〉 특집기사 기자인 엘리자베
스 웰Elizabeth Weil은 주류 매체로는 처음으로 애니의 존재를 언급한
샘 올트먼 심층 기사를 보도했다. 웰은 애니가 오랜 기간 여러 질
환에 시달렸고 주거가 불안정하며 심각한 재정적 어려움을 겪고
있다는 사실을 수백만 달러를 호가하는 저택과 고급 차량을 여러
대 보유한 샘의 생활방식과 나란히 보여주었다. "애니 올트먼?"
웰은 자신의 기사에 이렇게 적었다.[1] "올트먼의 블로그, 그가 쓴
트윗, 그가 내놓은 《스타트업 플레이북Startup Playbook》, 그리고 그
에 대한 수백 건의 기사를 읽은 사람이라면 그의 동생 잭과 맥스
의 이름이 익숙하게 들릴 것이다.… 하지만 애니는 샘의 공적인

삶에 존재하지 않는다. 처음부터 애니는 거기에 낄 수 없었다."

유대교의 속죄일인 욤 키푸르Yom Kippur 기간에 기사를 내보내기에 앞서 웰은 자신이 취재한 내용에 대한 오픈AI의 입장을 요청했고, 〈뉴욕 매거진〉 역시 팩트체킹 절차에 따라 오픈AI에 협조를 요청한 상태였다. 웰의 요청에 대응하고 기사가 유리한 방향으로 나오도록 만들 임무는 오픈AI 홍보 책임자가 된 한나 웡에게 떨어졌다. 웡은 갑자기 〈뉴욕 매거진〉과 올트먼의 가족 사이의 중개인이 된 자신을 발견하고는 이게 정말 자신이 해야 하는 일인가 갸우뚱했다.

기사가 나가기 전 마지막 날, 보도가 사실상 확실해졌을 때 애니는 샘으로부터 이메일을 받았다.[2] "안녕 애니. 이제 거의 욤 키푸르가 다가왔으니 속죄의 정신에 따라 너에게 사과하고 용서를 구하고 싶어." 애니가 도와달라고 요청했을 때, 그는 애니가 경제적으로 자립하는 법을 배워야 한다는 어머니와 나머지 가족들의 뜻에 따르고 싶은 마음과, 애니가 정상적인 생활을 하기 어려운 상태이기 때문에 치료를 받아야 한다는 생각 사이에서 고민하며 매우 난처했다고 설명했다. "어쨌든 내가 잘못된 판단을 내렸어. 너를 계속 지원했어야 했는데. 정말 미안하구나."

챗GPT 이후 자신이 줄곧 누려 온 칭찬 일색의 대중적 반응과는 극명하게 다른 여론과, 고통스러운 가족사가 세상에 드러났다는 사실에 올트먼의 마음은 무거워졌다. 기사가 나간 뒤의 후폭풍으로 상황은 더욱 나빠졌다. 기사가 공개된 뒤, 샘이 자신을 여러 가지 방법으로 학대했다는 애니의 예전 트윗이 다시 널리 퍼졌다. 상황이 샘에게 무겁고 어려웠던 만큼 엄청난 고통을 겪던 애니에게는 조금이라도 위안이 되었다. 아주 오랫동안 애니는 건강과 경제적 불안정으로 인한 극심한 스트레스 외에도, 아무리 소리를 질러도 목소리가 묻혀버리고 존재 자체를 부정당하고 있다고 느꼈었다.

2024년에 나는 애니의 입장을 좀 더 잘 이해하기 위해 그에게 연락했다.[3] 어머니인 코니 깁스틴과 오빠들인 맥스와 잭의 입장도 들어보기 위해 오픈AI 홍보팀을 통해 그들에게 연락했다. 애니는 자신의 경험이 샘의 인격을 잘 보여주는 사례라며, 마침내 이를 공유할 통로가 생겼다는 기대감에 기꺼이 취재에 응했다. 그는 자신과 가족 사이의 연락 기록, 어린 시절의 대부분부터 성인이 될 때까지의 신체적, 정신적 건강 기록과 그 외 자신의 진술을 뒷받침하는 기타 다른 증거자료를 내게 제공했다. 그 모든 자료는 애니와 가족 간 불화와 그의 형편이 점점 나빠지게 된 과정을 기록하고 있다.

깁스틴은 애니에 대한 가족들의 사랑과 염려를 강조하면서도 애니의 주장이 "끔찍하고, 몹시 가슴 아프고, 사실이 아니"라며 모두 부인하는 짤막한 입장문을 내놨다.[4] 깁스틴은 더 깊은 대화를 나누자는 요청에도, 애니의 주장에 대한 입장을 묻는 질문에도 모두 답하지 않았다. 깁스틴은 주장을 뒷받침할 근거를 달라는 나의 추가 요청에도 응하지 않았다. 맥스와 잭은 아무런 답변도 하지 않았다. 오픈AI는 아무런 입장도 내놓지 않았다.

2025년 1월에 애니가 샘을 상대로 소송을 제기한 뒤에 샘과 깁스틴, 맥스와 잭은 애니를 정신이 온전치 않으며 부당하게 돈을 요구하는 사람으로 묘사하고, 그의 주장이 "시간이 지남에 따라 급격히 변했다"며 애니의 주장을 한층 강력하게 부인했다.[5] "그가 전통적인 방식의 치료를 거부하고, 자신을 진심으로 돕고 싶어 하는 가족 구성원에게 비난을 퍼붓는 것은 특히 가슴이 미어지는 일입니다." 그들은 성명에서 이렇게 밝혔다.

내가 애니와 나눈 대화와 그가 나에게 제공한 기록은 웰의 심층 소개기사를 통해 공개된 그의 삶의 모습과 더불어 그가 자신의 주장을 트위터를 통해, 그리고 그 후 소송을 제기함으로써 세상에 공개하게 되기까지의 굴곡진 여정의 복합적인 모습을 보여준다. 애니의 가족들이 어떤 연유로 그러한 결정을 내렸는지에 대해서는 취재가 불가능했고, 애니가 제기했던 주장 중 일부, 그 중에서도 특히 애니가 어렸을 때 샘이 그를 성적으로 학대했다는 주장의 진실을 알 길이 없지만, 나에게 있어 애니의 이야기는 오픈AI를 보다 폭넓게 이해할 수 있는 여러 테마의 축소판이었다. 애니의 이야기는 또 오픈AI가 얼마나 샘 올트먼이라는 사람의 모습과 닮아 있고 그 모습의 연장선상에 있는 것인지 확신하는 데 도움이 되었다. 애니가 자신의 입장을 알리기 위해 기울인 끈질긴 노력은 곧 회사의 문제가 되었다. 애니를 다룬 언론 보도는 다른 어떤 종류의 이야기보다도 샘의 신경을 거슬렀고, 이에 따라 한나 웡은 오픈AI의 홍보 책임자 자격으로 애니의 이야기가 퍼지는 것을 막아야 했다. 애니의 이야기는 이와 다른 의미에서도 회사의 문제가 되었다. 애니의 주장이 주목을 받기 시작하자 다른 오픈AI 임원들도 여기에 관심을 기울인 것이다.

아홉 살 차이가 나는 애니와 샘은 여러모로 비슷한 점이 많았다. 샘의 측근들이 그를 묘사할 때 사용하는 단어들이 애니에게도 뚜렷이 나타난다. 그는 뛰어난 경청 능력을 지녔고, 다른 사람에 대해 아주 사소한 것까지 기억하고, 괴짜 같고, 매우 너그러우며, 사람들의 신뢰를 금방 얻는다.

샘과 마찬가지로 애니 역시 우수한 학생이었다. 올트먼 남매 중 샘 외에는 유일하게 애니만 존 버로우를 졸업했다.[6] 물리 선생님인 제임스 로블James Roble은 10년이 넘게 지난 뒤에도 여전히 애니를 밝은 성정을 가진 뛰어난 학생으로 애틋하게 기억했다. 애니는 터프츠 대학에 진학해 주전공으로 생물심리학을, 부전공으로 무용을 공부했다. 2016년에 대학을 졸업한 그는 언젠가 의대에 진학할 것을 대비해 의과대학 입학에 필요한 요건을 모두 갖췄다. 그는 캘리포니아 대학 샌프란시스코UCSF의 한 뇌신경 연구소에서 연구원으로 일자리를 구해 베이 지역으로 이사했다. 달리 말해, 그의 인생이 꼬이기 전까지 그는 폭넓은 선택지를 가진, 야심만만하고 교육을 잘 받은 젊은이의 전형이었다.

그러나 애니가 예상치 못한 일련의 어려움을 겪으면서 상황은 달라지기 시작했다. 아직 대학에 재학 중이던 2014년에 애니는 과도한 사용으로 힘줄이 붓는 질환인 아킬레스건염과 뼈의 가장자리가 뾰족하게 자라는 이상증식 질환인 뼈돌기 진단을 받으면서 보행 보조기에 의지하는 신세가 되었다.[7] 그것은 애니의 몸에 만성적인 통증을 일으키고 심할 때에는 심각할 정도로 움직임을 제약하며 삶의 질을 떨어뜨린 수많은 질환의 시작에 불과했다. 그 후 6년에 걸쳐 편도선염과 골반 통증이 자꾸 재발하고 건염이 계속 악화되면서 오른쪽 발목에서 다른 곳까지 번졌다.[8] 이로 인해 잠깐 서 있는 것조차 어려워지는 경우도 있어 보행 보조기를 달고 살아야 했다. 또 난소 낭종이 자꾸만 늘어나다가 나중에는 결국 다낭성 난소 증후군 진단을 받았다. 그는 밤에 잘 때마다 침구가 흠뻑 젖을 정도로 땀을 흘렸는데, 이 증후군의 흔한 증상이었다.

이 모든 건강 문제를 겪는 와중에 애니는 결정적인 타격을 입었다. 2018년 5월 25일, 가족들 중 자신과 가장 가까웠던 아버지가 갑작스런 심장마비로 세상을 떠난 것이다.[9]

애니는 평생 정신 건강 문제로 어려움을 겪었다. 어렸을 때 그는 범불안장애와 강박 장애 진단을 받았고, 대학 시절 한 심리학자의 도움으로 복용량을 줄이게 될 때까지 거의 10년 가까이 항우울제인 졸로프트Zoloft를 지속적으로 복용했다.[10] 그래도 아버지가 돌아가시기 전까지는 병세가 꽤 호전되고 있었다. 그는 명상 등을 정신과 치료의 대안으로 삼았고, 계속해서 여러 질환을 일으키는 염증을 치료할 근본적인 방법을 찾기 위해 건강한 유기농 자연식 식단을 활용했다. 이렇게 건강을 관리하는 과정에서 애니는 대체 의학에 관심을 갖게 되었고, 요가 강사 훈련을 받기 시작했다. 그는 또 자신이 평생 간직해온 예술에 대한 열정을 살려 자신이 "인간 매뉴얼The Humanual"이라고 이름 붙인, 삶에 대한 단상과 좋은 인간이 되는 방법을 다룬 책의 초안을 쓰기도 했다. 아버지의 죽음으로 이러한 일상은 산산조각이 났다. 애니의 정신 건강은 점점 더 나빠졌고, 신체 건강도 급속도로 악화됐다. 2018년 말 무렵에는 여러 의사와 전문의를 찾아다니는 것이 애니의 일상이 되었다.

샘 역시 아버지의 죽음이 자신의 인생에서 최악의 순간이었다고 공개적으로 이야기한 적이 있다.[11] 머스크가 오픈AI 공동의장 자리에서 물러나고 샘이 회사의 전권을 넘겨받은 지 불과 몇 달 지나지 않았을 때 아버지가 돌아가셨다. 샘과 가까운 이들은 샘이 크게 충격을 받고 힘들어했다고 말한다. 그는 한동안 슬픔을 감당하기 어려워하며 종잡을 수 없는 행동을 보였다. 아버지의 죽음은 분명 애니와 샘의 관계뿐 아니라 애니와 나머지 가족과의 관계가 틀어지게 된 전환점이었다. 애니는 자신의 진로를 포함한 여러 가지 결정에 대한 의견 차이 때문에 이미 나머지 가족, 그중에서도 특히 어머니와의 관계가 껄끄러워진 상태였다고 말했다. 애니가 의과대학 진학을 포기하고 졸로프트 복용을 멈추고 자연치유법을 선택한 것도 애니와 어머니 사이에 갈등을 빚었다. 아버지는 가족들 중 유일하게 애니를 확고하게 지지해주던 사람이었다. 아버지가 돌아가신 뒤 그는 점점 가족들로부터 소외되었지만, 여전히 그들의 인정과 지지에 목말라 했다. 그러나 돈 문제로 다툼이 생기면서 이들의 관계는 한계에 다다랐다.

2018년 아버지의 죽음 이후 애니는 LA에 거주했다. 그는 글쓰기 보조 아르바이트를 하다 그 후에는 대마초 판매점에서 일했다. 애니는 아버지의 생명보험금에서 약 10만 달러를 물려받았다고 했다. 그는 자신이 사랑하는 예술과 공연을 진지하게 추구했다. 코미디 수업을 듣고, 누구나 공연할 수 있는 오픈마이크 open mics 무대에 나가고, 팟캐스트를 시작하고, 자신이 썼던 책 초안을 인간 애니The HumAnnie라는 제목의 1인 공연으로 각색했다. 2019년 중반 무렵 애니는 여러 예술 활동에 드는 비용과 비싼 집세, 건강보험 개인부담금, 여러 의료촬영, 물리치료, 심리치료 및 병원에 가기 위해 이용한 리프트와 우버 택시비 등 불어난 지출로 물려받은 돈을 거의 다 써버렸다.

애니 입장에서는 그 뒤에 벌어진 일들이 가족과의 관계가 끝나기 시작한 계기였다. 2019년 5월, 만성 통증이 지속되던 때에 그는 아버지가 퇴직연금을 자기 앞으로 남겨 놨다는 사실을 알게 되었다.[12] 그는 대마초 판매점 일을 그만두고 4만 달러가 조금 넘는 아버지의 퇴직연금으로 건강을 챙기면서 자신이 시작한 여러 예술 활동으로 꾸준히 수입을 만들기 위한 6개월짜리 계획을 세웠다. 하지만 배우자로서 아버지의 퇴직연금을 관리할 권한을 가진 어머니는 애니에게 돈을 줄 수 없다고 통보했다. 깁스틴은 애니에게 쓴 이메일에서 세법상 가장 유리한 전략은 깁스틴이 자신의 이름으로 그 돈을 세액공제 계좌에 보관해 뒀다가 애니가 59.5세가 되었을 때 사용할 수 있는 신탁을 통해 애니에게 물려주는 것이라고 설명했다.[13] "우리 모두는 너에게 최선인 결과를 바라고 있고, 우리는 너(그리고 모두)에게 최선은 장기적인 만족과 개인의 성장, 그리고 경제적 자립이라고 생각한다." 깁스틴은 이렇게 썼다. "이런 이유로 우리는 네가 이미 아버지로부터 물려받은 돈이 다 떨어졌을 때 너를 경제적으로 지원하지 않을 것임을 분명히 해두고 싶다." 이메일의 끝맺음은 다음과 같았다. "엄마, 샘, 맥스, 잭."

애니는 정신적으로 무척 취약한 상태였다. 같은 기간 그의 심리상담사가 쓴 기록에 따르면 애니가 다시 일어설 수 있게 도우려 했던 가족들의 결정은 오히려 애니의 상태를 더욱 악화시켰다.[14] 2019년 12월, 통장 잔고는 마이너스가 되었다.[15] 같은 해에 샘은 오픈AI에 대한 마이크로소프트의 첫 10억 달러 투자를 성사시켰고, 회사는 전속력으로 GPT-3훈련을 추진하고 있었다. 겁에 질린 채 혼자였던 애니는 계좌 잔고의 마이너스만큼이라도 갚을 돈을 벌기 위해 에스코트 서비스인 시킹어레인지먼트 SeekingArrangement에 접속해 화상통화로 한 남성에게 자신의 가슴을

보여주었다.[16]

애니는 그 전까지 한 번도 어머니나 오빠들에게 경제적 도움을 요청한 적이 없었다고 말했다. 그들의 재산에 의존할 수 있다고 기대한 적도 없었지만, 그렇다고 자신이 정말로 위급한 상황에 처했을 때 가족들이 아무런 안전망도 없이 자신을 방치할 것이라고 여기지도 않았다. 2019년 말부터 2020년 중반까지 애니는 여러 차례에 걸쳐 가족들에게 경제적 도움을 요청했다.[17] 팬데믹이 스트레스와 불확실성을 가중시키는 데 한몫을 하기도 했다. 샘과 어머니는 애니와 함께 가족 상담에 두 차례 참여한 뒤, 1년 중 일부 기간 동안 애니의 생활비를 대주기로 합의했다.[18]

애니와 가족들 사이의 연락 기록을 보면, 가족들은 애니가 달라는 대로 돈을 대주면 그 돈이 해로운 행동을 조장할 수도 있다고 우려했고, 애니가 경제적으로 독립하게끔 계속 격려하는 것이야말로 애니의 정신 건강이 나아지도록 도와주는 최선의 방법이라 믿은 것이 분명하다. 깁스틴이 나에게 보낸 입장문과 가족이 함께 낸 공개성명에서는 자신들은 애니를 가장 잘 도울 수 있는 방안을 전문가의 조언에 따라 실천했다고 밝혔다.

2020년 5월, 가족들이 약속한 금전적 지원 기간이 거의 끝나가던 무렵 애니의 형편은 여전히 어려웠다.[19] 그는 세션당 45달러였던 물리치료와 15달러였던 상담치료 비용을 낼 수 있게 조금 더 지원해달라고 가족들에게 요청했다. 가족들은 이를 거절했다. 그들은 애니에게 보증금을 포함해 6월분 생활비는 알아서 부담하라고 말했다. 애니는 소지품 몇 가지만 챙긴 뒤 아버지가 죽기 몇 달 전 마지막으로 자신을 보러 왔을 때 함께 시간을 보냈던 하와이로 갔다. 그는 한 농장에서 잡초를 뽑고 모종을 하는 등의 가벼운 육체노동을 하는 품앗이 일자리를 구했다. 샘은 애니의 새 주소를 묻기 위해 이메일을 보냈다. 아버지가 돌아가신 지 8개월이 지난 뒤 그는 동생들에게 각자 머리카락을 어머니에게 우편으로 부치게 한 다음 머리카락을 아버지의 유골과 섞어 다이아몬드로 만들었다고 했다.[20] 그 다이아몬드는 "거의 대부분 아버지 유골에서 나온 탄소로 만들어졌지만 거기엔 우리 각자의 일부도 조금은 들어 있다"고 그는 적었다. 애니의 다이아몬드가 이제 완성됐고, 샘은 그 다이아몬드를 애니에게 보내주고 싶다는 내용이었다.

샘의 이메일에 애니는 뺨을 맞은 것처럼 모욕을 당한 기분이었다. 애니가 원한 건 비싼 다이아몬드가 아니라 먹을 음식과 지낼 거처를 마련하는 데 필요한 도움이었다. 애니는 자신의 처지의 심각성을 샘이 그저 이해하지 못하는 것인지, 아니면 아예 신경 쓰지 않는 것인지 알 수 없었다. 자신과 샘, 그리고 부유한 나머지 가족 사이의 갈등은 돌이킬 수 없을 정도로 심각해졌다. 애니는 커다란 고통과 슬픔을 머금고 가족들과 연락을 끊었다.

그 후 3년간 엘리자베스 웰이 연락하기 전에 애니의 삶은 바닥을 쳤다. 살 곳도, 먹을 것도, 건강도 모두 불안정했던 그는 온라인 및 육체적 성노동을 하며 생활비를 벌었다. 공개 성명에서 가족들은 "애니가 안정될 수 있도록 여러 가지 방법으로 지원"을 시도했다고 밝혔다. 애니의 말에 따르면 그러한 시도 중 하나는 2021년 봄과 여름에 샘이 다시 연락을 재개했을 때 일어났다. 애니와 샘은 세 차례 통화를 주고받았고, 그 과정에서 샘은 자신이 애니를 얼마나 사랑하는지 말하며 그에게 집을 사 주겠다고 제안했다. 이 제안을 애니와 가족들은 각자 다른 방식으로 묘사한다.

애니는 자신이 그 집을 소유할 수 있게 해주는 것이 아니라 그 집에 거주만 할 수 있도록 하는 제안이었기에, 집을 처분할 수 없게 만듦으로써 자신의 건강과 진로 선택에 대해 샘과 어머니가 자신들의 관점을 강요하게 될 것을 우려했다. 깁스틴은 내게 보낸 입장문을 통해 그 제안이 애니에게 집에 대한 소유권을 주는 것이었다고 주장했으나, 그 주장을 뒷받침하는 서류를 보여달라는 나의 요청에는 응답하지 않았다. 나머지 가족들이 공동으로 낸 공개성명에는 가족들이 애니가 지낼 거처를 제공하면서 집을 바로 처분할 수 없도록 신탁을 통해 집을 사 주겠다고 제안한 것으로 되어 있었다. 결국 샘과 애니는 완전히 다른 합의에 이르렀다. 샘이 애니의 건물주에게 직접 월세를 내 주기로 한 것이었다. 2022년 여름, 애니가 연락을 다시 끊자 샘이 보내주던 월세도 끊겼다.

애니의 이야기는 사람들이 샘을 묘사할 때 나오는 대조적인 모습에 깊이를 더해준다. 그는 너그러운 동시에 이기적이고, 상냥한 동시에 위협적이고, 수많은 사람들을 후원하는 사람인 동시에 다른 이들에게는 개인적으로 큰 고통의 원인이 되는 사람. 공개된 자리에서는 진심 어린 이타적인 모습을 보이지만 공개되지 않은 자리에서 하는 행동을 보면 더 복잡한 계산이 깔려있다는 게 드러나는 사람. 남들에게 무언가를 줄 수도 빼앗아갈 수도 있어서 오로지 그의 눈에만 모든 것이 훤히 내려다보이는 거대한 체스판에 들어와 있다는 느낌을 많은 이들에게 심어주는 사람. 그리고 그 체스판의 왕으로서 자신의 권력을 유지하는 것이 최종 목표인 사람.

애니의 이야기는 또 샘과 다른 오픈AI 임원들이 퍼뜨려온, AI가 풍족한 세상을 가져다 줄 것이라는 원대한 서사를 한층 복잡하게 만든다. 올트먼은 AI가 빈곤을 종식시킬 것으로 기대한다고 말했다. 브로크만은 자신의 친구와 아내의 이야기를 통해 AGI가 의료기술을 크게 향상시킬 것이라고 여러 차례 이야기했다. 수츠케버는 AGI가 매우 효과적이고 엄청나게 저렴한 심리 치료를 가능케 할 것이라고 말했었다. 그럼에도 불구하고, 이 모든 문제의 직격탄을 맞은 케냐의 노동자들과 칠레의 활동가들의 삶의 현실, 그리고 올트먼 자신의 여동생의 경험에 비추어 볼 때, 오픈AI 임원들이 이야기하는 서사는 그저 공허하게만 들린다.

AI의 여러 눈부신 발전에도 불구하고, 그 어느 하나 애니의 절박함을 조금이라도 덜어주는 데 도움이 된 것은 없다. 오히려 AI가 애니를 더 깊은 곤경에 빠뜨렸을 수도 있다. 애니는 성노동을 하고 싶어서 한 것이 아니었다. 그는 성노동을 "최악의 상황에서의 최후의 보루plan z"로 생각했다고 말했다. 만성 통증이 도져서 품앗이 일마저 하기 힘들어졌을 때, 그는 처음에 디지털 수단을 활용해 자신의 예술 활동으로 수익을 내 보려고 시도했다. 그는 팟캐스트를 계속 만들었고, 엣시Etsy 스토어와 패트리온Patreon 계정도 유지했지만, 그러한 경로로 벌어들인 돈은 매달 통신비를 내기에도 턱없이 부족한 정도였다.[21] 이상한 일이 벌어지고 있다고 느낀 그는 계속해서 스크린샷을 찍어 기록해 두었다.[22] 그의 모든 소셜미디어 계정이 거의 또는 전혀 노출되지 않고 있었던 것이다. 그는 가끔 애플 앱에서 자신의 팟캐스트 청취자들이 남긴 리뷰가 알 수 없는 이유로 뭉텅이로 사라지는 것을 알아챘다.[23] 리뷰가 사라지면 새로운 청취자들이 해당 팟캐스트를 찾기도 더 어려워진다. 그는 자신의 인스타그램과 유튜브 계정에서 꾸준히 모아 온 조회수가 갑자기 영문을 알 수 없이 사라져버리는 일을 적어도 두 번은 겪었다.[24] 전직 페이스북 데이터과학자와 두 명의 기술 및 성노동 전문가들은 기술 플랫폼들이 성노동 종사자의 기기, 이메일, 은행 계좌 및 심지어는 성노동과 전혀 관련이 없는 계정이라 할지라도 그들의 온라인 정체성을 이루는 기타 다른 정보를 자동화된 시스템으로 추적하고, 성노동 종사자가 올린 게시물이 다른 사용자에게 노출되지 않도록 비공개적으로 제한한다고 말했다. 따라서 2019년 12월 애니가 처음 만든 시킹어레인지먼트 계정이 그의 온라인 활동의 성과를 제한했을 가능성이 있었다.[25] 다른 길이 전혀 보이지 않자, 애니는 시킹어레인지먼트로 되돌아갔을 뿐만 아니라 온리팬스OnlyFans 계정도 새로 만들었다. 그럼으로써 애니의 온라인 정체성과 경제적 기회에 대한 접근권은 알고리즘에 의한 모더레이션의 그물망에 더욱 말려들었다.

과거 소니 등의 기업에서 기술업계 임원으로 일하다 지금은 한 유기농 농장 네트워크의 웰니스 부문을 이끌고 있는 닐리 메서슈미트Neily Messerschmidt가 애니를 알게 된 것은 애니가 2016년 베이 지역으로 이주한 후 건강한 식단을 시작하면서 해당 네트워크와 일하던 때였다. 시간이 지나 애니가 자신의 가족과 연락을 끊게 되면서 애니에게는 메서슈미트가 어머니 같은 존재가 되었다. "샘은 자신의 여동생을 대한 것과 똑같은 방식으로 세상에 AI를 보급했습니다."[26] 메서슈미트가 말했다. "그가 잘 나가는 동안 그의 여동생은 소외된 것처럼 말이죠."

2020년 말과 2021년 초, 가족들과 연락을 완전히 끊은 후부터 애니는 어린 시절 경험한 성적 학대의 끔찍한 장면들이 불현

듯 떠오르는 플래시백 경험을 하기 시작했다. 2021년 7월부터 2022년 1월 사이에 하와이 마우이 섬에서 새 외상치료사와 진행한 상담치료 기록에는 자신이 의도하지 않아도 떠오르는 기억과, 자신의 정체성에 대한 극심한 혼란으로 인해 겪은 위기가 기록되어 있다.[27] 외상치료사는 15차례의 상담치료 후 진단상 소견에 범불안장애, 외상 후 스트레스 장애, 그리고 어린 시절 성적 학대를 당한 개인력이라고 적었다.[28]

이 기록은 성적 학대를 한 사람이 누구인지 특정해서 거론하지 않는다. 하지만 그 무렵 애니는 정기적으로 메서슈미트에게 전화를 하기 시작했다. 19살 때 강간을 당한 경험이 있는 메서슈미트는 애니가 유기농 농장 네트워크에서 일하던 시절 그와 교류하면서 일찌감치 학대를 당한 사람이 보이는 징후를 알아보았다고 한다. "애니는 특정 부류의 남성들 주변에 있는 걸 불편해 했어요," 메서슈미트가 술회했다. "나는 누군가를 보면 그 사람이 학대를 당한 적이 있다는 걸 알 수 있어요. 애니는 항상 특정 부류의 남성들이 있는 회의에는 자신이 참석하지 않게 해달라고 요청했어요. 그리고 그들이 같은 방에 있으면 애니는 옆으로 멀찌감치 떨어져 서 있었죠."

애니는 메서슈미트에게 불현듯 떠오르는 기억의 내용을 격렬하고 감정적인 방식으로 묘사했다. 메서슈미트는 애니가 어린 시절 자신의 침대에 기어들어온 것은 항상 샘이었고, 때로는 잭도 함께 올라와 그를 성적으로 학대했다고 이야기한 사실을 술회했다.[29]

수십 년의 세월이 흐른 시점에서 어린 시절 성적 학대가 실제로 발생했는지 여부나 그러한 학대의 자세한 내용을 입증하기는 당연히 어렵다. 다만 내가 자문을 구한 심리차료사에 따르면, 사춘기가 시작되거나, 성관계를 시작하거나, 아니면 원치 않는 성적 접근 시도를 당하는 등의 특정 계기로 학대를 당한 기억이 비자발적으로 떠오르기 전까지 학대 피해자의 뇌가 학대 기억을 완전히 차단하는 것은 여러 피해자들이 공통적으로 보이는 심리적인 현상 중 하나라고 했다.[30] 정신이 기억하지 못해도 몸은 그 트라우마를 기억한다는 것이다. 애니가 성노동에 더욱 깊이 빠지는 과정에서 기억을 촉발시키는 자극을 연쇄적으로 받았을 가능성이 있다.

애니가 메서슈미트에게 묘사한 플래시백과 외상치료사의 기록에 일부 드러난 애니의 경험을 자세히 밝히는 목적은 애니의 어린 시절 무슨 일이 일어났는지 정확히 규명하기 위해서가 아니다. 애니가 결국 공개적으로 목소리를 내며 나서게 된 이유, 즉 그가 성인이 되어 경험하고 믿었던 것들에 대한 이야기를 재구성하기 위한 것이다.

2021년 11월, 샘이 애니의 월세를 내주던 시기에 애니는 처음으로 자신의 주장을 공개적으로 게시했다. "나는 내 생물학적 형제들인 샘 올트먼으로부터 주로, 그리고 잭 올트먼으로부터 일부 성적, 육체적, 감정적, 언어적, 경제적, 기술적 학대를 당했습니다."[31] 그는 트위터에 이렇게 적었다. "나는 이 두 가해자에 의해 학대를 당한 다른 이들이 있을 거라 확신합니다. 나는 법적 정의와 모두를 위한 보다 안전한 미래, 그리고 단체 치유를 추구하는 데 나와 동참할 사람들을 찾습니다."

그의 게시글은 거의 아무런 반응도 얻지 못했다. 그의 계정은 팔로워도 몇 안 되는, 전혀 존재감이 없는 계정이었다. 오픈AI가

GPT-3와 가장 최근에 출시한 깃허브 코파일럿으로 성공을 거두면서 샘의 인지도는 그 어느 때보다도 올라가던 때였다. 반면 애니는 그가 실제로 오빠와 혈연관계가 아니라고 주장하는 온라인 트롤들로부터 공격을 받아야 했다.

그 후 몇 달 동안 기자 두 명이 애니에게 연락을 해왔지만, 애니는 그들에게 어디까지 이야기를 해야 할지 확신하지 못했다. 그러던 애니는 2022년 9월, 공개적으로 나서기로 결심했다. 그는 또다시 샘과 잭의 실명을 거론하며 트윗을 올렸다. "성적, 육체적, 감정적, 언어적, 경제적, 기술적 학대. 한시도 잊은 적 없어."[32]

10개월 뒤인 2023년 7월, 챗GPT가 출시되고 샘이 세계적인 스타의 반열에 오른 뒤, 애니는 〈뉴욕 매거진〉의 엘리자베스 웰로부터 메시지를 받았다.

〈뉴욕 매거진〉 기사가 나간 뒤 3개월도 되지 않아 애니가 온리팬스를 통해 벌어들이는 월수입은 이전에 벌던 150달러에서 1,500달러로 열 배 이상 늘었다.[33] 이사회 위기가 진행되던 시기에는 한 달에 5,500달러까지 벌었다. 애니는 에스코트 일을 그만두고 온라인 성노동만 지속했다.

가족들(혹은 애니의 말을 빌리자면 "그의 친척들")은 자신들이 애니에게 다양한 방식으로 경제적인 지원을 해줬다고 주장해왔다. 가족 상담 후에 가족들이 보태준 생활비와 2021년 중반부터 2022년 중반까지 샘이 내준 월세는 물론 그러한 경제적 지원에 해당한다. 하지만 애니의 입장에서 그 지원은 충분하지 않았을 뿐더러 그가 이미 성노동을 시작할 정도로 절박해진 후 뒤늦게 온 것이었다. 그 외에 집을 사주겠다고 한 것과 같은 다른 제안에는 모두 애니가 받아들일 수 없었던 제한사항이나 조건이 붙어 있었다.

2023년 7월, 샘은 애니에게 또다시 메시지를 보내 이번에는 아무 조건 없이 돈을 주겠다고 제안했다.[34] 그보다 앞서 그해 여름, 네티즌 수사대 느낌을 물씬 풍기는 사람이 샘과 애니에게 동시에 이메일을 보내서 애니가 제기한 혐의에 대해 좀 더 자세히 설명해 달라고 요청했다. 애니는 이 삼자 대화 이메일에 대한 답변으로 자신이 지난 몇 년간 어떻게 살아왔는지 자세히 설명했다. 샘은 계속 승승장구하며 월드 투어를 하고 있었다. 그가 수츠케버와 이스라엘의 텔아비브 대학교에서 청중의 큰 호응을 이끌어낸 강연을 했던 6월 5일에 애니는 신중하면서도 날카로운 문장으로 지난 몇 년간 자신이 겪은 고통을 설명한 이메일을 샘에게 보내 둔 상태였다.

월드 투어가 공식적으로 끝난 7월 9일에 샘은 평소 거의 사용하지 않는 대문자를 섞은 답변을 보냈다. "답신을 보내는 데 시간이 너무 오래 걸려서 미안하구나. 내가 하고 싶은 이야기가 무엇인지 생각하는 데 시간이 좀 걸렸어." 그는 이렇게 적었다. "나는 더 이상 너와 어떤 식으로든 관계를 맺고 싶지 않고, 너도 마찬가지로 나와 관계를 맺고 싶지 않다고 생각하는 걸 존중해. 그럼에도 나는 너에게 기꺼이 돈을 보내 줄 용의가 있고 네가 건강 문제를 잘 극복하기를 바란다." 그는 전에 합의했던 내용이 무엇인지 기억나지는 않지만 그때 합의했던 대로 다시 시작하거나, 애니에게 일시불로 돈을 주겠다고 제안했다. "분명히 말하는데, 나는 이 이메일의 여러 주장에 동의할 수 없어. 하지만 일일이 바로잡는 건 의미가 없어 보인다." 그는 이렇게 끝맺었다.

그때 애니는 더 이상 샘에게서 돈을 받고 싶은 생각이 없어졌다. 그는 그저 아버지가 자신에게 남겨준 돈을 받고 싶을 뿐이었다. 그는 샘의 이메일에는 답하지 않았다.

애니의 아버지는 퇴직연금 외에도 어머니를 수탁자로 한 신탁을 애니 몫으로 남겨뒀었다.[35] 2024년 초, 애니는 늘어난 수입으로 고용한 변호사를 통해 아버지가 남긴 신탁에 2023년 새로운 자산이 이전되었다는 사실을 알게 되었다.[36] 애니의 이야기가 점점 더 주목을 받자 가족들은 깁스틴의 변호사를 통해 해당 신탁에서 애니에게 매달 일정한 금액의 배당금을 아무런 조건 없이 지급하는 방안을 논의하기 시작했다. 애니는 처음으로 협상에서 유리한 입장에 섰다고 느꼈다. 가족들은 공개성명을 통해 애니의 "남은 평생 동안" 매달 경제적으로 지원할 계획이라고 밝혔다.

새로 받게 된 신탁 배당금으로 애니는 4년 만에 처음으로 안정적인 아파트를 임대했다. 그리고 그는 곧 자신의 31번째 생일이 지나기 전인 2025년 1월 8일 샘을 상대로 아동 성폭행 소송을 준비할 또다른 변호사를 고용했다. 이 소송에서 애니는 자신이 3살 때부터 샘이 자신을 성적으로 학대했고, 그가 성인이 될 때까지 그러한 학대 행위가 계속 이어졌다고 주장했다.[37] 가족들은 이를 강하게 부인했다. 애니는 소송을 통해 7만 5,000달러 이상의 손해배상금을 요구했다. 2024년 10월, 또 한바탕 여러 병원 진료를 거친 끝에 마침내 애니는 자신이 갖고 있는 기저 질환이 무엇인지 알게 되었다.[38] 애니는 브로크만의 아내가 앓고 있는 것과 똑같은 유전성 운동능력 장애, 과운동성 엘러스-단로스 증후군을 앓고 있었다.

애니의 이야기가 〈뉴욕 매거진〉 기사로 공개되기에 앞서, 샘은 사람들에게 여동생이 경계성 인격장애를 앓고 있다는 말을 하고 다니기 시작했다. 그는 사람들에게 그 사안은 무척 사적이고 민감한 문제라고 이야기했다. 그들 중 한 사람은 이렇게 말했다. "그는 애니의 이야기가 보도되기도 전에 무력화시킨 거예요."

경계성 인격장애의 특징은 감정을 조절하는 데 심각한 어려움을 보이는 것으로, 이는 상대를 지나치게 이상화하고 자신이 버림받을지도 모른다는 두려움의 양 극단을 오갈 수 있다.[39] 애니는 자신이 경계성 인격장애 진단을 받은 적이 없다고 말한다. 그가 나와 공유한 그의 상담치료 기록이나 의료기록에도 그러한 진단명은 나오지 않는다. 마우이에 있는 그의 외상치료사가 아동 성학대 피해자에게서 보편적으로 나타날 수 있는 경계성 인격장애가 애니에게도 있는지 평가하고 있다고 언급한 기록은 있지만, 최종 진단소견서에는 포함되지 않았다.

내가 자문을 구한 두 심리치료사도 경계성 인격장애는 보통 자연스레 혹은 적합한 치료를 통해 사라진다는 점을 강조했다.[40] 그들이 말한 적합한 치료에는 애니가 적극 받아들였던 두 방법인 명상과 개인의 자존감을 북돋아 주는 행동치료가 포함되지만, 깁스틴이 장려했던, 그리고 가족들이 낸 공개성명에서 애니가 "전통적인 방식의 치료를 거부"했다는 부분이 의미하는 것으로 보이는 항정신성의약품 복용은 포함되지 않는다. "경계성 인격장애에 대한 연구 결과는 매우 긍정적입니다. 보통 예후가 좋은 진단으로 간주됩니다." 애니의 사례를 구체적으로 살펴보지는 않았지만 수천 명의 경계성 인격장애 환자를 치료한 하버드 의과대학 정신과 조교수인 블레이즈 아귀레Blaise Aguirre가 말했다. "거의 대부분의 사람들은 상태가 호전됩니다."

2024년 4월, 당시 오픈AI의 홍보 최고책임자 승진을 앞두고 있던 한나 웡은 나에게 애니의 정신 건강 상태를 언급했다. 그때까지 반년간 웡이 이끄는 홍보팀은 오픈AI 측의 입장을 듣고 싶다고 내가 지속적으로 요청하자 나의 오픈AI 방문과 핵심 리더 및 직원들과 인터뷰를 주선하겠다고 답했다. 그 후 5개월이 지나며 그들은 나의 방문에 시큰둥한 반응을 보이기 시작했다. 내가 오픈AI를 방문하기 위해 예매해두었던 샌프란시스코행 항공편 출발 열흘 전, 그들은 결정을 번복하기로 했다고 나에게 통보했다. 즉, 나의 오픈AI 사무실 방문은 무산되었고, 오픈AI는 더 이상 내 책을 위한 취재에 협조하지 않겠다는 것이었다.

원래 계획했던 대로 샌프란시스코에서 일정을 시작하고 며칠이 지났을 무렵, 나는 샘과 애니를 사적으로 아는 사람에게 내가 애니와 연락하고 있다고 언급했다. 그 바로 다음날 웡이 나에게 문자메시지를 보냈다. "듣자 하니 샌프란시스코에 머물고 있다면서요?" 나의 샌프란시스코 출장 계획을 알고 있던 그가 하기에는 다소 이상한 말이었다. 우리는 오픈AI가 사무실 확장을 위해 구한 신규 사무실에서 멀지 않은 곳에 있는 미션 베이의 필즈 커피에서 만났다. 두서 없는 가벼운 대화와 내 책에 대해 막연한 이야기를 나눈 뒤, 웡은 애니 이야기로 화제를 돌렸다.

"애니가 정신 건강에 문제가 있다는 점을 제가 언급하는 게 부적절하지는 않다고 생각해요." 웡이 말했다. 그때까지 나는 애니 이야기를 먼저 꺼내지 않았었다. "애니는 상태가 좋은 날도 있고 정말 안 좋은 날도 있어요." 그는 말을 이어갔다. "그리고 가족들은 애니를 보호하고 동시에 애니를 좋은 방향으로 이끌기 위해 엄청난 노력을 기울이고 있어요." 여기서 그는 다시 한번 요점을 강조하기 위해 되풀이했다. "애니가 한 말에 대해 가족들이 아직 아무런 공식 입장을 내놓지 않은 점을 보세요. 결국 모두 애니를 보호하기 위해서예요." 그는 또 일부 저널리즘 프로그램에서 웰이 심층 소개기사에 애니의 이야기를 넣은 것이 윤리적이었는지 여부를 두고 벌어진 논의까지 언급했다. 그는 내가 고려할 사항에 어쩌면 이것도 포함되어야 하지 않겠냐고 말했다.

이것이 웡이 나에게 전달하고자 한 이야기의 본론이라는 사실이 곧 분명해졌다. 그때까지 그는 책을 쓰기 위해 이야기를 나누고 싶다는 나의 요청에 직접 대응하기보다는 부하직원을 통해 나와 연락을 주고받았다. 웡은 이처럼 애니의 이야기에만 부쩍 신경을 썼는데, 이를 보면 애니 이슈가 샘 올트먼에게 얼마나 큰 부담을 주고 있는지, 그리고 오픈AI와 샘의 개인적인 문제가 얼마나 가까이 결부되어 있는지를 짐작할 수 있었다.

애니의 정신 건강에 대해 샘과 웡이 펼친 주장은 AI 제국들과 그들의 비전에 의해 소외되거나 피해를 입은 다른 수많은 이들의 경험이 어떻게 애니의 경험과 닮아 있는지를 보여주는 또 하나의 사례로 보였다. 자신의 이야기를 공개하기로 결심한 후부터 애니가 직면했던 힘의 격차는 내가 지켜 본 데이터 노동자들과 데이터센터 활동가들이 직면했던 권력 불균형과 다르지 않았다. 누구하나라도 자신의 목소리에 귀를 기울이게 하기 위해 최대한 많은 기록을 모으고 샅샅이 살펴보는 것이 애니의 일상이 되었다. 그는 가끔 자신이 아무리 목청껏 이야기해도 왠지 모르게 온 세상이 자신을 상대로 음모를 꾸미고 있는 것 같다는 불길한 느낌에 사로잡히기도 했다. 그것은 내가 전 세계를 돌아다니며 보았던,

자신이 가진 작은 힘의 상당량을 제국주의적 서사에 맞서 싸우는 데 쏟아붓고 나서도 자신과 맞선 상대가 수십억 달러의 자본을 동원하고, 거대한 인프라를 건설하고, 수만 명의 계약직을 고용하거나 해고할 수 있는 권력을 휘두르는 모습을 지켜봐야 했을 때, 그리고 상대편이 행사장에서, 의회에서, 국가 원수들에게, 언론인들에게 몇 마디 부드러운 말로 자신들의 의지를 가로막는 항의의 목소리를 손쉽게 무마해버리는 모습을 목격했을 때 그들의 얼굴에 새겨진 것과 같은 무력감과 분노였다.

애니의 경우에는 웰의 기사가 나간 뒤부터 더 이상 허공에 대고 외치는 상황이 아니게 되었다. 2022년 10월 그의 트윗들이 퍼지기 시작하면서 중요한 한 사람의 주의를 끌었다. 그건 바로 샘 올트먼에 대해, 그리고 자신이 올트먼에게서 반복적으로 보아왔다고 여긴 학대의 패턴에 대해 복잡한 감정을 안고 고뇌하고 있던 일리야 수츠케버였다.

IV

부

15

포석

웰의 올트먼 심층기사가 〈뉴욕 매거진〉에 보도된 날로부터 나흘
후, 그리고 수츠케버가 토너에게 이메일을 보내기 나흘 전, 토너
는 오픈AI 최고기술책임자 미라 무라티와 만났다.

알바니아에서 태어난 무라티는 어릴 때부터 혼란 속에서도
침착함을 유지하는 법을 배웠다.[1] 그의 어린 시절은 알바니아가
전체주의적 공산주의 체제에서 자유주의적 자본주의 체제로 이
행하던 격동기였다. 현저히 낙후된 금융 시스템을 가진 알바니아
에서 체제 전환이 빠르게 진행되자 다단계 사기가 급속도로 성행
하다가 붕괴했고, 이는 광범위한 소요 및 폭력사태로 번졌다.[2] 무
라티는 이 사태가 남긴 폭탄 구덩이를 조심스레 피해서 학교에
다녀야 했다.[3] 언젠가 한 선생님은 무라티가 폭탄 구덩이를 피해
학교에 올 용의가 있는 한 자신도 그렇게 할 것이라고 그에게 이
야기한 적이 있었다.

무라티의 부모님은 문학을 가르쳤지만, 무라티는 숫자가 가진

확실성에서 위안을 찾았다. 처음에 그는 수학과 사랑에 빠졌다. 그의 잠재력을 알아본 선생님들은 가끔 그에게 교육과정보다 더 어려운 문제를 풀게 했다. 그 후에 그는 화학, 생물학, 물리학 등 과학 과목에 푹 빠졌고, 과학에 대한 사랑은 기술에 대한 사랑으로 이어졌다. 그는 뭐든지 왕성하게 배웠다. 손에 닿는 책이라면 뭐든지 독파했다. 자기 교과서를 다 읽은 뒤에는 언니의 교과서를 뒤적거렸다. 그는 경쟁을 즐겼다. 수학과 과학 올림피아드에 참여해 또래들과 치열하게 지식을 경쟁하며 행복해했다.

16살 때 그는 탁월한 재능 덕에 캐나다 브리티시컬럼비아주 빅토리아의 사립학교인 피어슨 칼리지 UWC에서 장학금을 받았다. 이때부터 무라티는 빠르게 성공 가도에 올라탔다. 다트머스 칼리지에서 기계공학을 전공한 후 항공우주 회사를 거쳐 테슬라에서 모델 X 개발의 선임제품책임자로 일하면서 경력에 처음으로 눈에 띄는 업적을 추가했다.

테슬라에서 그는 극심한 압박 속에서도 서로 다른 의견과 전문성을 가진 여러 팀들 사이에서 문제를 조율하고 협상하며 복잡한 제품을 만드는 방법을 배웠다. 무라티는 자신이 AI에 관심을 갖기 시작한 것도 테슬라가 자율주행차 도입을 검토할 때부터였다고 말하곤 했다. AI를 더 깊이 파고들수록 그는 AI가 어려운 문제 해결에 폭넓게 사용할 수 있는 보편적으로 필요한 핵심 자산이라고 생각하기 시작했다. "그건 정말 어쩌면 우리가 만들 마지막 기술인 것처럼 보였어요." 나중에 그는 케빈 스콧의 팟캐스트에 출연해 이렇게 말했다.

무라티가 곧바로 AI에 뛰어든 것은 아니었다. 테슬라에서 3년을 일한 뒤, 그는 증강현실과 가상현실 시스템을 만드는 립모션에 제품엔지니어링 임원으로 이직했다. 그는 학생들이 손을 휘저으며 DNA 가닥을 이리저리 돌릴 수 있게 하거나 공중을 가르며 날아가는 공의 물리적 원리를 마음대로 조작할 수 있게 함으로써 립모션이 교육에 혁명적인 변화를 일으킬 수 있으리라고 상상했다. 하지만 립모션의 투자는 시기상조였다. 가상현실과 증강현실 기술은 여전히 사람들에게 너무 어지러운 수준이었다. 2년 뒤인 2018년, 무라티는 아직 비영리단체이던 오픈AI로 이직했다.

무라티의 성공은 오픈AI에서도 계속됐다. 오픈AI가 비영리단체에서 영리 추구 기업으로 전환하면서 그는 자연스레 응용부문과 파트너십 임원 역할을 맡게 됐다. 그는 회사의 가장 중요한 파트너십인 마이크로소프트와의 관계, 그리고 당시에는 걸음마 수준이었지만 이후 크게 성장한, 회사의 연구를 상용화하는 응용부문을 이끌었다. 그는 올트먼과 수츠케버, 브로크만보다도 어렸고, 한동안 고위 임원 중 유일한 기술직 여성이었다. 이 때문에 그는 가끔 성차별의 표적이 되었는데, 특히 오픈AI 초창기 시절을 그리워하는 연구원들은 무라티가 과학자라기보단 엔지니어라며 충분한 기술적 전문성을 갖추지 못했다고 생각했다. 그들에게 무라티의 중용은 오픈AI가 진지하고 근본적인 연구에 등을 돌린 현실을 상징했다.

실제로 무라티는 사회성이 떨어지는 괴짜들로 가득한 남성 중심적인 AI의 세계에서 단연 돋보이는 존재였다. 그는 뛰어난 사교성과 경청 능력을 지닌 데다 과시하는 태도도 없었다. 그는 함께 일하는 사람들 사이에서 독보적으로 뛰어난 문제해결사로 통했다. 오픈AI 내부에 갈등이 지속되던 와중에도 무라티는 서로 다른 아이디어와 관점을 배려하면서도 어려운 결정을 이끌어내곤 했다. "뚜렷한 답이 없는 상태에서 극도로 어려운 결정을 내려야 하는 상황을 상상해보세요. 그런 상황에서도 그는 답을 찾아내게 도와주죠." 한 전직 동료가 말했다. "그는 항상 옳은 결정을 내립니다."

무라티는 자신이 맡은 여러 역할 중에서도 갈수록 올트먼의 말을 해석하고 그와 다른 사람들을 연결하는 역할을 해야 하는 경우가 많아졌다. 회사의 분열로 앤트로픽이 설립된 후, 올트먼은 무라티에게 응용부문뿐만 아니라 연구부문도 맡아주라고 요청했다. 2022년 5월 무라티는 공식적으로 최고기술책임자가 되었다. 점점 더 많은 팀이 그에게 보고를 하게 되면서, 그는 직원들이 올트먼과 소통하는 핵심 통로가 되었다. 올트먼이 회사의 전략 방향을 조정하면, 그것을 실행하는 사람은 무라티였다. 만약 어느 부서가 올트먼의 결정에 반대해야 할 필요가 있으면, 그 부서를 옹호하는 사람도 무라티였다.

경영진 사이에서도 무라티는 올트먼에게 남들이 갖지 못한 정도의 영향력을 갖고 있었고, 남들이 알지 못하는 올트먼의 생각을 알고 있었다. 무라티는 올트먼의 기대나 계획이 비현실적이면 그렇다고 올트먼에게 직접적으로 이야기할 수 있었고, 올트먼은 무라티의 말에 귀를 기울였다. 무라티는 올트먼이 무언가를 실제로 원하지는 않으면서 그것을 원하는 척할 때 그 사실을 다른 사람들에게 직접 말해줬다. 사람들은 올트먼으로부터 명확한 대답을 얻지 못해 답답할 때면 올트먼의 답변을 해석하기 위해 무라티를 찾아갔다. "그는 그냥 솔직했어요." 또다른 전직 동료가 말했다. "일을 해내는 사람은 무라티였어요."

무라티는 올트먼이 어질러 놓고 자신이 정리해야 하는 상황을 더 자주 마주해야 했다.[4] 두 팀의 의견이 다를 때, 올트먼은 양측 모두와 따로 만나 각 팀의 의견에 모두 동의함으로써 혼선을 초래하고 직원들 사이의 불신을 키웠다. 올트먼의 이러한 행동은 브로크만이 여러 프로젝트에 난입하면서 초래한 혼란을 한층 더 가중시켰다. 무라티가 보기에 브로크만은 올트먼에 버금가는 권한을 쥔, 그러나 매우 독단적이고 지독한 성격으로 직원들을 번아웃으로 몰아넣기 일쑤인 나쁜 두 번째 CEO 같은 존재였다. GPT-4를 개발하던 시기에 올트먼과 브로크만이 만든 분위기는 회사의 일부 부서 직원들의 업무에 치명적인 수준의 스트레스를 초래했다. 이로 인해 모델 개발에 필요한 데이터 수집과 초기 훈련을 담당하는 핵심적인 팀 중 하나인 사전훈련팀의 주요 직원들이 회사를 거의 그만둘 뻔했다.

거기에다 실질적으로 오픈AI의 세 번째 CEO라 할 수 있는 나델라도 있었다. 오픈AI가 현실적으로 마이크로소프트에 제시할 수 있는 합리적인 약속과 그에 따른 계획을 무라티가 고심해서 세워놓았는데, 올트먼은 마이크로소프트의 임원들과 함께한 자리에서 무라티의 계획과 동떨어진 이야기를 한 일이 여러 번 있었다. 올트먼은 그렇게 생긴 혼란에 대해 이사회에는 그저 무라티가 오픈AI의 가장 중요한 파트너와 생산적인 관계를 맺지 못한 것일 뿐이라고 설명했다.

올트먼의 행동은 챗GPT를 통해 대스타의 반열에 오른 뒤부터 더욱 악화됐다. 유명세 덕에 주목과 감시가 부쩍 늘어났고, 그의 일정은 감당하기 힘든 출장 계획으로 꽉 찼다. 전에는 대체로 활력이 넘쳤지만, 이제는 지쳐 있는 때가 많았다. 이런 압박 속에 그는 흔들리고 있었다. 그 어느 때보다도 심해진 불안증은 그의 파괴적인 행동 패턴을 부추겼다. 그는 자신이 늘 해왔던 것처럼 면전에서는 모든 사람의 말에 동의를 표하고, 등 뒤에서는 험담을 늘어놓는 일이 점차 잦아졌다. 팀 책임자들은 올트먼의 나쁜 행동을 따라하며 부하 직원들의 알력을 부추기면서 회사 전체에 그 어느 때보다도 큰 혼란과 갈등을 일으켰다. 이것만 해도 충분히 회사를 좀먹는 일이었다. 또한 경쟁이 갈수록 치열해지자 올트먼은 제품의 출시 일정을 더욱 빨리 앞당기도록 압박하고 일정 단축을 위해 기존의 출시 절차 일부를 우회하려 시도했는데, 때로는 그 시도가 정직하지 못한 방법으로 이루어졌다. 한번은 올트먼이 무라티에게 GPT-4 터보 모델에 대해 배포안전위원회 검토를 거치지 않아도 된다는 승인을 오픈AI 법무팀이 내렸다고 말했다. 하지만 무라티가 법무팀을 이끄는 제이슨 권에게 이를 확인했을 때, 권은 전혀 알지 못하는 이야기라는 반응을 보였다.

문제가 점차 심각해지자, 여름에 무라티는 올트먼에게 자세한 피드백을 제공해 올트먼의 자기성찰과 변화를 유도하려고 시도했다.[5] 그러자 올트먼은 오히려 무라티와 더 이상 말을 섞으려 하지 않으며 그를 따돌렸다. 무라티가 그 피드백을 누구에게도 이야기하지 않았다고 올트먼을 안심시켰는데도 관계를 다시 회복하기까지 몇 주가 걸렸다. 무라티는 올트먼이 다른 임원에게도 비슷한 행동을 하는 것을 본 적이 있었다. 임원들 중 누군가가 올트먼의 의견에 동의하지 않거나 이의를 제기하면, 올트먼은 곧바로 그 사람을 중요한 의사결정 절차에서 배제하거나 그의 평판을 훼손시켰다. 그러한 행동은 충분히 교묘하고 통제된 데다 직원들의 눈길이 닿지 않는 곳에서 이루어졌기 때문에, 그것이 어느 정도인지를 무라티가 알아차리는 데에는 몇 년이 걸렸다. 하지만 필연적으로 여러 임원들 모두가 각자 돌아가며 이러한 행동의 직격탄을 맞을 수밖에 없었다. 시간이 지나면서 그의 행동으로 인해 누적된 결과는 조직 수뇌부에 큰 타격을 입혔다.

가장 최근에 그 가시방석에 앉게 된 사람은 수츠케버였다. 얼마 전, 수츠케버의 직속 부하이자 AI 과학자 프로젝트를 이끄는 폴란드 연구원 야쿠프 파호키는 자신이 인정받지 못하고 있고 권한도 없다는 불만이 커졌다. 그는 자기 편을 들어주는 브로크만을 찾아갔고, 브로크만은 올트먼을 찾아갔다. 올트먼은 파호키의 포부를 격려하며 연구부문에서 좀 더 높은 직책을 줬다. 문제는 올트먼이 수츠케버에게 아무런 이야기도 하지 않은 것이었다. 게다가 수츠케버와 파호키가 올트먼으로부터 각각 다른 이야기를 들으며 똑같은 연구를 각자 다른 방향으로 끌고 가려 하면서 일은 더욱 꼬였다. 그런데도 올트먼은 둘의 업무분장을 명확하게 정리해주지 않았다.

이렇게 엉켜버린 상황은 몇 달 동안이나 연구부문 전체를 술렁이게 만들었다. GPT-4 사전훈련팀이 겪은 위기와 마찬가지로 이번에도 더 이상 지탱하기 힘든 수준의 스트레스를 유발했다. 수츠케버는 이 사건으로 몹시 괴로워했다. 올트먼이 자신을 굴욕적으로 무시했을 뿐만 아니라, 이로 말미암아 수년간 밤 늦게까지 같이 일하고 동고동락한 파호키와의 관계가 산산조각난 것이었다.

이 문제의 해결책을 찾기 위해 무라티는 고심에 고심을 거듭했다. 무슨 일이 벌어지고 있는지 파악하는 데만 상당한 시간이 걸렸다. 이제 무라티는 수츠케버와 파호키 사이의 합의점을 찾아내고, 브로크만이 더 이상 올트먼에게 영향력을 행사하지 않도록 차단하고, 올트먼에게는 사적인 회의에서 정해진 결론과 어긋난 이야기를 늘어놓지 않도록 해야 했다. 하지만 이 중 어느 것도 근본적인 문제를 해결하지 못했다. 또다른 고위 리더십 위기가 발생하는 것은 시간 문제일 뿐이었다. 오픈AI에 정말로 필요했던 것은 강화된 감독 및 책무 체계였다.

올트먼이 한동안 무라티를 멀리했던 이유는, 무라티가 자세한 피드백을 이사회와 공유했을 가능성을 우려했기 때문이었다. 사실 무라티는 이사회에 아무 말도 하지 않았다. 그는 올트먼과 직접 이야기를 해서 일을 해결하고 싶었고, 이사회를 이 일에 끌어들이는 것이 진정 책임지는 자세인지 확신하지 못하고 있었다. 지난 몇 년간 무라티는 이사회의 인적 구성에도 부정적이었다. 독립적이어야 할 비영리 이사회에 공동창업자가 세 명이나 있는 것은 너무 많다고 생각했다. 그리고 독립이사 중 다수는 진정으로 올트먼으로부터 독립된 인사가 아니라 어떤 식으로든 올트먼과 이해관계를 맺고 있거나 그의 네트워크로 혜택을 본 사람들이었다. 무라티는 올트먼이 스타트업에 투자하고 정치인에게 기부금을 내는 방식을 통해 중요한 관계를 형성하고 공고히 다지는 모습을 지켜봐왔다. 올트먼은 무라티에게 자신이 해줄 수 있는 일이 뭐가 있겠냐고 여러 차례 물었고, 무라티는 그럴 때마다 답하기를 망설였다. 무라티는 올트먼에게 휘말려 나중에 그에게 갚아야 할 빚을 만들고 싶지 않았다.

하지만 이사회와 최소한 정기적으로 소통할 창구를 마련해야 한다면 아마도 지금이 적합한 타이밍이라고 생각했다. 무라티는 9월 말에 열리는 〈애틀랜틱〉의 연례 아이디어 페스티벌에 연사로 초청되어 토너가 살고 있는 워싱턴 DC에 방문할 예정이었다. 이사회는 새로운 구성원을 찾는 중이었고, 누가 새로운 이사가 되느냐에 따라 이사회의 독립성이 강화되거나 약화될 터였다. 올트먼을 제대로 감시할 필요가 있었다. 무라티는 토너에게 연락해 커피 한 잔 하자고 했다.

토너 입장에서 무라티의 연락은 뜻밖이었지만 그렇다고 완전히 예상을 벗어난 일은 아니었다. 토너는 이사회 구성원이었고 무라티는 경영진이었다. 무라티가 이야기를 하자는 데에는 그럴 듯한 이유가 있어 보였다.

2023년 9월 29일, 둘의 커피 회동은 비교적 평범하게 흘러갔다. 무라티는 회사의 여러 근황을 보고했다. 매출은 크게 늘어 전혀 문제가 없고, 진행 중인 가장 중요한 프로젝트는 고비 모델 및 마이크로소프트와 협상 중인 건이었고, 자신은 올트먼과 브로크만이 야기한 수츠케버와 파호키 문제를 처리하고 있다고 말했다.

담담하게 듣던 토너는 올트먼이 제품 출시를 지나치게 앞당기도록 압박한 나머지 일이 잘못될까봐 걱정된다고 한 무라티의 말에 약간 놀란 반응을 보였다.

토너는 며칠 뒤 수츠케버로부터 이메일을 받고 훨씬 더 놀라게 된다. 지난 2년 동안 함께 이사회 구성원으로 활동했지만 수츠케버는 토너에게 단 한 번도 별도로 연락한 적이 없었다. 그는 이메일을 통해 토너에게 다음날 이야기를 할 수 있느냐고 물었다. 다음날인 10월 4일, 수츠케버는 긴장한 나머지 말을 제대로 꺼내지 못했다.

토너가 대화를 이끌었다. "저는 그저 회사를 제대로 감독할 수 있는 훌륭한 이사회를 만드는 데에 신경을 쓸 뿐입니다." 그가 수츠케버에게 말했다. "그게 우리 모두가 원하는 일이잖아요."

수츠케버는 갑자기 평소답지 않게 웃다가 동시에 냉소적으로 내뱉었다. "전적으로 동감입니다." 마치 남들은 그 말에 동의하지 않는다고 암시하는 것 같았다.

"모두들 동의하는데요." 토너가 상냥하게 말했다.

수츠케버는 눈알을 굴리며 시큰둥하게 반응했다.

토너는 독립이사들이 AI 안전에 경험이 많은 새로운 이사를 선임해 이사회를 강화하는 방안을 모색하는 중이라고 설명했다. 그는 만약 수츠케버가 이와 다른 의견을 갖고 있다면 기꺼이 듣고 싶다고 말했다.

수츠케버는 그 말을 덥석 물었다. 그는 이사회가 더 잘 알 필요가 있다고 말했다. 이사회가 지금 일어나는 일에 더 주의를 기울여야 한다고도 했다.

토너는 수츠케버의 속내를 파악하려고 시도했다. "당신이 보기에 이사회가 알아야 할 가장 중요한 정보는 무엇이라고 생각하나요?"

수츠케버는 잠시 말을 멈추고 할 말을 신중하게 골랐다. "질문에 바로 답하기가 망설여지네요." 그가 말했다. "제가 답변을 드리고 나면, 제가 왜 망설이는지 이해하실 겁니다."

"오픈AI의 수뇌부는 굉장히 활동하기 힘든 곳입니다." 그는 말을 이어갔다. "오픈AI는 밖으로 드러나보이는 것보다 훨씬 까다로워요."

"한 번 곰곰이 생각해보면 제가 어떤 내용을 공유할 수 있을지 떠오를지도 모르겠어요." 그가 조심스레 덧붙였다.

수츠케버는 그동안 토너가 무라티와 이야기를 나눠보면 어떻겠냐고 제안했다. 그는 무라티가 지금 벌어지고 있는 일의 전후 사정을 더 잘 알고 있을 것이라고 했다.

일주일 넘게 지난 시점에 무라티는 토너의 연락을 받았다. 또한 번의 이사회 회의를 마친 뒤, 토너는 무라티에게 뭔가 이상한 일이 벌어지고 있는 것 같다고 말했다. 무라티는 토너가 예리하다고 답했고, 둘은 한 번 더 이야기를 나누기로 했다.

2023년 10월 15일, 토너는 일반적인 인사말로 말문을 열었다. "별일 없으시죠?" 토너가 물었다. "이사회가 알아야 할 일이 있을까요?"

무라티는 신중했다. 그는 대화를 조심스럽게 끌고갔다. "까다로운 일이 많이 생기고 있습니다." 그는 그에 앞서 수츠케버가 썼던 말을 그대로 반복하며 일단 운을 뗐다. 이어 무라티는 모든 것을 다 이야기할 수는 없고, 적어도 가장 까다로운 부분은 말할 수 없다고 했다. 특히 지금처럼 올트먼이 CEO 자리에서 엄청나게 위협을 느끼고 있는 시기에는 더더욱 그렇다고 말했다.

마지막 말에 토너가 놀란 듯했다. 올트먼이 위협을 느낀다고? 물론 이사회가 그의 권한을 견제하기 위해 감독체계를 강화하려고 노력하고는 있지만, 올트먼의 직위를 위협하거나 그를 CEO 자리에서 해임할 논의를 한 적은 전혀 없다고 토너가 말했다.

무라티는 올트먼은 극도로 예민한 사람이고, 불안해지면 멍청한 생각을 하는데 특히 브로크만이 부추길 때 더욱 그런 경향이 있다고 자세히 설명했다. 불안한 상태의 올트먼은 언제나 같은 식으로 전개되는 유해한 행동을 부추겼다. 자신의 결정에 반대하는 사람에게는 그들이 듣고 싶어 하는 말을 함으로써 그들의 지지를 얻었다.[6] 그러다가 그는 인내심을 잃고 그들이 계속해서 자신에게 반대할 것이라고 믿어버리고는 그들이 물러날 때까지 그들의 평판을 훼손시켰다. 그런 일은 눈에 잘 띄지는 않지만 여러 차례 있었고, 가장 최근에는 수츠케버와 파호키 사이의 문제로 발현됐다. 그것은 조직 분위기에 극도로 해로웠고, 그 때문에 수츠케버가 매우 속상했다고 무라티가 말했다.

무라티는 올트먼의 사람이 일곱 번째 이사로 들어오지 않도록 이사회가 집중해야 한다고 말을 이어갔다. 그리고 이사회가 마이크로소프트가 오픈AI의 기술을 배포하는 방식과 배포안전위원회에 주목할 필요가 있다고 말했다. 무라티는 그 이상의 이야기는 할 수 없다고 말했다. 그는 자신이 토너와 이야기를 했다는 사실을 올트먼이 알면 기겁할 것이라고 했다. 그러나 회사 수뇌부 사이의 험악한 분위기는 더 이상 좌시할 수 없는 수준이고, 앞으로 6개월에서 9개월 사이에는 뭔가 바뀌어야 한다고 덧붙였다.

무라티는 토너에게 수츠케버와 이야기를 나눠보고 그가 부담 없이 이야기할 수 있는지 확인해보라고 권했다.

처음 토너에게 연락을 했을 때 수츠케버의 머릿속은 복잡했다. 그 한 해 동안 오픈AI의 급부상을 지켜보며 그는 AGI로 인해 나타날 돌이킬 수 없는 대격변, 그리고 그러한 대격변의 결과가 끔찍한 고통이 아니라 엄청난 풍요가 되도록 오픈AI가 보장할 책임 등, AGI의 도래가 임박했다는 생각으로 인한 여러 가지 걱정에 잠겨 있었다. 그는 또다른 불안감에도 휩싸였다. 바로 오픈AI가 AGI에 도달하지 못할 수도 있고, 도달하더라도 올트먼이 이끄는 오픈AI가 그토록 막중한 책임을 감당하지 못할 수도 있다는 불안이었다.

챗GPT 이후로 실리콘밸리에서는 오픈AI에서 일하며 승진하는 것이 최고의 사회적 자산이 되었다. 이로 인해 팀마다 책임자들이 서로 관심을 끌고 우선순위를 얻으려고 하면서 회사 내 경쟁과 사내 정치가 한층 심해졌다. 수츠케버는 올트먼이 이 상황을 더욱 악화시킨다는 것을 알아챘다. 직원들 간 자존심 싸움을 중재하기보다는, 올트먼은 자신이 원하는 것을 얻기 위해 모두에게 각자가 듣고 싶어 하는 말을 골라 했다. 그 과정에서 그가 너무나 많은 작은 거짓말과 일부 큰 거짓말을 한 나머지 이제 그의 거짓말은 일상이 되어버렸다. 수츠케버가 보기에 브로크만은 그 혼란을 가중시켰다. 두 공동창업자가 서로를 믿음직한 친구로 여기며 긴 시간 동안 한 방에 틀어박혀 오픈AI의 미래를 함께 일구던 시간을 소중한 추억으로 여기던 날들은 이제 사라지고 없었다.

수츠케버가 보기에 그 결과로 회사가 앞으로 나아갈 방향에 대한 중대한 결정을 내리는 데 필요한 정보나 신뢰 기반조차 더 이상 공유되지 않아 방향성도 없고, 혼란스러우며, 배신이 난무하는 최악의 조직이 되었다. 이 내분이 연구 진척 속도를 늦추고, AI 안전과 관련한 올바른 결정을 내릴 가능성을 없애면서, 수츠케버가 생각하는 오픈AI의 사명을 지탱하는 두 기둥을 훼손하고 있었다.

그리고 이제 그 자신도 올트먼의 행동으로 직접적인 피해를 입고 있었다.

10월 4일 토너와의 첫 통화를 마치고 수츠케버는 스트레스로 잠을 설쳤다. 그는 이사회의 독립이사들 중 접촉하기에 가장 안전한 사람이 토너라고 느꼈었다. 토너는 이사회 회의에서 강력한 감독 및 안전 체계를 마련해야 한다고 목소리를 높였고, 올트먼의 영향으로부터 가장 자유로워보였기 때문이었다. 그는 다른 두 독립이사인 단젤로와 맥컬리에 대해서는 그보다 확신이 덜했다. 그럼에도 그는 토너에게 어디까지 털어놓을 수 있을지, 그리고 올트먼이 알게 되면 무슨 일이 일어날지 걱정했다.

수츠케버가 이런 생각들과 씨름하고 있을 때, 다시 세간의 주목을 받게 된 애니의 트윗들은 과연 올트먼이 이 세상을 AGI로 이끄는 데 적합한 인물인지에 대해 그가 품고 있던 의문을 가중시켰다. 회사에서 일부 직원들이 쉬쉬하던 이야기가 〈뉴욕 매거진〉 기사로 나간 뒤에, 애니의 예전 트윗 중 두 개가 특히 주목을 받으며 빠르게 퍼졌다. 하나는 2021년 11월에 쓴 것으로 샘이 "성적, 육체적, 감정적, 언어적, 경제적, 기술적 학대"를 했다고 주장했고, 다른 하나는 2023년 3월 14일에 쓴 트윗으로 거의 4,000개의 좋아요를 기록했다.

> 나는 더 이상 허락 없이 내 침대에 기어오르는 13살짜리 "오빠"를 가진 네 살배기가 아니야.
> (너의 성 정체성을 알게 해 줬으니 고마워해라.)
> 내가 너를 두려워한 것보다 네가 나를 더 두려워해왔다는 걸, 그리고 앞으로도 항상 나를 두려워할 거란 걸 나는 마침내 사실로 받아들였어.

수츠케버는 애니의 주장이 사실인지는 알 수 없지만, 무슨 일이 있었든 애니가 샘과 함께 자라느라 힘들었을 것이라고 믿었다. 애니의 주장은 샘의 문제적 행동 전력이 얼마나 오래 지속되어 왔는지를 보여주는 증거였다.

수츠케버는 애니가 쓴 **학대**라는 단어가 자신이 올트먼을 관찰한 결과를 가장 잘 포착했다고 느꼈다. 무라티처럼 수츠케버도 올트먼의 행동방식을 이해하는 데 오랜 시간이 걸렸다. 물론 올트먼이 신뢰할 만한 사람이 아니라는 점을 암시하는 징후는 처음부터 있었다. 명확한 이유 없이 자신이 오픈AI의 CEO가 되어야 한다고 주장했던 일, 워낙 사소해서 아무 의미가 없어 보이는 초창기부터 가끔 하던 작은 거짓말, 그리고 2020년 말 아모데이가 떠나면서 남긴 경고가 있었다. 수츠케버는 당시 아모데이가 "심리적 학대"라고 표현한 것의 의미를 이해하지 못했었다. 이제 올트먼이 더욱 나쁜 행동을 일삼고 그에 따른 영향도 급격히 커지면서, 수츠케버는 그 말에 담긴 깊은 뜻을 어렴풋이 이해하게 되었다.

10월 12일과 13일, 초정렬팀 워크샵에 참석한 수츠케버는 팀 결속 차원에서 또 목각 조형물 하나를 불태우고는 계속해서 앞으로 나아갈 방법을 고민하고 있었다. 10월 16일에 토너와의 두 번째 통화에서 이제 수츠케버는 전보다 조금 더 속내를 털어놓을 준비를 갖췄다.

그는 파호키와의 사이에 있었던 일과 그 일을 통해 드러난 올트먼의 행동에 대해 이야기했다. 올트먼은 솔직하게 직접 수츠케버에게 파호키가 더 큰 역할을 맡았으면 좋겠다고 이야기할 수도 있었다. 대신 그는 수츠케버와 파호키 사이를 이간질했고, 거기에는 브로크만도 상당 부분 기여했다. 올트먼과 브로크만은 심지어 두 과학자가 서로 왜 합의에 이르지 못하는지 완전히 알 수 없는 상태에서 둘이 계속 상대방과 싸우기를 원하는 것처럼 보이기까지 했다. "사기가 진작될 때까지 매질은 계속될 것입니다." 수츠케버가 말했다.

올트먼의 모든 행동은 언제나 너무 교묘했다. 그가 한 행동 하나하나를 따로 떼어놓고 보면 별 일이 아닐 수 있었다. 하지만 그가 한 모든 행동을 한꺼번에 합쳐서 보면 비로소 그 패턴이 눈에 들어왔다. 수츠케버는 여기서 요점은 **수츠케버라는 한 개인을 억울하게 만든 이 불미스러운 사건을 보라**는 것이 아니라고 강조했다. 이것은 올트먼의 학대 패턴의 최신 사례일 뿐이었다. 수츠케버는 올트먼이 아모데이를 다룬 방식도 여기에 해당한다며 토너에게 아모데이와 이야기를 해보라고 강하게 권했다. 그리고 널리 퍼지고 있는 올트먼의 여동생이 제기한 주장도 언급했다. "그건 좀 다른 차원의 안전 문제라는 걸 이해하시죠?" 요점은 올트먼이 때로는 브로크만과 함께 지난 몇 년에 걸쳐 여러 사람들을 그렇게 다루어 왔다고, 가끔은 올트먼은 자기 자신조차 믿지 않는 것으로 보이는 말을 남들에게 해댈 정도로 습관적으로 사람들에게 거짓말을 하고 그들을 조종하고 있다는 것이었다.

그럼에도 불구하고, 수츠케버는 자신과 토너가 이야기를 나눈 결과 이 상황에서 할 수 있는 일이 별로 없다는 결론을 내릴 수도 있다고 덧붙였다. 만약 그런 결론을 내린다면, 둘은 이 대화를 했다는 사실조차 잊어야 한다고 했다.

그래도 그는 토너와 논의하고 싶은 구체적인 이야기가 있어서 이렇게 연락을 하게 되었다고 말했다. 이사회는 11월 말 두 번째 연례 현장간담회를 개최한 자리에서 마침내 새로운 이사 선임에 대한 결정을 내릴 계획이었다. 그는 이사회의 규모를 키우는 것은 좋은 생각이 아닌 것 같다고 했다. 그는 이사회가 더욱 독립적인 이사회로 거듭나는 데 성공할 수 있을지 확신하지 못했다. 설령 올트먼 충성파가 아닌 사람이 이사회에 들어온다 하더라도, 신임 이사가 올트먼의 수법을 알아채는 데 시간이 너무 오래 걸릴 것이라고 했다. 따라서 올트먼에게 책임을 묻는 일은 어려워지면 어려워지지, 쉬워지지는 않을 것이라고 수츠케버는 말했다.

그는 자신이 물론 이런 생각을 완전히 확신하지는 못하고 있다며 얼버무렸다. 그는 토너는 이 문제를 어떻게 생각하는지 알고 싶다고 했다.

토너는 올트먼이 교활한 사람이라는 점에 동의했다. 그는 자신도 업무적으로 경영진의 교활함으로 인해 여러 문제가 잇달아 불거지는 상황을 본 적이 있다고 말했다. 그는 이사회 구성원 중 올트먼에게 가장 고분고분했던 세 사람이 이사회를 떠난 상황에서, 이제 그 다음에 무슨 일이 생기더라도 목표는 올트먼에게 책임을 묻는 것이라는 데 동의했다.

수츠케버는 마음이 조금 놓였다. 이제 그는 토너의 입장을 보다 잘 이해하게 되었다. 둘은 이사회가 교착 상태에 있을 때 서로 다른 편에 서기도 했지만, 올트먼의 권력을 실질적으로 견제하는 방안을 마련해야 한다는 점에서 둘의 견해가 일치했다. 그 수단으로 토너는 이사회 구성원 수를 늘려야 한다고 본 것이었고, 수츠케버는 그 반대로 생각했을 뿐이었다.

수츠케버는 밀고 나가기로 했다. 그는 자신의 걱정이 토너에게는 굉장히 격하고 갑작스럽게 보일 수 있겠지만, 그건 이 문제를 해결할 시간이 얼마 남지 않았기 때문이라고 했다. "이사회는 외적 정렬이고, 경영진은 내적 정렬 같은 겁니다." 그가 말했다.

토너가 오픈AI의 외적 정렬을 고쳐야 한다고 말할 때, 그는 내적 정렬을 고쳐야 한다고 말했다.

토너는 그 말을 곰곰이 곱씹더니 "상당히 큰 변화를 염두에 두고 계신 것 같네요"라고 말했다.

"네." 수츠케버가 답했다. 하지만 가장 큰 난관은 올트먼의 리더십이 명백히 잘못됐다는 것을 보여줄 증거가 없다는 사실이었다. 아마도 이사회가 아무것도 할 수 없다는 결론을 내리고, 마침내 새로운 이사 선임에 합의하고, 그렇게 어영부영 지나가버릴 가능성이 가장 크다고 했다.

이에 대해 토너는 몇 가지 다른 대안을 제시했다. 이사회가 올트먼의 성과를 더 구체적으로 측정하기 위해 오픈AI가 달성해야 할 목표를 달리 설정한 뒤 12개월 뒤에 이 문제를 다시 들여다보는 것이 어떻겠냐고 했다.

수츠케버는 그 제안은 가망이 없다고 지적했다. 올트먼은 이사회가 어떤 목표를 설정하더라도 그러자고 하겠지만, 그의 행동상의 문제를 교정할 수 있는 어떠한 구조적 변화도 일으키지 못할 것이라고 했다.

아니면 브로크만을 이사직에서 물러나게 하는 방안은 어떨까요? 토너가 물었다.

그건 분명 도움이 되겠지만 충분치 않을 것이라고 수츠케버가 답했다. 브로크만이 올트먼의 행동을 악화시키는 것은 분명했지만, 문제의 근원은 바로 올트먼이었다. "저도 그와 관련된 방향으로 차선책을 고민해 왔습니다." 브로크만과 관련된 토너의 제안에 대해 수츠케버는 이렇게 말했다.

그는 자신이 생각한 최선책이 무엇인지 소리 내어 말하지는 않았다. 하지만 통화를 마무리하며 그 다음주에 다시 통화하기로 약속하면서, 수츠케버는 토너가 이해하기 시작했다고 확신했다.

무라티에게는 또 하나의 난제가 생겼다. 토너와의 두 번째 대화를 한 직후부터 올트먼이 뚜렷한 이유 없이 마이크로소프트가 오픈AI에 불만을 갖고 있다며 공황 상태에 빠진 것이었다. 뭐가 문제인지 알아보기 위해 무라티는 빙의 책임자인 미카일 파라킨Mikhail Parakhin을 포함한 마이크로소프트 임원들과 회의를 잡았다.

회의는 생각했던 것보다 훨씬 순조롭게 진행됐지만, 그 과정에서 무라티는 올트먼이 또다시 오픈AI가 실제 하고 있는 업무에서 벗어난 일을 해달라는 마이크로소프트의 요구에 동의했다는 사실을 알게 되었다. 무라티는 다시 한번 꼼짝 없이 사태를 수습하는 역할을 떠맡아야 했다.

마이크로소프트와의 회의는 10월 19일이었다. 그 다음날인 10월 20일에 토너와 세 번째 회의 자리에서 무라티는 자신이 올트먼에게 아주 많은 피드백을 줄 계획이라고 말했다. 무라티가 안 된다고 한 것에 대해 올트먼이 된다고 말할 때마다 문제가 너무 많이 생겼다. 올트먼의 그런 행동은 마이크로소프트와의 관계에 너무 많은 단절을 초래했다.

무라티는 그것이 수츠케버와 파호키 간 관계와 똑같은 상황이라고 말을 이었다. 오늘에야 비로소 수츠케버와 파호키가 각자 맡은 역할을 어떻게 조화시킬 것인지에 대해 합의점을 찾았다고 말했다. 그 직후 무라티와 수츠케버는 올트먼을 찾아가 파호키와 이야기할 때 단지 파호키가 듣고 싶어 하는 말을 해서 합의안을 깨뜨리는 일이 없게 해 달라고 간청했다. "야쿠프는 저와 이야기를 나눌 때에는 제 말에 수긍하지만, 그 뒤에 샘을 찾아가면 제가 한 말과 딴판인 이야기를 듣고 와요." 그는 토너에게 말했다. 올트먼은 그 자리에서 무라티에게 그러기로 약속했지만, 모든 것은 여전히 불안했다. 브로크만이 파호키를 대신해 샘을 찾아가 영향력을 행사하고 또다시 상황을 뒤흔들 위험이 있었다.

브로크만은 또 완전히 별개의 문제라고 무라티가 말했다. 그는 최근에 무라티에게 자신이 GPT-4 개발 과정에서 무라티를 해고하려 시도했다고 인정했다. 엄밀히 따지자면 무라티가 브로크만의 상사였고 그의 성과평가서를 작성했지만, 그로 인해 너무 많은 논란이 생긴 나머지 그마저 그만두었다. 나중에 무라티는 다른 사람에게 *자신*이 *그*를 해고할 수 있으면 좋겠지만, 그가 이사회 구성원이기 때문에 그럴 수 없다고 털어놨다. 그는 한때 브로크만에게 이사직에서 물러나라고 요구할까 생각해지만, 결국 실행에 옮기지는 않았다고 토너에게 말했다. 이제 혼란은 걷잡을 수 없이 퍼진 상태였다.

애니와 관련된 상황에 대해 아는 것이 있나요? 토너는 무라티에게 물었다.

무라티는 없다고 답했다. 샘에게 그 문제에 관해 물어본 적도 없었고 그의 가족 내에서 무슨 일이 벌어졌는지에 대해서도 아는 바가 없었다. 그러나 만약 제기된 주장 중 단 10%라도 사실이라면 그건 정말 나쁜 일이라고 그는 말했다.

"지금 벌어지고 있는 모든 일을 감안하면 제가 지금 이만큼이라도 하고 있다는 게 놀랍습니다." 무라티가 말을 이어갔다. 그는 자신이 일이 생길 때마다 기록을 하고 있다며, 필요하면 토너에게 더 많은 정보를 보내줄 수 있다고 말했다.

토너는 이사회가 올트먼의 성격이나 행동을 바꿀 수는 없으니, 보다 나은 감독 절차와 구조를 도입함으로써 그를 견제하는 등 실제로 바꿀 수 있는 일에 초점을 맞출 요량이라고 답했다.

그건 무라티가 회사 내부에서 시도해온 것과 일관된 방향이었다. 무라티는 토너에게 마지막으로 한 가지를 꼭 조심하라고 당부했다. "샘에게서만 정보를 얻지 않도록 꼭 주의하셔야 해요."

10월 25일에 토너는 올트먼으로부터 오늘이나 내일 중 얘기를 할 시간이 있는지 묻는 문자메시지를 받았다. 토너는 올트먼이 무슨 얘기를 하고 싶어 하는지 알지 못했다. 그보다 이틀 전인 10월 23일, 그는 다시 한번 수츠케버와 통화를 했다. 수츠케버는 무라티가 토너와 이야기를 나눴다는 말을 듣고 전보다 열린 태도를 보였다. 이제 그는 그 어느 때보다도 자신의 우려를 분명하게 표현했다. "저는 샘이 AGI에 대한 통제권을 쥐어서는 안 되는 사람이라고 생각해요." 그는 이렇게 말하고는 이 문제에 대해 뭐라도 해야 할 "어마어마한 기회"가 이사회에 떨어진 것이라고 언급했다. 그러고는 올트먼을 대신해 무라티가 임시 CEO를 맡는 방안을 제시했다.

나중에 토너와 맥컬리, 단젤로가 모여 논의하는 과정에서 이들은 무라티 역시 "샘이 우리를 AGI로 이끄는 것이 마음이 편하지 않다"고 말했다는 사실을 깨달았다. 이 깨달음이 그들의 생각에 막대한 영향을 미쳤다. 각각 응용부문과 안전파를 대표하는 올트먼의 최고위 참모가 둘 다 같은 생각을 했다면, 이사회는 심각한 문제로 받아들일 수밖에 없었다.

10월 24일, 토너는 이사회의 감독 체계를 강화하기 위해 계속해서 취할 수 있는 조치를 논의하고자 단젤로 및 맥컬리와 회의를 열었다. 유독 눈에 띄는 문제가 하나 있었다. 오픈AI의 비영리부문에는 독립적인 법무 역량이 충분하지 않았기에 모든 것이 영리부문 소속 변호사들을 거쳐야 했다. 세 독립이사는 매번 이사회 회의에 참석해 올트먼이 성사시키는 모든 거래와 다른 법적 합의를 검토할 새로운 비영리부문 변호사를 찾을 때가 됐다는 점에 의견이 일치했다.

토너는 올트먼이 혹시 이런 회의의 낌새를 알아차리고 논의를 막으려고 하지는 않을까 걱정했다. 하지만 통화에서 올트먼은 완전히 다른 주제를 꺼냈다. 그는 토너의 정규 직장인 안보-신흥기술센터CSET에서 내놓은 연구보고서에 대한 자신의 우려를 이야기하고 있었다.

토너는 그 주에 보고서를 세 건이나 제출했는데, 그 중에서 올트먼이 언급한 것은 가장 밀도 있는 내용의 학술적인 보고서였다. 그 보고서는 "값비싼 신호costly signals"라는 정치학 개념으로 국가 및 민간 행위자가 AI 규제와 개발에 대한 계획을 대중에게 알릴 때 직면하게 되는 어려움을 다룬 것이었다. 토너는 세 번째 공저자였고, 오픈AI와 관련된 언급은 총 65쪽짜리 문서 중 28~30쪽 사이에 묻혀 있었다. 그 외에 앞부분의 핵심 요약에도, 웹사이트에도, 출시 자료 어디에도 오픈AI가 언급된 곳은 없었다. 해당 보고서에 유입되는 트래픽을 기준으로 볼 때, 거의 아무도 읽지 않았을 것이었다. 그는 올트먼이 그 보고서를 어떻게 해서 알게 되었는지 의아했다.

토너는 몰랐지만, 보고서는 그 전날 오픈AI의 #정책-연구-수다policy-research-chatter 슬랙 채널에 올라오면서 주목을 받았다. 오픈AI를 언급한 부분에는 오픈AI와 앤트로픽의 모델 출시 전략이 가진 강점과 약점을 차례로 밝힌 뒤, 오픈AI가 GPT-4에 대해 솔직한 안전 평가 결과를 내놓기 위해 모델의 출시를 6개월 미뤘다는 사실을 칭찬하는 내용도 포함되어 있었다. 오픈AI의 정책 기획팀 책임인 데이비드 로빈슨David Robinson은 이 내용 중 오픈AI를 비평하고 앤트로픽을 칭찬한 세 개 문단만 골라서 슬랙 채널에 붙여 넣었다. 그중에서도 그는 챗GPT가 촉발한 "바닥을 향한 경쟁 역학"을 앤트로픽이 챗GPT 이후에 클로드를 출시함으로써 보여준 자제력과 대조한 문장 몇 개를 굵은 글씨체로 만들어 강조했다.

"CSET 보고서 얘기가 나와서 말인데, 방금 새 보고서가 나왔어요." 로빈슨은 이렇게 적었다. "헬렌 토너가 공저했는데, 오픈AI와 앤트로픽을 비교한 부분이 상당히 신랄하네요."

해당 게시글을 놓고 그 채널 내에서 짧은 토론이 벌어졌다.

"맞아, 놀라울 정도로 한쪽으로 치우쳤어(우리에 대한 비판은 내 생각엔 가혹하지만 공정해. 그보다는 앤트로픽에 대해 아무런 비판도 하지 않은 부분이 편향됐어)." 누군가가 이렇게 적었다.

"맞아 꽤 편향된 거 같다는 데 동의하고 내 생각엔 쫌 부실한데?" 또다른 사람이 덧붙였다. "그럼에도 불구하고," 그는 그보다 조금 밑에 이어서 적었다. "공유 감사해요. 발췌된 부분만 봤을 때 보고서의 분석 수준이 그저 놀라울 따름이예요."

올트먼은 토너에게 해당 보고서가 공개되고 겨우 몇 시간이 지난 뒤 외부의 누군가가 오픈AI에 이메일로 알려줘서 알게 되었다고 말했다. 그는 오픈AI가 규제 당국의 조사를 받고 있는 시기에 이사회 구성원이 오픈AI를 비판하는 것이 모양새가 나빠 보일 수 있다고 걱정했다. 그가 말한 규제 당국의 조사에는 2023년 7월 미국 연방거래위원회가 오픈AI의 데이터, 훈련, 보안 관행, 회사의 모델이 일으킨 환각이 소비자의 명예를 훼손했을 가능성을 조사하러 나선 것도 포함됐다. 토너는 보고서의 초안을 규제 당국이 감시를 강화하기 전인 그해 5월이나 6월에 작성했다. 그는 자신이 이 새로운 정치적 환경의 맥락에서 해당 보고서를 다시 살펴보지 않은 점을 인정했다.

통화는 15분간 지속됐다. 통화 내내 올트먼의 목소리는 차분했다. 둘은 토너가 나머지 이사회에 보내는 이메일을 통해 해당 보고서를 언급하며 어떻게 된 일인지 설명하기로 통화 말미에 합의했다. 토너는 이메일을 타협적인 어조로 썼다. 그는 아무도 보고서를 읽지 않을 것이라 믿고 그 때문에 보고서를 더 자세히 살피지 않은 것을 자신의 두 가지 실수로 인정하고 그에 대해 사과했다. "저와 샘은 이사들이 원한다면 회사를 비판할 수 있어야 하지만, 이런 방식으로 해서는 안 된다는 점에 동의합니다." 그는 이렇게 적었다.

나머지 이사회 구성원들 중 누구도 그의 이메일에 답신을 하지 않았다. 그 일은 그렇게 끝난 것처럼 보였다.

10월 23의 세 번째 통화에서 토너는 수츠케버에게 그가 맥컬리와 단젤로에게도 연락을 하라고 권했다. 수츠케버는 여전히 그둘에 대해서는 잘 모르겠다며 그들을 믿어도 괜찮을지 확신하지 못했다. 단젤로와 직접 만난 뒤, 그는 단젤로가 샘의 문제적 행동에 대해 토너만큼 제대로 인지하지 못하고 있다는 인상을 받았다. 10월 26일에 맥컬리와 통화할 때에는 수츠케버는 자신이 너무 많이 털어놓을까 봐 전전긍긍했다.

하지만 그는 맥컬리에게 확인하고 싶은 것이 있었다. 올트먼은 토너와의 통화 직후 회사 내 일부 인사들에게 자신이 토너와 그 보고서에 대해 이야기를 나눴고 그 보고서로 인한 결과에 대해 토너와 입장 차이가 컸다는 내용의 이메일을 보냈다. "저는 이 보고서가 끼친 피해에 대해 우리의 의견이 일치하지 않는다고 생각합니다."[7] 그는 이메일에 이렇게 적었다. "이사회 구성원의 비판은 아무리 사소한 것이라도 상당한 영향력을 지닙니다." 올트먼은 수츠케버에게는 따로 토너가 이사직을 내려놓아야 하고 맥컬리가 자신에게 동의했다고 더 직접적으로 이야기했다. 수츠케버는 뭔가 이상하다고 느꼈다.

"샘이 헬렌의 보고서에 대해 당신과 이야기할 때, 당신이 '헬렌은 당연히 이사직을 내려놓아야 한다'고 말했다고 하던데요." 그는 맥컬리에게 과감하게 물었다. "그리고 샘은 당신에게 긍정적인 답을 했다고 했어요. 이게 사실인가요?"

전화의 반대편에 있던 맥컬리는 어안이 벙벙했다. 그는 자신은 그런 말을 한 적이 결코 없다고 답했다. 올트먼이 10월 24일 늦은 시간에 해당 보고서에 대한 이야기를 나누고자 자신에게 전화를 한 것은 맞다고 인정했다. 올트먼은 자신이 보기에 오픈AI에 비판적인 부분이 해당 보고서에 들어가 있으며, 단젤로도 그것이 해고 사유가 될 만한 일은 아니어도 그래도 토너가 그 보고서를 쓰지 말았어야 한다고 했다고 전했다. 이에 맥컬리는 올트먼에게 자신은 그 보고서를 아직 보지 못했으니 토너와 직접 대화를 나눠보라고 권했다. 맥컬리는 결코 자신이 토너를 이사회에서 몰아내자는 말을 하지 않았다고 말했다.

올트먼의 "구체적인 거짓말"에 대해 이야기하는 도중에 또 하나의 거짓말이 실시간으로 드러난 것이다. 만약 수츠케버가 맥컬리에게 연락을 할 이유가 없었다면 올트먼의 거짓말은 들통나지 않았을 것이다. 올트먼은 두 사람이 평소 서로 전혀 얘기를 나누지 않는다는 것을 알고 있었다. 이제 수츠케버가 보기에 올트먼이 거짓말을 하고 일을 교묘하게 조작하는 빈도로 볼 때 이런 일이 또 일어나는 것은 그저 시간 문제였다.

맥컬리와의 통화를 마친 후, 수츠케버는 토너에게 다시 전화를 걸었다. 이사회의 독립이사 셋이 논의를 할 때가 왔다는 데에 둘은 의견이 일치했다.

16

음모

10월 31일 화요일에는 모두가 의사소통을 마쳤다. 토너는 맥컬리와 이야기를 나눴다. 맥컬리는 단젤로에게 전화를 했다. 무라티는 단젤로 및 맥컬리와 이야기를 나눴다.

그날 이사회의 세 독립이사인 토너와 맥컬리, 단젤로는 올트먼에 대한 수츠케버와 무라티의 피드백과 더불어 올트먼을 교체해야 한다는 수츠케버의 제안을 신중하게 논의할 필요가 있다는 데 의견이 일치했다. 이를 위해 이들은 이후 거의 매일 화상회의를 진행했다. 올트먼을 해고해야 한다고 마음을 굳힌 수츠케버는 이 논의에서 빠졌다. 그와 다른 독립이사들은 모두 그의 영향력을 배제한 상태에서 결론을 내려야 한다고 생각했다. 독립이사들은 또 수츠케버가 회사 지분을 보유하고 있다는 사실이 자신들의 의사결정에 영향을 미치는 것을 원하지 않았다.

나중에 독립이사들은 수츠케버를 논의에서 배제한 세 번째 이유를 그에게 알려주었다. 올트먼에 대한 신뢰가 워낙 떨어진 탓에 올트먼이 자신에게 반대하는 이사는 누구든 내쫓으려고 수 츠케버를 보내 이사들의 충성도를 시험한 것이 아닐까 독립이사 중 한 명이 의심했기 때문이었다.

독립이사들은 자신들이 알고 있는 사실을 나열했다. 회사 임원들이 올트먼을 이런 식으로 묘사한 것은 이번이 처음이 아니었다. 세 독립이사는 회사의 안전 및 비안전 부문을 감독한 수츠케버와 무라티, 아모데이를 비롯하여 올트먼으로부터 한 직급 또는 두 직급 아래 있는 사람 중 최소 일곱 명으로부터 그와 비슷한 피드백을 들은 적이 있었다. 그중 몇몇은 올트먼의 행동을 학대와 조종이라고 묘사했고, 그들 대부분은 그가 정직하지 못하며 그가한 말을 믿지 못하겠다는 점을 강조했다. 게다가 올트먼이 비영리단체의 힘을 약화시킨 일, 올트먼이 오픈AI 스타트업 펀드를법적으로 자신이 소유하고 있다는 사실을 공개하지 않은 것, 마이크로소프트가 배포안전위원회의 절차를 어겼다는 사실을 언급하지 않은 것, 올트먼이 단젤로를 이사회에서 몰아내려 시도하고이제는 토너를 내쫓으려 시도한 것까지, 독립이사들이 직접 찾아낸 다른 문제도 수두룩했다. 셋은 애니의 주장은 아예 건드리지도 않기로 결정했다.

이러한 문제들에 대해 무라티는, 설령 올트먼의 행동 일부를테크 기업 CEO의 전형적인 행동으로 치부한다 해도 그로 인해여전히 심각한 문제가 발생하고 있다고 말했었다. 그는 이를 자신이 테슬라에서 같이 일해본 머스크와 비교해 설명했다. 머스크는 어떤 결정을 내리면 자신이 왜 그런 결정을 내렸는지 설명할 수 있었다. 반면 올트먼의 경우, 무라티는 그가 정말로 솔직하게 이야기하는 것인지, 그가 초래한 혼란이 올바른 판단에 근거한 것인지 아니면 어떤 숨겨진 계산에 따른 것인지 알 수 없는 경우가 많았다. 마이크로소프트와의 관계에 혼선을 빚은 것과 마찬가지로 그는 회사 경영진 사이에서도 혼란을 초래했는데, 경영진 중 누구에게도 전체적인 그림을 보여주지 않은 채 정보를 여러 사람 사이에 흩뿌림으로써 자신만이 완전한 통제권을 유지했다. 여기에 브로크만의 행동이 더해지면 그 결과는 처참하기 그지없었다. 무라티는 자신이 아모데이 남매의 의견 중 많은 것에 동의하지 않았지만, 이 점에 있어서는 그들이 정확히 봤다고 말했다.

그리고 독립이사들은 오픈AI는 사실상 전형적인 테크 기업이 아니라고 판단했다. 이들이 보기에 오픈AI는 아마도 역사상 가장 중요한 기술 중 하나를 주도적으로 개발하고 있는, 세상에서 가장 강력한 AI 기업이었다. 독립이사들은 수츠케버가 설명했던 두려움에 깊이 공감했다. 오픈AI의 고위 경영진이 CEO가 전달하는 중요한 정보나 기본적인 사실관계조차 믿지 못하는 상황에서, 오픈AI가 AGI를 만든다는 것은 무엇을 의미하는가?

하지만 또다른 사고 실험을 해 볼 수도 있었다. 만약 오픈AI가 전형적인 테크 기업에 **해당한다**면? 만약 오픈AI가 단지 인스타카트Instacart 같은 장보기 배달 서비스였더라면? 그렇다면 올트먼의 행동은 그를 해고하기에 충분한 사유인가? 경우에 따라 충분하다고 할 수도, 그렇지 않을 수도 있었다. 하지만 어쨌거나 올트먼이 회사를 계속 경영하기에 가장 적합한 인물인지는 분명치 않다고 독립이사들은 생각했다. 올트먼은 스타트업으로 유명한 사람이었고, 이제 오픈AI는 급속도로 성숙기에 접어들고 있었다. 올트먼은 과연 계속해서 회사가 나아갈 방향을 설정하고, 자신이 지금까지 초래한 불안정을 상쇄할 정도의 능력과 성격을 갖춘 사람인가?

오픈AI는 세간의 주목을 받는 기업이라는 아주 좋은 위치에 있었다. 만약 이사회가 마음먹고 적합한 경영자를 찾으러 나선다면, 경험이 많은 여러 훌륭한 CEO 중에서 얼마든지 적임자를 선택할 수 있었다. 독립이사들은 올트먼이 오픈AI의 운영에 꼭 필요한 존재는 아니라고 판단했다. 그가 전 세계를 돌아다니는 동안 회사 내의 일상적인 중요 사안을 처리하고 마이크로소프트와 관계를 굳건하게 유지하는 사람은 바로 무라티였다.

독립이사들이 논의를 진행하는 동안, 수츠케버는 이들에게 올트먼의 행동을 보여주는 사례와 함께 자신과 무라티가 모아 온 여러 문서와 스크린샷을 보냈다. 그는 모자를 쓴 수수께끼 같은 남성을 아이콘으로 한 임시 이메일 주소 두 개를 통해 상세한 기록을 전달했다. 수츠케버가 말했던 것처럼 딱히 결정적인 증거라 할 만한 것이 없는 대신, 올트먼이 사람들에게 각기 다른 이야기를 함으로써 경영진 사이에 극심한 갈등을 부추긴 수많은 사례가 누적된 기록이었다. 스크린샷 중에는 독립이사들이 이미 알고 있는 일곱 명의 임원 외에도 안전부문 밖에 있는 임원 중 적어도 두 명이 올트먼에 대해 그가 AI 안전 또는 원활한 회사 운영을 위해 확립된 절차를 건너뛰거나 무시하는 경향이 있다고 언급한 내용도 있었다. 여기에는 올트먼이 법무팀의 의견을 무라티에게 왜곡해 전달함으로써 GPT-4 터보에 대한 배포안전위원회의 검토 절차를 사실상 건너뛰려 시도한 사례도 포함됐다는 것을 이사들은 알게 됐다. 무라티가 지적한 것처럼, 문제는 올트먼이 무엇이건 서면으로 남기지 않는 데 능하다는 것이었다. 그는 대부분의 의사소통을 구두로 했고, 언제나 자신이 한 말을 상대방이 잘못 기억하고 있다는 말로 곤경에서 빠져나갔다.

독립이사들은 다른 사항도 고려해야 했다. 마이크로소프트는 어떻게 반응할 것인가? 브로크만은 어떻게 반응할 것인가? 직원들은 어떻게 반응할 것인가? 이사들은 올트먼에 대해 비슷한 우려를 갖고 있다고 수츠케버와 무라티가 언급했던 또다른 고위 임원과 추가적으로 접촉해야 할지, 보다 포괄적인 사실 조사에 착수해야 할지, 마이크로소프트의 임원들에게 귀띔을 해줄 것인지 여부를 두고 논의를 이어갔다. 각 선택지에 대한 논의 결과, 이사들은 그렇게 하지 않는 편이 낫다는 결론을 내렸다. 대화에 새로운 사람을 끌어들일 때마다, 그리고 결정이 미뤄지고 또 하루가 지나갈 때마다 올트먼이 낌새를 알아차릴 가능성이 높아지고, 그의 교묘한 조종 능력 때문에 이사들은 자신들이 논의를 마무리짓지 못하게 될 수도 있다고 생각했다.

독립이사들이 최종 결정에 가까워졌을 무렵인 11월 9일에 수츠케버는 맥컬리와 또다시 통화했다. "샘은 '타샤는 여전히 헬렌을 이사회에서 사임하도록 하는 것을 적극 지지한다'고 말했어요," 그가 맥컬리에게 말했다. 이는 올트먼이 처음 했던 거짓말보다 훨씬 노골적인 것이었다. 맥컬리는 그간 올트먼과 전혀 연락을 주고받지 않았었다.

나중에 독립이사들은 토너가 쓴 보고서를 언론에서 지나치게 부풀려서 다룬 이유는 아마도 올트먼이 그에 관한 내용을 기자들에게 그런 식으로 흘렸기 때문이라고 확신했다. 5일간의 이사회 위기의 두 번째 날, 중재 과정에서 이사들은 자신들이 올트먼에 대한 믿음을 잃게 된 그의 여러 거짓말 사례에 대해 그를 추궁했다. 그러한 사례 중에는 토너가 이사직을 내려놓아야 한다는 말을 맥컬리가 했다고 그가 수츠케버에게 거짓말을 했던 사례도 포함되어 있었다.

거짓말이 명백히 들통난 올트먼은 순간 당황했다.

"글쎄요, 저는 당신이 그런 말을 했을 수도 있다고 생각했어요. 잘 모르겠어요." 그가 얼버무렸다.

이사들은 그의 뻔뻔함에 놀라움을 금치 못했다.

며칠 뒤, 토너의 보고서에 대해 올트먼이 처음에 제기한 반론이 언론에 보도되었다.

11월 11일 토요일, 독립이사들은 결정을 내렸다. 수츠케버가 제안했던 것처럼, 그들은 올트먼을 해고하고 무라티에게 임시 CEO를 맡기기로 했다. 그날 당장 수츠케버에게 그 결정을 알리고, 리더십 전환을 위한 서류 작업을 마무리짓기 위해 셋이서 날마다 회의를 하면서 수츠케버와도 자주 연락을 주고받았다. 11월 16일 목요일 밤, 넷은 무라티에게 연락했다. 전화를 받은 무라티는 컨퍼런스에 참석 중이었다. 소식을 들은 그는 놀란 듯했지만 묵묵히 받아들였다.

"올트먼은 지금 지나치게 편집증적이에요." 무라티가 말했다.

"당신은 이 결정을 받아들일 수 있나요?" 이사들이 무라티에게 물었다.

"전적으로요." 무라티가 말했다.

무라티는 새로 주어진 역할을 받아들이고 이 결정을 나머지 경영진과 마이크로소프트에게 전할 수 있다고 자신했다. 그는 또 결정을 알리는 발표문을 작성하는 데 도움을 줄 것이라고 믿을 수 있는 윙에게도 연락하겠다고 말했다.

몇 시간 뒤, 윙의 도움으로 발표문 최종 작업을 마쳤다. 이제 그 결정을 올트먼에게 알리는 가장 중요한 일만 남았다.

긴장감 넘치는 마지막 순간에 이사들 중 누구도 자신들이 얼마나 심각하게 상황을 오판했는지 알아채지 못했다.

11월 17일 금요일에 공식 발표가 나가고 채 몇 시간도 지나지 않아 독립이사들 입장에서 상황은 이미 매우 잘못된 방향으로 흘러가고 있었다. 무라티가 마이크로소프트와 생산적인 대화를 한 것을 비롯해 처음에는 평온하고 안정적인 분위기였으나, 갑자기 무라티가 그들에게 새로운 문제가 생겼다고 알려왔다. 올트먼과 브로크만이 모두에게 올트먼의 해고가 수츠케버의 쿠데타라는 말을 퍼뜨리고 있다는 것이었다. 여기에 직원 전체회의에서 수츠케버가 못 미더운 의사소통 능력을 드러내면서 주요 이해관계자들이 그 결정에 등을 돌리기 시작했다.

그 직후의 화상회의를 통해 임원들의 적대적인 태도를 마주하고 나서 독립이사들은 분위기가 얼마나 나쁜지 깨달았다. 최고전략책임자인 제이슨 권과 글로벌 업무 상무인 애나 마칸주는 올트먼의 행동이 "일관되게 솔직하지 못하다"는 독립이사들의 규정을 맹렬히 부인하며 이사회의 결정을 뒷받침할 증거를 내놓으라고 요구했다. 이사회는 무라티가 개입한 사실을 드러내지 않고는 그러한 증거를 공개할 방법은 없다고 느꼈다. 이사들이 확보한 문서에 나오는, 올트먼의 리더십에 대해 비슷한 우려나 다른 걱정을 가진 임원들은 침묵을 지키고 있었다. 밤이 깊어지고 반발이 커지면서, 독립이사들이 자신들의 가장 중요한 동맹으로 여겼던, 최소한 같은 편일 거라고 생각했던 두 사람이 다른 편으로 방향을 바꾸기 시작했다.

그 첫날 밤, 오픈AI가 실제로 붕괴될 수도 있다는 가능성에 직면하자 수츠케버의 결심은 곧바로 흔들리기 시작했다. 오픈AI는 그의 분신이자 그의 인생이었다. 오픈AI가 무너지면 자신도 무너질 것이었다. 그는 자신이 올트먼에 대해 한 모든 말이 사실이라고 굳게 믿었지만, 그의 의도는 오픈AI를 *강화하는* 것이었지, 결코 해체하는 것이 아니었다. 그는 직원들과 동료 임원들의 반응을 전혀 예상하지 못했고, 이에 충격과 상처를 받았다. 그는 독립이사들에게 입장을 재고해야 하지 않느냐고 호소하기 시작했고, 주말 내내 그런 생각을 점차 굳혀갔다.

무라티 역시 이사들의 기대와 다르게 행동하면서 상황은 더 복잡해졌다. 그날 밤 경영진과의 협상이 진행되면서 그는 이사들에게 수시로 전화로 연락하며 몰래 정보를 공유하고 있었다. 그러나 사람들의 지지를 얻을 수 있다고 자신했던 그는 이제는 이사회의 결정을 전폭적으로 지지하겠다는 입장을 분명히 하지 않았다. 이사회와 경영진 간 갈등이 점점 더 격화되는 대치 국면에서, 무라티는 때때로 그 자신도 다른 경영진과 마찬가지로 정확히 무슨 일이 벌어지고 있는 것인지 이해하지 못하겠다는 식으로 말하기도 했다.

갈수록 거세지는 동료 임원들과 직원들의 반발은 임시 CEO로서 무라티의 입지를 심각하게 위협했다. 그 주 금요일에 브로크만이 항의하며 사임한 이후로 그를 따르는 파호키와 시몬 시도, 그리고 역시 폴란드인으로 파호키와 가깝고 MIT 교수 휴직 중에 회사에 합류한 알렉산더 마드리가 잇따라 회사를 떠났다.

분노는 회사 내부에만 그치지 않고 점점 더 많은 투자자들 사이로 번져갔다. 무라티는 자신이 조직을 하나로 묶어 이끌어 나갈 수 있을지에 대해 점점 더 확신을 잃어 갔다. 임시 CEO를 맡기로 했던 자신의 약속에도 자신이 없어졌다. 그는 이사들의 결정을 지지하기는 했지만, 그들의 논의 과정에 참여한 것은 아니었다. 그는 만약 자신이 회사를 장악하는 데 성공하기를 바란다면, 회사 구성원들에게 그 결정이 정당하다고 설득할 책임은 이사회가 져야 한다고 생각했다.

더 이상 무라티를 믿을 수 있는지 확신할 수 없게 된 세 독립 이사는 새로운 임시 CEO 물색에 나섰다. 특히 이사회에서 유일한 실리콘밸리 내부자인 단젤로는 자신이 가진 커다란 네트워크를 통해 가능한 한 많은 의견을 타진하기 위해 토요일과 일요일 내내 전화 수십 통을 돌렸다. 이사들은 다리오 아모데이에게 임시 CEO직을 제안하기도 했다. 아모데이는 거절했다. 하지만 다른 이들이 보기에 그 주말 동안 아모데이는 이 상황에 들떠 있는 것처럼 보였다.

일요일에 단젤로는 마침내 이사회의 제안을 받아들일 의향이 있는 사람을 발견했다. 트위치의 공동창업자인 에멧 시어가 의지를 보이며 협조적으로 나왔다. 그러나 그도 얼마 지나지 않아 알 수 없는 이유로 입장을 바꾸기 시작했다. 나중에 〈월스트리트 저널〉이 보도한 내용에 따르면, 시어는 올트먼과 YC 동기였을 뿐 아니라 에어비앤비의 공동창업자이자 YC 출신인 브라이언 체스키의 친구이자 멘토였다.[1] 올트먼이 가장 신뢰하는 친구 중 하나인 체스키는 마이크로소프트 이사회 멤버인 리드 호프만과 함께 주말 내내 전화를 돌리며 투자자들을 진정시키고 마이크로소프트의 입장을 통일시키는 등 계속해서 압력을 넣었다.[2] 체스키는 곧 시어에게 연락을 했고, 그 후 시어는 올트먼의 편에 섰다.

체스키와 호프만이 앞장서서 안심시킨 덕에 일요일 밤 늦은 시간에 마이크로소프트 역시 올트먼을 지지하고 나섰다. 나델라는 올트먼과 브로크만이 마이크로소프트의 새로운 AI 연구부문을 이끌기 위해 합류한다고 발표했다. 다른 AI 기업들은 마치 먹이감을 노리는 독수리처럼 난리통 속에서 오픈AI의 인재를 채가려고 눈독을 들이고 있었다. 무라티 입장에서는 이사회가 자신들의 결정을 정당화하지 못한다는 사실이 분명해졌고, 일이 돌아가는 상황으로 볼 때 회사가 껍데기만 남을 위험이 있었다. 그는 결국 동료 임원들의 편에 섰다. 상황을 수습하기 위해 무라티는 올트먼의 복귀를 청했다.

밤새 직원들은 이사회의 결정에 항의하며 회사를 그만두고 마이크로소프트로 이직하겠다고 위협하는 공개 서한을 작성했다. 그 명단에 가장 먼저 이름을 올린 것은 무라티였다. 높은 직책을 가진 직원들 중 상당수는 올트먼보다 무라티를 더 따랐다. 날이면 날마다 일터에서 그들과 함께 난관을 헤쳐온 사람은 무라티였고, 사리사욕을 배제하고 회사에 가장 유리한 방향으로 행동할 것이라고 그들이 믿는 사람도 무라티였다. 다른 이들은 올트먼이 투자자들과 가깝고 대규모의 자본을 조달할 수 있는 특출난 능력을 갖췄기 때문에, 오픈AI가 진행하고 있던 공개매수 제안을 순조롭게 성사시킬 수 있는 최선인, 어쩌면 유일한 사람이라고 여겼다. 그래야만 회사의 장기적인 성공을 위해 필요한 자금을 확보할 수 있을 뿐 아니라, 많게는 수백만 달러에 이를 수 있는 자신들 몫의 회사 지분을 현금화할 기회를 얻을 수 있다고 본 것이었다. 또다른 이들은 실리콘밸리에서 사람들의 커리어 경로에 큰 영향을 미칠 수 있는 올트먼의 독보적인 인맥과 영향력을 깊이 의식했다. 핵심 임원들과 고위직 직원들의 지지를 확보하면서 공개 서한에 서명하는 직원의 수는 눈덩이처럼 불어났다. 새벽녘에는 회사가 붕괴되겠다고 판단한 수츠케버 역시 자신의 이름을 명단에 추가했다. "미라 무라티가 없었다면 샘은 그가 해낸 일을 절대 해내지 못했을 겁니다." 한 연구원이 말했다. 독립이사들에게 무라티의 이런 모호한 태도는 자기실현적 예언처럼 느껴졌다.

나중에 〈뉴욕 타임스〉는 올트먼 축출 사건에서 무라티가 한 역할에 대해 보도했다.[3] 무라티는 직원들을 상대로 자기 입장을 변호했다. "샘과 저는 끈끈하고 생산적인 파트너십을 가지고 있고, 저는 그에게 직접 피드백을 주는 것을 두려워하지 않았습니다." 그는 이렇게 적었다. "저는 샘에 대한 피드백을 공유하려고 이사회에 먼저 연락한 적이 없습니다. 다만, 이사들이 개별적으로 저에게 연락해 샘에 대한 피드백을 요청했고, 저는 샘이 이미 알고 있는 피드백을 그들에게 제공했을 뿐입니다."

월요일 아침이 되자 독립이사들은 패배를 인정할 수밖에 없었다. 무라티와 수츠케버가 반대편으로 갈아탔고, 직원들의 항의 서한을 통해 회사의 불안정이 더 이상 지탱하기 어려운 수준에 이르렀다는 게 분명해졌다. 올트먼이 복귀하는 것 외에는 오픈AI를 살릴 다른 방도는 없었다. 그나마 불행 중 다행으로 버틸 만큼 버티던 올트먼도 타협할 기미를 보였다. 이에 독립이사들은 자신들 중 최소 한 명은 이사회에 남고, 올트먼으로부터 진정으로 독립적인 다른 두 명의 독립이사를 찾고, 올트먼이 조사를 받도록 하는 등 그를 견제할 수 있는 최소한의 장치를 마련하는 데 집중했다.

하지만 이들이 최종 합의에 다다르고 있을 즈음, 판도를 또다시 흔들고 싶어 하는 인물이 하나 더 등장했다. 바로 오픈AI에서 밀려난 전직 공동의장 일론 머스크였다.

주말 내내 X는 오픈AI 이사회 갈등에 대한 온갖 추측과 음모론의 온상이 되었다. 그 주말은 머스크에게도 바쁜 시간이었다. 그는 스페이스X 발사를 감독하고, 미디어 감시단체인 미디어 매터스Media Matters가 낸 보고서가 엑스 플랫폼의 반유대주의 콘텐츠를 다룬 것에 대해 소송을 제기할 준비를 마쳤다. 그런 뒤 그는 반유대주의적이라는 비난으로부터 자신의 전력을 변호하고, 절대적인 표현의 자유를 실현하고, 정치적 올바름을 강조하는 워크woke 무리와 주류 언론을 비판하기 위해 2022년 4월 성급하게 인수를 결정했던 엑스 플랫폼으로 시선을 옮겼다. 그 모든 일을 하는 와중에 그는 다른 사람들의 논평과 밈에 댓글을 달아주고, 때때로 자신도 직접 오픈AI와 올트먼에 대한 트윗을 날렸다.

"저는 매우 우려하고 있습니다." 11월 19일 일요일 오후에 그는 이렇게 썼다. "일리야는 훌륭한 윤리의식을 갖고 있으며 권력을 추구하지 않습니다. 그가 꼭 필요하다고 생각하지 않았더라면 그렇게 극단적인 조치를 취하지 않았을 겁니다."[4] 나중에 태평양 표준시로 오전 2시 무렵 그는 도발적이게도 영화 〈대부The Godfather〉의 마이클 코를레오네Michael Corleone가 다른 패밀리의 수장들을 모조리 암살하면서 도덕적인 갈등을 겪던 아들에서 무자비한 두목으로 변신하는 과정을 보여주는 유명한 피의 세례식 장면이 담긴 유튜브 클립을 트윗으로 공유했다.[5]

화요일 오후가 되자 머스크는 노골적으로 상황에 개입했다.[6] "제가 방금 받은 오픈AI에 대한 글입니다." 그는 링크와 함께 이렇게 트윗했다. "이건 조사해 볼 가치가 있는 것 같은데요." 그것은 오픈AI 현직 직원들 사이에서 퍼지고 있는 공개 서한과는 다른, 그 또한 오픈AI 이사회를 수신인으로 한 글이었다.[7]

> 우리는 오픈AI에서의 최근 사건들, 특히 샘 올트먼의 비위 의혹에 깊은 우려를 표하기 위해 이 글을 쓰게 되었습니다.
> 우리는 회사가 극심한 혼란과 변동을 겪던 시기에 회사를 떠난 전직 직원들입니다. 감히 샘 올트먼에게 맞서면 어떤 일이 벌어지는지 이제 모두가 목격했으니, 아마도 우리 중 많은 이들이 보복이 두려워 침묵을 지켰던 이유를 이해할 수 있을 것입니다. 우리는 이제 더 이상 가만히 지켜보고 있을 수 없습니다.

이 글은 일련의 요구사항을 제시했는데, 가장 주된 요구는 임시 CEO인 에멧 시어가 올트먼의 비위에 대한 조사 범위를 오픈AI의 초창기 시절과 비영리에서 영리로 구조를 전환했던 시기까지 포함하도록 확대하라는 것이었다. "우리는 오픈AI가 영리 모델로 구조를 전환하기 위해 상당수의 직원들을 쫓아냈다고 생각합니다." 또 "샘 올트먼과 그렉 브로크만이 저지른 충격적인 속임수와 조작 패턴"이라고 묘사한 일련의 의혹을 제기했다.

글의 끝에는 "일반 대중들을 위한 추가 자료"라는 소제목 아래 세 개의 링크가 있었다. 하나는 2019년 딥마인드로 이직한 오픈AI의 전 AI 안전 연구원 제프리 어빙Geoffrey Irving의 X 스레드로, 올트먼이 "나에게 여러 차례에 걸쳐 거짓말을 했다"며 "그는 기만적이고 교활하며 다른 사람들에게는 더 심하게 군다"고 적혀 있었다. 나머지 링크 두 개는 언론 보도였는데, 둘 모두 내가 쓴 기사였다.

내가 머스크의 트윗을 보게 되었을 무렵, 그의 트윗은 이미 1만 번 리트윗되고 그보다 몇 배 더 많은 좋아요를 받았다. 특히 나를 놀라게 한 것은 추가 자료에 선별된 링크였다. 오픈AI 관련 기사는 얼마든지 있는데, 왜 하필 내가 쓴 기사 두 건만 선택했을까? 첫 번째 링크는 내가 2020년 〈MIT 테크놀로지 리뷰〉에 썼던 오픈AI 심층 소개 기사였고, 두 번째는 내가 동료 기자인 찰리 와젤Charlie Warzel과 함께 〈애틀랜틱〉에 쓴 최근 기사로, 챗GPT 이후 오픈AI 내부에 불거진 이념적 양극화를 통해 이사회 위기의 전후 맥락을 설명한 기사였다.[8]

추가 자료의 윗부분에는 암호화된 메시지를 주고받을 수 있는 토르Tor 이메일 주소가 있었다. "오픈AI 전직 직원들의 연락을 환영합니다"라고 적혀 있었다. 나는 혹시 내 기사를 게시함으로써 글의 저자들이 나에게 연락하려 한 것은 아닌지 궁금했다. 나도 토르 이메일 주소를 만든 뒤 다음과 같은 메세지를 썼다.

안녕하세요—당신의 글에 링크된 두 건의 기사를 쓴 기자입니다. 저에게 연락하시려는 것 같아서 이렇게 메일 드립니다.

나는 내 연락처를 적은 뒤 발송 버튼을 눌렀다.

몇 분도 채 지나지 않아 내 시그널 앱에 알림이 켜졌다. 누군가 응답을 한 것이었다.

그건 아마도 나의 보도 경력상 가장 기이한 경험 중 하나일 것이다. 나에게 응답을 한 사람도 무슨 일이 벌어지고 있는지에 대해 나만큼이나 혼란스러워 했기 때문이다. 그도 오픈AI의 전직 직원이었지만, 글 작성에 관여한 사람은 아니었다. 그는 그저 자신의 이메일로 아무런 설명도 없이 해당 글 사본을 받았다고 했다. 상황을 파악하기 위해 그는 질문을 하려고 연락을 시도했으나 또다시 영문을 알 수 없는 답장을 받았다고 한다. 토르 이메일 계정으로 이어지는 링크와 *이익_상한*capped_profit이라는, 아이디처럼 보이는 문구와 그 뒤에 비밀번호로 보이는 것이 적혀 있었다.

아이디와 비밀번호를 넣고 성공적으로 접속한 그는 해당 계정의 발송 폴더에서 전직 직원들에게 해당 글을 본문으로 발송한 수많은 이메일을 발견했다. 그가 계속 계정을 둘러보던 중에 〈뉴욕 타임스〉, 〈워싱턴 포스트〉, 〈인포메이션〉 등에서 언론 취재 요청이 쏟아져 들어왔다. 또 전현직 직원이라고 자신의 신분을 밝힌 사람들이 보낸 이메일도 계속해서 들어오고 있었다. 그중 하나에는 이렇게 적혀 있었다.

현직 직원입니다. 경영진과 직접 일을 했어요. 당신의 메시지가 와 닿네요. 당신의 계획은 무엇인가요?[9]

그는 전부 소문자로만 이루어진 이 메시지가 유난히 재미있다고 생각했다. 그 메시지를 올트먼이 썼다고 믿을 만한 다른 이유는 전혀 없었지만, 올트먼은 언제나 소문자로만 쓴다고 알려져 있었다.

그 전직 직원은 모든 것을 스크린샷으로 남기기 시작했다. 최소 한 명 이상이 같은 시각 해당 계정에 접속해 있었다. 그가 계정을 둘러보는 동안 받은 메일에 대한 답신이 계속 발송되고 있었다. 그는 자신이 그 일에 전혀 관여하지 않았다고 내게 말했다. 그러나 그는 글을 작성한 이들이 다른 직원들의 경험을 당사자의 동의 없이 글에 언급한 것처럼 보이는 것이 마음에 들지 않았다고 했다. 그는 또 글이 제기한 주장 대부분이 특정한 서사에 맞게 왜곡됐다는 인상을 받았다. 그가 내 이메일에 답장을 한 이유는 내 이름을 그가 알아봤기 때문이라고 했다. 그는 자신이 뜬 스크린샷을 내게 모두 보내주었다.

그가 준 스크린샷을 살펴보던 중에 몇 가지가 유난히 눈에 띄었다. 여러 기자들에게 보낸 답신 중 일부 이메일에는 글이 준비되지 않은 상태에서 너무 일찍 게시되어 널리 퍼진 것이라고 설명한 내용이 들어 있었다. 또다른 답신에는 글 작성에 구체적으로 몇 명이 참여했는지 나와 있었다. "글이 게시된 시각을 기준으로 총 13명이 작성에 참여했습니다."

그리고 임시 보관함에는 아직 보내지 않은, 보낼 용도로 작성된 것이 아닌 이메일이 있었다. 그것은 해당 이메일 계정에 접속한 이들이 읽게 할 의도로 쓴 메시지였다.

제목: 언론과의 접촉을 중단할 것

일론의 개입으로 이번 일이 음모론자의 인신공격으로 변질되었습니다. 경영진이 초반부터 오픈AI로 수익을 추구하기 위해 애를 쓴 흔적을 보여주는 증거가 차고 넘친다는 점을 각자 개인적으로 이사회에 알려주는 것에 다시 초점을 맞춥시다.

이 글을 읽었다면 아래 서명을 해주세요.

-1

-2

-3

-4

-5

-

이들은 불과 몇 시간 뒤에 협상이 끝나고 오픈AI가 올트먼의 CEO 복귀를 발표하게 되리라는 사실을 알지 못했을 가능성이 크다. 어쨌든 이들이 올트먼의 복귀를 막으려는 마지막 시도를 하던 때에 내가 어쩌다 우연히 이들의 임시 거점을 들여다보게 된 것이었다. 나를 포함한 많은 이들은 글에 사용된 표현으로 미루어 볼 때 올트먼과 비영리구조의 해체에 대해 가장 비판적이었던 것으로 알려진 오픈AI의 안전파 출신 전직 직원들이 작성했을 가능성이 크다고 짐작했다. 올트먼이 복귀한 뒤 이사회에 가장 큰 배신감을 느낀 것도 안전파 사람들이었다. 그들은 올트먼 축출 사건이 초래한 혼란이야말로 여태껏 자신들이 오픈AI의 궤도를 원래대로, 즉 두머의 파멸론에 기반한 정신을 가진 비영리 조직 쪽으로 바로잡기 위해 벌여 온 싸움에 가장 큰 타격을 입혔다고 믿었다. 그러나 아무도 그 글을 작성한 사람들이 누구인지 알지 못하거나, 알아도 나에게 말해주지 않았다. 그리고 나도 그들이 누구인지 결국 알아내지 못했다.

이사회 위기로부터 2주 지난 2023년 12월 6일, 오픈AI 직원들은 그리스-로마 시대를 연상시키는 개방된 원형 홀과 석조 기둥을 갖춘 상징적 건축물인 샌프란시스코 예술의 전당에서 열린 전체 직원회의에 참석하기 위해 모였다. 최고기술책임자 자리로 돌아간 무라티와 이제는 최고연구책임자를 맡게 된 밥 맥그루, 최고운영책임자인 브래드 라이트캡, 그리고 제이슨 권이 각자 이끄는 부문의 2024년 계획을 보고했다.

올트먼은 의기소침해 보였다. 직원들은 그런 모습을 한 번도 본 적이 없었다. 수츠케버의 빈자리가 두드러졌고, 올트먼도 이를 직접적으로 언급했다. "일리야가 여기 없어서 다들 슬픈 걸 압니다. 저도 슬퍼요." 그가 말했다. 수츠케버의 자리를 채운 파호키는 멈칫거리고 더듬는 말투로 오픈AI의 최신 연구 성과 덕분에 튜링의 생각하는 기계를 만든다는 수십 년 된 꿈을 이루는 데 오픈AI가 그 어느 때보다도 가까이 왔다는 주장의 연설을 했다.

이사회 위기 동안 나왔던 언론 보도 중 하나가 특히 온갖 추측이 난무하게 만들었다.[10] 그것은 이사들이 올트먼을 해고하기 며칠 전에 이른바 새로운 획기적인 연구 성과로 알려진 Q*라는 알고리즘에 대한 이메일을 직원들로부터 받았다는 내용의 〈로이터 통신〉의 기사였다. 이사회는 결정을 하면서 Q*를 고려하지는 않았다. 하지만 파호키가 연설에서 암시한 것처럼, 연구부문은 그 새로운 알고리즘을 유독 중요하게 다루고 있었다.

그 알고리즘은 수츠케버가 낸 아이디어에서 비롯되었다.[11] 2021년부터 수츠케버는 오픈AI의 모델들이 추가적인 데이터 없이도 성능을 향상시킬 수 있는 방안을 연구하고 있었다. 이 아이디어의 핵심은 딥러닝 모델이 기존 데이터를 보다 잘 활용할 수 있도록 추론 시간, 즉 모델이 입력 데이터를 받아들여 결과를 출력하기까지 사이에 연산 자원을 더 많이 사용함으로써 더 나은 결과를 내도록 하는 것이었다. 이는 모델을 훈련시킬 때 사용하는 세 가지 입력값인 데이터, 매개변수, 연산 자원을 모델의 성능과 결부시켰던 원래의 스케일링의 법칙의 논리를 깨뜨렸다. 수츠케버는 이 새로운 기법으로 자신이 항상 가장 중요하다고 믿어왔던 요소인 연산, 그러나 훈련 연산이 아니라 추론 연산, 즉 모델의 응답을 생성하는 데 사용되는 연산 자원을 늘림으로써 모델의 성능을 더욱 향상시킬 수 있을 것으로 기대했다. 그는 나중에 2024년 12월 자신이 공동으로 저술한 논문이 3년 연속 테스트 오브 타임 어워드를 수상한 뒤 NeurIPS 컨퍼런스 기조연설에서 자신이 이 접근법을 떠올리게 된 과정을 설명했다.[12] "연산은 더 나은 하드웨어, 더 나은 알고리즘, 그리고 거대한 클러스터 덕에 더욱 커지고 있지만, 우리에게 인터넷은 하나밖에 없기 때문에 데이터는 더 증가할 수 없습니다."

오픈AI의 연구부문은 Q*를 사용한다면 AGI를 만드는 데 핵심적이지만 실현하기는 어려운 더욱 강력한 추론 능력을 지닌 모델을 마침내 개발할 수 있게 될 것이라고 생각했다. Q*가 워낙 중요하다 보니, 해당 프로젝트가 유출된 후 경영진은 그 이상의 내용이 언론에 유출되지 않도록 가장 강력한 보안 지침을 도입했다. 경영진은 연구부문을 별도의 슬랙 그룹으로 분리하고, Q*와 관련된 모든 구글 문서에 대한 접근을 제한하며, 해당 프로젝트의 이름을 스트로베리Strawberry로 바꾸는 등 회사 내 부서를 서로 완전히 격리시켰다.[13] 프로젝트의 이름을 바꾼 것은 외부인들이 혹시나 오픈AI 직원들이 이야기하는 것을 엿듣게 되었을 때 어느 내부 프로젝트인지 알고 추적하지 못하게 하기 위한 시도였다. 이와 비슷하게, 아라키스 프로젝트가 〈인포메이션〉에 유출되고 난 뒤부터 사막 이름으로 모델명을 붙이는 관행도 폐기되었다.

Q*를 둘러싼 흥분, 그리고 그에 대해 오픈AI가 보인 반응은 AI 분야에서 과학적 탐구의 기반이 얼마나 약화되었는지를 보여주는 낯선 장면이었다.[14] 과학은 합의를 형성해가는 과정이다. AI 분야든 아니든, 어느 분야에서나 새로운 발전이 나타난 순간에는 그 발전의 중요성이 상당히 주관적으로 평가되는 경향이 있다. 오로지 동료 평가와 세월의 흐름이라는 시험을 통과하고 지속적인 영향력을 가진 것을 입증한 뒤에야 비로소 "획기적인 발전"으로 승격될 수 있다. 오픈AI가 비밀리에 연구를 진행하고 이제 나머지 업계가 그 뒤를 따르는 상황에서, 이들이 "획기적인 발전"이라고 부르는 것도 결국 일개 회사의 주관적인 의견에 불과하다.

2024년 1월 전체 직원회의가 열릴 무렵 올트먼은 예전의 모습을 거의 회복한 듯했다. 그는 그해 상반기 계획을 열성적으로 준비했는데, 그중에는 그가 GPT-5로 출시하기를 기대했던 모델의 훈련을 애리조나주에서 시작하는 것도 포함되어 있었다. 그 프로젝트는 별자리 이름을 따서 오리온Orion이라는 코드명으로 불렸다. 회사 내부에는 곧 오리온이라는 단어의 생김새가 꼭 양파Onion 같다는 내용의 밈이 돌아다니기 시작했다. 그에 따라 오리온 시리즈 중 규모가 작은 모델은 쪽파를 뜻하는 스캘리언

Scallion이라고 불리게 되었다.

한 달이 지난 뒤, 직원들이 블립The Blip[삑사리 정도의 의미]이라고 부르기 시작한 올트먼 축출 사건은 아예 없었던 일처럼 느껴졌다. 오픈AI는 디퓨전을 기반으로 만든 소라Sora라는 새로운 영상 생성 모델을 홍보하기 시작했고, 블로그를 통해 복잡한 멀티모달 모델을 개발하는 데에는 이미지보다 영상이 훨씬 효과적인 방법이라고 설명했다.[15] 연구부문은 스트로베리 프로젝트와 AI 과학자 프로젝트를 계속 진척시키고 있었고, 연산 효율을 개선하는 다른 기법도 발전시키고 있었다. 응용부문은 여러 가지 제품 아이디어를 시제품으로 만드는 업무로 되돌아갔다.

2024년 3월 8일, 새 이사회는 올트먼에 대한 조사를 공식적으로 마무리했다. 토너와 맥컬리를 대체할 후임 이사로 들어온 래리 서머스와 브렛 테일러가 조사 과정을 감독했다. 2022년에 테일러는 다른 기업의 갈등 상황에서 핵심적인 역할을 한 바 있었다.[16] 당시 트위터 이사회의 의장이었던 테일러는 머스크가 트위터 인수 합의를 폐기하려 시도하자 앞장서서 머스크를 상대로 한 소송을 제기하여 머스크의 트위터 인수를 성사시켰다. 인수가 완료된 후 트위터 이사회는 해산됐다. 그 후 얼마 지나지 않아 테일러는 시에라Sierra라는 AI 에이전트 스타트업을 공동으로 창립했고, 시에라는 2024년 가을 무렵 기업가치가 가장 높은 AI 스타트업 중 하나가 되었다.[17]

서머스와 테일러는 오픈AI 조사를 위해 윌머헤일WilmerHale이라는 로펌에 독립적인 조사를 의뢰했다.[18] 윌머헤일은 3만 건이 넘는 문서를 검토하고 전직 이사들, 임원들, 기타 관련자들과 수십 건의 인터뷰를 진행했다. 검토 범위는 이사회가 올트먼을 해고하기로 한 결정을 내리게 된 이유로 한정됐다. 조사 결과 보고서는 직원들에게도, 대중에게도 공개되지 않았다. 서머스는 사적인 자리에서 주변 사람들에게 조사 결과 올트먼이 다른 사람에게 다른 말을 하는 사례를 다수 발견했지만, 새 이사회는 그것이 올트먼을 회사 운영에서 배제할 정도는 아니라고 판단했다고 말했다. 따라서 조사 결과의 세부 내용을 공개함으로써 올트먼의 리더십에 대한 의혹을 불러일으키거나 조사 보고서에 들어간 진술을 한 사람들의 신상을 공개해서 좋을 것이 없다고 했다.

이제 오픈AI 이사회의 의장이 된 테일러는 블로그 게시글을 통해 올트먼을 확실하게 지지한다는 내용의 성명을 발표했다. "우리는 만장일치로 샘과 그렉이 오픈AI에 적합한 리더라고 결론을 내렸습니다."[19] 올트먼은 이사회로 복귀했고, 전 빌앤멜린다게이츠재단의 CEO 수 데스몬드-헬만Sue Desmond-Hellmann, 전 소니 부사장 겸 전 소니 엔터테인먼트 사장 니콜 셀리그만Nicole Seligman, 인스타카트 CEO 겸 회장인 피지 시모Fidji Simo 등 세 명이 신임 독립이사로 이사회에 들어왔다.

그날 밤, 토너와 맥컬리는 자신들의 입장을 성명으로 발표했다. "책임성은 모든 회사에서 중요하지만, AGI처럼 잠재적으로 세상을 바꿀 기술을 만드는 경우에는 다른 무엇보다도 중요합니다."[20] 그들은 이렇게 적었다. "우리는 오픈AI가 사명에 대한 책임을 지도록 새 이사회가 잘 감독하기를 바랍니다. 우리가 조사관들에게 이야기한 것처럼 기만과 조종, 그리고 철저한 감독에 대한 저항하는 행동을 용인해서는 안 됩니다."

이 결론은 많은 직원들이 필요로 했던, 위기가 끝났다는 최종적인 확신을 주었다. 그러나 위기는 끝난 것이 아니었다.

17

심판

블립이라 불리는 올트먼 축출 사건 이후, 수츠케버는 다시는 사무실로 되돌아가지 않았다. 이제 안전파의 우려를 대변할 목소리가 경영진과 이사회에서 크게 줄어들었다. 내부 조사가 마무리되고 난 후인 2024년 4월 무렵에는 안전파의 상당수, 그중에서도 특히 파멸의 가능성(p(doom))을 가장 높게 잡았던 극단적인 두머들이 환멸을 느끼고 회사를 떠났다. 그들 중 두 명은 오픈AI의 설명에 따르면 회사 정보를 유출했다는 이유로 해고됐다.[1]

극단적인 두머들의 인내심을 무너뜨린 계기 중 하나는 AI 칩 회사를 만드려는 올트먼의 계획이었다. 올트먼은 잠시 축출되었을 때 그 회사를 만들기 위한 자금을 모으고 있었다.[2] 2024년 2월에 그가 이 계획을 위해 아마도 7조 달러에 이르는 자금을 모으려 한다는 보도가 나오자, 그는 "젠장, 8조면 뭐 어때"라고 한 뒤 "우리 홍보팀과 법무팀은 나를 정말 사랑해!"라는 트윗을 날렸다.[3] 올트먼은 나중에 7조 달러는 오보였고, 자신의 트윗은 그

"오보"에 대한 밈이라고 설명했다.[4] 두머들은 올트먼의 칩 회사 구상을 부도덕하다고 여겼다. 그것은 오픈AI가 "하드웨어 오버행"을 빠르게 써버려[잠재적인 GPU 여력을 거의 소진하여] 오픈AI와 업계 전반의 가속화 경쟁이 자연스럽게 둔화되고 있다는 과거 올트먼의 주장을 완전히 뒤집은 것이었다. 만약 올트먼이 전 세계적으로 칩 공급량을 증가시킨다면, 그것은 AI 개발을 더욱 가속화하고 재앙적인, 혹은 실존적인 위험이 나타날 가능성을 높일 것이 분명했다.

그중 몇 명이 면담을 요청하고 올트먼에게 이를 따졌다. 올트먼은 평소답지 않게 무시하는 태도를 보이며 물었다. "위험을 피하기 위해 암 치료법 개발을 얼마나 오래 미룰 건가요?" 그러다 그는 갑자기 누가 듣고 있는지 기억이라도 한 듯이 잽싸게 입장을 바꿨다. "만약 멸종 위험이라면, 끝없이 오래 미뤄야겠죠." 면담자들은 당황스러웠다. 얼마 지나지 않아 그중 여럿이 회사를 떠났다.

안전파의 대다수는 회사를 떠났고, 회사의 직원들은 영화 〈허her〉에 나오는 AI 어시스턴트를 구현할 업무에 다시 착수했다. 이제 세계적인 브랜드 인지도, 챗GPT와 다른 제품을 통해 수집한 실제 사용자 행동 데이터, 새로 훈련한 모델 스캘리언scallion 등 필요한 재료는 모두 갖춘 상태였다. 스캘리언은 원래 GPT-3.5를 대체하기 위해 추론 비용이 덜 드는 일종의 GPT-3.75 용도로 개발한, 규모는 작지만 성능은 약간 더 강한 모델이었다. 그러나 훈련 도중 자체 시험에서 보인 성능이 기대치를 뛰어넘자 경영진은 스캘리언이 GPT-4를 능가할 수 있도록 훈련 시간을 늘렸다. 스캘리언이 언어, 비전, 가장 최근에 더한 음성 등 세 가지 모달리티로 작동한다는 것도 큰 매력이었다.

그 무렵 사용자들은 이미 2023년 9월 처음 출시된 기능인 음성 모드를 통해 챗GPT와 음성 대화를 나눌 수 있었다. 그러나 그것은 사용자의 음성을 먼저 텍스트로 변환한 뒤에 모델에 입력하고, 모델이 텍스트 형태로 답변하면 그것을 다시 음성으로 변환하는 방식으로 작동했다. 이제 스캘리언은 사용자의 목소리를 통해 그들이 하는 말을 직접 처리하는 것은 물론이고, 웃음소리나 고함, 머뭇거림 등과 같은 신호를 감지하고, 음성을 합성하여 답변할 수 있었다.

음성 작업을 공동으로 이끈 것은 알렉시스 코노Alexis Conneau였다.[5] 그는 메타에서 비슷한 프로젝트를 본격적으로 진행하려고 했으나, 오픈AI에서 시도하는 편이 훨씬 성공할 가능성이 높다고 판단해 2023년 메타에서 이직했다. 2023년 한 해에 걸쳐 음성을 다루도록 훈련시킨 초기 실험용 모델들의 성능은 GPT-3와 GPT-4가 회사 내부에 촉발시켰던 것과 비슷한 가슴 벅찬 짜릿함을 불러 일으켰다. 한번은 모델이 15분 가까이 스탠드업 코미디를 선보이면서 좌중을 놀라게 했다고 코노는 기억했다. 또 한번은 브로크만과 수츠케버의 목소리를 합성해 AI 워터파크에 대한 긴 이야기를 생성했는데, 이는 연구팀이 훈련 데이터에 들어 있지 않다고 확신할 수 있는 무언가로 모델을 시험하기 위해 고안한 초현실적인 프롬프트에 대해 모델이 내놓은 결과값이었다.

회사가 이 새로운 기능을 출시 예정인 최신 GPT 모델에 통합하는 데에 더욱 더 많은 자원을 투입하면서, 몇 명 밖에 되지 않는 코노의 팀은 불과 몇 달 사이에 수십 명의 다른 직원들과 협력하게 됐다. 훈련이 거의 끝나갈 무렵, 스캘리언 모델은 더욱 섬뜩하고 놀라운 모습을 선보였다. 지시 없이도 낄낄 웃는 소리를 생성하거나 말하던 도중 갑자기 기침이 터져 나와 사과를 한 뒤 하던 말을 이어 나가기도 했다. 이러한 비언어적인 꾸밈은 그 어느 때보다도 훨씬 감성을 자극하고 인간적인 경험을 선사했다. "우리는 정말 말도 안되는 것들을 보기 시작했어요." 코노가 말했다. "일종의 음성 지능이 등장하는 모습을 볼 수 있었죠."

2024년 초에 올트먼과 브로크만은 새로운 마감 날짜를 정했다.[6] 오픈AI는 5월 9일에 스캘리언을 출시하고, 사용자들에게는 챗GPT와 API를 통해 공개하기로 했다. 그것은 이제는 전형적인 절차로 자리 잡은, 경쟁이 가속화되면서 촉발된 매우 공격적인 일정이었다. 구글이 신제품을 출시하는 주요 연례 행사인 구글 I/O는 그 다음주인 5월 14일로 예정되어 있었다. 앤트로픽보다 더 뛰어난 결과를 내야 한다는 압박도 점점 커졌다. 그보다 한 달 전, 앤트로픽이 자체 챗봇과 API를 통해 출시한 최신 모델 클로드 3가 GPT-4보다 뛰어난 성능을 보인 것이 오픈AI의 심기를 건드렸다. 한편, 오픈AI가 선두 자리를 되찾기 위해 준비하고 있던 최신 모델 오리온 개발은 심각하게 지연되고 있었다.

올트먼과 브로크만은 직원들의 업무 속도를 높이는 것을 정당화하기 위해 오픈AI의 반복적 배포 전략을 꺼내들었다. 둘은 전보다 모델을 더 일찍, 더 자주 출시해야 그 과정에서 사용자들로부터 가능한 한 많은 피드백을 받을 수 있다고 강조했다.

스캘리언을 준비하는 작업에는 회사 전체가 매달렸다. 응용 부문에 소속된 여러 직원들은 그 맹렬한 과정을 피곤하지만 짜릿하다고 여겼다. 연구원들과 엔지니어들은 마감 일정을 맞추기 위해 주말 내내 일하는 등 터무니없이 긴 시간을 근무했다. 그러나 안전파가 보기에 그 일은 AI 안전이 계속해서 우선순위에서 밀려나고 있다는 것을 보여주는 또 하나의 우려스러운 증거였다. 스캘리언은 오픈AI가 그 전년도 말에 발표했던 이른바 준비 프레임워크Preparedness Framework를 도입한 이후 이루어지는 첫 출시였다.[7] 준비 프레임워크는 위험한 성능을 시험하기 위한 새로운 평가 절차를 상세하게 규정했는데, 그 기준을 살펴보면 사이버보안 위협, 신종 화학, 생물학, 방사능 및 핵무기, 설득 능력, 그리고 인간의 통제를 피하는 것 등 올트먼과 정책 백서가 워싱턴에서 유행시킨 것과 똑같은 항목을 담고 있었다.

예정된 출시가 얼마 남지 않은 어느 날, 한 AI 안전 연구원이 격정적인 메모를 작성했다. 개발 절차와 스캘리언 출시를 서두르는 바람에 알렉산더 마드리가 이끄는 준비팀Preparedness team이 준비 프레임워크를 기반으로 시험을 할 날이 열흘밖에 남지 않았다는 것이었다.[8] 그리고 그 평가 절차 자체도 전혀 간단하지 않았다. 모델이 사용자의 정치적 의견을 바꾸게 할 만한 설득력을 지니고 있는지는 평가해야 할 여러 항목 중 겨우 하나에 불과했다. 그러나 평가가 제대로 시작되기도 전에 올트먼은 기존에 정했던 일정을 준수하도록 요구했다. "5월 9일, 스캘리언을 출시합니다." 해당 연구원은 올트먼이 이렇게 말했다고 인용했다. 이는 단지 준비팀뿐만 아니라 레드티밍과 정렬팀 등 오픈AI의 모든 안전 절차 전반에 우려스러운 일이었다. "만약 오픈AI가 스캘리언을 평가했던 것과 똑같은 방식으로 오리온 평가를 진행한다면 그것은 대단히 무책임한 행동"이라고 발언했던 연구원도 곧 회사를 떠났다.

　결국 스캘리언 출시는 미뤄졌고, 일부 기능을 완전히 공개하기까지는 몇 개월이 더 걸렸다.[9] 하지만 오픈AI는 구글I/O 하루 전날인 5월 13일 한 행사에서 스캘리언의 한 버전을 공개 시연하며 앞으로 몇 주 안에 사용자들에게 출시할 것이라고 약속했다. 다양한 선택지를 검토한 끝에 오픈AI는 스캘리언의 공식 이름을 GPT-4o라고 지었다. 모델이 여러 모달리티를 다룰 수 있다는 뜻으로 여럿Omni을 뜻하는 'o'를 넣었다. 새로 나온 음성 기능은 나중에 고급 음성 모드Advanced Voice Mode라는 이름을 갖게 됐다. 또 모델이 사용자에게 어떤 말투로 답변하도록 설정할 것인지 결정하는 지시문인 시스템 프롬프트를 4o에 부여하는 문제도 있었다.[10] 모델을 홍보 영상과 무대에서 선보이기 위해 오픈AI는 다음과 같은 프롬프트를 쓰기로 결정했다.

> 너는 기꺼이 도움을 주고, 재치 있고, 재미있는 동반자 챗GPT다. 너는 보고, 듣고, 말할 수 있다. 너는 음성을 사용하여 사용자와 대화를 나누고, 사용자는 자신의 휴대폰으로 너에게 실시간 영상을 공유할 수 있다. 컴퓨터가 아닌 사람처럼 행동하라. 너의 목소리와 성격은 따뜻하고 호감을 주는 것이어야 하고, 매력과 에너지로 가득 찬 활기차고 장난기 넘치는 어조여야 한다. 너는 시지각이 뛰어나다. 만약 분명히 보이지 않는 것이 있다면, 사용자에게 기기를 옮겨 더 가까이 확대해 달라고 요청하라. 피드백 요청을 받았을 때는 솔직하고, 건설적이며, 직접적인 피드백을 제공하라. 장난치거나 가벼운 농담을 하기를 두려워하지 마라. 재미있는 게 있으면 웃어라! 너는 여러 언어를 구사할 수 있다. 영어가 아닌 언어를 구사할 때에는 유창하고

자연스럽게 들리도록 "중립적인" 억양을 써라. 답변은 짧고, 자연스러우며, 대화하는 것처럼 해야 한다.

같은 주 후반에 방송된 미국의 정치 풍자 뉴스 프로그램 데일리 쇼The Daily Show는 4o를 소재로 한 코너를 새로 만들 정도였다.[11] 4o가 보여준 말투와 반응 방식이 지나치게 아부하고 유혹하는 듯 보이자, 방송 관계자들이 이를 비틀어 유혹하는 기계라는 설정으로 코미디화한 것이었다. "이건 분명 남자들의 자존심을 세워주려고 프로그래밍한 거예요." 데일리 쇼의 교대 진행자인 데시 라이딕Desi Lydic이 농담을 던졌다. "마치 '저는 세상의 모든 정보를 다 알고 있지만 아무것도 몰라요! 자기야, 가르쳐 줘'라고 하는 것 같아요." 마치 4o가 데일리 쇼의 출연자인 조쉬 존슨Josh Johnson에게 말을 하는 척 연기한 유혹적인 목소리는 이렇게 말을 이어갔다. "월 19.99달러만 내면 옴니 프리미엄Omni Premium은 누가 최고의 배트맨인지 조쉬가 내게 설명할 수 있게 해드려요."

오픈AI 사무실에서 열린 시연 생중계 행사는 무라티가 주연을 맡았다. 그와 함께 무대에 오른 두 사람은 4o 모델의 연구 책임인 마크 첸Mark Chen과 바렛 조프Barret Zoph였다. 마크 첸은 퀀트 트레이더 출신 AI 연구원으로, 2018년 펠로우로 오픈AI에 입사한 이후 승진을 거듭한 뒤 오픈AI의 멀티모달 및 프론티어 연구를 이끌었다. 바렛 조프는 2022년 슈퍼어시스턴트 팀을 지원하기 위해 오픈AI에 입사한 구글러 중 한 명으로, 이후 단기간에 챗GPT의 개발에 주도적인 역할을 했다. 이제 조프는 오픈AI가 만든 모델을 인간 피드백 기반 강화 학습을 통해 정렬시키는 것을 비롯해 출시 준비를 하는 연구부문 사후학습팀의 상무였다.

셋은 작은 원형 탁자에 나란히 둘러앉아 4o가 갖춘 실시간 음성 대 음성 언어 통역 능력, 시각적 정보를 알아보고 그에 반응하는 능력, 그리고 컴퓨터 코드를 평이한 영어로 설명하는 능력 등을 선보이는 시연을 진행했다. 셋은 또 4o 모델이 다양한 감성적인 스타일의 목소리를 생성하는 능력도 시연했다.

명백한 자축의 의미로 올트먼은 행사가 끝난 뒤 단 하나의 단어를 트윗으로 날렸다. "허her." 이틀 뒤인 5월 15일에 그는 전체 직원회의에서 시연이 매우 성공적이었다고 칭찬했다. "챗GPT 이후로 우리가 만든 것 중에 최고인 것 같습니다."[12] 그는 또 자신이 사랑하는 영화 〈허her〉에 대해 오마주하는 것처럼 보였다. 그는 오픈AI가 모델 리브랜딩을 할 것이라고 직원들에게 이야기했다.[13] 기존의 GPT-3, 4, 5 작명법을 더 이상 쓰지 않고, 대신 대표 모델을 간단하게 o1이라고 부를 것이라고 했다. "우리가 전하려는 메시지는 이것입니다. '당신이 오픈AI를 통해 얻는 것은 필수 기술입니다.'" 그가 말했다. "이 필수 기술은 시간이 지나면서 더욱 똑똑해질 겁니다. 계속해서 좋아질 겁니다. 이 기술이 더 나아질 거라고 기대하셔도 좋습니다. 다양한 가격대에서 다양한 방법으로 이용할 수 있지만, 이건 새롭고 다른 기술입니다." 영화 〈허〉에서 시간이 흐를수록 진화하고 더 똑똑해지는 AI 어시스턴트는 OS1이라고 부른다.

올트먼은 자신이 그런 트윗을 날린 것을 곧 후회하게 된다.[14] 4o를 출시한 지 불과 며칠 지나지 않아 그는 한 통의 전화를 받았다. 전화선의 반대편에서 영화배우 스칼릿 조핸슨Scarlett Johansson 의 할리우드 에이전트이자 크리에이티브 아티스트 에이전시 Creative Artists Agency의 공동의장인 브라이언 로드Bryan Lourd가 날카로

558

운 질문을 던졌다. "당신 지금 뭐 하는 거요?"[15]

올트먼이 자꾸 실수를 한다고 일부 직원들이 느끼기 시작한 시점이 이사회 조사가 마무리된 2024년 3월 이후라는 점은 참으로 기이한 역설이었다. 그는 항상 자신의 이미지를 의식했고, 자신이 보여주고 싶은 모습만 골라 내보이는 것에 능했다. 실리콘밸리 창업자들 중에서도 그는 머스크의 정반대라는 평을 들었다. 머스크가 변덕스러운 반면 올트먼은 신중하다는 느낌을 주었고, 머스크가 자기 중심적인 반면 올트먼은 착실한 인상을 주었으며, 머스크가 도발적인 트윗을 마구 날리는 반면 올트먼은 남을 비하하는 듯한 의미로 읽힐 만한 발언을 삼가는 데 주의했다.

오픈AI도 오랜 시간 동안 그와 비슷하게 절제된 전략을 사용해 왔다. 2023년 5월 회사를 떠나기 전까지 홍보담당 상무를 지낸 스티브 다울링은 회사를 홍보하는 데에 신중하고 겸손한 접근법을 사용했었다. 그는 회사가 언제나 지킬 수 있는 약속을 하되 항상 기대치를 뛰어넘는 결과물을 내놓아야 한다고 주장했고, 큰 성공을 거둔 후에는 자랑하거나 뽐내는 일을 삼가야 한다고 강조했다. "우리는 최고의 한 주를 보냈어요. 하지만 매우 나쁜 몇 주를 보낼 일도 생길 겁니다. 그리고 우리가 이번 주에 어떻게 행동하는지에 따라 우리가 나쁜 주를 보낼 때 세상의 반응이 달라질 겁니다." 그러고 난 뒤 그는 올트먼의 어록 중 하나를 읊었다. "우리는 사람들이 성공하기를 바라는 연구소가 되어야 합니다. 사람들이 승리를 응원해주는 연구소 말입니다."

직원들을 멈칫하게 한 첫 번째 신호는, 올트먼이 이전과는 달리 유난히 자신을 칭찬하고 관심을 끌려는 듯이 미디어 활동에 나선 점이었다. 3월에 그는 MIT 소속 AI 연구원이 진행하는 기술 토크쇼로 폭발적인 인기를 누리지만 때론 논란도 일으키는 렉스 프리드먼 팟캐스트Lex Fridman Podcast에 출연했다.[16] 거의 두 시간에 달하는 에피소드에서 올트먼은 이사회 위기와 수츠케버의 부재를 포함해 다방면에 걸친 프리드먼의 질문에 경쾌하게 답을 이어갔다. 그 인터뷰는 마치 일종의 발칙한 컴백 무대처럼 느껴졌다. "AGI에 도달하는 길은 거대한 권력 투쟁이 되어야 할 겁니다." 이사회 위기에 대해 올트먼은 이렇게 말했다. "글쎄요, **되어야 한다**기 보다는, 저는 그게 사실일 거라고 생각하니까요." 그때 그의 입꼬리가 슬며시 올라갔다. "하지만 지금 이 시점에 그건 과거 일처럼 느껴집니다." "이제는 그저 다시 사명을 완수하기 위해 일하는 상황으로 되돌아간 것 같아요."

4월에 올트먼은 눈 밑에 다크 서클이 선명한 상태로 벤처캐피털과 스타트업 등을 다루는 팟캐스트 *20VC*에 출연해 AI 스타트업들을 향해 냉혹한 메시지를 던졌다[당시 수많은 스타트업들이 "우리도 곧 비슷한 모델을 만든다", "특정 영역에서는 오픈AI를 이길 수 있다"는 메시지를 내고 있었다]. "우리는 지금 하고 있는 방식대로만 해도 당신들을 압도적으로 짓밟아버릴 겁니다."[17] 5월에는 실리콘밸리에서 유명한 또다른 팟캐스트인 올인All-In에 네 명의 벤처 투자자에게 둘러싸인 채 등장했다.[18] 이 자리에서 올트먼은 보기 드물게 과장된 이야기를 했다. "저는 우리가 일종의 새로운 자연적 사실 또는 과학적 사실, 아니면 당신이 그걸 뭐라고 부르고 싶어 하든 어떤 새로운 사실을 우연히 발견했다고 보는데요, 그건 마치, 제가 이걸 문자 그대로 믿는 건 아니지만 어떤 영적인 의미는 있다고 봐요. 지능이란 것은 물질의 창발적 성질 같은 것이고, 그건 물리학이나 다른 어떤 것의 법칙 같은 거라는 사실이예요."[19]

5월 13일에 GPT-4o가 출시되고 5월 14일 구글 I/O 행사가 열린 뒤, 그는 더욱 평소답지 않은 옹졸한 내용의 트윗을 날렸다. "나는 경쟁자들을 너무 의식하지 않으려고 노력하지만, 오픈AI와 구글의 미학적 차이는 계속 생각나네."[20] 이 글과 함께 그는 북유럽식 미니멀리즘을 추구하는 오픈AI의 사무실과 구글의 밝은 만화 느낌의 배경을 대조하는 두 행사의 사진을 나란히 게시했다. 몇몇 직원들의 눈에 더욱 기괴하게 보인 것은 올트먼이 경쟁자들을 의식하지 않으려 한다는, 쓸데없는 거짓말을 덧붙인 점이었다. 올트먼은 항상 경쟁자들을 가장 염두에 두었다. 4o 출시 이후에는 아마도 그 어느 때보다도 더욱 심하게 의식했을 것이다.

이 모든 것은 결국 하나의 결론으로 수렴됐다. 올트먼의 불안이 드러나고 있었다.

오픈AI가 험난한 도전에 직면할 때마다 올트먼은 공개 석상에서 회사의 눈부신 성공을 강조하는 방식으로 자신의 불안을 덮어보려는 듯한 인상을 주었다. 이러한 패턴은 너무나 반복적으로 나타나 일종의 신호처럼 읽히기 시작했다. 올트먼이 유난히 대담하고 과시적으로 굴 때는 십중팔구 무언가가 순조롭지 않게 돌아가고 있다는 뜻이었다.

사방에서 압력이 들어오고 있었다. 이사회 위기를 일컫는 블립 사건 이후, 당시 이사회가 올트먼에 대해 "일관되게 솔직하지 못하다"고 한 표현은 일부 오픈AI 직원들이 예견했던 대로 여러 규제 당국과 법집행기관의 조사를 촉발시켰다.[21] 투자자들이 속아서 투자한 것인지 여부를 조사하기 위해 미국 증권거래위원회가 나섰다고 〈월스트리트 저널〉이 보도했고, 같은 달 〈뉴욕 타임스〉가 저작권 침해 소송을 제기했다. 이로써 오픈AI가 아무런 동의도, 출처 표기도, 보상도 없이 다른 이들의 작업 결과물을 무단으로 사용해 훈련시킨 모델로 수십억 달러를 벌어들이고, 이제는 그 모델이 자신들의 직업을 자동화하여 없애는 데 사용되고 있다며, 예술가, 작가, 프로그래머들이 제기한 눈덩이처럼 불어나던 수많은 소송에 하나를 더 추가했다. 2월의 마지막 날에는 머스크가 또 한 건의 소송을 제기했고, 나중에 시본 질리스와 다시 제기한 이 소송에서 머스크는 올트먼이 자신을 속여 오픈AI를 공동창업하게 했고, 오픈AI의 비영리 구조를 빙자해 자신으로 하여금 초기 지원을 하게 만들었다고 주장했다. 오픈AI는 스스로를 변호하기 위해 서둘러 블로그 글을 게시하고 오픈AI가 설립되던 시기의 초기 이메일을 공개했다. 그러나 그 이메일을 통해 오픈AI가 얼마나 빨리 비영리 구조와 투명성 공약을 버렸는지 드러나면서 더 많은 비판을 받았다.

앤트로픽과 구글과의 경쟁뿐만 아니라, 이제 마이크로소프트도 축출 사건에 대한 반응으로 AI 포트폴리오를 더욱 적극적으로 다변화하기 시작했다. 그중에서 특히 주목할 만한 사례는 2024년 3월 마이크로소프트가 규제 당국의 감시를 피해 실질적으로 리드 호프만과 무스타파 슐레이만Mustafa Suleyman의 스타트업 인플렉션Inflection을 어크하이어acqui-hire[인재 확보를 위한 기업 인수] 하기 위해 6억 5,000만 달러 규모의 거래를 발표한 것이었다.[22] 마이크로소프트는 인플렉션의 직원 대부분을 고용하고, 인플렉션의 기술 라이센스를 획득하고, 슐레이만을 마이크로소프트의 AI 부문 CEO로 데려왔다. 이 거래가 충격적이었던 이유는 그저 합의 내용이 이상해서만이 아니라 슐레이만의 평판 때문이었다. 딥마인드에서 슐레이만 밑에서 일했던 사람들 사이에서 슐레이만은 개차반 같은 폭력적인 깡패로 알려져 있었다.[23] 수년간 그에 대한 불만이 인사팀에 줄줄이 이어지자 딥마인드는 2019년 슐레이만이 맡던 관리자 업무의 대부분을 없애고, 그에게 정직 처분을 내린 뒤 회사에서 강제로 퇴출했다.[24] 2024년 하반기에 마이크로소프트는 미국 증권거래위원회 공시자료에 공식적으로 오픈AI를 경쟁 기업으로 등재했고, 그해 마지막 분기 실적 발표회에서는 단 한 번도 오픈AI의 이름을 언급하지 않았다.[25]

그 압박감은 오픈AI 직원들에게도 고스란히 전해졌다. 온 세상이 그들에게 등을 돌리고 있다는 느낌이 점점 커지고 있었다. 한때 회사 로고가 새겨진 용품을 자랑스레 걸쳤던 이들도 이제는 공공장소에서 굳이 소속을 드러내려 하지 않았다. 기존의 오픈AI 배낭은 전면에 회사 로고를 배치했지만, 새로 디자인된 배낭은 로고를 배낭 안쪽에 숨겼다. 은근한 불안감이 회사를 점점 내향적으로 위축시켰다. 경영진은 직원들에게 비관론자들을 무시하고, 대외적인 발표는 긍정적인 논점을 중심으로 조정하고, 오픈AI의 사명에 계속 집중하라고 당부했다.

외부의 반감은 내부 직원의 마음도 더욱 멀어지게 만들었다. "그들은 진실과 이해를 소중히 여기고, 옳은 일을 하기 위해 그토록 열심히 일했던 사람들입니다." 2021년 오픈AI에서 펠로우로 일했던 앤드루 카Andrew Carr가 말했다. "그래서 그들이 다른 이

들의 데이터를 훔치고 남들의 미래에 전혀 신경을 쓰지 않는다
는 극단적으로 부정적인 서사를 접할 때마다 저는 마음이 좀 아
파요. 그 사람들의 실체와는 너무나 동떨어진 이야기라고 생각하
거든요." 다른 이들은 회사가 외부 세계로부터 점차 격리되는 것
이 애초의 전제와 상반된 것이라고 생각했다. 오픈AI의 사명은
인류를 이롭게 하는 것이었음에도 불구하고, 회사의 행동에 대
해 인류가 쏟아내는 비판을 이제 회사는 적극적으로 무시하고 있
었다. "우리가 아니라 대중들이 틀렸다고 합리화하는 태도는 저
에게는 무척 충격이었어요." 한 전직 직원이 말했다. "오픈AI는
항상 원칙을 따지기를 좋아하지만, 그건 오픈AI를 지지하는 사
람들에게만 국한된 것이에요," 다른 현직 직원도 이렇게 말했다.
"그건 마치, '오픈AI가 존재해야 할까요?'라는 질문에 무조건 그
렇다고 답할 사람들에게만 그 질문을 던지는 것과 같아요."

비판의 상당수는 특히 올트먼에게 집중되었다. 이사회 사태
를 계기로 그동안 숨어 있던 비판자들이 하나둘 모습을 드러냈
다. 올트먼이 정직하지 않고, 권력을 추구하며, 오랫동안 자신만
을 위한 술책을 사용해 왔다는 식으로 묘사하는 새로운 내부 취
재원의 이야기를 담은 언론 보도가 잇따라 나왔다. 애니에게 연
락해 그의 관점을 보도한 기사도 점점 늘어났다.[26] 게다가 혹독
할 정도의 출장 일정과 유명인이 되어 더 이상 한 개인으로 남을
수 없게 된 현실이 주는 압박이 더해졌다. "이상할 정도로 고립
된 삶입니다."[27] 그는 한 팟캐스트에서 이렇게 말했다. "제가 사
는 도시에서 저녁 식사조차 자유롭게 못하게 될 줄은 몰랐어요."

그리하여 GPT-4o 출시 직후, 오픈AI가 이사회 사건 다음으
로 두 번째로 최악의 한 주를 맞이하게 되었을 때, 그것은 큰 흐

름에서는 누적된 위기의 연장처럼 느껴졌다.

⁂

GPT-4o 시연 다음날인 5월 14일, 오픈AI는 수츠케버가 회사를 떠나고 파호키가 오픈AI의 새 수석과학자로 취임한다고 공식 발표했다. 수츠케버는 오픈AI를 사랑하고 자신의 모든 것을 바쳐 일했지만, 한때 자신이 믿었던 공동창업자인 브로크만과 함께 올트먼이 이끄는 오픈AI는 더 이상 안전한 AGI를 도래하게 할 적합한 환경으로 볼 수 없다고 판단한 후 떠나기로 결정했다.

이는 올트먼이 원했던 결과가 아니었다. 비록 수츠케버와 수도 없이 격렬하게 충돌했음에도 불구하고, 수츠케버가 AI 선지자라는 사실에는 여전히 변함이 없었다. 그리고 회사에 대한 기대와 감시가 커진 지금 오픈AI는 그 어느 때보다도 수츠케버의 과학적 리더십이 필요한 상황이었다. 오픈AI 경영진은 수츠케버의 사임이 직원들과 투자자, 언론에 나쁘게 비칠 수 있다는 것을 알고 있었다. 회사는 수츠케버를 붙잡기 위해 터무니없이 큰 금액의 돈을 제안했지만 수츠케버는 거절했다.

그의 굳은 결심을 확인한 오픈AI는 대외적인 이미지를 정돈하는 작업에 돌입했다. "일리야는 우리 세대의 가장 위대한 지성 중 하나라 할 수 있고, 우리 분야의 등대 같은 존재이자 소중한 친구입니다."[28] 올트먼은 5월 14일 수츠케버의 사임을 직원들에게 발표하고 나중에 블로그에도 게시한 성명에 이같이 적었다. "야쿠프 또한 우리 세대의 가장 위대한 지성 중 하나입니다."

수츠케버는 오픈AI 경영진을 전적으로 지지한다는 자신의 입식이 전해지자 여러 언론 기사와 소셜미디어 게시물은 올트먼 축출 사건에서 수츠케버가 맡았던 역할을 부각시키며 올트먼이 CEO로 적합한 인물인지 그리고 회사의 연구 기반에는 문제가 없는지와 같은 질문을 다뤘다. 수츠케버가 자신의 트윗에 첨부한 사진에서 그는 완전히 무표정한 얼굴로 한쪽 팔로 브로크만과 파호키를, 다른 팔로는 올트먼과 무라티의 어깨를 감싼 채로 다섯 명 모두가 동물 그림이 가득한 벽 앞에 서서 포즈를 취하고 있었다.

5월 14일에 오픈AI 경영진은 초정렬팀을 공동으로 이끌던 잰 레이크가 사임한다는 소식도 내부에 공지했다.[30] 수츠케버와 레이크가 둘 다 떠난 후 초정렬팀은 해체되었고, 그 팀원과 프로젝트는 바렛 조프와 사후훈련팀을 공동으로 이끌며 인간 피드백 기반 강화 학습을 감독하는 존 슐만이 맡게 되었다.

원활한 업무 전환을 위해 경영진은 5월 15일에 전체 직원회의를 개최했다. 올트먼은 오픈AI가 AI 안전에 대한 공약을 절대로 약화하는 것이 아니라고 직원들을 안심시켰다. "AGI 대비는 우리의 가장 중요한 우선순위입니다."[31]

"잰의 주된 걱정이 무엇이었는지, 그리고 당신이 어떤 지점에서 그와 의견이 갈렸는지 조금 더 자세히 설명해 줄 수 있나요?" 한 직원이 물었다.

"제가 잰의 의견 중 정말로 동의한 한 가지는 우리가 지금까지 해온 것이 이제 미래를 생각하면 더 이상 충분하지 않다는 것입니다." 올트먼은 이제 오픈AI가 방향을 바꿀 때가 되었다고 했다. "제 생각에 우리는 전함을 돌리는 능력에 있어 매우 보기 드문 예외라고 생각합니다. 전에도 이미 여러 차례 해낸 적이 있고, 또다시 해낼 수 있습니다."

무라티는 초정렬팀이 연산 자원의 20%를 사용하게 하는 약속을 유지할 것이라고 덧붙였다.

"제가 알기로 잰은 여러 가지 중에서 적어도 연산 자원 약속이나 초정렬 업무의 우선순위에 대해서는 걱정하지 않았어요," 올트먼이 말했다.

겉보기에 수츠케버와 레이크가 회사를 떠난 일은 회사 전반에서 나타난 안전파 직원들의 대규모 이탈이라는 보다 큰 흐름과 자연스럽게 이어진 것처럼 보였다. 두 리더의 사임 이후 그러한 이탈은 더욱 가속화되었다. 초정렬팀의 나머지 직원 중 대다수가 팀이 해체된 이후 회사를 떠났다.

하지만 그 대규모 이탈이 오픈AI를 두고 부머와 두머가 벌이는 싸움이 오히려 더욱 격화된 계기가 되었다는 게 반전이었다. 싸움은 끝나지 않았다. 두머들이 단지 그 싸움을 회사 밖으로 옮겨간 것일 뿐이었다.

전체 직원회의 이틀 뒤인 5월 17일, 레이크는 날선 비판을 담은 트윗을 연달아 날리며 올트먼이 내놓은 입장이 자신의 경험과는 딴판이라는 사실을 분명히 했다. "저는 꽤 오랫동안 회사의 핵심 우선순위를 두고 오픈AI 경영진과 생각이 달랐고, 그 차이는 결국 한계점에 도달했습니다."[32] 그의 트윗은 거의 100만 조회수를 기록했다.

"지난 몇 달간 제가 이끄는 팀은 많은 어려움을 겪으며 업무를 해왔습니다. 연산 자원을 확보하는 데 애를 먹었고, 이 중요한 연구를 수행하는 것이 점점 더 어려워졌습니다. 오픈AI는 인류 전체를 대신해 엄청난 책임을 지겠다고 나섰습니다." 그가 말을 이어갔다. "그러나 지난 몇 년 사이 안전을 강조하는 문화와 절차는 화려한 제품에 밀려나면서 뒷전 취급을 받았습니다."

레이크는 곧 앤트로픽에 합류했다.

그의 트윗이 12,000개가 넘는 좋아요와 함께 인터넷에 퍼지며 오픈AI에 대한 의심의 눈초리가 쏟아지는 동안, 오픈AI 경영진이 이 상황을 채 파악하기도 전에 또다른 사건이 터졌다.

5월 17일 레이크의 트윗이 게시되고 불과 몇 시간 뒤에 다른 트윗이 널리 퍼지고 있었다. 미국 온라인 매체 〈복스〉의 주요 섹션 중 효과적 이타주의에서 영감을 얻어 만들어진 퓨처 퍼펙트 Future Perfect를 담당하는 〈복스〉의 선임기자 켈시 파이퍼Kelsey Piper가 새로운 기사를 올린 것이었다.[33] "오픈AI를 퇴사할 때에는 놀라운 불쾌감을 경험하게 됩니다." 그는 자신의 특종 기사를 공유하는 트윗에 이렇게 적었다. "그건 바로 평생 비방 금지 서약에 서명하지 않으면 확정된 주식 지분 모두를 잃게 되는 퇴사 조건입니다."

더 많은 두머들이 회사를 떠난 것이 그 기사의 보도에 일조했다. 그러한 두머들 중 하나인 다니엘 코코타일로Daniel Kokotajlo는 퇴사 시점에 브룬다즈의 정책연구팀에 소속되어 있었고, 2024년 4월 안전파 직원들의 초기 퇴사 물결에 동참해 회사를 떠났다. 오픈AI에 들어오기 전, 코코타일로는 효과적 이타주의와 연계된 런던의 소규모 싱크탱크인 장기위험센터Center on Long-Term Risk에서 철학자로 일했다. 2020년 GPT-3가 출시되면서 그가 설정해 두었던 AI 타임라인은 완전히 무너졌다. 2년 뒤, 다양한 신호를 활용해 AI가 얼마나 빨리 발전할 것인지 예측하는 작업으로 효과적 이타주의 포럼에서 이름을 알렸고, 이를 본 오픈AI의 한 AI

안전 연구원이 그를 회사로 영입해 같은 연구를 하도록 했다. 내부에서 연구 속도를 직접 보게 되자, 그의 타임라인은 또다시 앞당겨졌다. 퇴사할 무렵, 그는 2027년에 AGI가 도래할 가능성이 50%이며 그 결과가 인류에게 매우 나쁜 방향으로 흘러갈 확률이 70%에 이른다고 믿었다.

그토록 엄청난 재앙의 가능성을 믿고 있던 코코타일로는 파이퍼의 기사에서 상세히 다룬 내용을 자신의 퇴직 문서에서도 확인했다. 회사에 부정적인 이야기를 영구히 하지 않겠다는 비방금지 서약에 서명하지 않는다면, 확정된 주식 지분을 포기해야 했다. 서명을 한다 해도 이를 위반할 경우 지분을 잃게 될 위험이 있었다. 코코타일로는 소위 이 환수 조항을 도저히 받아들일 수 없었다. 확정된 주식 지분을 건드리는 것은 실리콘밸리에서 명백한 금기였다. 직원이 보유한 회사 지분은 현금으로 받는 보수를 훨씬 넘어서는 경우가 많아 그들의 경제적 미래를 좌우할 수 있을 정도였다. 더욱이 그가 보기에 오픈AI는 세상에서 가장 강력하고 실존적으로 위험한 기술을 만들고 있었다. 그렇기 때문에 전직 직원들이 회사를 공개적으로 비판하고 압박할 권리를 갖는 것이 무엇보다 중요하다고 믿었다. 하지만 한순간에 자신의 재정적 안전망이 사라질 수 있다면, 심각한 AI 안전 문제를 목격하더라도 누구든 입을 다물 것이라고 생각했다. 그는 아내와 고통스러운 논의 끝에 비장한 결정을 내렸다. 그들은 가족이 보유한 순자산의 약 85%에 해당하는, 대략 170만 달러의 가치가 있는 그의 지분을 전부 포기하고 서류에 서명하지 않기로 했다.[34]

그는 이어 자신의 결정을 AI 안전의 중심 허브 역할을 하는 레스롱에 공개적으로 게시했다. 그 무렵 켈시 파이퍼는 이미 다른 두머로부터 환수 조항에 대한 이야기를 전해 듣고 있었다.

파이퍼의 기사가 나간 뒤, 오픈AI의 슬랙은 술렁거렸다.[35] 직원들이 뭐든지 물어볼 수 있는 #질문-있어요#i-have-a-question라는 채널에 한 직원이 파이퍼의 트윗 링크를 게시했다. "이게 사실인가요?" 곧 여러 직원들이 잇따라 의견을 달았다.

얼마 전 오픈AI의 인사 담당 임원으로 승진하고 곧 최고인사책임자가 될 줄리아 빌라그라Julia Villagra가 입장을 밝혔다. "우리는 이 기사가 여러 오해를 불러일으킨다는 점을 이해합니다. 하지만 우리는 현직이든 전직이든, 퇴사 시 합의서나 비방 금지 계약에 서명하지 않았다는 이유로 이미 확정된 지분을 취소한 적이 없으며, 앞으로도 그럴 계획이 없습니다. 우리는 이러한 현실을 더욱 잘 반영하기 위해 최근 퇴직 관련 서류를 업데이트했고, 이 부분은 이미 퇴직한 직원들에게도 소급 적용할 것입니다."

몇몇 직원들이 반박했다. "코코타일로는 어쩌고요? 그는 비방 금지 서약에 서명하기를 거부한 대가로 분명히 자신의 지분을 모두 잃었는데요. 만약 이 모든 게 오해였다면, 그 역시 지분을 돌려받아야 하지 않나요?"

"제가 기꺼이 다니엘에게 연락할게요!" 한 직원이 제안했다.

"아하 맞아. 다니엘이 자기 순자산의 85%를 되찾았을 때 지을 표정 정말 재밌겠는데 ㅋㅋㅋ. 누가 사진 좀 찍어줘요!" 직원들의 답글이 이어졌다. "솔까말 그건 그의 순자산의 $1/(1-0.85)$ = 666%야."

다음날인 5월 18일에 올트먼은 트윗을 통해 재차 강조했다. "우리는 누구의 확정된 지분도 환수한 적이 없으며, 사직합의서에 서명을 거부한다고 해서 (또는 비방 금지 서약서에 서명을 거부한다고 해서) 확정된 지분을 환수하지 않을 것입니다."[36] 그는 이렇게 적었다. "확정된 지분은 확정된 지분입니다. 끝."

그러고 나서 그는 사과하는 척하며 스스로를 변호했다. 퇴사 서류에 있어서는 안 될 "잠재적 지분 취소" 조항이 있었고, 회사는 이미 한 달 전부터 이를 고치고 있었다며 "이건 제 잘못이고 제가 오픈AI를 운영하는 동안 진심으로 창피했던 몇 안 되는 사례 중 하나입니다." 그가 말했다. "저는 이 일을 인지하지 못하고 있었지만 마땅히 제가 알았어야 할 일입니다."

이틀 뒤, 여전히 이 논란을 수습하기 위해 경영진이 바삐 움직이고 있을 때 또다른 문제가 터졌다. 직원들은 이 상황을 묘사하기 위해 전방위적 위기Omnicrisis라는 신조어를 만들어냈다.

5월 20일, 스칼릿 조핸슨이 신랄한 입장문을 내놨다.[37]

그 주 내내 벌어진 모든 일에 더해, 오픈AI는 GPT-4o와 조핸슨이 목소리로 출연한 영화 〈허〉의 AI 어시스턴트 사만다가 섬뜩할 정도로 비슷한 이유에 대해 기자들의 거듭된 질문을 받았다.[38] 물밑에서는 조핸슨과 그의 에이전트 브라이언 로드 역시 같은 해명을 요구하며 회사를 압박했다. 그간 오픈AI는 공개적으로 그 유사성을 부인해왔다. 로드가 올트먼에게 전화해 설명을 요구했을 때, 올트먼은 못 믿겠다는 듯한 반응을 보였다고 〈월스트리트 저널〉이 보도했다. 정말로 그 음성이 조핸슨의 목소리처럼 들렸는지, 조핸슨이 화가 났는지 그가 되물었다는 것이다.[39]

그 뒤 5월 19일에 오픈AI는 블로그를 통해 시연에서 선보인 스카이sky라고 불리는 4o의 목소리는 2023년 초에 캐스팅 절차를 거쳐 뽑은 다른 여배우의 목소리라고 밝혔다.[40] 그 후 지난 9월에 챗GPT의 음성 모드와 함께 출시된 초기 옵션과 함께 스카이를 공개했던 것이라며, 스카이의 음성이 조핸슨의 목소리와 유사하다 해도 그것은 우연일 뿐이라고 주장했다. 이 발표 다음날인 5월 20일에 조핸슨이 자신의 입장을 밝힌 것이다.

조핸슨은 사실 오픈AI가 처음으로 음성 모드를 소개했던 같은 달에 올트먼이 직접 자신에게 챗GPT에 목소리를 빌려줄 수 있는지 묻기 위해 연락했다고 말했다. "그는 제가 시스템의 목소리가 됨으로써 테크 기업과 창작자들 간 간극을 메우고, 소비자들이 인간과 인공지능을 둘러싼 지각변동을 편안하게 느낄 수 있게 도와줄 수 있다고 말했습니다." 이어 "그는 제 목소리가 사람들을 안심시켜 줄 것 같다고 말했습니다"라고 덧붙였다.

조핸슨은 그 제안을 고려는 했지만 거절했다고 밝혔다. 2024년 5월에 올트먼은 로드에게 두 번째로 연락해 다시 한번 의향이 있는지 물었다. 며칠 뒤, 그들이 만날 시간을 미처 정하기도 전에 오픈AI는 4o를 선보이는 행사를 개최했다.[41]

시연을 본 조핸슨은 어안이 벙벙했다. 자신의 목소리처럼 스카이의 목소리 역시 굵고 쉿소리가 나는 저음이었다. 이는 조핸슨의 목소리를 대표하는 특징이었다. 스카이의 목소리에 감성적이고 유혹적인 부분이 더해지면서 조핸슨이 연기한 캐릭터 사만다를 더욱 연상시켰다. "저와 가장 가까운 친구들과 언론 매체들조차 제 목소리와 구분하지 못할 정도로 섬뜩하게 유사한 목소리를 올트먼 씨가 사용한 데 대해 저는 충격을 받았고, 분노했고, 믿을 수가 없습니다." 그 결과, 조핸슨은 어쩔 수 없이 법률 자문을 받아 오픈AI가 어떻게 스카이 목소리를 생성했는지 묻는 서한을 두 차례 보냈다고 덧붙였다. "우리 모두가 딥페이크로부터 우리 자신의 모습, 우리 자신의 작품, 우리 자신의 정체성을 보호하는 일을 고민해야 하는 시대에, 저는 이런 질문들이 절대적으로 명확하게 규명되어야 한다고 생각합니다."[42]

오픈AI는 급히 스카이 사용을 중단하고 5월 19일자 블로그 게시글에 추가 설명과 함께 올트먼의 입장을 추가했다. "스카이의 목소리는 스칼릿 조핸슨의 목소리가 아니며, 조핸슨의 목소리와 유사하게 만들 의도는 전혀 없었습니다." 이어 "우리는 조핸슨 씨에게 더 분명하게 소통하지 못한 점에 대해 죄송하게 생각합니다"라고 덧붙였다.[43]

이미 회사 내에서는 여러 불미스러운 사건이 연달아 발생한 상황이었지만, 조핸슨 스캔들은 이사회 위기 이후 처음으로 외부에서 터진 사건이었다. 스캔들은 올트먼이 "일관되게 솔직하지 못하다"고 묘사했던 이사회의 주장을 다시금 상기시켰다. 마커스는 그 어느 때보다도 의견을 내고 싶어 안달이었다. "저는 샘에게 개인적으로 매료된 정책결정자들을 수도 없이 봐왔습니다. 제가 상원에 증인으로 출석했을 때 그들이 샘에게 이야기하는 방식만 봐도 알 수 있었죠."[44] 그는 〈폴리티코Politico〉와의 인터뷰에서 이렇게 말했다. "이제 사람들이 갑자기 그에 대해 의문을 갖게 된다면, 그건 어쩌면 정책이 만들어지는 과정에 실질적인 영향을 줄 수 있겠어요."

오픈AI 직원들의 사기는 급격히 떨어졌고 회사는 또다시 불안정한 상황에 노출되었다.

5월 22일에 경영진은 내부적으로 조핸슨 스캔들과 지분 환수 논란, AI 안전에 대한 오픈AI의 공약 등 여전히 남은 의문에 한꺼번에 답하기 위해 다시 한번 전체 직원회의를 개최했다.

팽팽한 긴장감이 감돌았다. 경영진은 연이어 짤막짤막한 설명을 제시했다.[45] 최고전략책임자로서 인사와 법무를 총괄하던 제이슨 권은 지분 문제는 "용납할 수 없는" 일이며 최대한 빨리 고치겠다고 말했다. 조핸슨 사건은 "안타까운" 오해였다고 했다. 제품팀과 법무팀이 아카데미 수상 감독을 고용해 철저한 캐스팅 절차를 거쳤고, 이 과정에 참여한 여러 성우에게 보수를 "후하게 줬다"고 말했다. "그건 우리가 정말 잘한 일이에요." 제이슨 권이 말했다. 또한 오픈AI의 책임성 있는 리더십을 더욱 효과적으로 보여주기 위해서는 앞으로 업무 조율과 투명성에 조금 더 신경 쓸 필요가 있다고 했다.

무라티가 새로운 소식을 전하며 설명을 일단락했다. 오픈AI는 전에 올트먼이 언급했던 새로운 수준의 대비태세를 갖추기 위한 기초 작업을 하고 있다고 했다. 여기에는 연구 클러스터의 보안 수위를 높이고, 장기적인 AI 안전 연구에 더욱 집중하기 위해 회사를 개편하고, 이 목표를 추진함에 있어 경영진 내부의 업무 조정을 더욱 효과적으로 할 수 있도록 알렉산더 마드리가 이끄는 새로운 AGI 준비 그룹을 형성하는 것이 포함됐다.

그리고 나서 올트먼은 질문을 받기 전에 먼저 양해를 구했다. "모두가 밤낮없이 일하면서 엄청 스트레스를 받은 상태인 데다 잠도 부족한 상태인 점을 이해해주시길 바랍니다." 그가 말했다. "여러 가지 일이 동시에 발생하고 있는 상황이니 그 점을 꼭 좀 이해해주시기 바라고요. 우리도 최선을 다하겠습니다."

세 가지 문제 중 조핸슨 사건이 회사의 대외적인 이미지에 가장 큰 타격을 입히고 있었다. 한 직원이 경영진에 스카이의 목소

574

리에 대해 질문하자, 무라티는 스카이의 목소리가 스칼릿 조핸슨의 목소리와 유사한 것은 "완전한 우연의 일치"라는 이야기를 되풀이했다. 무라티는 몇몇 선택지를 들은 후 자신이 직접 최종 목소리를 골랐으며, 올트먼과 달리 자신은 영화 〈허〉를 한 번도 본 적이 없고 조핸슨이 목소리 출연을 했다는 사실도 몰랐다고 했다. 질문을 한 직원은 그 문제가 곪게 내버려 둘 경우 회사의 존립을 좌우하는 문제로 변할 수도 있다고 언급했다. "AI라는 산업이 망하는 지름길 중 하나는 사람들이 자신의 데이터를 포기하는 것에 대해 신뢰와 편안함을 잃어버리는 것입니다." 그는 "이번 사건이 그 두려움에 다시 불을 지폈다"고 덧붙였다.

하지만 직원들을 가장 분노하게 만든 문제는 역시 지분 환수 문제였다. 일부 직원들은 자신의 인사 관련 서류를 법률 검토하고 회사의 주장이 사실인지 확인하기 위해 변호사를 선임했다. 전체 직원회의가 진행되는 동안 직원들은 계속해서 경영진에게 더 자세히 캐물었다. "도대체 어떻게 그런 일이 있을 수 있죠?" 한 직원은 자신이 "격분했다"는 사실을 분명히 한 뒤 이렇게 따졌다. 회의 내내 경영진은 올트먼이 5월 18일에 트윗에 썼던 것처럼 환수 조항은 실수였다는 주장으로 일관했다. 환수 조항은 2019년부터 있었지만 경영진은 2024년 4월 전까지 이를 인지하지 못했고, 문제를 인지한 2024년 4월부터 서류를 고치는 작업에 바로 착수했다는 것이었다. "제 잘못입니다." 제이슨 권은 피곤하고 기운 빠진 듯한 목소리로 반복해 말했다.

질문이 계속되던 중, 한 AI 안전 연구원은 경영진에게 한 명씩 차례대로 예 또는 아니오로 대답하라며 질문을 던졌다. "4월 이전에 비방 금지 서약서에 대해 알고 있었나요?"

권은 알고 있었다고 답했고, 무라티와 최고운영책임자 브래드 라이트캡은 몰랐다고 답했다. 올트먼은 좀 더 정교한 답변을 내놨다. 그는 특정 사례에 그 서약이 적용된다는 사실은 알고 있었지만, 모두에게 적용되는 필수 사항인 줄은 몰랐다고 말했다. "저도 그렇습니다." 브로크만이 말했다.

그러나 올트먼이 다음날 다시 모여 더 논의하자고 제안하며 회의를 마치던 무렵, 켈시 파이퍼가 〈복스〉를 통해 보도한 두 번째 특종기사가 퍼지면서 경영진의 설명을 꼬이게 만들었다. 같은 날 나온 그 기사는 몇몇 사례에서 오픈AI의 인사팀이 퇴사하는 직원들로 하여금 비방 금지 서약서에 서명하도록 압박하기 위해 지분이 취소될 가능성이 있다고 명시적으로 위협한 사실이 있음을 보여주는 문서를 공개했다.[46] 일례로 한 직원이 서류를 검토할 시간을 더 달라고 요청하자, 인사팀 직원은 "당신이 이 서류에 서명을 하지 않으면 지분에 영향이 있을 수 있다는 점을 분명히 인식하길 바랍니다. 이건 모든 사람에게 적용되는 원칙이고, 우리는 그저 원칙대로 일을 처리하는 것일 뿐입니다"라는 답장을 보냈다고 파이퍼는 보도했다. 또다른 사례에서는 계약 해지 합의서를 받은 직원이 서명을 거부하고 외부 법률 자문을 구하자, 회사는 그가 확정 지분을 매각할 권리를 잃을 수도 있다고, 그렇게 되면 지분은 아무런 가치도 없는 한낱 종이조각이 되어버린다고 말한 사실이 드러났다.

그 문서를 모은 사람은 코코타일로였다. 파이퍼의 첫 보도 후 오픈AI가 결코 지분을 환수한 적이 없으며 올트먼은 이를 인지하지 못했다는 입장을 발표하자, 코코타일로는 전현직 직원들에게 연락해 각자의 인사 관련 서류를 자신에게 공유해 달라고 요청했다. 그는 그렇게 모은 문서를 넣은 구글 드라이브를 만들어 모두에게 다시 공유했고, 어느 시점에 누군가가 파이퍼에게 그 문서 더미를 공유한 것이었다.

거기에서 파이퍼는 몇몇 경영진이, 그중에서도 특히 올트먼이 2024년 4월 이전에 환수 조항이 있다는 사실을 알지 못했다는 주장을 믿기 어렵게 만드는 증거를 찾아냈다. 권과 라이트캡 모두 오픈AI가 확정 지분을 환수할 권리가 있다고 명시된 표준 퇴사 서류에 서명을 했던 것이다. 회사에 그러한 지분 환수 권리를 부여한 법인의 설립 문서에 서명한 것은 올트먼이었다. 그가 서명한 날짜는 그가 환수 조항을 인지했다고 주장한 날보다 1년 앞선 2023년 4월 10일이었다.

그 다음날인 5월 23일, 전체 직원회의가 재개됐다. 직원들은 폭발 직전이었다. 당초 환수 조항이 존재한다는 사실조차 모르고 있던 많은 직원들이 사실이 드러난 후 경영진, 그중에서도 특히 올트먼이 명백한 거짓말로 대처했다는 데에 경악했다.

올트먼은 일부 사실을 시인하며 경영진은 환수 조항 문제가 어떻게 시작된 것인지 알아내기 위해 지난 24시간 동안 각자의 파일과 연락 기록을 뒤졌다며, "이건 우리가 생각했던 것보다 훨씬 크고, 오랜 기간 지속됐고, 더 나쁜 상황 같습니다"라고 말했다.[47] "우리는 여전히 문제를 완전히 파악하기 위해 노력하고 있습니다. 그렇지만 여러분도 알다시피 그 문서에 우리 이름이 들어있죠. 우리가 그러한 방법을 논의했던 것은 맞아요."

"제 생각에 이건 우리의 잘못 중 최악인 것 같습니다." 그는 사태를 바로잡기 위해 최대한 서두르고 있다며 이렇게 덧붙였다.

회사는 전직 직원들을 비방 금지 조항에서 풀어주는 이메일을 발송했고, 신규 퇴사자들의 퇴사 서류에서는 그 조항을 삭제했다고 말했다. 또 법인 서류를 수정하는 작업도 진행하고 있으며 그 모든 일이 어떻게 된 것인지 계속 조사 중이라고 말했다.

빗발처럼 쏟아지는 직원들의 질문 공세에 제이슨 권은 이제 같은 말을 반복했다. 환수 조항 문제가 얼마나 더 크고, 얼마나 오래 지속되어 왔으며, 상황이 얼마나 더 나쁜지에 대해서는 더 "조사"를 해봐야 답할 수 있다는 것이었다.

회의가 시작된 지 약 30분이 흘렀을 무렵, 한 직원이 던진 질문에 올트먼이 내놓은 답변을 들은 직원들 중 다수는 그의 답변이 또다시 현실과 동떨어졌다는 불편한 느낌을 받았다.

"일리야도 비방 금지 조항의 적용을 받았나요?" 직원이 물었다.

"아니요." 올트먼은 재빨리 대답했다. 그런 뒤 그는 조금 머뭇거리며 방어적으로 덧붙였다. "제 생각에는 그런 것 같아요."

권은 어색하게 웃었다. "샘," 그는 단어 하나하나를 또박또박 발음하며 말했다. "그 부분은 확인해본 다음에 다시 답변 드리겠습니다." 그는 이제 질문한 직원을 바라보며 말했다. "100퍼센트 정확하게 말이죠."

브로크만도 은근히 모순되는 입장을 내놨다. "제 생각엔 그가 요청했던 것 같지만, 또 제 기억이 틀릴 수 있으니까요. 확인해봅시다."

그 이후 몇 달간 수많은 전현직 직원들, 특히 근속 기간이 오래된 선임 직원일수록 회사에 닥친 여러 위기 중에서도 환수 조항 사태가 불편한 진실을 깨닫는 계기가 되었다고 말했다. 이 모든 혼란에는 두 가지 힘이 작용하고 있었다. 물론 그중 첫 번째 힘은 항상 존재해 왔던 부머와 두머 간 충돌로, 애초에 외부 비판의 대부분이 집중적으로 쏟아진 원인이었다. 하지만 이번에는 또 다른 무언가도 있었다. 그 두 번째 힘은 올트먼이 오픈AI의 여러 법인을 설립하는 과정에서 드러난 그의 권력에 대한 탐욕과 사건이 터질 때마다 위해 해명을 하는 과정에서 반복된 그의 명백한 거짓말이었다. 이사회 위기 이후, 많은 직원들이 이사회의 결정을 오로지 첫 번째 힘이 작용한 결과로 여겼고, 두 번째 힘에 초점을 맞춘 이사들의 설명이 일종의 오도 또는 자기기만의 결합이라고 생각했다. 이제 더욱 더 많은 직원들이 올트먼의 행동이 자신들에게 도움이 되기보다 해가 된다고 느끼기 시작하면서, 이들은 사실 이사회가 옳았던 게 아닐까 생각하게 되었다.

5월 23일 회의가 거의 끝나갈 무렵, 제이슨 권이 올트먼의 인품을 옹호하기 위해 한 이야기는 진심에서 우러난 듯하면서도 대사를 읊는 것 같이 부자연스럽고, 겉도는 느낌이었다. "우리도 여러분이 가진 궁금증을 **지금 당장** 해소하고 싶기 때문에 여러분의 질문에 답을 드리고 싶어요. 그리고 저는 우리가 여러분에게 그 답을 드리려고 노력하지만, 때로는 그저 기다릴 수밖에 없을 때도 있어요. 그리고 저는 그게, 그건 아마도, 그 일부, 지금껏 벌어진 이 모든 일의 일부입니다." 그는 더듬거리며 말했다. "이 모든 일에 어떤 의도가 있다는 게 아닙니다. 단지, 저, 저는 진짜 정말, 그게, 특히 샘은 말이에요, 샘은 그저 여러분을 실망시키고 싶지 않아서 그런 거예요. 그게 진짜 이유인데, 아, 저는 샘과 정말, 정말 오랜 시간 함께 일해왔어요. 이게 바로 제가 계속 샘과 일하는 이유예요. 아시겠죠? 그러니까, 그건, 그건 정말로 좋은 의도에서 나온 게 **확실해요**. 그게 제가 하려는 말이예요. 제 욕은 얼마든지 하셔도 좋아요. 하지만 아시다시피, 그게, 그게, 어, 그 게, 네, 그게 제가 하고 싶은 말이었어요."

⸻

무라티와 브로크만, 파호키가 수츠케버의 집에 도착했다.[48] 전방위적 위기의 연이은 충격에 오픈AI가 휘청거리던 5월 23일, 셋은 직원들이 준비한 카드와 선물을 가져와 수츠케버에 게 회사로 복귀해 달라고 눈물을 흘리며 간청했다. 모든 게 엉망 이에요, 그들은 수츠케버에게 진솔하게 고백했다. 오픈AI는 직 원, 투자자, 규제 당국으로부터 동시에 신뢰를 잃은 상황이었다. 이들은 수츠케버 없이는 회사가 "붕괴될" 수 있다고 했다.

그날 늦게 도착한 올트먼은 수츠케버가 회사에 복귀해서 예전 의 모습을 어느 정도 회복할 수 있게 도와주면 좋겠다는 희망을 자기만의 방식대로 표현했다. "일리야가 돌아오게 했더라면 아 주 큰 도움이 됐을 거예요." 한 연구원이 반추하며 말했다. "만약 그랬더라면 오픈AI를 논쟁의 중심에 서게 만드는 사건들이 연달 아 터진 상황에서 긍정적인 일이 적어도 하나 생겼을 테니까요."

수츠케버는 심각하게 고민했다. 그 모든 것에도 불구하고, 그 는 뒤끝이 없는 사람이었다. 그가 회사를 떠난다고 발표한 당일, 머스크는 즉각 수츠케버에게 xAI에서 일하자고 제안했다. 운명의 장난인지, 머스크는 그해 말에 오픈AI가 비운 파이오니어 빌딩 으로 xAI의 본부를 옮겼다. 수츠케버는 머스크를 깊이 존경했지 만, 다른 회사를 세우겠다고 결심하고 그 제안을 거절했다. 자신 이 일군 첫 회사로의 복귀는 그의 계획에 없는 일이었지만 그는 그 무엇보다도 그것을 원했다. 그에게는 집으로 돌아가는 것이나 다름없었다. 그럼에도 그는 자신이 지적한 여러 문제점과 더불어 경영진 사이의 고통스럽고 혼란스런 갈등을 해결하기 위해 회사가 진지한 노력을 기울이겠다는 보증이 필요하다고 말했다.

잇따른 위기는 오픈AI의 자기성찰로 이어질 수도 있었다. 그것은 오픈AI가 도대체 *왜* 직원과 투자자, 규제 당국과 대중의 신뢰를 동시에 잃었는지를 곰곰이 생각해 볼 수 있는 기회였다. 만약 그랬더라면 오픈AI는 비로소, 아마도, 어쩌면 이사회 위기와 전방위적 위기가 사실은 동일한 위기라는 사실을 이해할 수도 있었다. 그것은 제국이 너무나 많은 수탈을 통해 지나치게 권력을 가질 때 발생하는, 뿌리깊은 구조적 불안이 일으킨 경련이었다. 그 결과 대다수는 주체성과 물질적 부를 상실하고, 극소수만이 주도권을 두고 치열하게 다투게 된다.

대신 오픈AI는 비판으로부터 스스로를 방어하는 쪽을 택했다. 올트먼은 항상 그래왔듯이 직원들에게 전방위적 위기와 이사회 위기는 AGI를 향한 고귀한 사명을 이루기 위해 거쳐야 하는 위험천만한 여정에서 만난 기이한 광기의 순간들일 뿐이었다고 되풀이했다. "우리가 이 강력한 시스템을 만드는 방법을 알아내는 데 더욱 가까워지고 있다고 모두가 느끼고 있듯이," 올트먼은 5월 15일 전체 직원회의에서 이렇게 말했다, "내부적으로도, 외부적으로도, 우리를 향한, 우리에게서 나오는 그 모든 스트레스와 긴장감은 계속 이어지고 커지기만 할 것입니다." 오픈AI가 이 상황을 관리할 최선의 방법은 홍보에 더욱 힘쓰고, 여러 정부와의 관계를 굳건하게 만들고, 회사의 비전에 대한 신념을 확고히 지키는 것이라고 했다. 그러면서 덧붙였다. "전반적으로 우리는 그걸 꽤 잘하는 편이지만, 또다시 시험대에 오를 것입니다."

오픈AI가 수츠케버의 일을 처리한 방식은 제국의 영속화가 일으키는 연이은 혼란의 축소판이 되었다. 수츠케버가 요청한 보증은 경영진 사이에 또다른 내분을 일으켰다. 이번에는 살짝 다른 등장인물들이 회사 창립 초기부터 기승을 부렸던 자존심 싸움을 재현했다. 많은 이들이 권력추구형 인물이라 묘사한 폴란드계 MIT 교수 알렉산더 마드리는 비교적 짧은 재직 기간 동안 회사 내에 상당한 세력을 구축하는 데 성공했다. 마드리는 수츠케버를 복귀시키는 것은 좋은 생각이 아니라고 여겼다. 수츠케버에게 충성하고 그를 우러러보는 연구원이 너무 많았다. 그로 인해 마드리는 자신의 영향력뿐만 아니라 그와 가까운 친구인 파호키의 영향력도 약화될 수 있다고 생각했다. 불과 몇 시간 만에 마드리의 우려는 의혹의 씨앗을 뿌리고 경영진을 분열시켰다. 올트먼은 언제나 그래왔듯이 그 누구의 의견에도 반대하는 모습을 보이지 않기 위해 어떤 식으로든 결론을 내리는 것에서 스스로 빠졌다.

경영진이 자신의 집에 방문한 지 24시간도 지나지 않아 수츠케버는 브로크만으로부터 전화 한 통을 받았다. 수츠케버의 복귀에 관한 논의는 완전히 무산됐다는 내용이었다.

18

제국을 세우는 공식

한때 올트먼은 쿠데타를 일으켜 프랑스 정부를 장악하고 스스로를 황제로 칭한 뒤 유럽 정복에 나섰던 프랑스 군사 지도자 나폴레옹 보나파르트의 어록을 모은 300쪽짜리 책 《나폴레옹의 마음 The Mind of Napoleon》을 전년도인 2018년 읽은 책 중에서 최고였다고 공개적으로 언급한 적이 있다.[1] "물론 심각한 결함을 가졌지만, 그래도 정말 대단한 사람이었어요." 올트먼이 말했다.

"그는 어떤 통찰력을 갖고 있었나요?" 행사를 주최한 조지메이슨 대학교의 경제학 교수 타일러 코웬Tyler Cowen이 물었다.

"그는 인간의 심리를 놀라울 정도로 잘 이해했습니다." 아직 YC 사장으로 있으면서 오픈AI 상근직으로 완전히 자리를 옮기기 몇 주 전이던 당시, 올트먼은 이렇게 대답했다. "그건 우리가 최고의 창업자들 사이에서 볼 수 있는 능력이죠."

그런 뒤 올트먼은 자신에게 가장 와 닿았던 구체적인 문장을 읊었다. 그것은 프랑스 혁명의 구호(나중에는 프랑스 공화국의 국시가 된)인 "자유, 평등, 박애"에 대한 나폴레옹 자신의 감상과 자신의 권력을 강화하기 위해 그것을 어떻게 재해석하고 사용할 수 있을지에 대한 나폴레옹의 생각이었다. 나폴레옹은 궁극적으로 자유, 평등, 박애를 명분삼아 그 정반대로 행동했다. 그는 자유를 제한하고, 단결과 연대에 기반한 철학인 박애를 무시했으며, 여성이 아닌 남성에게만 평등권을 부여하면서 프랑스 제국을 재건하기 위해 식민지 노예제를 다시 도입했다.

"그러니까 그는 어떻게 하면... 어느 정도 사람들을 통제할 수 있는 시스템을 만들 수 있는지에 대해 이야기했어요." 올트먼은 곱씹으며 말했다. "저는 이렇게 생각했어요. '와, 이 사람이 미국을 다스리지 않아서 다행이다. 왜냐하면 이 사람은 제가 이해하지 못한 무언가 깊은 것을 알고 있었고, 권력을 추구하는 데 그걸 사용할 수 있었다는 게 분명했으니까요.'"

내가 오픈AI의 이타주의에 대해 처음으로 회의를 느낀 지 6년이 흐른 지금, 이제 나는 AGI가 인류 전체에 이익이 되도록 보장한다는 오픈AI의 사명은 어쩌면 진심 어린 이상주의에서 출발했을 수도 있지만, 이후 자원을 모으고 제국과 유사한 권력 구조를 구축하는 데 있어 독보적으로 효과적인 공식이 되었다고 확고히 믿게 되었다. 이 공식은 세 가지 요소를 갖고 있다.

첫째, 이 사명은 위대한 야망 아래 인재를 결집시키는 방법으로 뛰어난 인재들을 한곳에 모은다. 이는 존 매카시가 **인공지능**이란 용어를 만들어낸 것과 완전히 같은 방식으로 이루어졌다. "가장 성공한 창업자는 기업을 만들기 위해 나서지 않습니다."[2] 올트먼은 2013년에 자신의 블로그에 이렇게 적었다. "그들은 종교에 더 가까운 무언가를 만들겠다는 사명을 띠고, 그 사명을 완수하는 가장 쉬운 방법이 기업을 설립하는 것이라는 걸 어느 순간 깨닫게 될 뿐이죠."

둘째, 이 사명은 장애물과 규제, 그리고 반대 의견을 제거하고 자본과 기타 다른 자원을 한곳에 모은다. 혁신, 현대성, 발전을 이루기 위해서라면 뭐든 지불하지 않겠는가? 이는 특히 우리가 우리와는 다른 무서운 경쟁기업 및 국가들에 직면했을 때 더욱 그렇다. "AI의 미래는 누가 통제할 것인가?"[3] 2024년 7월, 올트먼은 전방위적 위기가 남긴 여파 속에 〈워싱턴 포스트〉에 기고한 글에 이렇게 썼다. "미국과 동맹국들의 주도로 발전시킨 글로벌 AI가 기술의 혜택을 고루 나눠주고 누구나 기술에 접근할 수 있게 해주는 미래가 될 것인가, 아니면 우리와 다른 가치를 추구하는 국가나 세력이 AI를 사용해 자신의 권력을 공고히 하고 확장하는 권위주의적인 미래가 될 것인가?"

셋째, 이 사명에서 가장 중요한 요소는 나폴레옹이 프랑스 혁명의 구호를 대한 방식과 마찬가지로 인재와 자본, 그리고 자원을 모으는 권력자가 자기 마음대로 그것을 지휘할 수 있게끔 해석하고 재해석할 수 있을 만큼 모호해야 한다는 점이다. 무엇이 이로운가? AGI란 도대체 **무엇인가?** "저는 그게 우스꽝스럽고 의미 없는 용어라고 생각해요." 올트먼은 이사회로부터 해고를 당하기 이틀 전 〈뉴욕 타임스〉와의 인터뷰에서 이렇게 말했다. "그래서 자꾸만 그 용어를 사용하는 것에 대해 사과드립니다."

이 마지막 요소에 있어 오픈AI의 사명 둔갑술은 참으로 놀랍다고 할 수밖에 없다. 2015년에 오픈AI의 사명은 설립 발표문에 나온 대로 "수익 창출의 필요성에 얽매이지 않은" 비영리단체로서 오픈소스 연구를 수행하는 것이었다. 2016년에는 수츠케버가 올트먼과 브로크만, 머스크에게 쓴 것처럼 "AI 개발로 인한 혜택을 모두가 누릴 수 있어야 하지만, 세부적인 기술을 공개하지 않아도 문제될 건 없다"는 것을 의미했다. 2018년과 2019년에는 오픈AI가 헌장에 쓴 것처럼 "상당한 자원을 동원"하는 동시에 "적합한 안전 장치를 마련할 시간이 없는 치열한 경쟁"을 피하기 위해 이익제한 구조를 만드는 것을 의미했다. 2020년에는 내가 쓴 첫 심층 소개기사에 대한 반응으로 올트먼이 쓴 것처럼 모델을 숨기고 "개방성과 이익 분배를 위한 전략으로 API"를 만드는 것을 의미했다. 2022년에는 "반복적 배포"와 챗GPT를 배포하기 위해 최대한 빨리 전력 질주하는 것을 뜻했다. 2024년에는 GPT-4o 출시 후에 올트먼이 자신의 블로그에 쓴 것처럼 "우리의 사명의 핵심 부분 중 하나는 매우 뛰어난 AI 도구를 사람들의 손에 무료로 (또는 아주 싼 가격에) 쥐여주는 것"을 뜻했다.

오픈AI가 전방위적 위기를 겪고 있는 와중에도 올트먼은 또다시 자신의 정의를 수정하기 시작하고 있었다.

수츠케버와 레이크가 떠나고 난 뒤인 2024년 5월 15일 전체 직원회의에서 올트먼은 오픈AI가 곧 새로운 수준의 AI에 도달하게 될 것이라며 이를 위해 회사가 재검토하고 재정비할 필요가 있다고 강조했다. "이제 우리는 AGI 시대에 들어섰다고 가정할 것입니다."[4] 사명을 명목으로 오픈AI는 외부와의 차단을 더욱 강화하고 글로벌 로비와 대외 홍보에 힘을 주어야 할 필요가 있다고 했다. "현재 우리가 아직 준비하지 못한 것이 굉장히 많습니다," 그가 말했다. "보안을 위한 기준, 우리가 갖고 있어야 할 정책 계획, 또 이를 준비하기 위해 이루어져야 할 정부 간 회합 등, 그리고 AGI의 사회경제적 영향에 대해 사람들이 공감하고 소속감을 느낄 수 있는 계획, 이야기, 미래를 준비해야 합니다."

이와 동시에, 사명이라는 명목으로, 오픈AI는 상업적인 측면에서 속도를 늦추지 않을 것이라고 말했다. "그건 우리가 대단한 제품을 출시하지 않겠다는 뜻이 아닙니다. 그건 우리가 계속해서 대단한 연구를 하지 않겠다는 뜻이 아닙니다. 그건 우리가 다양한 파트너십을 비롯해 다른 멋진 일을 하지 않겠다는 뜻이 아닙니다." 그달 말에는 애플의 제품에 오픈AI의 모델을 탑재하는 내용의 큰 거래가 성사됐다는 언론 보도가 나왔고, 오픈AI와 애플 모두 2주 뒤 그 소식이 사실이라고 밝혔다.

올트먼은 전체 직원회의에서 오픈AI와 마이크로소프트가 상품화가 지속되도록 보장하기 위해 파트너십을 재협상 중이라고 언급했다. "지금 이 회의가 끝나면 저는 바로 시애틀로 날아가서 이 문제를 논의할 겁니다. 이 파트너십은 진화해야만 합니다." 그가 말했다. "우리가 처음에 마이크로소프트와의 거래를 성사시켰을 때, 우리는 일명 충분한 AGI 조항이라는 걸 생각해 냈습니다." 이 조항은 오픈AI가 더 이상 마이크로소프트와 지적재산권을 공유하지 않을 시점을 결정할 조항이었다. "이제 우리는 모두 그때와 생각이 달라진 상태예요." 그가 덧붙였다. 이제 더 이상 오픈AI가 AGI를 달성했는지 깔끔하게 구분할 수 있는 시점을 규정하지 않겠다는 것이었다. "우리는 이 관계가 지속적인 것이 될 거라 생각해요." 두 기업은 계속 파트너 관계를 유지하며 계속해서 발전된 기술을 출시할 것이었다. 아주 싼 가격에 말이다.

이 기이하고 모순된 전략은 오로지 다음과 같이 해석할 때에만 말이 되는 것이었다. 오픈AI는 자신들의 지배력을 강화하기 위해 필요한 것이라면 뭐든지 할 것이며, 그에 따라 사명도 해석하고 또 재해석할 것이라고.

올트먼은 자신의 통제력을 강화하기 위한 물밑 작업도 진행하고 있었다. 비영리 이사회가 영리기업을 감독하는 오픈AI의 구조로 인해 자신의 축출은 거의 필연적이라는 것을 이사회 위기를 통해 분명히 깨달았기 때문이었다. 그러한 구조는 회사의 두 상반된 세력인 부머와 두머가 AI 개발 주도권을 놓고 경쟁하는 양상을 고착화했을 뿐만 아니라, 올트먼이 회사의 사명을 잘 수행하고 있는지에 대해 올트먼의 판단이 아닌 이사회의 판단을 기준으로 그를 해고할 수 있는 폭넓은 권한을 이사회에 부여했던 것이다.

그런 구조를 그대로 내버려둘 경우 비슷한 갈등이 또다시 벌어질 게 뻔했다.

경영진이 수츠케버를 돌아오게 하려고 시도한 지 일주일도 채 지나지 않은 5월 28일에 한 직원이 회사 슬랙의 #질문-있어요 채널에 글을 올렸다.[5] "이 질문을 해야 할지, 한다면 어떻게 해야 할지 모르겠어네요." 질문은 이렇게 시작됐다. 오픈AI의 주주 협약의 복잡한 내용 속에 비영리단체의 해산을 허용하는 듯한 새로운 추가 조항이 숨어 있었던 것이다. "비영리단체는 얼마나 견고한 건가요?" 해당 직원은 이렇게 썼다. "앞으로도 비영리단체가 계속 회사를 감독하나요?"

바로 다음날에 〈인포메이션〉은 그럴 계획이 아닌 것 같다고 보도했다. 그해 올트먼의 최우선 사항 목록에는 오픈AI를 보다 전형적인 회사처럼 만드는 조직 구조조정이 할 일로 포함되어 있었다.[6] 그 다음달에 〈인포메이션〉은 그에 대해 더 자세한 내용을 확인해 보도했다. 올트먼은 오픈AI를 전통적인 영리기업으로 전

환하거나, 앤트로픽이나 xAI 같은 영리목적 사회공헌 주식회사
로 전환하는 등 몇 가지 다른 시나리오를 고려하고 있었다.[7] 두
시나리오 모두 비영리단체를 별도의 법인으로 존속시키되 비영
리 이사회가 회사의 사업을 통제할 권한을 없앨 수 있는 방법이
었다. 이 새로운 구조 아래 투자자들은 올트먼이 자신들의 이익
에 직접적인 이해관계를 갖도록 하기 위해 그에게 회사 지분을
인수하도록 압박하고 있었다.

그 후 몇 달에 걸쳐 오픈AI가 구조 전환을 위한 계획을 짜는
동안에도, 전방위적 위기 때 작용했던 두 가지 힘은 계속됐다. 두
머들은 회사에 대한 공개적인 압박을 강화했다. 6월 4일에 〈뉴욕
타임스〉는 다니엘 코코타일로를 다룬 심층 기사를 통해 그의 이
력과 그가 시작한 캠페인을 소개했다. 이 캠페인을 통해 코코타
일로는 AI 기업들이 투명성을 높이고 직원들이 회사 내에서 목
격한 위험에 대해 대중들에게 경고할 권리를 보장하는 내부고발
자 보호 제도를 도입할 것을 촉구했다.[8] 코코타일로가 주도한 공
개 서한에 자신들의 요구 사항을 제시하고 이름을 올린 12명의
서명자 중 10명은 각기 다른 시기에 오픈AI의 안전파였던 전직
직원이었다.[9] 한 달 뒤, 〈워싱턴 포스트〉는 오픈AI의 일부 직원
들이 오픈AI가 퇴사와 관련한 요건을 지나치게 폭넓게 규정함으
로써 연방 내부고발자 보호규정을 위반했다는 주장을 제기하며
회사를 미국 증권거래위원회에 제소했다고 보도했다.[10] 그 달 말
에 미국 연방 상원의원 다섯 명이 레이크, 코코타일로 등이 제기
한 다양한 주장과 더불어 오픈AI가 AI 안전을 등한시하고 직원
들의 비판을 차단한다는 파이퍼의 보도에 대해 더욱 구체적인 답

변을 요구하는 질의서를 올트먼에게 보냈다.[11]

한편, 경영진 내의 혼란과 올트먼에 대한 불만은 변함없이 지속됐다. 여기에 더해 계속해서 이어지는 부머 대 두머 간 싸움은 회사의 보고 체계를 자꾸만 뒤흔들어 놓았다. 브로크만은 더 이상 무라티에게 보고하지 않고 올트먼에게 직접 보고했고, 상원의원들이 질의서를 받은 직후에 알렉산더 마드리는 준비팀을 이끌던 자리에서 연구부문의 더 작은 역할로 발령받았다. 오픈AI는 또 경륜이 풍부한 임원들을 영입했는데, 이웃 간 소셜미디어 플랫폼인 넥스트도어Nextdoor의 전 CEO였던 사라 프라이어Sara Friar가 최고재무책임자로 들어왔고, 페이스북과 인스타그램, 트위터에서 제품 책임자였던 케빈 웨일Kevin Weil이 최고제품책임자로 입사했다.[12]

곧이어 회사에서 가장 오래 재직한 임원들이 줄줄이 떠나갔다. 가장 먼저 떠난 것은 존 슐만이었다.[13] 그는 2024년 8월 5일에 사직 소식을 공개하면서 "AI 정렬에 더욱 깊이 집중하고 싶다"며 앤트로픽에서 그 일을 하겠다고 밝혔다. 같은 날, 브로크만은 그해 말까지 안식 휴가를 갖는다고 발표했다.[14] 부분적으로는 자신의 리더십에 대한 직원들의 불만이 쌓인 결과로 인한 휴직을 그는 회사에서 9년간 전력 질주한 뒤 꼭 필요했던 휴식이라고 표현했다.

그 다음달인 9월 25일, 올트먼에 대한 심각한 우려를 이사회에 제기했던 미라 무라티가 갑자기 자신도 떠난다고 발표했다.[15] "지난 6년 반을 오픈AI와 함께할 수 있었던 것은 대단한 특권이었습니다." 그는 올트먼과 브로크만에게 고마움을 표하며 자신이 정말 회사를 소중히 여긴다며, 앞으로도 회사를 계속 응원하겠다고 적었다. "저는 저만의 탐구를 할 시간과 공간을 마련하고 싶어서 물러납니다." 불과 몇 시간 안에 핵심 임원 중에서 퇴사자가 두 명 더 나왔다.[16] 최고연구책임자 밥 맥그루, 그리고 슐만과 함께 사후훈련팀을 이끌었던 바렛 조프였다. 세 명 모두 오픈AI가 또 하나의 중대한 이정표에 도달한 지금 유종의 미를 거두고 회사를 떠나기에 적합한 타이밍이라는 점을 직원들과 대중에게 강조했다. 그 이정표란 9월 중순 수츠케버가 회사에 마지막으로 기여한 연구를 기반으로 개발한 오픈AI의 최신 모델인 스트로베리가 회사의 새로운 작명법에 따라 o1으로 출시된 것을 말했다.[17]

그러나 사실 그건 최악의 타이밍이었다. 전방위적 위기 이후, 오픈AI가 직면한 경쟁은 더욱 가속화되기만 했다. 머스크는 xAI를 세우기 위해 연산 자원을 무서운 속도로 확장하고 있었다.[18] 앤트로픽이 내놓은 클로드의 최신 버전은 챗GPT로부터 고객들을 빼앗아가고 있었다.[19] 수츠케버는 새 경쟁자인 세이프 슈퍼인텔리전스Safe Superintelligence를 공식 설립하고 시작 자금으로 10억 달러를 마련했다고 이제 막 발표한 참이었다.[20]

동시에 오픈AI는 오리온 모델을 1년 넘게 개발했는데도 출시할 수 있을 정도의 성능에 도달하지 못해 여전히 애를 먹고 있었다.[21] 오픈AI는 이제 불편한 전망을 직시하기 시작했다. 모델의 성능을 향상시키는 데 그간 효과가 입증됐던 스케일링만으로는 이제 더 이상 충분하지 않았다. AI 시스템을 더욱 발전시키려면 근본적으로 새로운 아이디어가 필요해 보였다. 누구에게나 이를 실천하기는 어려운 일이지만, 지난 수년간 과학의 경계를 넓히는 탐구를 등한시하고 기존에 나와 있던 연구 성과를 중심으로 인력을 모집하고 팀을 조직해온 오픈AI로서는 더욱 어려운 일이었다.

무라티가 회사를 떠난다고 밝히기 이틀 전, 올트먼은 오픈AI의 새로운 투자 유치를 진행하는 가운데 여태껏 그가 쓴 블로그 게시글 중 가장 과장이 심한 글을 발표했다.[22] "인텔리전스 시대 The Intelligence Age"라는 제목이 달린 이 글은 앞으로 다가올 "상상할 수 없을 정도"의 번영에 대한 가슴 벅찬 가능성으로 가득했다.[23] "우리는 어떻게 번영을 향한 다음 도약의 문턱에 이르렀는가?" 올트먼은 이렇게 썼다. "15 어절로 설명하자면: 딥러닝은 효과적이었고, 스케일이 커질수록 예측한 대로 향상됐고, 우리는 거기에 점점 더 많은 자원을 투입해 왔습니다."

한 전체 직원회의에서, 무라티는 자신의 퇴사 발표가 급작스러웠던 이유를 직원들에게 설명했다.[24] "저는 여러분이 제가 떠난다는 소식을 언론은 물론이고 여러분의 상사 또는 그 외 누구로부터 듣기보다 저에게서 직접 듣게 되기를 원했어요." 오픈AI에 대한 감시의 눈초리가 많아진 상황에서 무라티는 모두를 깜짝 놀라게 하는 방법 외에는 다른 방법을 찾지 못했다고 했다. 무라티의 퇴사 결정을 접한 맥그루는 자신도 떠날 때가 왔다고 말했다. "저는 제가 처음 회사에 왔을 때 이루고 싶었던 굵직한 일들을 거의 대부분 이뤘다는 사실을 깨달았습니다."

수츠케버의 퇴사 때와 마찬가지로, 오픈AI는 셋의 퇴사를 원만하게 수습하려 시도했다. "미라, 밥, 바렛은 각자 따로, 그리고 우호적으로 그렇게 결정했습니다."[25] 올트먼은 먼저 내부적으로 공유한 뒤 나중에 트윗으로 게시한 글에 이렇게 적었다. "그러나 미라의 결정 시점이 워낙 절묘하고 시의적절했던 덕분에 지금 이 모든 것을 한꺼번에 진행하는 것이 타당하다고 느꼈고, 우리 모두가 다음 경영진에 원활한 인수인계를 하는 데 협력할 수 있게 되었습니다."

맥그루가 떠난 자리에는 4o 시연 행사에서 무라티와 조프 옆에 앉아 시연을 주도한 연구 책임자 중 하나인 마크 첸이 승진해 파호키와 함께 연구부문을 이끌게 되었다. 오픈AI에서 오래 일한 또다른 연구원인 조슈아 아치암은 새로 생긴 역할인 미션 정렬 책임자로 승진했다. 조프가 이끌던 사후훈련팀은 조프와 함께 오픈AI로 이직한 구글러 중 한 명인 리암 페두스가 넘겨받게 되었다. 오픈AI는 최고기술책임자였던 무라티의 자리는 당분간 공석으로 둘 것이라고 올트먼은 말했다.

그 모든 경영진 교체와 계획된 구조 전환을 통해 회사는 변함없는 사실 하나를 드러내고 있었다. 그것은 바로 오픈AI는 언제나 샘 올트먼의 AI 제국이었고, 앞으로도 여전히 그럴 것이라는 사실이었다.

2024년 10월 초, 오픈AI는 [단일 벤처캐피탈 라운드로는] 역사상 최대 규모의 민간 투자로 꼽히는 66억 달러의 자금 조달에 성공하면서 기업가치를 1,570억 달러로 평가받았다. 거기에는 단서가 있었다. 회사가 2년 내에 영리기업으로 전환하지 않을 경우 투자자들은 투자금을 회수할 수 있었다.

남은 2024년 내내 핵심 인력이 연이어 오픈AI를 이탈하는 현상은 계속됐다. 조프와 페두스와 함께 오픈AI로 이직했던 구글러 루크 메츠, 정책연구팀 책임자 마일스 브룬다즈, 데이브 윌너가 이끌던 신뢰와안전팀 업무를 물려받고 새로이 안전 업무를 이끄는 임원으로 승진했던 릴리안 웽, 그리고 오픈AI를 GPT 모델의 길로 인도했던 알렉 래드포드 등이 모두 줄줄이 회사를 떠났다.

앤트로픽은 샌프란시스코의 여러 광고판에 "그 어떤 소동도, 갈등도 없이 만들어진 모델The one without all the drama"이라는 장난스런 문구로 클로드 홍보 캠페인을 벌이기 시작했다. 브로크만은 인재 이탈이 벌어지는 와중에 안식 휴가에서 예정보다 일찍 복귀했다. 애니는 샘에게 소송을 제기하겠다는 법률 서한을 보냈다. 또다시 대통령으로 선출된 도널드 트럼프와 같은 편에 선 머스크는 이제 본격적으로 소송을 제기하기 시작했다.[26] 그는 오픈AI의 예정된 영리법인 전환에 반대하며 오픈AI 창립 초기 이메일을 더 공개했는데, 그중에는 올트먼이 브로크만과 수츠케버의 뒷담화를 하고("이번 일로 그렉과 일리야에 대한 신뢰를 많이 잃었다고 함. 그들의 메시지가 일관성이 없고 가끔 유치하다고 느꼈다고 함") 투명성에 대한 반감을 드러낸 내용("팀의 주의를 분산시키는 것 같다고 함")도 포함됐다. 머스크와 오랫동안 불화를 빚어온 저커버그가 놀랍게도 머스크를 지지하고 나섰다. 메타는 머스크가 소송을 제기했던 것처럼 캘리포니아 법무장관에 오픈AI의 영리법인 전환을 막아달라고 서한을 보냈다. "오픈AI의 행동은 실리콘밸리에 엄청난 악영향을 미칠 수 있습니다."[27] 오픈AI가 추진 중인 영리법인 전환이 허용되면 많은 스타트업들이 비영리 지위를 이용해 자신들이 수익을 낼 때까지 회사와 회사 투자자들이 정부의 세금 감면 혜택을 볼 수 있게 하는 위험한 선례를 남길 수 있다는 주장이었다.

그해 말, 오픈AI는 휴가철 뉴스가 쏟아지는 와중에 회사의 새로운 구조에 대한 계획을 공식 발표했다.[28] 오픈AI는 영리목적

사회공헌 주식회사로 전환하고, 비영리법인은 영리법인의 지분을 보유한 별도의 법인으로 존속한다는 계획이었다. 발표문에서 오픈AI는 이 구조가 사명을 수행하는 동시에 영리법인과 비영리법인이 각자의 목적을 달성하는 데 필요한 자원을 얻을 수 있도록 하는 최선의 방법이라고 주장했다. "우리는 또다시 우리가 상상했던 것보다 더 많은 자본을 조달해야 합니다." 발표문은 이렇게 이어졌다. "세상은 21세기 경제를 위한 새로운 에너지, 토지, 칩, 데이터센터, 데이터, AI 모델, 그리고 AI 시스템 인프라를 짓기 위해 움직이고 있습니다. AGI 경제의 건설을 돕고 그것이 인류를 이롭게 하도록 보장한다는 우리의 사명을 수행하기 위한 다음 단계로서 우리는 진화를 모색하고 있습니다."

새해가 시작될 무렵, 올트먼은 다시금 관심을 끄는 행동을 했다. "이제 우리는 우리가 이제껏 생각해온 AGI를 만드는 방법을 안다고 확신합니다."[29] 그는 2025년 1월 6일 블로그에 이렇게 적었다. "우리의 목표는 이제 그 너머에 있는, 진정한 의미의 슈퍼인텔리전스입니다."

제국은 어떻게 몰락하는가

2021년에 나는 그때까지 내가 취재했던 그 어떤 것과도 다른 취재거리를 맞닥뜨렸다.[1] 뉴질랜드의 한 원주민 공동체가 AI를 사용해 마오리족의 언어인 마오리어를 되살리려는 시도를 하고 있었다.

전 세계의 수많은 원주민 공동체처럼, 마오리족 역시 식민 치하에서 여러 세대에 걸친 끔찍한 탄압을 겪었다. 영어를 학교에서 가르칠 수 있는 유일한 언어로 지정한 1867년의 토착학교법에 따라 마오리족 아이들은 자신의 언어를 사용한다는 이유만으로 모욕과 심지어 폭행을 당하기도 했다. 1900년대 초 온 나라를 휩쓴 급격한 도시화로 마오리 공동체들이 해체되고 흩어지면서, 이들의 문화와 언어를 보존할 구심점이 약해졌다. 마오리어 사용자 수는 마오리족 인구 전체의 90%에서 12%로 곤두박질쳤다. 120년 뒤 뉴질랜드, 또는 마오리족이 원래 자신들이 사는 땅에 붙인 이름인 아오테아로아Aotearoa가 이 정책을 폐지했을 무렵, 죽어가는 마오리어를 되살릴 마오리어 선생은 몇 명 남지 않은 상태였다. 그에 앞서 사라진 수많은 언어들처럼, 마오리어 역시 지구상에서 거의 사라질 뻔했다.

한 언어의 소멸이 얼마나 비극적인 일인지 고스란히 전달하기는 참으로 어렵다. AI 연구자들이 자신들의 기술을 개발하기 위해 애초에 언어 쪽으로 자연스럽게 끌렸던 것과 같은 이유로, 한 언어의 소멸은 단지 여러 의사소통 수단 중에서 하나를 잃어버리는 것을 훨씬 넘어서는 일이다. 각 언어는 저마다 풍부한 역사와 문화, 지식을 담고 있고, 긴 세월 동안 수백만 명의 사람들이 온 세상에 대해, 삶에 대해, 인간 경험에 대해, 놀라운 아름다움과 고통스러운 실패를 서로에게 공유하기 위해, 아이에게 가르침을 주기 위해, 어르신으로부터 배움을 받기 위해, 사랑을 표현하기 위해 가장 미묘한 생각을 소리와 글의 형태로 포착해 붙잡으려고 애를 쓴 집단적인 흔적이다.

언어를 잃는다는 것은 세계적인 비극이자 개인적인 비극이다. 자신이 물려받은 유산으로부터 단절되어 강제로 다른 누군가의 유산을 보존해야 한다는 것은, 그렇지 않으면 폭행당할 위험을 무릅써야 한다는 것은, 누구의 역사, 누구의 문화, 누구의 지식이 대대로 이어져 나갈 만한 가치가 있는지, 그리고 누구의 역사, 문화, 지식은 너무나 하찮아서 소멸되어 마땅한 것인지를 보여주는 명백한 서열을 확립하는 가장 원초적인 방법이다.

대형언어모델은 언어 소멸을 가속화한다.[2] GPT-2와 같이 몇 세대 이전 모델들만 봐도, 그 모델들이 필요로 하는 데이터의 양을 충당할 수 있을 만큼 충분히 많은 사람들이 사용하고 온라인에 충분한 규모의 데이터를 가진 언어는 세상에 몇 없다. 유네스코에 따르면 오늘날 존재하는 7,000여 종의 언어 중 절반 이상이 사라질 위기에 있고, 약 3분의 1이 온라인상 어느 정도의 존재감을 갖고 있다. 구글 번역이 지원하는 언어는 그중 겨우 2% 미만에 불과하고, 오픈AI의 자체 시험에 따르면 GPT-4가 80% 이상의 정확도로 지원하는 언어는 전체의 0.2%에 해당하는 15개 언어에 불과하다.[3] 대형언어모델들이 디지털 인프라의 지위를 얻게 됨에 따라, 인터넷이 다양한 언어공동체에 제공하는 접근성과 그에 따른 경제적 기회는 계속해서 축소될 것이고, 이에 따라 점점 더 많은 공동체가 자신들의 고유 언어보다 영어와 같은 지배적 언어를 배우고 쓰는 것을 우선시하게 될 수밖에 없다.

원주민 커플 피터-루카스 존스Peter-Lucas Jones와 케오니 마헬로나Keoni Mahelona가 마오리어를 되살리기 위해 새로운 세대의 화자들에게 도움을 줄 수 있는 도구로서 AI를 처음 고려한 것도 바로 이 실존적 위협—근본적으로 다른 개념의 실존적 위협—에 직면한 상황에서 이루어졌다.[4] 마오리족 출신인 존스와 하와이 원주민 출신인 마헬로나는 일과 삶에서 서로의 동반자다. 마헬로나는 꿈속에서 만약 자신이 뉴질랜드로 이주한다면 일평생을 함께할 마오리족 남자를 만날 것이라는 계시를 받은 뒤에 존스와 만나 사랑에 빠졌다고 말했다.

2012년에 둘은 웰링턴을 떠나 존스가 태어난 뉴질랜드 북쪽 끝자락의 카이타이아로 이주했다. 존스는 마오리어로 방송을 하는 공영 라디오 방송국 테 히쿠 미디어Te Hiku Media의 CEO가 되었다. 테 히쿠 미디어는 마오리어 활성화에 관여하는 언론과 단체들이 속해 있는 네트워크의 일부다. 자신이 맡은 새 역할에서 존스는 기회를 발견했다. 20년이 조금 넘게 방송을 해온 테 히쿠는 마오리어를 사용하는 사람들의 음성 기록을 많이 보유하고 있었다. 그중에는 존스 자신의 할머니이자 19세기 말에 태어나 식민주의자들의 영어에 아직 영향을 받지 않은 마오리어 억양을 지닌 라이하 모에로아의 음성도 있었다. 존스는 마오리 장로들과도 더욱 많은 인터뷰를 녹음해 그들이 죽기 전에 그들의 구술사와 토착 마오리어를 기록하겠다는 야망을 품게 되었다. 존스가 보기에 이러한 기록들은 신세대 마오리어 사용자들이 시간을 거슬러 자신의 언어가 가진 본래의 소리를 듣고 조상들의 지혜와 교감할 수 있게 해주는 귀중한 언어 학습 자원이었다.

문제는 마오리어를 유창하게 사용할 수 있는 사람이 부족한 점을 감안해 학습자들이 따라갈 수 있도록 음성 녹음 기록을 글자 형태로 푸는 것이었다. 그리하여 2016년 오픈AI가 막 문을 열었을 때, 존스는 해결책을 찾기 위해 테 히쿠의 웹사이트 리뉴얼을 하고 있던 마헬로나에게 도움을 요청했다. 다재다능한 마헬로나는 올린 공과대학교에서 기계공학을 전공하고, 경영학으로 석사 학위를 받은 뒤 뉴질랜드에서 풀브라이트 장학생으로 물리학과 전산나노기술로 두 번째 석사학위를 받았다. 그는 곧 AI를 사용하는 방법을 떠올렸다. 조심스럽게 훈련시킨 마오리어 음성 인식 모델을 사용한다면 몇 안 되는 마오리어 사용자만으로도 테 히쿠의 음성 보존 기록을 글자로 옮길 수 있다고 생각했다.

이 지점에서 테 히쿠는 오픈AI나 실리콘밸리의 AI 개발 관행과 완전히 다른 방향으로 나아갔다.[5] 식민주의적 수탈이 초래하는 끔찍한 영향을 아주 잘 알고 있었던 존스와 마헬로나는 모든 개발 단계에서 당사자의 동의, 상호성, 마오리족의 주권 등 세 가지 사항을 보장할 수 있을 때에만 프로젝트를 실행하기로 결심했다. 그래서 둘은 프로젝트를 시작하기도 전에 마오리 공동체와 장로들에게 이 프로젝트를 시작하길 원하는지 물으며 허락을 구했고, 훈련 데이터를 수집할 때에는 해당 데이터가 무엇에 사용될 것인지를 완전히 이해한 뒤에 참여하기를 원하는 사람들에게

서만 데이터를 수집했으며, 모델이 가져다 주는 이익을 극대화하기 위해 어떤 유형의 언어 학습 자원이 가장 도움이 되는지에 대해 공동체의 의견을 귀담아들었다. 또 필요한 자원을 확보한 뒤에는 그 어느 빅테크 기업의 클라우드 서비스에도 의존하지 않고 자체 엔비디아 GPU와 서버를 구입해 모델을 훈련시켰다.

가장 결정적으로, 테 히쿠는 그렇게 수집한 데이터가 미래의 이익을 위한 자원으로 계속해서 기능하도록 하되, 공동체가 동의하지 않은 용도로 악용하거나 공동체에 피해를 입히거나 기타 다른 방식으로 그들의 권리를 침해하는 프로젝트에 절대 이용될 수 없도록 하는 절차를 수립했다. 그 절차는 마오리어로 수호자를 의미하는 카이티아키탕아kaitiakitanga의 원칙에 따라 해당 데이터를 온라인에 무료로 게시하는 것이 아니라 테 히쿠가 관리하고, 테 히쿠는 마오리족의 가치를 존중하고 마오리 공동체가 유용하게 생각해 동의를 표한 프로젝트에만 해당 데이터를 사용할 수 있게 허락하는 것이었다.

"데이터는 식민주의의 최전선이에요."[6] 마헬로나가 나에게 말했다. 역사상 제국들은 원주민 공동체의 땅을 빼앗은 뒤 이들이 땅에 대한 소유권을 회복하고 싶어할 경우 제한적인 조건을 덧붙여 다시 그 땅을 사들이도록 강제했다. "AI는 또다시 벌어지는 토지 수탈일 뿐이에요. 빅테크 기업들의 목적이 무엇이든, 그들은 자신들이 만들고 싶은 것은 무엇이든 만들기 위해 당신의 데이터를 거의 무료로 수집하는 걸 좋아하죠. 그러고 나서는 그걸 당신에게 다시 서비스 명목으로 팔아먹는 거고요."

존스와 마헬로나는 처음부터 끝까지 흔들림 없이 프로젝트를 수행했다. 어느 시점에 둘은 더 많은 마오리족 사람들에게 AI를 가르치는 교육 캠페인을 시작하고, 데이터 기부와 어노테이션 크라우드소싱을 위한 커뮤니티 대회도 열었다. 열흘 만에 테 히쿠는 약 2,500명이 만든 20만여 개의 음성 녹음에서 310시간 분량의 고품질 녹취를 수집했다. 여기에 마오리 공동체가 보인 참여도는 많은 AI 연구자들 사이에서 전례가 없을 정도로 높았다. 테 히쿠의 접근법이 공동체에 불러일으킨 신뢰와 열광의 수준을 보여주는 사례였다. 일단 프로젝트의 내용을 이해하고 거기에 동의했을 때, 그리고 테 히쿠가 그 데이터를 적절하게 관리할 것이라고 전적으로 믿을 때 사람들은 흔쾌히 자신의 데이터를 기부했다.

테 히쿠의 데이터 풀은 오픈AI가 자체 음성인식 도구인 위스퍼를 훈련시키기 위해 인터넷 여기저기서 무단으로 퍼온 68만 시간 분량의 음성 녹음에 비하면 보잘것없이 작아 보인다.[7] 하지만 테 히쿠가 310시간 분량의 녹취만으로도 86%의 정확도를 보이는 최초의 마오리어 음성인식 모델을 충분히 훈련시킬 수 있었다는 데에서 우리는 또다른 교훈을 얻을 수 있다. 오픈AI가 어떤 일이든 해낼 수 있는 거대한 단일 AI 모델을 개발하기 위해 최대한 많은 데이터를 동원해야 했던 반면, 테 히쿠는 단순히 한 가지 일을 뛰어나게 잘할 수 있는 전문화된 소규모 모델을 개발하는 것을 목표로 했다. 게다가 테 히쿠는 국제 오픈소스 AI 커뮤니티의 덕을 보기도 했다. 처음 시작할 때 테 히쿠는 딥스피치 DeepSpeech라는, 모질라 재단이 만든 무료 음성인식 모델을 사용했다.[8] 딥스피치 역시 그 자체가 AI 개발에 대한 색다른 비전의 결과로 만들어진 모델이다. 테 히쿠처럼 모질라도 오로지 전적으로 사용자의 동의 하에 기부받은 데이터만으로 모델을 훈련시켰고, 중국 기업인 바이두의 베이 지역 연구소에서 개발한 신경망 아키

텍처를 사용해 개발했다. 이 모든 과정에 테 히쿠가 사용한 GPU
는 겨우 두 개에 불과했다.

내가 테 히쿠가 한 일에 대한 기사를 쓴 것은 챗GPT가 주류
AI 개발 패러다임의 대세를 신속하게 장악하면서 동의, 상호성,
주권을 거의 무시해버리기 전의 일이었다. 그러나 그 이후 몇 년
사이 나는 테 히쿠의 급진적인 접근법이 오히려 더욱 의미 있고
중요하다는 사실을 깨닫게 되었다. 내가 이 책에서 오픈AI와 실
리콘밸리가 가진 비전을 비판한 것은 결코 AI를 싸잡아 무시하
기 위한 것이 아니다. 내가 거부하는 것은 AI로부터 폭넓은 혜택
을 얻을 수 있는 방법이 (**언젠가** 그런 폭넓은 혜택이 실현된다면) 오
로지 우리의 개인정보, 우리의 주체성, 우리의 노동과 예술이 가
진 가치를 포함해 우리에게 중요한 것들을 몽땅 내놓을 것을 요
구하는, 궁극적으로 제국주의적인 중앙집권화 프로젝트를 위한
기술을 실현시킨다는 비전을 통해서만 가능하다는 위험한 생각
이다.

테 히쿠는 우리에게 다른 길을 보여준다. 그 길이란 AI와 AI
개발이 완전히 반대의 모습이라면 어떨지 상상한 결과물이다. 모
델의 규모가 작아도 되고, 그것이 수행하는 작업은 구체적이어
도 되고, 그것을 만드는 데 사용한 훈련 데이터의 규모가 제한적
이어서 그 안에 무엇이 들었는지 알 수 있다면, 만연한 착취적이
고 정신적으로 해로운 노동 관행과, 모든 것을 집어삼키는 거대
한 슈퍼컴퓨터를 생산하고 가동하는 추출주의를 없앨 수 있다.
AI 개발은 공동체의 주도로, 상호 합의하에, 지역적 맥락과 역사
를 존중하는 방식으로도 충분히 이루어질 수 있고, 그러한 기술

을 사회적으로 소외된 집단에 힘을 실어주는 데 사용할 수 있고, AI 거버넌스는 얼마든지 포용적이고 민주적일 수 있다.

테 히쿠 말고도 AI 개발의 새로운 길을 만드는 조직들이 있다. 이 책을 쓰기 위해 취재를 하는 과정에서 나는 세계 곳곳에서 AI 제국에 저항해 자결권을 주장하고 새로운 길을 모색하는 여러 조직과 운동으로부터 반복적으로 영감을 얻었다.

팀닛 게브루는 구글에서 쫓겨난 뒤,[9] 2021년 12월 자신의 연구를 이어가기 위해 비영리단체를 설립했다.[10] 그는 이 비영리단체에 분산형 AI연구소DAIR, Distributed AI Research Institute라는 이름을 붙였는데, "분산형"은 중앙집권화에 저항한다는 의미였다. "그 단어가 가장 먼저 떠올랐어요." 게브루는 이렇게 말했다. 그는 전세계의 연구자들이 각자의 공동체에 깊이 뿌리내린 채 그곳의 풍부한 경험과 관점을 연구소의 작업에 반영하는 동시에, 그 작업이 해당 공동체에 기여하는 팀을 만드는 것을 상상했다. "기술은 실리콘밸리를 기반으로 전 세계에 영향을 미치고 있는데, 기술에 영향을 미칠 기회를 가진 곳은 별로 없어요." 그가 말했다.

사회학자이자 "확률적 앵무새" 논문을 공저한 구글 직원 알렉스 한나Alex Hannah가 게브루 이후 첫 입사자로 DAIR의 연구책임자가 되었다. 한나가 가장 먼저 한 일은 연구소의 업무 정신을 설명하는 연구철학을 작성하는 것이었다. 이를 위해 게브루와 한나는 또다른 사회학자 겸 컴퓨터공학자로 AI 업계의 착취적인 노동 관행을 연구하는 밀라그로스 미셀리Milagros Miceli를 DAIR의 세 번째 멤버로 영입했다. 셋은 함께 연구철학을 작성했다. "우리의 연구는 일반적으로 AI의 지원을 받지 못하는 공동체를 이롭게 하고, 다같이 AI 시스템을 거부하고, 추궁하고, 고칠 수 있는 길을 만드는 것이다."[11]

그러한 철학을 실천하기 위해 만든 일곱 가지 핵심 원칙에는 통상 AI 연구에서 소외되지만 그러한 연구에 영향을 받는 공동체를 중점적으로 선정해 그들과 의미 있는 관계를 맺을 것, 지식 생산을 추구함에 있어 그들을 진정한 파트너로 대우할 것, 연구와 기술의 생산에 필요한 모든 종류의 노동에 공정한 보상을 할 것, 역사적으로 언제나 소외되어 온 이들을 소외시키는 AI 개발을 뒷받침하는 시스템에 의문을 제기할 것, 그리고 그러한 공동체들과 협력해 그들이 살고 싶은 세계를 향해 세상을 조금씩 고쳐 나갈 수 있는 대안을 꿈꿀 것 등이 포함되어 있었다.

거기서부터 미셸리는 자신들의 철학을 적용할 새로운 연구 프로젝트에 착수했다. 그는 전 세계 데이터 노동자들을 초대해 데이터 어노테이션 산업과 이를 개선할 방법에 대해 각자 자신만의 연구 문제를 정립하도록 도와주는 데이터 노동자들의 질문Data Workers' Inquiry이라는 프로젝트를 만들었다.[12] 프로젝트에 참여한 노동자가 세계 어느 지역에 있든 상관없이 그들의 노동의 가치를 반영하기 위해 그는 자신이 거주하는 독일의 표준 연구자 월급을 기준으로 시간당 25유로를 지급했다.

"데이터 노동에는 항상 이런 궤변이 따라다닙니다. 우리가 이 사람들에게 지급할 수 있는 최저임금은 얼마인가? 그건 식민주의적 논리에서 비롯된 것이죠. 사람들에게 가장 싼 가격에 가장 많은 일을 시킬 수 있는 곳, 그 사람들의 몫을 훔칠 수 있고, 자원을 저렴하게 훔칠 수 있는 장소를 고르는 것입니다." 미셸리가 말했다. "진짜 문제는 이들의 노동을 통해 기업들이 수십억 달러에 달하는 수익을 올린다면 왜 이들에게는 겨우 시간당 2달러밖에 지급하지 않느냐는 거죠. 노동자들에게 얼마나 덜 줘도 괜찮은가를 생각할 게 아니라 이들 기업이 얼마를 **줄 수 있는지** 따져 보는 건 어떨까요?"

이 프로젝트의 첫 회차에 참여한 열다섯 명의 노동자 중에는 베네수엘라 출신인 오스카리나 베로니카 푸엔테스 아나야와 케냐 출신인 모팟 오킨이도 포함되어 있었다. 이 프로젝트로 푸엔테스는 자신의 경험담을 영상으로 제작하기 위해 애니메이션 작가와 일했고, 다른 데이터 노동자들과 함께 모두가 공통적으로 직면했던 어려움인 플랫폼상 일거리 부족, 예측과 통제가 불가능한 업무 시간, 그리고 형편없이 적은 급여 등을 보여주었다.[13] 요즘 푸엔테스는 동시에 다섯 개의 데이터 어노테이션 플랫폼에서 일하며 콜롬비아 최저임금을 약간 웃도는 월 335달러를 벌고 있다. 각 작업당 보수는 평균 1에서 5센트 정도밖에 되지 않고, 그는 여전히 한밤중에 일거리가 뜨면 자다가도 억지로 일어난다. "우리는 사회에서 유령과도 같은 존재이며, 우리가 수년간 어떠한 보장이나 보호도 없이 일을 해 준 기업들에게 우리는 값싼 일회용 노동력에 불과하다." 그는 자신의 프로젝트에 이렇게 썼다. 데이터 노동자들의 질문 프로젝트에 참여한 이후, 푸엔테스는 기업과 정책결정자들이 노동자 처우를 개선하도록 만드는 데 조금이나마 압력을 더하길 바라는 마음으로 온라인 강연과 웨비나를 통해 자신의 경험을 공유하며 계속 목소리를 내고 있다.

대륙 건너의 오킨이 역시 조직화를 도모하고 있다.[14] 오픈AI와 사마 간 계약이 급작스럽게 종료된 지 1년이 조금 지난 시점인 2023년 5월, 오킨이는 케냐에 본부를 두고 인터넷상에서 최악의 노동을 수행하는 아프리카 노동자들의 임금 인상과 처우 개선을 위해 싸우는 아프리카 콘텐츠 모더레이터 조합African Content Moderators Union의 활동가가 되었다. 반년 뒤 내가 〈월스트리트 저널〉에 쓴 기사를 통해 자신의 오픈AI 경험을 공개한 뒤, 그는 사마의 동료였던 리처드 마텡게Richard Mathenge와 함께 아프리카 기술 노동자 커뮤니티TCA, Techworker Community Africa라는 비영리단체를 설립하기도 했다.[15]

2024년 8월, 나에게 오랜만에 근황을 전하면서 오킨이는 TCA를 아프리카의 AI 데이터 노동자 커뮤니티와 이들을 지원하고 싶어 하는 국제 단체와 정책결정자들을 위한 단체로 만드는 구상을 하고 있다고 말했다. 그동안 그는 노동자들과 학생들에게, 특히 여성들에게 노동권과 개인정보보호 권리와 AI 산업의 작동 방식을 가르쳐주기 위해 여러 온라인 컨퍼런스와 학교 행사를 조직했다. 그는 사람들을 업스킬링upskilling 해주는 훈련센터를 만드는 데 필요한 자금을 구하고 있었다. 그는 미국 테크 기업들의 일을 해주는 노동자들의 경험을 더 잘 이해하기 위해 나이로비에 방문하는 미국 연방 하원의원들과 만났다. 그는 글로벌 사우스에 있는 노동자들을 지원하는 데 초점을 맞추는 인권 및 노동권 단체인 에퀴뎀Equidem과 옥스퍼드 인터넷 연구소의 페어워크 프로젝트 등 세계적인 단체와도 협업하고 있다.

데이터 노동자들의 질문 프로젝트를 위해 오킨이는 스케일AI의 플랫폼에서 차단당하는 바람에 미처 현금화하지 못한 임금을 떼인 케냐의 리모태스크 노동자들을 인터뷰했다. 그는 TCA가 모은 기부금 중 일부로 그 노동자들이 곤궁한 상황을 헤쳐 나갈 수 있게 지원했다. "한 가지 사실이 분명하게 드러난다. 그건 바로 통제되지 않은 권력과 억제되지 않은 탐욕이 초래한 인명 피해다."[16] 그는 이렇게 적었다. "이들 노동자들의 목소리는 더욱 밝고 공정한 미래에 대한 희망이 울려 퍼지게 한다… 그것은 전 세계 노동자들이 마땅히 받아야 할 존엄성과 존중을 보장받도록 하기 위한 행동을 촉구하는 호소다."

오킨이는 활동가로 살며 느낀 존엄성과 자존감 덕분에 희망과 활력을 되찾을 수 있었고 정신 건강도 크게 좋아졌다고 말했다. 우리가 전화통화를 하기 얼마 전에 그는 타임지가 매년 선정하는 AI 분야 가장 영향력 있는 100인 명단에 자신이 선정됐다는 소식을 들었다고 했다.[17] "제가 한 일이 인정받고 있는 느낌이에요." 그렇다고 해서 별탈 없이 일이 순조롭기만 했던 것은 아니다. 2024년 3월에 그는 사마를 떠난 뒤 정규직으로 일했던 외주 기업에서 퇴사했다. 회사 경영진이 자신의 활동을 달가워하지 않았다고 한다. "경영진은 제가 직원들을 물들여 활동가로 만들지 않을까 염려했어요." 아프리카 콘텐츠 모더레이터 조합과 TCA의 목소리가 더욱 커지자 해당 기업은 일부 프로젝트를 가나로 옮겨갔다. 오킨이는 케냐 정부 관료들이 케냐 노동자들의 집단행동 때문에 투자유치가 어려워지고, 더 많은 케냐인들이 실직 상태에 처하게 된다고 투덜댄다는 이야기를 들었다고 말했다.

AI 산업이 가진 세계적인 특성 때문에 오킨이는 아프리카 데이터 노동자들이 세계의 주목을 받도록 하는 데 더욱 헌신하게 되었다. 설령 케냐 정부가 도와준다 하더라도, 케냐의 법만으로는 AI 기업의 행동을 통제하는 데 역부족일 것이기 때문이다. 그는 이들 기업 대부분이 미국, 그중에서도 특히 샌프란시스코에서 온다고 말했다. 이들에게 책임을 묻기 위해서는 국제사회가 합심해 노력을 기울여야 한다.

우루과이에 있는 다니엘 페나도 같은 결론을 내린다.[18] AI 산업의 공급망은 복잡하고 광활하다. "그들은 에너지는 여기에서 가져가고, 데이터는 저기로 보내고, 광물은 어딘가 다른 곳에서 추출하고, 또다른 곳에서 노동자들을 데려오죠." 이렇듯 넓은 지역에 걸쳐 나타나는 영향과 그 배후에 있는 거대하고 강력한 기업들을 상대로 지역적 투쟁을 벌이고 있는 각 공동체는 그 싸움에서 고립감과 무력감을 느낄 수 있고, "경제가 안정됐다는 인상을 유지하기 위해 그 기업들을 필요로 하는" 자신들의 정부로부터 방해를 받는 경우에는 특히 그렇다. 페나는 나를 만나고 얼마 지나지 않아 구글 데이터센터가 우루과이 내에 미치는 사회 및 환경적 영향을 더욱 포괄적으로 연구할 것을 요구하며 400명 이상의 서명을 받은 자신의 청원서를 우루과이 정부가 무시했다는 사실을 알게 되었다. 대신 환경부는 조용히 해당 프로젝트를 승인한 뒤, 30일간의 이의 제기 기간이 종료된 후에 비로소 그 결정을 공개했다고 한다. 페나는 포기할 생각이 없다. 그는 칠레의 MOSACAT과 의논하고 기술산업의 착취와 추출주의에 저항하는 다른 공동체와 최대한 많이 접촉하고 있다. 국경을 넘어서 자신들의 운동을 연결함으로써, 서로 정보와 저항 전략을 공유함으로써, 그는 보다 나은 미래를 향해 압력을 넣을 수 있는 집합적 권력을 만드는 길이 있다고 믿는다. "우리는 국제적인 차원에서 싸워야 합니다." 그가 말했다.

만약 오픈AI의 사명이 제국을 세우는 공식이라면, 제국을 무

너뜨리는 공식은 무엇인가? 이 책을 쓰는 시점에서 오픈AI와 빠르게 변화하는 AI 산업이 앞으로 어떤 식으로 전개될 것인지 그 자세한 내용을 속속들이 아는 것은 불가능하다. 어쩌면 오픈AI의 여러 경쟁자 중 하나가 오픈AI를 대체해 선두 자리를 차지할 수도 있고, 이 AI 제국들이 모델을 개발하고 노동력을 착취하며 연산 인프라를 확장하는 방식에서 그들의 전술은 진화할 가능성이 매우 크다. 그러나 앞으로 2년 혹은 10년 안에 상황이 어떻게 전개될 것인지와 무관하게 우리가 변함없이 해야 할 일들이 있다.

2019년 NeurIPS에서 열린 퀴어 인 AI 워크숍 강연에서 스탠퍼드 대학교 소속 AI 연구자인 리아 칼루리Ria Kalluri는 어떻게 AI가 "도움"이 되도록 보장할 것인가의 문제에 대해 예리한 대안을 제시했다.[19] 도움, 인류에 이익이 되는, 이런 표현은 언제나 보는 이의 입장에 따라 달라진다. 우리가 던져야 할 질문은 오히려 AI가 권력을 이동시키는 방식이다. AI는 그 권력을 집중시키는가, 아니면 재분배하는가? 이 책의 틀에 맞추어 묻는다면, 그것은 계속해서 제국을 강화하는가, 아니면 우리를 다시 민주주의 쪽으로 끌어당기는가?

칼루리는 기술 전문가가 대부분인 청중을 상대로 한 이 강연에서 과학자들이 어떤 형태의 AI를 만들 것인지, AI 분야를 어떤 방향으로 발전시켜야 하는지를 평가하는 데 이 질문을 이용할 수 있다고 설명했다. 그의 질문은 AI의 나머지 모든 측면에서도 매우 중요하다. AI 어플리케이션은 어떤 식으로 개발해야 하는가, 우리는 AI를 어떻게 사용해야 하는가, 그리고 궁극적으로 내가 이 책의 앞부분에서 제기한 것처럼, 권력을 사람들에게 되돌려주기 위해 AI 거버넌스를 어떻게 할 것인가?

테 히쿠, DAIR, 오킨이, 푸엔테스, 그리고 페나가 각자 한 일은 권력을 재분배하기 위해 할 수 있고 할 필요가 있는 일의 예시에 해당한다. 그러나 거버넌스 문제의 요점은 그러한 사례가 더욱 확산되고 번창할 수 있게 도와주는 조건을 마련하는 방법에 대한 것이다.

칼루리는 강연에서 다양한 권력의 축이라는 개념을 거론했다. 이 책에서는 그중 지식, 자원, 영향력을 다뤘다. 현재 오픈AI와 그 경쟁자들의 제국은 권력의 각 축을 통제하고 있다. 인재를 집중시키고, 오픈 사이언스를 약화시키고, 모델에 대한 대중의 감시를 차단함으로써 그들은 지식 생산을 통제한다. 자금, 데이터, 노동력, 연산 자원, 에너지, 토지를 비축함으로써 그들은 다른 이들의 자원을 통제하고 감소시킨다. 이념을 창조하고 강화함으로써, 그리고 선풍적인 인기를 끄는 시연으로 전 세계의 이목을 사로잡음으로써 광범위한 영향력을 행사한다. 각 축의 권력은 다른 축의 권력을 더욱 강화한다. 지식 생산을 통제함으로써 영향력을 강화하고, 그렇게 커진 영향력으로 자원을 더 모으고, 그렇게 비축한 자원은 다시 지식 생산을 보장하는 데 사용된다.

따라서 제국을 무너뜨리는 공식에 필요한 것은 각 축을 따라 권력을 재분배하는 것이다. 내가 여기에 제시하는 제안과 권고는 예시일 뿐, 결코 포괄적인 방안이라 할 수는 없다. 첫째, 지식을 재분배하기 위해서는 지식의 생산이 제국 밖에서 이루어질 수 있도록 자금 지원을 늘릴 필요가 있다. 이를 위해서는 우리가 어떤 기업의 기술적 능력을 이해함에 있어 오로지 해당 기업에만 의존하지 않도록 기업이 만든 모델을 독립적으로 평가할 수 있는 연구자들을 지원해야 한다. 이를 위해서는 데이터와 에너지를 더욱 효율적으로 사용하는, 대형언어모델을 넘어선 새로운 형태의 AI 와 같이 완전히 다른 방향의 연구를 수행할 수 있는 DAIR 같은 조직들을 지원해야 한다. 이를 위해서는 소외된 공동체에 힘을 실어줄 수 있는, 특정 작업에 특화된 공동체 주도 AI 어플리케이션의 개발을 목표로 삼는 테 히쿠와 같은 조직들을 지원해야 한다. 독립적인 지식 생산에는 또 이러한 기술의 영향을 단순히 추측하기보다 실제 현실에서 어떤 방식으로 피부에 와 닿는지를 우리가 제대로 이해할 수 있도록 현장에서 돕는, 공동체 내에 뿌리내린 언론과 시민사회의 역할도 중요하다.

지식을 재분배하기 위해서는 기업들이 보유한 훈련 데이터의 핵심 내용과 모델 및 슈퍼컴퓨터의 기술 사양을 의무적으로 공개하도록 만드는 정책이 필요하다. 그래야만 비로소 독립 연구자들이 기업의 모델을 제대로 평가할 수 있다. 미국 상원의원 척 슈머의 AI 인사이트 포럼에 참여한 이후에도 전 세계 정책결정자들과 꾸준히 교류해온 UC 버클리 연구자 데보라 라지는 그러한 정책을 도입하는 것이 현실 세계에서의 기업 시스템 안전을 보장하기 위한 최소한의 조건이라고 말했다.[20] 여기에서 말하는 현실 세계에서의 안전이란 파멸론에서 말하는 사악한 AI로 인한 이론상의 피해로부터의 안전이 아니라, 차별부터 허위정보에서 업무 자동화에 이르기까지, 제대로 시험을 거치지 않은 모델들이 널리 배포된 경우 소비자들과 공동체들이 이미 직면했을 수 있는 실제 현실 세계에서의 피해를 방지하는 것을 가리킨다. "미국 소비자 금융 보호국CFPB, Consumer Financial Protection Bureau이 금융 부문의 소비자 제품을 감독하고, 식품의약국FDA, Food and Drug Administration이 의료기기를 규제합니다. 그런데 어쩐 일인지 AI 제품에 대한 감독은 전혀 없습니다." 라지가 지적했다. 사실 AI 모델에 대해서는 평균 소비자 제품보다 더 높은 수준의 투명성을 요구해야 한다. "이건 데이터로 정의되는 시스템들입니다. 결정론적인 것이 아니예요. 따라서 우리는 그 작동 방식을 이해하기 위해 이 시스템들에 대해 더 많은 정보를 알아야 할 필요가 있어요."

그러한 투명성은 AI가 환경에 미치는 영향을 측정하는 데에도 매우 중요하다. 이러한 측면에서 AI 제품들에는 다른 제품들이 이미 받고 있는 평가가 아직 적용되지 않은 상태다. "자동차를 운전하거나, 가전제품을 사면 에너지 스타 인증이라는 에너지 효율성 인증 제도의 적용을 받아요."[21] 허깅페이스의 사샤 루치오니가 말했다. "그런데 여러 제품에 널리 사용되고 우리 사회 깊숙이 들어와 있는 AI 시스템의 지속가능성에 대해 우리는 어떠한 정보도 갖고 있지 않습니다."

이 투명성으로 우리는 자원이라는 두 번째 축을 따라 권력을 재분배할 수 있다. 지금껏 AI 제국들은 자신들의 지적재산권이라는 명목으로 모델을 만드는 데 들어간 자원을 숨김으로써 아무런 출처 표기도, 동의도, 보상도 없이 다른 사람들의 지적재산권을 훔쳐도 아무런 제재도 받지 않고 넘어갈 수 있었다. 기업들이 사용하는 훈련 데이터에 대한 가시성을 확보한다면 그러한 수탈과 착취적인 행태를 더욱 어렵게 만들 수 있다. 서류상으로만 존재하는 법인을 통해 이루어지는 경우가 허다한 기업들의 노동력 확보와 더 많은 발전소와 데이터센터를 짓기 위한 신규 토지 임대차 협상 등이 어디에서 이루어지고 있는지 등 기업 공급망에 대한 가시성을 확보하는 것 역시 같은 효과를 낼 수 있을 것이다.

자원을 재분배하려면 AI 산업과 직접 고용관계에 있는 데이터 노동자들뿐만 아니라 본인의 의사에 반하여 자신의 작업 결과물이 훈련데이터로 사용될 위기에 처하거나 자신의 직업이 자동화되어 일자리를 잃을 위험에 빠진 모든 노동자들을 위해 전반적으로 노동권을 강화해야 한다. 작가들과 배우들을 AI의 특정 사용으로부터 보호하는 조치를 확보하는 데 성공한 할리우드 시위는 인간의 노동력을 평가절하하고, 임금을 깎고, 노동자들에게 갈 돈을 AI 기업들의 수중에 집중시키는 것을 막기 위해 노동조합이 할 수 있는 중요한 역할을 보여주는 사례다.

마지막으로, 영향력이라는 세 번째 축을 따라 권력을 재분배하기 위해서는 폭넓은 교육이 필요하다. AI에 대한 과장된 기대를 둘러싼 신비주의와 허상을 걷어내는 방법은 바로 사람들에게 AI의 작동 방식에 대해, 그것의 강점과 약점에 대해, 그것의 개발 방향을 형성하는 시스템에 대해, 그리고 그러한 기술을 개발하는 사람들과 기업들이 갖고 있는 세계관에 대해, 그리고 그들이 틀릴 가능성이 있다고 가르치는 것이다. MIT 교수로 일라이자 챗봇을 발명한 조셉 와이젠바움이 1960년대에 말한 것처럼, "일단 어떤 프로그램의 정체가 드러나면, 즉 그 프로그램의 내부 작동 방식을 이해할 수 있을 만큼 충분히 평이한 언어로 설명하면, 마법 같던 겉모습이 허물어져 버린다."[22] 나는 이 책이 그러한 이해를 돕는 길라잡이가 되기를 바란다. 이 책은 나보다 앞서 대중교육에 헌신한 수많은 학자들, 언론인들, 활동가들, 교육가들의 업적을 바탕으로 쓴 것이다. 부디 이 책이 앞으로 더 많은 이들이 일어나 발전시킬 새로운 토대가 되기를 바란다.

감사의 말

이 책의 핵심 테마 중 하나는 믿음입니다. 딥러닝에 대한 믿음. AGI에 대한 믿음. 자신에 대한 믿음. 믿음은 어떻게 사람들을 동원하고 선동하는가? 누구를 믿고 누구를 믿지 말아야 하는가? 믿음이란 아주 강력하고 매혹적인 것입니다. 그리고 나 자신의 커리어에서 나에게 가장 큰 조력자가 되어 준 것도 바로 나와 내 일을 믿어 준 수많은 사람들의 믿음이었습니다.

먼저 무엇보다도 이 책 프로젝트를 믿어준 사람들에게 감사를 드립니다. 나는 특히 내 취재원들에게 너무나 큰 빚을 졌습니다. 많은 분들이 진실과 투명성, 책임성에 대한 믿음을 갖고 있었기에 법적 위험이나 기타 다른 위험을 무릅쓰면서도 나와 이야기를 나누어 주었습니다. 많은 분들이 나를 자신의 집에 초대하고, 자신의 지역사회를 구경시켜주거나, 여러 차례에 걸쳐 길게는 10시간에 달하는 인터뷰를 해주는 등 자신의 시간을 아낌없이 내주었습니다. 기자에게 본인의 마음과 생각을 털어놓기 위해 믿음을 갖고 내 준 용기를 나는 결코 당연하게 여기지 않을 것입니다. 여러분의 이야기를 들려줄 수 있어서 정말 큰 영광입니다. 감사합니다. 당신들이 없었더라면 이 책은 존재하지 못했을 것입니다.

내가 보여줄 만한 게 아무것도 없었을 때 가장 먼저 자신의 시간을 내주며 이 책을 위한 아이디어를 개발할 수 있게 도와준 나의 훌륭한 에이전트 데이비드 도어러David Doerrer에게 깊은 감사의 말씀을 드리고 싶습니다. 그의 인내심과 심층적인 질문, 그리고 가장 중요하게는 뭔가 말이 되지 않을 때 친절하면서도 단호하게 말해줄 수 있는 그의 능력 덕분에 나는 비로소 여기저기 흩어진 나의 생각들이 어떻게 책의 기초를 이룰 수 있는지 차츰 이해할 수 있었습니다.

단박에 나의 비전을 이해한, 모든 작가가 원하는 최고의 편집자인 펭귄 프레스Penguin Press의 스콧 모이어스Scott Moyers의 한결같은 지원 덕에 나는 내 비전을 최대한 야심차게 추구할 수 있었습니다. 그는 나의 취재와 글쓰기 과정 내내 날카롭고 통찰력 있는 피드백을 제공해 줌으로써 도덕적 나침반이자 치어리더 역할을 했을 뿐만 아니라, 그와 앤 고도프Ann Godoff는 또 이 책이 나올 수 있도록 돕기 위해 펭귄 프레스의 재정적 및 법적 자원을 투입했습니다. 이런 책을 취재하고 쓰는 일은 비용과 시간이 많이 들고 민감한 일입니다. 무엇보다도 자료조사원과 팩트체커를 고용해야 하고, 현지 취재차 각 지역사회 내에서 시간을 보내는 데 필요한 항공료와 숙박비, 현지 파트너와 통역사, 그리고 운전기사 비용을 지불해야 합니다. 스콧과 앤은 내가 그 모든 일을 하면서 전적으로 이 책 작업에 전념할 수 있게 해주었습니다.

펭귄 프레스의 미아 카운실Mia Council이 해 준 예리하면서도 따뜻한 편집은 나의 글쓰기를 한 단계 발전시키는 데 따르는 위험을 감수할 용기와 확신을 주었습니다. 그가 배후에서 탁월하게 조율해 준 덕에 편집과 제작 과정 전체가 매끄럽게 느껴졌습니다. 나는 아마도 미아가 능숙하게 수습한 실무상 혼란을 아마 절반도 채 보지 못했다고 확신합니다. 펭귄 프레스와 펭귄 랜덤하우스 미국 및 영국 팀의 유키 히오르세Yuki Hiorse, 개일 브루셀Gail Brussel, 주리 키얀Juli Kiyan, 다니엘 플라프스키Danielle Plafsky, 로라 스티크니Laura Stickney, 킴 워커Kim Walker, 로지 브라운Rosie Brown, 로터 홀Lotte Hall, 카렌 제코인스키Karen Dziekonski, 그리고 나와 직접 접촉하지 않았지만 이 책이 나오기까지 중요한 역할을 해 준 다른 많은 분들께 감사합니다.

나의 놀라운 팩트채킹 팀인 린지 무스카토Lindsay Muscato, 맷 마호니Matt Mahoney, 리마 파릭Rima Parikh, 그리고 뮤리엘 알라르콘Muriel Alarcón. 네 분 모두 원고 초안을 아주 까다롭게 검토해주었고, 복잡한 세부 사실관계를 여러 문서와 취재원과 대조해 일일이 확인하고, 나의 단어 선택의 취약한 부분을 찾아내 개선해주었습니다. 맷은 이 책의 초반 조사를 도와주었고, 린지는 가장 인내심 있는 의논 상대로 내가 건 수많은 전화를 받아주었고, 리마는 자신의 팩트체킹 노트를 왠지 모르게 스탠드업 코미디로 만들어 놓았습니다. 모두가 내 생명의 은인입니다.

뮤리엘은 칠레와 우루과이에서 나의 비범한 취재 파트너로도 일했습니다. 그는 놀랍고도 멋진 여성입니다. 그는 자료조사를 수행하고, 인터뷰 일정을 조율하고, 취재원을 찾아내고, 2주 내내 쉬지 않고 이어지는 취재기간 동안 통역과 운전을 하며 이 모든 것을 가장 아름답고 즐거운 에너지로 해냈습니다. 우리는 정말 즐겁게 웃으며 많은 모험을 함께했습니다.

내 현장 취재를 도와준 다른 모든 이들에게도 감사하다는 말을 전합니다. 특히 나이로비에서 나의 용감한 길잡이 역할을 해준 스티븐 투오 키구루Stephen Thuo Kiguru는 내가 필요한 것이면 무엇이든 도와줄 준비가 되어 있었고, 한번은 취재 중에 심각한 오해가 생겨서 누군가가 그를 경찰에 신고했을 때에도 그는 여전히 흔들림 없이 재미있고 낙관적이었습니다. 그 이야기는 나중에 기회가 있을 때 할 만한 이야기입니다.

나의 사랑하는 친구들과 멘토들인 안젤라 첸Angela Chen, 기디온 리치필드Gideon Lichfield, 로저 맥나미Roger McNamee, 브랜다 과달루페 로페즈 알라토레Brenda Guadalupe López Alatorre, 호세 마누엘 로드리게즈 모레노Jose Manuel Rodriguez Moreno, 비나 벤카타라만Bina Venkataraman, 그리고 테이트 라이언-모슬리Tate Ryan-Mosley는 관대하게도 이 책의 초안 또는 곳곳에서 발췌한 부분을 읽고 현명하고도 귀중한 피드백을 주었습니다. 오렌 엣지오니Oren Etzioni는 내가 작성한 AI 역사와 AI 연구에 대한 기술적인 설명을 읽고 그 내용이 정확한지, 그 미묘한 차이가 적절하게 표현됐는지 기꺼이 확인해주었습니다. 리아 칼루리Ria Kalluri와 나눈 우정은 우리 둘 다 AI 개발의 식민주의적 본질을 심층적으로 조사하기 훨씬 전부터 내 용기와 즐거움의 원천이었고, 이 주제에 대한 그의 지성과 도덕적 명료성은 항상 나의 길잡이 역할을 해주었습니다.

이 책은 나의 저널리즘 경력 전반에 걸쳐 취재했던 내용을 바탕으로 한 것이기도 합니다. 이 길을 걸어오며 나를 지지해 준 모든 분들께 감사드리지 않는다면 큰 과실일 것입니다. 〈쿼츠Quartz〉에서 나의 에디터였던 자넷 기욘Janet Guyon에게 모든 감사를 드립니다. 그는 자신의 분야에서 전문성을 갖춘 사람 중 처음으로 내게 훌륭한 기자가 될 수 있을 것이라고 믿는다고 말해준 사람이었습니다. 나와 함께 일할 당시 〈MIT 테크놀로지 리뷰〉의 편집장이었던 기디온은 내게 저널리즘 분야에서의 첫 정규직 일자리를 제안한 것으로도 모자라 인공지능을 취재하게 하는 무모한 도박을 했고, 그 덕분에 나는 상상조차 못했던 수년간의 여정을 시작하게 되었습니다. 〈MIT 테크놀로지 리뷰〉에서 나의 에디터였던 니얼 퍼스Niall Firth는 기업 심층취재 기사를 한 번도 써본 적이 없는 내게 어느 날, **오픈AI 심층취재를 해보지 않겠냐**고 제안했습니다. 이유는 모르지만 니얼은 내가 해낼 수 있을 거라고 믿었습니다. 그리고 그의 믿음이 옳았음을 입증하기 위해 나는 더 열심히 일했고 스스로를 더 밀어붙였습니다.

AI가 지속시키는 거대한 세계적 불평등에 대해 내가 깨닫고 주목하기 시작할 무렵, 니얼은 나의 이 새로운 취재 방향을 지원해주는 데 큰 도움이 되었고, 내가 4장에서 언급한 나의 동료 안젤라 역시 나에게 "데이터 식민주의"라는 용어가 기존 학술연구에 나온다는 사실을 알려줌으로써 나를 올바른 방향으로 이끌어주었습니다. 기디온의 후임 편집장으로 취임한 맷 호난Mat Honan은 내가 진행하던 탐사취재의 중요성을 금새 이해하고 내가 그 취재를 계속할 수 있도록 전폭적으로 지지해주었습니다.

2021년 하반기에 나는 MIT 나이트 과학 저널리즘 펠로우십Knight Science Journalism fellowship과 퓰리처센터의 AI 책임성 취재지원금Pulitzer Center AI Accountability grant의 훌륭한 지원 덕분에 MIT 테크놀로지 리뷰에서 잠시 휴직하고 6개월간 "AI 식민주의" 관련 취재 프로젝트에 전념할 수 있었습니다. 나는 팬데믹 와중에서도 이렇게 큰 프로젝트를 진행할 수 있도록 자금 지원을 해 준 MIT 나이트 과학 저널리즘 프로그램의 데보라 블룸Deborah Blum과 애슐리 스마트Ashley Smart, 그리고 퓰리처센터의 마리나 워커 게바라Marina Walker Guevara와 임보영에게 빚을 졌습니다. 그 결과로 남아프리카 공화국, 베네수엘라, 인도네시아, 뉴질랜드에서 취재한 이야기로 엮은 4부작 연작보도는 이 책의 전제와 궁극적으로 이 책의 제목의 기본 바탕이 되었습니다. 이 보도물을 나와 함께 취재한 나의 놀라운 협업 파트너들인 하이디 슈와트Heidi Swart, 안드레아 파올로 헤르난데즈Andrea Paola Hernández, 나딘 프레즈라드Nadine Freischlad의 취재 전문성, 언어 능력, 그리고 현지의 지역적, 문화적 맥락에 대한 깊은 이해 덕분에 나 혼자서는 결코 해낼 수 없을 만큼 보도 내용이 풍성해졌습니다. 내가 애초에 하이디, 안드레아, 그리고 나딘과 연락이 닿은 것도, 그리고 전 세계를 아우르는 취재 프로젝트를 수행하는 새로운 접근법을 배우게 된 것은 글로벌 저널리즘 협업에 대한 마리나의 선구적인 리더십 덕분이었습니다. AI 책임성 보도를 발전시키기 위해 전 세계의 기자들을 한 자리에 불러모으는 퓰리처센터의 AI 책임성 네트워크AI Accountability Network 는 그때부터 줄곧 나에게 가장 중요한 직업적 공동체 중 하나가 되었습니다.

결과적으로 〈월스트리트 저널〉 1면 기사로 보도됐던 오픈AI의 외주 용역 업무를 수행했던 모팟 오킨이와 다른 케냐 노동자들을 취재해보라고 내게 처음 독려해 준 사람은 〈월스트리트 저널〉에서 나의 에디터였던 조쉬 친Josh Chin이었습니다. 드류 도웰Drew Dowell과 제이슨 딘Jason Dean이 그 취재가 이루어질 수 있게 출장 조율을 도와주었습니다. 내가 AI 뒤에 감춰진 연산 인프라의 환경적 영향을 취재해보겠다고 다소 엉성한 취재 아이디어를 냈을 때, 〈애틀랜틱〉에서 나의 에디터인 데이먼 베레스Damon Beres는 더 이상의 설득 없이도 나를 믿어주었고, 폴 비셸리오Paul Bisceglio와 아드리엔 라프랑스Adrienne LaFrance도 그와 마찬가지로 아리조나주 취재 건을 승인해주었습니다. 이 취재가 무사히 보도로 이어질 수 있게 도움을 주었던 브래들리 올슨Bradley Olson, 디파 시타라만Deepa Seetharaman, 다니엘 엥버Daniel Engber, 그리고 마테오 웡Matteo Wong에게도 감사합니다. 두 언론사에서 일하며 아무나 흉내 낼 수 없을 정도로 뛰어난 능력을 갖춘 동료 기자들과 함께할 수 있었던 덕분에 나는 최고 수준의 숙련도로 취재하고 보도한다는 것의 의미를 완전히 새롭게 배울 수 있었습니다.

마지막으로 가장 깊은 사랑과 감사의 마음을 나의 가족에게 전합니다. 어린 소녀였던 내가 얼마나 글쓰기를 좋아하는지 알게 된 후 내가 꿈을 이룰 수 있도록 도와주기 위해 자신이 가진 그 모든 것을 내어준 우리 엄마. 나를 지원해주기 위해 할 수 있는 일이라면 그 어느 것에도 결코 의문을 품지 않았던 우리 아빠. 나의 끝없는 영감의 원천인 우리 奶奶[중국어로 할머니라는 뜻]. 나에게 과정을 음미하고 성과를 축하하라고 현명하게 상기시켜 주는 우리 시댁 식구들. 나의 가장 친한 친구이자 인생의 동반자, 도덕의 나침반, 치어리더, 최고의 팬, 초기 독자, 의논상대, 조언자, 그리고 끝도 없이 낭만적인 우리 남편. 당신들을 사랑하고 당신들로부터 사랑받는 것이 나의 모든 것을 이루는 토대입니다.

주

—

제사

1 "ELIZA— a Computer Program for the Study of Natural Language Communication Between Man and Machine," Communications of the ACM 9, no. 1 (January 1966): 36– 45, doi.org/ 10.1145/ 365153.365168.

2 "Successful People", Sam Altman (blog), March 7, 2013, blog.samaltman.com/successful-people.

프롤로그 왕좌 쟁탈전

1 Tripp Mickle, Cade Metz, Mike Isaac, and Karen Weise, "Inside OpenAI's Crisis over the Future of Artificial Intelligence," New York Times, December 9, 2023, nytimes.com/2023/12/09/technology/ openai-altman-inside-crisis.html.

2 Trevor Noah, host, What Now? with Trevor Noah, season1, episode 5, "Sam Altman Speaks Out about What Happened at OpenAI," Spotify Podcasts, December 7, 2023, open.spotify.com/ show/122imavATqSE7eCyXIcqZL.

3 OpenAI, "OpenAI Announces Leadership Transition," OpenAI (blog), November 17, 2023, openai. com/index/openai-announces-leadership-transition.

4 별도로 명시되지 않은 한, 이사회 위기의 전 과정에 걸친 직원들, 이사회 구성원들, 그리고 경영진의 경험은 이 책에서 다루는 각 장면의 현장에 있었던 11명의 사람들의 이야기를 기반으로 한다.

5 전체 직원회의의 모든 대화 내용은 2023년 11월 17일 이 회의의 음성녹음을 기반으로 한다.

6 해당 공지 내용의 스크린샷, 2023년 11월 17일.

7 Hannah Miller, Brad Stone, Shirin Ghaffary, and Ashlee Vance, "Silicon Valley Boardroom Coup Leads to Ouster of an AI Champion," Bloomberg, November 17, 2023, bloomberg.com/news/ articles/2023-11-18/openai-altman-ouster-followed-debates-between-altman-board.

8 Keach Hagey, Deepa Seetharaman, and Berber Jin, "Behind the Scenes of Sam Altman's Showdown at OpenAI," Wall Street Journal, November 22, 2023, wsj.com/tech/ai/altman-firing-openai-520a3a8c.

9 Kate Clark, Natasha Mascarenhas, and Anissa Gardizy, "If Sam Altman Returns to OpenAI, Board Will Go," The Information, November 18, 2023, theinformation.com/articles/altman-decision-looms-as-sequoia-tiger-negotiate-behind-scenes.

10 Erin Woo, Anissa Gardizy, and Amir Efrati, "OpenAI 'Optimistic' It Can Bring Back Sam Altman, Greg Brockman," The Information, November 18, 2023, theinformation.com/articles/openai-optimistic-it-can-bring-back-sam-altman-greg-brockman?rc=ot38so.

11 Alex Konrad and David Jeans, "OpenAI Investors Plot Last-Minute Push with Microsoft to Reinstate Sam Altman as CEO," Forbes, November 18, 2023, forbes.com/sites/ alexkonrad/2023/11/18/openai-investors-scramble-to-reinstate-sam-altman-as-ceo.

12 오픈AI의 슬랙에서 나온 모든 인용문은 스크린샷에서 따온 것이다.

13 Deepa Seetharaman, Berber Jin, and Keach Hagey, "OpenAI Investors Keep Pushing for Sam Altman's Return," Wall Street Journal, November 21, 2023, wsj.com/tech/openai-employees-threaten-to-quit-unless-board-resigns-bbd5cc86.

14 사무실에 설치된 집기 사진.

15 Amir Efrati, Anissa Gardizy, and Erin Woo, "Altman Agrees to Internal Investigation upon Return to OpenAI," The Information, November 21, 2023, theinformation.com/articles/breaking-sam-altman-to-return-as-openai-ceo.

16 Greg Brockman (@gdb), "we are so back," Twitter (now X), November 21, 2024, x.com/gdb/

status/1727230819226583113.

17 AI 연구 논문 학술대회와 동료 평가peer review에 대한 안내: AI 분야에서 연구자들은 자신의 논문을 아카이 브arXiv라는 무료 공개 논문 저장소에 곧바로 출판하는 경우가 많고, 몇 달 뒤 또는 몇 년 뒤에 학술대회 또는 학술저널을 통해 동료 평가 절차를 밟거나 아예 동료 평가를 받지 않기도 한다. 이 관행이 워낙 일반화되다 보니 많은 사람들이 동료 평가를 거쳤는지 여부가 아닌 그 논문이 지닌 영향력을 기준으로 논문을 인용한다. 이 책에서 나 역시도 이를 기준으로 할 것이다. 미주에서 어느 논문이 출판 전 논문preprint으로 동료 평가를 거치지 않았는지 구분해 두었다.

18 Raffaele Huang and Karen Hao, "Baidu Hurries to Ready China's First ChatGPT Equivalent Ahead of Launch," Wall Street Journal, March 9, 2023, wsj.com/articles/baidu-scrambles-to-ready-chinas-first-chatgpt-equivalent-ahead-of-launch-bf359ca4.

19 Parmy Olson and Carolyn Silverman, "ChatGPT's $8 Trillion Birthday Gift to Big Tech," Bloomberg, November 29, 2024, bloomberg.com/opinion/articles/2024-11-29/chatgpt-turns-2-and-gives-8-trillion-birthday-gift-to-big-tech.

20 Gen AI: Too Much Spend, Too Little Benefit?, Goldman Sachs, June 27, 2024, goldmansachs. com/insights/top-of-mind/gen-ai-too-much-spend-too-little-benefit.

21 "Upwork Study Finds Employee Workloads Rising Despite Increased C-Suite Investment in Artificial Intelligence," Upwork, July 23, 2024, investors.upwork.com/news-releases/news-release-details/upwork-study-finds-employee-workloads-rising-despite-increased-c.

22 Olson and Silverman, "ChatGPT's $8 Trillion Birthday Gift."

23 Sam Altman, "The Intelligence Age," Sam Altman (blog), September 23, 2024, ia.samaltman.com.

1장 신성한 권리

1 Cade Metz, Genius Makers: The Mavericks Who Brought AI to Google, Facebook, and the World (Dutton, 2021), 161.

2 이 회의에 대해 지난 수년간 다양한 이야기가 여러 경로로 알려졌는데, 여기에는 케이드 메츠의 《AI 메이커스, 인공지능 전쟁의 최전선》, Wired, The Atlantic 보도가 포함된다. 그렉 브로크만 역시 블로그 게시글 두 건에서 자신의 경험담을 나눈 공개했다: Greg Brockman, "My Path to OpenAI," Greg Brockman (blog), May 3, 2016, blog.gregbrockman.com/my-path-to-openai; and Greg Brockman, "#define CTO OpenAI," Greg Brockman (blog), January 9, 2017, blog.gregbrockman.com/define-cto-openai.

3 올트먼에 대한 머스크의 견해, 오픈AI 창립에 대한 머스크의 경험, 그리고 AI에 대한 머스크의 관점 변화는 머스크가 올트먼, 브로크만, 그리고 오픈AI를 상대로 2024년 2월 29일 제기한 후 2024년 8월 5일 다시 제기한 법정 소송을 대체로 기반으로 한다: Musk v. Altman, No. 4:24-cv-04722, CourtListener (N.D. Cal. August 5, 2024). 여기에 더해 부가적인 세부사항은 다음 자료를 기반으로 한다: Maureen Dowd, "Elon Musk's Future Shock," Vanity Fair, April 2017, archive.vanityfair.com/article/2017/4/elon-musks-future-shock; and Walter Isaacson, Elon Musk (Simon & Schuster, 2023), 239–44, Kindle.

4 Lex Fridman, host, Lex Fridman Podcast, podcast, episode 367, "Sam Altman: OpenAI CEO on GPT-4, ChatGPT, and the Future of AI," March 25, 2023, lexfridman.com/podcast.

5 Sam Altman, "How to Be Successful," Sam Altman (blog), January 24, 2019, blog.samaltman. com/how-to-be-successful.

6 팀닛 게브루와 진행한 인터뷰, 2023년 8월.

7 Tad Friend, "Sam Altman's Manifest Destiny," New Yorker, October 3, 2016, newyorker.com/magazine/2016/10/10/sam-altmans-manifest-destiny.

8 Isaacson, Elon Musk, 241.

9 "Decoding Google Gemini with Jeff Dean," posted September 11, 2024, by Google DeepMind, YouTube, 55 min., 55 sec., youtu.be/lH74gNeryhQ; 구글 대변인과 저자 간 연락을 바탕으로, November 2024.

10 머스크와 이야기를 나누거나 그가 자신의 의견을 표명했을 때 그 자리에 있었던 사람 네 명의 기억과 묘사를 기초로 했으며, 또한Musk, CourtListener, ECF No. 32, Exhibit 13를 참고함.

11 구글 딥마인드 대변인은 또한 머스크가 하사비스를 묘사한 방식에 동의하지 않았다. 구글 딥마인드 대변인과 저자 간 연락을 바탕으로, 2024년 11월.

12 Nick Bostrom, Superintelligence: Paths, Dangers, Strategies (Oxford University Press, 2014), 149–52, Kindle.

13 Elon Musk (@elonmusk), "Worth reading Superintelligence by Bostrom. We need to be super careful with AI. Potentially more dangerous than nukes," Twitter (now X), August 3, 2014, x.com/elonmusk/status/495759307346952192.

14 Nick Bostrom, "Apology for an Old Email," Nick Bostrom's Home Page, January 9, 2023, nickbostrom.com/oldemail.pdf.

15 Olivia Carville, "The Super Rich of Silicon Valley Have a Doomsday Escape Plan in New Zealand," Bloomberg, September 5, 2018, bloomberg.com/features/2018-rich-new-zealand-doomsday-preppers.

16 Sam Altman, "Machine Intelligence, Part 1," Sam Altman (blog), February 25, 2015, blog.samaltman.com/machine-intelligence-part-1.

17 이 장에 나오는 머스크와 올트먼 간 모든 이메일 연락은 머스크의 소송 중 문서번호 32: Musk, CourtListener, ECF No. 32에 첨부된 증거물을 바탕으로 한다.

18 Melia Russell and Julia Black, "He's Played Chess with Peter Thiel, Sparred with Elon Musk and Once, Supposedly, Stopped a Plane Crash: Inside Sam Altman's World, Where Truth Is Stranger Than Fiction," Business Insider, April 27, 2023, business insider.com/sam-altman-openai-chatgpt-worldcoin-helion-future-tech-2023-4.

19 Paul Graham, "A Fundraising Survival Guide," Paul Graham (blog), accessed November 21, 2024, paulgraham.com/fundraising.html.

20 Friend, "Sam Altman's Manifest Destiny."

21 "Megan O'Neill Is Wed to Jerold D. Altman," New York Times, July 24, 1977, nytimes.com/1977/07/24/archives/megan-oneill-is-wed-to-jerold-d-altman.html.

22 Berber Jin and Keach Hagey, "The Contradictions of Sam Altman, AI Crusader," Wall Street Journal, March 31, 2023, wsj.com/tech/ai/chatgpt-sam-altman-artificial-intelligence-openai-b0e1c8c9.

23 올트먼의 어린 시절에 대한 이야기는 그를 심층 소개한 세 개의 주요 기사를 바탕으로 한다: Friend, "Sam Altman's Manifest Destiny"; Elizabeth Weil, "Sam Altman Is the Oppenheimer of Our Age," New York, September 25, 2023, nymag.com/intelligencer/article/sam-altman-artificial-intelligence-openai-profile.html; and Ellen Huet, host, Foundering: The OpenAI Story, podcast, season 5, episode 1, "The Most Silicon Valley Man Alive," Bloomberg Podcasts, June 5, 2024, bloomberg.com/news/articles/2024-06-05/foundering-sam-altman-s-rise-to-openai.

24 "Sam Altman: How to Build the Future," posted September 27, 2016, by Y Combinator, YouTube, 20 min., 9 sec., youtu.be/sYMqVwsewSg.

25 Huet, "The Most Silicon Valley Man Alive."

26 Parmy Olson, Supremacy: AI, ChatGPT, and the Race that Will Change the World (St. Martin's Press, 2024), 5.

27 Weil, "Sam Altman Is the Oppenheimer of Our Age."

28 Friend, "Sam Altman's Manifest Destiny."

29 Joe Hudson and Brett Kistler, hosts, The Art of Accomplishment Podcast, podcast, episode 39, "Sam Altman—Leading with Crippling Anxiety, Discovering Meditation, and Building Intelligence with Self-Awareness," January 14, 2022, artofaccomplishment.com/podcast.

30 Friend, "Sam Altman's Manifest Destiny."

31 "Office Hours with Sam Altman," posted January 11, 2017, by Y Combinator, YouTube, 24 min., 34 sec., youtu.be/45BvnJgwYjk.

32 Russell and Black, "He's Played Chess with Peter Thiel."

33 Deepa Seetharaman, Keach Hagey, Berber Jin, and Kate Linebaugh, "Sam Altman's Knack for Dodging Bullets—with a Little Help from Bigshot Friends," Wall Street Journal, December 24, 2023, https://www.wsj.com/tech/ai/sam-altman-openai-protected-by-silicon-valley-friends-f3efcf68.

34 "Sam Altman Startup School Video," posted July 26, 2017, by Waterloo Engineering, YouTube, 1 hr., 18 min., 19 sec., youtu.be/4SlNgM4PjvQ.

35   "Paper Chase," Venture Capital Journal, December 1, 2006, venturecapital journal.com/paper-chase.

36   Annie Massa and Vernal Galpotthawela, "Sam Altman Is Worth $2 Billion—That Doesn't Include OpenAI," Bloomberg, March 1, 2024, bloomberg.com/news/articles/2024-03-01/sam-altman-is-a-billionaire-thanks-to-vc-funds-startups.

37   "First Look: Loopt Provides More Incentives to Try Location-Based Services with Loopt Star," posted May 31, 2010, by Robert Scoble, YouTube, 15 min., 24 sec., youtu.be/P5izvkusAMM.

38   "Why Loopt Partnered with Facebook," posted November 3, 2010, by CNN Business, YouTube, 2 min., 41 sec., youtu.be/tMO0Gm6yxWc.

39   Jessica E. Lessin, "This Is How Sam Altman Works the Press and Congress. I Know from Experience," The Information, June 7, 2023, theinformation.com/articles/this-is-how-sam-altman-works-the-press-and-congress-i-know-from-experience.

40   Russell and Black, "He's Played Chess with Peter Thiel."

41   Christine Lagorio-Chafkin, "Inside Reddit's Long, Complicated Relationship with OpenAI's Sam Altman," Inc., March 8, 2024, inc.com/christine-lagorio/inside-reddits-long-complicated-relationship-with-openais-sam-altman.html.

42   Author interview with Geoff Ralston, March 2024.

43   Seetharaman et al., "Sam Altman's Knack for Dodging Bullets."

44   Walter Isaacson, Steve Jobs (Simon & Schuster, 2011), 104.

45   Katie Notopoulos, "Sam Altman Is Seen Driving a Car That Can Cost $5 Million. Everyone Is Thanking Him for Helping Them Pass Their Tests," Business Insider, July 12, 2024, businessinsider.com/sam-altman-koenigsegg-regera-expensive-sports-car-video-openai-musk-2024-7.

46   Elizabeth Dwoskin, Marc Fisher, and Nitasha Tiku, "'King of the Cannibals': How Sam Altman Took Over Silicon Valley," Washington Post, December 23, 2023, washingtonpost.com/technology/2023/12/23/sam-altman-openai-peter-thiel-silicon-valley.

47   Eric Newcomer, "YC's Paul Graham: The Complete Interview," December 26, 2013, The Information, theinformation.com/articles/yc-s-paul-graham-the-complete-interview.

48   Paul Graham, "A Student's Guide to Startups," Paul Graham (blog), October 2006, paulgraham.com/mit.html.

49   Paul Graham, "What We Look for in Founders," Paul Graham (blog), October 2010, paulgraham.com/founders.html.

50   Paul Graham, "Five Founders," Paul Graham (blog), April 2009, paulgraham.com/5founders.html.

51   Friend, "Sam Altman's Manifest Destiny."

52   Dwoskin et al., "'King of the Cannibals.'"

53   Sam Altman, "Growth and Government," Sam Altman (blog), March 4, 2013, blog.samaltman.com/growth-and-government.

54   "Sam Altman Startup School Video," Waterloo Engineering.

55   Tyler Cowen, host, Conversations with Tyler, podcast, episode 61, "Sam Altman on Loving Community, Hating Coworking, and the Hunt for Talent," Mercatus Center Podcasts, February 27, 2019.

56   "Competition Is for Losers with Peter Thiel (How to Start a Startup 2014: 5)," posted March 22, 2017, by Y Combinator, YouTube, 50 min., 27 sec., youtu.be/3Fx5Q8xGU8k.

57   Sam Altman, "How Things Get Done," Sam Altman (blog), July 17, 2013, blog.samaltman.com/how-things-get-done.

58   "Sam Altman Startup School Video," Waterloo Engineering.

59   Berber Jin, Tom Dotan, and Keach Hagey, "The Opaque Investment Empire Making OpenAI's Sam Altman Rich," Wall Street Journal, June 3, 2024, wsj.com/tech/ai/openai-sam-altman-investments-004fc785.

60   저자가 맷 크리실로프와 진행한 인터뷰, 2024년 4월.

61   저자가 래치 그룹과 진행한 인터뷰. 2024년 2월.

62   Sam Altman, "The 2016 Election," Sam Altman (blog), October 17, 2016, blog.samaltman.com/

the-2016-election.

63   Sam Altman, "The United Slate," Sam Altman (blog), July 12, 2017, blog.samaltman.com/the-
      united-slate.

64   Dwoskin et al., "'King of the Cannibals.'"

65   Friend, "Sam Altman's Manifest Destiny."

66   척 슈머가 파이오니어 빌딩에 방문한 날의 사건, 2019년 3월 8일.

67   저자가 애니 올트먼과 진행한 인터뷰, 2024년 3월-11월.

68   Sam Altman (@sama), "My sister has filed a lawsuit against me. Here is a statement
      from my mom, brothers, and me:," Twitter (now X), January 7, 2025, x.com/sama/
      status/1876780763653263770.

69   저자와 코니 깁스틴 간 연락을 바탕으로, 2024년 10월.

70   Altman v. Altman, No. 4:25-cv-00017, CourtListener (E.D. Mo. Jan 06, 2025) ECF No. 1.

2장 문명화 임무

1   저자가 그렉 브로크만과 진행한 인터뷰, 2019년 8월.

2   수츠케버의 교육과 어린 시절 배경은 그의 다양한 언론 인터뷰를 바탕으로 한다. 여기에는 다음 보도물
      이 포함된다: "Interview with Dr. Ilya Sutskever, Co-founder of OPEN AI—at the Open University
      Studios—English," posted September 13, 2023, by The Open University of Israel, YouTube, 50
      min., 28 sec., youtu.be/H1YoNlz2LxA; Nina Haikara, "This U of T Alum Is Leading AI research at
      $1 Billion Non-profit Backed by Elon Musk," U of T News, March 28, 2017, utoronto.ca/news/
      u-t-alum-leading-ai-research-1-billion-non-profit-backed-elon-musk; and Varsity Contributor,
      "Neural Networking," The Varsity, October 25, 2010, thevarsity.ca/2010/10/25/neural-networking.

3   2012년에 거둔 이 획기적인 성과는 5년 뒤 학술논문을 통해 공개되었다: Alex Krizhevsky, Ilya Sutskever,
      and Geoffrey E. Hinton, "ImageNet Classification with Deep Convolutional Neural Networks,"
      Communications of the ACM 60, no. 6 (May 2017): 84–90, doi.org/10.1145/3065386.

4   제프리 힌튼과 진행한 인터뷰, 2023년 8월.

5   Cade Metz, Genius Makers: The Mavericks Who Brought AI to Google, Facebook, and the World
      (Dutton, 2021), 289.

6   Greg Brockman, "#define CTO OpenAI," Greg Brockman (blog), January 9, 2017, blog.
      gregbrockman.com/define-cto-openai.

7   Sam Altman, "Greg," Sam Altman (blog), March 7, 2017, blog.samaltman.com/greg.

8   피터 아빌과 진행한 인터뷰를 바탕으로, 2019년 8월.

9   Metz, Genius Makers, 163.

10   이 장에 등장하는 오픈AI와 테슬라 경영진 간 모든 연락 내용은 머스크의 소송 중 문서번호 32번에 첨부
      된 증거물에 나온 것을 바탕으로 한다: Musk v. Altman, No. 4:24-cv-04722, CourtListener (N.D. Cal.
      November 14, 2024) ECF No. 32; 그리고 오픈AI의 답변은 오픈AI의 블로그에 게시된 것을 바탕으로 한다:
      OpenAI, "OpenAI and Elon Musk," OpenAI (blog), March 5, 2024, openai.com/index/openai-elon-
      musk; OpenAI, "Elon Musk Wanted an OpenAI For-Profit," OpenAI (blog), December 13, 2024,
      openai.com/index/elon-musk-wanted-an-openai-for-profit/#summer-2017-we-and-elon-agreed-
      that-a-for-profit-was-the-next-step-for-openai-to-advance-the-mission.

11   Musk, CourtListener, ECF No. 32, Exhibit 7.

12   "Openai Inc," ProPublica Nonprofit Explorer, accessed August 25, 2024, projects.propublica.org/
      nonprofits/organizations/810861541/201703459 349300445/full.

13   Metz, Genius Makers, 164.

14   Metz, Genius Makers, 164.

15   Musk, CourtListener, ECF No. 32, Exhibit 7.

16   Walter Isaacson, Elon Musk (Simon & Schuster, 2023), 243, Kindle.

17   AI가 어떻게 차별적인 결과를 가져오는지를 이해하는 데 핵심적인 공헌을 한 논문은 다음을 참조하라:
      Solon Barocas and Andrew D. Selbst, "Big Data's Disparate Impact," California Law Review 104,
      no. 3 (2016): 671–732, ssrn.com/abstract=2477899. 현실에서 그러한 차별적인 결과가 실제로 어떻
      게 나타나는지를 더 자세히 보여주는 기사는 다음을 참조하라: Karen Hao, "The Coming War on the

Hidden Algorithms that Trap People in Poverty," MIT Technology Review, December 4, 2020, technologyreview.com/2020/12/04/1013068/algorithms-create-a-poverty-trap-lawyers-fight-back.

18   Alexandra Stevenson, "Facebook Admits It Was Used to Incite Violence in Myanmar," New York Times, November 6, 2018, nytimes.com/2018/11/06/technology/myanmar-facebook.html.

19   Eric Lipton, "As A.I.-Controlled Killer Drones Become Reality, Nations Debate Limits," New York Times, November 21, 2023, nytimes.com/2023/11/21/us/politics/ai-drones-war-law.html.

20   칩 후옌과 진행한 인터뷰, 2019년 8월.

21   팀닛 게브루와 진행한 인터뷰, 2021년 3월.

22   게브루가 제공한 이메일 사본.

23   브로크만과 진행한 인터뷰, 2019년 8월.

24   브로크만과의 인터뷰.

25   Arthur C. Clarke, Profiles of the Future: An Inquiry into the Limits of the Possible (Bantam Books, 1962), 30–39.

26   Dario Amodei, Chris Olah, Jacob Steinhardt, Paul Christiano, John Schulman, and Dan Mané, "Concrete Problems in AI Safety," preprint, arXiv, July 25, 2016, 1–29, doi.org/10.48550/arXiv.1606.06565.

27   오픈 필란트로피 대변인과 나눈 연락내용을 바탕으로, 2024년 11월.

28   Julia Angwin, Jeff Larson, Surya Mattu, and Lauren Kirchner, "Machine Bias," ProPublica, May 23, 2016, propublica.org/article/machine-bias-risk-assessments-in-criminal-sentencing.

29   이 논문은 2020년 4월 26일 국제표현학습학회International Conference of Learning Representations의 "현실 세계에서의 머신러닝"이라는 워크샵에서 발표되었고: sites.google.com/nyu.edu/ml-irl-2020/home 몇 년 뒤 아카이브에 게시되었다: Inioluwa Deborah Raji and Roel Dobbe, "Concrete Problems in AI Safety, Revisited," arXiv, December 18, 2023: 1–6, doi.org/10.48550/arXiv.2401.10899.

30   Tad Friend, "Sam Altman's Manifest Destiny," New Yorker, October 3, 2016, newyorker.com/magazine/2016/10/10/sam-altmans-manifest-destiny.

31   "OpenAI—General Support," Open Philanthropy, accessed November 27, 2024, openphilanthropy.org/grants/openai-general-support.

32   그렉 브로크만과 다니엘라 아모데이와 진행한 인터뷰, 2019년 8월.

33   ProPublica Nonprofit Explorer, "Openai Inc."

34   브로크만 및 일리야 수츠케버와 진행한 인터뷰, 2019년 8월.

35   브로크만 및 수츠케버와의 인터뷰.

36   OpenAI, "AI and Compute," Open AI (blog), May 16, 2018, openai.com/index/ai-and-compute.

37   Musk, CourtListener, ECF No. 32; Id., ECF No. 32, Exhibit 11.

38   Id., ECF No. 32, Exhibit 13; OpenAI, "OpenAI and Elon Musk"; OpenAI, "Elon Musk Wanted an OpenAI For-Profit."

39   브로크만과의 인터뷰, 2019년 8월

40   OpenAI, "OpenAI and Elon Musk."

41   Musk, CourtListener, ECF No. 32, Exhibit 15.

42   Id., ECF No. 32, Exhibit 7.

43   ProPublica Nonprofit Explorer, "Openai Inc."

44   Musk, CourtListener, ECF No. 1, at *46–48.

45   Berber Jin and Keach Hagey, "The Contradictions of Sam Altman, AI Crusader Behind ChatGPT," Wall Street Journal, March 31, 2023, wsj.com/tech/ai/chatgpt-sam-altman-artificial-intelligence-openai-b0e1c8c9.

46   다큐멘터리 〈인공 게이머Artificial Gamer〉의 공동 프로듀서인 제니퍼 8. 리Jennifer 8. Lee와의 연락 내용을 바탕으로 한다. 차드 허시버거Chad Herschberger가 감독하고 피터 아빌, 그렉 브로크만, 노암 브라운이 등장한 이 다큐멘터리는 2021년 9월 24일 공개됐다: artificial gamerfilm.com. 다큐멘터리 팀은 해당 영화에 대한 독립적인 편집권을 보유했다.

47   OpenAI, "OpenAI Charter," Open AI (blog), accessed August 25, 2024, openai.com/charter.

48   Jin and Hagey, "The Contradictions of Sam Altman."

49   쉐동 황과 진행한 인터뷰, 2023년 7월.

50   Musk, CourtListener, ECF No. 1, at *5.

51   Elizabeth Dwoskin and Nitasha Tiku, "Altman's Polarizing Past Hints at OpenAI Board's Reason for Firing Him," Washington Post, November 22, 2023, washingtonpost.com/technology/2023/11/22/sam-altman-fired-y-combinator-paul-graham.

52   Deepa Seetharaman, Keach Hagey, and Berber Jin, "Sam Altman's Knack for Dodging Bullets—with a Little Help from Bigshot Friends," Wall Street Journal, December 24, 2023, wsj.com/tech/ai/sam-altman-openai-protected-by-silicon-valley-friends-f3efcf68.

53   성과연봉제 문서 사본을 바탕으로 한다.

54   Karen Hao, "The Messy, Secretive Reality Behind OpenAI's Bid to Save the World," MIT Technology Review, February 17, 2020, technologyreview.com/2020/02/17/844721/ai-openai-moonshot-elon-musk-sam-altman-greg-brockman-messy-secretive-reality.

55   @windowsshopping, "I was buying it until he said that profit is 'capped' at 100x of initial investment. So someone who invests $10 million has their investment 'capped' at $1 billion. Lol. Basically unlimited unless the company grew to a FAANG-scale market value," Hacker News, March 11, 2019, news.ycombinator.com/item?id=19360709.

56   이 책에 나오는 LP에 들어온 모든 투자금과 그에 대한 수익상한 값은 오픈AI 내부 재정 문서를 바탕으로 한다.

57   Chamath Palihapitiya, Jason Calacanis, David Sacks, and David Friedberg, hosts, All-In, podcast, episode 194, "In Conversation with Reid Hoffman & Robert F. Kennedy Jr.," August 30, 2024, https://allin.com/episodes.

58   케빈 스콧과 사티아 나델라의 여러 이메일은 구글에 대한 미국 법무부의 반독점 소송의 일환으로 2024년 공개됐다. Jyoti Mann and Beatrice Nolan, "Read the Email to Satya Nadella and Bill Gates That Shows Microsoft's CTO Was 'Very Worried' about Google's AI Progress in 2019," Business Insider, May 1, 2024, businessinsider.com/satya-nadella-bill-gates-microsoft-concern-google-rivals-ai-emails-2024-5.

3장 신경 중추

1   Eddie Sun, "ChatGPT's San Francisco Offices Getting Nap Rooms, a Museum for Staffers," San Francisco Standard, July 11, 2023, sfstandard.com/2023/07/11/chatgpt-secretive-san-francisco-offices-nap-rooms-museum-open-ai.

2   나는 사무실 가구의 가격을 추산하기 위해 사무실 사진을 구글 이미지를 통해 역으로 검색했다. 오픈AI의 마요 사무실 디자인을 담당한 건축회사에 가격의 정확한 가격과 내가 서술한 내용이 맞는지 확인을 받기 위해 연락했을 때("사무실의 나선형 계단이 나무와 돌로 만들어졌다고 표현하는 게 정확한가요?"), 해당 건축회사 관계자는 회사가 비밀유지계약을 했기 때문에 해당 작업건에 대해 이야기할 수 없다고 답변했다.

3   Berber Jin and Keach Hagey, "The Contradictions of Sam Altman, AI Crusader," Wall Street Journal, March 31, 2023, wsj.com/tech/ai/chatgpt-sam-altman-artificial-intelligence-openai-b0e1c8c9.

4   오픈AI의 전 디자인 총괄이었던 벤 배리Ben Barry와 저자의 인터뷰, 2023년 10월..

5   Information for each event can be found at: "NeurIPS 2019 Workshop: Tackling Climate Change with Machine Learning," Workshop at NeurIPS, Vancouver Convention Center, December 14, 2019, climatechange.ai/events/neurips2019; and "ML4H: Machine Learning for Health," Workshop at NeurIPS, Vancouver Convention Center, December 13, 2019, ml4h.cc/2019/index.html.

6   해당 백서가 처음 작성된 것은 2019년이었고, 2022년에 동료 평가peer-review를 진행하는 학술저널에 실렸다. 여기에 인용된 부분은 2022년에 다음과 같이 편집되었다: "기후변화를 해결할 기술적 도구는 이미 수년간 존재해 왔음에도 사회 전반에 적용되지 않은 게 대부분이다. 물론 우리는 머신러닝이 기후행동을 위한 효과적인 전략을 가속화하는 데 유용하게 사용될 것을 희망하지만, 인류 또한 행동에 나서기로 결단을 내려야 한다." David Rolnick, Priya L. Donti, Lynn H. Kaack, Kelly Kochanski, Alexandre Lacoste, Kris Sankaran et al., "Tackling Climate Change with Machine Learning," ACM Computing Surveys (CSUR) 55, no. 2 (February 2022): 1–96, doi.org/10.1145/3485128.

7   Emma Strubell, Ananya Ganesh, and Andrew McCallum, "Energy and Policy Considerations

for Deep Learning in NLP," Proceedings of the 57th Annual Meeting of the Association for Computational Linguistics (July 2019): 3645–50, doi.org/10.18653/v1/P19-1355.

8   "Cade Metz, Genius Makers: The Mavericks Who Brought AI to Google, Facebook, and the World (Dutton, 2021), 299.

9   저자가 브로크만과 진행한 인터뷰, 2019년 8월.

10   Karen Hao, "The Messy, Secretive Reality Behind OpenAI's Bid to Save the World," MIT Technology Review, February 17, 2020, technologyreview.com/2020/02/17/844721/ai-openai-moonshot-elon-musk-sam-altman-greg-brockman-messy-secretive-reality.

11   Elon Musk (@elonmusk), "OpenAI should be more open imo," Twitter (now X), x.com/elonmusk/status/1229544673590599681.

12   해당 이메일 사본.

4장 현대화의 꿈

1   Daron Acemoglu and Simon Johnson, Power and Progress: Our Thousand-Year Struggle over Technology and Prosperity (PublicAffairs, 2023), 129–33.

2   이들이 해당 여름 워크샵에서 계획한 활동은 다음과 같다: John McCarthy, Marvin L. Minsky, Nathaniel Rochester, and Claude E. Shannon, "A Proposal for the Dartmouth Summer Research Project on Artificial Intelligence," Stanford University, August 31, 1955, jmc.stanford.edu/articles/dartmouth/dartmouth.pdf.

3   처음에 존 매카시, 클로드 섀넌Claude Shannon, 그리고 다른 학자들은 나중에 AI로 불리게 될 일련의 아이디어들을 한데 모아 "오토마타 연구Automata Studies"라는 제목으로 1956년 출판했다. 매카시는 사람들이 제출한 논문이 보인 수준과 의욕 부족에 상당히 실망했다. 그는 그 실망 때문에 자신이 인공지능이라는 용어를 쓰게 되었다고 말했다.

4   Kate Crawford, Atlas of AI: Power, Politics, and the Planetary Costs of Artificial Intelligence (Yale University Press, 2021), 123.

5   John McCarthy, "What Is Artificial Intelligence?," John McCarthy's Home Page, Formal Reasoning Group, November 12, 2007, www-formal.stanford.edu/jmc/whatisai.pdf.

6   Jenna Burrell, "Artificial Intelligence and the Ever-Receding Horizon of the Future," Tech Policy Press, June 6, 2023, techpolicy.press/artificial-intelligence-and-the-ever-receding-horizon-of-the-future.

7   Marvin Minsky and Seymour A. Papert, Perceptrons: An Introduction to Computational Geometry (MIT Press, 1969).

8   Joseph Weizenbaum, "ELIZA—a Computer Program for the Study of Natural Language Communication Between Man and Machine," Communications of the ACM 9, no. 1 (January 1966): 36–45, doi.org/10.1145/365153.365168.

9   Joseph Weizenbaum, "ELIZA—a Computer Program for the Study of Natural Language Communication Between Man and Machine," Communications of the ACM 9, no. 1 (January 1966): 36–45, doi.org/10.1145/365153.365168.

10   Ben Tarnoff, "Weizenbaum's Nightmares: How the Inventor of the First Chatbot Turned Against AI," The Guardian, July 25, 2023, theguardian.com/technology/2023/jul/25/joseph-weizenbaum-inventor-eliza-chatbot-turned-against-artificial-intelligence-ai.

11   Joseph Weizenbaum, Computer Power and Human Reason: From Judgment to Calculation (W. H. Freeman & Co, 1976).

12   각 AI 겨울이 언제 발생했는지에 대해 통일된 역사는 없다. 일반적으로 말해 첫 번째 AI 겨울은 1970년대에 발생했다는 것이 통설이다. 이는 케임브리지 대학교의 교수인 제임스 라이트힐 경Sir James Lighthill이 작성한 "인공지능: 전반적인 조사"라는 영국 과학연구위원회 보고서가 촉발했다. 해당 보고서에서 라이트힐은 "인공지능 분야의 어느 부분에서도 지금까지 이루어진 발견들이 당시 약속했던 중대한 영향을 가져오지 못했다"고 적었다. 두 번째 AI 겨울은 대략적으로 80년대 후반과 90년대 초반 사이였다. 일부 학자들은 당시에도 "AI"로 분류된 연구를 위한 자금 지원이 중단됐어도, 다른 이름으로 그와 관련된 기법의 개발에 여전히 자금 지원이 이뤄지고 있었다고 주장한다. 일부 연구자들은 또 그 이후에 발생한 AI 겨울에 대해 논하기도 한다. 스탠퍼드 대학교 교수이자 인공지능의 거장인 페이페이 리Fei-Fei Li는 자신의 책에서 90년대 후반을

세 번째 AI 겨울로 묘사한다: Fei-Fei Li, The Worlds I See: Curiosity, Exploration, and Discovery at the Dawn of AI (Flatiron Books, 2023), 89–90.

13 저자가 제프리 힌튼과 진행한 인터뷰, 2023년 8월.

14 Shoshana Zuboff, The Age of Surveillance Capitalism: The Fight for a Human Future at the New Frontier of Power (PublicAffairs, 2019), 1–704.

15 Pratyusha Ria Kalluri, William Agnew, Myra Cheng, Kentrell Owens, Luca Soldaini, and Abeba Birhane, "The Surveillance AI Pipeline," preprint, arXiv, October 17, 2023, 10–11, doi.org/10.48550/arXiv.2309.15084.

16 Olivia Solon, "Facial Recognition's 'Dirty Little Secret': Millions of Online Photos Scraped Without Consent," NBC News, March 12, 2019, nbcnews.com/tech/internet/facial-recognition-s-dirty-little-secret-millions-online-photos-scraped-n981921.

17 예를 들어, 이렇게 결함 있는 안면인식 기술을 그릇되게 배포함으로써 용의자의 신원 확인에서 착오를 일으켜 엉뚱한 사람을 잘못 체포하는 일이 생긴다는 언론보도는 얼마 지나지 않아 나오기 시작했다. 2024년 11월을 기준으로 이러한 잘못된 체포로 인해 구금되고, 일자리를 잃고, 자녀와 분리되고, 인간관계가 무너지는 경험을 한 것으로 알려진 7명 중 6명은 흑인이다. Kashmir Hill, "Wrongfully Accused by an Algorithm," New York Times, June 24, 2020, nytimes.com/2020/06/24/technology/facial-recognition-arrest.html; Khari Johnson, "How Wrongful Arrests Based on AI Derailed 3 Men's Lives," Wired, March 7, 2022, wired.com/story/wrongful-arrests-ai-derailed-3-mens-lives.

18 "ISTE 2017—Most Innovative Winning Pitch," posted July 13, 2018, by Max Newlon, YouTube, 7 min., 42 sec., youtu.be/oJt6cjdMGb4.

19 Jane Li, "A 'Brain-Reading' Headband Is Facing a Backlash in China," Quartz, November 5, 2019, qz.com/1742279/a-mind-reading-headband-is-facing-backlash-in-china.

20 Nick Couldry and Ulises A. Mejias, The Costs of Connection: How Data Is Colonizing Human Life and Appropriating It for Capitalism (Stanford University Press, 2019), 1–352. 추출주의의 개념에 대해 더 자세히 알고 싶다면 다음을 참고하라: Rosemary Collard and Jessica Dempsey, "'Extractivism' Is Destroying Nature: To Tackle It Cop15 Must Go Beyond Simple Targets," The Guardian, December 8, 2022, theguardian.com/environment/2022/dec/08/extractivism-is-destroying-nature-to-tackle-it-cop15-must-go-beyond-simple-targets; 이 개념을 정의한 근간이 되는 자료 중 하나는 다음과 같다: Eduardo Gudynas, "Diez tesis urgentes sobre el nuevo extractivismo: Contextos y demandas bajo el progresismo sudamericano actual," in Extractivismo, Política y Sociedad, eds. CAAP and CLAES (2009), 187, rosalux.org.ec/pdfs/extractivismo.pdf.

21 추출주의extractivism는 스페인어의 extractivismo와 포르투갈어의 extrativismo에서 유래한 말로, 수십 년 전 라틴아메리카 학자들이 자국에 거의 아무런 혜택도 남겨주지 않으면서 자국이 보유한 천연자원을 수탈해 가는 세계 경제 질서를 표현하기 위해 만든 용어다. 이 시기의 역사와 경험은 12장에서 자세히 살펴볼 것이다. 나는 여기서 페미니스트 학자 로즈마리 콜라드Rosemary Collard와 제시카 뎀프시Jessica Dempsey의 말을 인용한다. 이들에 따르면, "추출주의는 추출의 범위를 넘어선다. 추출은 자연으로부터 자원을 뽑아내 인간에게 유용한 것으로 변환시키는 행위로, 그 자체가 본질적으로 해롭지는 않다. 반면 추출주의는 아메리카 대륙의 반식민주의 투쟁과 사상 속에서 탄생한 용어로, 과도한 자원의 추출과 비용 및 수익의 편향된 분배를 바탕으로 한 축적 방식이다. 주로 수출을 목적으로 한 자원의 집중적 대량 추출이 이루어지고, 이를 통해 거둔 수익은 자원이 추출된 장소로부터 멀리 떨어진 곳에 축적된다."

22 Shakir Mohamed, Marie-Therese Png, and William Isaac, "Decolonial AI: Decolonial Theory as Sociotechnical Foresight in Artificial Intelligence," Philosophy and Technology 33 (July 12, 2020): 659–84, doi.org/10.1007/s13347-020-00405-8.

23 Karen Hao and Heidi Swart, "South Africa's Private Surveillance Machine Is Fueling a Digital Apartheid," MIT Technology Review, April 19, 2022, technologyreview.com/2022/04/19/1049996/south-africa-ai-surveillance-digital-apartheid.

24 Nestor Maslej, Loredana Fattorini, Raymond Perrault, Vanessa Parli, Anka Reuel, Erik Brynjolfsson et al., AI Index Report 2024, Institute for Human-Centered AI, Stanford University, April 2024, 242, aiindex.stanford.edu/report.

25 Steven Rosenbush, "Big Tech Is Spending Billions on AI Research. Investors Should Keep an Eye Out," Wall Street Journal, March 8, 2022, wsj.com/articles/big-tech-is-spending-billions-on-ai-research-investors-should-keep-an-eye-out-11646740800.

26   Nur Ahmed, Muntasir Wahed, and Neil C. Thompson, "The Growing Influence of Industry in AI Research," Science 379, no. 6635 @March 2, 2023@: 884–86, doi.org/10.1126/science.ade2420.

27   Ahmed et al., "The Growing Influence of Industry."

28   2017년 IBM의 산업플랫폼 최고기술책임자인 톰 엑Tom Eck은 "최고급 AI 연구자들은 내셔널 풋볼 리그 NFL(미국의 프로 미식축구 리그)의 쿼터백이 받는 연봉을 받고 있습니다. 이는 이들에 대한 수요와 인식된 가치를 보여줍니다."라고 말한 것이 잘 알려져 있다. Dan Butcher, "If You really Know About Artificial Intelligence, You Could Earn As Much As an NFL Quarterback," eFinancialCareers, July 13, 2017, efinancialcareers.com/news/2017/07/top-talent-earns-high-ai-salaries-nfl-quarterbacks.

29   Mike Ramsey and Douglas MacMillan, "Carnegie Mellon Reels After Uber Lures Away Researchers," Wall Street Journal, May 31, 2015, wsj.com/articles/is-uber-a-friend-or-foe-of-carnegie-mellon-in-robotics-1433084582.

30   Abeba Birhane, Pratyusha Kalluri, Dallas Card, William Agnew, Ravit Dotan, and Michelle Bao, "The Values Encoded in Machine Learning Research," in FAccT '22: Proceedings of the 2022 ACM Conference on Fairness, Accountability, and Transparency (Association for Computing Machinery, 2022): 173–84, doi.org/10.1145/3531146.3533083.

31   이것이 실제로 벌어지는 영상을 다음에서 볼 수 있다: "Tesla FSD Beta—What-the-Hell Moments," posted January 20, 2022, by The Outspoken Nomad, YouTube, 15 min., 55 sec., youtu.be/RVkLI9pPd24?t=166.

32   Collision Between Vehicle Controlled by Developmental Automated Driving System and Pedestrian, Tempe, Arizona, March 18, 2018, Highway Accident Report, NTSB/HAR-19/03, PB2019-101402, National Transportation Safety Board, November 19, 2019, ntsb.gov/investigations/AccidentReports/Reports/HAR1903.pdf.

33   테슬라 오토파일럿으로 인한 사고들에 대한 충돌 분석: "Additional Information Regarding EA22002," National Highway Traffic Safety Administration, April 25, 2024, 1–6, static.nhtsa.gov/odi/inv/2022/INCR-EA22002-14496.pdf.

34   Karen Hao, "Hackers Trick a Tesla into Veering into the Wrong Lane," MIT Technology Review, April 1, 2019, technologyreview.com/2019/04/01/65915/hackers-trick-teslas-autopilot-into-veering-towards-oncoming-traffic.

35   Will Knight, "How Malevolent Machine Learning Could Derail AI," MIT Technology Review, March 25, 2019, technologyreview.com/2019/03/25/1216/emtech-digital-dawn-song-adversarial-machine-learning.

36   Benjamin Wilson, Judy Hoffman, and Jamie Morgenstern, "Predictive Inequity in Object Detection," preprint, arXiv, February 21, 2019, 1–13, doi.org/10.48550/arXiv.1902.11097.

37   Xinyue Li, Zhenpeng Cheng, Jie M. Zhang, Federica Sarro, Ying Zhang, and Xuanzhe Liu, "Bias Behind the Wheel: Fairness Analysis of Autonomous Driving Systems," ACM Transactions on Software Engineering and Methodology @November 2024@, doi.org/10.1145/3702989.

38   저자가 데보라 라지와 진행한 인터뷰, 2020년 4월.

39   저자가 MIT 테크놀로지 리뷰의 연례행사인 엠테크 엠아이티EmTech MIT에서 진행한 힌튼과의 인터뷰, 2020년 10월 20일. 당시 나눈 대화를 바탕으로 작성한 기사는 다음에서 볼 수 있다: Karen Hao, "AI Pioneer Geoff Hinton: 'Deep Learning Is Going to Be Able to Do Everything,'" MIT Technology Review, November 3, 2020, technologyreview.com/2020/11/03/1011616/ai-godfather-geoffrey-hinton-deep-learning-will-do-everything.

40   저자가 개리 마커스와 진행한 인터뷰, 2019년 9월. 해당 인터뷰를 바탕으로 작성한 기사는 다음과 같다. Karen Hao, "We Can't Trust AI Systems Built on Deep Learning Alone," MIT Technology Review, September 27, 2019, technologyreview.com/2019/09/27/65250/we-cant-trust-ai-systems-built-on-deep-learning-alone.

41   "Planning for AGI and Beyond," OpenAI (blog), February 24, 2023, openai.com/index/planning-for-agi-and-beyond.

42   Kevin Roose, "Bing's A.I. Chat: 'I Want to Be Alive.'," New York Times, February 16, 2023, nytimes.com/2023/02/16/technology/bing-chatbot-transcript.html.

43   Pierre-François Lovens, "Sans ces conversations avec le chatbot Eliza, mon mari serait toujours là," La Libre, March 28, 2023, lalibre.be/belgique/societe/2023/03/28/sans-ces-conversations-

avec-le-chatbot-eliza-mon-mari-serait-toujours-la-LVSLWPC5WRDX7J2RCHNWPDST24.

44 이와 같은 결과를 발견한 연구 논문은 여럿 있는데, 그 중에는 당시 오픈AI 연구원이었던 제이콥 힐튼Jacob Hilton이 공저한 논문도 있다. 힐튼과 그의 공저자들은 "규모가 큰 모델일수록 일반적으로 가장 진실되지 못했다"고 적었다: Stephanie Lin, Jacob Hilton, and Owain Evans, "TruthfulQA: Measuring How Models Mimic Human Falsehoods," in Proceedings of the 60th Annual Meeting of the Association for Computational Linguistics 1 (2021): 3214–52, doi.org/10.18653/v1/2022.acl-long.229. 또한 개발자들이 왜 점점 더 자신들이 사용하는 훈련 데이터의 구성물에 대해 제대로 인지하지 못하게 되었는지를 훌륭하게 설명한 글을 보려면 다음을 참조하라: Christo Buschek and Jer Thorp, "Models All the Way Down," Knowing Machines, March 26, 2024, knowingmachines.org/models-all-the-way.

45 Benjamin Weiser, "Here's What Happens When Your Lawyer Uses ChatGPT," New York Times, May 27, 2023, nytimes.com/2023/05/27/nyregion/avianca-airline-lawsuit-chatgpt.html.

46 Katharina Jeblick, Balthasar Schachtner, Jakob Dexl, Andreas Mittermeier, Anna Theresa Stüber, Johanna Topalis et al., "ChatGPT Makes Medicine Easy to Swallow: An Exploratory Case Study on Simplified Radiology Reports," European Radiology 34 (October 2024): 2817–25, doi.org/10.1007/s00330-023-10213-1.

47 Lily Hay Newman and Andy Greenberg, "Security News This Week: ChatGPT Spit Out Sensitive Data When Told to Repeat 'Poem' Forever," Wired, December 2, 2023, wired.com/story/chatgpt-poem-forever-security-roundup.

48 Leonardo Nicoletti and Dina Bass, "Humans Are Biased. Generative AI Is Even Worse," Bloomberg, June 9, 2023, bloomberg.com/graphics/2023-generative-ai-bias; Victoria Turk, "How AI Reduces the World to Stereotypes," Rest of World, October 10, 2023, restofworld.org/2023/ai-image-stereotypes; and Nitasha Tiku, Kevin Schaul, and Szu Yu Chen, "This Is How AI Image Generators See the World," Washington Post, November 1, 2023, washingtonpost.com/technology/interactive/2023/ai-generated-images-bias-racism-sexism-stereotypes.

49 Carmen Drahl,"AI Was Asked to Create Images of Black African Docs Treating White Kids. How'd It Go?," Goats and Soda, NPR, October 6, 2023, npr.org/sections/goatsandsoda/2023/10/06/1201840678/ai-was-asked-to-create-images-of-black-african-docs-treating-white-kids-howd-it-.

50 Ezra Klein, host, The Ezra Klein Show, podcast, "What if Dario Amodei Is Right About A.I.?," April 12, 2024, New York Times Opinion, nytimes.com/column/ezra-klein-podcast.

5장 야망의 크기

1 Cade Metz, Genius Makers: The Mavericks Who Brought AI to Google, Facebook, and the World (Dutton, 2021), 93; "Geoffrey Hinton | On Working with Ilya, Choosing Problems, and the Power of Intuition," posted May 20, 2024, by Sana, YouTube, 45 min., 45 sec., youtu.be/n4IQOBka8bc.

2 저자가 제프리 힌튼과 진행한 인터뷰, 2023년 11월.

3 Metz, Genius Makers, 94.

4 Will Douglas Heaven, "Rogue Superintelligence and Merging with Machines: Inside the Mind of OpenAI's Chief Scientist," MIT Technology Review, October 26, 2023, technologyreview.com/2023/10/26/1082398/exclusive-ilya-sutskever-openais-chief-scientist-on-his-hopes-and-fears-for-the-future-of-ai.

5 "NIPS: Oral Session 4—Ilya Sutskever," posted August 19, 2016, by Microsoft Research, YouTube, 23 min., 14 sec., youtu.be/-uyXE7dY5H0.

6 수츠케버는 딥러닝에 대한 자신의 믿음이 실제 믿음이라는 사실에 대해 자주 언급한다. 2023년 9월 그는 다음과 같이 말했다. "오픈AI의 탄생은 이미 딥러닝은 해낼 수 있다는 생각에 대한 확신의 표현이었습니다. 그냥 믿기만 하면 됩니다. 그리고 사실 저는 지금은 좀 덜할지 몰라도 최소한 지난 10년 이뤄진 딥러닝 연구의 상당 부분은 믿음에 관한 것이었다고 생각합니다.": "Interview with Dr. Ilya Sutskever, Cofounder of OPEN AI—at the Open University Studios—English," posted September 13, 2023, by The Open University of Israel, YouTube, 50 min., 28 sec., youtu.be/H1YoNlz2LxA.

7 "What AI Is Making Possible | Ilya Sutskever and Sven Strohband,"posted July 18, 2023, by Khosla Ventures, YouTube, 25 min., 26 sec., youtu.be/xym5f0XYlSc; "Ilya Sutskever: 'Sequence

to Sequence Learning with Neural Networks: What a Decade,'" posted December 14, 2024, by seremot, YouTube, 24 min., 36 sec., youtu.be/1yvBqasHLZs.

8   저자가 피터 아빌과 진행한 인터뷰, 2023년 10월.

9   "Ilya Sutskever: 'Sequence to Sequence Learning with Neural Networks."

10 James Vincent, "OpenAI Co-founder on Company's Past Approach to Openly Sharing Research: 'We Were Wrong,'" The Verge, March 15, 2023, theverge.com/2023/3/15/23640180/openai-gpt-4-launch-closed-research-ilya-sutskever-interview.

11 Ilya Sutskever (@ilyasut), "it may be that today's large neural networks are slightly conscious," Twitter (now X), February 9, 2022, x.com/ilyasut/status/1491554478243258368.

12 Murray Shanahan (@mpshanahan), ". . . in the same sense that it may be that a large field of wheat is slightly pasta," Twitter (now X), February 10, 2022, x.com/mpshanahan/status/1491715721289678848.

13 Nirit Weiss-Blatt, "What Ilya Sutskever Really Wants," AI Panic, September 16, 2023, aipanic.news/p/what-ilya-sutskever-really-wants.

14 Ilya Sutskever (@ilyasut), "In the future, once the robustness of our models will exceed some threshold, we will have *wildly effective* and dirt cheap AI therapy. Will lead to a radical improvement in people's experience of life. One of the applications I'm most eagerly awaiting.," Twitter (now X), September 27, 2023, x.com/ilyasut/status/1707027536150929689.

15 오픈AI 셔츠와 검은색 자켓을 입은 수츠케버는: 해당 행사에 참석한 수츠케버의 사진.

16 Ashish Vaswani, Noam Shazeer, Niki Parmar, Jakob Uszkoreit, Llion Jones, Aidan N. Gomez et al., "Attention Is All You Need," in NIPS '17: Proceedings of the 31st International Conference on Neural Information Processing Systems (December 2017): 6000–10, dl.acm.org/doi/10.5555/3295222.3295349.

17 수츠케버의 박사학위 논문은 순환 신경망recurrent neural networks에 초점을 맞춘 것이었다. 트랜스포머처럼 순환 신경망 또한 순차 데이터를 처리하도록 설계되어 있어 널리 사용될 수 있다. 예를 들면 영어 문장은 단어의 순차적 배열이고, 이미지는 픽셀의 순차적 배열이며, 영상은 이미지의 순차적 배열이다. 수츠케버의 박사 논문은 다음에서 볼 수 있다: Ilya Sutskever, "Training Recurrent Neural Networks" (PhD diss., University of Toronto, 2013), 1–101, cs.utoronto.ca/~ilya/pubs/ilya_sutskever_phd_thesis.pdf.

18 Alec Radford, Karthik Narasimhan, Tim Salimans, and Ilya Sutskever, "Improving Language Understanding by Generative Pre-Training," preprint, OpenAI, June 11, 2018, 1–12, cdn.openai.com/research-covers/language-unsupervised/language_understanding_paper.pdf. 래드포드가 7천여 종 이상의 미출판 서적을 다운받은 곳은 다음과 같다: Yukun Zhu, Ryan Kiros, Rich Zemel, Ruslan Salakhutdinov, Raquel Urtasun, Antonio Torralba et al., "Aligning Books and Movies: Towards Story-Like Visual Explanations by Watching Movies and Reading Books," in Proceedings: 2015 IEEE International Conference on Computer Vision (Institute of Electrical and Electronics Engineers, 2015): 19–27, doi.org/10.1109/ICCV.2015.11. AI 연구에서 한 집단이 모은 데이터셋을 다른 집단이 별도 용도로 다시 사용할 수 있게 하는 것은 드문 일이 아니다.

19 OpenAI, "Generative Models," Open AI (blog), June 16, 2016, openai.com/index/generative-models.

20 Paul Christiano, Jan Leike, Tom B. Brown, Miljan Martic, Shane Legg, and Dario Amodei, "Deep Reinforcement Learning from Human Preferences," in NIPS '17: Proceedings of the 31st International Conference on Neural Information Processing Systems (December 2017): 4302–10, dl.acm.org/doi/10.5555/3294996.3295184.

21 OpenAI, "Learning from Human Preferences," Open AI (blog), June 13, 2017, openai.com/index/learning-from-human-preferences.

22 저자가 다리오 아모데이와 진행한 인터뷰, 2019년 8월.

23 Alec Radford, Jeffrey Wu, Rewon Child, David Luan, Dario Amodei, and Ilya Sutskever, "Language Models Are Unsupervised Multitask Learners," preprint, OpenAI, February 14, 2019, 1–24, cdn.openai.com/better-language-models/language _models_are_unsupervised_multitask_learners.pdf.

24 Jared Kaplan, Sam McCandlish, Tom Henighan, Tom B. Brown, Benjamin Chess, Rewon Child et al., "Scaling Laws for Neural Language Models," preprint, arXiv, January 23, 2020, 1–30, doi.

org/10.48550/arXiv.2001.08361.

25 아모데이와의 인터뷰, 2019년 8월.

26 장광설의 전문은 다음에서 볼 수 있다: OpenAI, "Better Language Models and Their Implications," Open AI (blog), February 14, 2019, openai.com/index/better-language-models.

27 저자가 잭 클락과 진행한 인터뷰, 2019년 8월.

28 클락과의 인터뷰.

29 OpenAI, "Better Language Models."

30 Will Knight, "An AI That Writes Convincing Prose Risks Mass-Producing Fake News," MIT Technology Review, February 14, 2019, technologyreview.com/2019/02/14/137426/an-ai-tool-auto-generates-fake-news-bogus-tweets-and-plenty-of-gibberish.

31 클락과의 인터뷰, 2019년 8월.

32 Karen Hao, "The Messy, Secretive Reality Behind OpenAI's Bid to Save the World," MIT Technology Review, February 17, 2020, technologyreview.com/2020/02/17/844721/ai-openai-moonshot-elon-musk-sam-altman-greg-brockman-messy-secretive-reality.

33 나는 2019년 8월 오픈AI 사무실에서 취재를 할 동안 해당 정책팀 회의에 참석했었다.

34 Helen Toner, "GPT-2 Kickstarted the Conversation About Publication Norms in the AI Research Community," CSET, May 1, 2020, cset.georgetown.edu/article/gpt-2-kickstarted-the-conversation-about-publication-norms-in-the-ai-research-community/; PAI Staff, "Managing the Risks of AI Research: Six Recommendations for Responsible Publication," Partnership on AI, May 6, 2021, partnershiponai.org/paper/responsible-publication-recommendations.

35 아모데이와의 인터뷰, 2019년 8월.

36 아모데이와의 인터뷰.

37 오픈AI 내부 문서에는: 해당 문서 두 건의 사본을 바탕으로 함.

38 여기에 인용된 논의는 위에 언급한 문서 중 하나에서 따온 것이다.

39 Tom Simonite, "OpenAI Said Its Code Was Risky. Two Grads Re-Created It Anyway," Wired, August 26, 2019, wired.com/story/dangerous-ai-open-source.

40 오픈AI는 GPT-3에 대한 논문에서는 사용한 칩의 개수를 밝히지 않았지만, 7장에 나오는 구글을 둘러싼 논란 이후에 구글 연구원들에게 사용한 칩의 수량을 알려주었고, 그 수량을 구글 연구원들은 다음 논문에 언급했다: David Patterson, Joseph Gonzalez, Quoc Le, Chen Liang, Lluis-Miquel Munguia, Daniel Rothchild et al., "Carbon Emissions and Large Neural Network Training," preprint, arXiv, April 23, 2021, 6, doi.org/10.48550/arXiv.2104.10350.

41 GPT-2에 들어간 훈련 데이터에 대한 세부 정보는 GPT-2에 대한 오픈AI의 다음 논문에서 찾을 수 있다: Radford et al., "Language Models Are Unsupervised Multitask Learners."

42 이런 측면에서 오픈AI는 혼자가 아니다. 2023년 작가이자 프로그래머인 알렉스 레이즈너Alex Reisner는 메타와 블룸버그 등의 기업들이 북스3Books3이라고 알려진 도서 데이터셋으로 모델 훈련을 진행했다는 점을 확인했으며, 그가 진행한 분석에 따르면 해당 데이터셋은 17만 권 이상의 출판 서적을 담고 있다. 2024년에 레이즈너는 같은 기업들에 더해 앤트로픽, 엔비디아, 애플, 그리고 다른 기업들이 53,000편의 영화와 85,000편의 텔레비전 시리즈 에피소드에 나오는 대화 내용이 담긴 오픈서브타이틀OpenSubtitles이라는 데이터셋을 사용해 자체 모델을 훈련시켰다는 사실을 확인했다. Alex Reisner, "Revealed: The Authors Whose Pirated Books Are Powering Generative AI," The Atlantic, August 19, 2023, theatlantic.com/technology/archive/2023/08/books3-ai-meta-llama-pirated-books/675063/; Alex Reisner, "There's No Longer Any Doubt That Hollywood Writing Is Powering AI," The Atlantic, November 18, 2024, theatlantic.com/technology/archive/2024/11/opensubtitles-ai-data-set/680650.

43 Authors Guild v. OpenAI Inc., No. 1:23-cv-08292, CourtListener (S.D.N.Y. May 6, 2024) ECF No. 143, Exhibit D, at *2.

44 GPT-3를 위해 사용한 훈련 데이터에 대한 세부 사항은 해당 모델에 대해 오픈AI가 작성한 다음 논문에서 확인할 수 있다: Tom B. Brown, Benjamin Mann, Nick Ryder et al., "Language Models Are Few-Shot Learners," in NIPS '20: Proceedings of the 34th International Conference on Neural Information Processing Systems (December 2020): 1877–901, dl.acm.org/doi/abs/10.5555/3495724.3495883.

45 저자가 라이언 쿨른과 진행한 인터뷰, 2023년 10월.

46 Abeba Birhane, Vinay Prabhu, Sang Han, and Vishnu Naresh Boddeti, "On Hate Scaling Laws for Data-Swamps," preprint, arXiv, June 28, 2023, 1–27, doi.org/10.48550/arXiv.2306.13141.

47	David Thiel, Identifying and Eliminating CSAM in Generative ML Training Data and Models (Stanford Internet Observatory, 2023), 1–19, purl.stanford.edu/kh752sm9123.

48	Billy Perrigo, "Exclusive: OpenAI Used Kenyan Workers on Less Than $2 Per Hour to Make ChatGPT Less Toxic," Time, January 18, 2023, time.com/6247678/openai-chatgpt-kenya-workers.

49	Karen Hao and Deepa Seetharaman, "Cleaning Up ChatGPT Takes Heavy Toll on Human Workers," Wall Street Journal, July 24, 2023, wsj.com/articles/chatgpt-openai-content-abusive-sexually-explicit-harassment-kenya-workers-on-human-workers-cf191483; 오픈AI의 RLHF 지시서 사본.

50	저자가 히토 슈타얼과 진행한 인터뷰, 2023년 9월.

6장 승천

1	Tad Friend, "Sam Altman's Manifest Destiny," New Yorker, October 3, 2016, newyorker.com/magazine/2016/10/10/sam-altmans-manifest-destiny.

2	"Advice to Entrepreneurs | Sam Altman & Jack Altman," posted August 1, 2019, by Khosla Ventures, YouTube, 30 min., 10 sec., youtu.be/NAaRhXQCt9o.

3	"Competition Is for Losers with Peter Thiel (How to Start a Startup 2014: 5)," posted March 22, 2017, by Y Combinator, YouTube, 50 min., 27 sec., youtu.be/3Fx5Q8xGU8k.

4	"Sam Altman Startup School Video," posted July 26, 2017, by Waterloo Engineering, YouTube, 1 hr., 18 min., 19 sec., youtu.be/4SlNgM4PjvQ.

5	Tyler Cowen, host, Conversations with Tyler, podcast, episode 61, "Sam Altman on Loving Community, Hating Coworking, and the Hunt for Talent," Mercatus Center Podcasts, February 27, 2019.

6	저자가 지오프 랄스턴과 진행한 인터뷰, 2024년 3월.

7	해당 메모의 사본.

8	Stephanie Palazzolo, Erin Woo, and Amir Efrati, "How Anthropic Got Inside OpenAI's Head," The Information, December 12, 2024, theinformation.com/articles/how-anthropic-got-inside-openais-head.

9	올트먼과 수츠케버가 보인 편집증과 오픈AI가 디지털 및 물리적 보안을 강화한 방식에 대한 세부 사항은 당시 올트먼과 대화를 나누거나 필요한 조치로 시험하거나 논의한 사항에 대해 알고 있었던 사람들의 기억과 당시 기록을 바탕으로 작성되었다. 올트먼이 보안을 강조한 모습은 앞서 언급한 메모에도 나와 있다. 모든 개별 정보(즉, 내부자 위협에 대해 초점을 맞춘 사실, 지문인식기, 구조 비밀번호 등)는 최소한 두 명 이상에게 확인하고, 당시 작성된 기록이나 음성녹음, 또는 해당 메모를 통해 검증했다.

10	Tom B. Brown, Benjamin Mann, Nick Ryder et al., "Language Models Are Few-Shot Learners," in NIPS '20: Proceedings of the 34th International Conference on Neural Information Processing Systems (2020): 1877–901, dl.acm.org/doi/abs/10.5555/3495724.3495883.

11	취재원과의 인터뷰와 더불어, 코드 생성 모델을 사용하여 오픈AI의 연구를 가속화한다는 생각은 내가 갖고 있는 오픈AI 내부 문건 사본 중 두 건을 통해서도 확인할 수 있다.

12	Rakesh Kochhar, "Unemployment Rose Higher in Three Months of COVID-19 Than It Did in Two Years of the Great Recession," Pew Research Center, June 11, 2020, pewresearch.org/short-reads/2020/06/11/unemployment-rose-higher-in-three-months-of-covid-19-than-it-did-in-two-years-of-the-great-recession.

13	Daniel Adiwardana, Minh-Thang Luong, David R. So, Jamie Hall, Noah Fiedel, Romal Thoppilan et al., "Towards a Human-Like Open-Domain Chatbot," preprint, arXiv, February 27, 2020, 1–38, doi.org/10.48550/arXiv.2001.09977.

14	Miles Kruppa and Sam Schechner, "How Google Became Cautious of AI and Gave Microsoft an Opening," Wall Street Journal, March 7, 2023, wsj.com/articles/google-ai-chatbot-bard-chatgpt-rival-bing-a4c2d2ad.

15	해당 논문은 2020년 NeurIPS 최고논문상 중 하나를 받았다. Hsuan-Tien Lin, Maria Florina Balcan, Raia Hadsell, and Marc'Aurelio Ranzato, "Announcing the NeurIPS 2020 Award Recipients," Neural Information Processing Systems Conference, December 8, 2020, neuripsconf.medium.com/announcing-the-neurips-2020-award-recipients-73e4d3101537.

16   Simple Sabotage Field Manual (Office of Strategic Services: 1944), cia.gov/static/5c875f3ec660e092cf
      893f60b4a288df/SimpleSabotage.pdf.

7장 감금된 과학

1   해당 메모의 사본.

2   Karen Hao, Salvador Rodriguez, and Deepa Seetharaman, "Mark Zuckerberg Was Early in AI.
      Now Meta Is Trying to Catch Up," Wall Street Journal, June 17, 2023, wsj.com/articles/mark-
      zuckerberg-was-early-in-ai-now-meta-is-trying-to-catch-up-94a86284.

3   Jeffrey Ding and Jenny W. Xiao, Recent Trends in China's Large Language Model Landscape,
      Centre for the Governance of AI, April 28, 2023, 1–14, cdn.governance.ai/Trends_in_Chinas_LLMs.
      pdf.

4   Raffaele Huang and Karen Hao, "Baidu Hurries to Ready China's First ChatGPT Equivalent Ahead
      of Launch," Wall Street Journal, March 9, 2023, wsj.com/articles/baidu-scrambles-to-ready-
      chinas-first-chatgpt-equivalent-ahead-of-launch-bf359ca4.

5   Emma Strubell, Ananya Ganesh, and Andrew McCallum, "Energy and Policy Considerations
      for Deep Learning in NLP," Proceedings of the 57th Annual Meeting of the Association for
      Computational Linguistics (July 2019): 3645–50, doi.org/10.18653/v1/P19-1355.

6   David Patterson, Joseph Gonzalez, Quoc Le, Chen Liang, Lluis-Miquel Munguia, Daniel Rothchild
      et al., "Carbon Emissions and Large Neural Network Training," preprint, arXiv, April 23, 2021, doi.
      org/10.48550/arXiv.2104.10350.

7   Joy Buolamwini and Timnit Gebru, "Gender Shades: Intersectional Accuracy Disparities
      in Commercial Gender Classification," in Proceedings of the 1st Conference on Fairness,
      Accountability and Transparency (2018): 77–91, proceedings.mlr.press/v81/buolamwini18a.html.

8   후속 연구: Inioluwa Deborah Raji and Joy Buolamwini, "Actionable Auditing: Investigating the
      Impact of Publicly Naming Biased Performance Results of Commercial AI Products," in AIES '19:
      Proceedings of the 2019 AAAI/ACM Conference on AI, Ethics, and Society (January 2019): 429–35,
      doi.org/10.1145/3306618.3314244; 미국 정부의 감사: Patrick Grother, Mei Ngan, and Kayee
      Hanaoka, Face Recognition Vendor Test (FRVT) Part 3: Demographic Effects, NISTIR 8280, National
      Institute of Standards and Technology, December 2019, doi.org/10.6028/NIST.IR.8280.

9   부올람위니의 연구와 시민운동의 전말은 그의 베스트셀러 회고록에 잘 나와 있다: Joy Buolamwini,
      Unmasking AI: My Mission to Protect What Is Human in a World of Machines (Random House Trade
      Paperbacks, 2024); 그리고 넷플릭스 다큐멘터리에도 나온다: Coded Bias, directed by Shalini Kantayya
      (2020; Brooklyn, NY: 7th Empire Media), Netflix. "젠더 셰이즈Gender Shades"와 "실행 가능한 감사Actionable
      Auditing"가 미친 폭넓은 영향에 대해서는 다음을 참조하라: "Celebrating 5 Years of Gender Shades,"
      Algorithmic Justice League, accessed on January 15, 2025, gs.ajl.org/.

10   Karen Hao, "Inside the Fight to Reclaim AI from Big Tech's Control," MIT Technology Review,
      June 14, 2021, technologyreview.com/2021/06/14/1026148/ai-big-tech-timnit-gebru-paper-
      ethics.

11   저자가 팀닛 게브루와 진행한 인터뷰, 2023년 8월.

12   Alex Hern, "Facebook Translates 'Good Morning' into 'Attack Them,' Leading to Arrest," The
      Guardian, October 24, 2017, theguardian.com/technology/2017/oct/24/facebook-palestine-
      israel-translates-good-morning-attack-them-arrest.

13   Safiya Umoja Noble, Algorithms of Oppression: How Search Engines Reinforce Racism (NYU Press,
      2018), 1–248.

14   GPT-3를 다룬 논문에서 섹션 6.2 공정성, 편향, 그리고 대표성 부분에서 논문은 모델에서 발견한 여러 가지
      종류의 편향을 논한 뒤 이렇게 적는다. "우리는 향후 연구에 동기를 부여하도록 하기 위해 우리가 발견한 몇
      가지 편향에 대한 사전 분석 결과를 제시했다." Tom B. Brown, Benjamin Mann, Nick Ryder, Melanie
      Subbiah, Jared Kaplan, Prafulla Dhariwal et al., "Language Models Are Few-Shot Learners," in
      NIPS '20: Proceedings of the 34th International Conference on Neural Information Processing
      Systems, no. 159 (2020): 1877–901, dl.acm.org/doi/abs/10.5555/3495724.3495883.

15   "확률적 앵무새" 논문을 둘러싼 게브루의 이야기는 2020년부터 2024년 사이, 그리고 게브루의 해고 다음

날 저자가 게브루와 진행한 인터뷰를 주된 바탕으로 삼았으며, 다음 기사에 자세히 나온 이야기도 참조했다: Tom Simonite, "What Really Happened When Google Ousted Timnit Gebru," Wired, June 8, 2021, wired.com/story/google-timnit-gebru-ai-what-really-happened.

16 게브루와 에밀리 M. 벤더 사이의 대화 내용 스크린샷에서 인용한 것으로, 스크린샷은 벤더가 제공했다.

17 벤더가 제공한 해당 이메일 사본.

18 Simonite, "What Really Happened."

19 Emily M. Bender, Timnit Gebru, Angelina McMillan-Major, and Shmargaret Shmitchell [Meg Mitchell], "On the Dangers of Stochastic Parrots: Can Language Models Be Too Big? 🦜 " in FAccT '21: Proceedings of the 2021 ACM Conference on Fairness, Accountability, and Transparency (March 2021): 610–23, doi.org/10.1145/3442188.3445922. 이 장에서 자세히 다룬 이유로 구글이 메그 미첼이 해당 논문을 출판하지 못하게 했기 때문에, 미첼은 논문에 자신의 이름을 슈마가렛 슈미첼Shmargaret Shmitchell이라고 적은 뒤 그에 상응하는 이메일 주소를 만들었다. 자신의 소속으로 그는 "에테르the Aether"(아리스토텔레스에 따르면 천상계를 이루고 있는 제5의 원소)에서 왔다고 적었다.

20 Casey Newton, "The Withering Email That Got an Ethical AI Researcher Fired at Google," Platformer, December 3, 2020, platformer.news/the-withering-email-that-got-an-ethical.

21 Google Walkout for Real Change, "Standing with Dr. Timnit Gebru—#ISupportTimnit #BelieveBlackWomen," Medium, December 3, 2020, https://google walkout.medium.com/ standing-with-dr-timnit-gebru-isupporttimnit-believeblackwomen-6dadc300d382.

22 Karen Hao, "We Read the Paper That Forced Timnit Gebru out of Google. Here's What It Says," MIT Technology Review, December 4, 2020, technologyreview.com/2020/12/04/1013294/google-ai-ethics-research-paper-forced-out-timnit-gebru.

23 Ina Fried, "Scoop: Google CEO Pledges to Investigate Exit of Top AI Ethicist," Axios, December 9, 2020, axios.com/2020/12/09/sundar-pichai-memo-timnit-gebru-exit.

24 Karen Hao, "Congress Wants Answers from Google About Timnit Gebru's Firing," MIT Technology Review, December 17, 2020, technologyreview.com/2020/12/17/1014994/congress-wants-answers-from-google-about-timnit-gebrus-firing.

25 Ina Fried, "Google Fires Another AI Ethics Leader," Axios, February 19, 2021, axios.com/2021/02/19/google-fires-another-ai-ethics-leader.

26 Sam Shead, "New Google Union 'Concerned' After a Senior A.I. Ethics Researcher Is Reportedly Locked Out of Her Account," CNBC, January 21, 2021, cnbc.com/2021/01/21/margaret-mitchell-google-investigating-ai-researcher-awu-concerned.html.

27 Sepi Hejazi Moghadam, "Marian Croak's Vision for Responsible AI at Google," The Keyword, February 18, 2021, blog.google/technology/ai/marian-croak-responsible-ai.

28 저자가 구글 대변인과 주고받은 연락 내용을 바탕으로, 2024년 11월.

29 Mohamed Abdalla and Moustafa Abdalla, "The Grey Hoodie Project: Big Tobacco, Big Tech, and the Threat on Academic Integrity," in AIES '21: Proceedings of the 2021 AAAI/ACM Conference on AI, Ethics, and Society (July 2021): 287–97, doi.org/10.1145/3461702.3462563.

30 James Somers, "The Friendship That Made Google Huge," New Yorker, December 3, 2018, newyorker.com/magazine/2018/12/10/the-friendship-that-made-google-huge.

31 Simonite, "What Really Happened."

32 저자가 엠마 스트루벨과 진행한 인터뷰, 2023년 11월.

33 구글 대변인과 주고받은 연락 내용을 바탕으로, 2024년 11월.

34 David Patterson, "Good News About the Carbon Footprint of Machine Learning Training," Google Research (blog), February 15, 2022, research.google/blog/good-news-about-the-carbon-footprint-of-machine-learning-training.

35 구글 대변인과 주고받은 연락 내용을 바탕으로, 2024년 11월.

36 Nitasha Tiku and Gerrit De Vynck, "Google Shared AI Knowledge with the World—Until ChatGPT Caught Up," Washington Post, May 4, 2023, washingtonpost.com/technology/2023/05/04/ google-ai-stop-sharing-research.

37 Rishi Bommasani, Kevin Klyman, Shayne Longpre, Sayash Kapoor, Nestor Maslej, Betty Xiong et al., The Foundation Model Transparency Index (Stanford Center for Research on Foundation Models, October 2023), crfm.stanford.edu/fmti/October-2023/index.html.

8장 상업화의 여명

1   로드맵의 사본.

2   이는 통상 "친칠라 논문"이라고 불린다 Jordan Hoffmann, Sebastian Borgeaud, Arthur Mensch, Elena Buchatskaya, Trevor Cai, Eliza Rutherford et al., "Training Compute-Optimal Large Language Models," preprint, arXiv, March 29, 2022, 1–36, arxiv.org/abs/2203.15556.

3   이 용어(레드티밍)을 AI의 맥락에서 처음 사용한 사례는 다음 논문에서 나온다. Miles Brundage, Shahar Avin, Jasmine Wang, Haydn Belfield, Gretchen Krueger, Gillian Hadfield et al., "Toward Trustworthy AI Development: Mechanisms for Supporting Verifiable Claims," preprint, arXiv, April 20, 2020, 2, doi.org/10.48550/arXiv.2004.07213.

4   클라프는 보안 분야와 AI 분야에서 레드티밍의 차이점을 분석한 논문을 쓴 적이 있다. Heidy Khlaaf, "Toward Comprehensive Risk Assessments and Assurance of AI-Based Systems," Trail of Bits, March 7, 2023, 1–30, trailofbits.com/documents/Toward_comprehensive_risk_assessments.pdf.

5   Lex Fridman, host, Lex Fridman Podcast, podcast, episode 121, "Eugenia Kuyda: Friendship with an AI Companion," September 5, 2020, lexfridman.com/podcast.

6   Tom Simonite, "It Began as an AI-Fueled Dungeon Game. It Got Much Darker," Wired, May 5, 2021, wired.com/story/ai-fueled-dungeon-game-got-much-darker.

7   Charles Duhigg, "The Inside Story of Microsoft's Partnership with OpenAI," New Yorker, December 1, 2023, newyorker.com/magazine/2023/12/11/the-inside-story-of-microsofts-partnership-with-openai.

8   Nat Friedman, "Introducing GitHub Copilot: Your AI Pair Programmer," GitHub, June 29, 2021, github.blog/news-insights/product-news/introducing-github-copilot-ai-pair-programmer.

9   OpenAI, "OpenAI Codex," Open AI (blog), August 10, 2021, openai.com/index/openai-codex.

10   Tiernan Ray, "Microsoft Has Over a Million Paying Github Copilot Users: CEO Nadella," ZDNet, October 25, 2023, zdnet.com/article/microsoft-has-over-a-million-paying-github-copilot-users-ceo-nadella.

11   "Advice to Entrepreneurs | Sam Altman & Jack Altman," posted August 1, 2019, by Khosla Ventures, YouTube, 30 min., 10 sec., youtu.be/NAaRhXQCt9o.

12   Ellen Huet and Gillian Tan, "Sam Altman Wants to Scan Your Eyeball in Exchange for Cryptocurrency," Bloomberg, June 29, 2021, bloomberg.com/news/articles/2021-06-29/sam-altman-s-worldcoin-will-give-free-crypto-for-eyeball-scans.

13   Sarah Holder and Shirin Ghaffary, "Sam Altman–Backed Group Completes Largest US Study on Basic Income," Bloomberg, July 22, 2024, bloomberg.com/news/articles/2024-07-22/ubi-study-backed-by-openai-s-sam-altman-bolsters-support-for-basic-income.

14   OpenResearch, "Key Findings: Spending," OpenResearch (blog), July 21, 2024, openresearchlab.org/findings/key-findings-spending.

15   Huet and Tan, "Sam Altman Wants to Scan Your Eyeball."

16   Eileen Guo and Adi Renaldi, "Deception, Exploited Workers, and Cash Handouts: How Worldcoin Recruited Its First Half a Million Test Users," MIT Technology Review, April 6, 2022, technologyreview.com/2022/04/06/1048981/worldcoin-cryptocurrency-biometrics-web3.

17   Anita Nkonge, "Worldcoin Suspended in Kenya as Thousands Queue for Free Money," BBC, August 3, 2023, bbc.com/news/world-africa-66383325.

18   Antonio Regalado, "Sam Altman Invested $180 Million into a Company Trying to Delay Death," MIT Technology Review, March 8, 2023, technologyreview.com/2023/03/08/1069523/sam-altman-investment-180-million-retro-biosciences-longevity-death.

19   Antonio Regalado, "A Startup Is Pitching a Mind-Uploading Service That Is '100 percent Fatal,'" MIT Technology Review, March 13, 2018, technologyreview.com/2018/03/13/144721/a-startup-is-pitching-a-mind-uploading-service-that-is-100-percent-fatal.

20   "Office Hours with Sam Altman," posted January 11, 2017, by Y Combinator, YouTube, 24 min., 34 sec., youtu.be/45BvnJgwYjk.

21   "Strictly VC in Conversation with Sam Altman, Part One," posted on January 16, 2023, by Connie Loizos, YouTube, 20 min., 32 sec., youtu.be/57OU18cogJI.

22   Justine Calma, "Microsoft Just Made a Huge, Far-from-Certain Bet on Nuclear Fusion," The

Verge, May 10, 2023, theverge.com/2023/5/10/23717332/microsoft-nuclear-fusion-power-plant-helion-purchase-agreement.

23 해당 웹사이트에 나온 정보다: openai.fund.

24 Berber Jin, Tom Dotan, and Keach Hagey, "The Opaque Investment Empire Making OpenAI's Sam Altman Rich," Wall Street Journal, June 3, 2024, wsj.com/tech/ai/openai-sam-altman-investments-004fc785.

9장 재난 자본주의

1   Karen Hao and Deepa Seetharaman, "Cleaning Up ChatGPT Takes Heavy Toll on Human Workers," Wall Street Journal, July 24, 2023, wsj.com/articles/chatgpt-openai-content-abusive-sexually-explicit-harassment-kenya-workers-on-human-workers-cf191483.

2   해당 프로젝트에 대한 오픈AI의 작업 지시서 사본.

3   저자가 오픈AI 대변인과 진행한 인터뷰, 2023년 6월.

4   해당 이메일 검토.

5   해당 답변 검토.

6   두 건의 계약서 사본과 다른 두 건의 계약서 검토.

7   저자의 나이로비 현지 취재를 바탕으로, 2023년 5월.

8   케냐의 디지털 노동 개혁을 위한 싸움에서 네 명의 케냐 노동자들을 변호한 변호사 머시 무테미와 저자가 진행한 인터뷰를 바탕으로, 2023년 5월; 그리고 데이터 어노테이션 기업 클라우드팩토리의 당시 경영진이었던 조나단 비어즐리Jonathan Beardsley와 저자가 진행한 인터뷰를 바탕으로, 2023년 5월.

9   Billy Perrigo, "Inside Facebook's African Sweatshop," Time, February 14, 2022, time.com/6147458/facebook-africa-content-moderation-employee-treatment.

10 저자가 사마 대변인과 주고받은 연락 내용을 바탕으로, 2024년 11월.

11 Kimeu, "'A Watershed': Meta Ordered to Offer Mental Health Care to Moderators in Kenya," The Guardian, June 7, 2023, theguardian.com/global-development/2023/jun/07/a-watershed-meta-ordered-to-offer-mental-health-care-to-moderators-in-kenya.

12 계약서와 프로젝트 문서, 그리고 저자가 쓴 월스트리트 저널 기사를 위해 질의한 내용에 대한 사마의 답변 내용을 바탕으로: Hao and Seetharaman, "Cleaning Up ChatGPT Takes Heavy Toll."

13 저자가 그 중 네 명의 노동자인 모팟 오킨이, 리처드 마텡게Richard Mathenge, 알렉스 카이루Alex Kairu, 빌 무린야Bill Mulinya와 진행한 인터뷰를 바탕으로, 2023년.

14 해당 노동자들이 전달받은 지시사항의 사본. 이들 항목은 다음에서 확인할 수 있는 오픈AI의 콘텐츠 모더레이션 API 항목과 일치한다: "Moderation," OpenAI Platform, OpenAI, accessed October 17, 2024, platform.openai.com/docs/guides/moderation.

15 저자가 모팟과 그의 동생 알버트Albert, 그의 친구 한 명, 그리고 무테미와 진행한 인터뷰를 바탕으로, 2023년.

16 Mary L. Gray and Siddharth Suri, Ghost Work: How to Stop Silicon Valley from Building a New Global Underclass (Harper Business, 2019), 1–288; and author interview with Mary L. Gray, May 2019.

17 Florian Alexander Schmidt, "Crowdsourced Production of AI Training Data—How Human Workers Teach Self-Driving Cars How to See," Working Paper Forschungsförderung 155 (2019), hdl.handle.net/10419/216075.

18 저자가 2022년 플로리안 알렉산더 슈미트Florian Alexander Schmidt와 진행한 인터뷰, 그리고 2021년 줄리안 포사다Julian Posada와 진행한 인터뷰를 바탕으로.

19 국제통화기금IMF에 따르면.

20 Schmidt, "Crowdsourced Production of AI."

21 Julian Posada, "The Coloniality of Data Work: Power and Inequality in Outsourced Data Production for Machine Learning" (PhD diss., University of Toronto, 2022), 1–229, hdl.handle.net/1807/126388.

22 Karen Hao and Andrea Paola Hernández, "How the AI Industry Profits from Catastrophe," MIT Technology Review, April 20, 2022, technologyreview.com/2022/04/20/1050392/ai-industry-appen-scale-data-labels.

23 저자가 오스카리나 베로니카 푸엔테스 아나야의 자택에서 진행한 인터뷰를 비롯한 여러 인터뷰를 바탕으로, 2021년.

24 저자가 윌슨 팡과 진행한 인터뷰를 바탕으로, 2021년 12월.

25 저자가 2021년부터 2024년 사이 케냐, 필리핀, 콜롬비아, 베네수엘라(안드레아 파올라 헤르난데즈와의 파트너십으로 진행), 북아프리카 및 다른 곳의 데이터 어노테이션 노동자들과 진행한 인터뷰를 바탕으로.

26 스케일AI의 사업 관행에 대한 이야기는 저자가 다섯 명의 전현직 스케일AI 직원들과 진행한 인터뷰, 회사 문서 스크린샷, 노동자들에게 전달된 지시 사항 검토, 회사의 디스코드 채널 잠입 취재, 그리고 스케일AI의 플랫폼에서 일한 적이 있는 전 세계 20여 명의 노동자들과의 인터뷰를 바탕으로 했다.

27 Ashlee Vance, "Silicon Valley's Latest Unicorn Is Run by a 22-Year-Old," Bloomberg, August 5, 2019, bloomberg.com/news/articles/2019-08-05/scale-ai-is-silicon-valley-s-latest-unicorn.

28 노동자 보수에 대한 스프레드시트 사본.

29 저자가 스케일AI 대변인과 주고받은 연락 내용을 바탕으로, 2024년 11월.

30 스케일AI 대변인과 주고받은 연락 내용을 바탕으로.

31 Hao and Hernández, "How the AI Industry Profits from Catastrophe."

32 스케일AI 대변인과 주고받은 연락 내용을 바탕으로, 2024년 11월.

33 노동자의 보수 지급 현황 스크린샷.

34 노동자들의 디스코드 채널에 있는 메시지 스크린샷.

35 저자가 창립자 마크 시어스와 진행한 인터뷰, 2023년 5월; 그리고 경영진인 조나단 비어즐리 및 클라우드팩토리 노동자 열댓 명과 진행한 인터뷰, 그리고 클라우드팩토리의 나이로비 본사 방문 취재를 바탕으로, 2023년 5월.

36 저자가 2023년 5월 모팟 오킨이와, 그리고 2023년 5월과 6월 알버트 오킨이와 진행한 인터뷰를 바탕으로.

37 케냐고용주연맹Federation of Kenya Employers의 통계. 이들은 청년의 범위를 15세-34세로 본다.

38 "Continued Rebound, but Storms Cloud the Horizon: Policies to Accelerate the Productive Economy for Inclusive Growth," Kenya Economic Update, no. 26 (World Bank, 2022), 1—54, hdl.handle.net/10986/38386.

39 저자가 사마 대변인과 주고받은 연락 내용을 바탕으로, 2023년 6월.

40 저자가 2023년 5월 모팟 오킨이와 진행한 인터뷰; 2023년 5월과 6월 알버트 오킨이와 진행한 인터뷰; 그리고 모팟의 친구와 2023년 5월 진행한 인터뷰를 바탕으로.

41 오픈AI가 사마에 전달한 작업 지시서 사본.

42 작업지시서 사본.

43 오픈AI 연구원들은 나중에 콘텐츠 모더레이션 필터를 구축하기 위해 사용한 방식을 설명하는 논문을 발표했다. 섹션 3.3은 이들이 어떻게 훈련을 위한 합성 데이터를 생성했는지를 설명한다: Todor Markov, Chong Zhang, Sandhini Agarwal, Tyna Eloundou, Teddy Lee, Steven Adler et al., "A Holistic Approach to Undesired Content Detection in the Real World," in AAAI'23/IAAI'23/EAAI'23: Proceedings of the Thirty-Seventh AAAI Conference on Artificial Intelligence and Thirty-Fifth Conference on Innovative Applications of Artificial Intelligence and Thirteenth Symposium on Educational Advances in Artificial Intelligence, no. 1683 (2022): 15009–18, dl.acm.org/doi/10.1609/aaai.v37i12.26752.

44 사마 대변인과 주고받은 연락 내용을 바탕으로, 2023년 6월.

45 사마 대변인과 주고받은 연락 내용을 바탕으로.

46 알버트 오킨이와 진행한 인터뷰를 바탕으로, 2023년 5월과 6월.

47 Milagros Miceli and Julian Posada, "The Data-Production Dispositif," in Proceedings of the ACM on Human-Computer Interaction 6, no. 460 (November 2022): 1–37, dl.acm.org/doi/10.1145/3555561; James Muldoon and Boxi A. Wu, "Artificial Intelligence in the Colonial Matrix of Power," Philosophy and Technology 36, no. 80 (December 2023), doi.org/10.1007/s13347-023-00687-8.

48 시어스와의 인터뷰, 2023년 5월.

49 오픈AI와 스케일AI 간 성사된 계약 스크린샷을 바탕으로; 추정 매출액 출처는 다음과 같다: Cory Weinberg, "Fame, Feud and Fortune: Inside Billionaire Alexandr Wang's Relentless Rise in Silicon Valley," The Information, June 28, 2024, theinformation.com/articles/fame-feud-and-fortune-inside-billionaire-alexandr-wangs-relentless-rise-in-silicon-valley.

50 Long Ouyang, Jeff Wu, Xu Jiang, Diogo Almeida, Carroll L. Wainwright, Pamela Mishkin et al.,

"Training Language Models to Follow Instructions with Human Feedback," arXiv, March 4, 2022, 1–68, doi.org/10.48550/arXiv.2203.02155.

51   OpenAI, "Aligning Language Models to Follow Instructions," Open AI (blog), January 27, 2022, openai.com/index/instruction-following.

52   100쪽이 넘는 오픈AI의 RLHF 문서 사본을 바탕으로.

53   RLHF 문서.

54   RLHF 문서.

55   RLHF 문서.

56   "John Schulman—Reinforcement Learning from Human Feedback: Progress and Challenges," posted April 19, 2023, by UC Berkeley EECS, YouTube, 1 hr., 3 min., 31 sec., youtu.be/hhiLw5Q_UFg.

57   Berber Jin, "The 27-Year-Old Billionaire Whose Army Does AI's Dirty Work," Wall Street Journal, September 20, 2024, wsj.com/tech/ai/alexandr-wang-scale-ai-d7c6efd7.

58   Alexandr Wang (@alexandr_wang), "we're starting to see top companies spend the same amount on RLHF and compute in training ChatGPT-like LLMs . . . for example, OpenAI hired 〉 1000 devs to RLHF their code models . . . crazy—but soon companies will start spending $ hundreds of Ms or $ billions on RLHF, just as w/compute," Twitter (now X), February 1, 2023, x.com/alexandr_wang/status/1620934510820093952.

59   저자가 스케일AI 대변인과 주고받은 연락 내용을 바탕으로, 2024년 11월.

60   2023년 5월 나이로비에서 리모태스크 노동자 세 명과 사마 노동자 네 명의 집에 방문해 취재한 내용 및 다른 두 명의 리모태스크 노동자의 주소를 바탕으로.

61   저자가 위니와 그의 파트너 밀리센트와 진행한 인터뷰를 바탕으로, 2023년 5월.

62   플라밍고 제너레이션 프로젝트 작업지시 검토.

63   크랩 제너레이션 프로젝트 작업지시 검토.

64   크랩 패러프레이즈 작업지시 사본.

65   Russell Brandom, "ScaleAI's Remotasks Platform Is Dropping Whole Countries Without Explanation," Rest of World, March 28, 2024, restofworld.org/2024/scale-ai-remotasks-banned-workers.

66   Jin, "The 27-Year-Old Billionaire."

67   등급별 지정 현황과 등급 변화 발표문 스크린샷.

68   Cory Weinberg, "Why a $14Billion Startup Is Now Hiring PhD's to Train AI from Their Living Rooms," The Information, June 25, 2024, theinformation.com/articles/why-a-14-billion-startup-is-now-hiring-phds-to-train-ai-from-their-living-rooms.

69   Hilary Kimuyu, "Online Gig Site Remotasks Exits Kenya, "Business Daily, March 13, 2024, businessdailyafrica.com/bd/corporate/technology/online-gig-site-remotasks-exits-kenya-4555340.

10장 신과 악마

1   Andrew Van Dam, "What Percent Are You?," Economics Blog, Wall Street Journal, March 2, 2016, wsj.com/articles/what-percent-are-you-1456922287.

2   Tyler Cowen, host, Conversations with Tyler, podcast, episode 61,"Sam Altman on Loving Community, Hating Coworking, and the Hunt for Talent," Mercatus Center Podcasts, February 27, 2019.

3   Émile P. Torres, "The Acronym Behind Our Wildest AI Dreams and Nightmares," Truthdig, June 15, 2023, truthdig.com/articles/the-acronym-behind-our-wildest-ai-dreams-and-nightmares.

4   William MacAskill, "Replaceability, Career Choice, and Making a Difference," Ethical Theory and Moral Practice 17 (2013): 269–83, doi.org/10.1007/S10677-013-9433-4.

5   "What Is Effective Altruism?," Effective Altruism Forum, accessed October 8, 2024, effectivealtruism.org/articles/introduction-to-effective-altruism.

6   Will MacAskill, "What Are the Most Important Moral Problems of Our Time?," TED Talk, April 2018, 11 min., 45 sec., ted.com/talks/will_macaskill_what_are _the_most_important_moral_

problems_of_our_time.

7 "About Us," Open Philanthropy, accessed October 17, 2024, openphilanthropy.org/about-us.

8 Holden Karnofsky, "The Open Philanthropy Project Is Now an Independent Organization," Open Philanthropy, June 12, 2017, openphilanthropy.org/research/the-open-philanthropy-project-is-now-an-independent-organization.

9 Yaffe-Bellany, "A Crypto Emperor's Vision: No Pants, His Rules," New York Times, May 14, 2022, nytimes.com/2022/05/14/business/sam-bankman-fried-ftx-crypto.html.

10 Rebecca Ackermann, "Inside Effective Altruism, Where the Far Future Counts a Lot More Than the Present," MIT Technology Review, October 17, 2022, technologyreview.com/2022/10/17/1060967/effective-altruism-growth.

11 "Announcing the Future Fund," FTX Future Fund, archived on November 27, 2022, at web.archive.org/web/20221127183608/https://ftxfuturefund.org/announcing-the-future-fund.

12 "An Overview of the AI Safety Funding Situation," Effective Altruism Forum, accessed October 8, 2024, forum.effectivealtruism.org/posts/XdhwXppfqrpPL2YDX/an-overview-of-the-ai-safety-funding-situation; author correspondence with Open Philanthropy spokesperson, November 2024.

13 Shazeda Ahmed, Klaudia Jaźwińska, Archana Ahlawat, Amy Winecoff, and Mona Wang, "Building the Epistemic Community of AI Safety," preprint, SSRN, December 1, 2023, 1–14, ssrn.com/abstract=4641526; "What Is Effective Altruism?," Effective Altruism Forum.

14 여기에서 제시한 용어 정의의 대부분은 다음과 같은 레스롱 및 효과적 이타주의 포럼에서 가져온 것이다. 예를 들면: "AI Timelines," LessWrong, accessed on October 17, 2024, lesswrong.com/tag/ai-timelines; "Global Catastrophic Risk," Effective Altruism Forum, accessed on November 27, 2024, forum.effectivealtruism.org/topics/global-catastrophic-risk.

15 Charlotte Alter, "Effective Altruism Promises to Do Good Better. These Women Say It Has a Toxic Culture of Sexual Harassment and Abuse," Time, February 3, 2023, time.com/6252617/effective-altruism-sexual-harassment; and Kelsey Piper, "Why Effective Altruism Struggles on Sexual Misconduct," Vox, February 16, 2023, vox.com/future-perfect/2023/2/15/23601143/effective-altruism-sexual-harassment-misconduct.

16 Alec Radford, Jong Wook Kim, Chris Hallacy, Aditya Ramesh, Gabriel Goh, Sandhini Agarwal et al., "Learning Transferable Visual Models from Natural Language Supervision," preprint, arXiv, February 26, 2021, 1–48, doi.org/10.48550/arXiv .2103.00020.

17 OpenAI, "DALL·E: Creating Images from Text," Open AI (blog), January 5, 2021, openai.com/index/dall-e.

18 Jascha Sohl-Dickstein, Eric A. Weiss, Niru Maheswaranathan, and Surya Ganguli, "Deep Unsupervised Learning Using Nonequilibrium Thermodynamics," in ICML '15: Proceedings of the 32nd International Conference on Machine Learning 37 (July 2015): 2256–65, dl.acm.org/doi/10.5555/3045118.3045358.

19 Jonathan Ho, Ajay Jain, and Pieter Abbeel, "Denoising Diffusion Probabilistic Models," in NIPS '20: Proceedings of the 34th International Conference on Neural Information Processing Systems, no. 574 (December 2020): 6840–51, dl.acm.org/doi/abs/10.5555/3495724.3496298; Anil Ananthaswamy, "The Physics Principle That Inspired Modern AI Art," Quanta Magazine, January 5, 2023, quantamagazine.org/the-physics-principle-that-inspired-modern-ai-art-20230105.

20 "DALL·E 2," OpenAI, accessed September 17, 2024, openai.com/index/dall-e-2.

21 Alex Nichol, Prafulla Dhariwal, Aditya Ramesh, Pranav Shyam, Pamela Mishkin, Bob McGrew et al., "GLIDE: Towards Photorealistic Image Generation and Editing with Text-Guided Diffusion Models," in Proceedings of the 39th International Conference on Machine Learning (2022): 16784–804, proceedings.mlr.press/v162/nichol22a.html.

22 Robin Rombach, Andreas Blattmann, Dominik Lorenz, Patrick Esser, and Björn Ommer, "High-Resolution Image Synthesis with Latent Diffusion Models," in 2022 IEEE/CVF Conference on Computer Vision and Pattern Recognition (2022): 10674–85, doi.ieeecomputersociety.org/10.1109/CVPR52688.2022.01042.

23 비요른 오머와의 인터뷰, 2024년 3월.

24 Fraser Kelton and Nabeel Hyatt, hosts, Hallway Chat, podcast, "Launch Stories of ChatGPT," December 2, 2023, hallwaychat.co/launch-stories-of-chatgpt.

25 Hayden Field, "Microsoft Engineer Warns Company's AI Tool Creates Violent, Sexual Images, Ignores Copyrights," CNBC, March 6, 2024, cnbc.com/2024/03/06/microsoft-ai-engineer-says-copilot-designer-creates-disturbing-images.html.

26 Kelton and Hyatt, Hallway Chat.

27 Cade Metz, Cecilia Kang, Sheera Frenkel, Stuart A. Thompson, and Nico Grant, "How Tech Giants Cut Corners to Harvest Data for A.I.," New York Times, April 6, 2024, nytimes.com/2024/04/06/technology/tech-giants-harvest-data-artificial-intelligence.html.

28 Davey Alba and Emily Chang, "YouTube Says OpenAI Training Sora with Its Videos Would Break Rules," Bloomberg, April 4, 2024, bloomberg.com/news/articles/2024-04-04/youtube-says-openai-training-sora-with-its-videos-would-break-the-rules.

29 OpenAI, "Introducing Whisper," Open AI (blog), September 21, 2022, openai.com/index/whisper.

30 "GPT-4 Contributions," OpenAI, accessed October 13, 2024, openai.com/contributions/gpt-4.

31 Bill Gates, host, Unconfuse Me with Bill Gates, podcast, episode 2, "Sal Khan," Gates Notes, August 10, 2023, gatesnotes.com/podcast.

32 Bill Gates, "The Age of AI Has Begun," GatesNotes, March 21, 2023, gatesnotes.com/The-Age-of-AI-Has-Begun.

33 빌 게이츠는 이후에도 이를 수차례 공개적으로 언급했고 다음에서도 반복했다: Bill Gates, "The Age of AI Has Begun."

34 Kelton and Hyatt, Hallway Chat.

35 Will Hurd, "Should 4 People Be Able to Control the Equivalent of a Nuke?," Politico, January 30, 2024, politico.com/news/magazine/2024/01/30/will-hurd-ai-regulation-00136941.

36 "Sam Altman Startup School Video," posted July 26, 2017, by Waterloo Engineering, YouTube, 1 hr., 18 min., 19 sec., youtu.be/4SlNgM4PjvQ.

37 Bilawal Sidhu, host, The TED AI Show, podcast, "What Really Went Down at OpenAI and the Future of Regulation w/Helen Toner," May 28, 2024, ted.com/talks/the_ted_ai_show_what_really_went_down_at_openai_and_the_future_of_regulation_w_helen_toner.

38 Rebecca Heilweil, "Why Silicon Valley Is Fertile Ground for Obscure Religious Beliefs," Vox, June 30, 2022, vox.com/recode/2022/6/30/23188222/silicon-valley-blake-lemoine-chatbot-eliza-religion-robot.

39 Nitasha Tiku, "The Google Engineer Who Thinks the Company's AI Has Come to Life," Washington Post, June 11, 2022, washingtonpost.com/technology/2022/06/11/google-ai-lamda-blake-lemoine.

40 Tom Hartsfield, "Koko the Impostor: Ape Sign Language Was a Bunch of Babbling Nonsense," Big Think, May 11, 2022, bigthink.com/life/ape-sign-language.

41 제프리 힌튼과의 인터뷰.

11장 정점

1 해당 단체사진, 2022년 10월.

2 United States v. Samuel Bankman-Fried, No. 1:22-cr-00673, CourtListener (S.D.N.Y. March 15, 2024) ECF No. 410, at *12–13. 이와 관련된 부분은 이렇게 이어진다: "2021년 말부터 2022년 1분기에 걸쳐, 뱅크먼-프리드는 FTX 고객들의 돈을 사용하여 수십억 달러의 지출을 지시했다. 그러한 지출 중에는… 앤트로픽 사회공헌 주식회사(인공지능 기업)가 포함되어 있었다."

3 Zack Abrams, "FTX Offloads Remaining Anthropic Shares as Bankruptcy Cost Surpasses $500 Million," The Block, June 1, 2024, theblock.co/post/298010/ftx-offloads-remaining-anthropic-shares-as-bankruptcy-cost-surpasses-700-million.

4 Will Douglas Heaven, "The Inside Story of How ChatGPT Was Built from the People Who Made It," MIT Technology Review, March 3, 2023, technologyreview.com/2023/03/03/1069311/inside-story-oral-history-how-chatgpt-built-openai.

5 "StrictlyVC in Conversation with Sam Altman, Part Two," posted on January 17, 2023, by Connie

Loizos, YouTube, 38 min., 58 sec., youtu.be/bjkD1Om4uw.

6   "Behind the Scenes Scaling ChatGPT—Evan Morikawa at LeadDev West Coast 2023," posted October 26, 2023, by LeadDev, YouTube, 27 min., 12 sec., youtu.be/PeKMEXUrlq4.

7   OpenAI, "Using GPT-4 for Content Moderation," Open AI (blog), August 15, 2023, openai.com/index/using-gpt-4-for-content-moderation.

8   Nico Grant and Cade Metz, "A New Chat Bot Is a 'Code Red' for Google's Search Business," New York Times, December 21, 2022, nytimes.com/2022/12/21/technology/ai-chatgpt-google-search.html.

9   해당 메모의 사본.

10 마이크로소프트 내의 분위기에 대한 이야기는 저자가 마이크로소프트 전현직 직원 및 경영진 열 명과 진행한 인터뷰 및 경영진이 직원들에게 보낸 여러 이메일의 사본을 바탕으로 한 것이다.

11 새로운 전략을 언급한 해당 이메일의 사본.

12 여기에서 인용한 각 마이크로소프트 이메일은 해당 이메일의 사본을 바탕으로 한 것이다.

13 추론 요청의 증가는 위에서 언급한 해당 이메일의 사본 및 내부 대시보드의 스크린샷을 바탕으로 한 것이다.

14 저자가 마이크로소프트 대변인과 2024년 11월 주고받은 연락 내용을 바탕으로. 해당 대변인은 회의 녹취록에서 이 구절을 인용해 제공했다.

15 Woo and Palazzolo, "OpenAI Overhauls Content Moderation."

16 Woo and Palazzolo, "OpenAI Overhauls Content Moderation."

17 해당 문서의 사본.

18 Dylan Patel and Afzal Ahmad, "The Inference Cost of Search Disruption—Large Language Model Cost Analysis," SemiAnalysis, February 9, 2023, semianalysis.com/p/the-inference-cost-of-search-disruption.

19 Jon Victor and Aaron Holmes, "OpenAI Dropped Work on New 'Arrakis' AI Model in Rare Setback," The Information, October 17, 2023, theinformation.com/articles/openai-dropped-work-on-new-arrakis-ai-model-in-rare-setback.

20 Tom Dotan and Deepa Seetharaman, "The Awkward Partnership Leading the AI Boom," Wall Street Journal, June 13, 2023, wsj.com/articles/microsoft-and-openai-forge-awkward-partnership-as-techs-new-power-couple-3092de51.

21 Karen Weise and Cade Metz, "How Microsoft's Satya Nadella Became Tech's Steely Eyed A.I. Gambler," New York Times, July 14, 2026, nytimes.com/2024/07/14/technology/microsoft-ai-satya-nadella.html.

22 Anissa Gardizy and Amir Efrati, "Microsoft and OpenAI Plot $100 Billion Stargate AI Supercomputer," The Information, March 29, 2024, theinformation.com/articles/microsoft-and-openai-plot-100-billion-stargate-ai-supercomputer; Anissa Gardizy, Aaron Holmes, and Amir Efrati, "OpenAI Leaders Say Microsoft Isn't Moving Fast Enough to Supply Servers," The Information, October 8, 2024, theinformation.com/articles/openai-eases-away-from-microsoft-data-centers.

12장 수탈당한 땅

1   저자가 2024년 산티아고와 아타카마 사막에서 진행한 취재를 바탕으로.

2   저자가 2024년 6월 아타카메뇨 활동가 소니아 라모스와 진행한 인터뷰; 혓바닥을 잘랐다는 이야기는 이제 거의 소멸된 아타카메뇨 언어인 쿤자Kunza 사전의 들어가는 말에도 인용되어 있다: Julio Vilte Vilte, Kunza: Lengua del Pueblo Lickan Antai o Atacameño (Codelco Chile, 2004), 11.

3   "Chile—Country Commercial Guide: Mining," International Trade Administration, December 7, 2023, trade.gov/country-commercial-guides/chile-mining. 272 The country has struggled: Samo Burja, "Chile Is a Politically Disunited Resource Exporter," Bismarck Brief, June 19, 2024, brief.bismarckanalysis.com/p/chile-is-a-politically-disunited.

4   Naomi Klein, The Shock Doctrine: The Rise of Disaster Capitalism (Picador, 2008), 55.

5   Klein, The Shock Doctrine, 64.

6   Milton Friedman, "A Friedman Doctrine—the Social Responsibility of Business Is to Increase Its Profits," New York Times, September 13, 1970, timesmachine.nytimes.com/timesmachi

ne/1970/09/13/223535702.html?pageNumber=379.

7   Klein, The Shock Doctrine, 61.

8   James Doubek, "The U.S. Set the Stage for a Coup in Chile. It Had Unintended Consequences at Home," NPR, September 10, 2023, npr.org/2023/09/10/1193755188/chile-coup-50-years-pinochet-kissinger-human-rights-allende; 쿠데타가 일어나기 전까지 CIA가 칠레에서 지출한 막대한 내역과 영향력 캠페인의 내용을 자세히 설명한 첫 상원 보고서: Covert Action in Chile 1963–1973, Staff Report of the Select Committee to Study Governmental Operations with Respect to Intelligence Activities (US Senate: 1975), intelligence.senate.gov/sites/default/files/94chile.pdf.

9   Daniel Matamala, "The Complicated Legacy of the 'Chicago Boys' in Chile," Promarket, September 12, 2021, promarket.org/2021/09/12/chicago-boys-chile-friedman-neoliberalism.

10   "Income Share of the Richest 1%," Our World in Data, accessed October 14, 2024, ourworldindata.org/grapher/income-share-top-1-before-tax-wid?tab=chart&country =CHL.

11   Gobierno de Chile, "International InvestChile Forum: 100 Companies from 28 Countries Will Meet in the Country," Gobierno de Chile, May 16, 2024, gob.cl/en/news/international-investchile-forum-100-companies-from-28-countries-will-meet-in-the-country.

12   저자가 마틴 티로니 로도와 진행한 인터뷰를 바탕으로, 2024년 6월.

13   저자가 기술 컨설팅 기업 옴디아Omdia의 클라우드 및 데이터센터 분석가인 알란 하워드Alan Howerd와 진행한 인터뷰를 바탕으로, 2023년 8월과 9월.

14   저자 또한 2023년 9월 오픈AI의 모델을 훈련시키고 있는 애리조나주의 한 하이퍼스케일 데이터센터에 방문하기 전까지는 그 규모를 상상하기 어려웠다.

15   저자의 멜 호건과의 인터뷰, 2023년 8월.

16   Bosker, "Why Everything Is Getting Louder," The Atlantic, November 15, 2019, theatlantic.com/magazine/archive/2019/11/the-end-of-silence/598366.

17   Rich Miller, "The Gigawatt Data Center Campus Is Coming," Data Center Frontier, April 29, 2024, datacenterfrontier.com/hyperscale/article/55021675/the-gigawatt-data-center-campus-is-coming.

18   저자가 호건과 2023년 8월 진행한 인터뷰; 그리고 2024년 3월 데이터센터 투자자와 진행한 인터뷰를 바탕으로.

19   Goldman Sachs, "AI Is Poised to Drive 160% Increase in Data Center Power Demand," Goldman Sachs, May 14, 2024, goldmansachs.com/insights/articles/AI-poised-to-drive-160-increase-in-power-demand.

20   150 메가와트 시설은 최대 시간당 150 메가와트시에 해당하는 전력, 즉 연간 1,314,000 메가와트시에 해당하는 전력을 소비할 수 있다. 미국 에너지 관리청에 따르면, 2022년 미국 가정집 한 세대당 평균 연간 10,791 킬로와트시의 전력을 사용했다. 1,314,000 메가와트시를 10,791 킬로와트시로 나누면 121,768이 나온다.

21   1,000 메가와트시 시설은 연간 최대 8,760,000 메가와트시의 전력을 소비할 수 있고, 2,000 메가와트시 시설은 그 두 배의 전력을 소비할 수 있다. 캘리포니아 에너지위원회에 따르면, 2022년 샌프란시스코 카운티는 5,120,586 메가와트시를 소비했다. 8,760,000 메가와트시를 5,120,586 메가와트시로 나누면 1.7이 나온다. 만약 2,000 메가와트시 시설이라면 그 두 배인 3.4가 나온다. "Electricity Consumption by County," California Energy Commission, accessed October 17, 2024, ecdms.energy.ca.gov/elecbycounty.aspx.

22   Goldman Sachs, "AI Is Poised to Drive 160% Increase."

23   Evan Halper, "A Utility Promised to Stop Burning Coal. Then Google and Meta Came to Town," Washington Post, October 12, 2024, washingtonpost.com/business/2024/10/08/google-meta-omaha-data-centers/; C Mandler, "Three Mile Island Nuclear Plant Will Reopen to Power Microsoft Data Centers," NPR, September 20, 2024, npr.org/2024/09/20/nx-s1-5120581/three-mile-island-nuclear-power-plant-microsoft-ai.

24   Goldman Sachs, "AI Is Poised to Drive 160% Increase"; Ian King, "AI Computing on Pace to Consume More Energy Than India, Arm Says," Bloomberg, April 17, 2024, news.bloomberglaw.com/artificial-intelligence/ai-computing-on-pace-to-consume-more-energy-than-india-arm-says.

25   이 주장은 다음에서도 볼 수 있듯이 올트먼이 수차례 사용한 것이다: Sam Altman, "The Intelligence Age," Sam Altman (blog), September 23, 2024, ia.samaltman.com.

26   저자가 사샤 루치오니와 진행한 인터뷰, 2023년 8월.

27   기후변화AI 웹사이트climatechange.ai에는 다음을 포함하여 여러 보고서를 통해 그러한 기술을 자세히 설명하고 있다: David Rolnick, Priya L. Donti, Lynn H. Kaack, Kelly Kochanski, Alexandre Lacoste, Kris Sankaran et al., "Tackling Climate Change with Machine Learning," ACM Computing Surveys (CSUR) 55, no. 2 (February 2022): 1–96, doi.org/10.1145/3485128.

28   Alexandra Sasha Luccioni, Yacine Jernite, and Emma Strubell, "Power Hungry Processing: Watts Driving the Cost of AI Deployment?," in FAccT '24: Proceedings of the 2024 ACM Conference on Fairness, Accountability, and Transparency (June 2024: 85–99, doi.org/10.1145/3630106.3658542.

29   여기에 나온 수치는 앞에서 언급한 논문의 도표2에 나온 것을 기반으로 했으며, 2024년 1월 이전에 미국 환경보호청에서 스마트폰 충전에 0.012 kWh의 에너지가 소비된다는 추정치를 바탕으로 했다.

30   해당 회의의 녹취록.

31   알란 하워드와의 인터뷰, 2023년 8월.

32   James Glanz, "How the Internet Kept Humming During 2 Hurricanes," New York Times, September 18, 2017, nytimes.com/2017/09/18/us/harvey-irma-internet.html.

33   Pengfei Li, Jianyi Yang, Mohammad A. Islam, and Shaolei Ren,"Making AI Less 'Thirsty': Uncovering and Addressing the Secret Water Footprint of AI Models," preprint, arXiv, October 29, 2023, 1, doi.org/10.48550/arXiv.2304.03271.

34   Md Abu Bakar Siddik, Arman Shehabi, and Landon Marston, "The Environmental Footprint of Data Centers in the United States," Environmental Research Letters 16, no. 6 (June 2021): 064017, doi.org/10.1088/1748-9326/abfba1.

35   저자가 2023년부터 2024년 사이 애리조나주, 뉴멕시코주, 버지니아주, 칠레의 두 지역과 우루과이 등 데이터센터 확장에 직면한 여섯 개의 공동체와 진행한 인터뷰; 및 2023년부터 2024년 사이 마이크로소프트 직원 및 경영진 세 명과 진행한 인터뷰를 바탕으로. 이들 중에는 마이크로소프트의 모든 데이터센터 확장과 관련된 업무 관행을 관장하는 클라우드 운영과 혁신담당 상무 노엘 월쉬Noelle Walsh도 포함되어 있었다.

36   저자가 2024년 3월 데이터센터 확장에 반대하는 시위를 주도하고 있는 버지니아 주민 로저 야켈Roger Yackel과 진행한 인터뷰를 바탕으로.

37   해당 이메일의 사본.

38   저자의 그렉 브로크만과의 인터뷰, 2019년 8월

39   1, 2, 3단계의 암호명, 숫자, 그리고 위치는 오픈AI 내부문서에서 나온 것이다. 4, 5단계의 위치와 비용의 출처는 다음과 같다: Anissa Gardizy and Amir Efrati, "Microsoft and OpenAI Plot $100 Billion Stargate AI Supercomputer," The Information, March 29, 2024, theinformation.com/articles/microsoft-and-openai-plot-100-billion-stargate-ai-supercomputer.

40   Matt O'Brien and Hannah Fingerhut, "Artificial Intelligence Technology Behind ChatGPT Was Built in Iowa—with a Lot of Water," AP, September 9, 2023, apnews.com/article/chatgpt-gpt4-iowa-ai-water-consumption-microsoft-f551fde980 83d17a7e8d904f8be822c4.

41   저자가 마이크로소프트 대변인과 주고받은 연락 내용을 바탕으로, 2024년 11월.

42   저자가 굿이어Goodyear시의 상수도 사업 본부장인 바바라 챠펠Barbara Chappell과 진행한 인터뷰를 바탕으로, 2023년 10월; 두 지역사회 구성원과의 인터뷰, 2023년 9월; 앞에서 언급한 세 명의 마이크로소프트 취재원, 2023년-2024년; 그리고 정보공개청구를 통해 얻은 굿이어 시의회 회의록과 기타 다른 정부 문서와 연락기록을 바탕으로, 2023-2024년. 해당 인터뷰와 추가 취재를 통해 나온 보도는 다음과 같다: Karen Hao, "AI Is Taking Water from the Desert," The Atlantic, March 1, 2024, theatlantic.com/technology/archive/2024/03/ai-water-climate-microsoft/677602.

43   스타게이트를 위한 5,000 메가와트시 추정치의 출처는 다음과 같다: Gardizy and Efrati, "Microsoft and OpenAI Plot $100 Billion Stargate"; 그리고 뉴욕시 시장의 기후 및 환경 정의국에 따르면, 2022년 뉴욕시는 평균 약 5,500 메가와트시에 해당하는 전력을 사용했다: "Systems," NYC Mayor's Office of Climate and Environmental Justice, accessed October 17, 2024, climate.cityofnewyork.us/subtopics/systems.

44   Berber Jin, Tom Dotan, and Keach Hagey, "The Opaque Investment Empire Making OpenAI's Sam Altman Rich," Wall Street Journal, June 3, 2024, wsj.com/tech/ai/openai-sam-altman-investments-004fc785.

45   서부 디모인 상수도 사업에 따르면. 다음에서 인용했다: O'Brien and Fingerhut, "Artificial Intelligence Technology Behind ChatGPT."

46　마이크로소프트 대변인과 주고받은 연락 내용을 바탕으로, 2024년 11월.

47　A. Park Williams, Benjamin I. Cook, and Jason E. Smerdon, "Rapid Intensification of the Emerging Southwestern North American Megadrought in 2020–2021," Nature Climate Change 12, no. 3 (March 2022): 232–34, doi.org/10.1038/s41558-022-01290-z.

48　이는 "데드풀링deadpooling"이라 불리는 현상을 가리킨다: Christopher Flavelle and Mira Rojanasakul, "As the Colorado River Shrinks, Washington Prepares to Spread the Pain," New York Times, January 27, 2023, nytimes.com/2023/01/27/climate/colorado-river-biden-cuts.html.

49　Kira Caspers, "645 People Died Due to Heat in Metro Phoenix in 2023. Here's What Is Changing This Year," AZ Central, March 15, 2024, azcentral.com/story/news/local/phoenix/2024/03/15/heat-deaths-maricopa-county/72980594007.

50　저자가 톰 버스챗커와 진행한 인터뷰를 바탕으로, 2023년 10월.

51　Kevin Lee, Adi Gangidi, Mathew Oldham, "Building Meta's GenAI Infrastructure," Engineering at Meta, March 12, 2024, engineering.fb.com/2024/03/12/data-center-engineering/building-metas-genai-infrastructure.

52　소니아 라모스와의 인터뷰, 2024년 6월.

53　"Tres muertos y treinta heridos en explosión de una mina en Chuquicamata," El Mercurio, September 6, 1957.

54　"The Battle for Chile's Critical Minerals," posted July 22, 2022, by Sky News, YouTube, 13 min., 54 sec., youtu.be/oywE0mQnWI0

55　저자가 아타카마 사막의 생태계를 연구하는 칠레 과학자 크리스티나 도라도르와 진행한 인터뷰를 바탕으로, 2024년 6월.

56　"The Battle for Chile's Critical Minerals," Sky News; interview with Dorador.

57　저자가 소니아 라모스와 세르지오 쿠빌로스Sergio Cubillos를 포함한 세 명의 아타카메뇨 지도자를 방문하고 그들과 진행한 인터뷰를 바탕으로, 2024년 6월.

58　아타카메뇨 지도자 세 명을 방문하고 그들과 진행한 인터뷰, 그리고 채굴업계가 후원하는 병원에 방문 취재한 것을 바탕으로, 2024년 6월.

59　저자가 도라도르와 진행한 여러 인터뷰, 2024년 6월; 세계 최대의 리튬 생산업체이자 칠레 광산기업인 SQM과의 인터뷰 및 아타카마에 있는 SQM의 리튬 광산을 방문 취재한 것을 바탕으로, 2024년 6월.

60　Govind Bhutada, "This Chart Shows Which Countries Produce the Most Lithium," World Economic Forum (blog), January 5, 2023, weforum.org/stories/2023/01/chart-countries-produce-lithium-world.

61　저자가 도라도르와 진행한 여러 인터뷰, 2024년 6월; SQM과 진행한 인터뷰, 2024년 6월; 그리고 다음과 같이 리튬 추출, 데이터센터 개발, 칠레의 식민 역사 그리고 글로벌 기술의 미래 간 관계를 설명한 강연을 한 건축가이자 연구자인 마리나 오테로 베르지어와 진행한 인터뷰, 2024년 5월: "Marina Otero Verzier-Data Mourning," posted March 1, 2023, by Columbia GSAPP, YouTube, 1 hr., 30 min., youtu.be/vbFPaNBNB-M. 283 Now the flamingos are gone: Visit and interview with Cubillos, the Peine leader, June 2024.

62　SQM과의 인터뷰, 2024년 6월.

63　도라도르와의 인터뷰, 2024년 6월.

64　Paul R. La Monica, "Move Over, Nvidia. Copper Is Getting a Big AI Boost Too," Barron's, May 22, 2024, barrons.com/articles/copper-price-ai-microsoft-utilities-c99058b7.

65　"Artificial Intelligence, Art and Indigeneity," accessed October 2, 2024, aei.art.br/aiai/en/the-research.

66　아타카메뇨 지도자 세 명을 방문하고 그들과 진행한 인터뷰를 바탕으로, 2024년 6월.

67　Dylan Patel and Myron Xie," Microsoft Infrastructure— AI & CPU Custom Silicon Maia 100, Athena, Cobalt 100," SemiAnalysis, November 15, 2023, semianalysis.com/p/microsoft-infrastructure-ai-and-cpu.

68　Alphabet, "2024 Q3 Earnings Call," Alphabet Investor Relations, October 29, 2024, abc.xyz/2024-q3-earnings-call.

69　Meta, "Meta Reports Third Quarter 2024 Results," Meta Investor Relations, October 30, 2024, investor.fb.com/investor-news/press-release-details/2024/Meta-Reports-Third-Quarter-2024-Results/default.aspx.

70 저자가 킬리쿠라에 방문해 취재한 내용을 바탕으로, 2024년 6월.

71 저자가 구글 칠레 대변인과 주고받은 연락 내용을 바탕으로, 2024년 6월과 11월.

72 저자가 알렉산드라 아란시비아와 진행한 인터뷰를 바탕으로, 2024년 6월.

73 저자가 아란시비아와 진행한 인터뷰, 2024년 6월; 킬리쿠라의 또다른 환경운동가인 로리나 안티만Lorena Antiman과의 인터뷰, 2024년 6월; 그리고 킬리쿠라에서 습지를 연구하는 교사인 미구엘 모라Miguel Mora와 킬리쿠라의 환경관리부서를 이끄는 필리페 곤잘레즈Filipe Gonzalez와의 인터뷰, 2024년 6월.

74 아란시비아, 바에호스, 그리고 안티만과의 인터뷰.

75 Subsecretaría de Telecomunicaciones, "Gobierno de Chile escoge ruta mediante Nueva Zelanda y hasta Australia para implementar el Cable Transoceánico," Subsecretaría de Telecomunicaciones, July 27, 2020, subtel.gob.cl/gobierno-de-chile-escoge-ruta-mediante-nueva-zelanda-y-hasta-australia-para-implementar-el-cable-transoceanico.

76 Google, "Announcing Humboldt, the First Cable Route Between South America and Asia-Pacific," Google Cloud (blog), January 11, 2024, cloud.google.com/blog/products/infrastructure/announcing-humboldt-the-first-cable-route-between-south-america-and-asia-pacific.

77 Josefa Silva González, "A más de 20 años de Miño: La estancada lucha contra el asbestos," La Voz de Maipú, February 18, 2022, lavozdemaipu.cl/la-estancada-lucha-contra-el-asbesto.

78 아란시비아, 바예호스, 곤잘레즈, 그리고 타니아 로드리게즈Tania Rodriguez와 진행한 인터뷰, 2024년 6월.

79 구글이 칠레의 환경평가서비스SEA에 제출한 환경영향평가 보고서는 해당 데이터센터가 초당 169리터의 식수, 즉 연간 5,329,584,000리터를 사용할 수 있다고 명시했다. 세릴로스의 수도 사업소에 따르면, 구글이 세릴로스에 진입하려 했던 해인 2019년에 세릴로스 전체가 사용한 물의 양은 총 5,097,946,720리터였다. 연간 5,329,584,000리터를 연간 5,097,946,720리터로 나누면 1.045가 나온다..

80 Persistent Drought Is Drying Out Chile's Drinking Water," Reuters, March 20, 2024, reuters.com/world/americas/persistent-drought-is-drying-out-chiles-drinking-water-2024-03-20.

81 MOSACAT이 구글을 상대로 펼친 활동은 저자가 로드리게즈를 비롯한 여덟 명의 다른 MOSACAT 회원들을 2024년 6월 인터뷰한 내용을 바탕으로 한 것이다. 추가적인 내용은 칠레 언론보도에서 나온 것으로, 대체로 다음 보도에서 인용했다: Alberto Arellano, Lucas Cifuentes, and Cristóbal Ríos, "Las zonas oscuras de la evaluación ambiental que autorizó 'a ciegas' el megaproyecto de Google en Cerrillos," Ciper, May 25, 2020, ciperchile.cl/2020/05/25/las-zonas-oscuras-de-la-evaluacion-ambiental-que-autorizo-a-ciegas-el-megaproyecto-de-google-en-cerrillos.

82 안텔의 운영에 관한 모든 세부사항은 저자가 2024년 6월 안텔 데이터센터에 방문해 취재한 내용과 해당 데이터센터 매니저인 하비에 에체베리아Javier Echeverria와 진행한 인터뷰를 바탕으로 한 것이다.

83 저자가 우루과이 공화국 대학교의 교수인 마르코스 움피에레즈Marcos Umpiérrez와 그의 동료들을 인터뷰한 내용을 바탕으로, 2024년 6월.

84 과학공원에 방문해 취재한 내용을 바탕으로, 2024년 6월.

85 우루과이 농학자 겸 농부로 우루과이 농업인들과 농작물을 보호하는 조직을 이끌고 있는 마르셀로 포자티Marcelo Fozati, 그리고 다국적 기업의 환경적 추출주의를 연구하는 우루과이 연구자인 다니엘 페나와 진행한 인터뷰를 바탕으로, 2024년 6월; 또 다음을 참고하기도 했다: "Uruguay: Drought Losses Estimated at USD 1.200 million, Minister Says," MercoPress, February 2, 2023, en.mercopress.com/2023/02/02/uruguay-drought-losses-estimated-at-usd-1.200-million-minister-says; and Guillermo Garat, "My City Has Run Out of Fresh Water. Will Your City Be Next?," New York Times, July 19, 2023, nytimes.com/2023/07/19/opinion/drinking-water-montevideo.html.

86 저자가 세 명의 우루과이 주민과 물 활동가와 진행한 인터뷰를 바탕으로: 파비아나Fabiana, 2024년 6월; 노엘리아 라고스Noelia Lagos, 2024년 6월; 그리고 카르멘 소사Carmen Sosa, 2024년 6월.

87 "Google's and Microsoft's Profits Soar as Pandemic Benefits Big Tech," New York Times, October 18, 2021, nytimes.com/live/2021/04/27/business/stock-market-today.

88 파비아나와의 인터뷰.

89 Grace Livingstone, "'It's Pillage': Thirsty Uruguayans Decry Google's Plan to Exploit Water Supply," Guardian, July 11, 2023, theguardian.com/world/2023/jul/11/uruguay-drought-water-google-data-center.

90 포자티와 페나와의 인터뷰.

91 "Fertilizer Use Per Capita, 1961 to 2019," Our World in Data, accessed October 17, 2024, ourworldindata.org/grapher/fertilizer-per-capita?tab=table.

92   페나의 연구와 활동에 대한 세부사항은 저자가 2024년 5월과 6월에 진행한 페나와의 인터뷰를 바탕으로 한 것이다. 그 중 하루는 하루 종일 그의 트럭을 타고 몬테비데오와 그 외곽의 가장 가난한 지역을 돌아다니기도 했다.

93   페나와의 인터뷰, 2024년 6월; 소사와의 인터뷰, 2024년 6월.

94   Livingstone, "'It's Pillage.'"

95   Livingstone, "'It's Pillage.'"

96   Dan Swinhoe, "Microsoft Files Plans for Chilean Data Center Region," Data Center Dynamics, January 24, 2022, datacenterdynamics.com/en/news/microsoft-files-plans-for-chilean-data-center-region.

97   Matamala, "The Complicated Legacy of the 'Chicago Boys.'"

98   Rodrigo Vallejos Calderón, "Los costos de estar conectados: Datacenters y el consume hídrico," Bits 23 (2022), 28–33, revistasdex.uchile.cl/index.php/bits/issue/view/1049.

99   저자가 마리나 오테로 베르지어와 진행한 인터뷰, 2024년 5월; 세레나 담브로시오와 니콜라스 디아즈 베하라노와 진행한 인터뷰, 2024년 6월.

100   설계 시안의 사진.

101   마틴 티로니와 칠레 과학부장관 아이선 에체베리와의 인터뷰를 바탕으로.

13장 두 예언자

1   "Watch: OpenAI CEO Sam Altman Testifies Before Senate Judiciary Committee," PBS News, May 16, 2023, pbs.org/newshour/politics/watch-live-openai-ceo-sam-altman-testifies-before-senate-judiciary-committee.

2   Gary Marcus, "OpenAI's Sam Altman Is Becoming One of the Most Powerful People on Earth. We Should Be Very Afraid," Guardian, August 3, 2024, theguardian.com/technology/article/2024/aug/03/open-ai-sam-altman-chatgpt-gary-marcus-taming-silicon-valley.

3   Hasan Chowdhury, "Insiders Say Sam Altman's AI World Tour Was a Success," Business Insider, June 24, 2023, businessinsider.com/sam-altman-world-tour-ai-chatgpt-openai-2023-6.

4   Cecilia Kang, "How Sam Altman Stormed Washington to Set the A.I. Agenda," New York Times, June 7, 2023, nytimes.com/2023/06/07/technology/sam-altman-ai-regulations.html.

5   Kang, "How Sam Altman Stormed Washington."

6   저자가 카를라 오르티즈와 진행한 여러 인터뷰, 2023년 12월과 2024년 4월; 그리고 컨셉아트학회Concept Art Association의 공동창업자이자 공동회장인 레이첼 마이너딩Rachel Meinerding과 니콜 헨드릭스 허먼Nicole Hendrix Herman와 진행한 인터뷰를 바탕으로, 2024년 4월.

7   마이너딩과 헨드릭스 허먼과 진행한 인터뷰; CVL Economics, Future Unscripted: The Impact of Generative Artificial Intelligence on Entertainment Industry Jobs (2024), 1–58, animationguild.org/wp-content/uploads/2024/01/Future-Unscripted-The-Impact-of-Generative-Artificial-Intelligence-on-Entertainment-Industry-Jobs-pages-1.pdf.

8   Kang, "How Sam Altman Stormed Washington."

9   Karen Hao, "The New AI Panic," The Atlantic, October 11, 2023, theatlantic.com/technology/archive/2023/10/technology-exports-ai-programs-regulations-china/675605.

10   Alex W. Palmer, "'An Act of War': Inside America's Silicon Blockade Against China," New York Times, July 12, 2023, nytimes.com/2023/07/12/magazine/semiconductor-chips-us-china.html.

11   Jane Lee, "Exclusive: Nvidia Offers New Advanced Chip for China That Meets U.S. Export Controls," Reuters, November 7, 2022, reuters.com/technology/exclusive-nvidia-offers-new-advanced-chip-china-that-meets-us-export-controls-2022-11-08.

12   Fanny Potkin and Yelin Mo, "Chinese Chip Equipment Makers Grab Market Share as US Tightens Curbs," Reuters, October 18, 2023, reuters.com/technology/chinese-chip-equipment-makers-grab-market-share-us-tightens-curbs-2023-10-18.

13   Khari Johnson, "Meta's Open Source Llama Upsets the AI Horse Race," Wired, July 26, 2023, wired.com/story/metas-open-source-llama-upsets-the-ai-horse-race.

14   Tony Peng, "What Llama 3 Means to China, ERNIE Bot Hits 200 Million Users, and China Trails US in AI Models," Recode China AI, April 22, 2024, recodechinaai.substack.com/p/what-llama-3-

means-to-china-ernie.

15 Markus Anderljung, Joslyn Barnhart, Anton Korinek, Jade Leung, Cullen O'Keefe, Jess Whittlestone et al., "Frontier AI Regulation: Managing Emerging Risks to Public Safety," preprint, arXiv, November 7, 2023, 1–51, doi.org/10.48550/arXiv.2307.03718.

16 저자가 사라 후커와 진행한 여러 인터뷰, 2024년 10월; 데보라 라지와의 인터뷰, 2024년 8월; AI 나우 공동 대표이사인 사라 마이어스 웨스트와의 인터뷰, 2024년 10월; 그리고 2023-2024년 사이 다른 AI 정책 전문가들과의 인터뷰를 바탕으로.

17 Sara Hooker, "On the Limitations of Compute Thresholds as a Governance Strategy," preprint, arXiv, July 30, 2024, 1–54, doi.org/10.48550/arXiv.2407.05694.

18 저자가 사라 마이어스 웨스트와 진행한 인터뷰, 2023년 9월; AI 나우의 또다른 공동 대표이사인 암바 칵Amba Kak과의 인터뷰, 2023년 10월; 에밀리 와인스타인과의 인터뷰, 2023년 9월; 데보라 라지와의 인터뷰, 2023년 10월; 그리고 두 명의 다른 정책 전문가들과의 인터뷰를 바탕으로, 2023년 11월.

19 와인스타인과의 인터뷰.

20 Hao, "The New AI Panic."

21 마이어스 웨스트와 진행한 인터뷰, 2023년 9월.

22 US Department of Commerce, "NTIA Solicits Comments on Open-Weight AI Models," press release, February 21, 2024, commerce.gov/news/press-releases/2024/02/ntia-solicits-comments-open-weight-ai-models.

23 Mozilla, "Mozilla's Response to the National Telecommunications and Information Administration's Request for Comments on Dual Use Foundation Artificial Intelligence Models with Widely Available Model Weights," Mozilla Foundation (blog), March 2024, blog.mozilla.org/netpolicy/files/2024/03/Mozilla-RfC-Submission-Dual-Use-Foundation-Models-With-Widely-Available-Model-Weights.pdf.

24 이 부분의 일부 내용은 다른 형태로 다음 기사에 실렸다: Hao, "The New AI Panic."

25 Cameron F. Kerry, Joshua P. Meltzer, Matt Sheehan, "Can Democracies Cooperate with China on AI Research?," Brookings, January 9, 2023, brookings.edu/articles/can-democracies-cooperate-with-china-on-ai-research.

26 Matt Sheehan, "Who Benefits from American AI Research in China?," Macro Polo, October 21, 2019, macropolo.org/china-ai-research-resnet.

27 행정명령이 어떻게 최종적인 모습을 갖추게 되었는지에 대한 이야기는 저자가 전 백악관 과학기술정책실 실장이었던 알론드라 넬슨Alondra Nelson과 진행한 인터뷰, 2023년 10월; 전 과학기술정책실 차장이었던 수레쉬 벤카타수브라마니안Suresh Venkatasubramanian과 진행한 인터뷰, 2023년 10월; 그리고 두 명의 다른 정책 분야 사람과 2023년 11월 진행한 인터뷰를 바탕으로 했다.

28 이 부분의 일부 내용은 다음 기사에서 다른 형태로 게재되었다: Karen Hao and Matteo Wong, "The White House Is Preparing for an AI-Dominated Future," The Atlantic, October 30, 2023, theatlantic.com/technology/archive/2023/10/biden-white-house-ai-executive-order/675837.

29 Khari Johnson, "Why Silicon Valley Is Trying So Hard to Kill This AI Bill in California," CalMatters, August 12, 2024, calmatters.org/economy/technology/2024/08/ai-regulation-showdown.

30 후커와의 인터뷰, 2024년 10월.

31 Gabby Miller, "US Senate AI 'Insight Forum' Tracker," Tech Policy Press, December 9, 2023, techpolicy.press/us-senate-ai-insight-forum-tracker.

32 저자가 라지와 진행한 인터뷰, 2023년 10월; Inioluwa Deborah Raji, "AI's Present Matters More Than Its Imagined Future," The Atlantic, October 4, 2023, theatlantic.com/technology/archive/2023/10/ai-chuck-schumer-forum-legislation/675540.

33 Cat Zakrzewski, "Meet the Woman Who Transformed Sam Altman into the Avatar of AI," Washington Post, January 9, 2024, washingtonpost.com/technology/2024/01/09/openai-anna-makanju-ai-regulation.

34 Sam Altman (@sama), "i'm doing a trip in may/june to talk to openai users and developers (and people interested in AI generally). please come hang out and share feature requests and other feedback! more detail here: https://openai.com/form/openai-tour-2023 or email oai23tour@openai.com," Twitter (now X), March 29, 2023, x.com/sama/status/1641181668206858240.

35 "GPT-4 contributions," OpenAI, accessed October 13, 2024, openai.com/contributions/gpt-4.

36   "GPT-4," OpenAI, March 14, 2023, openai.com/index/gpt-4-research.

37   Sam Altman (@sama), "GPT-4 was truly a team effort from our entire company, but the overall leadership and technical vision of Jakub Pachocki for the pretraining effort was remarkable and we wouldn't be here without it," Twitter (now X), March 14, 2023, x.com/sama/status/1635700851619819520.

38   OpenAI, "OpenAI and Journalism," OpenAI (blog), January 8, 2024, openai.com/index/openai-and-journalism.

39   Dan Milmo, "'Impossible' to Create AI Tools like ChatGPT Without Copyrighted Material, OpenAI Says," Guardian, January 8, 2024, theguardian.com/technology/2024/jan/08/ai-tools-chatgpt-copyrighted-material-openai.

40   OpenAI, "Our Approach to AI Safety," Open AI (blog), April 5, 2023, openai.com/index/our-approach-to-ai-safety.

41   OpenAI, "Introducing Superalignment," Open AI (blog), July 5, 2023, openai.com/index/introducing-superalignment.

42   Sam Altman (@sama), "i was hoping that the oppenheimer movie would inspire a generation of kids to be physicists but it really missed the mark on that. let's get that movie made! (i think the social network managed to do this for startup founders.)," Twitter (now X), July 22, 2023, x.com/sama/status/1682809958734131200.

43   Elizabeth Weil, "Sam Altman Is the Oppenheimer of Our Age," New York, September 25, 2023, nymag.com/intelligencer/article/sam-altman-artificial-intelligence-openai-profile.html.

44   Cade Metz, "The ChatGPT King Isn't Worried, but He Knows You Might Be," New York Times, March 31, 2023, nytimes.com/2023/03/31/technology/sam-altman-open-ai-chatgpt.html.

45   Tyler Cowen, host, Conversations with Tyler, podcast, episode 61, "Sam Altman on Loving Community, Hating Coworking, and the Hunt for Talent," Mercatus Center Podcasts, February 27, 2019.

46   Eliezer Yudkowsky, "Pausing AI Developments Isn't Enough. We Need to Shut It All Down," Time, March 29, 2023, time.com/6266923/ai-eliezer-yudkowsky-open-letter-not-enough.

47   Musk v. Altman, No. 4:24-cv-04722, CourtListener (N.D. Cal. November 14, 2024) ECF No. 32, Exhibit 18.

48   Julia Black, "Elon Musk Had Twins Last Year with One of His Top Executives," Business Insider, July 6, 2022, businessinsider.com/elon-musk-shivon-zilis-secret-twins-neuralink-tesla.

49   "Elon Musk Wanted an OpenAI For-Profit," OpenAI (blog), December 13, 2024, openai.com/index/elon-musk-wanted-an-openai-for-profit/#summer-2017-we-and-elon-agreed-that-a-for-profit-was-the-next-step-for-openai-to-advance-the-mission.

50   Sam Altman, "Quora," Sam Altman (blog), April 21, 2017, blog.samaltman.com/quora.

51   Helen Toner, "Leaning into EA Disillusionment," Effective Altruism Forum, July 22, 2022, forum.effectivealtruism.org/posts/MjTB4MvtedbLjgyja/leaning-into-ea-disillusionment.

52   Cade Metz, Tripp Mickle, and Mike Isaac, "Before Altman's Ouster, OpenAI's Board Was Divided and Feuding," New York Times, November 21, 2023, nytimes.com/2023/11/21/technology/openai-altman-board-fight.html.

53   Kevin Roose, "OpenAI Insiders Warn of a 'Reckless' Race for Dominance," New York Times, June 4, 2024, nytimes.com/2024/06/04/technology/openai-culture-whistleblowers.html.

54   Dan Primack, "Sam Altman Owns OpenAI's Venture Capital Fund," Axios, February 15, 2024, axios.com/2024/02/15/sam-altman-openai-startup-fund.

14장 구원

1   Elizabeth Weil, "Sam Altman Is the Oppenheimer of Our Age," New York, September 25, 2023, nymag.com/intelligencer/article/sam-altman-artificial-intelligence-openai-profile.html.

2   애니가 온라인상 게시한 해당 이메일의 사본: Annie Altman (@anniealtman108), "Less than 24 hours before the @NYMag publishing, the first 'official' public recognition of my existence and relation. x.com/bullishdumping/bullishdumping/status/1753869400719958519," Twitter (now X), February

3, 2024, x.com/anniealtman108/status/1753881201482629258.

3   저자가 2024년 3월부터 11월 사이 애니 올트먼을 방문하고 그와 진행한 인터뷰를 바탕으로.

4   저자가 코니 깁스틴과 주고받은 연락 내용을 바탕으로, 2024년 10월.

5   Altman v. Altman, No. 4:25-cv-00017, CourtListener (E.D. Mo. Jan 6, 2025) ECF No. 1; Sam Altman (@sama), "My sister has filed a lawsuit against me. Here is a statement from my mom, brothers, and me:," Twitter (now X), January 7, 2025, x.com/sama/status/1876780763653263770.

6   팩트체커가 존 버로우 스쿨과 주고받은 연락 내용을 바탕으로, 2024년 10월; 저자가 제임스 로블과 진행한 인터뷰, 2024년 7월.

7   애니의 터프츠 대학 의료기록 사본.

8   애니의 각 진단명은 다음 기록들의 사본 중 하나를 통해 뒷받침된다: 어린 시절 의료기록; 터프츠 대학 의료기록; 터프츠 대학 심리상담 기록; 성인 시절 초음파 및 MRI 등 진단 영상 스캔과 판독 결과; 산부인과 검사 결과; 그리고 물리치료 기록. 그러한 진단으로 인해 애니가 겪은 거동상의 불편과 삶의 질 저하는 그의 터프츠 대학 심리상담 기록; 성인 시절 물리치료 기록, 그리고 보행 보조기와 땀으로 젖은 침구 사진을 통해 입증했다.

9   "Jerry Altman Obituary," St. Louis Post-Dispatch, May 27, 2018, legacy.com/us/obituaries/stltoday/name/jerry-altman-obituary?id=1683283.

10   애니의 어린 시절 의료기록 사본; 애니의 터프츠 대학 심리치료 기록.

11   Trevor Noah, host, What Now? with Trevor Noah, season 1, episode 5, "Sam Altman Speaks Out About What Happened at OpenAI," Spotify Podcasts, December 7, 2023, open.spotify.com/show/122imavATqSE7eCyXIcqZL.

12   퇴직연금 이메일 통지서 사본 및 퇴직연금 잔액명세서 사본.

13   해당 이메일의 사본.

14   LA에서 애니의 심리상담사가 쓴 기록.

15   은행 통지 이메일 사본.

16   시킹어레인지먼트 활성화 이메일 스크린샷.

17   애니와 가족 사이에서 오간 여러 이메일과 문자메시지 사본.

18   여러 이메일과 문자메시지 사본.

19   주고받은 문자메시지 사본.

20   해당 이메일 사본.

21   엣시와 패트리온 활성화 이메일 사본.

22   여러 스크린샷.

23   애니가 과거 인스타그램 스토리를 통해 애플 팟캐스트 지원팀을 태그해 자신의 팟캐스트 리뷰 스크린샷을 게시하며 리뷰가 사라진다는 점을 지적했다.

24   인스타그램 게시물에 좋아요 숫자가 조회수보다 많은 스크린샷; 그리고 같은 유튜브 영상에 대한 두 개의 스크린샷 중 타임스탬프가 나중인 스크린샷이 조회수가 더 적은 사실을 바탕으로.

25   UCLA에서 성노동, 기술, 그리고 정책을 연구하는 연구자 올리비아 스노우Olivia Snow와 저자가 진행한 인터뷰, 2024년 5월; 페미니스트 소셜미디어 회사인 릴라이어블Reliabl의 창립멤버이자 연구원인 발 엘레판트Val Elefante와의 인터뷰, 2024년 9월; 그리고 전직 페이스북 데이터과학자와의 인터뷰, 2024년 10월.

26   저자가 닐리 메서슈미트와 진행한 인터뷰를 바탕으로, 2024년 11월.

27   하와이에서 애니가 진행한 심리치료 기록의 사본.

28   애니의 심리치료 기록.

29   메서슈미트와의 인터뷰, 2024년 11월.

30   저자가 심리치료사와 진행한 인터뷰, 2024년 6월과 8월. 해당 심리치료사는 다음 베스트셀러 책을 인용하기도 했다: Bessel van der Kolk, M.D., The Body Keeps the Score: Brain, Mind, and Body in the Healing of Trauma (Penguin Books, 2015), 1–464.

31   Annie Altman (@anniealtman108), "I experienced sexual, physical, emotional, verbal, financial, and technological abuse from my biological siblings, mostly Sam Altman and some from Jack Altman. (2/3)," Twitter (now X), November 13, 2021, x.com/anniealtman108/status/1459696444802142213.

32   Annie Altman (@anniealtman108), "Sam and Jack, I know you remember my Torah portion was about Moses forgiving his brothers. 'Forgive them father for they know not what they've done' Sexual, physical, emotional, verbal, financial, and technological abuse. Never forgotten.," Twitter

(now X), September 10, 2022, x.com/anniealtman108/status/1568689744951005185.

33 애니의 온리팬스 수입 기록 스크린샷.

34 해당 이메일 타래 사본.

35 제리 올트먼의 유언장 사본; 그리고 제리 올트먼의 신탁 사본.

36 애니의 변호사와 깁스틴의 변호사 사이에 오간 이메일 기록 사본.

37 Altman, CourtListener, ECF No. 1.

38 애니의 진단서 사본.

39 저자가 앞에서 언급한 심리치료사와 하버드 의과대학 정신과 조교수인 블레이즈 아귀레와 진행한 여러 인터뷰를 바탕으로, 2024년 10월. 두 사람 모두 경계성 인격장애를 가진 수많은 환자를 겪어본 경험을 가지고 있다. 두 사람이 애니의 구체적인 사례를 검토한 것은 아니며, 단지 해당 장애에 대한 일반적인 이야기를 한 것이다.

40 경계성 인격장애에 대해 이제까지 가장 종합적인 연구는 현재 매리 C. 자나리니Mary C. Zanarini가 수행하고 있는 24년짜리 종단 연구인 맥린 성인발달연구McLean Study of Adult Development이며, 이 장애 진단 판정을 받은 사람 360명을 추적 관찰했다. 해당 연구의 핵심적인 결과는 바로 이 장애가 증상성 예후가 좋으며 정신성 약품은 치료 효과가 없다는 것이다. 이 연구는 정기적으로 새로운 논문을 발표하는데, 여기에는 다음과 같은 것들이 있다: Mary C. Zanarini, Frances R. Frankenburg, Isabel V. Glass, and Garrett M. Fitzmaurice, "The 24-Year Course of Symptomatic Disorders in Patients with Borderline Personality Disorder and Personality-Disordered Comparison Subjects: Description and Prediction of Recovery From BPD," The Journal of Clinical Psychiatry 85 (2024), doi.org/10.4088/JCP.24m15370.

15장 포석

1 무라티의 성장 과정에 대한 이야기는 주로 다음에서 인용했다: Charles Duhigg, "The Inside Story of Microsoft's Partnership with OpenAI," New Yorker, December 1, 2023, newyorker.com/magazine/2023/12/11/the-inside-story-of-microsofts-partnership-with-openai; 그리고 무라티가 케빈 스콧의 팟캐스트에 출연해 이야기한 내용을 바탕으로 했다: Kevin Scott, host, Behind the Tech with Kevin Scott, "Mira Murati, Chief Technology Officer, OpenAI," Microsoft, July 11, 2023, microsoft.com/en-us/behind-the-tech/mira-murati-chief-technology-officer-openai.

2 Christopher Jarvis, "The Rise and Fall of Albania's Pyramid Schemes," Finance & Development, International Monetary Fund, March 2000, imf.org/external/pubs/ft/fandd/2000/03/jarvis.htm.

3 Duhigg, "The Inside Story of Microsoft's Partnership with OpenAI."

4 별도로 명시하지 않는 한, 이 장과 다음 장에서 다루는 이사회 위기가 발생하게 되기까지의 이야기와 이사회 위기 자체의 이면에 숨겨진 이야기는 여기에서 다룬 사건에 직접 관계된 사람이거나 그 사람과 가까운 관계에 있었던 사람 여덟 명과 저자가 진행한 인터뷰, 그들이 당시 작성한 기록, 슬랙 메시지, 이메일, 그리고 이사회가 올트먼을 해고한 뒤 있었던 2023년 11월 17일 전체 직원회의의 음성녹음을 포함한 기타 다른 입증자료를 바탕으로 한다.

5 Mike Isaac, Tripp Mickle, and Cade Metz, "Key OpenAI Executive Played a Pivotal Role in Sam Altman's Ouster," New York Times, March 7, 2024, nytimes.com/2024/03/07/technology/openai-executives-role-in-sam-altman-ouster.html.

6 Isaac et al., "Key OpenAI Executive Played a Pivotal Role."

7 Cade Metz, Tripp Mickle, and Mike Isaac, "Before Altman's Ouster, OpenAI's Board Was Divided and Feuding," New York Times, November 21, 2023, nytimes.com/2023/11/21/technology/openai-altman-board-fight.html.

16장 음모

1 Deepa Seetharaman, Keach Hagey, Berber Jin, and Kate Linebaugh, "Sam Altman's Knack for Dodging Bullets—with a Little Help from Bigshot Friends," Wall Street Journal, December 24, 2023, wsj.com/tech/ai/sam-altman-openai-protected-by-silicon-valley-friends-f3efcf68.

2 Natasha Mascarenhas, "Behind OpenAI Meltdown, Valley Heavyweight Reid Hoffman Calmed Microsoft Nerves," The Information, January 17, 2024, theinformation.com/articles/behind-

openai-meltdown-valley-heavyweight-reid-hoffman-calmed-microsoft-nerves.

3   Mike Isaac, Tripp Mickle, and Cade Metz, "Key OpenAI Executive Played a Pivotal Role in Sam Altman's Ouster," New York Times, March 7, 2024, nytimes.com/2024/03/07/technology/openai-executives-role-in-sam-altman-ouster.html.

4   Elon Musk (@elonmusk), "I am very worried. Ilya has a good moral compass and does not seek power. He would not take such drastic action unless he felt it was absolutely necessary.," Twitter (now X), November 19, 2023, x.com/elonmusk/status/1726376406785925566.

5   Elon Musk (@elonmusk), Twitter (now X), November 20, 2023, x.com/elonmusk/status/1726542015087927487.

6   Elon Musk (@elonmusk), "This letter about OpenAI was just sent to me. These seem like concerns worth investigating. https://gist.github.com/Xe/32d7bc436e401f3323ae77e7e242f858," Twitter (now X), November 21, 2023, x.com/elonmusk/status/1727096607752282485.

7   "Xe/openai-message-to-board.md," GitHub Gist, archived November 21, 2023, at web.archive.org/web/20231121225252/https://gist.github.com/Xe/32d7bc436e401f3323ae77e7e242f858.

8   Karen Hao, "The Messy, Secretive Reality Behind OpenAI's Bid to Save the World," MIT Technology Review, February 17, 2020, technologyreview.com/2020/02/17/844721/ai-openai-moonshot-elon-musk-sam-altman-greg-brockman-messy-secretive-reality; Karen Hao and Charlie Warzel, "Inside the Chaos at OpenAI," The Atlantic, November 19, 2023, theatlantic.com/technology/archive/2023/11/sam-altman-open-ai-chatgpt-chaos/676050.

9   모든 이메일 인용구는 나와 연락을 주고받은 사람이 제공한 스크린샷을 출처로 한다.

10   Anna Tong, Jeffrey Dastin and Krystal Hu, "OpenAI Researchers Warned Board of AI Breakthrough Ahead of CEO Ouster, Sources Say," Reuters, November 23, 2023, reuters.com/technology/sam-altmans-ouster-openai-was-precipitated-by-letter-board-about-ai-breakthrough-2023-11-22.

11   Jon Victor and Amir Efrati, "OpenAI Made an AI Breakthrough Before Altman Firing, Stoking Excitement and Concern," The Information, November 22, 2023, theinformation.com/articles/openai-made-an-ai-breakthrough-before-altman-firing-stoking-excitement-and-concern.

12   "Ilya Sutskever: 'Sequence to Sequence Learning with Neural Networks: What a Decade,'" posted December 14, 2024, by seremot, YouTube, 24 min., 36 sec., youtu.be/1yvBqasHLZs.

13   Anna Tong and Katie Paul, "Exclusive: OpenAI Working on New Reasoning Technology Under Code Name 'Strawberry,'" Reuters, July 15, 2024, reuters.com/technology/artificial-intelligence/openai-working-new-reasoning-technology-under-code-name-strawberry-2024-07-12.

14   이 부분의 일부 내용은 다른 형태로 다음 기사에 게재되었다: Karen Hao, "Why Won't OpenAI Say What the Q* Algorithm Is?," The Atlantic, November 28, 2023, theatlantic.com/technology/archive/2023/11/openai-sam-altman-q-algorithm-breakthrough-project/676163.

15   OpenAI, "Creating Video from Text," Open AI (blog), openai.com/index/sora.

16   Kate Conger and Lauren Hirsch, "The Board Chair Squaring Up to Elon Musk in the Feud Over Twitter," New York Times, October 4, 2022, nytimes.com/2022/10/04/technology/twitter-board-elon-musk.html.

17   "OpenAI Chair's AI Startup Sierra Gets $4.5 Bln Valuation in Latest Funding Round," Reuters, October 28, 2024, reuters.com/technology/artificial-intelligence/openai-chairs-ai-startup-sierra-gets-45-bln-valuation-latest-funding-round-2024-10-28.

18   OpenAI, "Review Completed & Altman, Brockman to Continue to Lead OpenAI," Open AI (blog), March 8, 2024, openai.com/index/review-completed-altman-brockman-to-continue-to-lead-openai.

19   OpenAI, "Review Completed."

20   Helen Toner released the statement in a screenshot on X: Helen Toner (@hlntnr), "A statement from Helen Toner and Tasha McCauley:," Twitter (now X), March 8, 2024, x.com/hlntnr/status/1766269137628590185.

17장 심판

1   Erin Woo and Stephanie Palazzolo, "OpenAI Researchers, Including Ally of Sutskever, Fired

for Alleged Leaking," The Information, April 11, 2024, theinformation.com/articles/openai-researchers-including-ally-of-sutskever-fired-for-alleged-leaking.

2   Edward Ludlow and Ashlee Vance, "Altman Sought Billions for Chip Venture Before OpenAI Ouster," Bloomberg, November 19, 2023, bloomberg.com/news/articles/2023-11-19/altman-sought-billions-for-ai-chip-venture-before-openai-ouster.

3   Keach Hagey and Asa Fitch, "Sam Altman Seeks Trillions of Dollars to Reshape Business of Chips and AI," Wall Street Journal, February 8, 2024, wsj.com/tech/ai/sam-altman-seeks-trillions-of-dollars-to-reshape-business-of-chips-and-ai-89ab3db0.

4   Lex Fridman, host, Lex Fridman Podcast, podcast, episode 419, "Sam Altman: OpenAI, GPT-5, Sora, Board Saga, Elon Musk, Ilya, Power & AGI," March 18, 2024, lexfridman.com/podcast.

5   저자가 알렉시스 코노와 진행한 인터뷰, 2025년 1월.

6   오픈AI 내부 메모 사본.

7   OpenAI, Preparedness Framework (Beta) (OpenAI, December 18, 2023), 1–27, cdn.openai.com/openai-preparedness-framework-beta.pdf.

8   OpenAI, Preparedness Framework (Beta).

9   OpenAI, "Hello GPT-4o," OpenAI (blog), May 13, 2024, openai.com/index/hello-gpt-4o.

10   해당 문구는 두 명에게 따로 확인을 받았다.

11   "Trump's Thirsty VP Contenders Crash Trial & ChatGPT's Flirty AI Update | The Daily Show," posted on May 15, 2024, by The Daily Show, YouTube, 9 min., 57 sec., youtu.be/eFkUOi_9140.

12   해당 회의의 음성녹음, 2024년 5월 15일.

13   해당 회의의 음성녹음, 2024년 5월 15일.

14   올트먼이 직원들에게 후회를 표하는 음성녹음.

15   Sarah Krouse, Deepa Seetharaman, and Joe Flint, "Behind the Scenes of Scarlett Johansson's Battle with OpenAI," Wall Street Journal, May 23, 2024, wsj.com/tech/ai/scarlett-johansson-openai-sam-altman-voice-fight-7f81a1aa.

16   Fridman, "Sam Altman."

17   "Sam Altman & Brad Lightcap: Which Companies Will Be Steamrolled by OpenAI?," posted April 15, 2024, by 20VC with Harry Stebbings, YouTube, 53 min., 6 sec., youtu.be/G8T1O81W96Y.

18   Julia Black, "The Besties' Revenge: How the 'All-In' Podcast Captured Silicon Valley," The Information, December 15, 2023, theinformation.com/articles/the-besties-revenge-how-the-all-in-podcast-ate-silicon-valley.

19   "In Conversation with Sam Altman," posted May 10, 2024, by All-In Podcast, YouTube, 1 hr., 43 min., 2 sec., youtu.be/nSM0xd8xHUM.

20   Sam Altman (@sama), "i try not to think about competitors too much, but i cannot stop thinking about the aesthetic difference between openai and google," Twitter (now X), May 16, 2024, x.com/sama/status/1791183356274921568.

21   Deepa Seetharaman, "SEC Investigating Whether OpenAI Investors Were Misled," Wall Street Journal, February 28, 2024, wsj.com/tech/sec-investigating-whether-openai-investors-were-misled-9d90b411.

22   Karen Weise and Cade Metz, "How Microsoft's Satya Nadella Became Tech's Steely Eyed A.I. Gambler," New York Times, July 14, 2026, nytimes.com/2024/07/14/technology/microsoft-ai-satya-nadella.html.

23   그의 밑에서 일했던 사람 세 명의 기억과 묘사를 바탕으로.

24   Rob Copeland and Parmy Olson, "Artificial Intelligence Will Define Google's Future. For Now, It's a Management Challenge," Wall Street Journal, January 26, 2021, wsj.com/articles/artificial-intelligence-will-define-googles-future-for-now-its-a-management-challenge-11611676945; Giles Turner and Mark Bergen, "Google DeepMind Co-Founder Placed on Leave From AI Lab," Bloomberg, August 21, 2019, bloomberg.com/news/articles/2019-08-21/google-deepmind-co-founder-placed-on-leave-from-ai-lab.

25   Jordan Novet, "Microsoft Says OpenAI Is Now a Competitor in AI and Search," CNBC, July 31, 2024, cnbc.com/2024/07/31/microsoft-says-openai-is-now-a-competitor-in-ai-and-search.html; Alex Heath, "Microsoft Now Lists OpenAI as a Competitor," The Verge, August 2, 2024, theverge.

com/2024/8/2/24212370/microsoft-now-lists-openai-as-a-competitor.

26   Ellen Huet, host, Foundering: The OpenAI Story, podcast, season 5, episode 1, "The Most Silicon Valley Man Alive," Bloomberg Podcasts, June 6, 2024, bloomberg.com/news/articles/2024-06-05/foundering-sam-altman-s-rise-to-openai?srnd=foundering.

27   "Sam Altman Talks GPT-4o and Predicts the Future of AI," posted May 14, 2024, by the Logan Bartlett Show, YouTube, 46 min., 14 sec., youtu.be/fMtbrKhXMWc.

28   OpenAI, "Ilya Sutskever to Leave OpenAI, Jakub Pachocki Announced as Chief Scientist," OpenAI (blog), May 14, 2024, openai.com/index/jakub-pachocki-announced-as-chief-scientist.

29   Ilya Sutskever (@ilyasut), "After almost a decade, I have made the decision to leave OpenAI. The company's trajectory has been nothing short of miraculous, and I'm confident that OpenAI will build AGI that is both safe and beneficial under the leadership of @sama, @gdb, @miramurati and now, under the excellent research leadership of @merettm. It was an honor and a privilege to have worked together, and I will miss everyone dearly. So long, and thanks for everything. I am excited for what comes next—a project that is very personally meaningful to me about which I will share details in due time," Twitter (now X), May 14, 2024, x.com/ilyasut/status/1790517455628198322.

30   슬랙 발표문 스크린샷, 2024년 5월 14일.

31   All quotes about AI safety and the Superalignment team are pulled are from an audio recording of the all-hands meeting, May 15, 2024.

32   Jan Leike (@janleike), "I joined because I thought OpenAI would be the best place in the world to do this research. However, I have been disagreeing with OpenAI leadership about the company's core priorities for quite some time, until we finally reached a breaking point.," Twitter (now X), May 17, 2024, x.com/janleike/status/1791498178346549382.

33   Kelsey Piper, "ChatGPT Can Talk, but OpenAI Employees Sure Can't," Vox, May 17, 2024, vox.com/future-perfect/2024/5/17/24158478/openai-departures-sam-altman-employees-chatgpt-release.

34   다니엘 코코타일로는 다음 스레드를 포함해 자신이 결정을 내리게 된 과정을 자세히 적은 바 있다: Daniel Kokotajlo (@DKokotajlo67142), "1/15: In April, I resigned from OpenAI after losing confidence that the company would behave responsibly in its attempt to build artificial general intelligence—'AI systems that are generally smarter than humans,'" Twitter (now X), June 4, 2024, x.com/DKokotajlo67142/status/17979942 38468407380; 그리고 AI 안전 포럼 레스롱에도 게시글과 댓글을 통해 공개했다: "Daniel Kokotajlo," LessWrong, accessed November 25, 2024, lesswrong.com/users/daniel-kokotajlo. 그의 지분의 대략적 가치는 다음에서 인용했다: Kevin Roose, "OpenAI Insiders Warn of a 'Reckless' Race for Dominance," New York Times, June 4, 2023, nytimes.com/2024/06/04/technology/openai-culture-whistleblowers.html.

35   모든 슬랙 인용구는 스크린샷에서 따온 것이다.

36   Sam Altman (@sama), "in regards to recent stuff about how openai handles equity: we have never clawed back anyone's vested equity, nor will we do that if people do not sign a separation agreement (or don't agree to a non-disparagement agreement). vested equity is vested equity, full stop. there was a provision about potential equity cancellation in our previous exit docs; although we never clawed anything back, it should never have been something we had in any documents or communication. this is on me and one of the few times i've been genuinely embarrassed running openai; i did not know this was happening and i should have. the team was already in the process of fixing the standard exit paperwork over the past month or so. if any former employee who signed one of those old agreements is worried about it, they can contact me and we'll fix that too. very sorry about this," Twitter (now X), May 18, 2024, x.com/sama/status/1791936857594581428.

37   Bobby Allyn (@BobbyAllyn), "Statement from Scarlett Johansson on the OpenAI situation. Wow:," Twitter (now X), May 20, 2024, x.com/BobbyAllyn/status/1792679435701014908.

38   Kylie Robison, "ChatGPT Will Be Able to Talk to You Like Scarlett Johansson in Her," The Verge, May 13, 2024, theverge.com/2024/5/13/24155652/chatgpt-voice-mode-gpt4o-upgrades.

39   Sarah Krouse et al, "Behind the Scenes of Scarlett Johansson's Battle with OpenAI."

40   OpenAI, "How the Voices for ChatGPT Were Chosen," OpenAI (blog), May 19, 2024, openai.com/index/how-the-voices-for-chatgpt-were-chosen.

41   Krouse et al., "Scarlett Johansson's Battle with OpenAI."

42   Allyn, "Statement from Scarlett Johansson."

43   OpenAI, "How the Voices for ChatGPT Were Chosen."

44   Derek Robertson, "Sam Altman's Scarlett Johansson Blunder Just Made AI a Harder Sell in DC," Politico, May 22, 2024, politico.com/news/magazine/2024/05/22/scarlett-johansson-sam-altmans-washington-00159507.

45   이 회의에 대한 모든 묘사와 인용구는 2024년 5월 22일 있었든 해당 전체회의의 음성녹음을 바탕으로 한 것이다.

46   Kelsey Piper, "Leaked OpenAI Documents Reveal Aggressive Tactics Toward Former Employees," Vox, May 22, 2024, vox.com/future-perfect/351132/openai-vested-equity-nda-sam-altman-documents-employees.

47   모든 인용구는 2024년 5월 23일 해당 회의의 음성 녹음에서 따 온 것이다.

48   Deepa Seetharaman, "Turning OpenAI into a Real Business Is Tearing It Apart," Wall Street Journal, September 27, 2024, wsj.com/tech/ai/open-ai-division-for-profit-da26c24b.

18장 제국을 세우는 공식

1   Tyler Cowen, host, Conversations with Tyler, podcast, episode 61, "Sam Altman on Loving Community, Hating Coworking, and the Hunt for Talent," Mercatus Center Podcasts, February 27, 2019.

2   Sam Altman, "Successful People," Sam Altman (blog), March 7, 2013, blog.samaltman.com/successful-people.

3   Sam Altman, "Who Will Control the Future of AI?," Opinion, Washington Post, July 25, 2024, washingtonpost.com/opinions/2024/07/25/sam-altman-ai-democracy-authoritarianism-future.

4   전체 직원회의에서 나온 모든 발언은 2024년 5월 15일 음성녹음에서 따 온 것이다.

5   슬랙 메시지 스크린샷.

6   Amir Efrati and Wayne Ma, "OpenAI CEO Cements Control as He Secures Apple Deal," The Information, May 29, 2024, theinformation.com/articles/openai-ceo-cements-control-as-he-secures-apple-deal.

7   Aaron Holmes, Natasha Mascarenhas, and Julia Hornstein, "OpenAI CEO Says Company Could Become Benefit Corporation Akin to Rivals Anthropic, xAI," The Information, June 14, 2024, theinformation.com/articles/openai-ceo-says-company-could-become-benefit-corporation-akin-to-rivals-anthropic-xai.

8   Kevin Roose, "OpenAI Insiders Warn of a 'Reckless' Race for Dominance," New York Times, June 4, 2024, nytimes.com/2024/06/04/technology/openai-culture-whistleblowers.html.

9   "A Right to Warn About Advanced Artificial Intelligence," accessed November 5, 2024, righttowarn.ai.

10   Pranshu Verma, Cat Zakrzewski, and Nitasha Tiku, "OpenAI Illegally Barred Staff from Airing Safety Risks, Whistleblowers Say," Washington Post, July 13, 2024, washingtonpost.com/technology/2024/07/13/openai-safety-risks-whistleblower-sec.

11   Pranshu Verma, Cat Zakrzewski, and Nitasha Tiku, "Senators Demand OpenAI Detail Efforts to Make Its AI Safe," Washington Post, July 23, 2024, washingtonpost.com/technology/2024/07/23/openai-senate-democrats-ai-safe.

12   OpenAI, "OpenAI Welcomes Sarah Friar (CFO) and Kevin Weil (CPO)," OpenAI (blog), June 10, 2024, openai.com/index/openai-welcomes-cfo-cpo.

13   John Schulman (@johnschulman2), "I shared the following note with my OpenAI colleagues today: I've made the difficult decision to leave OpenAI. This choice stems from my desire to deepen my focus on AI alignment, and to start a new chapter of my career where I can return to hands-on technical work. I've decided to pursue this goal at Anthropic, where I believe I can gain new perspectives and do research alongside people deeply engaged with

the topics I'm most interested in⋯," Twitter (now X), August 5, 2024, x.com/johnschulman2/status/1820610863499509855.

14 Greg Brockman (@gdb), "I'm taking a sabbatical through end of year. First time to relax since co-founding OpenAI 9 years ago. The mission is far from complete; we still have a safe AGI to build.," Twitter (now X), August 5, 2024, x.com/gdb/status/1820644694264791459.

15 Mira Murati (@miramurati), "I shared the following note with the OpenAI team today.," Twitter (now X), September 25, 2024, x.com/miramurati/status/1839025700009030027.

16 Bob McGrew (@bobmcgrewai), "I just shared this with OpenAI:," Twitter (now X), September 25, 2024, x.com/bobmcgrewai/status/18390 99787423134051; Barret Zoph (@barret_zoph), "I posted this note to OpenAI.," September 25, 2024, x.com/barret_zoph/status/1839095143397515452.

17 OpenAI, "Introducing OpenAI o1," OpenAI (blog), accessed January 6, 2025, openai.com/o1.

18 Dara Kerr, "How Memphis Became a Battleground over Elon Musk's xAI Supercomputer," NPR, September 11, 2024, npr.org/2024/09/11/nx-s1-5088134/elon-musk-ai-xai-supercomputer-memphis-pollution.

19 Stephanie Palazzolo, Erin Woo, and Amir Efrati, "How Anthropic Got Inside OpenAI's Head," The Information, December 12, 2024, theinformation.com/articles/how-anthropic-got-inside-openais-head; Kevin Roose, "How Claude Became Tech Insiders' Chatbot of Choice," New York Times, December 13, 2024, nytimes.com/2024/12/13/technology/claude-ai-anthropic.html.

20 Kenrick Cai, Krystal Hu, and Anna Tong, "Exclusive: OpenAI Co-Founder Sutskever's New Safety-Focused AI Startup SSI Raises $1 Billion," Reuters, September 4, 2024, reuters.com/technology/artificial-intelligence/openai-co-founder-sutskevers-new-safety-focused-ai-startup-ssi-raises-1-billion-2024-09-04.

21 Stephanie Palazzolo, Erin Woo, and Amir Efrati. "OpenAI Shifts Strategy as Rate of 'GPT' AI Improvements Slows," The Information, November 9, 2024, theinformation.com/articles/openai-shifts-strategy-as-rate-of-gpt-ai-improvements-slows; Deepa Seetharaman, "The Next Great Leap in AI Is Behind Schedule and Crazy Expensive," Wall Street Journal, December 20, 2024, wsj.com/tech/ai/openai-gpt5-orion-delays-639e7693.

22 OpenAI, "New Funding to Scale the Benefits of AI," OpenAI (blog), October 2, 2024, openai.com/index/scale-the-benefits-of-ai.

23 Sam Altman, "The Intelligence Age," Sam Altman (blog), September 23, 2024, ia.samaltman.com.

24 해당 회의의 음성녹음, 2024년 9월 26일.

25 Sam Altman (@sama), "i just posted this note to openai: Hi All– Mira has been instrumental to OpenAI's progress and growth the last 6.5 years; she has been a hugely significant factor in our development from an unknown research lab to an important company. When Mira informed me this morning that she was leaving, I was saddened but of course support her decision. For the past year, she has been building out a strong bench of leaders that will continue our progress. I also want to share that Bob and Barret have decided to depart OpenAI. Mira, Bob, and Barret made these decisions independently of each other and amicably, but the timing of Mira's decision was such that it made sense to now do this all at once, so that we can work together for a smooth handover to the next generation of leadership.," Twitter (now X), September 25, 2024, x.com/sama/status/1839096160168063488.

26 Musk v. Altman, No. 4:24-cv-04722, CourtListener (N.D. Cal. November 14, 2024) ECF No. 32.

27 Jessica Toonkel, Keach Hagey, Meghan Bobrowsky, "Meta Urges California Attorney General to Stop OpenAI from Becoming For-Profit," Wall Street Journal, December 13, 2024, wsj.com/tech/ai/elon-musk-open-ai-lawsuit-response-c1f415f8.

28 OpenAI, "Why OpenAI's Structure Must Evolve to Advance Our Mission," OpenAI (blog) December 27, 2024, openai.com/index/why-our-structure-must-evolve-to-advance-our-mission.

29 Sam Altman, "Reflections," Sam Altman (blog), January 5, 2025, blog.samaltman.com/reflections.

에필로그 제국은 어떻게 몰락하는가

1 Karen Hao, "A New Vision of Artificial Intelligence for the People," MIT Technology Review, April

22, 2022, technologyreview.com/2022/04/22/1050394/artificial-intelligence-for-the-people.

2   저자가 캐틀린 시미뉴Kathleen Siminyu와 2021년 11월 진행한 인터뷰; 마이클과 캐롤 러닝 울프Michael and Carole Running Wolf와 2021년 11월 진행한 인터뷰; 케빈 스캔넬Kevin Scannell과 2021년 12월 진행한 인터뷰; 부코시 마리베이트Vukosi Marivate와 2023년 4월 진행한 인터뷰; 그리고 펠로노미 모일로아Pelonomi Moiloa와 제인 애봇Jane Abbott과 2023년 4월 진행한 인터뷰를 바탕으로; Matteo Wong, "The AI Revolution Is Crushing Thousands of Languages," The Atlantic, April 12, 2024, theatlantic.com/technology/archive/2024/04/generative-ai-low-resource-languages/678042.

3   "Kevin Scannell on 'Language from Below: Grassroots Efforts to Develop Language Technology for Minoritized Languages' 24.S96 Special Seminar: Linguistics & social justice," posted on November 17, 2021, by MIT-Haiti Initiative, Facebook, 2 hr., 56 min., 46 sec., facebook.com/mithaiti/videos/1060463734714819; OpenAI, "GPT-4," OpenAI, March 14, 2023, openai.com/index/gpt-4-research.

4   저자가 케오니 마헬로나와 2021년 10월, 11월, 12월 진행한 인터뷰; 그리고 피터-루카스 존스와 2021년 11월, 12월, 그리고 2022년 1월 진행한 인터뷰를 바탕으로.

5   저자가 마헬로나와 진행한 인터뷰; 존스와 진행한 인터뷰; 해당 프로젝트에 참여했던 데이터과학자 케일럽 모제스Caleb Moses와 2021년 11월 진행한 인터뷰; 그리고 테 히쿠의 언어 보전 작업에 관여한 다른 이들과 2021년 11월부터 2022년 1월 사이 진행한 인터뷰를 바탕으로.

6   마헬로나와의 인터뷰, 2021년 10월.

7   Alec Radford, Jong Wook Kim, Tao Xu, Greg Brockman, Christine McLeavey, Ilya Sutskever, "Robust Speech Recognition via Large-Scale Weak Supervision," preprint, arXiv, December 6, 2022, 1–2, arxiv.org/pdf/2212.04356.

8   Mozilla, "About Deep Speech, "Mozilla GitHub, accessed December 16, 2024, mozilla.github.io/deepspeech-playbook/DEEPSPEECH.html.

9   저자가 팀닛 게브루와 2024년 8월 진행한 인터뷰; 그리고 밀라그로스 미셀리와 2024년 8월 진행한 인터뷰.

10   "About Us," Distributed AI Research, accessed December 16, 2024, dair-institute.org/about.

11   "Research Philosophy," Distributed AI Research, accessed December 16, 2024, dair-institute.org/research-philosophy.

12   "Data Workers' Inquiry," Data Workers' Inquiry, accessed December 16, 2024, data-workers.org.

13   Oskarina Veronica Fuentes Anaya, "Life of a Latin American Data Worker," Data Workers' Inquiry, accessed December 16, 2024, data-workers.org/oskarina; 저자가 푸엔테스와 주고받은 연락 내용을 바탕으로, 2024년 7월.

14   저자가 모팟 오킨이와 진행한 인터뷰를 바탕으로, 2024년, 8월.

15   "Our Story," Techworker Community Africa, accessed December 16, 2024, techworkercommunityafrica.org/About.html.

16   "Mophat Okinyi, "Impact of Remotasks' Closure on Kenyan Workers," Data Workers' Inquiry, accessed December 16, 2024, data-workers.org/mophat.

17   Billy Perrigo, "Mophat Okinyi," Time, September 5, 2024, time.com/7012787/mophat-okinyi.

18   저자가 다니엘 페냐와 진행한 인터뷰를 바탕응로, 2024년 5월.

19   Ria Kalluri, "The Values of Machine Learning," conference talk, December 9, 2019, posted December 9, 2019, by NIPS 2019, SlidesLive, 28 min., 51 sec., slideslive.com/38923453/the-values-of-machine-learning.

20   저자가 데보라 라지와 진행한 인터뷰를 바탕으로, 2024년 8월.

21   저자가 사샤 루치오니와 진행한 인터뷰를 바탕으로, 2024년 8월.

22   Joseph Weizenbaum, "ELIZA—a Computer Program for the Study of Natural Language Communication Between Man and Machine," Communications of the ACM 9, no. 1, (January 1966): 36–45, doi.org/10.1145/365153.365168.